本书编委会

主　　任：赵　承

副 主 任：来颖杰　　张　燕　　虞汉胤　　沈世成

成　　员：邢晓飞　　郑　毅　　郑一杰　　李　攀

本书编写组

李　攀　　郑梦莹　　王思琦　　孔　越

杨　阳

相信文字

（上）

之江轩——编著

浙江人民出版社

图书在版编目（CIP）数据

相信文字 / 之江轩编著． -- 杭州 ：浙江人民出版

社，2025．6． -- ISBN 978-7-213-11992-7

Ⅰ．D64-53

中国国家版本馆CIP数据核字第20253NJ282号

目录

"小城"何以承载"大演出"

> 演艺市场下沉,既有助于满足人们的文化娱乐需求,又有利于推动地方经济繁荣。不过,从长远来看,与演艺市场立竿见影的"钱景"相比,推动当地经济发展的"前景"更显重要。

说起演唱会、音乐节、跨年晚会这些大型演出,你脑海里浮现的是不是北上广深以及香港等国际大都市?而今,呼和浩特、遵义、台州、包头、泉州、连云港、衡阳、衢州……越来越多的演唱会、音乐节花落三线甚至四五线城市。

以音乐节为例,据研究机构统计,2023年上半年,二线及以下城市演出数量占比已经达57.9%。甚至还出现了浙江诸暨西施音乐节、常山UU音乐节和山东泗水新青年音乐节等县城音乐节。2023—2024跨年晚会中,央视选择落地台州,浙江卫视则把举办地定在衢州。

那么,为什么大型演出会纷纷选择在二线及以下城市落地?而当曾经静谧、闲适的小城市与热热闹闹的大演出相互碰撞,又会产生出怎样让人惊喜连连的化学反应呢？

一

大型演出下沉，背后原因并不难找。

大城市的溢出效应。2023年以来，线下演出数量呈现井喷状态，演唱会应接不暇、乐队演出全面开花、各类音乐节同步启动。去年上半年，全国营业性演出（不含娱乐场所演出）场次达19.33万场，同比增长400.86%。对主办方而言，一线城市场馆排期趋于饱和，且租金高昂、审批手续相对烦琐，下沉成为划算的选择。

与此同时，小城扶持力度大。一场大型演出给一座城市带来的是大量的游客以及随之而来的文旅消费，相较于一线城市，这样的带动力对二线及以下城市的吸引力更大，因此政府也更愿意拿出有力的扶持政策。这些政策有的是针对主办方的，譬如审批提速、场地租金打折、税收减免等；更有不少针对观众的，比如，湖南衡阳在某歌手演唱会期间，提供连续三天的免费公交，持演唱会门票享受旅游景点半价等。

小城的硬件条件得到改善。随着经济社会不断发展，二线及以下城市与大城市硬件差距越来越小。从交通看，随着高铁、高速一小时交通圈路网建设的推进，去大多数城市都十分便捷，跨城观看演出的比例逐年提高；从场馆看，许多二线及以下城市新建的体育场等场馆完全可以承办大型演出，比如去年已经举办多场演唱会并迎来浙江卫视跨年晚会的衢州体育中心，是全球最大的覆土建筑群，可容纳2万人。

演艺市场需求旺盛。在物质生活极大丰富的前提下，转而追求高品质精神生活成为常态。现在的大众已经被培养出对现场演出的消费习惯，"为一场音乐会赴一座城"，成为当下不少年轻人的新潮流。而除了外来观看演出的群体，许多三四线城市本地人口规模不小，消费能力较强，当地居民对演艺活动的热情度较高，也愿意为优质的演艺表演"打call"。

二

"一场演唱会带火一座城。"演艺市场的下沉也让新一轮文旅生态竞争赛道显现，为城市发展带来新的机遇，让许多城市摩拳擦掌、跃跃欲试。然而，这"泼天的富贵"能否顺利接住，面临的挑战也不小。

比如，演出质量能不能保障？大规模的兴起后必然会带来良莠不齐等质量问题，首先是因演出太多导致的同质化问题，有乐迷表示："阵容设置区别不大，艺人雷同，看来看去还是那几个人。"此外，在演出数量激增的同时，也暴露出了假唱、表演质量下降、歌手状态不佳影响演出等情况。而随着大量非专业参与方的涌入，还会出现一些新情况新问题，愈发需要擦亮眼睛，甄别考量后再引进。

再如，管理水平能不能跟上？大型演出考验的是城市的整体发展水平、治理能力、公共服务等综合素质，而对于承办经验本就不足的城市来说，一些管理上的问题也会随之暴露。比如，有的演出现场疏导不力，配套交通也没有跟上，被吐槽"累死了，走几公里找车"；有的卫生间不够，观众"只能憋着"；有的黄牛倒卖门票现象严重；有的演出质量无法匹配票价，加之周边物价暴涨，被称为

"演出刺客"；更有甚者，随身财物被盗等治安问题也有出现。

　　还有，经济效益能不能实现？一些二线及以下城市的市场规模毕竟有限，艺人资源不够，大部分演出对外地观众的吸引力不够强，本地观众数量和消费能力也有一定的局限性，因此风险相对较高。从实际情况看，并非每场演出都是一票难求，门票滞销、演出延期的情况并不少见。

三

　　演出的下沉，不仅让更多人有机会感受到现场的魅力，也让更多城市有了展现自我的新窗口，赋予了许多城市破圈的"流量密码"。而如何通过演出经济打开城市文旅消费的新局面，让流量成为"留量"，实现"曲终人不散"，笔者认为关键是要做到以下三点。

　　"软硬兼施"提升体验感。一方面，在公共交通、卫生以及场馆设施建设上补齐短板；另一方面，要以良好的营商环境、贴心的服务水平来提升体验感，细细琢磨"留客之道"，才能真正做到拔尖出圈。除了对演出市场加大支持力度外，还要整合资源形成服务"组合拳"。除了前文提及的免费接驳、门票优惠等，有的政府还与当地酒店协商，在演唱会期间"拒绝涨价"，为了持续吸引游客创新服务，积累口碑。

　　"内外兼修"打造品质感。除了引进高品质的演出外，更需要立足自身的特色优势，打造出与当地历史底蕴、人文气质匹配度更高的特色演出项目，通过媒体宣推形成IP。同时，吸引更多的文化从业者参与到相关产业链中，促进音乐、舞蹈、戏剧等表演类艺术以及相关的设计、制作和销售等文化创意产业的发展。

"文旅融合"激发新活力。线下演出与文旅消费具有天然的适配性，只有拓展资源的深度广度，抓住演艺市场"溢价"特质，把演出与城市文旅联动，才能突破演出本身的短暂性、一次性的特点。比如用演唱会门票联动景区门票，撬动周边消费，带动城市的吃、住、行、游、购、娱等旅游业态兴起，推动酒店、餐饮、交通等其他相关产业的发展，激发旅游行业新活力。

演艺市场下沉，既有助于满足人们的文化娱乐需求，又有利于推动地方经济繁荣。不过，从长远来看，与演艺市场立竿见影的"钱景"相比，推动当地经济发展的"前景"更显重要。将演出与地方经济社会发展相结合，逐步形成富有活力和包容性的文化生态系统，增强社会凝聚力和文化认同感，这是大型演出这支杠杆所需要着力撬动的。

余丹　石磊　傅心怡　宗郁晨　执笔

2024年1月1日

你要写2023，就不能只写2023

> 这是过去一年无数人于烟火生活中升腾的热量与希望，也是过去十多年中国于伟大时代中接力追梦的一个节点，更是过去五千多年来中华民族生生不息的薪火相承。

当2023年的进度条走完，年初立下的flag你完成了吗？站在这个节点回望，昼夜奔驰不息的人们不禁有很多感慨。

"我们的目标很宏伟，也很朴素，归根到底就是让老百姓过上更好的日子。"新年前夕，国家主席习近平通过中央广播电视总台和互联网，发表了二〇二四年新年贺词。十年间，轻舟已过万重山，你我的脚步不曾驻留，中国的脚步从未停歇。

今天，我们透过2023年的那些动人故事，来重温习近平主席新年贺词中的部分经典语句，一起回望那些关于信念、希望与坚持的追梦之旅。

第一句：生活总是充满希望的，成功总是属于积极进取、
不懈追求的人们——2014年新年贺词

每个人都生而平凡，每个人亦是生而不凡。2023年5月，山东少年姜延琛，迎来了人生的180度大反转。他身患先天性肌肉病，克服常人无法想象的困难，跪着上课、趴着读书并考上大学。"Z"形折叠多年的他，终于"坐着"过了19岁的生日，他发了条朋友圈，"19岁的天空格外绚丽，奔山赴海，未来可期"。

还有坚持11年回收废旧物品资助孩子上大学的91岁"拾荒教授"王坤森，落坡岭帮助千名旅客脱困的社区居民，"生存一分钟、快乐60秒"的天津大爷……生活不易，但总有不期而至的温暖。这一年，每个人都有各自的具体的难处，但我们都在往前走、向前拼。这一年，许许多多普通而又不普通的人和事，给我们以治愈、以力量。这种力量，触及内心的深处，砥砺平凡的岁月。

英雄来自人民。我们致敬英雄，何尝不是致敬平凡？每一个平凡的"你我他"，成就了极不平凡的"我们"。

第二句：只要坚持，梦想总是可以实现的
——2016年新年贺词

实现梦想，要多久？桂海潮的答案是20年。他高二那年，神舟五号发射成功的消息，在这位山里娃的心间播下种子。6岁放牛数星星、36岁"飞天"摘星星，桂海潮从茶马古道深山走出，走向太空完成"航天壮举"。

这一年，我们看见梦想的种子长成娇艳的花朵。成都大运会赛场上"逆风翻盘、极限反超"的中国姑娘夏雨雨，10岁失明、成为全国首位视障播音硕士的董丽娜……他们或追光或捕梦，或仰望星空或躬身大地，编织着时代浪潮里不懈进取的奋斗群像。

"前景令人鼓舞、催人奋进，但幸福不会从天降。"去往梦想彼岸的征途中，风吹雨淋总是难以避免的。无数梦想的叠加，就似繁星织就银河，汇成静水深流的中国。纵使山高岭峻，也会有海阔天空之时。从今天起，给梦想一点时间吧，告诉自己：越是困难时，越是要坚持。

第三句：有机遇也有挑战，大家还要一起拼搏、一起奋斗——2019年新年贺词

一个80岁的老人是怎么样的状态？80岁的"摇滚奶奶"董云蓉当亚运火炬手、组乐队、做公益……为亚运而忙的日子，闪亮而充实。为了迎接亚运会，她所在的乐队特意把《蓝马甲之歌》改编成了亚运特别版助老公益歌曲。有人问她为何这么拼？"亚运会在咱家门口，这'排面'必须安排上。"这是一支平均年龄"70＋"乐队的回答，也是全体浙江人的作答。

杭州亚运会上，我们见证运动场上的激烈对决，也见证太多人的倾情付出。从小细节到大手笔，从观念到行动，生活在这里的每一个人，以自发自觉的行为，汇聚微光扮靓"亚运之窗"，让世界看到活力无限的浙江、气象万千的中国。

一起拼搏，一起奋斗。团结从来不是可有可无的选择，而是必然要走的路。一个人的努力是加法，一群人的努力是乘法，一座城

如果你要写2023，就不能只写2023。

这是过去一年无数人于烟火生活中升腾的热量与希望，也是过去十多年中国于伟大时代中接力追梦的一个节点，更是过去五千多年来中华民族生生不息的薪火相承。新的一年，未来的每一天，愿我们都能点燃心中的那团火，将生活百炼成诗！

陈培浩　王丹容　王娟　执笔

2024年1月1日

谁给日子开了倍速

> 生命在时间中展开，不但我们日常的悲喜在时间中填充，历史的意义也在时间里延续。有时候我们分不清到底是人给了时间标识自身的分量，还是时间给了人展示自身价值的场域。

今天是新年第一个工作日。不知不觉间，我们辞别2023年，站上了2024年的时间轴。不知道大家是否有这样的感觉，我们的时间似乎过得越来越快。《孤勇者》的旋律常常响起，却已经是三年前的歌；偶尔有人用"奥利给"加油，却已经是八年前的梗；前段时间，"距离2028年比2018年还近"的词条引发热议……

时光仿佛按下了加速键，数年前的事情常觉历历在目、恍若昨日，就比如当指针指向2024的一刹那，不少人感叹，我们好像才刚刚过完春节，下一个春节马上又要到来了；但反观童年时期，仅仅是两个月的暑假时光，都让我们感觉漫长且充实，留下令人津津乐道的回忆。

不禁要问：到底是谁给我们的日子开了倍速？我们的时间究竟

如何从指缝里悄悄滑过，无声又无息？

一

光阴似箭、岁月如梭，每逢岁末年初，这两个词语最能达意。自古以来，关于时光易逝的话题总能引起讨论。古人叹一句"无可奈何花落去，似曾相识燕归来""流光容易把人抛，红了樱桃，绿了芭蕉"，写尽了对时光消逝的惆怅；当代网友在时间洪流里追溯着，一面热衷"复古风""怀旧风"，一面喟叹"过去三年过得真快"。

为何时间总是一晃而过、流逝飞快？从既有观点来解释，或许能得出以下解答。

比如"地球自转论"。此前曾有专业数据显示，自 2020 年年中以来，地球自转速率呈加快趋势，时间的流逝快于过去半个世纪。有关"地球自转加快，一天已不足 24 小时"的言论一度登上热搜。虽然这一变化幅度只在毫厘之间，以后也会不断调整，但时间缺失给人的感觉，就像是自己珍视的物品缺了一角，即使再小也会怜惜。

比如"生理变化论"。该观点认为，随着年岁的增长，人的新陈代谢等功能会开始减速运行，大脑中神经元网络的规模和复杂程度会逐步增加，即神经元之间的信号传递需要花费更长的时间，大脑处理信息的速度则会不断变缓。当原本以为一分钟就能想清楚的问题、解决的事情，抬表一看却花费了十分钟，自然就会感觉时间的流逝变快了。

再如"年龄比重论"。早在 19 世纪末就有哲学家提出，人类对时间流逝的心理感受速度是不同的，这是由于1年的时间所占生命比重会随着年纪的增长而降低，即对于1岁的孩童而言，1年就是生命的全部，而对于半百之人而言，1年仅占生命的2%。这也是为什么当心理学家让不同年龄段的人为时间作比喻时，年轻人常用"平静的大海"来形容，而老年人更多形容时间为"加速飞奔的火车"。

类似的解释还有不少，也都有其合理之处。但时间是最公平的，谁也不会多一分钟，自然谁也不会少一分钟。对大多数人而言，之所以会"伤春悲秋"，或许更多是因为觉得时间就像是手里握不住的流沙一样，越长大就越清楚感知其难以掌握。

二

相信大家在外出时都曾有过一种感觉，即"返程比去程快""下山比上山快"，来的时候明明花了不少力气、费了不少时间，但返回时却会觉得轻松和快速了不少。

这种感觉的产生和人类的大脑机制有关。有研究提到，大脑会根据我们经历事件的数量与质量来衡量时间长短。如果一件事情对当事人来说是新奇的，让人充满探索欲，那么此时大脑就会高频运转，将较多未知、重要的信息进行摄取和存储，因而在感知上会觉得很充实，时间也就似乎长了起来；反之，如果一件事反复且常见，那么大脑的运转则会进入低频甚至待机模式，在信息处理上更多凭借无意识的自动处理，因而对时间的感知就会缩短。

所以，当我们询问"时间真的加速了吗"，问题的答案不仅取决于我们对时间的界定，也取决于我们对事物的感知。

在充满好奇心的孩童时期，世界是一张白纸，大脑接收到的每一帧画面、每一条信息，都将在白纸上留下缤纷的色彩。上课、做作业、玩游戏、看课外书、学习技能……满满当当的安排为生活增添了斑斓，收获新乐趣的每一天都堪比五天长。

长大后，许多人对周围的事物越来越司空见惯，好奇心随之消磨，即便一天到晚忙忙碌碌，也因做着重复且无趣的事情而感到空虚疲乏、一无所获。当高度趋同的信息被大脑整合，新鲜和有意义的刺激越来越少，一周便难以避免地并作一日过。

幸运的是，很多人已经意识到这一问题，在对时间飞逝表示怅然和懊恼的同时，开始寻求解答——该如何更好地驾驭时间？

翻译家许渊冲曾在日记中写下的一句话，恰好能回答这个问题："生命并不是你活了多少日子，而是你记住了多少日子。你要使你过的每一天，都值得记忆。"

新年更新的不仅是日历，更是我们求新求变的旅程。想要获得拥抱时光的充实感、实在感，我们不妨洒脱一点，抛掉不必要的烦恼和顾虑，去经历一些新鲜、未知的事，去开启一段新的体验，去认识几个新的朋友，让"我的未来式由我做主"。

也不妨再勇敢一点，走出舒适区，大胆挑战曾知难而退的陌生领域，用实践来证明"想，都是问题；做，才是答案"。无论是学习一门更前沿的技能，还是参加一项难度更大的考试，抑或是制定还未够到的高目标，拼搏的汗水会浇灌时间的花朵，当人生更厚重、鲜活，丰富的记忆就将拉长时间的长度。

三

当然，到最后我们始终都绕不开如何活着、如何赋予时间以意义的老话题。

生命在时间中展开，不但我们日常的悲喜在时间中填充，历史的意义也在时间里延续。有时候我们分不清到底是人给了时间标识自身的分量，还是时间给了人展示自身价值的场域。

这好像是个问题。因为古往今来，无数哲学家、思想家都在不断追求它的终极答案。比如存在主义哲学大师海德格尔倡导向死而生，以倒计时的概念促逼生而为人的价值；比如精神分析学派鼻祖弗洛伊德，认为人的一生都在追求得到"他者"的认同，父母的、别人的、社会的认同。

这好像又不成为一个问题。因为答案似乎已经很明了。比如年仅17岁的青年马克思就认为，如果我们选择了最能为人类而工作的职业，那么我们的幸福将属于千百万人；比如《钢铁是怎样炼成的》主人公保尔·柯察金认为，人的一生应当这样度过：当回忆往事的时候，他不为虚度年华而痛悔，也不为碌碌无为而羞愧……

在笔者看来，无论如何，无愧于心地过好当下每一分每一秒的时候，时间是什么就不会成为很重要的问题。

王阳明曾说："未有知而不行者。知而不行，只是未知。"于我们而言，如果不想在做年终盘点的时候，除了一声叹息，就是空留惆怅；如果不想在亲友相聚时，除了诉说一年的艰辛之外，还有离梦想渐行渐远的惋惜，那么行动起来将是破解的最好办法。

在百年未有之大变局的当下，我们有选择日子如何度过的机会。新的一年，我们要和时间作伴，在人生海海中不断架起从知道通向做到的桥梁，创造更多不灭的回忆，会更加明晰最好的时光就在当下。

有人说，小时候，我们把一年过成了365天；长大后，我们把365天过成了一天。如果有一只无形的手给我们的日子按下加速键，那么，我们何不手动为自己按下慢速键，逃离"Ctrl＋V"的重复生活，将每一天都过得有一点新意、有一点挑战呢？

王云长　张俊　潘滨清　执笔

2024年1月2日

凡人微光何以成炬

> 当凡人微光成为火炬，照亮的是整个社会，浸润的是每个人的心灵。只有让全社会看见光，才能让更多人相信光、追随光，进而成为光、散发光。

古人说，"一德立而百善从之"。道德不仅仅是用以约束自身的律令，也是照亮他人前行的灯塔，在润物无声中影响着整个社会。

近日，第八届浙江省道德模范先进事迹在杭州发布。从历届评选中，我们窥见人间大爱，也看到不少凡人善举。许多网友表示，这些道德模范才是真正应该被追捧的"明星"，他们用行动诠释了道德的价值和意义，是新时代文明浙江的"最佳代言人"。

一

中华民族历来重视区分是非善恶、美丑荣辱。在春秋战国时期，儒家的"仁爱""孝悌忠信礼义廉耻"，道家的"上善若水"

"尊道贵德",墨家的"兼爱""非攻"等思想,是人们在黑暗摸索中举起的一束束火炬,在世代传承中成为中华民族独特的精神标识和价值向导。道德的内涵也是与时俱进的,在不同时代有不同的要求和体现。今天,我们所倡导的社会主义核心价值观,就是全社会重要的道德准绳。

道德就像空气,虽然无色无味无形,平时很难感知它的存在,但没有道德的生活,是令人窒息的。在一个道德滑坡、诚信缺失、责任缺乏的社会,每个人都会深受其害,甚至可能陷入以怨报怨、以暴制暴的恶性循环。道德是一种社会规范,需要在社会环境中产生和习得,当一个社会充盈着清新的"空气",每个人才会有健全的人格、全面的发展。

同时,流动起来的空气,就能成为风。道德发挥着协调人际关系、影响社会风尚的作用,对有德之人、有德之事予以鼓励和宣传,能够在潜移默化之间感染更多人,带动更多人起而行之,在人们心中播下道德的种子。相反,对于一些道德败坏的行为,如果不加以规制,就会破坏社会风气、产生不良影响。

古人所讲的"立德、立功、立言"三不朽,"立德"是第一位的。从古至今,评价一个人能否在历史上留下印记,能否成为全社会的榜样,道德标准始终是首要标准。在不同的历史时期,道德榜样虽在变化,但都引领着人们追寻光的方向。

当今时代,道德模范就是这样一群可爱的人,他们是看得见的正能量,是行走的价值观。他们用现身说法让我们相信,德之美、德之贵从未远离,向上向善仍然是时代的主旋律;他们也令人心向往之,如同一束束"微光"汇成火炬,点亮千家万户。

习近平总书记强调,"要认真汲取中华优秀传统文化的思想精华和道德精髓"，"中华优秀传统文化是中华民族的精神命脉，是涵养社会主义核心价值观的重要源泉"。正是根植于中华优秀传统文化，社会主义核心价值观才拥有了生生不息、源源不竭的内在动力，滋养着一代又一代人用点滴行动写就大爱华章。

二

实际上，很多道德模范都是我们身边的普通人，他们所作的贡献并不是什么惊天动地的大事，而且出发点往往很朴素。但道德模范的事迹却总有一种直抵人心的力量，这种力量诠释了微光何以成炬。

微光之所以成炬，是因为内心的小小善念被付诸行动。恻隐之心，人皆有之。将善心转化为善行，就走出了道德实践的第一步。当外卖小哥彭清林发现有人落水后，从12米高的桥上纵身跳入江中，尽管由于胸椎压缩性骨折住了院，但他事后说："会后怕，但不后悔，关键时刻不能犹豫，下次碰到我还是会选择救人。"当船老大沈华忠发现一艘渔船在舟山海域遇险沉没，他主动砍断连接绳，将价值10万元的蟹笼丢弃在大海中，第一时间前往搜救。他说："蟹笼丢掉可以再赚，但生命无价，我会继续义无反顾去救援。"摆在他们面前的，并不是"救与不救"的选择题，而是如何将心中的些许微光投射到争分夺秒的行动上。

微光之所以成炬，是因为日复一日的坚持和积累汇聚成大爱。勿以善小而不为。你以为的小事可能就是改变别人一生的大事，就算一件微不足道的好事重复上千、上万遍，也能够造福很多人。像眼科医生陈洁，自2012年起，她带领志愿者来到高原地区开展医疗公益行动20余次，走过17个贫困县（市）、150多个贫困乡村，为近4万名群众建立眼健康档案，免费帮助近万人重见光明。正如有人说："一生能够把一件事做好，一心一意地坚持和钻研下去，已是不虚此生。"

微光之所以成炬，是因为撬动了万千群众的磅礴力量。一个人的力量毕竟是有限的，而一旦能与广大群众同频共振，激发出的能量将会是巨大的。宁波市北仑区红领之家社会服务中心党支部书记陈军浩，扎根党员志愿服务一线，始终把帮助解决群众烦心事操心事作为自己的最大追求，2012年牵头成立红领之家社会服务中心，12年来带领近2000名党员志愿者累计组织活动4926次，累计志愿服务时长超97000小时，服务群众超80万人次，带动463家社会组织常态化参与志愿服务。他说："帮助他人，让我内心感到幸福和满足，我会一直坚持走下去。"

这些道德模范用一桩桩善行义举，为"微光成炬"提供了丰富的现实参照系，告诉我们平凡之身做平凡之事，同样能放射出夺目的光芒。

三

当凡人微光成为火炬，照亮的是整个社会，浸润的是每个人的心灵。只有让全社会看见光，才能让更多人相信光、追随光，进而成为光、散发光。

不可否认的是，当经济社会高速发展，人们的道德观、价值观在激烈地震荡。人际关系冷漠、社会诚信缺失等现象一定程度存在。当我们路见不平，可能还是会犹豫再三，要不要"该出手时就出手"，会不会引来不必要的麻烦，这也都是正常心理。

尽管不能苛求每个人都成为"孤勇者"，但我们必须要保持心中的那一分善念，不对那些"傻傻"坚持、默默奉献的人报以冷嘲热讽。不仅如此，我们还要对那些凡人善举报以更多肯定的目光、赞许的掌声、切实的褒奖，让有德者更有得，共同保护"微光"不被熄灭。

实际上，我们与"光"的距离并不遥远。正如《传习录》上记载的一个故事，有一天，王阳明的一位弟子出游回来，王阳明问他见到了什么，弟子回答道："见满街人都是圣人。"王阳明说："你看满街人是圣人，满街人到看你是圣人在。"王阳明说的"圣人"，即致良知的人。

综观道德模范的事迹，尽管职业不同、地位各异、性格有别，但无非都是遵循了做人的道德准则，无非是回归了人的初心和本性。可见，即使成为不了拨动风云、引领时代的伟人，也不影响我们做一个善良的、有道德的好人。

道德模范也是人，有悲欢离合，有七情六欲。让全社会降低做好人好事的门槛，需要在全社会建立起"道德模范也是凡人、凡人也可以是道德模范"这一共识。在典型的选树和宣传中，不能一味地追求"高大全"，也不能为了所谓的光鲜亮丽，给道德模范"脱水"，让榜样失去了人性的温度，成为橱窗里的标本。让道德模范更加可亲可敬、可感可学，既给人们以心灵的温暖和抚慰，又激发人们前进的动力和勇气，这样才能更好地释放微火成炬的潜能。

榜样是看得见的哲理。期待微光的星星之火可以点燃更多人心中的火炬。如果你的善意成为照亮他人的一束光，那么当你行走在黑暗之中，也总有一束光照射到你的身上。

谢滨同　凌晨　执笔

2024 年 1 月 2 日

范仲淹的杭州岁月

在范仲淹的身后，有张载的"为天地立心，为生民立命，为往圣继绝学，为万世开太平"，有陆游的"位卑未敢忘忧国"，有顾炎武的"天下兴亡，匹夫有责"……表述不同，情感如一，跨越时代丰盈着千百年来无数人的精神世界。

38岁那年，范仲淹第一次来到了杭州，对西湖的秀美留下了深刻印象。那时的他，还是一位在基层辗转多年的小官，杭州于他，也只是过客。

很多年以后，经历了人生的起落，以及庆历新政的改革挫折，范仲淹在诗中写道："长忆西湖胜鉴湖，春波千顷绿如铺。"

"进则尽忧国忧民之诚，退则处乐天乐道之分。"在范仲淹漫长的政治生涯中，杭州让他难忘的，绝不止于西湖。两度在杭州为官，不管在官场上是进还是退，不变的是他"先天下之忧而忧，后天下之乐而乐"的精神境界。

一

一直到40岁，范仲淹在晏殊的推荐之下，才得以入京为官。崭露头角的他，却很快因为敢于直言，在8年时间内三次被贬。

1034年，46岁的范仲淹被外放睦州（今杭州淳安、建德、桐庐一带），这是他的第二次被贬。

从京城到偏远之地，又是拖家带口，范仲淹一路花了4个月。千里奔波，范仲淹对被贬没有怨天尤人。今天在他的诗文中，看不到太多郁闷和低落。或者说，他的所忧所乐与被贬或升官没有太多的关联。

乐在山水。在写给晏殊的书信中，范仲淹说，睦州"既清且幽，大得隐者之乐"。

抵达睦州已是4月，在这里虽然只是短短数月时间，却是范仲淹文学创作的第一个高峰。有学者统计，范仲淹一生的诗文，有六分之一是在此期间创作的。

公事之余，面对睦州的山水、白云、石泉以及百姓生活，范仲淹兴之所至，写下了《潇洒桐庐郡十绝》。

10首诗，都以"潇洒桐庐郡"开头，如"潇洒桐庐郡，开轩即解颜。劳生一何幸，日日面青山"。

这组诗，不仅是范仲淹心境的写照，还在千年以后成就了"潇洒桐庐"的名声。城以诗名，也许这就是文化力量的体现。

忧在民生。"进亦忧退亦忧"的范仲淹，虽然在山水中找到了潇洒之乐，但退隐山水从来不是他的本意。

范仲淹曾多次以鲈鱼入诗，如"不道鲈鱼美，还堪养病身"，向往的是远离朝堂后悠闲自在的生活，但同时，他也写下了"江上往来人，但爱鲈鱼美。君看一叶舟，出没风波里"，充满着对渔者的关切与同情。

步入壮年的范仲淹，将睦州之行看成了一次短暂驻足。在睦州，他与自然风光相遇，与前辈先人"对话"。

要说范仲淹在睦州做得最有名的一件事，莫过于修建严子陵祠堂了。严子陵是浙江人，博学多才，和光武帝刘秀是同学。东汉建立后，虽然刘秀多次邀请他入朝为官，但严子陵都拒绝了。

在范仲淹之前，李白、孟浩然、杜牧等人都到过严子陵钓台。范仲淹到了之后，修建了严子陵祠堂，并写下了他的代表作之一——《桐庐郡严先生祠堂记》。

范仲淹将自身经历带入了对严子陵的感情，在他看来，严子陵不事权贵、为人高洁的情操，足以让"贪夫廉、懦夫立"。

"云山苍苍，江水泱泱，先生之风，山高水长。"范仲淹将仰慕写成了广为流传的名句，而后人，将这句话作为对范仲淹人格魅力的评价。

睦州行近10年后，范仲淹主导了著名的庆历新政，这成为中国历史上最有名的改革之一。

二

1049年，61岁的范仲淹主政杭州。经历了官场的起起伏伏，特别是庆历新政的荣光和挫败，此时的范仲淹，活得更为通透了。

西湖的碧水就在眼前，他可以畅快淋漓地表达对杭州的喜爱之情："最爱湖山清绝处，晚来云破雨初停。"

"何处潮偏盛，钱唐无与俦。"得空时，他还可以去看看"壮观天下无"的钱江潮，领略杭州的另一种美。

到杭州的第二年，两浙路爆发饥荒，杭州灾情尤重。范仲淹一改单纯开仓济民的常规做法，创造性地想出了一个"狠活"——"荒政三策"：一来主动抬高粮价，杭州官方粮价提升至每斗180文钱，比市场价还高出一半；二来利用"吴人喜竞渡，好为佛事"的民俗，鼓励大兴公私土木之役；三来，更大胆的是纵民竞渡，休闲游湖。

施政初期，在杭州可以看到这样的景象：饥荒肆虐，百姓苦不堪言，作为杭州太守的范仲淹，却在西湖画舫出游宴请，这还是"后天下之乐而乐"的范仲淹吗？

看似反其道而行之的"荒政三策"，取得了意想不到的效果。抬高粮价，外地粮商蜂拥而至，此时范仲淹再开仓放粮，市面上粮食价格大跌；大兴土木，以及举办龙舟比赛等，通过以工代赈的方式，促进了杭州商业发展，也让灾民得以自给自足。

杭州人沈括在《梦溪笔谈》中详细地记录了这一历史事件。在范仲淹的努力下，"是岁两浙唯杭州晏然，民不流徙"，沈括称"荒政之施，莫此为大"。

范仲淹的杭州荒政，展现了他高超的治理能力，同时也体现了他"不以物喜，不以己悲"的忧乐观。只要天下乐，即使在政策的施行过程中，自身遭遇非议、弹劾也无妨。

正如欧阳修的评价所说，"于富贵、贫贱、毁誉、欢戚，不一动其心，而慨然有志于天下"。

1050年，62岁的范仲淹见到了30岁的王安石。这两位北宋著名的改革家，在杭州完成了薪火传递。19年后，王安石变法拉开帷幕，其中，仍能看到一些范仲淹庆历新政的影子。

三

湖山有幸，这位被朱熹称为"天地间气，第一流人物"的历史人物，杭州见证了他两个不同时期的人生旅程。

睦州、杭州的两段经历，时间都不长。但是，无论是踌躇满志的壮年，还是"尚能饭否"的老年，虽然他的官职和心境在变化，但始终不改的是他的家国情怀和政治理想。

"先天下之忧而忧，后天下之乐而乐"。范仲淹的忧乐精神，根源在于他以天下为己任的担当，并成为他秉承一世的为人信条。

初入官场，在泰州任盐官，他看到当地百姓为海潮所害，不顾官职卑微，上书提议修建海堰。如今，这条经过历代修补的堤坝，被当地人称为"范公堤"，以此铭记范仲淹的功绩。

庆历新政时，他位高权重，主持吏制改革，将不合格的官员"一笔勾之，以次更易"。同僚劝他，他回答说："一家哭，何如一路哭耶！"

步入晚年，主政杭州的他，已是名满天下，但不顾个人名声，实施了"荒政三策"，救民无数。据《杭州地方志》记载，杭州人民为纪念范仲淹之惠政，曾在孤山建起"范文正公祠"，在梅登高桥建起"范府君庙"。

"文能提笔安天下，武能上马定乾坤。"文武双全的能力固然世间罕有，但范仲淹经世济民的忧乐精神更为珍贵，对后世影响深远，激励着为国为民的担当与奉献，传世而长存。

在范仲淹的身后，有张载的"为天地立心，为生民立命，为往圣继绝学，为万世开太平"，有陆游的"位卑未敢忘忧国"，有顾炎武的"天下兴亡，匹夫有责"……表述不同，情感如一，跨越时代丰盈着千百年来无数人的精神世界。

钱伟锋　吴安桐　执笔

2024 年 1 月 3 日

寻找烟花爆竹"禁"与"放"的最优解

> 烟花爆竹的"禁"和"放"不应该是一对不可调和的矛盾，解答这个问题也没有一成不变的标准答案。坚持从实际出发，从人民群众的利益和诉求出发，相信能够找到最优解。

日前，全国人大常委会法工委向十四届全国人大常委会第七次会议报告2023年备案审查工作情况。备案审查报告中公布多起典型案例，其中提到"全面禁燃烟花爆竹不合法"，引发了热议。事实上，2023年初，河南、广东、山东、辽宁等多地将"禁止"改为"限制"，规定民众在特定时段和区域内可以燃放烟花，得到了不少群众的好评。随着年关的临近，呼吁解禁燃放烟花爆竹的声音多了起来。

一直以来，针对燃放烟花爆竹这个话题就有不同的声音。有网友觉得，因为地方全面禁了烟花爆竹，传统节日少了热闹喧嚣，年味变得越来越淡；也有网友担心，放开燃放烟花爆竹会对环境造成影响，还有可能导致各种安全事故；还有网友忧虑，冬天甲流高发，放鞭炮引起的人群聚集和空气污染都不利于呼吸道健康。

"热闹"是中国人过年的关键词之一，"爆竹声声辞旧岁"的民俗也已延续千年。诚然，燃放烟花爆竹需要一定的管控，但一禁到底、一切到底，似乎办法过于简单，有些不近情理，未能兼顾群众呼声、社会诉求。

一

算起来，很多地方的"禁放令"已经执行很多年了。"静悄悄"的春节甚至从城市延伸到了乡村，过年放鞭炮对大多数人来说成了一种奢望。

我国对烟花爆竹的管理可以追溯到20世纪80年代。1988年，六届全国人大五次会议提出加强烟花爆竹的生产和燃放安全。2006年，国务院出台了《烟花爆竹安全管理条例》，规定县级以上地方人民政府可以根据本行政区域的实际情况，确定限制或者禁止燃放烟花爆竹的时间、地点和种类。

此后，多个城市开始制定燃放烟花爆竹的相关法规。再后来，越来越多的城市加入了禁止燃放的行列，管控趋于严格，有的地方不分地段、不分时段全区域禁止燃放所有烟花爆竹，对违反禁令的还要进行处罚。数据显示，2018年，全国803个县级以上城市禁止燃放烟花爆竹。

"禁放令"的出发点是好的。一方面，烟花爆竹燃放会产生二氧化硫、一氧化碳、二氧化氮等，对空气造成污染；另一方面，每年因燃放烟花爆竹导致的火灾、人身伤害等事故并不鲜见。

燃放烟花爆竹带来的危害有目共睹，但不允许燃放烟花爆竹也在一定程度上削弱了中国人传统的年味。燃放烟花爆竹是中国传统民间习俗，最早可追溯至先秦的"爆祭"和"庭燎"。汉代东方朔的《神异经》中记载了一种模样像人的猴科灵长类动物"山魈"。据说山魈最怕火光和响声，所以人们便"燃竹而爆"，把山魈吓跑。历史上，过年放鞭炮、点红烛、敲锣打鼓欢庆新春的年俗逐渐形成、传承下来。一部分老百姓希望政府放开禁令，其实这种心情可以理解，这样的诉求也应该得到重视。

事实上，就像有网友说，没有哪一个地方会因为有排放而停止工业生产，会因为发生车祸而禁止开车。虽然"安全为大""不怕一万，就怕万一"，但"就怕万一"不必然导致管理上的"一刀切"。像燃放烟花爆竹这样辩证的问题还需要辩证看、辩证办。

对于有的地方、有些部门而言，倘若碰到什么事情，因为怕出麻烦、怕担责任，就简单直接地"禁""断""绝"，看似管理起来省心了、事情也好办了，但实际上可能会是一种懒政，老百姓意见也不少。

二

从来没有一成不变的政策。随着每个地方面临形势和环境的变化，烟花爆竹不应该一禁了之、一禁到底。

过去十多年，总体而言，从雾霾重重到蓝天常驻，我国空气质量得到大幅改善。随着大气环境的好转，以及各项空气治理政策的配套组合，"禁放令"不该总是不分时段、不分地段地施行。每个地方在每个时段有不同情况，可以多结合实际来调整政策。

此外，过年放鞭炮寄托着人们祈福的美好愿望。正如有网友说，辛劳了一年，希望能享受过年的喜悦，希望有欣赏绚烂烟花的权利。很多人期待着春节能够回家团圆，在鞭炮声中释放情感，在热闹喧嚣中辞旧迎新。

控制风险和继承传统如何兼顾，这是对各级管理部门治理效能的考验，一禁到底不可取，但是放任不管也不可取。解答这个难题需要智慧，更需要担当。从一个极端到另一个极端，无助于问题解决。只有尊重法律法规、立足实际情况，因时因地对政策作出动态调整，才能让政策更好地呼应民众期许和现实需要。

在某些情况下，与其"禁"不如有序地"限"。各地政府部门不妨多听听群众的意见，在综合考虑当地大气环境容量、城市体量、消防安全、传染病防控等因素的基础上，合理调整本地区烟花爆竹燃放政策，像一些中小城市、乡镇农村没有必要跟风"最严"，可以限定燃放的时间、燃放的区域。

减少燃放烟花爆竹对环境的污染，还需要从供给端入手。比如，通过更好地规范引导烟花爆竹产业转型升级，进一步推动除尘、减噪、脱硫等科研攻关，对材料进行科学改良，把燃放污染降低到最小程度。

针对烟花爆竹存在的安全问题，不能因为难、因为怕就避之不及。办法总比困难多，相关部门除了对烟花爆竹生产、运输、经营、燃放等环节形成管理联动外，还需加强安全燃放知识的宣传普及，避免因为燃放、观看烟花爆竹导致大规模人群聚集，提醒大家在燃放烟花爆竹时做好自我防护，等等。此外，春节期间，由政府集中组织几场大型的烟花秀表演也不失为一个好的办法。

烟花爆竹的"禁"和"放"不应该是一对不可调和的矛盾，解答这个问题也没有一成不变的标准答案。坚持从实际出发，从人民群众的利益和诉求出发，相信能够找到最优解。

三

过年燃放烟花爆竹的习俗绵延不绝，早已成为中华民族难以割舍的文化情结，和春联、饺子、年画一同构成了老百姓记忆里生动的生活场景、温暖的生活细节，更寄托着人们对美好生活的向往。

"爆竹声中一岁除，春风送暖入屠苏。"一句经典诗词道出了烟花爆竹之于中国人的特殊文化意义。"爆竹声声辞旧岁""鞭炮齐鸣四海春"，这些脍炙人口的话，传了一代又一代。千年传承的传统习俗饱含着华夏儿女深切的情感共鸣。

很多年轻人热衷于过洋节，很重要的一个原因是这些节日抓住了人们"好玩"的天性。有网友说，现在不少年轻人过节愿意花钱去上海迪士尼玩，最期待的就是看一场烟花表演，拍一张照片发在朋友圈。令人遗憾的是，一些出生在城里的小孩，甚至已经不知道我们过年有燃放烟花爆竹的传统了。

文化的阵地，你不去占领，别人就会占领。过年贴春联放鞭炮、元宵吃汤圆闹花灯、端午包粽子赛龙舟，每一个节日都有特殊的载体、特殊的意义，没有了这些内容，该如何更好地去了解、传承节日背后的文化呢？坚定文化自信的一个重要方面，就是要把我们的传统节日好好地过起来。

当然，我们不应仅仅盯住烟花爆竹的"放"与"禁"，还应积极关注和推广各地热闹喜庆的传统习俗，像广东潮汕地区的传统舞蹈，气氛就非常热烈，像浙江宁海的台阁游行、浦江的板凳龙、绍兴的社戏，以及浙江各地精彩纷呈的民间戏剧团，都很有看头，有文化味又热闹劲儿十足。

总之,"过年能不能放烟花爆竹"这件事并不是小事,还需再多听听老百姓的意见,在减少种种不利影响的前提之下,尽量想方设法让老百姓的年越过越有味道。

王人骏　执笔

2024年1月3日

容貌焦虑该缓缓了

> 追求美是每个人的权利，可当一个人把自己的价值与容貌紧紧绑定在一起，其投射出来的则是对自我价值的不确定、不认同。"我这样到底好看不好看？"当生活被焦虑裹挟，甚至影响到身心健康，这种"追求"就成了累赘。

"18岁以后就要抗衰""越早抗衰越好"……近两年，一些医美机构为了抢占市场，以容貌焦虑为卖点，把眼光投向了年轻群体，引发热议。据不完全统计，在一些社交平台，仅#容貌焦虑#一个话题就超过1.2亿人次阅读量，与该话题相关视频的播放量更是超百亿人次。

不少网友表示，"离开美颜相机，感觉整张脸就是个错误""宁可瘦死，也不要做个胖子"，甚至一些女明星都坦言有容貌焦虑，话题屡上热搜……在这个万物皆可"卷"的时代，人们对容貌的要求不断"卷"出新高度。

不禁思考，容貌焦虑究竟在焦虑什么？我们又该如何应对？

一

"容貌焦虑"，指的是人们因对自身容貌体型不自信而产生的焦虑不安、自卑逃避心理。

中青校媒曾面向全国 2063 名高校学生，就有关容貌焦虑的话题开展了一项问卷调查。调查显示，近六成大学生存在一定程度的容貌焦虑。其中中度容貌焦虑的比例女生要高于男生，重度容貌焦虑的则是男生所占更多。可见，容貌焦虑不分男女，已成为一种相对普遍的心态。

容貌焦虑者所焦虑的，不外乎是担心自己不够美，害怕自身因此在社会中失去竞争优势，等等。

爱美是人的天性。无论是汉魏晋时期如赵飞燕般纤细体轻，唐朝时期体态丰腴的审美主流，还是明清时期回归娇柔苗条的美学潮流，千百年来人们的审美观一直在变，不变的是人们一直在追逐美、崇尚美。

追求美是每个人的权利，可当一个人把自己的价值与容貌紧紧绑定在一起，其投射出来的则是对自我价值的不确定、不认同。"我这样到底好看不好看？"当生活被焦虑裹挟，甚至影响到身心健康，这种"追求"就成了累赘。

有的人容貌上的微小瑕疵被无限放大，导致产生自卑心理或者此类心理暗示；有的人沉迷于"美颜滤镜"带来的美貌假象，逃避以真实面容活在现实生活；还有的人追求极端的"瘦、白、美"，走进过度整形或过度节食的恶性循环，仿佛活在枷锁之中。

二

到底要多美才是美？其实美丑本无固定标准，主要来自社会审美的整体导向。近年来，"高颅顶""精灵耳""反手摸肚脐""锁骨养金鱼"……一些有些畸形的审美迅速走红，让不少人对容貌的焦虑值急速上升。到底是谁在背后制造容貌焦虑、"添油加火"？

"博眼球式"内容引导。一些自媒体及影视作品为追求"眼球经济"，过分追捧所谓的"理想美"，比如"A4腰""筷子腿"，让大众在无形攀比中形成体像烦恼和容貌焦虑。一些明星、网红为吸引流量、获取打赏，常常过分强调外貌与身材的重要性，并不断推送各种关于"变美变瘦"的小技巧，让人们产生了必须要不断"修正"自身外貌身材来获得他人认可的心理。

"颜值溢价"过度追求。有人说，这是一个看脸的时代，漂亮的人能得到更多的偏爱和机遇。如有的机构用数据表明，女性的身高每增加1厘米，其工资收入会提高1.5%到2.2%，而身材偏胖对于工资收入和就业都有负面影响……如果没有别人美，就意味着可能在就业、婚姻等方面受到损失，焦虑感就会油然而生。可事实真的是这样吗？这需要打个大问号。

"美丽营销"过分鼓吹。焦虑的情绪能够有效地激发人的消费欲和购买欲。一些商家极力鼓吹"没有丑女人只有懒女人""你不涂口红的样子，跟男人有什么区别"等广告语，用洗脑的观点编织着"美貌至上"的谎言，试图让女性心甘情愿掏腰包购买昂贵奢侈品、化妆护肤品和新款服饰，不自觉跳入消费主义的陷阱。

此外，现在人们都能在社交平台上发布展示形象的照片和视频，然而很多人都倾向于展示自己觉得满意的部分，还会进行一定程度的美化，这也会助长自己和别人的容貌焦虑。

三

正如世界上没有两片完全相同的树叶，同样也不应该有单一、固定的审美模式。美丽不该被定义，也不应有标准。那些所谓的"黄金比例""魔鬼身材"都不过是世俗的眼光为千姿百态之美所戴上的枷锁。那么，如何才能打破枷锁？

走出焦虑，活出自我。从个人角度而言，需要改变"自我客体化"的思维方式，即不必过度在意外界评价，而要敢于活出自己，正视、悦纳自己，不夸大先天的缺陷，也不要忽视自己的优点。中国传统审美历来就具有包容性，"各美其美，美美与共"，除了外貌，美还可以有很多种表现形式，比如腹有诗书的气质、元气满满的活力、健康自律的生活、豁达开朗的品性、优雅淡然的心态、专注执着的精神等。

我们常说某个人很有气质，其实气质并不取决于五官。一个人走过的路、读过的书、看过的风景，都可能沉淀并熔铸成独特的气质。眼睛小也可以目光如炬，个子不高也能够精神焕发。与其活在焦虑中难以自拔，倒不如保持步调，建立稳定的精神内核，不断通过实践历练提升自信，从内心深处绽放出永不凋零的花。

弊则补之，决则塞之。《医疗美容广告执法指南》就提到，市场监管部门对制造"容貌焦虑"等情形予以重点打击。从政府角度而言，相关部门应主动靠前，在整治营销乱象、虚假宣传乱象等方面采取更多有力举措，进一步清除不良情绪滋生的土壤。

比如，减少直播平台、综艺节目等刻意对容貌焦虑等话题的不良引导；加强对互联网医美营销信息的监管，禁止医美宣传向未成年人渗透，对无资质提供服务、擅自使用未经报批药物的机构予以严厉查处；加大对网络平台的监管力度，对利用他人肖像进行炒作恶搞、肆意攻击等行为进行整治；等等。

以心向美，以美润心。从媒体角度而言，新闻报道应更多地为崇尚真善美的正能量鼓与呼，不给过分营销美丽的流量让路。真诚是美，朴实是美，平凡也是美，走出对美的认知误区，我们的新闻舆论引导还可以做得更多。不妨把镜头和笔墨多给到在平凡岗位上默默奉献的普通人，少聚焦纯靠颜值博出位的流量明星和网红。

从整个社会面上而言，我们都应该主动打破"大眼睛""高鼻梁""尖下巴"等单一定式审美，充分挖掘引导健康美、内在美，欣赏和包容更多美的不同形态，用奋斗、坚强、拼搏的姿态，演绎出每个人的美丽人生。

总而言之，对抗容貌焦虑，需要走出对美的认知的偏狭误区，最重要的是接纳自己，自信自立。当我们开始真正学会欣赏自己时，就不会被焦虑所困扰。接受自身的不完美，真诚拥抱镜子里那个从容、平和、自信的自己，毕竟每个人都是独一无二的"孤版"，让人闪闪发光的绝不仅仅是脸庞。

厉晓杭　廖丽华　蔡嘉妮　执笔

2024 年 1 月 4 日

冬日的"尔滨"何以走红

> 不难发现，相比传统文旅，现在越来越多游客不远万里奔赴一座城，不再完全因为秀美山川和名胜古迹，很多时候只是为了一种新奇、好玩的体验。

"零下二十摄氏度，我在哈尔滨当公主""妈妈，我有点急事，必须立刻去一趟哈尔滨"……这几天冰城火了，一车车"南方小土豆"一路向北，不断涌入哈尔滨。互联网上新梗热搜不断，话题热度持续刷新。

数据显示，刚刚过去的元旦假期，哈尔滨接待游客304.79万人次，实现旅游总收入59.14亿元，旅游热度环比上涨240%。据预测，这波热潮还将延续至寒假、春节假期。

那么，这个冬日，"尔滨"何以走红？"南方小土豆"爱上大东北，又带给我们哪些启示？

一

"最萌南北差"一直是个有趣的话题。中国南北跨越近50°的纬度差，滋养了各地不同的自然环境、不同的万物生灵，也积淀了迥然的地域文化、生活方式。这在"橘生淮南则为橘，橘生淮北则为枳"的古语流传中、在"白马西风塞上，杏花烟雨江南"的手书楹联中，都多有描述。

有人说，"旅游就是从自己待腻了的地方到别人待腻了的地方去"。其内里在于不同地方具有独特性和差异性，让游客得以探索、体验和理解不同的文化。

冰雪的世界对南方人来说具有天然吸引力。很多时候在北方人看来仿佛是"毛毛雨"的小雪，在南方人眼里已经是"鹅毛大雪"了。甚至有网友调侃，北方的冬天，最有意思的节目莫过于"南方人看雪，北方人看南方人看雪"。

因此对"南方小土豆"而言，哈尔滨无疑是一座充满魅力的"冰雪之城"。在这里，有人第一次吃到不用放冰箱的老冰棍，有人在"南泥北运"后见到了自己那白得发光的"波棱盖"。而当南方游客攻进冰城，"家里来qiě了"的哈尔滨也开启"宠土豆"模式。

松花江冰面上升起热气球、索菲亚教堂"挂"上梦幻明月，秒变"尔滨最懂浪漫"；性格粗犷的的哥温柔说起夹子音"公主请下车"，十分幽默亲切；被切成一块块的冻梨，令"小土豆"感到餐桌待遇飙升；就连动物园里的东北虎，也开始"卖萌"了……

面对这"掏心掏肺"的付出，不少游客感慨："不是土耳其去不起，而是哈尔滨更有性价比。"黑龙江省也在致海内外游客的感谢信中说："您的传扬，把很多龙江人都'整不会了'。"

二

冰雪年年有，为何哈尔滨在这一波出了圈？笔者认为，这"整不会"的背后，至少"整会"了新三样。

比如，雪里掘金的产业布局。世界瞩目的北京冬奥会，让很多人领略了冰雪运动的独特魅力。哈尔滨的爆火，折射的正是当下冰雪经济的火热。《中国冰雪产业发展研究报告（2023）》显示，2023年冰雪运动人数已超3.4亿，预计全国冰雪产业规模可达8900亿元。

哈尔滨正是迎着风口，放大了冰雪特色文旅的效应，将"冷资源"盘活为"热经济"。像这个冬天的哈尔滨冰雪大世界，投资和造型都是历年之最。这里能成为热门打卡地，吸引诸多游客纷纷前来，就是冰雪经济这篇文章越做越大的证明。

再如，以退为进的真诚法则。事实上，冰雪大世界开园首日，因排队时间长、游客体验感不佳等原因，曾引发一次退票风波。当地的应对是公开致歉并连夜整改，在公开信中还承诺了整改措施。这番真诚且带有仪式感的操作成为加分项，降低了负面评价，实现了口碑逆转，还为当地添了把火。

又如，热情好客的待客之道。有人说，哈尔滨人有三样，热情、朴实、讲义气。尽管在网络上不少当地网友都调侃起了自己的家乡，"尔滨，你让我感到陌生""我以为我是亲生的，结果才知道亲生的在南方"……但落到实际行动上，他们却不含糊。

许多哈尔滨市民用淳朴的方式表达着"东北欢迎你"，比如超负荷赶工的冰雕师傅，为游客送去暖心姜糖水的志愿者，为南方朋友制定攻略的当地热心网友……哈尔滨火出圈，有政府的努力，更有当地百姓友好与微笑的助力。

三

回望2023年，不少城市在流量的聚焦放大之下，摇身一变成为网红城市，无论是"淄博烧烤""贵州村BA"，还是新晋顶流"尔滨"，都无一例外地引爆了一波波旅游消费热。

值得思考的是，这些在聚光灯下走红的城市，如何从非常态的"意料之外"走向常态化的"情理之中"？对此，笔者有几点感受。

用心永远是最硬的招牌。一个人与一座城的双向奔赴，说到底依托的还是人与人之间的连接。四时风物、美景美食，各地有各地的不同，但归根结底，当地人同心同行、情意满满的那份真心，才是最厉害的必杀技。

这个冬天，"南方小土豆vs东北大番薯"新CP模式中的一份份温情热情，构成了许多来到哈尔滨的旅人的独家记忆。如果要问这波热度能持续多久，那就要看当地是否能够把配套做得更完善、把服务做得更用心、把需求对接得更精准。

"体验为王"正成为文旅新风口。仔细观察那些来到冰城的年轻人，无论是疲惫一年的打工人，还是"特种兵式旅游"的大学生，都喜欢在早市和洗浴中心感受街坊里巷的人间烟火气，在皑皑白雪中肆意撒野，他们纷纷直呼"体验感拉满"。

不难发现，相比传统文旅，现在越来越多游客不远万里奔赴一座城，不再完全因为秀美山川和名胜古迹，很多时候只是为了一种新奇、好玩的体验。这种体验可以是吃一顿烧烤，也可以是滑一次雪梯，其背后反映的正是游客需求的时代性变化。正如《体验经济》一书所言："体验是开启未来经济增长的钥匙。"这为各地在文旅赛道中脱颖而出提供了新思路。

把"头回客"变"回头客"仍需更多解法。当冰雪消融，哈尔滨还能吸引多少南方游客，没人能够精准预判。但可以明确的是，一座城市可以走红，并不意味着自然而然可以"长红"，旅游市场的进化和升级，也绝非一朝一夕之功。

冰天雪地也是金山银山，如何把"来得快、去得也快"的大流量转化为产业和经济发展的大能量，将更多文旅项目、特色产品推广出去，变"过客"经济为"留客"经济，还要哈尔滨去持续思考并不断探索新解法。

快乐的日子总是让人艳羡。看到朋友们在冰天雪地里玩得不亦乐乎，没去的人羡慕不已，有人调侃道："去的都是小金豆，小土豆都在加班呢。"最后只想说一句："去东北撒欢儿的金豆们，能不能给大伙儿整点哈尔滨红肠尝尝？"

陈培浩　王娟　执笔

2024 年 1 月 4 日

太湖石之绝

> 太湖石的保护，在形也在神，只有形神兼备，才能让它的绝代风华代代流传。

刚过去的元旦假期，许多景区景点、主题乐园、文博场馆等都迎来了一波旅游热。在江南一带，苏州的拙政园、留园，湖州的莲花庄等古典园林吸引了不少游客。古朴的屋檐、静谧的湖水，庭中形状奇特、纹路别致的太湖石等，构成一番峰回路转的景象，吸引游人沉醉其中。

今天，我们就来聊一聊江南园林中的"点睛之笔"——太湖石。太湖石又称"洞庭石""假山石""窟窿石"，因产于太湖地区而得名，是中国古代四大名石之一。

那么，千百年来被文人雅士独独珍爱的太湖石，到底绝在哪？当太湖石资源面临枯竭危机之时，又该如何使这一千古名石再美千年？

一

相传，太湖石的形成可追溯至百万年前。彼时的太湖地区还是个海湾，后逐渐变为内陆湖泊，湖底石灰岩在很长一段时间内受到水波冲击和湖水溶蚀，因而兼有曲折圆润、重峦叠嶂之态，呈现出"瘦、皱、漏、透"特征。

有人这样解读："瘦"，代表了古代文人的清瘦形象和独立思想；"皱"，代表了历史沧桑和人生曲折；"漏"，代表谦逊和隐忍的品质；"透"，则代表通达和智慧。因此，太湖石自古以来都颇受文雅之士喜爱。

特别是到了唐宋时期，随着经济社会发展，赏石文化日益昌盛，太湖石逐渐成为石中顶流，赏玩太湖石成为一种潮流。

在白居易笔下，常常与石相伴的牛僧孺对太湖石的喜爱可用"待之如宾友，视之如贤哲，重之如宝玉，爱之如儿孙"来形容；牛僧孺所作《李苏州遗太湖石奇状绝伦因题二十韵奉呈梦得乐天》等亦是文学史上的咏石名篇。

米芾更是赏石入"癫"。据说有一次米芾收到一块奇异太湖石，非常高兴，高呼"吾欲见石兄二十年矣"，可见他对赏玩奇石的痴迷。有论者认为，"瘦、皱、漏、透"赏石审美标准是米芾提出来的。

古时皇家园林中，也不乏太湖石的身影。不过，经过宋朝大规模开采，到了明朝，水生太湖石中已少有质地优良的，存世的大多是旱生太湖石，这时的太湖石频频出现在绘画、园林等领域，引领审美风尚。随着皇家园林的大规模建造，太湖石在清代已经成为园林艺术的重要元素，深受园林爱好者的喜爱。

<h2 style="text-align:center">二</h2>

美学大师宗白华说，石头有两次生命：一次是物质生命，万年沉积诞生于地球之表，苍古而悠久；一次是艺术生命，被人拾取欣赏于心神之间，清奇而当下。

太湖石因历朝历代文人雅士的歌咏被赋予了独特的审美情趣和浓厚的人文色彩、文化风骨。那么，太湖石之绝，绝在何处？

比如，绝在蕴含诗词之美。两宋时期出现了一大批酷爱太湖石的文人雅士，像苏轼、米芾、梅尧臣、欧阳修等，于是大量有关藏石赏石的诗词和艺术审美著作出现。

前文提到的白居易曾写过多篇太湖石诗文，其中以《太湖石记》最为世人熟知，文中盛赞太湖石"三山五岳、百洞千壑，觇缕簇缩，尽在其中"。

比如，绝在塑造意境之美。在园林建筑中采用太湖石造景，可以体现园林主人亲近山水的悠然意境，以慰藉其山水之志。梅尧臣曾说，"人心本好静，世事方扰扰。丘壑未去时，庭中结山小"。

值得一提的是，太湖石藏石赏石之风在两宋时期达到鼎盛，上至王室、下至民众都对太湖石异常偏爱并且凝练出了赏石文化及美学思想，成为宋韵文化至雅至俗的重要组成部分。

太湖石产于太湖地区，与浙江有着不解之缘。《江南园林志》中记载："宋时江南园林，萃于吴兴。"湖州园林最大的特色在于其"理石叠山"的胜景，周密撰写的《吴兴园林记》里还描绘了南宋时湖州城内外园林胜景，其中有很大篇幅记叙太湖石在园林构景中的不同手法，引领当时潮流。

比如，绝在滋养书画之美。中国书画到宋代发展到一定高度，以石入画成为当时书画的一个重要表现形式。比如宋徽宗赵佶的《祥龙石图》，勾勒出太湖石的内部沟壑与肌理，极其写实；《绣羽鸣春图》则描绘了一只孤鸟伫立太湖石的意境；等等。

<h2 style="text-align:center">三</h2>

"太湖石在水中者为贵，岁久被波涛冲击，皆成空石，面面玲珑。"明代文震亨之言，印证了太湖石形成的不易与珍贵。太湖石的保护，在形也在神，只有形神兼备，才能让它的绝代风华代代流传。

如何平衡保护太湖石资源和传承发展太湖石文化之间的关系，成为需要直面的问题。笔者认为，可从两个方面着手。

守护"形"。太湖石无论是水石还是旱石，其形成都需要漫长的时间与特定的自然环境，产量本就不大。经过历代大量开采，水生太湖石早已几近绝迹。据《吴县志》记载，"至北宋末，经多年开采，洞庭西山的太湖石已基本采尽"。近年来，随着城市园林建设的迅猛发展，一些旱石资源也遭遇过度挖掘，甚至被破坏。

如果太湖石"濒危"甚至"灭绝"，当后人再读到"烟翠三秋色，波涛万古痕。削成青玉片，截断碧云根"，是否还能想象其姿态万千的形态美？加强太湖石矿石资源的保护、杜绝乱挖滥采已迫在眉睫。比如，可用政策法规为太湖石矿石资源保护提供保障，打击非法采石行为，引导有序开发、合理利用。

传好"神"。太湖石文化源远流长，留下了很多历史遗迹，比如在湖州莲花庄公园内有一座高 3.8 米、宽约 1.2 米的精品太湖石，名唤"莲花峰"，是珍贵的历史文化资源。如何让这些具有特殊意义的太湖石"走"出在地？

比如，开展一些名石评选活动，建设运营好太湖石文化博物馆等，让太湖石文化从"养在深闺人未识"变成"天下谁人不识君"；加强对相关古诗词、志书文献等的溯源、整理，补好太湖石"家谱"，让太湖石文化有迹可循；还可搭上文创的快车，让太湖石从难以挪动的矿产资源化身成为可以带在身上、放在家中的文化符号，于俯仰可见中走入人心。

再如，需要对太湖石的历史性、文化性、珍贵性等大力宣传，让大众对太湖石产生更深刻的认知，从而守护好这一珍贵资源。

太湖石之绝美，不仅在形、在韵，更在风骨。有人说，在中国，凡风流写意、意境高远者，总少不了与"怪石"相伴。期待"太湖怪石"能够续写新的千古传奇、千古风流。

徐周飞　吴伟华　执笔

2024 年 1 月 5 日

媒体深融的五对关系

> 与其焦虑是否能跟得上最新技术，不如思考如何盘点好家底、打磨好基本功，将极致的专业能力和可用的技术能力相结合，去提升公信力、引导力。

自2014年媒体融合成为国家战略，至今已经走过了10个年头。过去10年间，一个个新媒体品牌陆续崛起，一次次爆款"出圈"带来惊喜。

与此同时，也有一些媒体人出现了担忧和困惑。比如有人担心，媒体融合都向社交平台学习，会不会把自己的优势融没了？还有人困惑，同样的内容，在自建平台上的传播量为何常常远低于社交平台上的？与第三方平台的关系到底如何处理？等等。

2024年已经拉开帷幕。下一个10年，媒体深度融合应该怎么办？笔者认为，要把存量"融"优、把增量"融"强，须处理好这五对关系。

一、"破旧"与"立新"

媒体深度融合是一项破旧立新的改革，这就需要破除制约发展的体制机制障碍，关停并转一批已经失去影响力、生命力的媒体平台、节目栏目，把好钢用在刀刃上，让有限的资源力量发挥更大作用。我们看到，近年来，在移动优先原则的指引下，一些全新的融合模式取得成功，一批主流媒体打造的新平台应运而生，一系列适应移动互联网传播的新打法取得实效。

对于改革而言，"破旧"很难、"立新"更难，但最难的是如何既保留优势，又加强创新。一旦把握不好新与旧的关系，就容易陷入误区，不仅没能创造新优势，反而砸坏了老招牌。比如，有的媒体把大量人力物力财力投向移动端、新平台的同时，对传统媒体端的内容却敷衍了事或是疏于管理，导致质量下滑；还有一些品牌栏目、精品节目在改革中销声匿迹；也有一些经验丰富的老新闻工作者在新媒体的冲击下，不得不退居"二线"。

笔者认为，"破旧"破的应该是思想观念、体制机制之旧。媒体经过长期发展与实践，积淀了许多宝贵资源，有些是内容方面的，有些是人才方面的，有些是文化方面的，这是其他新媒体平台不可企及也难以超越的。在深度融合过程中，对这些传统优势资源不该随意弃用，而是要想方设法让其焕发新生机，与新媒体端形成差异化竞争。

二、用户意识与导向引领

互联网思维、用户意识在媒体融合中十分重要。融合的过程可以说是一个不断看见用户、贴近用户的过程。10年里，一大批媒体深入研究互联网传播特点和用户需求，有针对性地生产、推送更具"网感"的内容；一些媒体也不再严肃地板起脸，转而采用生动活泼的语言与群众喜闻乐见的形式，拉近与用户的距离。

与此同时，也出现了一些让人担忧的现象。比如有的媒体直接从"你听我说"转为"你喜欢听什么我就说什么"，投网友所好，忽视了引导舆论、引领风气的社会责任；还有的面对大是大非模糊了立场与判断，生怕一发声就被打差评；更有少数新闻媒体，过分追求商业价值和流量，热衷于发布一些营养价值不高的内容，导致公共价值缺位。

如果说"人人都有麦克风"，那么主流媒体拿的是"金话筒"。媒体报道什么就是在引导社会关注什么，媒体推崇什么同样也会影响公众的选择。当各种观点莫衷一是时，人们还是希望看看主流媒体怎么说。坚持用户意识的关键不是顺着用户的想法去报道，而是要把正确的思想、观点、态度以用户容易接受的习惯和角度表达出来，达到统一思想、凝聚共识的目的。

三、追求流量与提升质量

互联网是眼球经济，流量决定效益。而媒体深度融合的最大成果之一就是对新闻报道的评价更为直接便捷，用户只需用手指"投票"，就能决定内容影响力大小。

为了获得高流量，少数媒体走起了捷径，流量和质量的天平出现了偏向。比如，有的热衷于"蹭热点"、当"标题党"；有的刻意追求猎奇负面、明星八卦，频频发布"新黄色新闻"；还有的为了抢发、快发，导致新闻失实甚至虚假，影响了媒体的权威性，受到诟病。

客观来说，流量是评判一个媒体深度融合成效的直观指标，用户的每一次点击、点赞和互动，都代表了对内容的关注，没有流量的内容属于自娱自乐。因此媒体必须重视传播效果，并据此来调整内容生产和传播策略，让正能量获得大流量。

但也要清醒看到，流量大并不能等同于质量优。一味追求流量，打擦边球，忽视专业和品质，影响的是媒体的公信力和权威性。

正确处理流量和质量的关系，关键在于从管理部门到媒体的考核体系都要进行优化，不能让记者编辑围着那几个数据打转，忽视了对业务的钻研、对内容的打磨，让媒体也沦为"流量乞丐"。

四、"自造船只"与"借船出海"

在平台方面，媒体融合要用两条腿走路，一条是建设自主可控的新闻客户端，另一条则是在第三方平台开设账号，借助平台的资源来传播自己的内容。

自建平台自主性强，能够将主动权话语权掌握在自己手里，但耗费资源多，要打出影响力不容易。而入驻第三方平台投入并不大，好内容动辄就能收获千万流量。因此，业界曾出现过"客户端无用论"的说法，认为与其花费这么大精力去建设平台，不如好好运营第三方账号，同样也能起到传播内容的作用。

笔者认为，自主可控的客户端代表着媒体的阵地资源、用户资源、数据资源等，如果放弃了客户端，等于放弃了安身立命的基础，把"生杀大权"交给他人。因此，客户端不存在该不该建的问题，但如何建、建多少则值得探讨。一家媒体建几个客户端，应该经过充分统筹把握，且遵循集约化原则。比如，一些县区本身资源十分有限，就可以尝试与市级媒体合作，在市级媒体客户端上开设专属频道。

在建强用好客户端的同时，媒体入驻第三方平台的模式仍可持续。整体而言，假如自身资源有限，那么将内容放在其他平台上刊发，既节约了资源，还扩大了传播。

媒体与第三方平台不仅仅是竞争关系，更有合作互惠关系。媒体能做的应该是以更多优质内容来换取话语权和主动权，少一点受制、多一点受惠，尽可能不放过任何能够放大声量的平台和渠道。此外，也应懂得用版权保护等手段来维护自身权益。

五、"紧跟前沿"与"适用为上"

互联网技术日新月异，5G、人工智能、元宇宙、云计算等迅猛发展，一批技术驱动的互联网企业以其技术优势，迅速赢得发展先机。这也让不少媒体焦灼不已，认为似乎错过了一个风口，就将错过一个时代，但又受制于人力、物力、财力，想跟跟不上，想用用不起。

媒体对新技术新应用保持敏感是个好现象。技术发展是驱动媒体融合发展的重要力量，而如何让技术赋能媒体深融，关键词是"匹配度"，核心是"人"。

简单机械的技术加持并不能带来明显效果，耕地也用不着"金锄头"，媒体机构的日常内容生产和机构运作，未必用得上所有的前沿技术。应当从自身基础条件和需求出发，寻找最适合自身、最有利于发展的技术，避免盲目引入新技术与新形式。

更不能忽视的是，不管技术如何发展，最核心的还是人的主观能动性。同样的技术，在不同人手里发挥的作用全然不同。哪怕将来机器人写稿普及了，最后稿子质量如何还是取决于输入指令的人。与其焦虑是否能跟得上最新技术，不如思考如何盘点好家底、打磨好基本功，将极致的专业能力和可用的技术能力相结合，去提升公信力、引导力。

余丹　执笔

2024 年 1 月 5 日

"糟"透的美味

> 一粒小小的糟蛋，就这样既保留了美酒的芬芳却不醉人，又加了一味乡情做"底"，在时光中慢慢发酵，那股杂糅了甜、咸、酸、涩、辣的香味，在唇舌间流淌，在记忆中沉淀。

　　喜欢美食的汪曾祺，曾在写给友人的信中分享吃到糟蛋时的喜悦："稀糊糊的，糟味亦较浓。春暖，或当趋候。即颂元旦佳胜！"

　　糟蛋全国都有，数浙江平湖的为佳品，向有"天下第一蛋"之美誉。端午前存下的糟蛋，深秋时节就可开坛品尝，过了新年，便又成一道特色年味。透过薄薄的蛋衣，橘红的蛋黄清晰可见，糟蛋滋味馥郁，筷尖轻点，挑得一抹入口，触感沙软绵密，舌尖顷刻便有咸香溢出……

　　一枚小小糟蛋，是悠悠时光的陈酿，渗透着多少百姓的深切乡情。它那份特有的混着蟹膏之鲜美和美酒之醇香的味道，何以变得悠远绵长？今天，我们就来品一品这粒"糟"透的美味。

一

杭嘉湖平原自古就是稻米之乡，盛产佳酿。相传越人先民就有以酒入馔、糟制食品的传统。到南宋时，更是糟风大盛，临安城里处处有糟羊蹄、酒糟鱼、糟肉、糟蟹售卖，熏得游人沉醉。

糟物历史久远，万物皆可入糟。而糟蛋何以能别树一帜？

当地人传说，平湖糟蛋的诞生，缘于一场美丽的意外。

据说清初的平湖，各色小作坊是一道亮丽的风景线，而在这些小作坊里，不少是以售卖酒酿、黄酒为业的。有一年，当"黄梅时节家家雨"撞上"潮汛有时声转怒"，河边小作坊里的鸭蛋先遭了殃：河水连绵不绝涌上岸来，不少鸭蛋混入水中，也混入了酒糟中，洗了个漫长的"酒水澡"。

数月后，本以为损失惨重的作坊主人打开酒糟缸，发现了这些"倒霉蛋"，敲开蛋壳，却惊喜地发现，蛋白和蛋黄已然凝为一体，宛如一块多色的羊脂玉，馥郁的酒香扑鼻而来。食之，舌尖更仿若经历着"冰火两重天"。这独特的美食打开了小作坊的一本新"生意经"，人为糟渍后，挂牌出售，很快便成了当地人餐桌上的"常客"。

爱下江南的乾隆皇帝，也与平湖糟蛋有着一段妙缘。相传一日，他耽搁在海宁陈阁老府上，阁老将一坛子糟蛋放上筵席。皇帝头一次尝到这种滋味，沙甜爽口、酒香醇厚，当下就将糟蛋列为贡品，还御赐了平湖糟蛋一道"京牌"。

"黄袍加身"的糟蛋从此走上了"开挂"之路，凭借独一无二的口感，已然奖牌等身。比如在近代，平湖糟蛋曾先后在南洋劝业会、英国伦敦博览会、巴拿马国际博览会等国际大都会上斩获金牌，成为当之无愧的"天下名蛋"。

一粒小小的糟蛋，就这样既保留了美酒的芬芳却不醉人，又加了一味乡情做"底"，在时光中慢慢发酵，那股杂糅了甜、咸、酸、涩、辣的香味，在唇舌间流淌，在记忆中沉淀。

二

糟蛋原料简单，看似人人可糟渍，却极少能达到那般令人欲罢不能又魂牵梦绕的境界，其中关窍在哪？

原来，鲜蛋从"落"于酒糟中直至糟渍成熟，必须经历选、洗、晒、击、酿、糟、封七个环节，每一环节都极为讲究，折射着追求卓越的工匠精神。

七般技艺，大多好理解，唯独"击"字，显出制作"天下第一蛋"的功夫独到。制作过程中，师傅需用竹片击蛋，犹如电影中的特技镜头，要求壳破而膜不破。这份巧劲，不啻于刀尖上跳舞。一着不慎，便会破膜。

为做好这道工序，每个糟渍师傅的手艺都需经过千锤百炼，方能得心应手、游刃有余。经验老到的师傅，可做到听音辨质，技艺出神入化。

糟，是门时间的艺术。制作过程中，还需要控制好酿缸的温度和环境湿度。酒糟是纯天然的保鲜剂，将击好的蛋浸没于糟中，在长达五个多月的糟浸中，醇类、糖类、氨基酸等物质渗入蛋内，随着蛋黄、蛋白逐渐呈凝固状，诸多营养成分也由此积蓄其中。这也使得糟蛋不仅是美味佐餐，还能增食欲、助消化等。

糟蛋的食用方法颇为讲究，也自有一份情致。由于糟蛋软嫩Q弹，需先从容器中小心捞出，以小碟盛上餐桌。

好客的主人会用筷子轻轻划开薄如蝉翼的蛋膜，这一瞬间极为解压，乳白色、稠似胶冻般的蛋清顷刻间从薄膜中流出来，一股浓香扑鼻而至；再揭开膜，藏在蛋衣里那半凝固状的蛋黄便无处躲懒了，嗷一小口，齿颊留香。糟蛋滋味好却不可贪多，若是不通食法、不解风情，如二师兄般大口快嚼、狼吞虎咽，可是要吃上一点苦头的。

在如何食用糟蛋这件事上，历史上还流传着一些笑谈。相传，清朝有位名叫杨昌浚的将军，头一回吃到糟蛋时直接一口咬下，浓烈厚重的糟味直冲脑门，满口蛋液吐也不是、吞也不能，引得众人哈哈大笑。

三

繁华的市肆、富饶的物产、深厚的人文底蕴，让糟蛋这场"美丽的意外"，成为平湖人长久惦念的乡愁。

穿越历史长廊，糟蛋收获了很多"铁粉食客"，留下不少赞美之词。嘉兴人项映薇编写的《古禾杂识》中记载："糟鹅蛋出之酝酿，席间未下箸，无不垂涎。"平湖文人何之鼎在其《清琅轩馆诗钞》中写道："买醉城西结伴行，源源佳酿远驰名。剖来糟蛋好颜色，携到京华美味评。"

翻译家黄源在《忆念鲁迅先生》中也提到过糟蛋："父亲的病有了转机，我比较轻快地回上海，路过平湖，在那里买了两罐糟蛋，存心一罐送鲁迅先生，一罐自己吃。但是结果没有敢送去，勉强地都自己吃了。"

糟蛋还漂洋过海,成为南洋华人对故土的寄托。相传,早在清代,平湖徐源源糟坊的糟蛋便随商船远销到东南亚各地。徐源源糟坊当年使用的老寿星商号标志,如今在东南亚地区仍有着较大影响力。

"老字号"再创新手艺,百年糟蛋还成了国潮限定。为了适应更多人群,尤其是年轻人的饮食偏好,平湖糟蛋在口感、风味改良和文案、包装创新等方面都下足了功夫,糟鹌鹑蛋、桂花糟蛋、茉莉糟蛋等新品俘获一批新客。

2012年,平湖糟蛋制作工艺被列入浙江省非物质文化遗产名录,中央电视台特意将其拍成影像方志播出;2021年,平湖糟蛋非遗文化展示馆开馆,重现平湖糟蛋浓厚的历史文化底蕴及非遗技艺。现如今,徜徉于平湖的街巷间,随处都能捕捉到糟蛋的影子:建筑外墙上、杂志封面上、烟火升腾处……

平湖糟蛋,承载着一批批"铁粉食客"的深情,也留下了浓郁悠远的文化印记。它的经久不衰,离不开一颗匠心的坚守、一缕乡情的守护、一种文化的传承,也似在印证,"人间烟火气,最抚凡人心"。

吴梦诗　汪锦秀　朱鑫　执笔

2024 年 1 月 6 日

滑雪何以下江南

> 对江南人来说，雪似乎有着令人难以抗拒的魔力，盼雪、寻雪、玩雪成了翘首以盼的乐事。冰天雪地间，银装素裹的景观、松松软软的触感，是江南人梦寐以求的。

近期，"尔滨"的爆火，让冰雪运动再掀热潮。每年冬天，许多滑雪爱好者涌向各大滑雪胜地，踏上雪板、驰骋雪地，尽情感受属于冬天的酣畅淋漓。

某平台数据显示，去年一段时间，江浙沪游客搜索"滑雪"相关旅游信息的次数是东北三省游客的1.5倍。如今，湖州安吉云上草原滑雪场、杭州大明山万松岭滑雪场、无锡融创雪世界等雪场陆续"开板"，受到游客追捧。在下雪都是件"稀罕事"的江南，滑雪为何正成为一件"寻常事"？

一

在我国，北方有着天然的滑雪"DNA"。而近年来，滑雪市场逐渐呈现出"北雪南移"的新趋势。特别是北京冬奥会的召开，更是激发了大家的滑雪热情。国家体育总局曾发布的《"带动三亿人参与冰雪运动"统计调查报告》显示，2015年北京成功申报冬奥会以来，截至2021年10月，北方地区冰雪运动参与率为32.43%，参与人数为1.86亿人；南方地区参与率为19.19%，参与人数为1.61亿人。

其实，冰雪运动兴起与经济社会发展紧密相关。国际发展经验表明，当人均GDP超过10000美元时，大众体育运动形式会由登山、跑步等相对简易的运动，向较有挑战性、成本较高的滑雪、潜水、冲浪等转移。有专家认为，江南地区城市由于经济较为发达，展现出了强劲的冰雪消费能力，"牵引"着户外滑雪场的供给。

有需求就有市场，有市场就会带动相关产业蓬勃发展。滑雪是一项季节性运动，面临"非雪季就撂荒"的窘境，而这一窘境正在被打破。造雪机的大力研发，让滑雪这项原本"靠天吃饭"的运动打破了时间的限制。近年来，各地室内滑雪场馆不断增多。目前，全国已有约50家室内滑雪场，其中江南城市占比较高。比如江苏太仓的"阿尔卑斯雪世界"，配备了5条坡度各异的雪道。与此同时，"滑雪健身房"逐渐兴起，成为天然滑雪场的"平替"。

滑雪运动得以在江南地区"落户"，离不开江南多山地和丘陵的天然条件。这些山体地面多平整，没有过多的碎石和岩石，为雪道的绝佳"候选"。而山上水体的加持，为人造雪"输送"着源源不断的"原料"。同时，冬季山区温度低，1000米以上的海拔所形成的"山区小气候"延长了雪期。像浙江海拔超过1000米的山就有数十座。

二

江南人的滑雪热情有多高？《中国冰雪旅游发展报告（2023）》显示，国内十大冰雪游客源城市就包括杭州、南京、苏州。滑雪在江南收获越来越多的拥趸，笔者以为有着多方面原因。

偏爱与雪的"亲密接触"。对江南人来说，雪似乎有着令人难以抗拒的魔力，盼雪、寻雪、玩雪成了翘首以盼的乐事。冰天雪地间，银装素裹的景观、松松软软的触感，是江南人梦寐以求的。

比如，出生于江宁（今南京）的曹雪芹，在《红楼梦》中，借妙玉之口表达了自己对"梅上雪"的喜爱："这是五年前我在玄墓蟠香寺住着，收的梅花上的雪，共得了那一鬼脸青的花瓮一瓮，总舍不得吃，埋在地下，今年夏天才开了。"

社交"BUFF"的不断叠加。随着北京冬奥会成功举办，Falling Leaf"Z"字滑行、空中直线滑行等高难度动作格外"吸睛"，冰雪项目的普及带动更多人参与到这项运动中来。"组团式"成为江南人滑雪的一大特点。"拼"交通、"拼"住宿、"拼"培训、"拼"打卡……"搭伙滑雪"在降低了消费成本的同时，成了交流经验、分享趣事的线下社交新渠道，提供了很多情绪价值。

政府部门的有力推动。《浙江省文旅深度融合工程实施方案（2023—2027年）》就提出，要加快建设冰雪旅游运动基地。有了政策支持，越来越多的滑雪场馆"冒"了出来，人们逐渐实现"家门口"的滑雪自由。

比如，可容纳上千人的温州文成绿水尖滑雪场，近两年的滑雪人数频频逼近"红线"，这个冬季"开板"便迎来了"开门红"。有滑雪爱好者说，每一次滑行都是与山脉的亲密互动，每一次弯道都是与风雪的默契配合，每一刻都是对坚韧与自由的领悟。

三

冰天雪地也是金山银山。去年在黑龙江考察时，习近平总书记强调，把发展冰雪经济作为新增长点，推动冰雪运动、冰雪文化、冰雪装备、冰雪旅游全产业链发展。在冰雪产业日渐壮大的江南，该如何使滑雪运动热度"长红"？

把氛围拉得更满。不可否认，江南地区在气候条件上不占优势，抢滩冰雪旅游市场，更需要瞄准新亮点、打造新优势，让冰雪运动在江南的氛围感更足。比如今年元旦期间，安吉云上草原滑雪场、宁海浙东第一尖滑雪场等推出了"冰雪＋露营""冰雪＋研学"等周边项目，还有"滑雪＋温泉"套餐更是位居某平台日历房套餐销售榜前十。可见，丰富多样的产品和服务供给，助力滑雪从单一运动向多元冰雪娱乐休闲消费转变。

把门槛降得更低。冰雪运动催生了冰雪装备的销售热潮。不过，搜索购物平台可以发现，滑雪服、滑雪靴、滑雪板等一套装备下来，少说要上千元，滑雪场馆的门票也价格不菲，滑雪可谓一项有些"烧钱"的运动，挡住了一些人靠近冰雪运动的步伐。

如果想要吸引更多人参与冰雪运动，不妨探索一些降低消费门槛的措施，比如发放"冰雪消费券"、设立"冰雪补贴"等。浙江就曾发放旅游消费券，将各大滑雪场纳入优惠范围，滑雪者可享减免近百元的优惠价。此外，还可以加大对雪板、雪鞋等滑雪装备的研发投入力度，打造一些"国民品牌"，从"装备端"降低入门成本。

把安全守得更牢。在"滑雪圈"流传着一句话：雪道尽头是骨科。滑雪运动有一定的危险系数，安全保障措施不到位或是装备、雪道选择不当，都容易让人受伤。这就要全方位加强滑雪场环境安全管理，牢牢守住安全底线。

像有的滑雪场开辟了初级、中级、练习和单板等四类专业滑雪道，并为游客提供半个小时的免费教学，帮助了解滑雪基本知识和基本动作。此外，滑雪爱好者特别是初学者应注重自我防护，在上雪道前要充分热身。在做好"硬设施"的同时，也要配套好"软服务"，培养更多专业滑雪教练，加速补齐滑雪教学人才短板。

当下，滑雪运动不再是高纬度地区的"专利"，不再是冬季的"专属"。期待与您在江南，共赴一场"冰雪之约"。

郑思舒　余雅佩　执笔

2024 年 1 月 6 日

"为善者"丁丙

> 面对各种挫折,虽有一时气馁,但丁丙初心不改、鞠躬尽瘁。他不愿自己辛苦搭建起来的"善堂"付与断壁残垣,更不愿让好不容易重燃希望的百姓们再度陷入绝望。这是一个"为善者"内心的倔强。

杭州上城区菜市桥桥头,有一对坐着的铜像,名为"丁氏兄弟"。铜像旁的铭牌上刻着"乱世救书　功德常存"八字。

丁氏兄弟是谁?在清末的杭州城,丁申、丁丙兄弟名声赫赫。他们的名声,并不是因为财或官,而是因为善。其中,作为弟弟的丁丙,除了与哥哥丁申组织文澜阁《四库全书》的抢救补抄外,还实际主持"杭州善举联合体"30余年,修桥铺路、救难济困……

1899年4月,在人生的终点,丁丙留下了"分应独善心兼善,家守清贫书不贫"的遗言。一个"善"字,贯穿了他的一生。

一

用现在的眼光来看，丁丙无疑是含着金钥匙出生的。父亲是位成功的商人，且爱书如命，喜欢藏书。丁丙继承了父亲爱书的嗜好，青少年时就爱上了读书，手不释卷。或许正是这样的家风，促使丁丙背负起了"乱世救书"的使命。

1861年，杭州遭遇战乱。丁丙和家人暂避在留下镇。一日，丁丙发现，市面上买卖食物的包装纸用的竟然是文澜阁《四库全书》的残页。这时他反应过来，《四库全书》正在遭遇一场灾难。

面对珍贵典籍的流失，丁氏兄弟决定行动起来。他们"集胆壮数人"乘夜入城，四处搜寻散落的《四库全书》，并想办法运到上海保存。无奈形势不由人，丁氏兄弟最后只抢救回8000多册，约占全部文澜阁本的四分之一。

战乱结束后，他们将书运回杭州，贮于孔庙里的杭州府学尊经阁。

1881年，丁丙主持完成文澜阁重修。此时，已年近50岁的他再次想起了残缺不全的文澜阁《四库全书》。于是第二年，丁氏兄弟就开启了补抄《四库全书》之路。从自家的藏书开始，再到从宣城、长沙、瑞安、广州等地的藏书楼不断借书抄书，他们花了整整7年时间。最多时，召集来的抄写者就多达百余人。

据统计，7年时间，他们共抄补缺失书籍2174种，补足缺卷书籍891种。丁氏补抄后，"劫后重生"的阁书共达34769册，大体恢复了文澜阁《四库全书》的规模。

丁氏兄弟的护书、补书行动，让这部中华文明的传世珍本得以保护、传承下来。他们的善举也带动了文澜阁《四库全书》的后面两次补抄，让其得以"涅槃重生"，其极高的版本价值和历史文献价值得以被"守护"。

二

1860年，战乱之下的杭州城哀鸿遍野：饥饿的难民苦苦哀求，重病的难民奄奄一息，无家可归的孩童无助痛哭，到处可见腐烂的尸骨。

满目疮痍让丁丙忧心忡忡。于是他立时组织开设粥场赈济难民，聘请医生给难民治病，收留难童……急民之所需，救人于水火。

据统计，战乱使杭州府人口锐减约300万，"断瓦颓垣，蒿蓬没路。湖山佳胜，遍地腥膻"的杭州急需重建。面对无底洞一样的财政窟窿与望不到头的重建重任，深埋在心底的善心与责任心让丁丙没法袖手旁观。此时，他在左宗棠的委任下开始重建、善治杭州。

从带领丁氏家族自发济世到联合一众士绅不遗余力地创办普济堂、育婴堂、施医局等各类善堂善会，而后形成的下辖27个机构的"杭州善举联合体"逐渐承担了接种牛痘、疏浚西湖、维持治安等职责，丁丙的努力几乎涵盖了当时所有的民政事务，为杭城的重建作出大贡献。

此外，在此后的几十年间，丁丙还主持重修了断桥、湖心亭，筹集经费疏浚西湖，修复了钱王祠、白公苏公祠、岳飞祠、于谦祠等名胜古迹，让西湖最大程度上恢复了往日风光。

正如"浙江宣传"在《拱宸桥何以"通"世界》里说的，战火之后，拱宸桥桥体受损严重，濒临倒塌，丁丙慷慨捐资、重建此桥，才有了留存至今的拱宸桥。

乱世之中，要做一个尽善尽美的"为善者"，艰难程度是可想而知的。

比如经费不足问题。"杭州善举联合体"早期一年总支出为3万余千文，最多时达10万千文，但当时商人逐利、政府无为，以政府拨款和行会业捐为主要资金来源的"杭州善举联合体"面临着严峻的资金紧缺难题。

担任"杭州善举联合体"总董15年间，丁丙不仅不拿工资，还无偿垫补了大量资金。身心投入巨大、昼夜奔忙不息的他终于"力竭气馁，无从振作"，向官府写下长达两千言的辞呈。但因无人愿意接手这"烫手山芋"，此后轮值者变更数次，背后主持者仍是他本人。

于是他又继续为善举奔忙，这一忙又是16年。据记载，丁丙从事杭州善举事业所付出的资金，有文献记载可查者就超过10万千文。

三

社会动乱之际，有"挽狂澜于既倒，扶大厦之将倾"的将领大臣，也有心怀慈悲之心的商绅布衣。微光也能汇成火炬，丁丙以实际行动践行着"老有所终，壮有所用，幼有所长，矜、寡、孤、独、废疾者皆有所养"的大同理想。

面对各种挫折，虽有一时气馁，但丁丙初心不改、鞠躬尽瘁。他不愿自己辛苦搭建起来的"善堂"付与断壁残垣，更不愿让好不容易重燃希望的百姓们再度陷入绝望。这是一个"为善者"内心的倔强。

"分应独善心兼善，家守清贫书不贫。"丁丙对自己一生的概括，也是他为何能将慈善做成事业的回答。笔者认为，身正为范的丁丙为了慈善事业，做到了双重境界。

境界一：独善。有为善之心，方有行善之举，而行善一事向来"从我做起"。1898年至次年春，丁丙在病榻上编写了《乐善录》。其子丁立中在《乐善录》书跋中直言丁丙"书籍外寡所嗜好，生平精力均消耗于善举之中"。

丁丙将万贯家财都投到了公益慈善事业和补抄古籍之中，对自己却十分吝啬，"衣敝衣，食粗食，甘之如饴"，连信札、手稿都常常写于拼接而成的废纸上。

境界二：兼善。"达则兼善天下。"一己之力难填沟壑，全社会有力者共行善举，善行才能绵绵不息。丁丙利用上达官府、下达工商的商绅身份，带动杭城各界人士进行慈善救济活动，"杭州善举联合体"更是奠定了"善城杭州"的历史基础。

时人评价他，"宅心仁厚，一生从善如流，凡有利于国计者，事无不赴，为无不力"。他去世后，为其作诗纪文者不下百人，皆慷慨赞颂其为大善人，可见其高尚人格和道德情志的魅力。

今天，漫步杭州，文澜阁、钱王祠、岳飞祠、于谦祠、断桥、拱宸桥、庆春桥、宝善桥……在城市的许多角落里，我们仍能真切感受到丁丙之善。可见，真善美足以传世。

钱伟锋　封洁　执笔

2024年1月7日

当"尔滨"的老铁来浙江

> 天青色等烟雨,而我们在诗画江南等你。等你共乘一叶水巷乌篷,在一摇一曳的"吱呀"声中,穿越那得天独厚的自然风光与传承千年的浪漫,触摸"天造一半、人造一半"的诗情。

连日来,关于"尔滨"的话题热度不减,黑龙江民众的淳朴、热情、幽默、耿直,让网友直呼"不是我们要破防,'尔滨'实在太疯狂"。

前几日,"浙江宣传"推出《冬日的"尔滨"何以走红》一文后,评论区变成南北网友大型邀约会。看到北方的冰天雪地把"南方小金豆"们迷得神魂颠倒的,留在家里的"小土豆"们反手就是一个反向输出,盛情邀约东北老铁来体验一把"诗画江南、活力浙江"的魅力。

今天,我们就来聊一聊,当"尔滨"的老铁来浙江,咱们应该整点啥?

一、乘一叶水巷乌篷，领略江南万种风情

"我本无意入江南，奈何江南入我心。"一句情意绵绵的话，道出了世人对江南的喜爱和向往。对很多北方人来说，江南可谓有着极致的吸引力。

江南到底是什么模样？答案言人人殊。在气象学者眼中，它可能是梅雨；在语言学家眼中，它可能是方言；在经济学家眼中，它可能是财赋。当然，江南也可以是文人骚客眼中"日出江花红胜火，春来江水绿如蓝"的风景、"一江烟水照晴岚，两岸人家接画檐"的向往、"人人尽说江南好，游人只合江南老"的心境。这种说不清道不明的复合气质，让每个人心中都有一个江南。

江南又是具体可感的。从"尔滨"来的朋友们可以去西湖边、运河旁、钱江畔感受风起水涌，可以去天目山、雁荡山、四明山享受畅快"森呼吸"，可以在红船旁体味峥嵘岁月、在碇步桥上细念"廊桥遗梦"、在绝美梯田间聆听山鸣谷应，还可以去世界互联网大会永久会址乌镇、古代吴越文化发祥地之一西塘古镇、中国首座被列入世界文化遗产名录的古镇南浔等，体悟水乡的独特韵味。

天青色等烟雨，而我们在诗画江南等你。等你共乘一叶水巷乌篷，在一摇一曳的"吱呀"声中，穿越那得天独厚的自然风光与传承千年的浪漫，触摸"天造一半、人造一半"的诗情。

二、尝一味"百县千碗"，细品人间四季烟火

俗话说"民以食为天"，地方特色美食是广受天南海北"老饕"

们热议的话题。而当说到哪里是"美食荒漠"时，浙江时不时会被点名。但事实真不如此，浙江人的舌头可是很"刁"的。

浙江素有"鱼米之乡"的美称。浙菜更是中国八大菜系之一，光菜系流派就有杭帮菜、甬菜、瓯菜和越菜，此外湖州菜、金华菜、衢州菜、台州菜等新贵流派也"兵强马壮"。

在历史上，关于浙江美食的"大众点评"很多。比如，有李白面对金华酥饼"闻香下马"的传说，有"美食博主"苏东坡盛赞杭帮菜为"天下酒宴之盛，未有如杭城也"的美谈，有宋高宗赵构恋上"宋嫂鱼羹"、乾隆念念不忘严州干菜鸭、郁达夫钟情吴山酥油饼的故事，还有鲁迅笔下的绍兴臭豆腐名扬海内外……

"四方食事，不过一碗人间烟火"。浙江各地物产丰富，日常饮食种类繁多、风味各异，近百个区县共同绘就了"味美浙江·百县千碗"的美食图鉴。吃惯了锅包肉和铁锅炖大鹅的东北老铁们，来"浙"里尝一味"百县千碗"，满满的人间烟火，总有一碗能让你才下舌头、又上心头。

三、看一场爆款好戏，体悟超然自适人生

"一部中国戏剧史，半部在浙江"。作为戏剧大省，浙江是南戏的诞生地，是昆剧的复兴地，还有不少"好腔调"，孕育了越剧、绍剧、婺剧等18个剧种和58个传统戏剧类非遗项目，是诸多外地戏迷游客的打卡首选地。

在央视春节戏曲晚会录制地温州"九山书会"，可以赶一场"大宋戏仓"戏曲文创市集；在杭州蝴蝶剧场打卡新国风环境式越剧《新龙门客栈》，可以领略古老地方戏曲刮起的"青春风暴"；在

绍兴，去观看山水越剧、水幕越剧、竹筏越剧；在台州，去倾听二进国家大剧院的乱弹《我的芳林村》……

一方水土育一方戏，而这方戏也反过来成为滋养这方水土的精华。从"固守本土"到"开疆拓土"，浙江的好戏正以更多元、更时尚的形态一步步落入大众生活、走进年轻人心间。

摇橹行船是江南，纵歌起舞亦是江南。听惯了龙江剧的东北朋友，也可以走进"浙"里的大小剧场，听一出江南好戏，闻一曲百转千回，去品咂那快意人生。

四、探一次良渚遗址，回溯五千多年文明长河

有人说，认识中国一千年的历史，可以到开封清明上河园；认识两千年的历史，可以到西安秦汉帝陵；认识四千年的历史，可以到安阳殷墟；而浙江杭州的良渚古城遗址，让中华五千多年文明史被实证，获得了国际认可。

来浙江，不妨去探访一番良渚古城遗址，或逛一逛良渚博物院。五千多年前的古城将在与你的对视中倏然醒来，由远及近。鸟立高台、玉钺玉琮、饭稻羹鱼……美丽的水中之洲，流淌着文明之源。

从这里望向全省，浙江文明灿若星河。万年上山、八千年跨湖桥、七千年河姆渡，千年宋韵、百年红船，文脉源远流长。吴越国在"浙"建都，"书圣"王羲之在"浙"醉书兰亭、"茶圣"陆羽在"浙"论述《茶经》……这些都是浙江独一无二的文化标识。

从哪里来？到哪里去？在一场场跨越山河的追光之行中，在一次次叩问历史的反躬自省中，我们每个人都会更加明白这片土地之厚重、更加懂得自身之使命。

五、酿一坛地道美酒，双向奔赴共待春风

一千六百多年前的魏晋时期，天下名士开启"特种兵旅游模式"，云集绍兴会稽山之阴、兰亭曲水之滨，王羲之乘着酒兴写下"天下第一行书"《兰亭集序》，当时喝的就是黄酒。

众所周知，浙江人爱喝黄酒，虽然在东北的朋友们看来，这只不过是"南方可乐"。"窥一斑而知全貌"，正是南北方这种地形地貌、气候特征、历史文化、风俗习惯的差异性，让我们看到了一南一北"牵手"合作，或许可以成为在文旅市场大显身手的"黄金搭档"。

实际上，浙江与东北地区的文旅"牵手"早就不是一天两天的事了。比如，与黑龙江共同描绘的"龙江浙江心连心，两江文化一家亲"美好愿景，与吉林共同构建的"互为旅游客源地、互为旅游目的地"总体格局……虽有重山为阻、隔千里之遥，"朋友圈"始终拓得宽宽的。

再往大了看，从"淄博烧烤"到"贵州村超"再到当下爆火的"尔滨"，还只是大文旅当中的"星星之火"，只有当这些"火星"形成连接南北方、横跨东中西、沟通国内外的燎原之势，才算称得上把文化和旅游深度融合的"美酒"给酿成了。

忆江南不如下江南。只要各地网友们来，浙江一定努力用最优的服务、最好的体验让老铁们"一见倾心、再见倾情"。

陈培浩　王娟　执笔

2024 年 1 月 7 日

我们为何钟爱苏东坡

> 苏东坡才华横溢，他的作品常让我们会心一笑、爱不释手。他在困境中依然乐观通达，把苦难咀嚼成财富的智慧，是我们对抗无趣、走出迷茫的指引。

要说这几年大热的国民文化偶像，苏东坡肯定名列前茅。

每个时代的格局气度不同，推崇的文人偶像也不同。如果身处兵荒马乱中，忧国忧民的杜甫可能会更受关注；如果社会崇尚无为而治，佛系的王维、淡泊的陶渊明大概会更受推崇。苏东坡所处的北宋，经济相对繁荣、社会趋于稳定、朝野崇尚文化，热爱生活、才华横溢的他更受欢迎。

今天是苏东坡诞辰日。世人偏爱他，除时代气息相通外，更多源自他身上特殊的魅力，是爱其有才、喜其有趣、敬其有格。他留下的文学艺术、生活哲学、处世思想，是现代人直面困难、过好人生的一方良药。

一

中国历史上文化名家辈出、才子不断，但在诗、词、文、书法上都达到艺术高峰，并且独树一帜的，苏东坡算一个。

苏东坡的文化素养既来自天分，也来自勤奋，还与宋朝这个崇尚文治、尊重士大夫的时代氛围息息相关。

苏东坡的文章汪洋恣肆、大气磅礴，既有庄子的豪放大气，也有屈原行文的灵动。苏东坡这样说自己写文章："吾文如万斛泉源，不择地皆可出。在平地滔滔汩汩，虽一日千里无难。及其与山石曲折，随物赋形，而不可知也。所可知者，常行于所当行，常止于不可不止，如是而已矣。"

不可否认，他的文字，仿佛就是"流"出来的。如前后《赤壁赋》等代表作，都文采飞扬、朗朗上口。即便如《记承天寺夜游》这样的小短文，像"何夜无月？何处无竹柏？但少闲人如吾两人者耳"寥寥几句，在千年之后，依然能引起共鸣。

很多文人都写过西湖，但他的"欲把西湖比西子，淡妆浓抹总相宜"这两句，被许多人认为最传神。

他首创豪放词，开时代之先河。代表词作《水调歌头·明月几时有》充满哲思、境界高逸，被认为"自东坡《水调歌头》一出，余词俱废"。

人们钟爱苏东坡，是因为他的文字能契合我们的心灵。几乎我们人生的每一个瞬间、每一个场景，他的文字都能很贴切地相伴。

吃饭时，是"人间有味是清欢"；喝茶时，是"且将新火试新茶"；读书时，是"腹有诗书气自华，读书万卷始通神"；旅行时，是"一蓑烟雨任平生"。

立志时，他教我们"古之立大事者，不惟有超世之才，亦必有坚忍不拔之志"；遇挫时，他教我们"归去，也无风雨也无晴"；即便历经沧桑，他教我们"万里归来颜愈少"；而他的一句"此心安处是吾乡"，给了迷茫中的我们多少慰藉。

二

其实博学的人，不一定也有趣。比如和苏东坡同一时代的王安石、程颐等，他们的学问也很大，但为人比较严肃板正，有时很难让普通人感到亲近。

比如，程颐和苏东坡都是宋哲宗的老师。程颐不苟言笑，开口尧舜、闭口孔孟，这和崇尚自由、性情洒脱的苏东坡格格不入。相传程颐一看到宋哲宗顺手折了一条柳枝玩耍，就要板起脸孔教训：现在正是春天，莺飞草长，万物生荣，皇上不可无缘无故摧折生命，致伤天地和气。

现代人，生活节奏快，工作压力大，碰上一个有趣、不装的灵魂是多么幸运的事，所以天生乐观的苏东坡就成了大家的异代知己。

苏东坡的有趣有其文化素养和人生智慧的支撑，并不是简单的天生乐呵呵。儒释道深厚文化的融通积淀，让他的生命充满了弹性，拥有超强的自愈能力。

而这种自愈能力，很适合现代焦灼的职场人，带来很强的心灵慰藉和人生指引。我们很难做李白，达不到他的硬气，可以"天子呼来不上船"；很难做杜甫，达不到他的伟大，可以"吾庐独破受冻死亦足";也很难达到王维的境界,完全佛系,做到"晚年唯好静,万事不关心"。

而苏东坡,很贴合我们普通人。他也会碰到烦恼。他肚子隆起时,有人说他是满腹诗书,只有朝云说他是"一肚子不合时宜",惹得他哈哈大笑。他也会碰上挫折、遇到困惑,但慢慢地都能解脱,并教会我们怎么走出人生的困惑。他遇到过很多敌对的人,但最后大多数都一一和解,让我们明白如何与他人、与时光握手言和。

三

只是有趣还不够。很多人的有趣,只为逞一时口舌之快,容易滑向流俗。我们喜欢苏东坡,是其在有趣的灵魂之上,还有高尚的人格。

他从小受范仲淹影响,有很深的为民情怀,既要独善其身,更要兼济天下。

苏东坡富有才华和名望,可为何在朝野上下如此看中苏东坡之才的情况下,他的仕途却并不顺利,老是跌宕起伏,要么在外地为官,要么走在被贬谪的路上?

原来苏东坡这一生都在坚持自己的政治理想,他从不站在得势的那一方,只站在内心法则的一边,他的价值观不可撼动。

在王安石等新党眼里,他上书反对新法,还明里暗里在诗文里讽刺新政。在司马光等旧党眼里,他又不够坚定,没有彻底地反对新法,还经常替新法的好处辩护,让执政大臣非常为难。

比如,苏东坡两次来杭州,第一次来当通判,是因为反对新法，被王安石排斥；第二次来杭州当知州，是因为想保留新法的一些好用之处，常常与司马光争吵，最后又陷入党争，在朝廷过得不开心，主动请求外放到杭州。

而他在杭州，并不只是吟风弄月，而是追求为官一任、造福一方。他在给杭州这座美丽之城留下不少脍炙人口的诗篇的同时，还给杭州留下了一条永恒的堤坝——苏堤。今天的苏堤只是一道风景，而那时是疏浚西湖的水利工程，功能性远远大于观赏性和人文性。

他在杭州抗击旱情，赈济灾民，保证粮食供给，让百姓平安渡过灾年，无一人饿死。而此前杭州饥荒时，"人死大半，父老至今言之流涕"。

当杭州瘟疫流行，他用讨来的独门偏方救民于水火；他在杭州众安桥创办了安乐坊，安置病人，为此自掏黄金五十两；在徐州抗击洪水时，他更是与城池共存亡，冒着极大的政治风险请求禁军一起抗洪。

而即便在人生最艰难、处境最危险的黄州、惠州、儋州这三地时，他也心系民众，关注民生。

在黄州，已是戴罪之身的他，自身难保，但他对当地沉溺女婴的恶俗深恶痛绝，专门发起了育儿会，救济那些无力养育孩子的人家；在惠州，他尽力为当地百姓排忧解难，主持修筑"两桥一堤"，被传为美谈；在儋州，他已垂垂老矣，但依然热情地承担起文化使命，为当地培养了第一名进士。

苏东坡才华横溢，他的作品常让我们会心一笑、爱不释手。他在困境中依然乐观通达，把苦难咀嚼成财富的智慧，是我们对抗无趣、走出迷茫的指引。

很多人期望如他般，变得言语有趣、知识渊博、人格高尚、一生都能保持独立之人格和自由之精神。

正如有人说，我们之所以喜欢苏东坡，是因为心中都住着一个苏东坡。

赵波　陈晟琪　执笔

2024年1月8日

向"柱子票"坚决说不

> 越是在充满乐观与积极信号的市场环境下，越要维护好行业秩序。向"柱子票"说不，让市场多一分公平，让消费者多一分安心，文艺演出市场才能走得更长远。

去年以来，随着演出市场不断回暖，不少演唱会门票一开票就"秒空"，火爆程度可见一斑。相比一些价格更亲民的音乐节等活动，演唱会的高票价本应带来更好的视听体验，但不时有观众吐槽自己花了上千元买到的却是"柱子票"，看歌手变成了"看柱子"。一些人多方投诉、维权艰难，甚至最终只能一纸诉状告上法庭。

有网友戏称，现在买票有时候就像"开盲盒"，即使花了大价钱也不一定能"开出"满意的座位，"柱子票"就是极易"踩坑"的代表之一。不禁想问，为什么会频现"柱子票"？文化演出市场该如何进一步规范从而获得持续健康发展？

一

通常来说，所谓"柱子票"，主要是指消费者在不知情的情况下买到的视野被遮挡、存在盲区的座位。在演出中，这类座位被现场的舞台、支柱等大型设备器械所遮挡，观众往往"只能闻其声，不能见其人"。

围绕"柱子票"引发争议的事件频频见诸媒体报道。比如，去年5月，有观众投诉自己上千元票价的座位，视线几乎全被立柱遮挡；去年7月，又有观众发帖，称其座位在舞台屏幕延伸线上，自己完全看不到台上表演。

伴随着争议，"柱子票"逐渐成为演唱会观众心中的"天坑"。除了视线受阻，"柱子票"令人"扎心"之处还有不少。

比如，观感直线下降。对于歌迷而言，不远千里奔赴一场演唱会，目的就在于获得身临其境的沉浸感、体验感，以及见到偶像的"圆梦时刻"。试想一下，当你好不容易抢到票，结果到现场只能"望柱兴叹"，一坐就是两三个小时，无异于"花钱买罪受"。

比如，风险系数飙升。硕大的柱子立于前，本身就存在一定风险。此前曾发生过演唱会因舞台倒塌造成人员伤亡的事故。再者，由于视线被遮挡，不少观众冲动之下可能采取攀爬护栏、站上椅子、堵在过道等方式来"弥补"观看体验，这在无形中增加了安全风险。

比如，消费维权困难。从现有案例来看，"柱子票"维权难度颇高。一方面，目前尚缺少相关法律规定和监管机制，有些主办方声称舞台不由他们搭建，直接"甩锅"；另一方面，消费者不仅要投入大量时间、精力，还要和多方纠缠责任权属问题，维权路上"有苦难言"。

二

演唱会本是一场歌迷和偶像的双向奔赴，却因为几根柱子"横插一脚"，破坏了这场"浪漫相约"，着实让人叹惋。正如有歌迷感慨："相比'黄牛票'的明枪易躲，'柱子票'的暗箭难防更令人心累。"

事实上，除了"柱子票"之外，类似的"奇葩票"还有不少，比如"台阶票"，座位正对台阶，身边观众进进出出；比如"墙根票"，座位分布在场馆角落里，只能"看个寂寞"；还比如"栏杆票"，面前横亘着一根栏杆，把视野硬生生分成两半，要么低头哈腰弓着背看，要么伸长脖子撑着看……

那么，为什么会出现这类"奇葩票"？无外乎以下几个原因。

票务信息不透明。此类演唱会的购票规则通常是"盲选"座位，不支持在线选座，购票者只能通过不同档位的票价，大致判断对应的座位范围。加上从开票到舞台搭建之间往往存在时间差，对于现场情况的变化，消费者很多时候不知情，容易踩中"雷区"。

"黄牛"从中作梗。热门演出的门票总是供不应求，为了提高销售利润，"黄牛"们通过各种渠道"搅浑水"，用非常规手段低价购入"柱子票"，再利用信息差倒卖赚取高额差价。一些消费者从"黄牛"那里买了票，到现场发现"踩雷"却为时已晚。而且，非官方渠道交易不受"协议"保护，最终只能自认倒霉。

主办方逐利使然。有专业人士表示，一般处于立柱辐射角 15

度至30度之间的区域，视线就会受阻，理论上这些座位都不适宜售卖。然而，部分主办方急于"回血"，不愿多投入搭建无立柱舞台，也不愿放弃"柱子票"的收入，于是就利用消费者维权的相对"弱势"而变本加厉，损害消费者权益。

其实应当看到，演唱会的火爆得益于观众的热情，但喜爱绝不能成为放肆的理由。从短期看，这是对消费者合法权益的漠视和侵害；从长远看，任由"柱子票"等"幺蛾子"满天飞，一再贬抑大众的消费体验，那么，失去的口碑、被"浇灭"的热情将很难补救回来，影响的是整个演出市场的发展。

三

据报道，去年前三季度，全国营业性演出（不含娱乐场所演出）票房收入315.4亿元，同比增长453.74%；观众11105万人次，同比增长532.6%。一边是各类演出热火朝天，另一边则是"柱子票"等现象曝光后令人寒心。"冰火两重天"下，规范演出市场秩序迫在眉睫。"柱子票"的"柱子"该如何推倒？笔者认为，还需多方发力攻克"三个难题"。

消弭票务"信息差"。获得良好的视听体验，是消费者本应享有的权利，而提供良好的视听体验，也是主办方应尽的义务。当然，在实际销售过程中，会有部分消费者愿意购买一些价格相对低廉的票，但前提是他们应事先知晓这类座位存在的负面因素，而不是"闷声吃大亏"。

"盲盒惊吓""门票刺客"等被透支的消费体验要不得，"人为刀俎，我为鱼肉"的无助感、被剥夺感不应得。在前期场地布置时，主办方理应充分考虑可能干扰观看体验的要素，预判哪些位置会受影响，提前公开或告知，从而消弭信息差，保障消费者基本的知情权、选择权。

破解销售"不合理"。有缺陷的位置，却卖正常位置的价格，这明显是不合理的。其实，解决"柱子票"问题，关键就在于是否能将保护消费者权益和提升消费体验放在第一位。

有专家就指出，"柱子票"在本质上和航空公司的超售问题相类似。此类座位如果要售卖，那么票务平台和主办方可以学习借鉴航空、铁路等其他行业已有的成熟做法，推出特价票、正价票阶梯式退改换等多元服务，让票务销售更加科学、合理。

解决售后"维权难"。在演出市场呈井喷式的态势下，相应的定价规则、风险处置、行业规范没能及时跟上，导致"柱子票"等侵害消费者权益的现象滋生蔓延，进而发展成行业的"灰色地带"。

对此，相关主体应积极担负起相应责任。主办方和票务平台需放长眼量，完善服务链条，妥善处理售后问题，而不是只做"一锤子买卖"、赚"一时快钱"；文旅、市场监管、消费者协会等部门也需强化监管，多为消费者的合理诉求"撑腰站台"，确保维权"有道"。此外，还可以尝试探索建立票务监管系统等新兴技术手段，进一步规范票务市场。

越是在充满乐观与积极信号的市场环境下，越要维护好行业秩序。向"柱子票"说不，让市场多一分公平，让消费者多一分安心，文艺演出市场才能走得更长远。

李戈辉　梁力　孔越　执笔

2024年1月8日

电视民生新闻如何"转身"

> 不管时代如何变化，做好民生新闻仍然意义重大。在推进媒体深度融合背景下，将电视民生新闻节目转移到互联网尤其是移动端上的同时，要立足"提质增效"，赋予节目新的生机和活力。

也许有浙江人不知道浙江电视台民生休闲频道，但很少有人不知道《1818黄金眼》。今年元旦，这档诞生于2004年的电视民生新闻节目迎来了20岁生日。

不过，随着融媒时代到来，电视民生新闻节目面临观众流失、收视率下降、内容同质化等许多挑战。那么，今天的电视民生新闻还能"转身"再造辉煌吗？

——

电视民生新闻曾是一股潮流。2002年，江苏电视台开播《南京零距离》，被业界认为是电视民生新闻节目在全国范围内快速兴起的开端。随后几年，诸多电视民生新闻节目在各级各台兴起并迅速发展。电视民生新闻关注百姓生活、人间冷暖，以小切口小故事折射时代，其积极意义有目共睹。

比如，让群众当主角。比起时政新闻，民生新闻关注的多是百姓生活、社会百态，内容是大家熟悉的消费纠纷、邻里矛盾、好人好事等，镜头前的主角是群众。观众在看这些新闻时，常常能够找到共鸣，这些故事、见闻就发生在身边，引发他们的赞赏、愤怒、同情和伤心。也正因为这样的定位，许多电视民生新闻节目一出生就风华正茂。

又如，用互动解急盼。与电视民生新闻相伴相生的是热线电话，在互联网并不发达的年代，一端连着节目，一端连着群众需求，成为媒体与受众互动频繁的渠道。以《1818黄金眼》为例，20年间，热线接线量累计超过400万次，其中有提供新闻线索的，也有对节目的意见建议。随着社交媒体的兴起，很多电视民生新闻节目开设账号，与用户继续保持高频互动。

再如，以监督助治理。当普通群众面对比自己更强势的商家、企业、机构时，电视民生新闻记者的介入，能以更加公正的立场来调解矛盾、处理纠纷。比如，2023年4月，有观众投诉自己在某平台上为患病的儿子筹款，却被收取高额手续费，《1818黄金眼》介入报道、持续追踪，推出相关报道。为此，一些老百姓遇到糟心事、烦心事无法解决时，会选择向电视民生新闻节目寻求帮助。

此外，做好电视民生新闻并不简单，除了抢新闻、播新闻的能力，还要有与群众有效沟通的交流能力、调解矛盾的协调能力以及应对突发状况的应变能力。电视民生新闻节目在自身发展的同时，也培养了一批新闻人才。

二

当前，舆论格局发生深刻变化。不少节目正尝试打破大小屏之间的界限。比如，《1818黄金眼》在多平台多面开花，同时与网络"大V"深度联动，在全网构建起有5000万粉丝的"黄金眼融媒矩阵"。不过，一些电视民生新闻节目的互联网转型也出现了一些值得深思的问题。

比如，选题碎片化。一些节目一味投部分网友所好，将报道选题局限在鸡毛蒜皮、针头线脑上，甚至出现猎奇化、低俗化倾向。还有的发现某一类型的节目点击量较高，就不断重复类似选题，而对一些真正关系群众切身利益的民生问题却关注不够，消解了节目原有的意义与价值。

又如，内容戏剧化。有些节目为了吸引眼球，对事件的呈现辅以定格、特效、花字、音乐等后期制作，将民生新闻"装扮"成综艺节目。殊不知，这样的处理方式虽然吸引了流量，但伤害了事件当事人，也影响了媒体的公信力和权威性。不少网友留言质疑："这个事件是真的吗？还是自编自导自演的？"

再如，负面放大化。民生新闻报道不可避免会触及一些矛盾纠纷和负面现象，有的节目为了流量，刻意制造对立，经过互联网传播，负面影响随之被放大。有的电视民生新闻在小屏端播出后，部分网友在评论区围绕某个当事人进行集中攻击，甚至形成网络暴力。

还如，传播娱乐化。为了适应社交平台传播，许多电视民生新闻搬上小屏后，会进行二次创作，有的专门剪辑较为精彩的片段进行传播。一些自媒体和网友也会截取自己感兴趣或认为有流量的片段自行传播，有时候导致舆论失焦。比如，有一条消费维权报道，最后全网关注的焦点不在维权，而在当事人的颜值。

三

不管时代如何变化，做好民生新闻仍然意义重大。在推进媒体深度融合背景下，将电视民生新闻节目转移到互联网尤其是移动端上的同时，要立足"提质增效"，赋予节目新的生机和活力。笔者认为有三个努力方向。

着眼大民生。民生新闻不仅是柴米油盐、家长里短，视野也可以很开阔，紧跟时代发展，紧贴百姓需求，用"大民生"的视角拓展选题范围，把目光聚焦到公共利益、国计民生等深层次内容上，避免落入琐碎化、庸俗化的窠臼。尤其是在重大民生政策出台、重大民生项目启动、社会热点事件发生后，可以从民生视角做好解读，让节目紧扣与群众生产生活的关联点，也要善于通过互联网平台加强与受众沟通，确定报道重点，满足群众需求。

坚守专业性。有人说，"记者笔下有财产万千、有毁誉忠奸、有是非曲直、有人命关天"。尤其是民生新闻的记者，报道的每一个事件，都关乎群众利益，承载百姓期盼。当前，一些"大V"为了流量、利益等，在互联网上发布虚假消息或断章取义的内容，导致一些民生事件的真相被模糊、公众的认知被扰乱。电视民生新闻节目作为专业媒体节目，有责任和义务守护真相、挖掘真相、传播真相。

所谓"化解小矛盾，促进大和谐"，电视民生新闻节目不能为了收视率、点击量刻意激化矛盾，而应突出社会人文关怀，通过客观报道和透彻分析来引导群众、疏导情绪，善于从单一事件中发现苗头性、倾向性问题，研究其背后的原因和规律，促进社会和谐进步。

用好新手段。题材重复在所难免，于是一些节目会用"固定格式"来完成报道，这加剧了新媒体环境下观众的流失。有学者说："不必在内容和价值上去迎合读者的趣味和口味，但必要在技术在形式上符合读者的习惯与偏向。"因此，新闻想要得到更好传播，需要尊重观众的感受和体验。不妨吸收各种元素，创新更多表达形式。比如面对比较硬的题材，可以先用记者的小剧场、Vlog等引入；无人机、3D动画等新技术的运用，也可以让节目变得更加好看。

透过电视民生新闻，我们看到了热气腾腾的生活场景，看到了气象万千的山河画卷，也看到了波澜壮阔的时代变迁。期待电视民生新闻能够在互联网时代华丽转身，记录更多人间温暖。

余丹　陈程　孔越　执笔

2024 年 1 月 9 日

"私生饭"是"犯"不是"粉"

> 追星应是追光，是一种相互成全的美好。保持"边界感"，守护距离带来的美，希望每一个"追星星的人"都能懂得。

近日，因越剧《新龙门客栈》爆火而成为戏曲圈"新晋顶流"的浙江小百花越剧团演员陈丽君在微博发文，称"一些不请自来的朋友"跑到家中拍摄她的父母，打扰其生活，让她和家人十分苦恼。

实际上，这类现象并不是个案。从国乒运动员樊振东、王楚钦，到此次演员陈丽君的发声抵制，"私生饭"现象从娱乐圈往外蔓延，在体育圈、文学圈、学术圈、戏曲圈等屡屡"冒头""破圈"。

今天就来聊一聊，"私生饭"到底是个啥？有何危害？如何治理？

一

"私生饭"是一个网络用语，意指那些过度关注甚至侵犯公众人物私生活的狂热粉丝。这些人热衷于用跟踪、偷拍、偷窥等方式来获取明星等公众人物的私人信息，以窥探他们的私生活为乐，乃至获取经济利益。

有人认为，"粉丝"是文化消费中最为活跃的消费群体，文化经济的蓬勃势必带来"饭圈文化"的滋长，对于"私生饭"这类极端少数不必过分担忧。但近年来，"私生饭"违法追星的新闻频上热搜，从"娱乐版"转战"法制版"的疯狂粉丝呈现低龄化特征，有必要引起重视。比如，2023年12月，一男艺人在机场遭三名女子持续跟拍并被故意泼水，其中两人仅17岁。

偷拍、跟踪、躲床底，乃至买卖身份信息、盗取航班酒店信息、安装跟踪定位器……"私生饭"以身试法，其疯狂且过激的行为对明星本人及社会公共秩序产生恶劣影响，成为饭圈文化的一大"毒瘤"。

移动互联网和社交媒体的大量曝光，使得公众人物的生活细节被放大，加剧了"私生饭"现象的泛滥。一方面，因过度的偶像崇拜，部分粉丝失去理性，法治意识淡薄，以各种荒诞偏激乃至违法犯罪的行径来满足好奇心和占有欲，还有的粉丝则是出于博得饭圈关注、吸引流量和炫耀等目的。另一方面，不少青少年受"慕强""拜金"思维影响，对明星等公众人物的生活方式产生了不健康的羡慕和追求，借助"私生饭"圈子提供的内容来寻求精神寄托和情感宣泄。

有网友一针见血地指出，"私生"的"私"是"自私"的"私"。他们打着追星的旗号、热爱的名头，不顾他人感受，一边对公众人物进行单方面的情感输出，一边扰乱公共秩序，这种追星本质上就是一场失控的情感绑架。他们的所作所为是在骚扰冒犯，甚至是违法犯罪。

二

"私生饭"现象如今遭到广泛厌恶，其造成的破坏性影响不容小觑。

比如，侵犯公众人物的隐私权。作为有社会影响力的公众人物，让渡部分隐私以接受公众监督是需要的，但这并不等于他们作为普通人身份的正当隐私权乃至人身安全都可以被肆意践踏。"私生饭"不分场合的围追堵截，不仅干扰他们的正常工作和生活，也给其周围的人带来极大的困扰和负担。极端粉丝"群魔乱舞"带来的后果，却让"正主"承受舆论压力，甚至背负骂名。

又如，给公共安全带来了隐患。"私生饭"采取极端手段获取明星信息，衍生出身份证电话信息、机票酒店行程倒卖等地下黑色产业链，侵犯隐私被做成了一门生意。有的"私生饭"组团出击，蹲守机场造成围堵甚至踩踏伤亡，更有个别极端案例中出现了人身攻击和生命威胁。有的艺人收到粉丝寄来的"死亡威胁书"，还有的在公共活动中被强抱甚至刺伤……

再如，对未成年人产生不良引导。截至2022年，我国未成年人互联网普及率已达97.2%，低龄化趋势明显，未成年网民通过各大短视频平台获取新闻、重大消息的比例达到了55.9%。"毒唯"

"黑粉"间煽动对立、拉踩引战、洗脑诱导等畸形的饭圈文化传播渗透速度也在加快，部分"私生饭"的越界越轨行为经平台推送传播，很可能被心智不成熟的未成年人崇拜甚至模仿，成为"私生饭"群体日渐低龄化的流量推手。

"私生饭"从极端个案演变为不良风潮，乃至衍生出黑色产业，给公众敲响了警钟：如果不加以有效遏制，"私生饭"乱象就有酿成恶性事件的风险。持续开展"饭圈"治理和网络净化，等不得也慢不得。

三

虽然"私生饭"的恶劣影响不是一时一阵就能消解的，但消除"私生饭"现象也并非无解。在笔者看来，至少有以下几个方面值得付出努力。

比如，维权要更硬气一点。《民法典》将"私人生活安宁"也纳入隐私权的范畴，明确"私密空间、私密活动和私密信息"的隐私性质。公众人物如果一味顾忌负面影响而"委曲求全"，只会让"私生饭"们愈演愈烈。不少艺人起诉"黑粉"最终胜诉，印证了网络同样也是维权的阵地。当然，公众人物自身也应通过言行举止传达正确的价值观，引导粉丝理性看待与明星的关系。

又如，让"私生饭"再无"法外之地"。"私生饭"的一些行为已经触犯了法律，对于这类明显突破底线的行为，一方面需要在网上加以整治，另一方面要在线下严厉打击，深挖"私生饭"群体背后隐藏的黑色产业链，斩断维系不法交易的利益链条，才能治标更治本。近年来，中央网信办等相关部门多次出手整治"饭圈"乱象，取得了显著成效。健全相关法律法规，精准施策，对"私生饭"的各类行为依法依规处理，还需继续善作善成。

再如，对"私生饭"群体可以宽容，但不能纵容。"私生饭"群体大多年龄偏小、心智不成熟，法律上对违法犯罪的未成年人依法从轻、减轻或者免除处罚。如男艺人机场被泼水事件中的两名17岁少女，被给予拘留五日（不执行）的处罚。然而，家庭、学校和社会需要对未成年人做好法治教育和"网商"培养，让他们明白行为底线、树立正确观念。面对未成年人几乎"无人不网"的社会现实，与其堵住他们上网、追星的路，不如多加引导。追星并非坏事，它可以是对作品和实力的欣赏与赞美，也可以是理想人格、美好品格在心中的投射。有不少人把对偶像的向往转化为"自我期待"，从"追星星的人"努力变成"闪亮的那颗星"。

有人说，爱是克制，是不打扰，是想触碰又收回手。追星应是追光，是一种相互成全的美好。保持"边界感"，守护距离带来的美，希望每一个"追星星的人"都能懂得。

徐岚　沈於婕　陈璇　陈逸翔　执笔

2024年1月9日

素人作者的诗与远方

> 优质的内容才是打动读者的王牌。市场风向或社会热点虽变化频繁，但好的写作不会改变标准。

前段时间，豆瓣2023年度读书榜单新鲜出炉。10本年度图书中，"快递小哥"胡安焉的作品《我在北京送快递》、"外卖诗人"王计兵的诗集《赶时间的人：一个外卖员的诗》均在列。10位年度作家中，素人作家杨本芬、胡安焉入榜。

素人作家引领出书潮流，搅动起文学界一江春水。去年10月，多位素人作家成为中国作家协会正式会员。有读者为他们"打call"，认为他们左手扛起生活重担，右手执笔描绘精神世界画卷，这些从生活中锤炼出的文字，朴素却打动人心。

环顾四周，我们身边的文学爱好者并不占少数，但能够出书的素人作者却寥寥，大多人的出书梦想随着杳无音信的投稿一起石沉大海。不禁想问，对普通人来说，出书这件事情，究竟"高大上"在何处？又如何给他们创造更多机会、守护他们的诗与远方？

一

素人出书并不是这两年才有的新鲜事儿。2015年，浙江人民出版社出版《胡麻的天空》，该书作者是只上过一年半学的农村老太太秦秀英。随后，各行各业素人作品接连涌现。育儿嫂范雨素写的自传体小说《我是范雨素》《久别重逢》火爆全网，矿工陈年喜接连出版诗集，退休工人杨本芬在80岁时推出畅销书《秋园》……

这些作品多以基层百姓生活为题材。在那些并不显眼的日子里，素人作者书写那些普遍、日常、隐秘或明显的事件，执着而忙碌地发出微光。

比如《我在北京送快递》，展现了20年来胡安焉从事的19份工作，自行车销售员、小摊摊贩、保安……对每份工作详细描述，讲述如何与不同人打交道。该书豆瓣评分8.2分，被媒体评价为"应该加入市民生活必读书"，让更多人了解社会运转背后各行各业的力量。

再看作者们，他们绝大部分人从事着和文学无关的行当，甚至未必受到过良好教育，但都有个共同特点：坚持写作，用文字记录人生，或记录当下。可能有人无法理解，许多普通人为了谋生已经耗尽了精力，哪还有时间去从事写作这种"高雅"的活动？答案或许要倒过来看，正是因为平凡而不易的生活，让写作成了填补精神生活的必需品，也让写作有了沃土。

作为一种精神寄托，写作所带来的财富难以都用物质衡量。正如有素人作者说，"几十年来，除了父母，没有任何人比文学陪伴我的时间更久。文学是我心里的一口人，是我最亲密的人、无话不说的人"。

与此同时，新媒体传播让素人出书加快"破圈"。回溯近十年，众多非虚构写作平台兴起，刊发了大量素人作者书写的故事。网络技术让这些作品打破时间和空间的限制，迅速传播开来。

二

不过，写作只是图书出版众多流程之一。由一篇篇文章到一本书籍成型，还需经历多道工序。很多素人作者花费数年心血完成的书稿，或因选题不对路，或缺少相应手续，或缺乏出版经验而夭折。由此看来，素人出书门槛不低。

其一，对出版社来说，为素人"做嫁衣"的风险系数较高。近几年，全国图书零售市场规模出现负增长已不再是新闻。随着人们审美情趣提高，中国图书市场已从粗放扩张转入刀光剑影的优胜劣汰。有资深出版人表示，在不算太景气的市场环境下，畅销书作者新书都不一定好卖，更别提素人图书。素人因缺少初始流量，从0到1的投入较大，多数出版社不愿冒这个风险。

其二，普通人缺乏出版资源和经验，一定程度上也加剧了出书难度。如何挑选出版社，是摆在作者面前的第一道关卡。每个出版社都有自身专业禀赋，比如中华书局、上海古籍出版社是历史古籍类龙头，人民文学出版社、浙江文艺出版社擅长原创文学，上海译文出版社、译林出版社专注于外国文学。作者的选题方向，如果与出版社的出版方向不相匹配，恐怕就要吃"闭门羹"。

其三，并不是所有题材都适宜出版。比如，导向不清不楚、笔法剑走偏锋，只想博得市场眼球的作品，很可能被出版社退稿；而为推动出版业提质增效，强调提高出版物质量，对素人作者的作品要求也会更高。

选题、写作、三审、排版设计、三校、印刷发行、宣传营销……不夸张地说，出版一本书需历经诸多流程，在任何一个环节出现闪失，都有可能导致"难产"。

三

那么，普通人想要出一本书该怎么做？打开素人出书的"故事匣"，笔者认为从中至少可以得到三点启示。

优质的内容才是打动读者的王牌。市场风向或社会热点虽变化频繁，但好的写作不会改变标准。素人身份的反差还不足以形成图书购买行为，优质的内容和同频的共情才能成为购买理由。有编辑认为，素人作者直面生活第一现场，他们见证了生活的酸甜苦辣，真正打动人的，是一个普通人通过文本传达出来的奋斗不息的内在力量。

比如，杨本芬的《秋园》是一本苦难回忆录，写的是自己母亲为撑起一个家与命运抗争的故事。书中的母亲被网友称为"女版福贵"，她远比想象中更坚韧，以薄弱的肉体对抗着命运。许多网友，正是被这本书"文字直白、简单，没有华丽辞藻，没有高深的大道理，却有种说不出的劲道"所吸引。

编辑应有一双善于发现美的眼睛。素人作者有的一朝语出惊天下，有的一股激情满地鸡毛，"伯乐"编辑不仅需要学会甄别，大浪淘沙挖掘潜力股，更要有一双呵护美的巧手，让书以最好的形态出版。

从文字到成书，一本书的诞生远比想象中复杂，编辑是"天才捕手"，更是千头万绪的"监工"，设计、审校、排版、市场，一道道工序环环相扣，处处是细节。更有不少素人作者对作品架构、政策导向、市场环境并不敏感，编辑亦师亦友的专业建议就显得尤为重要。

出版社不妨多给素人作者一些机会。2023年，有短视频平台将52位素人创作者的214首诗歌集结，出版诗集《一个人，也要活成一个春天》，创作者包括农民、工人、家庭主妇、留守老人等，创作场景在玉米地、火锅店，又或是小吃街，等等。可见，素人作者遍布各行各业，数量非常庞大。

出版社可尝试多多挖掘，把素人故事变成文本，让朴实的力量焕发光彩。比如广西师范大学出版社就单独打造了一条"素人写作"产品线，推出了《世上的果子，世上的人》等图书，得到业内和市场好评。

时代这本大书需要更多人记录，素人作者用笔赶路，走过人生的荒芜；用双脚锤击大地，在人间不断地淬火。他们的作品"我手写我心"，也许是认识这个时代细微而真实的切入点。当流量的洪流退去，平平淡淡才是真，我们期待更多素人图书，用朴素真挚的表达，留下印记、留下温暖，让他们的诗与远方不再遥远。

郑黄河　俞姝辰　陆昶　执笔

2024年1月10日

好演员怎样炼成

> 演员在戏内，就需要从形象、气质、思想上与角色契合，让自己真正成为剧中人；在戏外，同样需要修身自律、提升自己。

近日，演员李雪健在《生活就是一个大课堂》一文中提道："我对'演员'这个名号很珍惜，用角色跟观众交朋友，这辈子没有白活。既然活下来了，就要活得更有意思，接着演，把精气神都在角色上抖落。"面对年轻人的提问"你如何成了演员李雪健"，他的回答令人动容，也引发很多人的共鸣。

过去的这一年，被一些网友称为演艺圈"去流量化"元年，《狂飙》《父辈的荣耀》等电视剧走红，再加上最近《繁花》热播，相继将一批演技在线的优质演员再次推到公众面前。

笔者认为，演员凭实力走红，才能意味着"以实力论英雄"的正能量回归影视行业。那么，好演员怎样炼成？观众眼中的好演员，到底需要怎样的自我修养？

一

　　一直以来，星光熠熠的演员行业吸引无数人向往，但实现演艺梦的竞争却十分激烈。数据显示，2023年，各大艺术院校收到超140万份的报名表，以中央戏剧学院为例，竞争最激烈的表演专业，初试淘汰率高达95.6%，可谓"千军万马过独木桥"。

　　不过，冲过这座"独木桥"，也只是获得了成为演员的一张"入场券"。而要成为一名好演员，还需要具备一些特别的素养。

　　比如，扎实的基本功。靓丽的外形对演员来说只是加分项，更重要的是"声台形表"都适配。在影视剧本中寥寥几行文字就概括的场景，演员需要将之具化为立体生动又扣人心弦的表演，首先依赖基本功的支撑。在学校中，表演、声乐、台词、戏曲表演基础、形体都为主要课程。而观众评判一个演员的演技，最直观的标准也是"声台形表"，如果演员说台词像念稿子、演君子像摆架子，那肯定不能令观众信服。

　　比如，强大的共情力。老话常说"技为情投，技为戏设"，"情"与"戏"本是一体。"戏"要出得来，还得靠演员对角色的共情力、理解力。有的演员能够被赞为"老天爷赏饭吃"，仿佛就是戏里的人，这本质上是他们善于、勤于用心贴近、理解、融入角色。比如有的演员剧本上像做阅读理解般贴满标签，有的在日常生活中时时观察不同人的言行举止并将之化为自身表演，有的则为演好角色通读全套原著、梳理人物小传。

　　比如，极致的专业性。有的演员"出道即巅峰"，此后便再无作品；有的演员偏好耍帅扮靓，不愿为角色牺牲外形……这样一味

"吃老本"的做法在当下已难以满足观众。敢于挑战多面角色的挑战精神、形象为角色服务的专业意识、刻苦学习磨炼演技的毅力等，才是演员得以长久立足的"地基"。

正如李雪健所说，对演员这个职业，光热爱还不够，要敬重。角色面前，不应该计较个人得失，不论是主角还是龙套，刻画人物都不能满足于"像"，要追求"是"。

二

虽然近年来国产剧佳作频出，为演员圈输送了一批又一批拥有不俗演技的宝藏演员，可仍有一些演员的演技不尽如人意，被网友吐槽"十几年了演技都没有长进"，甚至"塌房""爆雷"的现象也时有发生。

"浙江宣传"曾在《为什么说"观众很忙，观众不傻"》一文中提到，观众很忙，但不是"盲"。要想成为观众眼中的好演员，就有必要了解如今观众的特点和"口味"。

不吃"老一套"。随着时代变迁，人们的眼界持续开阔、审美水平逐渐提高，再加上娱乐市场越来越多样化，各式各样的文化输出、层出不穷的新鲜元素令人眼花缭乱，作品获得观众青睐的门槛不断提高。观众不再满足于演员的颜值和明星光环，而是更注重作品的质量和表演的水平，这也对演员群体提出了新的挑战。

掌握"选择权"。国家广播电视总局发布的《2022年全国广播电视行业统计公报》显示，2022年全国制作发行电视剧160部，全国电视剧播出20.82万部，影视剧类电视节目播出时间878.95万小时。庞大的影视产业背后，是供过于求的市场。这让观众拥有广阔的选择空间，能从中出圈的演员屈指可数。谁能及时提升自身素养，追赶上观众的眼光，谁才能赢得"比赛"。

拿着"放大镜"。曾经，演员与观众间的交流仅存在于荧幕、舞台等媒介，但在如今社交平台和自媒体的快速发展下，演员的一举一动都会被曝光和广泛传播，作为公众人物的引导作用得到增强，视频技术的进步更给予了观众拿着"放大镜"逐帧分析演员的机会。在此背景下，对演员业务和品德修养的要求必然越来越高。

三

中国不缺好演员，从"白天当演员，晚上是特工"的蓝天野，到"以文艺化导人心"的游本昌，再到"高调演戏，低调做人"的李雪健，他们都为年轻演员树立起了行业标杆。

但令人忧心的是，当前一些演员演技不过关，却能在资本的运作下稳站"C位"，反让实力演员为其作配；一些演员在社交媒体或公开场合上发表的不当言论，引发社会争议；还有一些演员偷税漏税、失德违法等问题更让观众感到失望与愤怒。那么，怎样才能成就更多好演员？笔者认为，可以从以下两方面着手。

"内外兼修"守好行业新风。演员在戏内，就需要从形象、气质、思想上与角色契合，让自己真正成为剧中人；在戏外，同样需要修身自律、提升自己。比如演员陈道明在出演《康熙王朝》时从不脱下戏服，以便更好地揣摩角色，出戏后同样是博学多才的才子，还是帮助、引导新人演员的好前辈。李雪健参加完"金鸡奖"，就悄悄去了趟福建东山县，只为了解当地老县委书记谷文昌究竟是怎样一个不追求轰轰烈烈的"显迹"而默默奉献的人，从而为塑造好角色做准备。

演技与艺德双优的好演员，需要有好的舞台来施展才华。影视行业在演员选用、评奖时，不应"唯流量""唯圈子"，而是要多"看演技""看人品"，让默默耕耘的好演员有更多机会登场上台。在新老演员的更替中，让更多优秀演员成为青年演员的从业标杆，共同维护天朗气清的行业新风。

整治乱象建好"艺圈生态"。近年来，粉丝经济的狂热与部分不良饭圈文化在一定程度上影响了观众对演员及其作品的客观评价，也扰乱了演员市场的秩序，一方面导致好演员难出头，另一方面则致使个别演员逐渐形成表演惰性。

与此同时，随着互联网快速发展，各大社交媒体、短视频平台成为演员与观众交互的重要终端，也改变了常规的演员培养模式，在网络上获得一定粉丝和关注的网络红人转型为演员的情况不在少数，而他们往往不具备专业的演员素养。

这就需要有关部门采取针对性措施，如进一步出台规范演员职业道德、引导风向等政策，强化演员网上信息的正向引导，并从严整治饭圈文化、切实查办高片酬乱象、坚决封禁劣质艺人等，从而构建起一个良好的"艺圈生态"。

相信，认认真真演戏、清清白白做人的好演员，总会与观众喜相逢。

周于稀　邵琼楠　李戈辉　孔越　执笔

2024 年 1 月 10 日

痴人张岱的反转人生

面对命运的巨变,张岱的"痴",又何尝不是他的面具与盔甲,掩盖他的累累伤痕、血泪风尘,也撑起他的躯体,进行着属于他的抗争。

崇祯五年的腊月,杭城连下了三天大雪,人鸟无声,万籁俱寂。一天晚上,水天一白的西湖中,一叶小舟载着一名士子缓缓驶向湖心亭。此人就是张岱。他身着锦衣毳裘,拥着熏香暖炉,在这天寒地冻的日子里,踏雪既不为营生也无要事,为的只是抒发一下兴致。

大家所熟知的"湖心亭看雪",仅仅是他前半生多彩人生中的微小片段。由此往后十多年,风云突变,这位富贵公子陡然间成了落魄遗民。

半生阅尽繁华,半生历尽沧桑。"莫说相公痴,更有痴似相公者",一个"痴"字就道尽了张岱的一生。

一

张岱出生在绍兴城中的状元府第，祖上三代进士，是典型的钟鸣鼎食之家、翰墨诗书之族。依着家风，他本该热诚仕途、进取功名，可他偏偏想做一个"玩咖"。

晚年的张岱，为自己的一生作总结时写到，"少为纨绔子弟，极爱繁华"，美景美食美物美趣，但凡世间美好，他都要观赏品鉴一番。诗文、剑棍、调琴、农圃、戏曲、茶道等，没有张岱不会的，而且还都是出挑的。

比如他追求极致茶品，发现城外一眼泉水搁置三天后冲泡日铸茶，再加上几朵茉莉，色香味上佳，于是欣然取名"兰雪"。为了饮出不同滋味，他还自己养牛挤奶，用铜锅将牛奶与兰雪汁烹煮调制，研发出了"玉液珠胶"的新型饮料，称得上是"奶茶鼻祖"。

张岱不仅是馋嘴的老饕，更是梨园的行家。因精通导演，每遇他排练剧目，演员们都不敢有丝毫潦草。他自编自导的戏文《乔作衙》演出时，观者争相先睹为快。

如果你认为张岱只是兴致勃勃甚至有些得意地沉湎于繁华的都市、精细奢靡的生活，那就错解他了。

一面是"不厌其精"的"生活美学"到了极致，一面是大明王朝风雨飘摇的信号已如灯火明灭可见，现实与理想错位的世界就会让人无所适从——浮华如梦，"梦"里越美好热闹，内心就越伤感。

时代洪流卷过，渐入中年的张岱挣扎在无法调和的精神矛盾之中。他写《夜航船》，试图匡正伪知识分子的浮夸；写《古今义烈传》，希望找回失落的忠烈，唤起天下人的担当；他甚至在清军入关之际，立马横刀杀入战场。

劳碌半生，皆成梦幻。"繁华靡丽，过眼皆空，五十年来，总成一梦"。

二

时代车轮无可阻挡。不侍二朝的明朝遗民，有的隐居深山、不问世事，有的宁死不屈、以身殉国，其中，就有张岱的好友祁彪佳以及堂弟张萼。

他无法接受这悲痛，"披发入山"，过起隐居的日子。活着需要更大的勇气。好几次张岱企图自决，最终他还是决定要活下去。"每欲引决，因《石匮书》未成，尚视息人世。"反思历史、保存文化之不堕乃义不容辞的责任，在山河巨变后为国存史，这是萦绕张岱晚年的痴念。

身病易治，心病难医。目睹了那么多舍生取义，这种苟活于世的遗憾与愧疚才更加灼烧他的内心，甚至他在81岁时还曾说："忠孝两亏，仰愧俯怍。聚铁如山，铸一大错。"作为遗民，心中慷慨之气无所依归，著书立言是他唯一的精神寄托。

《石匮书》成书之路上满载着张岱笔耕不辍的痴心。以亲历者的角度，撰述兴亡，每次下笔，都犹如揭掉刚刚结痂的伤疤。

最初著史时，张岱只计划写至天启年间。但故国倾覆之后，他迫使自己对明朝灭亡的原因作一个回应。为了给后人留下那个时代除正史以外的不同"看法"，于是他一直写到了崇祯和南明。整部明史，他写了300万字。

张岱一直活到了92岁，在漫长又跌宕的人生中，虽失意于科举之路，断了追逐功名之心，但他终究不是碌碌无为的纨绔子弟。从青年时的博采，走向中年时的执念，最终在晚年，他找到了自己的心灵归宿，选择修史作为自我救赎的途径。

三

面对命运的巨变，张岱的"痴"，又何尝不是他的面具与盔甲，掩盖他的累累伤痕、血泪风尘，也撑起他的躯体，进行着属于他的抗争。

"痴"是张岱的困顿与挣扎。以"甲申年"为界，他的痴也由此划为两个段落：明朝覆亡前"繁华靡丽"的痴之情，清朝建立后"过眼皆空"的痴之妄。他"悠悠忽忽"地纠缠于两种痴念间，余生都在面对"既不能觅死，又不能聊生"的无解困境，徘徊在"惟恐其非梦，又惟恐其是梦"的无尽踟蹰之中。

经历家国山河之变，方有人事兴亡之思。在国破家亡后，张岱回过头写下"崇祯五年"的湖心亭之游，记忆里冬日雪景的惊艳历历在目，孤身看雪的放旷心境仍念念在怀，在风雪之外，却多了一份透骨的湿寒。

白茫茫大地中，那"长堤一痕""湖心亭一点"，业已若有若无、模糊不清，似故去的痕迹；那"余舟一芥"，又何止是湖中的一芥，更是时代大潮中，身若飘萍的草芥之叹；而那"两三粒"人，面对的是江雪，更是命运的千万孤独。

"痴"也是张岱的意真与情深。前半生敢爱敢做、率性风流是真，后半生披发入山、风骨不改亦是真，他痴得洒脱。至古稀之年为自己写墓志铭，一连12个"好"。全数短句，下笔如擂鼓，不仅没有文人腔调，更没有龙钟老态，一派风发的少年意气。

他痴得执着。他身上浸润着儒家士子对文化传承的自觉，以及对艺术技艺的赞扬、对文化胜景的保护、对文物史料的考证与反思……他的观察和记录早已不限于观赏，而是秉持着气节与责任，是借文字使记忆和情感得以维系，为历史和文脉添续香火。

又是岁寒时，我们不妨抖抖身上的劳尘，寻一刻闲暇，翻一翻《陶庵梦忆》《西湖梦寻》，跟着张岱西湖观景、龙山放灯、南镇祈梦，于浙江的动人景致间来一段人文之旅。

许正　张国威　陶佳楠　汪薇　执笔

2024 年 1 月 11 日

文化礼堂得迈过四道坎

> 农民群众为文化礼堂投入了大量精力和感情，这是属于百姓自己的礼堂，这是礼堂可以走过十年的最大动力。十年间，文化礼堂不断"蝶变"。

如今，"礼堂"已成为浙江农民群众口中的高频词。"白天干农活，晚上去礼堂看电影呀""礼堂活动天天有，我们放下筷子就想去""春节快到了，礼堂村晚也要开场了"……

文化礼堂是浙江乡村文化阵地的一块金字招牌，全省已建成20511家文化礼堂，实现了500人以上行政村全覆盖。十年来，一个个主题鲜明的特色礼堂、一块块颇具辨识度的礼堂文化品牌、一批批多才多艺的文化人才队伍不断"上新"，呼应着"文化礼堂精神家园"的目标定位。

昨天，全省农村文化礼堂建设工作现场会在衢州召开，进一步明确了文化礼堂的目标定位，剖析了文化礼堂的问题短板，为下一阶段的礼堂发展提供指引。如何让文化礼堂更好地迈向下一个十年？让农民群众获得感更强？这是我们要思考的重点问题。

一

十年来，"我的礼堂我的家"理念深入农民群众心田，农民群众一年四季与礼堂相伴，春天迎春耕品新茶、学雷锋做志愿，夏天举办纳凉晚会、村运会，秋天重阳敬老、喜庆丰收，冬天办村晚、包汤圆……文化礼堂从0家到20511家，成为农民群众身边的文化乐园、精神家园，靠的是什么？

有人说，是靠党委政府对建设资金、土地指标等要素的大力支持；有人说，是靠管理体系的有效支撑；也有人说，是靠浙江乡村丰富文化资源的持续滋养。

笔者认为，这些的确都是重要因素，但与其他公共文化空间不同，文化礼堂更要紧的是靠农民群众对文化礼堂实实在在的归属感，能把礼堂当作自己的家，能主动投入、全情支持。比如，有的礼堂是靠地方农民群众自掏腰包建起来的，有的礼堂是靠当地村民主动请缨兼职管理守护的，有的礼堂文艺队伍、志愿队伍是靠当地村民自发组建的。

农民群众为文化礼堂投入了大量精力和感情，这是属于百姓自己的礼堂，这是礼堂可以走过十年的最大动力。十年间，文化礼堂不断"蝶变"。

功能更多了。文化礼堂提供的服务越来越丰富。比如，以前在文化礼堂里可以看演出、看电影、听宣讲，如今，有的文化礼堂还推出了剧本杀等新玩法。像长兴县石泉村文化礼堂，启动剧本杀沉浸式体验馆、婚纱摄影馆、古风团建等项目，激发文化礼堂新活力。

品牌更亮了。"村晚""村歌""村舞"等"村文化"品牌构成了一个乡村文化品牌矩阵。习近平总书记在2024年新年贺词中点赞"'村晚'活力四射",2022年中央一号文件写入"村晚""村歌",短视频平台上的话题"一起村舞BA"挑战赛吸引1.1亿次浏览,这些品牌不少就是依托文化礼堂打造的。

人气更旺了。如今的文化礼堂已成为文化地标,聚起乡村人气。比如2023年浙江举办文化礼堂"我们的村舞"大赛,共吸引了33.6万村民到当地礼堂跳村舞,年龄层次跨越20岁到80岁,礼堂热度爆棚。不少地方的礼堂,村民都能自主选择去礼堂的时间、要开展的活动,想到就能去、去了就有事做。

还有一些文化礼堂变成了"网红打卡点",吸引了一大批外地游客。比如杭州市余杭区永安村文化礼堂围绕"稻香"文化,开展长桌宴、稻田婚礼、稻田音乐节等活动,许多游客慕名前往,让乡村成为城里人的向往之地。

二

文化礼堂要想走得远、走得实,既要看见礼堂的亮眼成绩,更要思考当下面临的问题。

从群众角度看,有人说"想办场文艺演出,但没有专业的人来指导""村里老人想有场义诊,联系不到相关医生专家",也有人吐槽"村里礼堂挂了很多牌子,但一年到头活动并没送几场",等等,这些都暴露出"牌子代替服务"、资源供给不均等问题。在笔者看来,文化礼堂要更好地走向未来,需要迈过四道坎。

有的忽视文化。据不完全统计,全省文化礼堂每年举办各类活动超 10 万场次。活用礼堂空间，让各类活动和惠民服务纷纷进入礼堂的出发点是好的，但少数地方让礼堂变饭店、礼堂变仓库，个别地方甚至将礼堂打包出租，办成了咖啡厅，这样就忽视了文化属性，偏离了"精神家园"的定位，慢慢就会丢掉文化阵地的"主权"。

有的管理不善。一些地方管理制度落实不够严，存在推一推就动一动、不推就不动的情况。相关制度不科学不健全、集成下沉工作不够到位，导致资源供给不均衡不充分，有的礼堂是缺少资源没人送、有的礼堂是不缺资源缺统筹。有些农民群众感觉自己村里的文化礼堂好像没人管，甚至个别礼堂连日常开门都难以保证。

有的流于形式。有的礼堂活动开展、服务提供变得有一些"程式化""机械化"，少了一些走心用心。有些文化活动为了考评而举办、服务为了绩效而开展。部分农民群众甚至感觉自己变成了"演员"，每次都被拉过来撑场面、做样子，拍个照片了事，啥也没记住，缺乏获得感。

有的自娱自乐。有些地方创新打造礼堂文化品牌，但往往容易陷入"自娱自乐"的怪圈，表面看起来红红火火，实则没有火进百姓心里，缺少群众的参与度、认可度，距离贵州"村 BA""村超"的轰动效应还有不小差距。有些农民群众也迷惑："这个活动这么火吗？我咋没啥感觉？"

这四道坎倘若迈不过去，文化礼堂的服务水平就会打折扣，达不到农民群众期待。

三

十年一礼堂。文化礼堂十年发展之路走得并不容易，是党委政府、农民群众共同努力的成果，大家有责任有使命把它建设得更好，让它发挥更大的作用。

笔者认为，需要记牢四句话，一起走好下一个十年之路。

"姓"文化还得做文化。从字面上看，文化礼堂自然要"文化"打头。作为农村基层文化阵地，需要明确并坚持礼堂的文化属性，在礼堂里让农民群众有满满的文化获得感。

不难发现，得到农民群众喜欢并追捧的文化礼堂，往往都是文化味很浓的，比如衢州市柯城区余东村打造全域文化礼堂，为百姓提供画画的空间，并且指导大家怎么画农民画，常年开展各类农民画家的画展活动，大家都喜欢来礼堂画画，人人是画家、处处是风景。

农民建更要为农民。农民群众是文化礼堂的目标用户群，只有紧紧抓住老百姓的心，才能让大家来了还想来，这就要深知百姓"好哪一口"，时时看"缺什么"，常常问"要什么"。

农村的老人孩子相对较多，就需要盯住不同年龄人群特点，提供他们需要的服务。比如，孩子们放学无人看管，就办些课后趣味益智课程；老人们注重养生，就组织专家名医开设义诊；青年创客们为事业奔波，就多讲讲创业政策……同时，也需要引导大家"主动点"，就像浙江"礼堂家"数字工作平台、绍兴数智礼堂等提供点派单服务，让老百姓想要什么自己点，服务更精准。

共同管促进共同享。这既需要上级部门划定"跑道"，在日常管理上健全机制，在智能管理上多做探索，在资源供给上多给帮扶，还需要压实分级管理责任，省市县乡村都应扛起礼堂管理职责，更需要让群众都参与进来，激发主人翁意识，让每个人都成为礼堂管理员。

如今很多社会力量都参与到礼堂的管理服务当中，很多地方推出了"文化管家""礼堂CEO""文艺村长"等管理服务模式。浙江还将部署开展"文化特派员"工作，以后之江大地上将有一大批爱农村、懂文化、有专长的文化人才队伍，参与礼堂管理运行。

广参与才能谋出圈。出圈的背后，除了名气、效益，更核心的意义是文化传播、百姓参与。依托文化礼堂充分挖掘乡村文化资源，精心策划活动从而吸引群众参与，打出品牌培育、宣传展示、特色服务组合拳，还有待持续探索。比如绍兴依托文化礼堂，打造"村戏"品牌，是立足越剧特色，让本地的老百姓参与进来，以本地带动外地、以线下传导线上，释放越剧文化魅力。但在推爆款、谋出圈的过程中，得避免为了出圈而博眼球，错把出格当出圈，守住乡村文化内核，擦亮乡村文化底色。

文化礼堂的下一个十年，我们拭目以待。

刘雨升　阎畅　赖小兰　执笔

2024年1月11日

繁花，凡花

> 头顶在肩膀上，脚长在自己身上。如果缺乏机遇和条件，那就要自己去创造。在这个激荡的时代里，如何触摸它的脉搏，如何洞察先机，如何找到属于自己的那个"选择点"奋力一搏，值得每个人深思。

最近热播的电视剧《繁花》刷屏了，虽然前两天已经迎来大结局，但围绕这部剧的讨论依然火热。

有人赞叹导演王家卫电影式的拍摄手法，有人怀念20世纪90年代上海"遍地是黄金"的繁华景象，有人圈粉于剧中的宝总、汪小姐、李李、爷叔等角色魅力……这里边，还有相当一部分人被《繁花》的经典台词打动，市井又极具哲理、细密且扣人心弦。

虽然故事距今三十余载，但人们总能从中找到共情之处。繁花不仅是花团锦簇的印象，也是对人世摇曳的刻画。正如原著作者金宇澄所说，"繁花就像星星点点生命力特强的一朵朵小花，好比树上闪烁的小灯，这个亮起那个暗下，是这种味道"。

这样的"繁花"，映照的何曾不是无数普通的"凡花"呢？

一、今天的太阳，晒不到明天的衣裳

时间，是一种缓慢却坚定的决定性力量。《繁花》就是一部用时间镌刻而成的作品，筹备数载、拍摄三年，这样的文火慢炖、精雕细琢，不仅凝结了一众创作者的感情和心血，也拉高了观众对作品的期待。

人们常说，三十年河东，三十年河西。三十多年前，黄河路上风云诡谲，三十多年后，国内社会经济飞速发展，在各种颠覆与生长中，规则和模式一次次被重构。一切都在变化，唯一不变的是时代的车轮滚滚向前。

正如《繁花》中一句台词所言："今天的太阳，晒不到明天的衣裳。"既然历史的走向我们无法左右，那就让时间决定一切，把握住每一个实实在在的今天。今天我们读的书、走的路、见的人、吃的"生活"、触过的"霉头"，都是将来谁也拿不走的智慧，只有经过时间淘洗，才能遇见更值得的自己。

二、人生不能重新开始，但可以从每一个选择点重新出发

从贫穷的阿宝到万人迷的宝总，他的人生轨迹经历了太多起落与转折。人生不能重启，所以我们必须抓住每一次有可能改变命运的机会。

20世纪90年代的上海充满了张力，蓬勃的经济促使人们外出闯荡、抢占商机。正如在宝总眼中，"龙虾"也是机会，不能错过席间的每一个关键信息。

风险和机遇相生相伴。20世纪90年代初，一些国有企业出现"下岗潮"，但也是在这一时期，民营经济蓬勃发展；1998年，国内停止住房实物分配，开始实行住房商品化，这也让更多家庭的住房条件得以改善；千禧年左右，美国互联网泡沫破灭，光纤技术及基础设施被"贱卖"，成就了如今遍地开花的互联网企业……

头顶在肩膀上，脚长在自己身上。如果缺乏机遇和条件，那就要自己去创造。在这个激荡的时代里，如何触摸它的脉搏，如何洞察先机，如何找到属于自己的那个"选择点"奋力一搏，值得每个人深思。

三、能说服一个人的，从来不是道理而是"南墙"

剧中，阿宝在牛仔裤订单上急功近利、我行我素，任凭爷叔"尽心尽力盘算黄浦江的事情"，依然"心里装的全是苏州河的勾当"。等到爷叔愤然离去，失去"军师"的宝总变回了穷光蛋阿宝，才终于幡然醒悟。

阿宝经历的挫折远不止这一次，"撞上南墙"的也不止有他一个人。在《繁花》中，我们见证主人公们遇到各种大风大浪，情感上的纠葛、事业上的起伏，但这些看似无法逾越的难关，最终都成了他们攀高的垫脚石。

"能说服一个人的，从来不是道理而是南墙；能点醒一个人的，从来不是说教而是磨难。"每个人在成长和人生道路上，会遇到各种各样的困难和挫折，会犯错和跌倒。但很多时候，只有千锤百炼才能磨炼一个人的意志，那些让我们痛苦挣扎彷徨的，也塑造了我们的坚韧勇敢强大。

我们不歌颂苦难，但苦难恰是另一种滋养成长的养分。坚强的人可任凭风吹雨打，脆弱的人却在平凡的时刻崩溃，如何看待和面对苦难把人分成不同的样子。"人生两个问题。第一，找到问题，第二，把它解决掉。"在苦难中体会和感悟，更加深刻地认识问题所在、更加主动地寻求破解之道，过好宝总说的"从来没有不出错的人生"，或许才是真正的成长。

四、只有看到未来，才会有未来

不少人共情于剧中人物的艰苦奋斗和时代的欣欣向荣，但也有人说，身处最早开放、充满机遇的上海是"命好"，因为他们正好赶上了市场经济开放的风口。

尽管时与势不同，但每个时代都有它的艰辛，也都有各自机遇。当下的年轻人，亦踏浪于大时代上升期的潮头浪尖。

大变局之下，没有谁能置身事外。地缘政治博弈一定程度影响了经济全球化，全球供应链脱钩与"短链化"等趋势，重塑着全球大家庭。虽然传统产业的确受到不小冲击，但也要看到，我们的新基建、新能源、新材料、新消费依然孕育着前所未有的发展机遇，中国稳稳站在世界第二大经济体的台阶上。现在很多地方都有了自己的特色产业，年轻人不用再"逃离农村"，逐梦的空间更大了，"梦想成真"有了新的时代注解。

只有看到未来，才会有未来。不论前行路上面临怎样的艰险和困境，"相信未来"是一针不变的强心剂。靠着它，每一个普通人都可以长出一副"有主张、搞得定、摆得平、输得起"的坚强铠甲。

五、只要肯奋斗，就有机会成为黄河路上的主角

《繁花》电视剧在原著基础上进行了改编，导演王家卫说，是什么让阿宝成为宝总，书里面没有提到过。原著"不响"，我们可以"补白"。最终剧集呈现出来的，就是一个"全员搞事业"的故事，沪上儿女在时代浪潮中拼命抓住机遇，他们起起伏伏、顽强拼搏，但始终向前、步履不停。

黄河路是一条神奇的路，区区 755 米，见证了一段段凡人传奇。阿宝从一个默默无闻的平凡青年成为商界的后起之秀，玲子认真经营自己的事业，李李在商海中冷静博弈、果敢交锋，汪小姐也在成长中觉醒"27 号不是我的码头，宝总也不是，我是我自己的码头"，还有爷叔、范总……我们可以在这条路的每一个小人物身上看到永远向上的追求、永不服输的坚韧和绝处逢生的勇气。

电视剧的主角和配角是提前定下的，但是真实的生活里，每个人都有机会成为主角。和剧中人从寂寂无闻到声名鹊起一样，浙商踩出了中国民营经济史上的很多"第一个脚印"：从"一无所有"到"世界超市"，义乌缔造了商界奇迹；余姚不产塑料，却成了中国最大的塑料集散地；海宁不产皮革，却拥有全国最大的皮革市场……改革与进步是时代给予的机遇，能不能抓住机会顺势而上，就要看我们自己有没有心气、有没有闯劲。

"繁花"之下的扎实奋斗，正是剧中角色藏在寻常对话中的人生奥义。"戏要一幕一幕唱，饭要一口一口吃"，"目标从来就不遥远，一步步，一天天，只管全力以赴，剩下的交给时间"。时代轨迹犹如一幅徐徐展开的画卷，既有孤寂疏离的自我追寻，也充满了

希望与生机，它将我们引向对历史变迁与生活理想画卷的深入思
考——

以赤子之心翻越高山，凡花一朵，亦可满腔盛开。

倪海飞　云新宇　谢滨同　陆家颐

陈云　金梦裳　冯胜　执笔

2024 年 1 月 12 日

浙江文学的进阶之路

> 无论在哪个时代，经典文学都引领着人类去思考、去探索。而广大文学工作者也必须要拥有底气、情怀与责任，以翰墨应盛世，以笔墨传真情。

浙水敷文，浙江的水土与人文，彼此哺育、促发，从数千年前的传统中承继至今。这两天，浙江全省各地近400名作家和文学工作者齐聚杭州，共赴五年一次的浙江省作家协会代表大会。浙江文学又将开启一段新的征程。

去年9月，习近平总书记在浙江考察时强调，"浙江要在建设中华民族现代文明上积极探索"。文学作为一种重要的文化形态，自然要担起重任。

那么，浙江文学要进阶，前路在何方？正值大会举办之际，我们不妨由此说开去。

一

浙江文学向来擅长通过求新求变、独立风标来寻求进步。

求新基因镌于血脉。一直以来，浙江人就有敢领风气之先的觉醒。"山有木兮木有枝，心悦君兮君不知"，一曲《越人歌》作为我国历史上第一首译诗，被传唱两千多年，余韵悠长。

自此，浙江文学一直奔走在进阶的征程上。山水诗鼻祖谢灵运、晚明狂才徐渭、"浙西词派"创始人朱彝尊……众多闻名古今的文学"弄潮儿"为浙江文学在全国奠定了"江湖地位"。

薪火相传中，浙江文学在此后更是全面崛起。于是我们看到这样一群包容、豁达、先进的浙江文人：前有龚自珍、夏曾佑、王国维、章太炎等人率先发出变革的时代呼声；后有鲁迅、茅盾等文坛巨擘扛起大旗，以文章启迪民智。"其实地上本没有路，走的人多了，也便成了路。"1921年，鲁迅在《故乡》的篇尾，"预言"了家国的出路。

此外，包括郁达夫、夏衍、艾青、徐志摩、丰子恺、戴望舒等人在内的浙江作家大力传播新文化、创造新文体、形成新流派，沉潜于时代之中，以笔墨记录沧桑巨变、人心潮涌，筑起中国现代文学的"半壁江山"。据悉，东汉以来载入史册的浙江籍文学家逾千人、约占全国的六分之一。

二

当下，注意力是一种稀缺资源。置身快节奏的生活，面对多样化的内容，很多人倾向于阅读短平快的作品，严肃文学面临少人问津的尴尬境地，但这并不意味着长篇小说缺乏读者。相反，长篇小说依然有着击中人心的力量，它是人们精神世界中宝贵的一部分。

类似《繁花》《人世间》这样的严肃文学作品，口碑颇好，经影视化改编后被热播，反过来又促使著作本身收获了一波现象级热度；《茶人三部曲》，则展现了杭州西湖边忘忧茶庄几代人命运随大时代跌宕起伏的故事，融茶、人、城于一体，广受读者好评。对广大作家来说，如今依然是广阔天地，大有泼墨空间。

那么，人们为何需要经典文学，尤其是那些考验读者耐心的长篇小说？

一方面，经典的力量历久弥新。无论在哪个时代、哪个国度，《红楼梦》《百年孤独》等大部头并不因篇幅长或理解难而失去读者，反而吸引着很多人一遍遍去读、去研究。古今中外文学作品数不胜数，经典之所以能流传下来，正因其蕴含了深厚情怀、浓缩了百样人生、滋养着世人心灵。

比如，"当回忆往事的时候，他不会因为虚度年华而悔恨，也不会因为碌碌无为而羞愧"，《钢铁是怎样炼成的》中这句话，就曾激励了万千青年；茅盾文学奖作品《平凡的世界》几十年畅销不衰，有人评价，书中人物通过自己的努力改变了命运，这样的情节充满能量、引发共鸣。

另一方面，在浅阅读时代带来深思考。近年来，随着数字技术日新月异，微小说、微短剧等"微"产品盛行，人们往往只在坐地铁或喝一杯咖啡的时间里，进行一些简单、快速的阅读。虽然这样的方式轻松便捷，但浅阅读、快餐式阅读只能当"小食"，不能当"正餐"。有研究者就指出，如果长期接收浅显的内容，容易弱化思维能力、缺乏思想深度、失去静心定力等。因而虽然碎片化阅读好于不读，但高质量深度阅读不可或缺。

正如有人说，长篇小说好比我们的一生，人们往往能在其中寻根溯源，感受岁月长河的波澜起伏，甚至启迪智慧、找到人生真谛。因此，无论在哪个时代，经典文学都引领着人类去思考、去探索。而广大文学工作者也必须要拥有底气、情怀与责任，以翰墨应盛世，以笔墨传真情。

三

1940年，茅盾赴延安，毛主席特意来到他的临时住处，关心他之后的创作活动，还邀请他搬到鲁迅艺术学院去："鲁艺需要一面旗帜，你去当这面旗帜吧。"茅盾的一生用文字诉尽了赤子情怀，不仅在生前带领新中国文学的创作，在身后更以茅奖指引着后来者前赴后继去攀峰。

浙江虽是文学高地，但仍需清醒地认识到，近些年浙江文学领域涌现出的高水准鸿篇巨作不多，要实现浙江文学从"高原"迈向"高峰"，仍有较大空间。浙江大地不缺乏创作素材，时代之变、人民之呼、浙江之进中，有许许多多值得记录的新故事。那么，立足当前，一直走在进阶之路上的浙江文学，又该如何继续进阶？

深扎文学之根。广大文学创作者要在自由而宽广的天地与社会之中，亲身体验普罗大众的生活，多沾泥土、多接地气，去挖掘感人至深的故事，去描摹波澜壮阔的时代。就作家而言，是否愿意潜身新时代最火热的实践、走近最普通的百姓、感受最真实的生活，能否耐得了寂寞、经得起艰辛、挡得住诱惑，都决定着浙江文学能否真正进阶。

追求文学之新。不久前，中国文学界展开了一场"文学新浙派"的探讨。有专家认为，目前浙江籍作家特色越来越鲜明，逐渐形成了一种属于浙江的文学新势力。他们所呈现的"新"，既有题材之新、表述之新，也有视野之新、格局之新。

传承文学之脉。在捐资设立茅盾文学奖时，茅盾曾说："我衷心地祝愿我国社会主义文学事业繁荣昌盛。"而其中的一个关键要素，就是一支不断有新鲜血液注入的作家队伍。

浙江有个公认说法，"50后""60后"作家宝刀不老，中年作家非常坚实，青年作家数量庞大。近年来，浙江文学版图中，余华、麦家、王旭烽、艾伟等作家领衔，一大批中青年作家活跃创作的格局已然形成。但若要为其注入更多新生机，仍须不遗余力去培育、挖掘更多实力派作家，助力老中青人才发展成长，以人才梯队接力文脉传承。

"文学重镇"浙江自古文风鼎盛、文脉绵长、文人辈出。站在新的起点，期待浙江文学不断向"新"而行、向"高"而攀，涌现更多具有鲜明江南特色与浙江气质的新力作，书写出浙江之美、中国之美。

孙雯　吴艳梅　孔越　朱鑫　周玥　执笔

2024年1月12日

"挤爆3.5分餐厅"藏着什么信号

> 当"好评是刷的""评分是买的"变成很多人的共识后，那些重在包装、刷分，而不在提升菜品质量、改善餐厅环境、改进服务水平上进行投入的所谓网红餐厅，换来的将是消费者对"高评分"失真、"照骗"式种草的失望，最终变得冷冷清清。

　　最近，"年轻人报复性挤爆3.5分餐厅"的话题登上社交平台热搜，消费者反向选择低评分餐厅这一现象引发网友热烈讨论。一些消费者抱着"我倒要看看有多难吃"的心态去低分店猎奇，却反而收获了意外之喜。而在一些媒体发起的餐厅评分选择投票中，也有相当一部分网友选择评分为"3分至4分"的餐厅，理由是"真实"。

　　以往，很多人外出吃饭前，习惯于在消费点评网站或App上先刷一波"种草"信息。如今"反向种草"热潮兴起、"低分"餐厅逆袭，这背后是纯粹的任性、个性，还是对评分不信？是理性回归，还是"报复性反击"？

一

有句话叫"有人的地方就有江湖"，其实，有评分的地方也有江湖。

在餐饮界的评分等级划分中，0.1分的差距很多时候意味着"天壤之别"。以某款软件的美食评分体系为例，4分以上就会优先被列入"推荐"选择，3.9分就沦为"低评分"餐厅。为了提高评分，许多商家使出了"十八般武艺"。

比如，为了提升在网络平台上的评分，不少商家通过送菜、送饮料、送优惠券等方式，来换取晒图、好评。为了适应短视频平台的"流量玩法"，一些商家还会邀请美食博主来探店，刷一波精心包装的"通稿式评论"。还有的商家不惜耗费大量精力、财力"卷"在"控评""删评""刷好评"上，而反映用户真实感受的评论、评分往往难以"露面"。

消费者之所以把网络平台上的消费点评作为参考，原因无外乎希望可以节约时间成本、降低试错成本。然而，随着各类评分、榜单盛行，一块手机"小屏"能影响的生活选择越来越多。有人打开某款地图导航软件，点开周边美食后，发现根据综合选项排序的餐厅，直线距离2公里内的前50家，只有1家为4分以下的"低评分"餐厅，超30家餐厅都为评分4.5分及以上的"超棒"餐厅。当"超棒"餐厅满天飞的时候，"真的靠谱吗"渐渐成为很多人的疑问。

当"好评是刷的""评分是买的"变成很多人的共识后，那些重在包装、刷分，而不在提升菜品质量、改善餐厅环境、改进服务水平上进行投入的所谓网红餐厅，换来的将是消费者对"高评分"

失真、"照骗"式种草的失望，最终变得冷冷清清。

二

那么，我们应该如何看待"弃高选低"的反向选择？

一方面，就消费者而言，选择低分店有一定的猎奇和任性因素在，但也有因为在高分店"踩雷"导致的失望："好评不可信，那就睁大眼睛从差评当中选。"比如，差评里写着"上菜好慢呀，一道菜等这么久"，在有些网友看来那这家店应该是好吃的，因为"没有骂菜品，菜上这么慢，还愿意等"。这种逆向思维，反倒成了选出好店的新思路。

还有网友支招，那些评分在3.5分到4分之间、开了3年以上的老店，也是不错的选择，还可以跨平台去"货比三家"，看一下综合评分后再做选择。

在热衷"做分数"成为某些高分店"诀窍"的同时，不愿"整花活"也是很多低分店的坚持。前者把心思花在取巧上，却也容易患上分数焦虑症导致动作变形；后者拥有固定客流，销售渠道稳定，重心不在"营销套路"，被打低分也不在意。

另一方面，对商家和平台来说，评分有高有低，本无可厚非。如果一家两家低分店被反选，也算正常。但是，当越来越多的"3.5分餐厅"被挤爆，就应该引起重视。

一些消费者不惜"以身试险"，为明珠蒙尘的"低分店"正名，经过实践检验以后，消费者又为"不能轻信低分"添了一个实实在在的论据。他们往往又因为不相信，而不愿意再通过网上评分进行感受反馈、数据修正。如此循环往复，评分的参考价值会越来越低。

我们不怕看见"质疑低分店、理解低分店、选择低分店"的"反向选择",但更乐于看见"质疑高分店、信服高分店、选择高分店",也许这才是大数据算法的胜利、评分的意义。

三

"年轻人报复性挤爆3.5分餐厅"这条热搜里,其实藏着明显的信号,那就是消费者期待消费评价体系回归真实、客观。笔者认为,可以从以下几方面着力。

用真心卷品质。平台上的好评,只是把用户吸引到店的第一步,而拿得出手的"镇店之宝",才是让新客心甘情愿留下变成回头客的真本事。因此,作为商家,既需要有用真心卷品质、用服务赢高分的底气,也需要有面对低分问心无愧、"让子弹飞一会儿"的耐心。

一些特定信息和关于商品的评论内容,以及相应的转发、评论、点赞数量,是影响公众判断其"是否有认可度"的重要指标。因此,收集整理客观真实的数据,制定完善科学合理的算法,才可能有靠谱的结果。一味去刷评分,只会沦为蹭得一时噱头却逃不过昙花一现的短命店,被网友戏称为"和百年老店隔着99年的距离"。

让评价更多元。对第三方平台来说,真实的评价是平台被信任的保障,建立和完善更加客观多元的评价体系很有必要。

心理学上有个"沉默的螺旋"现象,化用到评分这件事上来,若是参与打分的人看到自己赞同的观点受人欢迎,则会积极参与;

若发现另一观点少有人理会，即使赞同也会保持沉默。这样一来，一种观点和声量越来越强大，另一种观点则越来越稀缺，由此导致评分的"片面"。

因此，看见"不发声"的那部分人群和力量，想办法打捞起他们的真实评价，也是让评分尽可能回归真实、客观的重要方式。比如邀请不同领域的"美食密探"品鉴、造访，以及专家评审等，尝试丰富平台的评价体系，提升评价过程的严谨性和真实性。

别触碰了红线。你给我高赞，我给你赠品；我邀请探店，你给我引流……互惠是否暗藏"互贿"？行为是否越界甚至涉嫌违法？这些都需要警惕。

《反不正当竞争法》明确，经营者不得对其商品的性能、功能、质量、销售状况、用户评价、曾获荣誉等作虚假或者引人误解的商业宣传，欺骗、误导消费者。此前，多地市场监管部门就曾公布某信息技术公司提供"刷单套餐"案和某餐厅"好评返现"案。可以说，坚决查处"刷单炒信"等不正当竞争，让商家不敢刷、不能刷，是引导行业竞争走上卷品质和口碑的发展正道的必要手段。

品质的真、数据的真、算法的真，说到底都在考量人心的真，而这才终能换来评分的真，让美食和信任都不被辜负。

陈卓　许小伟　沈铭吉　赵奕　吕薇　执笔

2024 年 1 月 13 日

周末聊个"球"

> 不得不说，肃清体育领域的不正之风，还运动场一片清朗空间，已经成为广大群众的深切期盼。

近日，央视年度反腐专题片《持续发力　纵深推进》一经播出就迅速引发舆论热议。特别是压轴"亮相"的第四集《一体推进"三不腐"》，可以说是毫无保留地揭了足球领域的腐败"老底"，登上同时段收视率榜首。

那么，一部反腐专题片为何会有如此之高的关注度？这背后有哪些值得深思的问题？

一

为啥总踢不好一个球？这是无数球迷追问了很多年却又百思不得其解的一个问题。

其实，对于足球领域存在的腐败问题，媒体此前有过一些报道，然而专题片曝光的黑幕，还是让人感到始料未及。

谁能想到，当年那个号称跑不死的"铁肺"，曾被广大球迷视为国足之光的追梦少年，竟沦为足坛一大"蛀虫"。谁又能想到，其在俱乐部所创造的"冲超传奇"不过是拿钱打造的假传奇，甚至连国足主教练的位置都是"买"来的。从"跑不死"到跑得"快"，从"最痛恨踢假球"到"主动推销假球"，从"铁在烧"到"铁窗泪"，走上不归路的李铁对着镜头直言"非常后悔"，不少网友也纷纷对其表示恨"铁"不成钢。

在专题片中，央视还整了一把"花活"——部分涉案人员分布在足球场上，凑成了一套足球队"首发阵容"。在这套阵容中，"中锋"成了"软脚虾"，"后腰"只想走"捷径"，"守门员"变成了"黄油手"。当这些人一心只把绿茵场当成生意场，足球能踢得好才怪。

深挖下来，从球员选拔、教练任用到赛事安排，从裁判、国家队到经纪人、主管部门，中国足球生态链的每个环节几乎都出现了问题，发生了系统性、塌方式腐败。中国足协原主席陈戌源在节目中哽咽地说："球迷可以包容中国足球的落后，但是不能原谅腐败。"中国足球腐败问题如此之严重，让不少球迷悲愤不已。

可以说曾有多少热爱，就有多少失望。广大球迷无数次的陪伴和不离不弃，仿佛在一瞬间崩塌。有球迷发文称"那些年的眼泪白流了"，引发不少网友共鸣。但也有人重燃希望，认为刮骨疗毒、正本清源才是中国足球的根本出路。

二

在看到中国足球的"至暗时刻"后，不少人对体育领域表示担忧。实际上，细数体育领域存在的各种乱象，同样令人诧异。

去年，中央巡视组对国家体育总局开展机动巡视，全国体育系统机动巡视组也对各级体育部门和单位进行了巡视。通过机动巡视，发现了一些体育竞赛的违规和舞弊行为、体育经营的违法和侵权行为、体育管理的失职和渎职行为、体育人员的违纪和违法行为。

比如，有操纵比赛的。网友用流行语句式点评李铁的不归路："憎恨假球、质疑假球、理解假球、成为假球、超越假球。"其实，在其他项目里，也存在胜负盘里"预定输赢"的假赛现象。比如，去年斯诺克"假球案"的调查结果出炉，10名中国球手被处罚，其中2人被终身禁赛。再如，去年CBA季后赛，两支球队因"消极比赛"，被中国篮协取消当赛季资格与名次，双方主教练也分别被取消五年内和三年内的教练员注册资格。

比如，有玩弄规则的。有的热衷于搞"小圈子""拜码头""搭天线"，在这种生态之下，体育竞技规则沦为一些人谋取私利的潜规则，也就不足为奇。有业界人士曾揭露，一些优势项目存在"不让你上，你就无名；让你上，就拿金牌"的现象；一般项目则因选拔机制不透明、不公开，也存在"不花钱就难入选"的"暗箱操作"。而潜规则的盛行，则让一些运动员、教练员、裁判员或主动或被动成为腐败链上的一环。

再如，有监管缺位的。一些体育协会管理混乱，以公谋私、任人唯亲，导致不良作风肆虐。而在这背后，一个重要原因是监管缺位。身负监管职责的中国足协有关管理人员抵不住诱惑，没有守好"防腐门"，反而大开"便利门"。多名干部被裹挟进俱乐部的资本游戏，歪风邪气弥漫，更有甚者主动利用职权帮助俱乐部谋取不正当利益。

不得不说，肃清体育领域的不正之风，还运动场一片清朗空间，已经成为广大群众的深切期盼。

三

足球有禁区，但反腐无禁区；足球有"黄牌"，但反腐只有零容忍的"红牌"。

不管是足球领域打"铁"肃"源"，还是体育领域高悬反腐利剑，反腐败斗争攻坚战持久战不断向纵深推进，反腐重锤直戳痛点、狠治沉疴，可谓一锤比一锤重、一锤比一锤响，清晰传递出反腐败斗争"壮士断腕""刮骨疗毒"的坚定决心。对此，笔者有三点感受。

反腐大片热播意在敲响长鸣警钟。近年来，《永远在路上》《打铁还需自身硬》《巡视利剑》《红色通缉》《国家监察》《正风反腐就在身边》《零容忍》《永远吹冲锋号》等系列反腐专题片，引发社会的强烈反响。这些不回避敏感问题的反腐大片，在朋友圈刷屏，既击中了人民群众痛恨腐败的普遍心理，也用一个个触目惊心的真实案例，对广大党员干部敲响知敬畏、存戒惧、守底线的思想警钟，起到了很好的以案促改促治效果。

反腐败必须"拳拳到肉"。党的十八大以来，我们一个领域一个领域治理，一个山头一个山头攻坚，什么问题突出就集中纠治什么问题。反腐力度之大，不断刷新人们的想象。同时也要看到，"冰冻三尺非一日之寒"，一些行业、领域多年的积弊不可能"一键删除"，也无法一劳永逸。

随着改革进入深水区、关键期，反腐也要重拳出击、步步紧逼。二十届中央纪委三次全会公报指出，突出铲除土壤条件深化反腐败斗争，深化整治金融、国企、能源、烟草、医药、基建工程和招投标等领域腐败问题。这可以视为是对接下来反腐工作重点的一些"剧透"。

最紧要的是守住内心。"为将之道，当先治心。"一些人滑向腐败深渊是从理想动摇、信念滑坡开始的。有的人认为自己劳苦功高，物质上补偿一下未尝不可；有的人认为"天知地知你知我知"，私下收点东西也没关系；有的人"眼里识得破，肚里忍不过"，说一套做一套。其实，只有把世界观、人生观、价值观的"总开关"真正拧紧了，防住"心中贼"，注重小事小节，经得住形形色色的考验，才能言有所戒、行有所止，清清白白做人。

淬火锻造，百炼方能成钢。持续发力、纵深推进，建设一个河清海晏的清廉中国，这是人们"围观"反腐大片的期待。话又说回来，今晚国足将开启亚洲杯首战，风口浪尖之下，国足能否打破魔咒？

陈培浩　王丹容　执笔

2024 年 1 月 13 日

《钗头凤》的另一重读法

> 当我们踏入沈园，感叹这一段千古爱情佳话的同时，也会敬佩这段佳话里生生不息的家国情怀。

红酥手，黄縢酒，满城春色宫墙柳。东风恶，欢情薄。一怀愁绪，几年离索。错、错、错。

春如旧，人空瘦，泪痕红浥鲛绡透。桃花落，闲池阁。山盟虽在，锦书难托。莫、莫、莫！

踏入绍兴沈园，这里有"景"更有"文"。一曲《钗头凤》，在此浸润了近九百年。后人络绎不绝来到这里，与陆游、唐琬相遇。虽千万遍咀嚼，我们仍能被它深深打动，从中找到新鲜体悟。

不过，网上对此有很多种声音。比如，有人觉得陆游是个"渣男"："当年为什么没能顶住压力要和唐琬离婚？离就离了，为什么又要写词再去打扰人家？"今天我们来看看，《钗头凤》还可以怎么读。

一

回到历史现场，才能破解这一悲剧的起因。

相传，为躲避金人南侵，陆游和母亲等人暂居母舅家，他正是在这里遇到了表妹唐琬。两人郎才女貌，情愫暗生。不久，陆家就以一支家传凤钗做信物，和唐家定下了这门亲事。

陆游生在江南殷实的书香门第，其高祖曾经官至吏部郎中，祖父做官做到了尚书右丞。陆游的父亲也是个才子，母亲更出身名门，是北宋宰相的孙女。陆游本人天赋聪慧，12 岁便能成诗文，名动一时。显然，陆游身上承载着整个家族对新一代的期待。

矛盾不久就爆发出来了。婚后，陆游科考不顺，关心儿子仕途的陆母迁怒于唐琬。也有一种说法，陆母是以"无后"的名义逼迫陆游将唐琬休掉的。在封建时代，这或许是一个难以抗拒的理由。

唐琬离开陆家后，陆游不得不遵从父母之命，继娶了四川王氏女，她是陆游父亲同僚之女。唐琬也再嫁宗室赵士程。

绍兴二十五年（1155），陆游重游沈园，正好唐琬夫妇也在此，赵士程为陆、唐创造了倾谈的机会。悔恨交加的陆游在酒后写下了《钗头凤》。也许唐琬从陆游的词中看到了难以割舍的爱，读懂了他的身不由己。她也写下了一首《钗头凤》，留下"世情薄，人情恶"残句。至少在唐琬的词中，陆游与她的劳燕分飞是被世事所迫。

沈园重逢之后，唐琬被情所困，后来怏怏而卒，而陆游的余生也都在轰轰烈烈地悼念这段姻缘。在此后的人生中，每当孤独感来临，陆游总要把这段记忆翻出来，满怀眷念，深情吟唱。

68 岁时，陆游写下"林亭感旧空回首，泉路凭谁说断肠"之句。人生尽头，他又写了多首诗作来感怀唐琬，如《沈园二首》《春咏四首》等，"梦断香消四十年，沈园柳老不吹绵"等诗句，诉尽相思与感伤。

二

不过，读《钗头凤》，仅停留在陆、唐的感情悲剧层面是不够的，这背后还埋藏着更多"隐线"。细细解读陆游的一生，才能对这出悲剧和这首词产生更为特别的体悟。笔者认为，这才是更深层次的读法。

"我生不逢时，适遭世运艰"，陆游生逢乱世。此后，金兵南下，中原大乱，父亲陆宰被罢官，举家避难东阳。直到1133年，一家人才结束逃亡。他目睹了侵略者的残忍，感受到亡国的痛苦，抗金复国的种子早就深植于心。

1142年，岳飞被害。这个时期，秦桧当权，主张抗金无疑是危险的，而陆游恰恰是一位坚定的主战派。面对这样的时局，他是如何应对的？作为一名书生，陆游在16岁和19岁时两次入临安应试，皆不第，不是因为才学不够，究其原因，还是在文章中直白地坚持抗金立场。

我们还可以留意这样一个时间点。1153年，已与唐琬离婚的陆游参加锁厅试，考官陈之茂欣赏陆游的才情，擢为第一，秦桧之孙秦埙第二。秦桧大怒，次年礼部考试，陆游直接被除名。

了解了这些前前后后，再读这首《钗头凤》，分明能感受到，词中耿耿于怀的，不只是儿女情长的伤情离别，更有生不逢时的不遂人愿。

《钗头凤》中，"东风恶"三字最为关键。陆游在埋怨什么？是埋怨母亲吗？他是个孝子，即使有埋怨，大概也不至于将其写进诗里。他埋怨的，或许是当时的时势和环境。那些年的陆游，可以说是走到了人生的困境，被政治挫折所笼罩。

在这样的沉重里，他迈入沈园，失魂落魄。仿佛前缘已定，多年不见的唐琬正好出现在他面前。

三

绕过冷翠亭，没多久就能走到沈园最著名的景点——《钗头凤》题词壁。其由两块大青石组成，长约十米，高约五米，一块刻着陆游的词，另一块则刻着唐琬的词，彼此呼应。两块碑上饱含的丰富内涵，令人常读常新。

《习近平在浙江》记载，习近平同志在浙江工作时指出，《兰亭集序》《钗头凤》这两篇作品的写作地点就在绍兴，绍兴党政领导要把这两篇作品能背下来。那么，从《钗头凤》中，我们能读到什么？

读懂文学之力。陆游之词，直抒胸臆，节奏紧促，前后"错、错、错"和"莫、莫、莫"的感叹，荡气回肠，撼人心魄。唐琬以词相答，感情倾诉催人泪下。老年陆游退居山阴时，常要到沈园走走，登高望远，不能胜情，直至生命尽头。其中的眷恋之深和相思之切，千百年来令读者无不动容。

读懂传承之美。如今，再踏入沈园，孤鹤亭、半壁亭、双桂堂、射圃、问梅槛、琴台和广耜斋等景观，构成了一派江南园林风景，吸引许许多多的游人"走进"历史。不禁令人感慨，虽"俱往矣",但幸好还留下了诗词,让隽永的文化如涓涓细流,至今温润着人们的心灵,萦绕在我们的生活中。

读懂家国之义。饱读诗书、志向远大的陆游,一生位卑未敢忘忧国。朝廷的怯懦与无能使他的宏愿落空,中原收复无望,骏马宝刀俱一梦。但身如老鹤的他依然"但悲不见九州同"。因而,当我们踏入沈园,感叹这一段千古爱情佳话的同时,也会敬佩这段佳话里生生不息的家国情怀。

李娇俨　俞宏　席鑫洋　执笔

2024 年 1 月 14 日

喜剧电影如何"戳人心窝"

> 装疯卖傻式恶搞，哗众取宠式迁就，赚到了快钱，却造成了观众的审美疲劳，也让电影失去了原本应有的艺术性。这样的片子终究只能是昙花一现、过眼云烟，难以在观众心中留下痕迹。

最近，喜剧电影市场"上新"爆款。上映于元旦档的电影《年会不能停!》目前总票房已突破7亿元，某网站评分从8.0升至8.2，成为近五年来评分最高的喜剧电影。

有网友评论，"因为该片带来的快乐，2024年似乎有了一个美好的开始"；也有人说，"笑里带泪，心中的火苗被点燃了"。一部优秀的喜剧电影给观众带来的温度可见一斑。

不禁想问，除了诸多令人捧腹的笑点之外，是什么让这部影片戳中了观众的心窝？这能给当下的喜剧电影创作带来什么启示？

一

影片中，主角胡建林是一名钳工，阴差阳错被调入集团总部，从工厂到大厂，从蓝领变金领。他与周围环境格格不入，却一路"连升三级"。在此过程中，一个个令人啼笑皆非的职场荒诞故事发生。恰到好处地埋下了打动观众的一系列共情元素，使得这部电影在近些年的喜剧片中表现亮眼。

比如，荒诞感。"问题的关键是抓住关键的问题"，是颠来倒去的职场"废话文学"；"老板不走我不走"，是一些用人单位"无效"但流行的加班文化；"对齐颗粒度""打通底层逻辑"，是隐藏在"大厂黑话"中的"不好好说话"……电影在密集的笑点中营造了一个颇为真实的职场环境，很多情节不偏不倚地把准了打工人的情绪脉搏，击中了一众"社畜"的内心。甚至有人说："这简直就是我司的纪录片。"

比如，戏剧感。影片以戏剧、轻松的方式展现了主角"走向人生巅峰"的过程，也呈现出职场中荒诞滑稽的关系链。主角与所在集团的企业文化格格不入，认为"优化"是个好词，升了本该被"优化"的老员工的职，导致裁员直接变加薪。这一波操作让他被同事误以为是一位深藏不露的高人，一波三折的情节戏剧性满满。

再如，希望感。在故事结尾，沉迷于权力争斗与利益输送的人失败了，"真"与"直"的理想主义者们成功守住了自己的本心，带给观众一个正能量的结局。影片结束，我们依然要回到日复一日的工作当中，但从影片那些挑战现实、绽放理想的片段中，仍然能够得到一丝慰藉。

除内容外,《年会不能停!》带来的观众对喜剧电影的讨论也不停。从周星驰《功夫》《大话西游》等夸张无厘头的经典喜剧,到冯小刚早年《甲方乙方》《不见不散》等带火一年又一年贺岁档的贺岁喜剧,再到宁浩《疯狂的石头》《疯狂的赛车》等带点黑色幽默的喜剧,国产喜剧电影史上并不缺好片子。

但近年来,除了少数国产喜剧片相对出色外,许多喜剧片不是"越来越不好笑",就是"笑完了什么也没留下",被观众认为"表现不尽如人意,甚至逐渐落入窠臼"。

二

有人评价,与其说这些年观众不爱喜剧了,倒不如说是有些喜剧越来越不关爱观众了。此话从何说起?

有的缺乏对现实的观照,剧情空洞热梗"乱炖"。不少喜剧作品一味搜罗流行段子、网络热梗编进故事,以此来凑足时长、增加笑料,却远离了真实的、热气腾腾的生活,更远离了对人性、对世间的观照。

真正贴近观众的喜剧作品,绝不可能仅靠段子堆砌、流行语排比获得成功。只有紧密结合现实生活,从生活中取材并加以喜剧化打磨,才能创作出好作品。比如,去年央视春晚上,沈腾与马丽主演的《坑》从一众小品中脱颖而出,其生动讲述了"躺平式干部"在工作中不痛不痒不作为的表现,既有笑点又有深度。

有的忽略了喜剧的基础元素,煽情有余笑点尴尬。部分喜剧片为了追求深层的价值表达,将内容创作本末倒置,不是充斥着强行与刻意的煽情,就是以宏大叙事对观众展开说教,生硬的植入与转折不仅难以感动观众，更令电影少了笑点却多了尴尬。如果连"引人一笑"的基本要求都无法达到，再多的"加分项"恐怕也难以让一部喜剧成为优秀的作品，因为喜剧的最大特点是"喜"。

有的把"搞笑"当"免死金牌"，装疯卖傻流于低俗。部分喜剧出品方将票房作为唯一导向，认为只要作品逗乐了观众、赢得了票房，即便是走向低俗也在所不惜，甚至将以这种手段获得的笑声当作是成功的证明。

装疯卖傻式恶搞，哗众取宠式迁就，赚到了快钱，却造成了观众的审美疲劳，也让电影失去了原本应有的艺术性。这样的片子终究只能是昙花一现、过眼云烟，难以在观众心中留下痕迹。

三

有人说，生活需要笑声，喜剧是笑声的艺术。一部优秀的喜剧电影究竟应该是什么样的？我们不妨回归到喜剧的本质和内核去寻找答案。

笑中带泪，形成情感共鸣。人们常说，喜剧的内核是悲剧。好的喜剧电影既要"戳胳肢窝"又要"戳心窝"，在起承转合中回应现实冷暖、诉说生命悲欢。正如宗白华所说，"真正的幽默是在平凡渺小里发掘价值"。而观众也得以跳入角色与其"同甘共苦"、跳出作品理性评判是是非非，从而在戏里戏外实现共振。

比如斩获54亿元票房的喜剧电影《你好，李焕英》，实际上就是以喜剧性来对抗生命的无常，以真情胜过套路，从而收获良好口碑。

把握边界，避免沦为闹剧。挠痒痒式、爆米花式、爽文式的喜剧一味靠着扮丑耍贱、低俗桥段等"招摇过市",或许能吸引一时流量,却不可能赢得观众的口碑。

喜剧的"密码"并不是低俗手法,更多是硬核的艺术技巧,比如奇巧的构思。像老电影《五朵金花》,通过讲述多位同名的金花姑娘的故事,巧妙地"制造"了误会和冲突,使得情节引人入胜。

"讽刺"有道,回应大众关切。"喜剧将那无价值的撕破给人看",鲁迅在《再论雷峰塔的倒掉》里的这句话,带来了喜剧"撕破说"。从这个意义上讲,好的喜剧电影应当是笑着摊开虚无,以讽刺消解荒诞,回应那些大众关心的问题。

也就是说,喜剧在给个人带来悲欢相交的体验之外,还应具备针砭时弊的独特功能,到达艺术介入与影响社会发展的范畴。比如周星驰的很多经典喜剧电影,讽刺权贵、揭露人心,才是他更想诉说的话外之音。

有人说,笑像服药,而喜剧则是最好的药剂。期待重新火热起来的喜剧电影市场,能够真正回归本质,也期待更多喜剧电影能够"戳人心窝",带给我们更多"治愈时刻"。

桑隽漾　苏畅　徐溶　执笔

2024年1月14日

新闻发言人如何直面记者

> 对于新闻发言人来说，每一次发声都是传播理念、引导舆论、凝聚共识的机会，要牢牢把握住。哪怕是"坏事"，也要好好说，力争化危为机、化干戈为玉帛。

我们在《新闻发言人底气从哪里来》一文中，探讨了新闻发言人的工作职责和能力要求。"我的对面是你"，新闻发言人始终面对的一群人，就是媒体记者，而记者背后站着社会公众。因此，新闻发言人和记者互动、交锋的过程，就是与公众沟通、交流的过程。

那么，如何看待新闻发言人和记者的关系？笔者认为，可以从6个角度理解。

一、既合作又博弈，双向奔赴

一位前新闻发言人用"既合作又博弈"来形容与记者的关系。一方面，新闻发言人是记者的"信息源"，媒体是新闻发言人的"传声筒"，信息传播需要双方合作；另一方面，记者想知道的有时新闻发言人不便说，新闻发言人想说的记者不一定感兴趣，双方可能互相"拉锯""带节奏"。一次成功的传播，需要发言人和记者在彼此尊重的基础上精彩互动，不断碰撞思想火花，奉献信息、观点和语言的"盛宴"。

二、春风化雨也要"顶风冒雨"

新闻发言人和记者可能在任何场合相遇，有时是新闻发布会，有时是集体采访或个人访谈，有时是突发事件处置现场。在轻松友好的氛围中，新闻发言人可以谈笑风生、娓娓道来；在突发事件等紧要关头，新闻发言人要在提供真实准确信息的基础上做到"一马当先"、一锤定音；在进行舆论斗争时，还要无惧"剑拔弩张""针锋相对"的态势，力争"以我为主""为我所用"。

在外交部例行记者会上，针对西方的"中国崩溃论"，新闻发言人毛宁用翔实数据和事实"霸气"回应："似乎每过一段时间就会出现各种各样的'中国崩溃论'。事实是，中国经济没有崩溃，反倒是'中国崩溃论'屡屡崩溃。"揭示和反击了西方唱衰中国经济的话语陷阱、险恶用心。

三、直面问题更要答好问题

全国政协原新闻发言人赵启正曾将新闻发布会形容为打乒乓球，记者问得好，新闻发言人才能接得好。越是尖锐的问题，可能正是误会、矛盾集中的地方，就越要积极回应，澄清事实、解疑释惑。提出好问题，是记者的能力；回答好问题，是新闻发言人的职责。

去年全国两会总理记者会上，有记者针对2022年中国出现人口负增长引发社会担忧，提问"人口红利是否即将消失"，对于这个看似尖锐的问题，李强总理的回答掷地有声，"人口红利既要看总量、更要看质量，既要看人口、更要看人才""可以说，我们的'人口红利'没有消失，'人才红利'正在形成，发展动力依旧强劲"等话语成为媒体争相传播的"爆款"，有力引导了社会预期和发展信心。

四、每一次"答记者问"都是好机会

媒体各具风格和倾向，记者采访也有不同的目的和情境。对于新闻发言人来说，每一次发声都是传播理念、引导舆论、凝聚共识的机会，要牢牢把握住。哪怕是"坏事"，也要好好说，力争化危为机、化干戈为玉帛。

曾担任外交部副部长的傅莹讲过一个令她感触颇深的故事。一位新加坡大使在接受西方媒体采访时，面对记者咄咄逼人的指责性提问，没有表现出情绪起伏，而是保持温和平静的态度，有理有据地讲述新加坡的相关法律和做法，消弭偏见和误解，令人信服。

五、"懂新闻"是新闻发言人的必备能力

新闻发言人要懂新闻、善传播，具备深厚的媒介素养，能够娴熟地同媒体记者打交道。比如，了解新闻生产的基本流程、媒体发展现状和趋势，以及不同媒体的风格和兴趣点，这样才能在与媒体

的合作与交锋中沉着应对、胜券在握。要尊重媒体，关注媒体报道，了解记者的信息需求和工作状态，第一时间提供有价值的新闻与相关服务，以专业赢得尊重。

在"八八战略"实施20周年新闻发布会上，浙江省省长说，"平均7个浙江人就有1个老板，20个浙江人就有1家企业"。内蒙古自治区主席说："全国人民喝的6杯牛奶中，有1杯来自内蒙古。"具体、形象的数据，让沟通表达更清晰可感，被媒体援引作为新闻标题。

六、新闻发言人也可以是"新闻人"、大IP

有专家说，传播像一个人，主题是灵魂，口径是筋骨，数据和事实是血肉，故事和细节是衣服，传播者本身就是一个活生生的有血有肉有灵魂的人。如今，一些新闻发言人在社交媒体开设账号，展示鲜明的个人风格，用网言网语提升传播的感染力和感召力。从某种程度上说，新闻发言人也是"新闻人"。

比如，外交部发言人华春莹在推特上发文："美国手臂伸得太太太太长了。"配图中是一只伸着八爪的章鱼，生动形象地抨击了美国对外国企业的长臂管辖。

总之，无论媒体还是公众，都期待新闻发言人多多发言、好好说话，推动政民互动越来越精彩、深入。

徐伟伟　杨昕　执笔

2024年1月15日

海峡波涛中的"变"与"不变"

> 穿越海峡的乡愁，是人心，是民意，更是滚滚向前、不可阻挡的历史洪流！

日前，2024年台湾地区领导人和民意代表选举尘埃落定。计票结果显示，民进党候选人赖清德、萧美琴当选台湾地区正副领导人。

结果一出，众声喧哗，海峡波涛再起波澜。蓝白相争之下，绿营得利。于是有人发问：赖清德当选是否意味着"台独"的胜利？和平统一还有希望吗？

今天，我们就来聊一聊如何看待这一结果背后的"变"与"不变"。

一、无论台湾当局"面孔"怎么变，两岸同属一个中国的现状从未改变

台湾自古以来就是中国不可分割的一部分。这个论断历史经纬清晰明确、法理事实清楚，不可动摇。无论台湾当局的"面孔"如

何变换，都无法改变这一点。

从三国时代的《临海水土志》开始，中国先民对台湾地区的开拓就被永久地记录在了史册中。隋朝政府曾三次派兵到时称"流求"的台湾。宋元以后，中国历代中央政府开始在澎湖、台湾设治，实施行政管辖。1885年，清政府还正式设立了台湾行省。

在历史上，台湾虽然多次遭遇外敌的觊觎，但中国人民从来没有放弃对宝岛的保护。1949年10月1日，中华人民共和国中央人民政府宣告成立，享有行使中国的全部主权，也包括台湾的主权。

在第二次世界大战中，《开罗宣言》《波茨坦公告》就声明，要使日本所窃取于中国之领土，例如东北、台湾、澎湖列岛等，归还中国。

到了1971年10月，第26届联合国大会通过第2758号决议，决定恢复中华人民共和国享有的合法席位。这个决议，彻底解决了包括台湾在内全中国在联合国的代表权问题。

近年来，民进党当局歪曲污蔑"九二共识"，叫嚣"两岸互不隶属"，挑衅一个中国原则，妄想分裂国家，致使台海局势紧张。

无论是历史证据、法理基础还是国际现实，都充分表明，台湾和大陆同属于一个中国，台湾是中国不可分割的一部分，这个客观事实亘古不变。

二、无论"台独"分裂势力如何花样翻新，都改变不了其注定失败的结局

长期以来，以民进党为首的当局坚持"台独"分裂立场，勾连外部势力不断进行谋"独"挑衅。

在政治上，民进党鼓吹"去中国化""渐进台独"，怂恿"急独"势力"修宪立法"，蒙蔽台湾人民群众双眼，操纵选票；在文化上，长期推行"去中国化"教育政策。2019年启用的课纲大幅删减必读古文篇目，简化、肢解中国史，妄图消除台湾下一代对中华文明的认同；在经济上，无视台湾企业利益，强制搞所谓的"新南向"投资，妄图切断两岸的经济往来。

可以说，"台独"势力从来没有放弃"挟洋谋独"的套路。新当选的台湾地区领导人赖清德曾叫嚣"走入白宫"的口号，还想走"等美援"的老路。这条路并不通往光明，而是离和平、繁荣越来越远，离战争、衰退越来越近。对此，国台办明确指出：赖清德想创造的所谓"新局"，将是台海风高浪急的危局。

一个中国原则是国际社会普遍共识。"台独"势力屡次丢失原本就少得可怜的所谓"邦交国"，屡次"闯关"妄图加入世界卫生组织等国际机构的图谋均遭遇失败。可见，"台独"在国际上已走投无路。

无论是"台独"势力搞"挟洋谋独"的"急独"，还是提所谓"曲线救国"的"暗独"，其在政治和现实中走向悬崖的结局早已注定。

三、无论国际局势如何风云变幻，台湾的前途始终在于国家统一

过去这几年，"灰犀牛"横行。从俄乌战争到巴以冲突，再到现在的红海危机，百年未有之大变局可谓"变""乱"交织。但不管国际环境如何变化，"当归"始终是台湾的唯一航向。

国家发展进步特别是经济实力、科技实力、国防实力持续增强，是两岸人民的福祉，为海峡两岸的和平发展带来了巨大机遇。据国际货币基金组织统计，2021年，大陆生产总值约174580亿美元，台湾生产总值约7895亿美元，大陆是台湾的22.1倍。

此外，大陆不断推出优惠政策，与台湾同胞分享改革开放带来的发展红利和成果，出台多项利于台胞台企深耕大陆的优惠政策。比如，福建等地推出台胞台企登陆第一家园，让两岸年轻人相互提携，共同为中华民族的未来找出融合发展的出路。再如，"黄岐—马祖"对台小额贸易航线正式复航，这条两岸经贸往来的"黄金水道"恢复了车水马龙的景象，为台商台胞带去真金白银的创富收入。

毋庸置疑，台湾的前途在于国家统一，台湾同胞的福祉系于民族复兴。"和平统一、一国两制"是两岸解决历史遗留问题的最优解，实现这个最优解的最佳方式就是两岸融合发展，这最符合包括台湾同胞在内的中华民族整体利益。

四、无论外部势力如何搅局，都动摇不了中国共产党和中国人民追求祖国统一的坚定意志和坚强决心

中国和美国的大国博弈，始终是台湾海峡风云变幻的主要因素。70多年前，美国五星上将麦克阿瑟曾把台湾岛称为"永不沉没的航空母舰"。之后，将台湾作为遏制中国发展的棋子，成了美国历届政府的选择。

特别是在美国和中国的战略博弈阶段，美国错误地将中国定位为"头号战略竞争对手"，将"台湾牌"视为其遏制中国战略中最

重要的一环。近年来，美国在军事、经贸、科技等领域加强与台湾分裂势力所谓"合作"，做着"以台制华"的美梦。

虽然美国领导人多次表示坚持一个中国政策，不支持"台独"，不支持"两个中国""一中一台"，不寻求把台湾问题作为工具遏制中国。今年台湾地区领导人选举结果出来后，美国总统拜登也第一时间发表讲话，明确表示美国不支持"台独"，但在台湾问题上，美方常常"心口不一"，表面一套、背地一套，试图通过搞小动作突破一个中国原则。

需要指出的是，不论美方以什么方式支持纵容"台独"，无论以什么手段搞"以台制华"，最终都将是竹篮打水一场空。

"乡愁是一湾浅浅的海峡，我在这头，大陆在那头。"诗人余光中的《乡愁》寻的不是回家的船票，而是台湾回家的前途。因为，穿越海峡的乡愁，是人心，是民意，更是滚滚向前、不可阻挡的历史洪流！

徐健辉　陈培浩　执笔

2024 年 1 月 15 日

电视问政不能"问了白问"

> 问政，其实也是问心、问情。一档电视问政节目不可能解决所有问题，但有问必改的决心和勇气，却能够大大提升广大市民群众的信任感、幸福感和获得感。

不久前，杭州一场"公述民评"面对面电视问政活动中，"降低新市民群体生活成本"和"推进西部山区公共服务优质均衡发展"两个话题引发了不少关注。像这样的电视问政活动，杭州已连续举办15年。

把政府部门的负责人请到台上，在电视或网络直播的镜头下，直面老百姓关心的热点难点，这是电视问政的"独门武功"，也让电视问政成了民意表达、舆论监督、民主协商的一个重要渠道。

不过，电视问政走过多年之后，也遭遇了一些"成长的烦恼"，出现了关注度、期待值有下降的趋势。那么，融媒时代下，该如何让电视问政的"武功"不废，甚至日益精进？

一

放眼全国，山东、湖北、陕西、广东等地的电视问政节目都曾火出圈。在浙江，除了杭州的"公述民评"，还有湖州《看见》问政、衢州《请人民阅卷》、舟山《问政舟山》、金华《市民问政》等节目，也都是当地百姓关注的热门节目。

市民为何爱看电视问政？笔者认为，其中原因正在于电视问政有着一般监督报道无法比拟的"武功"。

直面矛盾。正如有人说，电视问政，"问"字当先，其目的就是解决难题。一场电视问政在筹备阶段，栏目组记者往往会通过深入走访调查获取一手资料，并制作成曝光短片，在问政现场提问相应部门领导。而在现场，更是不讲成绩，只讲问题。

电视问政曝光的问题，基本都来源于百姓日常生活中遇到的热点难题，如"家门口的路为什么没人修""乡镇医院看病为何配不到药"等等。再加上直面矛盾、不讲情面的形式，产生了较强的冲击力，因此一经亮相便抓住了大众的眼球。

直播实况。电视问政考验的是政府部门是否真正了解问题以及临场处置问题的能力。台上参与人员面对问题的表情动作，都会通过直播展示在观众面前。一旦准备不足或能力欠缺，就会出现红脸、出汗的场面。这也是电视问政受关注的关键所在，倒逼相关部门养成更加扎实的工作作风，不断剔除"庸、懒、慢、浮"等病征。

直截了当。一般来说，信息沟通不顺畅，就容易滋生矛盾。在互联网尚未兴起时，一边，群众的意见建议较难及时、精准地传递到直接负责的部门；另一边，政府部门处置问题的计划和考量也缺少直接迅速跟市民沟通的渠道。

电视问政节目的出现搭建起了沟通桥梁，这种面对面的问政方式，直截了当。如某地一档电视问政节目上，主持人连续追问："先别忙着检讨，现在就说问题该怎么办？"这种要求当面回应的方式，让一些部门"踢皮球""打太极"的手段无从施展，也让群众对节目产生更强的信任感。

二

有人形象地说，一次电视问政，就好比一场诊疗，如果只是头痛医头、脚痛医脚，而不剖析病因、去除病源，就达不到效果。这道出了电视问政遭遇着的一些"成长的烦恼"。

有的地方，电视问政现场沦为"秀场"。有专家认为，电视问政的生命力，正在于两种不同话语体系之间的碰撞。比如，同样是城市治堵的话题，政府部门关注的是规划和方案，市民想知道家门口的路什么时候能畅通。

然而，近年来一些电视问政节目从面对面的问政，变成了部门主导的座谈会，准备的问题或浮于表面，或提前泄露给被问政部门，失去了该有的"辣味"，也失去了硬碰硬解决难题的特色。有人甚至总结了应对电视问政的标准答案：态度要好，诚恳认错，不找理由，承诺整改，至于效果如何，会后再说。于是，一个电视问政现场似乎沦为了"秀场"。

除此之外，有些地方用剪辑过的录播节目代替直播，让参与的部门对节目失去了应有的敬畏感，也让群众对节目失去了信任。

有的地方，电视问政效果是"问了白问"。某地电视问政现场，曾出现观察嘉宾追问："栏目十几年的时间，年年这个时候做供暖问题专场。屡教不改，屡教屡犯，问题一大堆，投诉一大堆。"

承诺了，却不办理、不解决，明面上"照单全收"，背地里我行我素，让电视问政"问了白问"。殊不知，民意的期盼是有时限的，当群众的信任与耐心被消磨殆尽，剩下的只有失望与愤怒，影响的将是政府部门的形象和公信力。

三

进入互联网时代，人们反映诉求的渠道越来越多样化，但电视问政依然有着特殊的作用。那么，融媒时代，电视问政如何进阶升级？笔者认为，需进一步处理好三对关系。

敢于与善于。习近平总书记强调，舆论监督和正面宣传是统一的。新闻媒体要直面工作中存在的问题，直面社会丑恶现象，激浊扬清、针砭时弊，同时发表批评性报道要事实准确、分析客观。

有人说，电视问政的初心是解难题而不是给谁出难题，一个难题的解决带给群众的好感，远胜过千百句好话、套话。因此，电视问政应本着鼓劲帮忙而不添乱的出发点，敢于关注市民的痛点、难点。

与此同时，问的问题够不够辣？问后的整改效果如何？共性的问题该怎么解决？从选题策划到反馈评价，做到更加善于问政，也是激活电视问政生命力的关键所在。

线下与线上。现在，人们只要一台手机，随时随地就能开一场直播。新媒体技术的发展，降低了直播节目的门槛，这虽然给电视直播类节目带来一定冲击，但也给电视问政带来了更多的可能性。

比如，可以通过构建全媒体矩阵，创新传播打法，根据平台特性对电视问政节目的内容进行二次编辑，转化成新媒体产品，扩大传播力和影响力；还可以结合当地的市长热线、网络投诉平台等，线上线下协同"作战"，推动政府与媒体、群众之间的良性互动。

问计与问责。在大多数人的印象中，电视问政应该充满"辣味"，抓住问题就"穷追猛打"。但其实这是一个由媒体搭建的平台，意在让政府与群众平等沟通、良性互动，因此应更客观、全面，更具有理性思辨色彩，而不是一个仅供"围观"或者随意"宣泄"的出口。

正如有专家指出，电视问政要直击问题、促进解决，既要问责，更要问计，确保当前问题得到根本解决，类似问题不再滋生。

问政，其实也是问心、问情。一档电视问政节目不可能解决所有问题，但有问必改的决心和勇气，却能够大大提升广大市民群众的信任感、幸福感和获得感。希望更多电视问政节目"既叫座又叫好"。

钱伟锋　孔越　执笔

2024 年 1 月 16 日

"长了眼"的骚扰电话何时了

> 面对"长了眼"、难根除的骚扰电话，其治理不能仅依赖个人自觉，还需要找到责任主体、关键环节，逐个击破、斩断链条，还大家一个"耳根清净"。

前脚下载了一款炒股软件，后脚就接到了推荐股票的电话；刚在网上看了一款车，销售的电话就"如约而至"；感觉手头有点紧，打着"大额低息贷款优惠"名号的电话就一个接一个；还有房产销售、保险理财、教育培训……骚扰电话在很多领域渗透。

令人细思极恐的是，现在的骚扰电话仿佛"长了眼"，比你更懂你的需求，于是越发精准地命中你的"软肋"。即使忍气吞声拉黑一个，骚扰电话也会披上一个又一个新"马甲"，让人不胜其烦的同时，又有一种隐私被泄露、窥探的气愤与无奈。

骚扰电话从哪里来？为何如此精准？这背后又藏着哪些猫腻？

一

很多人都有过这样的经历，当陌生电话响起，不接怕耽误了正事，接了却大概率就是各种推销，明明已经说过"不需要"，但过段时间还是会接到相同内容的电话。骚扰电话日益成为一个难以根治的顽疾，困扰着大家。

2023年，某机构发布的《2022年度骚扰、诈骗电话形势分析报告》，公布了骚扰电话的"标记量"。报告显示，2018年"标记"的骚扰电话是2.1亿次，而到2022年，这一数据已经达到4.99亿次。5年间，飙升237%！

伴随着骚扰电话的激增，另一个让人"冒冷汗"的现象则是，骚扰电话的精准匹配越来越强，总是能够及时洞察、精准识别每个人的需求，然后提供与之匹配的"服务"。其中原因并不复杂，"长了眼"的骚扰电话的出现，讲到底还是个人信息泄露的问题。

比如，我们在浏览一些网页或者商品信息时，经常会被要求填写手机号或者一键绑定手机号，平台、销售方乃至第三方机构都可能会获取你的联系方式和你的网上行为信息。不要觉得这些数据没什么大不了，实际上这些都可以对你打上"电子标签"、进行"用户画像"。他们可能比你更了解你自己，这是推销电话越来越精准的一个重要原因。

还有一些软件的用户协议中也有不少"小九九"，错综复杂的条款之中隐藏着需要用户将个人信息授权给平台的内容，而用户为了获得更好的使用体验，并不会进行仔细阅读，大多是一键许可，殊不知这正授权了"信息泄露"，为招致电话骚扰埋下了祸根。不少平台、商家还会将用户个人信息与第三者进行共享，其他商家、物流、广告商都可能精准获取用户姓名、性别、通信地址、联系方式、银行账号等隐私信息。

二

近年来，针对骚扰电话这一顽瘴痼疾，国家有关部门下了很大力气治理。仅 2023 年上半年，工信部就拦截垃圾信息超 90 亿次，拦截涉诈电话 14.2 亿次和涉诈短信 15.1 亿条。

骚扰电话被治理多年，可是骚扰电话仍然总是不时响起，其背后症结究竟在哪？

比如，商业链的畸形发展。个人信息难逃泄露风险，商业推销的需求又愈演愈烈，围绕骚扰电话早已形成了"黑灰产业链"。根据《2023 年第三季度垃圾信息投诉情况盘点》显示，在 2023 年三季度骚扰电话投诉中，94.5% 与商业营销相关，其中贷款理财、欠款催收与房产中介排前三位。

尽管国家出台了诸多规范举措，相关运营商也经过层层整改，但利益驱动下，骚扰电话钻监管漏洞的新方式层见叠出，让治理常常陷入被动。早在 2022 年，央视 3·15 晚会就曝光了某黑产公司推出"大数据＋CRM 外呼＋精准直投＋短信触达"的一条龙服务——其技术专业程度属实令人咋舌。

比如，信息保护的困难重重。大数据时代，获取个人信息的渠道更加多样：软件授权、购物平台……很多人宛若"透明人"，有被"信息内鬼"出卖的风险。

而多数人在接到骚扰电话后无奈且放任的态度也助长了这种歪

风邪气。代价成本的低廉和监管的缺位让这种低劣营销手段持续"霸屏"，成为让我们烦不胜烦的"电子牛皮癣"。

再如，AI 技术的滥用侵权。智能化时代，我们纵享信息便利的"丝滑"，也迎来了被 AI 不断试探底线的新挑战。AI 极大解放了"骚扰生产力"，如用智能外呼取代人工呼叫的"AI 电销机器人"。据媒体报道，这种电销机器人不仅能模拟真人语音，自动完成通话应答和数据分析，而且一通电话只要 0.4 分钱，这种效率和成本的双赢集成体，成为许多商销公司用来"轰炸"用户的"香饽饽"。

三

从旺盛的商业需求到精准的信息获取，再到频繁营销扰民，骚扰电话的最终目的是线下交易达成。在骚扰电话这根链条上，分布着流水线般的多个环节与行业。想要取得治理效果，不能只抓哪一环。将环环相扣的每一环都解开，才能避免"按下葫芦浮起瓢"。

个人其实是骚扰电话治理中的重要一环。一方面，有市场就有动力，骚扰电话长期存在的一个源头性因素，就是总有人接受了电话推销，让骚扰电话有利可图。人们应该学会理性地对骚扰电话说"不"，比如，在日常生活中用好运营商的"骚扰电话拒接"等服务，如果感到个人权利明显被侵犯的，可以保存证据，向相关部门投诉。另一方面，信息保护离不开个人绷紧思想之弦，在上网时注意甄别，谨慎地提供个人信息，这也很有必要。

当然，面对"长了眼"、难根除的骚扰电话，其治理不能仅依赖个人自觉，还需要找到责任主体、关键环节，逐个击破、斩断链条，还大家一个"耳根清净"。

首先，"有形之手"不妨更加精准。以电话、短信、即时通信工具、电子邮件、传单等方式侵扰他人的私人生活安宁，违背了《民法典》的相关规定。但也有人认为，生活安宁权作为一种特殊的隐私权，具有较强的主观色彩。目前，关于骚扰电话专门的法律法规还未建立，一些相关的规定较为分散，这就导致很难统一执法尺度和标准。

将对骚扰电话的处置纳入法律规制之下，尤其是明确对骚扰电话的判断标准及处罚标准，明确各方的责任义务和职责范围，是电信立法亟待破题的重要内容。

其次，技术治理需要与时俱进。与单纯的信息泄露不同，骚扰电话在抵达用户前，必须先经过运营商，运营商在链条上可以说起着"承上启下"的作用，故而在人们眼中具备得天独厚的治理条件。但实际上，面对海量的骚扰电话，运营商在治理上也面临诸多难题，骚扰电话宛如打不死的"小强"，"野火烧不尽，春风吹又生"，但这不是放任骚扰电话的理由。

除了老生常谈的要严厉打击非法获取、购买、过度收集消费者信息等行为外，运营商也需要不断升级技术手段，与这些行为进行竞速赛，不仅要强化对骚扰电话的监测能力，更要及时拦截、主动溯源，将骚扰制止于发端处。

最后，惩戒典型才能以儆效尤。低成本、快传播的骚扰电话于违法者而言就像风险投资，面对潜在的高收益，可能受到的处罚显得不足为惧。因此一些商家仍敢顶风作案，有人甚至觉得，电话骚扰是"道高一尺，魔高一丈"的存在。

因此，治理骚扰电话需要始终保持力度，对典型的违规企业有必要进行严厉处罚，彻底斩断某些侥幸心理，使违法者心存敬畏。

云新宇　胡祖平　执笔

2024 年 1 月 16 日

当年轻人开始寻求边界感

> 具有一定的边界意识，非但不是"社
> 交降级"，在一定程度上反而是"社交升
> 级"——更强调精准陪伴与真诚互动。

最近一段时间，关于年轻人"断亲"的话题一再冲上热搜。与此同时，"搭子"一词入选"2023年十大流行语"，"i人/e人"（社恐/社牛）更是位居"十大网络流行语"之首。有人认为这类话题与流行语的背后是"社交降级"，也有人认为这是年轻人对社交关系更自由多元的个性化选择。

无论社交状态如何变化，其本质都在于现代人越来越强调自己和他人的边界感，更崇尚一种保持"安全距离"的社交方式。那么，年轻人的边界感因何而起？"边界感"一词又何以引发共鸣？

—

前段时间，海底捞的"科目三"热点事件引发热议，对于服务员以"花式整活"，为食客营造互动场景与氛围的做法，究竟是服

务好还是"辣眼睛",是跨界还是越界,网友们的评价呈现明显的两极分化。这也恰恰反映出,人们对于边界的认识与接受度各不相同。在现实中,边界也有着不同的类型与范畴。

有人强调工作与生活的边界。面对日益加快的社会节奏,很多人深感生活被工作"入侵",身体和精神无法得到彻底的放松。比如,有网友吐槽"不要成为除了工作没生活的人,可惜我不配",就是在"内涵"生活与工作界限日渐模糊的现象。与此同时,关于"内卷""躺平"的争论已不再新鲜,如何通过"断舍离"去掉"上班味",追求极简生活,已成为一门网红课程。

有人注意人与人之间的边界。高度流动的社会让一些年轻人时常处于"社交超载"状态,不仅难以形成深层次的社交关系,还可能陷入"情绪劳动"的旋涡。于是,他们或在社交场合尽量保持体面的沉默,或拒绝以爱之名带来的情感绑架、隐私窥探等,还有一些人则干脆选择清理朋友圈甚至是"断亲",以此来拒绝一些越界行为。

还有人在意个体与世界的边界。有网友自嘲,在电梯里见到领导就紧张,在大街上碰到熟人就焦虑,即便在公共场合也希望拥有"安全距离";也有一些年轻人给自己贴上"i人"的标签,习惯性地将更多注意力与精力放到内部世界而非外部世界。笔者认为,其中比较重要的原因就是一些人担心个体无法处理好与外界社会的关系,因而干脆为自己涂上一层保护色,享受独处时的松弛感。

二

无论是主动选择一种简单可控的人际关系,还是出于自我保护而被动退缩，或许很多人都能从"边界"这个词当中找到共鸣。那么，年轻人为何越来越讲究边界感？这真的意味着"社交降级"吗？

一方面，从熟人社会走向陌生人社会，人们时常面临线上线下社交压力的夹攻。具有一定的边界意识，有助于保持一定的社交距离，进入更为舒适且从容的社交状态。

另一方面，加速迭代的社会竞争，让很多人"工作生活化""生活列表化"，不得不一再压缩社交的时间与精力，更倾向以简洁高效的程序化方式，处理日益复杂的社交事务。此时，削减关系、明确边界，也成为很多人屏蔽干扰、自我蓄能的一种方式。

此外，就边界感本身而言，社会学中有个著名的"刺猬效应"：刺猬彼此靠拢取暖，但必须保持适当的"安全距离"。从这个角度来讲，边界与生俱来。古人常说"远而不疏，近而不狎"，代表的正是一种相互尊重、交接有度的理想社交境界。

回到现实，我们不能简单地因平台媒体的层层放大导致边界问题日益从潜在走向"前台"，也不能因某些规则意识超越传统的人情世故就认为年轻人在"社交降级"。

笔者恰恰认为，具有一定的边界意识，非但不是"社交降级"，在一定程度上反而是"社交升级"——更强调精准陪伴与真诚互动。比如2023年出圈的寻找"社交搭子"、相约"淄博烧烤"等行为，天然自带社交属性。这也恰恰说明年轻人的社交需求很强，只是在各种交往互动与情感联结中更加注重自己的内心世界，所以，应当充分尊重年轻人的偏好与选择。

与此同时，在公共事务与场合中，适当的边界意识也有助于形成文明有礼、宽容有度的社会文化。卧铺车厢的下铺能不能随便坐？意外走红的"鹅腿阿姨"为何拒绝强势围观？此类话题的核心正是个体个性与公共文明之间的边界到底在哪儿的问题。

三

事实上，在万物互联的今天，尽管我们社会的组织结构呈现原子化特征，但人们生活的群体特质及社会属性从未消减。问题的核心是：当年轻人开始寻求边界感，外界应该怎么看？又该如何对待对这一话题的认知偏差？

不可缺少共情，更不应僵化定型。有边界意识，一般意味着能善意地理解他人，做到既不强求也不强加，这也是人际交往中应有的尊重。但边界意识并不代表冷酷无情，也不能将其作为防御信任风险的"源代码"、破解社交倦怠的"总开关"，过分强调边界的独立性与对立性，容易以僵化甚至定型的冷漠，取代善意的理解、适度的共情。

在社交关系中，最重要的不是因人而异的个性边界，而是对待关系的态度。坚守原则、充分理解、彼此真诚，永远是既保持独立又相互滋养的必杀技。

无须过度分析，更不能标签化绑架。变动不居的边界始终存在，只要不是涉及实质意义上的自闭，就不必非要试图去为这一话题找到唯一解释。因为面对人的精神世界以及社会观念的变更，如果受二元对立思维的干扰与裹挟，对之进行标签化绑定，这本身就很容易引起误导、引发焦虑。

我们真正需要警惕的是，对于边界感的过度强化与延伸，可能带来的群体性孤独以及社交部落主义。比如，在突破时空限制、能够即刻成团的"搭子"关系中，看似避免了所谓的情感内耗，但也很容易变成人们交往中浅尝辄止的理由。

不仅要找准共鸣，更要给予信心。社交本身就是一个个体化的话题。人们需要找到的是一种相对可行的参照系，既能让自己不孤独，又能找到舒适的尺度。如果给予年轻人更多自由、更多关爱，就能够产生新的联结，也会产生新的情感认同。

毕竟，相信绝大多数人与笔者一样，既渴望非诚勿扰式的温柔与边界，也期待不期而遇式的温情与信任。

周润　楼勇军　杨金柱　执笔

2024 年 1 月 17 日

美式超级英雄为何不再"吃香"

> 讲到底，影视作品比拼的还是文化内涵，以及在遵循艺术规律的基础上苦练内功。

众所周知，"海王"是美国漫画经典IP。6年前，电影《海王》在中国内地狂揽20.13亿元票房，成为当年贺岁档票房冠军。相比之下，《海王2》近期在全球上映后却反响平平，让人大跌眼镜。

在中国市场，美式超级英雄电影也远没有以前那么"吃香"，现在一谈起美式超级英雄电影，不少网友的评价是"旧瓶装旧酒，让人忍不住打哈欠"。

那么，美式超级英雄电影为何逐渐热度不再？中国文化出海又能从中得到哪些启示？

——

事实上，不仅《海王2》，在全球票房"大杀四方"的美式超级英雄电影，这两年不断亮起"红灯"。原来横扫世界影坛的王炸

IP，"保鲜期"加速缩短。初创于20世纪30年代的美式超级英雄电影，在历经80多年发展后，正陷入一种难以持续的状态。

有网友说，老套路嚼了一遍又一遍，已经引发审美疲劳。在火遍大街小巷的复仇者联盟系列电影之后，美式超级英雄电影就几乎没再走出玩套路和烂梗的恶性循环。无论技术怎么变革、特效怎么升级，影片无非是打不完的外星人和恶棍，实在打不下去了，就复刻类似王子复仇记等桥段。英雄特效越来越绚丽，内容却越来越浅薄。观众吃爆米花吃撑了，自然不会再买内容的账。

还有人认为，无处不在的美式"政治正确"造成了观众的逆反心理。一贯依靠"芯片、薯片和大片"打天下的美国，从来不掩饰通过电影等文化产品来传播自己的价值观。美国企图通过电影重塑全球观众的价值认知，是公开的"阳谋"。

刻意将黑人、残疾人、同性恋等表现"政治正确"的套路强行植入美式超级英雄电影里，显然是用力过猛。而一旦有其他国家的观众对这些套路不买账，美国媒体就可能跳出来批判这些观众"不懂事"。久而久之，对这种文化傲慢的逆反就直接体现在观众的观影反馈上。

此外，"美国滤镜"的破裂带来不少减分效应。美国曾经长期在全球舆论场构建起一个"同温层效应"，用知名文化IP为本国形象加上一层涂脂抹粉的滤镜。但随着全球移动互联网兴起特别是TikTok等社交媒体崛起，美国社会的种种不光鲜不加掩饰地暴露在世界网友面前，比如枪击、毒品、种族歧视等。巨大反差造成连锁效应，也让美式超级英雄电影逐渐跌落神坛。

二

手握超级英雄IP的漫威、DC等美国公司不可谓不重视中国市场。为了宠中国的观众，《海王2》的主创团队特意跑来中国路演，甚至把公映时间放在北美市场前面。中国观众为何依然不买账？笔者认为，除了前面分析的因素，也与中国本土电影和中华文化的影响力持续增强有关。

一方面，我们手上本就拿着一副好牌。中国文化源远流长、中华文明博大精深，中国电影可以不断从历史和时代的万千气象中提炼出当代中国的精神价值。在此基础上，中国电影精彩IP频现，"西方不亮东方亮"让中国观众有了更多选择。比如，《长安三万里》《哪吒》等根植于优秀传统文化的电影，不仅在票房上取得成功，也让中国传统文化中的浪漫主义和英雄主义在光影效果的赋能下实现了与观众的双向奔赴。

另一方面，中国电影工业实力与日俱强。近些年来，中国电影工业开始走向"技术密集型"阶段，从紧随其后的"跟跑"向自出机杼的"领跑"迈进，取得较大进步。这让中国的电影人更有底气去传播中国的文化、讲好中国的故事，也让中国电影获得越来越多人的喜爱。

正如有专家所言，"中国电影坚持现实主义路线，吸纳中国电影传奇叙事的传统，更加密切地与当下主流观众群体对话沟通和良性互动，并在电影工业化方面不断提升，这促成了中国电影整体性的进步和发展"。

前不久，国家电影局公布2023年中国电影行业重要指标：全年电影票房为549.15亿元，其中，国产影片票房为460.05亿元，占比为83.77%。可见，国产电影已经成为中国电影市场的主力军。

有网友调侃："不是美式超级英雄电影看不起，而是国产优秀电影更有性价比。"在更符合中国人口味的叙事风格以及阔步前行的电影工业加持下，美式超级英雄电影逐渐失去了"一手遮天"的垄断地位。

三

电影是人类共同的语言，每个民族都有权利在光影魔术里述说属于自己的故事。美式超级英雄电影不再一统江湖，说明世界人民期待更加多元、丰富的文化内容和叙事风格，这也为中国文化的出海提供了前所未有的机遇。当然，如何抓住这个机遇值得深思。

在激发情感共鸣中缩小"文化差异"。有业界人士指出："没有中国观众，就没有中国电影；没有世界观众，就没有世界电影。"对历史的共情和对未来的共同期待，是中华文化在众多发展中国家具有深层吸引力的原因。

去年7月，在海外社交平台上，2017年的国产电影《龙之战》突然爆火，播放量突破2000万，引起了海外网友的广泛热议。影片讲述的是冯子材抗击法军侵略的事迹，究其原因，正是电影的内容唤起了东南亚和非洲等地网友反对殖民侵略历史的记忆。这也启示我们，中国电影要打出一手好牌，就要在不同的文化背景和价值观念中找到心理契合点，让不同国家和地区的观众产生共情。

用灵活"配置"扩大影视出海"朋友圈"。在世界文化海洋中远航，和朋友打交道的方式应当百花齐放。比如在影片长短上，可输出震撼人心的大电影，也可输出短小精悍的短视频。像短剧《逃出大英博物馆》，虽然没有太多特技加持，也没有复杂的故事线，却因内容通俗化解读、国际化传播等受到关注、引发共情。只有不断加强传播形式的创新，中国电影才能与世界观众走得更近。

以世界眼光链接"人类命运共同体"。习近平总书记提出构建人类命运共同体理念。这为中国电影发展的前路提供了丰富素材和价值指向。中国电影的出海，不会走美式超级英雄电影的老路，我们有自己的"美美与共"之路。

比如，《流浪地球》系列电影票房大卖，让观众看到除了美式超级英雄的打打杀杀，千千万万普通人的全力以赴同样可以改变世界，个人命运与宏大叙事形成的共鸣也能演绎精彩。这说明，表达中国式情感、中国式精神，对人类共同未来具有深刻理解的电影，同样能引起海外观众的关注。

讲到底，影视作品比拼的还是文化内涵，以及在遵循艺术规律的基础上苦练内功。电影又被称为"装在胶片盒里的大使"，在五千多年文明与现代中国发展成就的交相辉映下，中国电影人一定能为全世界塑造出更多叫好又叫座的IP形象。

陈培浩　徐健辉　执笔

2024年1月17日

你被兴趣班卷进去了吗

艺术类兴趣班虽然很重要，但它不是一道"必答题"，更多时候是一道"选择题"，初衷是挖掘兴趣、培养特长、浸润心灵，不应该拿来做攀比。

　　以前一句"学好数理化，走遍天下都不怕"广为流传，在素质教育的大力普及下，现在人们更加注重"德智体美劳"全面发展。比如美育，这些年它的"咖位"提升就非常快。前不久，教育部发布了《关于全面实施学校美育浸润行动的通知》，对于发展素质教育、弘扬中华美育精神是又一次有力推动。

　　除了学校美育浸润，很多家庭通过报各类兴趣班开发艺术特长。这样的方式自主灵活、针对性强，是一种重要的补充。任何一件事物的兴起和发展都容易衍生出一些问题，比如经济压力、心理负担等。今天，我们不妨就这个话题聊一聊。

一

很多家长对美育特别是艺术素养很重视，选择报各类兴趣班，这是一件好事，俗话说"技多不压身"。但是，之所以称之为"兴趣班"，首先应该是源于孩子的兴趣。对于这一点，身边有一些人是走偏了的。

很多情况下，由于孩子尚缺少独立判断和选择的能力，兴趣班往往不是孩子的选择，而是父母的决定；不是孩子要学，而是父母要孩子学。这样一来，就容易出现一些"后遗症"。如果孩子不是真心想学，是很难坐得住、学得进的，反而会产生抗拒、叛逆的心理。家长投入了时间、金钱，孩子没有学出来不说，还影响亲子关系，可谓"赔了夫人又折兵"。

有的家长出发点是好的，孩子也不排斥，但是缺乏规划、盲目跟风。什么热门就给孩子报什么班，看到别人会的，觉得自己家孩子也要会，否则就好像落后了。画画、乐器、舞蹈、主持……恨不得孩子什么都学、什么都会。

有人曾经做过调查，参与的 300 多个家庭中，有一半孩子的兴趣班数量达到 3 个以上，每周花在兴趣班上的时间为 5 小时左右。而且，艺术类的兴趣班收费往往不低，家庭每年动辄投入上万元甚至几十万元，有的家长戏称之为"碎钞机"。家长不仅要支付昂贵的费用，还要投入大量时间去接送、陪练，孩子原本的课余休息时间也被塞得满满当当。

在艺术兴趣班上，"沉没成本效应"非常显著，投入得越多，越不舍得放弃，最后家长和孩子都被"套牢"了，在一个又一个兴趣班中越陷越深。

一言以蔽之，很多人不管孩子是不是那块料，不管孩子学不学得过来，甚至都不管自己的经济承受能力，你卷我，我卷你，最后大家都疲惫不堪。

二

在匆忙奔波的间隙，无论是家长还是孩子，有时候都会陷入迷茫：学这些艺术特长到底是为了什么？

专业路线的辛苦远超常人想象，牺牲文化课也需要巨大的勇气和决心，最终真的能靠艺术特长吃饭的毕竟还是少数。但如果不走专业，花这么多时间、金钱值得吗？投入多少精力是合适的？要学到什么程度？随着课业越来越紧张，是中途放弃还是坚持下去？

走进"死胡同"，可能是因为方向出了问题。很多家长在给孩子报班时，或多或少存在一些功利的心态，总希望孩子能通过艺术特长"得到"什么，却忽略了孩子喜欢什么、感悟什么、享受什么。蔡元培在《美育与人生》中，曾经深刻地指出美育的超功利性："宫室可以避风雨就好了，何以要雕刻与彩画？器具可以应用就好了，何以要图案？语言可以达意就好了，何以要特制音调的诗歌？可以证明美的作用，是超越乎利用的范围的。"

退一万步说，让孩子学习这些艺术特长，即便是"为了点什么"，也绝不只是为了掌握一门"技术"。从孩子的人格养成来看，训练艺术思维、提升鉴赏能力，激发对美的感知和对世界的理解共情，正是美育"陶养感情"的作用。在学习的过程中，孩子们能更有定力、更加自信，更加善于表达自己的想法和情绪，锻炼各方面的能力。

把时间坐标拉得更长一些，艺术在人的生活中常常会扮演疗愈者的角色，无论是音乐、美术还是其他，都是疲惫时的栖居、寂寞时的陪伴、闲暇时的消遣、失落时的寄托。就像丘吉尔1915年被撤销英国海军大臣的职务，受挫返乡时，绘画成了他的独特心理治疗。他曾说："不管面临何等样的目前的烦恼和未来的威胁，一旦画面开始展开，大脑屏幕上便没有它们的立足之地了，它们退隐到阴影黑暗中去了。"

考级、比赛固然重要，升学加分也无可厚非，但这些更多的是水到渠成的事情，不应是给孩子艺术教育的初衷和目标。让孩子从中获得快乐和力量，才能最大限度地激发他们的自主性，让艺术成为他们相伴一生的挚友。

三

该不该给孩子报班是一个主观选择，但是在如何正确对待艺术类兴趣班、如何提升美育质量的问题上，有许多地方值得我们反思和改进。

其一，学校是美育培养的主阵地，要用艺术的星光点亮更多孩子的人生。教育部印发的《关于全面实施学校美育浸润行动的通知》鲜明指出，要"强化学校美育的育人功能"，"帮助学生通过在校学习掌握1—2项艺术专项特长"，这些都要求学校把美育放到更重要的位置，多推出一些创新管用的举措。比如，在传统音乐课、美术课的基础上，提供更加多样化、个性化的艺术课程和课后服务。各个年龄段的孩子接受能力、思维模式都不尽相同，需要精心设计、量身定制，增强美育课内容体系的科学性、系统性。

不可否认的是，不同地区之间美育基础存在差距，和一线大城市比起来，三线城市和农村的艺术资源相对要少一些。这些年，许多优秀大学生到中西部地区支教、任教，在山村带孩子们组建乐队，引发了人们的热情点赞。像流动授课、云端放映、资源共享等，都是很好的尝试，值得大力探索。

其二，培训机构是商业机构，也是教育机构，应更好承担起育人的责任。随着艺体类培训市场越来越火爆，许多创业者将目光投向了这个行业。现在市面上的培训班随处可见，但是专业水准良莠不齐，收费不断攀升，卷钱跑路的新闻也时有发生，亟须规范市场秩序、加强监管。

培训班的老师既然被称为"老师"，除了教授专业以外，也要承担起育人的责任，引导孩子成长成才。要实现这个目标，就必须提高准入门槛，加强师资培训，提升艺术培训班教师综合素养。艺术类高校也要制定符合文化教育发展的人才培养方案，调整培养目标，向社会输出更多优质的美育教师。

其三，兴趣班不应成为新的比拼赛道，少一些无意义的内卷、互卷。艺术类兴趣班虽然很重要，但它不是一道"必答题"，更多时候是一道"选择题"，初衷是挖掘兴趣、培养特长、浸润心灵，不应该拿来做攀比。"比拼"的风气一旦形成，美育的初心就容易丢失，还会造成大量教育资源的浪费。

现实中，有些家长托关系、斥巨资到大城市请所谓"名校名师"，其实未必是适合自己孩子的。名师往往更注重对艺术专业人才的培养，不仅要求孩子具有一定的天赋，更要求孩子后天的努力。如果没有养成良好的学习习惯，跟不上名师的教学节奏，可能会适得其反。

　　有人说，灵魂的渴望才是命运的先知。当我们迷茫疲惫的时候，或许应该停下来想一想，孩子到底需要什么？自己到底能给什么？尽管很难，但还是要让一切回归初心。

倪海飞　陆家颐　胡逢阳　执笔

2024 年 1 月 18 日

一捧马尾松种子的传奇

> 解放一江山岛战役中，群众提供了大量的物力人力支援。一捧树种，是少先队员对解放军将士的支持，也是军民团结一心的生动见证。

1955年1月，几名来自杭州惠兴女中的少先队员们，兴致勃勃地准备将自己的照片、红领巾和成绩报告单等，寄给在解放一江山岛战役中凯旋的解放军叔叔们，向他们表示祝贺并致以春节问候。

惠兴女中初中三年级第四班的少先队员准备将物品寄给一江山岛的战士

今天，我们从这张收藏在台州椒江解放一江山岛烈士陵园里的泛黄老照片，可以看出孩子们的兴奋之情溢于言表。

此前，解放一江山岛战役胜利后，战士们亲手将杭州惠兴女中几名少先队员寄来的马尾松种子，埋进了土壤里。数十年来，在一江山岛上，郁郁葱葱的马尾松迎风而立，守望着茫茫海疆。

这些马尾松种子有何特殊之处？藏着怎样的传奇故事？

一

1954年12月，美国和蒋介石签订《共同防御条约》，浙东沿海岛屿局势紧张，大有"山雨欲来风满楼"之势。面对挑衅，我军战士厉兵秣马，剑指尚被国民党军盘踞的大陈、一江山等沿海岛屿。

当然，心系这场战役的不只是前线战士，还有全国各地民众。一封封承载祝福的慰问信，一份份寄托心意的慰问品陆续送往前线。工人、农民、渔民、学生、机关干部、劳动模范……都为前线战斗提供力所能及的支持。

在一大堆吃食和日常用品中，惠兴女中9名少先队员寄去的一大包马尾松种子，显得别具一格。而这背后，有着暖心的原因。

不久前，学校组织一场比赛，全校少先队员到灵隐飞来峰采集树种。张榜时，这9名少先队员所在的第二小队采集的树种排名全校第一，这也是她们进校以来取得的第一次荣誉。欢呼雀跃之余，大家也决心让这些象征胜利的种子更有意义。

此外，这也是受朝鲜战场上志愿军战士的启发。9名少先队员之一的葛裕昆事后回忆道，她们曾听老师说起，朝鲜战场的志愿军战士们，把祖国小朋友们寄来的蝴蝶标本钉在战壕门口。出入战壕时见到标本，他们便会意识到身后守着的是祖国的"大门"，想象着孩童们快乐玩耍的情景，心中就充满了力量。

于是，她们挑选了40多颗最大、最饱满的种子，将全班同学的心意，装进了纱布袋。袋子的一面标明"海防前线解放军叔叔收"，另一面认真写下大家的嘱托。随后，托人把树种带到了前线。

二

1955年1月18日，解放一江山岛战役在浙东台州湾轰轰烈烈地打响。登陆艇的舱门边，突击组的战士们一遍遍清点着武器弹药、整理身上的各种装备，然后小心翼翼地将马尾松种子藏进胸前的口袋里、帽子里……

战斗开始前，攻岛主力部队之一的20军60师178团举办了一场授旗大会。会上，战士代表用响亮的声音宣读了小朋友们的来信。信中说，希望解放军叔叔们把这些种子，随着胜利的红旗，带到解放了的海岛上去，让解放了的土地上都能长出常青的马尾松，都能装扮得像西湖一样美丽。

她们美丽的心愿被分成了两份。一部分种子在战斗开始前被保留了下来，这也是应少先队员的要求。战士们特意拣出一捧树种，装进木箱仔细封存。剩下的一部分，则被埋在一江山岛上。这些种子交付给了担任突击任务的英雄连队，战士们随身携带着马尾松种子，冒着枪林弹雨，突破了一道道严密的防御工事，向岛上的制高点190高地发起了冲锋。

战斗中，排长史戊辰光荣牺牲，战友发现他时，他的左手紧紧握着被鲜血染红的种子。战斗结束后，战士们挖开烧焦了的地面，郑重地将种子埋进土壤中，留下了对这片土地的美好祝福。

一名叫华敏的新华社战地记者，随178团登陆舰登上一江山岛，目睹了战斗的全过程。此前，华敏曾随战士们一同前往朝鲜战场，在朝夕相处间建立了深厚情谊。他感动于战士们对马尾松种子的珍视，战场归来后，写下了一篇题为《胜利的种子》的通讯。其中有这样一段话——

> 战斗刚结束，战士们就挥动着洋镐，翻开那被炮火烧焦的泥土，种下了胜利的马尾松种子。在春天里，孩子们送来的这些种子，将在祖国的海岛上，成长起茁壮的树苗。

这抹战火中的柔情，由此广为人知。

三

马尾松种子的故事，掀起了阵阵涟漪。

这年春节，解放一江山岛的部队，写信答谢全国人民的支援和关怀，特别提及惠兴女中少先队员的心愿已经实现。他们还呼吁，希望能得到更多树木和花草的种子，"让一江山岛变成绿林成荫的花园"。不久后，有关单位派人来到学校，向少先队员介绍了史戊辰排长的英雄事迹。

马尾松种子种在了一江山岛，也种进了一代代师生的心里。经批准，惠兴女中9名队员所在的小队被命名为"190"小队，这也是全国创建最早、坚持时间最长的英雄少先队。60多年来，惠兴女中几经重组更名，但是英雄的"190"旗帜一直在孩子们手中代代传承，数千名少先队员在"190"中队的旗帜下成长，通过讲述战史、植树造林、春节拥军等活动，追随着英雄。

马尾松种子的故事还被改编成了连环画和儿童读本，在20世纪五六十年代广为流传，根植于老一辈人的童年记忆中。2021年一堂跨越时空的海陆"云党课"，也让杭州的老少先队员和台州的参战老兵在"云上"相见，共同回忆起那段峥嵘岁月，让新一代少先队员和驻岛官兵们在红色历史中汲取力量，赓续红色血脉。

一捧马尾松种子，为何让人如此动容？

有人说，她们寄去的是胜利的种子。一江山岛之战，是解放军海陆空首次联合作战。这场战役，彻底改变了台湾海峡的斗争形势，在历史上留下了浓墨重彩的一笔。

有人说，她们寄去的是团结的种子。"要人有人，要物有物，要船有船，部队打到哪里，我们就支援到哪里"。解放一江山岛战役中，群众提供了大量的物力人力支援。一捧树种，是少先队员对解放军将士的支持，也是军民团结一心的生动见证。

有人说，她们寄去的是希望的种子。当时，社会主义建设如火如荼进行。少先队员期待着一江山岛上的马尾松种子生根发芽，也期待着和小树苗一起茁壮成长，早日成为栋梁之材。这一捧马尾松种子，是新中国一代的少年，用自己的方式在表白对祖国"清澈的爱"。

今天，第一代"190"小队的9名少先队员，已从花样少女变成了银发婆婆，惠兴女中也变成了如今的杭州惠兴中学和杭州第十一中学。她们寄去的那些马尾松种子，也早已在一江山岛长成葱葱松林。

档案资料

照片刊登于 1955 年 1 月 25 日《浙江日报》头版报眼位置。画面中，杭州惠兴女中的少先队员在得知马尾松种子已被解放军战士种在一江山岛后，又将自己的照片、红领巾和成绩报告单等寄给前线战士。1956 年，惠兴女中和东瓯中学合并，成立杭州第十一中学。2000 年，高中分离后，初中部更名为惠兴中学，高中部为杭十一中。近年来，台州通过走访当事人、查阅史料等不懈努力，将少先队员当年寄去马尾松种子的很多生动细节悉数还原。

张天宇　执笔

2024 年 1 月 18 日

老歌不老的启示

> 触动心灵的老歌往往是为了艺术而创作的，是为了音乐梦想而创作的，历经时间的冲刷依然能历久弥新、传唱不息。

前段时间，电视剧《繁花》热播，剧里配的《安妮》《冬天里的一把火》《再回首》《偷心》等一众怀旧老歌也跟着火爆翻红。这些脍炙人口的老歌让观众瞬间回到了20世纪八九十年代，勾起了人们的无限回忆。

老歌翻红的现象近年来在全国各地时常出现，周杰伦、张学友、伍佰等歌手的演唱会常常一票难求，其中一些老歌引发集体怀旧，不少热歌榜单更是被多年前的老歌长期霸榜。

在流行音乐快速更迭的今天，老歌凭什么翻红？究竟是什么引发了听歌的怀旧风潮？这对新歌创作又有什么启示？

——

在音乐领域，出品10年以上、有些年代感的作品，往往就会被称为老歌。

在综艺节目上，老歌新唱一直是提振收视率的"灵丹妙药"，《我是歌手》《蒙面唱将猜猜猜》《时光音乐会》……每当经典曲目旋律扬起，台上台下、大屏小屏前的听众都不自觉地哼唱起来。笔者认为，其中原因无外乎以下几点。

老歌自带"怀旧滤镜"。我们的回忆常会被一段段熟悉的旋律带动，耳边的歌连同过往的故事带着节奏被"连根拔起"。也许回忆青春时，就会听罗大佑的"流水它带走光阴的故事，改变了一个人"；也许迷茫时，就会听 Beyond 乐队的"多少次迎着冷眼与嘲笑，从没有放弃过心中的理想"；也许恋爱时，就会听李宗盛的"为你，我用了半年的积蓄，漂洋过海地来看你"……个中微妙感触，正如这句话所说，"少年不知歌中意，听懂已成歌中人"。

凭借过硬品质。经典老歌历经时光的淘洗显现出越发光亮、吸睛的引力，细数翻红的老歌，好听、耐听是第一前提。一首歌的曲调、曲风、歌词之所以能打动听众，产生跨越时光的穿透力，正是源于创作者拥有扎实的音乐基础和文化修养。除了内涵丰富、质量过硬，易与听众产生情感融合也是经典老歌的鲜明特质。比如《相依为命》，总能让一对对新人心生携手前行、白头到老的感动，而《倔强》，让人感受到不屈不挠、积极向上的力量。

与短视频"双向奔赴"。近几年，短视频平台发展突飞猛进，抖音、B站、快手等头部平台抢占了大量用户。一条吸引人的短视频离不开恰到好处的音乐，以老歌作为短视频背景音乐成为不少博主的选择，比如《一剪梅》《心太软》《小城故事》等就常在短视频中出现，很多网友都耳熟能详。在这样的情景之下，众多老歌在短视频平台就比较容易"涅槃重生"。

二

当我们追捧老歌时，也不禁疑惑，新歌都去哪了？翻翻近些年的新歌，不时也有动人的歌曲出现。比如，发行于2021年的《这世界那么多人》，因为舒缓悠扬的旋律与优美动人的歌词，让大家感受到人生浓浓的爱意与绵绵的哀愁，甚至在众志成城的暖心事件中被"二次创作"，成为广为传唱的歌曲。

但不得不承认，当下像这样能够令人产生强烈共鸣，并被久久传唱的新歌并不多。是因为歌曲创作少了吗？其实不然。

据腾讯音乐研究院统计，2022年华语新歌数量达到了101.9万首。如果平均到365天，就相当于每天有近2800首新歌"出厂"。可在如此之大的产量面前，为什么大家还是普遍觉得好歌偏少？当下音乐创作究竟遇到了什么问题？

剪切拼接的成本比潜心创作来得低。文艺精品创作需要一颗"孤独的匠心"。如今，有的创作者不再走心，不再优先追求精品性与艺术性，一味求出品快、出圈快，甚至不惜使用剪切拼接、复制粘贴的手法来粗制滥造，化身投机取巧的"音乐裁缝"，这样一来，精品歌曲孕育之难就可想而知了，反倒是听着像"口水歌"的层出不穷。

现如今，AI创作迎来风口，在手指点击键盘的一瞬间，AI或许就能速成一首歌。但笔者始终认为，"AI裁缝"与"真人裁缝"一样不走心，没有感情的创作不可能真正打动人心。

流量至上的市场环境滋生浮躁风气。出品一首优秀音乐作品不仅考验着音乐人的水平和能力，也考验着他的耐心和精力。当下一些创作者坐不住冷板凳，为了迎合市场需求和流行趋势，放弃了对音乐本身的艺术追求和深度思考，习惯于快速地流水作业，追求立竿见影，不肯笃定恒心，创作的歌曲缺乏创意、品位，也很难能与一些久经时间考验的老歌相比。

技术迭代导致创作者忽视了内容。技术具有双面性，短视频、算法推荐等技术的迭代，在一定程度上也让音乐成为快节奏时代中快餐消费的"附庸"。少数创作者不优先追求音乐性，更多按照短视频音乐的特点来创作歌曲，表面上或许满足了受众的听觉乐趣，却始终无法抵达听众的内心，形成持久的情感共鸣，导致能"让耳朵怀孕"的好歌越来越少。

三

触动心灵的老歌往往是为了艺术而创作的，是为了音乐梦想而创作的，历经时间的冲刷依然能历久弥新、传唱不息。从内心来说，我们为老歌翻红惊喜，但同样也期待能有更多新歌成为经典。翻红的老歌久经传唱之余，带给我们更多的是对音乐创作和生态的启示。

忠于作品永远是王道。如果歌曲创作只是一味迎合潮流，或许短期内会有较高的热度，但在时间的考验下终究会归于寂静，因为随着"后浪"来袭，总会有比你更加迎合潮流的作品。比如，很多网友熟悉毛不易，他凭借《消愁》《像我这样的人》等原创歌曲一战成名。像他这样的创作者让我们相信，好作品是战胜一切的制胜法宝。当代音乐人应具备对品质的坚守意识，在浮华的时代喧嚣之中回归创作的本心，探究艺术的本质，潜心创作，慢工出细活，

"立得住、传得开、留得下"的歌曲或许在某一刻就会不期而至。

贴近生活方能出爆款。歌曲是一种艺术，来源于生活，又高于生活，扎根生活是创作出精品的必由之路。例如，陈奕迅的《孤勇者》本是一首游戏歌曲，因为扎实的音乐功底，作词人抗癌励志故事的发酵，以及和战疫、抗灾等时事的契合，连幼儿园孩子都成了忠实听众。音乐创作需要沉下心去感受，灵感就能像火花乍现，找到了精准的情绪共鸣和契合时代的故事场景，作品会更有感染力和生命力。

尊重版权才能有活力。一首好歌，是创作者辛勤耕耘的成果。如果得来不易的"果实"随随便便被人摘走，无疑会打击创作者的创作热情。如何加强版权治理、规范版权交易模式，是目前国内数字音乐面临的挑战之一。在音乐创作门槛不断降低的当下，营造一个尊重原创的良好创作生态，是对音乐人最有力的保护，也是好歌出产的优渥土壤。

华语音乐的"火种"，需要当代音乐人来"点燃"。只要坚守梦想不放弃、潜心创作不浮躁、追求品质不退让，一定会有越来越多高质量的新歌涌现出来，这些新歌若干年后也一定会成为传唱不衰的经典老歌，成为我们这一代人的内心记忆。

徐毅　宋振强　张志炜　执笔

2024 年 1 月 19 日

文旅"卷出圈"更要"长出圈"

> 各地都想要在百花齐放的文旅"battle"中实现弯道超车，这本无可厚非。不过，在汹涌潮水中，"心要热，头要冷"，警惕用力过猛，避免荒腔走板。

今年一开年，在"尔滨"爆火的带动下，各地文旅部门频放"大招"。前几天，"山河四省互不内卷条约解除"再起波澜，多地文旅掀起"题海战术"，"主打一个听劝"，花式"整活"令人眼花缭乱，"卷"局长、"卷"明星、"卷"特产……文旅营销话题持续霸榜刷屏。

与此同时，也有不少媒体和网友温馨提示：各地在"卷"营销的同时更要"卷"内功，既挣足流量的面子，也做实服务的里子。

那么，我们究竟应该怎么看当下的文旅"互卷"？文旅可持续出圈的出路又在哪里？

一

继"淄博烧烤"引爆全网、"村超""村BA"带火贵州、"南方小土豆"勇闯哈尔滨之后，网络平台借势营销带来的"泼天流量"使得一些城市一跃成为顶流，也让城市营销这场牌局的入局者和围观者呈指数级增长。

以这次"山河四省"官方文旅"互卷"联动为例，以往一本正经，靠发发山水美图、风光宣传片单向输出的文旅政务号突然风格大变，转头拼创意、拼热情、拼"听劝"。连夜改名、接受吐槽、欢迎挑刺等活泼真诚、富有温情的互动，在给网民带来新鲜感的同时，也让群众的声音被吸收、转化成为塑造地方形象的真实举动。河北、河南文旅部门相关账号短短几天涨粉百万，"卷"出了实打实的流量。

可以说，凭借互联网的万物互联和短视频四通八达的传播力，文旅领域的新活力被充分激发，各地主动以更为亲近、友善、接地气的姿态拥抱网络城市营销，为消费提振、城市出圈、文化"破壁"打开了新通道。

但就全国而言，在文旅"互卷"的过程中，也冒出了一些乱象。比如，"争奇斗艳"剑走偏锋，引发争议。少数地方为夺人眼球，营销方向开始跑偏，如使用起"美男计""美人计"，甚至表演起吃土等，向着庸俗与媚俗的画风走去。又如，"有趣皮囊"复制粘贴，千篇一律。有趣的灵魂本应万里挑一，但当无脑跟风一多，令人眼花缭乱、无所适从，再有趣的灵魂也容易引发大众审美疲劳。有网友评论一针见血，"游客是靠吸引来的，不是靠勾引来的"。

各地都想要在百花齐放的文旅"battle"中实现弯道超车，这本无可厚非。不过，在汹涌潮水中，"心要热，头要冷"，警惕用力过猛，避免荒腔走板。

总体而言，各地文旅部门在引客留客上"卷"起来是个好现象，值得鼓励。正如有人说，"卷"总比"躺"好，"卷"也是履职，是积极作为，想方设法让当地文旅火起来总胜过"躺平"无为。

二

文旅热度持续走高，流量带来巨额红利，让各地文旅部门背起了来自政府绩效和市民期待的"双重KPI"，陷入"集体疯狂"与"集体焦虑"，可谓压力山大。那么，文旅出圈这道难题，到底难在哪？

蹭热点易，留热度难。从特种兵式旅游到City walk火遍全网，文旅热点迭代之快让人目不暇接。但营销始终只是方式和手段，产品和服务才是内容与本质。俗话说，"有多大锅，烙多大饼"，把流量转化为"留量"始终靠的是硬支撑。大部分文旅项目资金投入大、回报周期长，而且旅游业发展是综合性工程，牵扯到交通、餐饮、住宿等，蹭热点或可一时撬动杠杆、以小博大，但倘若忽略了内核能力，或者准备不足、基础不牢，大概率只能"红"得"昙花一现"。

线上容易，线下难。有网友提出建议，地方文旅低姿态"在线听劝"，真诚招徕游客、有来有回，是赢得好感的重要一步。但线上打得火热只是前半篇文章，回归线下扎扎实实做好长效管理才是真义。比如，对于个别景区运营管理不达标、欺客宰客等乱象，除了线上答复评论、采纳建议，更要线下规范、治理到位，这样才会赢得市民游客真实的满意度。

一时兴起易，久久为功难。各地风土人情、资源禀赋皆有不同。打造城市口碑绝非一日之功，时髦的、魔幻的、豪爽的、娟秀的，立足文化内涵、符合"人设气质"的量体裁衣、日日精进不可或缺。正如哈尔滨主打冰雪文化，河南深耕中原文化，杭州演绎江南文化，它们的成功有个共同点，就是深谙"文旅融合，以文为先"之道，绵长发力，不打一时一日之役。

有学者认为，当下的城市传播已从事实传播出圈升级到情感传播出圈，并进一步迈向价值传播出圈。因此，城市不仅要有鲜活的"人设"IP加持，更要持续发力，把独特的传统文化、人文特色中蕴含的"软"价值发挥到极致。

三

毋庸置疑，疫情过后的文旅产业正迎来新风口，文旅价值也在一轮轮"你方唱罢我登场"的营销大战中被不断激活。就全国整体而言，虽然文旅产业占地方GDP的比重比较有限，但其释放的综合效应却不容小觑，在带旺城市消费活力、打造城市形象气质、推动产业升级等方面贡献不俗。

出圈的方式有很多，"卷"是其中一条出路，当然还有很多条出路。但有一点，坚持社会效益与经济效益相统一，社会效益始终是首位的。花式"整活"之后该如何练好内功？在笔者看来，文旅"卷出圈"更要"长出圈"，做好这篇文章，需要把握好几对关系。

"卷"流量，"卷"的是"留量"。流量是把双刃剑，唯流量是有风险的。值得警醒的是，卖萌耍宝、标新立异只能带来一时新鲜，始于流量却止于"留量"的反面案例不少。任何地方，注重打好基础、夯实内功，"卷"面子的同时更要"强"里子，比如悉心完善配套设施，做好旅客住宿、出行咨询服务等，潜功做好了，线上看客有望变成线下游客，更多头回客才会转化为回头客。

大晒亮点，不如自戳痛点。短视频的观感代替不了真实的体验，如果存在实际短板，线上营销把期待值拉得越高，线下感受就可能失望越大。更何况，很多人出门旅游的选择是比较理性的，经过反复对比和规划。敢于晒家丑、动真格，精细整治短板、铲除痛点，将每一根"毛细血管"疏通，在产品质量和服务体验上追求极致，实现口碑逆袭就是水到渠成的结果。

善于亲民，更要落实惠民。文旅模式、玩法不管怎么变，人对美好生活的追求不会变。在"花式宠粉"的同时，也别忘记关心本地群众有没有获得感。本地群众感到满意并口口相传，形成的传播力和说服力有时胜于官方宣传。比如，比起"先让客人玩好"，更应倡导"主客共享、近悦远来"；在考虑打造文化地标前，首先考量其在地性、实用性，让文旅发展带动的公共服务、营商环境、人文关怀等红利更持久地释放给大众。

说一千道一万，练好内功是关键。所谓风物长宜放眼量，在"卷"好眼下的同时，也不妨把眼光放远，以更多"始于颜值，陷于才华，忠于人品"的优质服务让美誉度"增值"，在"卷出圈"之后实现"长出圈"。

张昊　厉晓杭　蔡嘉妮　沈於婕　执笔

2024 年 1 月 19 日

别急着给"数字游民"贴标签

> 有句话叫"父母在，不远游，游必有方"，笔者认为，放到数字游民身上，当前的"游必有方"有着新的含义。

近两年，在浙江湖州安吉县溪龙乡这个以种植白茶而著称的宁静之地，"无中生有"出一处"潮"人聚集地——DNA数字游民公社，目前在这里居住过的数字游民累计已有千人。

数字游民，指的是那些通过网络实现移动化办公的人，他们可以在任何地方进行工作，主要从事互联网技术、创意类和自媒体运营等职业。有网友评价，与其说数字游民选择的是一种办公模式，不如说他们正试图更好地平衡工作与生活。

而放眼全球，数字游民已成为一种较为普遍的现象。有数据显示，2022年，全球数字游民的数量达到3500万人，预计到2035年，这一群体的人数将超过10亿。数字游民为何而兴？又将去向何方？

一

那么，是什么促使了"数字游民"的诞生？笔者认为，主要有以下几点。

网络科技的进步。互联网时代，视频会议、实时协同办公平台等各种新型网络办公工具不断涌现，让数字游民即使离开了传统的办公场所，也仍能与客户、同事等保持无缝对接，不影响工作效率。同时，各类全球性的线上远程共享社区的建立，也为数字游民在线择业、寻求合作或交流经验提供了平台。

生活观念的变化。随着社会发展，人们的生活水平不断提高，很多观念也发生了变化。比如经济上获利不再是一些人工作的唯一目的，他们希望可以发掘更多自身的价值潜能，也希望花更多时间陪伴亲人、探索世界。而成为数字游民，正好可以更灵活地设计自己的日程安排，因此对年轻人来说尤其具有吸引力。

"地理套利"的影响。20世纪90年代，有专著提出技术的发展将让社会回归游牧般的生活，人们通过网络赚取发达地区的高收入，在其他地方以低成本实现高品质的生活，"赚一线城市的钱、在三线城市花"，这被形象地称为"地理套利"。这个概念也影响了很多年轻人，或许也为一些正在房贷、车贷等重压下的年轻人提供了一条实现理想生活的新路径。

二

然而，尽管数字游民在全球范围内受到年轻一代的推崇，并让一些个体和地方实现双赢，比如既节约办公场所成本又激活了"沉默"的乡村等，但仍然面临着不被理解、被标签化等困境，遭到不少质疑。

比如，数字游民增多会成为负担吗？数字游民都更加偏爱风景秀丽的地方，但其中很多地方的旅游开发尚不深入，生活、办公所需的配套设施难以长久支撑数字游民的"梦想"。

还有些地方把数字游民定性为现代版的流浪，不仅不重视为其提供工作和生活的服务保障，还认为数字游民的增多可能会给当地带来不稳定因素。

比如，会给年轻人职业观带来不良引导吗？数字游民的出现，在一定程度上打破了社会原有的对于"稳定的工作""安宁的生活"的想象，把"居无定所"摆上台面，对遵循传统生活方式的长辈来说成了一种"逾矩"。

加上近年来面对就业择业和生活压力，年轻人选择逃避、逃离的有之，自我放逐的有之，不少人因而将数字游民与"无业游民""躺平摆烂"联系起来，认为其会进一步强化社会负能量，带来不良引导，会让年轻人在未来的职业道路上迷失方向。

比如，数字游民的个人权益如何保障？对于数字游民来说，不固定的工作地域意味着他们需要不断地、快速地适应新的环境和新的生活，这可能会诱发内心的不安全感。

同时，当前很多国内企业对于这类员工的接受程度还不够高，在医疗保险、公积金等职工基本福利上是否能够保障也充满不确定性，数字游民可能会比一般的职员面临更大风险。

三

数字游民的兴起，正在改变工作和生活的传统格局。那么，我们应该如何更好地利用这股力量，让更多人能在满足自身需求、追求美好生活的同时，充分创造价值，推动社会发展？有句话叫"父母在，不远游，游必有方"，笔者认为，放到数字游民身上，当前的"游必有方"有着新的含义。

比如，提供安心的"地方"。在海外，葡萄牙、德国、泰国等国家，近年来都不约而同地向数字游民抛出橄榄枝，比如引入数字游民签证等方式；在国内，除了安吉的 DNA 数字游民公社，福建泉州、云南大理、海南文昌也纷纷办起了数字游民社区。

数字游民将工作和旅行结合，消费模式多样，不仅限于吃穿住行等基本生活需求，还需要共享办公空间、网络通信服务等支持。这些需求有助于刺激相关产业发展，带来新的商机。

因此，有条件的地方不妨尝试改变对数字游民的消极看法，顺应潮流发展，为数字游民提供稳定友好的居住环境、精准高效的政务咨询和生活、工作所需的配套设施等，让数字游民拥有"此心安处是吾乡"的真切感受，携手数字游民激发更多发展潜力。比如湖州的"游民公社"建言献策主平台"游民会客厅"，为辖区乡镇直接引进了50余个新业态，帮助了村集体增收。

比如，开出匹配的"良方"。正如有人说，大部分数字游民追求的不是"无业"，而是工作与生活的平衡。由于没有固定工作时间和地点的限制，数字游民可以灵活地将工作与个人兴趣结合起来，既丰富生活又促进工作。

面对数字游民这一群体，其实不必过于担心它带来"躺平摆烂"的不良导向，各方面可以多加接纳、积极引导。比如有条件的企业可以结合业务特点，与员工协商更具弹性和灵活度的工作模式，提高员工的创造性；学校等可以邀请一些在领域内突出的数字游民代表与年轻人开展互动，为他们的择业提供更多参考；一些吸引数字游民的地方可以为年轻人提供数字游民公社等多样化的交流平台，打破信息壁垒，让年轻人的职业追求与现实条件更好匹配。

再如，找到心中的"远方"。国外一项调查显示，在全球范围内，大部分数字游民维持这一生活方式的时长不会超过3年。这一方面反映了固定场所的工作模式仍是社会主流，另一方面说明数字游民的选择会根据实际需求进行调整。

正如在某社交网站的"数字游民部落"小组里，许多年轻人分享着他们的旅行故事和远程工作经验，有人说："我们不是躺平无为的人，我们是照亮世界的数字游民。"

探索世界的意义可能就在于探寻自我。当越来越多的数字游民通过游历看清了自己的内心，通过他乡的山水草木找到了内在的平衡，他们或许就能找到更多直面生活、拥抱未来的"软实力"，迸发出更强大的奋斗内驱力，为社会创造出更多价值。

朱昱炫　胡鹏　执笔

2024 年 1 月 20 日

"期末考试月"的焦虑怎么破

> 重拾对知识纯粹的热爱和追寻，更加真切地认识人生与社会，不在内卷内耗的追逐中迷失自我，才能成长为一个更加鲜活完整的个体。

最近，各个大中小学校都进入了"期末考试月"，一学期的辛苦学习终于到了"验收"的时刻。此时，比起即将放假的开心，置身其中的人更多感受到的是焦虑。不论是社交媒体上的吐槽，还是自习室紧张的氛围，都比往常多了不少。

考前焦虑完全可以理解，但如何把考生从过度的焦虑中解脱出来，让考试更好发挥对学习的促进作用，值得认真思考。

一

考前焦虑其实是人之常情，从古至今都有人深陷其中。比如，唐代诗人朱庆馀在科举考试前写给张籍的行卷诗中写道："妆罢低声问夫婿，画眉深浅入时无"，就将自己比作新娘，问描画的眉毛是否合适，借此比喻文章是否能符合考官的心意。忐忑不安的焦虑和紧张跃然纸上，与现代人考试前的心态并无两样。

期末考试是对一个学期学习成效的检验，而且可能与升学、就业等各个环节挂钩，重要性不言而喻。正因为此，考生的焦虑心态主要来自自我定位和外界期许，以及对未来不确定性的担忧。不少人感叹，一上考场就双腿发软，条件反射已经"刻进了DNA"。

在期末季，每个焦虑的考生都有不同的心理表现。比如，有的平时学得不错，但一到考试就大脑一片空白；有的怕"卷"不过别人，只能每天挑灯夜战，力求尽善尽美；有的平时比较"放飞自我"，一到考试就只能赌考点、押考题，甚至到处打听"小道消息"；有的诉诸自我安慰，疯狂转发"逢考必过"表情包；还有的陷入焦虑旋涡，越复习越焦虑，越焦虑越想逃避，拿起手机一刷就是一整天，最后啥也没复习。

除了孩子，家长和老师也难以躲过期末焦虑。往往一到"期末考试月"，一些中小学生家长在孩子面前就会比较谨慎，在家不敢大声说话，担心自己的行为会影响孩子的心情和状态。而在家长群里，早已讨论得热火朝天，各种期末试题、试卷"轰炸"，还有不少家长接龙"求资源"，看得潜水家长内心无比纠结。

而老师的"期末焦虑"，不仅来自出卷子、改卷子，还来自绩效考核、年终总结等事务性工作。更重要的是，学生的成绩也是对老师过去一学期工作的反馈，如果学生的学习成绩不够理想，老师还要面临来自家长、学校等各方面的压力。表面上情绪十分稳定的老师，内心可能比学生还要焦虑。

二

"期末考试月"的焦虑情绪，既是每个局中人的内心写照，也是社会心态的一个显影。理性看待、客观分析，是有效避免焦虑的一剂良方。

首先，焦虑不仅不能解决问题，反而会让压力加码、让事情变得愈加糟糕。许多刚刚经历过高考的学生，仅仅是稍稍歇了一口气后，马上就从"卷高考"投入"卷绩点"中，为了总绩点提高一点点而疲于奔命。在焦虑情绪长期"野蛮生长"之下，很有可能积郁成心结、心病，忽视了对现实人生和社会的体察。

尽管"期末使我头秃"在不少同学那里只是缓解学习压力的自我调侃，重新收拾一下心情可以再出发。但如果只是把期末焦虑作为自我逃避的借口，把"我太难了""我快emo了"当成口头禅，却不愿采取任何实质性的行动，用放纵自己来回避现实，久而久之可能会一蹶不振，陷进焦虑泥淖而难以自拔。

其次，考前焦虑现象有着深层次的社会文化动因，很多时候是无奈的选择。对于学生们来说，升学的压力、奖学金及荣誉的各类评比、身边同龄人的竞争等，都迫使自己主动或被动深陷这场焦虑"大战"当中，没有停下来喘息的机会。很多学生坦言，自己也知晓负面情绪的危害，也想摆脱过度焦虑的阴影，但在周围环境的影响下只能被裹挟着向前，越"卷"则越焦虑。

对家长、老师来说，教学质量的家校比较、同行比拼，很多也是通过考试月的成绩集中展现出来的，就怕"一步落后、步步落后"。重重压力传导之下，有些家长、老师基于这种紧张焦虑的情绪，给自己的子女、学生设置了过高的期望目标，反而让正向的价值引导和适当的鼓励关怀缺了席，使得各方都在此过程中精疲力竭，难以收到好的效果。

我们还要看到，期末考试是作为阶段性的检测手段而存在的，能力素养和健全人格的培养仍然是教育的首要目的。但是很多时候却出现了本末倒置的情况，考试本是手段，却被一些人看作一切的最终目的，似乎除了分数以外，其他的都不再重要。

事实上，教育最终不仅仅是培养学生通过某一门专业课程的考试，更关键的是让他们在走出校园后，能够经得起未来人生的大考，增强心理的韧性，为他们的人生筑起能力与信念的基石。这一步步向上的阶梯，肯定不是靠层层焦虑堆砌的，而是用爱与信任灌注的。

三

解铃还需系铃人，减轻"期末考试月"的焦虑，需要观念的转变，更需要全社会的共同努力。竞争和评价是教育的一部分，但过分以考试代替评价、以分数代表能力，导致从学生、家长到学校的普遍焦虑，对于学生的全面发展来说，并不是一件好事。

这个问题并没有被一线的教育工作者和管理者所忽视，不少学校都在探索，如何把学生们从这一困境中解脱出来。比如，近日，北京大学生命科学学院决定开展"取消绩点"的试点改革，就引起了广泛关注。这一改革以"等级制"考评取代"绩点"，只要拿到85分以上就可以得到 A 级。其初衷在于让大家不要对分数斤斤计较，能够平心静气地思考自己想在学业中得到什么，留出更多的时间去提升个人综合素质。

其实，无论是绩点制还是等级制，各类考试的终极使命都并不在于如何评价人，而在于如何培养人。文凭和证书固然是教育过程的必然产物，但绝不能因此滑向"文凭主义"，让培养个体全面发展的本质目标被淹没。真正建立一个多元的评价体系，对学生个人成长发展的特征、状态等进行整体、复合的评价，这很难却很有必要。因为不是每位同学都要套进一个模子、走同样的道路，花有花的芬芳、树有树的茁壮。

当然，在教育与职业选择的优先权深度挂钩、升学的尽头是就业的情况下，要打破"唯分数论"，仅仅依靠学校层面的努力还不够。学校和社会都要拿出办法，重视职业规划和引导，鼓励学生多样就业，同时拓宽大学生就业渠道，增加大学生高质量就业岗位的供给，转变社会对职业选择的传统观念，这些都有助于减轻学生考前焦虑。

一些人心中固守着这样一种观念——考上好大学就意味着高枕无忧。现实并非如此。学生和家长也应该更多着眼长远，理性审视考试的意义，不应对考试成绩赋予过多宏大的使命。除了成绩，中国传统教育中"品鉴人性、涵养人心、安顿人身"的追求，同样值得当下借鉴。

重拾对知识纯粹的热爱和追寻，更加真切地认识人生与社会，不在内卷内耗的追逐中迷失自我，才能成长为一个更加鲜活完整的个体。

云新宇　谢滨同　胡逢阳　执笔

2024年1月20日

于谦是如何炼成的

> 若是于谦稍微通融圆滑些，或许命运之路就会改变，但那也就不再是于谦了。从出生到死亡，于谦用一生践行了什么是"要留清白在人间"。

杭州的历史名人有很多，其中于谦是很值得说道的一位。他生于杭州，长在杭州，葬于杭州。在皇帝被俘、整个朝廷文武精锐几乎覆亡时，他却能死守孤城、不惧外敌。有人说，是西湖的山水给了他灵气，江南的人文锻造了他的坚韧，而他也用他的骨气、硬气、正气回馈了这块他生于斯长于斯的土地：此地有硬朗之筋骨，此城有铁血之汉子。

于谦为世人所敬仰，是北京保卫战展现的辉煌一幕；为世人同情，是夺门之变后无辜被杀身亡；而为世人所熟知，是那首流传极广的《石灰吟》，"千锤万凿出深山，烈火焚烧若等闲。粉骨碎身浑不怕，要留清白在人间"。

他的一生是如何炼成的？

一

虽然于谦和岳飞、张煌言一起，并称为"西湖三杰"，纵使《石灰吟》也进了课本，但了解于谦的人并没有想象的多。在网上搜于谦，也常会被另一同名的相声演员的信息所遮盖。在杭州，于谦祠是西湖边难得的幽静场所。

于谦生在杭州的钱塘太平里，是地道的杭州人。他从小通诗文，写出"今朝同上凤凰台，他年独占麒麟阁"这样的对子；背诵解缙的文章时，更是展现了过目不忘的本领，引得满堂喝彩。

指引他人生之路的是文天祥。他幼时笃定志向，要像文天祥一样，成为一个为家国事业献身、留存正气在天地之间的人。有回除夕之夜，他感慨道："此一腔热血，意洒何地！"而这一声叹息，成了他日后人生的注脚。

23岁考上进士的于谦，成了吏部的遴选人才。年纪轻轻，被任命为山西道的御史，成为朝廷插在地方的一把利剑。

那时风气很差，地方官给朝中权贵送礼是司空见惯，而于谦进京时却是两手空空。好心人劝他说，"老兄你金银不带，带点当地的土特产也算礼节"。于谦爽朗一笑，指着自己的袖口说："吾唯有清风耳。"他写了《入京》一诗明志："绢帕蘑菇与线香，本资民用反为殃。清风两袖朝天去，免得闾阎话短长。"

对于百姓，他极为关爱。在江西巡按时，他明察秋毫，洗清冤情，让数百人死里逃生。在河南、山西期间，当地闹饥荒，他便积极赈灾、纾解民困。为官一任、造福一方的宏愿集中写在他的诗句里，"但愿苍生俱饱暖，不辞辛苦出山林""安得天瓢都挽取，化为甘雨润苍生"。

对于贪官，他毫不留情。江西王府官属在当地骄横无边，常常在市场豪取强夺。他不惧权势，据实上奏，数十人被绳之以法。当地百姓为他立了生祠。在镇守过的地方，他都是祛蠹除奸、举贤任能，被当地百姓称为"于青天""于龙图"。

因为刚正不阿，于谦得罪了朝中一手遮天的大太监王振，被打入监狱，最后经多方营救，才得以出狱。

从少年立志到一生践行，从地方历练到入朝为官，表面温文尔雅的于谦一直清廉正直、铁骨铮铮。正是这种品行，才让他在碰到土木堡之变后，异常坚强、充满斗志；在碰到夺门之变、遭遇诬陷时，表现得无懈可击。

二

51 岁之前的于谦，若放在中华历代万千仁人志士中，只算是杰出，还不算伟大。

所谓"沧海横流，方显英雄本色"。历史上，一个人的伟大和价值，往往只有在家国危难时刻，才能更加凸显。土木堡之变的发生，让明朝经受了立国以来的最大危机，也把于谦推到了历史前台。

土木堡之变的根源在于明英宗年少轻狂，听从宦官怂恿，御驾亲征劲敌瓦剌。结果在土木堡附近，被瓦剌伏击，瓦剌还俘虏了明宗，一路以皇帝名义破关斩将，席卷而来。

而此时的北京城只剩下一群残兵老将。大兵压境，都城危如累卵；六宫上下，全员一片动摇；京城内外，百官六神无主。举朝上下，唯有于谦镇定自若，力排众议，认为"京师，天下根本，宗庙、社稷、陵寝、百官、万姓帑藏、仓储咸在，若一动则大势尽去，宋南渡之事可鉴也"，极力反对迁都。

北京城能否守得住，是一道未知题。但于谦目光如炬，他认为若是迁都，必然导致覆没，至多也是南宋之结局。唯有死守，尚有一丝生机。

于谦并非只有勇气，更有谋略和战术。

强保障。当时京城军中将士有盔甲者仅仅十有其一，他一面命令工部加紧赶制，一面将126万件南京库存兵器调入北京，还派出专人到土木堡附近收集明军溃败时丢弃的武器。除此之外，他更让京城上下全体动员、日夜兼程，将东郊通州的数百万石储备粮抢运到城里。

壮队伍。他重组京军，把传统的"三大营"改为十个团营，这种变阵更适合防御作战。他急调外地军队，加强勤王力量，使京城兵力由数万人迅速增加到22万多人。

靠百姓。他将全城军民动员起来，备战备荒，将城内的木土、瓦匠、石匠等统一编成工程队，增修了京城九门。在瓦刺军即将破城的危急关头，居民们纷纷登上房顶，以砖石迎战瓦刺军，赢得了宝贵的增援时间。

最后一点，也是最重要的一点：共存亡。他采用了背城决战、忘却生死的方略，将大军列阵京城九门之外，与瓦刺军于北京城下一决生死。他还立下了雷霆万钧的军令，"临阵将不顾军先退者，斩其将；军不顾将先退者，后队斩前队"。

有这么无懈可击的于谦在，瓦刺军除了在北京城下留下了数万具尸体外，一无所获，只得打道回府。于谦挽救了大明朝，而他也经受住了人生中最严峻的考验，用钢铁意志阐释了什么叫"烈火焚烧若等闲""粉骨碎身浑不怕"。

三

若是没有日后的夺门之变，于谦的一生可用"功德圆满"形容。然而，景泰帝病重，明英宗复辟，宫廷内部的血雨腥风捆绑住了于谦的命运。

明英宗复辟之后，在徐有贞、石亨的鼓动下竟然下令处死于谦。于谦最后死在他竭力救回来的明英宗之手，死在他用生命和意志捍卫的北京城下，而他的家人也全部被发配边疆。于谦被处死的罪名跟岳飞的"莫须有"一样奇葩——意欲迎立外藩。而石亨等人还大言不惭地说："虽无实迹，其意则有。"

于谦受冤屈时，同时下狱的尚书王文还想极力争辩。而于谦却非常淡定，直到临刑时，依然神色不变，口占辞世诗一章。而前去抄家的锦衣卫，发现这位朝廷大员竟然家无余财。在多次搜寻之后，终于发现一间屋子房门紧锁，以为是藏宝之地，打开来看，结果只有御赐的蟒袍、剑器。

于谦死的那天，阴云密布，都城人士无不恸哭落泪，举国上下皆愤慨不平。对一个人品德的最高评价，有时就是敌人的夸赞，而于谦做到了——他敌对阵营的人，一个叫朵儿的指挥，多次恸哭祭奠，遭到鞭打后，第二天依然继续。最后，处死他的明英宗，也多次抱怨后悔，说于谦若在，国事何以至此！

一个叫陈逵的官员被于谦的忠义感动，收敛了他的尸体。第二年，于谦回到了故乡，归葬于杭州西湖南面的三台山麓。从此，岳飞不再孤单。

若是于谦稍微通融圆滑些，或许命运之路就会改变，但那也就不再是于谦了。从出生到死亡，于谦用一生践行了什么是"要留清白在人间"。

于谦之功，与历史上其他名将相比，毫不逊色。于谦之德，在历史的长河中，始终闪耀，被后人铭记和传承。

于谦的意义，在于告诫启迪世人，在民族的艰难时刻，总要有人挺身而出，迎难而上，让浩然正气永存天地之间；在生命的至长之路，即便举世皆浊、众人皆醉，总要有人清正廉洁，不与时浮沉。

如同杭州的才子袁枚所说，"赖有岳于双少保，人间始觉重西湖"。有于谦在，西湖山水更添了一份英烈之气，秀丽的杭州之城有了铁血的汉子。

赵波　王婷　执笔

2024 年 1 月 21 日

浙东饮水当思源

> 既饮春江水，当思何处来。我们重温
> 历史，从中追寻光芒，激发感恩之情，汲
> 取前行的力量。

说起南水北调工程，可谓大名鼎鼎、尽人皆知。但你是否知
道，在之江大地上有着浙江版的"南水北调"——浙东引水工程。

工程以杭州萧山为起点，引富春江水向东，翻越渡槽，穿行江
河，轻抚过萧绍甬平原的人间繁华，最远流向舟山群岛。在过去
10年里，工程累计引水50亿立方米，相当于向浙东地区输送了350
多个西湖的水量。

去年9月，习近平总书记来到浙东运河博物馆考察时，还关切
地询问起浙东引水工程的情况。这项工程，缘何让习近平总书记如
此牵挂？它又为浙东地区带来了什么？

一

2005年12月30日下午，曹娥江河口的钱塘江畔工地上彩旗

招展、气球飘扬，大型器械耸立，运输车辆整齐排列。时任浙江省委书记习近平同志宣布"曹娥江大闸枢纽工程开工"，并启动开工按钮。顿时，机械声隆隆轰鸣，礼花绽放，人群的欢呼声响彻云霄。自此，曹娥江大闸进入建设阶段，浙东引水工程由此启动。

提及浙江东部地区，人们脑海中定会浮现出江河波涌、小桥流水的画面，想当然地觉得这是一个丰水宝地。那为何会需要引水呢？

现实并不如想象般美好，亘古至今浙东地区长期被缺水问题所困扰。"今年旱势连吴中，吾州乃独劳神龙"，陆游的这句诗记录了800多年前江浙一带连年遇旱的情形。1967年，《宁波地方志》记载，夏至日后连续132天未降雨，田地开裂、作物枯焦，工厂缺水停产，象山大塘千余人驾驶200艘船外出运水。

究竟是何原因，让"干旱缺水"的戏码在浙东地区频频上演？

症结一，"山—原—海"的特殊地形。"河流源短流急，少有滞蓄空间"，导致一旦下暴雨，洪水便呈肆虐之势，而如果遇上干旱，大地就会干枯甚至开裂。这就带来了一种奇怪的现象，虽然浙东地区地域面积不广，却会在同一时段出现这边抗洪那边抗旱的洪旱并存现象。因此，数千年来，引水治水一直是浙东文明演进史上浓墨重彩的篇章。

症结二，水资源的时空分布不均衡。浙江经济布局、人口分布与水资源禀赋不匹配，这从数据中可窥一斑——经济繁荣的萧绍甬平原人均水资源量不及全省平均水平的1/2。

先天条件不足、经济社会发展迅速，造成了"浙东缺水"的历史难题。20世纪六七十年代，有水利专家提出大胆设想：何不仿照南水北调，在浙江搞一个西水东调，把富春江水引向宁绍平原及舟山海岛。

但受客观因素所限，这个梦想几度搁置。直到数十年后，看似异想天开的"浙东引水梦"终于付诸现实。

二

开端还要从 2003 年说起。这一年，习近平同志亲赴浙东地区考察浙东引水工程规划路线，并实地踏勘曹娥江大闸闸址。

在此前漫长的 30 余年里，专家们从未停下求索的步伐。他们从富春江源头出发，用勘测仪刻画着流经区域的水网地质数据，整理追溯数十年的水文资料。大家一遍又一遍在图纸上推演计划的可行性和路线的科学性，为"水到底能不能引"吵得面红耳赤。

实地考察引水线路，踏勘工程选址，听取专家意见，经过深入调研，习近平同志推动建设浙东引水工程，为解决浙东地区的缺水问题开出良方。2005 年 12 月 30 日，引水工程正式拉开建设序幕。

作为最先启动的项目，曹娥江大闸枢纽不仅是整个浙东引水工程的关键所在，更是最大困难所在。

曹娥江是钱塘江最大的支流。只需在河口建一大闸，就能从外江变为内河，如此，浙东地区就能形成一个相对封闭的内河系统，便于水资源调配。然而，曹娥江口在钱塘江的强涌潮区域，在此进行建设，不仅面临海水对工程的强腐蚀性，还要面对频繁的潮涌对建筑的极大破坏。

在建设中，难题接踵而来，但更多的人迎难而上。如 80 岁高龄的潘家铮院士回乡支援，有一次他刚动完手术便直奔施工现场，下到基坑，仔细检查钢筋混凝土底板的质量；顶尖专家团花费整整两年、画了五六千张图纸，研究出多项新技术新工艺，其中一些在人类建闸史上是首创。

2008年12月，随着28扇闸门訇然落下，过往所有的洪水肆虐、赤地千里，缩映在潮水撞击闸门飞溅出的每一滴水之中，在曹娥江大闸前仓皇遁去。

此外，萧山枢纽、舟山大陆引水工程、钦寸水库、引曹南线相继开工……一代又一代浙江治水人，用辛勤和智慧缔造润泽大地的民生工程。2021年，浙东引水工程全线贯通，"一江春水向东流"终于具化为现实。

三

浙东引水工程耗时18年，克服众多艰辛困难才得以建成。作为一项水资源配置工程，它以这样一些鲜明特征载入浙江的历史：投资规模最大，跨流域最多，跨区域最大，引调水线路最长。那么它之于浙东地区究竟有何重要意义，才值得如此付出？

一是为浙东地区解了"渴"。它打通了浙东地区水系的"任督二脉"，重构出一个较为理想状态的河湖水系。如今，这条323公里的"动脉"，多年来平均输送8.9亿立方米的富春江水，润泽杭州、绍兴、宁波、舟山的1750多万人口。

如舟山群岛，过去"缺淡水"是一直困扰其发展的"心病"，在2003年大旱时，甚至要花费30元一吨从外运水，才能勉强保障居民饮用。而今"远水解了近渴"，只要拧开水龙头，经海底通渠而来的清水就"如约而至"。

二是守护了一方安澜。缺水为困，涝水亦灾。浙江伴海而生，台风常有，水患多发。在输送水源之余，浙东引水工程还起到了排洪防涝、安澜镇流的作用。

工程启用以来，经受住了台风考验，千百年来浙东沿海民谣所传"潮水一来心发跳"的情形，而今不再重现。比如2021年台风"烟花"侵袭之时，曹娥江大闸在连续9天内启闭闸门426次、排水10.5亿立方米，终换来下游城区无一进水受淹的圆满结局。

三是唤醒了水乡风韵。"问渠那得清如许，为有源头活水来"，因为有富春江水源源不断涌入，萧绍甬平原河网的流速大幅提升，河道水质也显著提升。可以说，浙东引水工程传递着生命的脉动，润泽着沿线的生态，把水清岸绿的诗画江南形象冲刷得更加亮丽。

一江碧水过，美景入画来。由数据可见，工程沿线监控断面全面消灭了劣Ⅴ类水，流经的伏龙湖、上林湖等60多个河流湖泊成为省市美丽河湖。在杭州湾国家湿地公园、鉴湖湿地公园，摄影爱好者用镜头记录下600多种鸟类。

四是促进了城市和产业发展。浙东的城市生于水、兴于水。得益于浙东引水工程，在曹娥江大闸建成后，茫茫海涂得以利用，绍兴的城市版图向北拓进了15公里。

水是工业的血液，工程为杭州湾一线的产业新城崛起提供了"鲜活血液"，像余姚西北部昔日的盐碱地摇身一变成了生态园，宁波前湾新区的智能汽车产业产值超千亿元，一个个鲜活的故事印证着"浙江速度"。

既饮春江水，当思何处来。我们重温历史，从中追寻光芒，激发感恩之情，汲取前行的力量。如今，这宛如巨龙蜿蜒前行的浙东水脉，正奔腾向远方，于波浪翻涌间续写着时代华章。

杨逸凡　刘向　席鑫洋　俞宏　执笔

2024 年 1 月 21 日

"猛将"张曙

回望革命年代，我们发现，那是一段中国音乐创作的高峰期，不仅诞生了田汉、聂耳、冼星海、张曙等一大批革命音乐家，也涌现了许多"经典咏流传"的音乐作品。

1940年秋日的一天，在抗战的"陪都"重庆，一场隆重的纪念大会举办。出席纪念会的不仅有郭沫若、田汉、老舍等50余位文化界人士，还有周恩来同志。他们纪念的，是一位逝世了两周年的音乐家张曙。

当天，周恩来同志作了两个小时的讲话，称"张曙先生之可贵在于和聂耳同为中国文化战线上的两员猛将"。

在人们一贯印象中，音乐家是浪漫、诗意的代表，张曙为什么会和聂耳一道，被周恩来称为"猛将"？这巨大反差来自哪里？今天，我们走进这员文化"猛将"的世界。

一

1938年底，广西桂林，在日军的狂轰滥炸中，年仅30岁的张曙倒在了炮弹之下。遇难前4天，他在街头组织了声势浩大的"桂林反轰炸歌咏大会"；遇难前一天晚上，他正通宵达旦创作《负伤战士歌》。

回望张曙短短30年的人生，既是献身于音乐的一生，也是投身抗日救亡歌咏运动"不死不休"的一生。

他是为音乐而生的天才。在民歌民谣的耳濡目染下，张曙从小就表现出了极高的音乐天赋，8岁就能登台为徽剧伴奏。他一生共创作歌曲200余首，现存80余首，大多数是充满爱国主义精神的歌曲，如《丈夫去当兵》《赶豺狼》《日落西山》等。

"七七事变"后，张曙发誓要做一名"冒着敌人的炮火前进"的救亡音乐家。当时，田汉连夜创作话剧《卢沟桥》，而后张曙马不停蹄为之配乐编曲。为了让群众记得住，张曙用小放牛调等百姓最熟悉的民歌音调谱曲，作品公演风靡一时，深受百姓欢迎。

张曙不仅精于创作，还善于演唱和演奏，冼星海的著名抗战歌曲《在太行山上》便是由他和其他音乐家共同首唱的。他洪亮的歌喉、圆润的音色感人肺腑，让台下观众感动流泪，一时传为佳话。

他更是舍身忘我的歌者。张曙长期奔走在革命前线。因积极投身救亡音乐运动，他曾两次被捕入狱。1932年，在田汉的四处奔走下，他得以被保释。这次出狱后，他经田汉介绍加入中国共产党。

1938年初，在张曙、冼星海等人的呼吁组织下，"中华全国歌咏协会"正式成立，并先后在武汉组织了"七七抗战周年纪念歌咏火炬游行"等大规模的群众性音乐歌咏活动。一时间，抗日的歌声如怒潮般席卷三楚大地。

对此，郭沫若这样回忆道，"壮烈唱《洪波》，洞庭湖畔，扬子江头，唤起了三楚健儿，同奔前线"。可以说，在中华民族"最危险的时刻"，张曙用歌声激发了无数国人的抗日斗志，成为那段岁月中一抹嘹亮的音色。

二

从满腔热情投身于革命事业，到而立之年不幸遇难，革命音乐家张曙以音乐为武器，在中国音乐史上留下了深刻印记。这位周恩来同志口中的文化"猛将"，究竟"猛"在何处？

他功底深厚，作品令人拍案叫绝。出生于安徽歙县的张曙，从小得到徽派音乐滋养。10多岁随父亲到了浙江衢州后，他参加了浙江省立第八中学（现衢州一中）课外音乐兴趣小组。在衢州的6年时间里，张曙深受南孔文化、民族音乐等影响，刻苦学习了国乐、京戏、昆曲，吹拉弹唱都精通。

那段时间的学习积淀对张曙来说极为重要。在日后的创作中，他正是运用昆曲等中华优秀传统文化形式，创作了传达中国文化的情感歌剧《王昭君》等作品，《王昭君》也是中国创作最早的歌剧之一。

他满怀炽烈，矢志投身革命事业。参与抗日救亡运动、谋求民族独立是张曙人生的主旋律。1925年五卅运动后，张曙等人组织了"国声社"，进行反帝宣传和募捐义演，把义演所得收入全部汇寄至上海总工会。在纪念"五卅惨案"一周年之际，张曙疾书"高喊口号、疾呼救国"；北伐东路军开进衢州，他又连夜赶写家书告慰亲人，鼓励众人汇入到斗争的洪流中。

为共产主义和革命事业而奋斗贯穿张曙人生始终。20世纪30年代，在中国共产党的领导下，"苏联之友社"音乐小组、中国新兴音乐研究会等组织先后成立，张曙积极参与其中，与其他革命音乐家共同畅谈音乐创作、国内外形势，参与革命活动。用音符吹响革命号角、助力"星星之火"形成燎原之势的他，也由此成为左翼音乐运动的先驱者之一。

三

回望革命年代，我们发现，那是一段中国音乐创作的高峰期，不仅诞生了田汉、聂耳、冼星海、张曙等一大批革命音乐家，也涌现了许多"经典咏流传"的音乐作品。

习近平总书记强调，时代为我国文艺繁荣发展提供了前所未有的广阔舞台。从以张曙为代表的文化"猛将"身上，当代艺术家可以收获许多值得深挖的"宝藏"。

比如，心存为赤诚而作的热情。"志高则言洁，志大则辞弘，志远则旨永"，在南京演出时，张曙不顾国民党高官的威胁利诱，坚持演出反抗暴君、反对压迫的剧本。面对美国影片《不怕死》中的辱华镜头，他带头抵制，即使被带到租界巡捕房，也大义凛然、严词批驳，激起了各阶层爱国人士共同救援。张曙身上的这份赤诚之心，为后世留下了宝贵的精神遗产，至今仍深深感染着许多艺术家。

比如，葆有为时代而歌的激情。身处战乱年代，身为艺术家的张曙没有置身事外，而是始终为民族独立解放的时代主题而歌。当时有一种声音是，"国难当头，组织演戏是为粉饰太平"。但张曙却以"天下兴亡、匹夫有责"的担当，将个体对艺术的追求与大时代紧密相连。《卢沟桥》《保卫国土》《壮丁上前线》《洪波曲》……在他所作的每一曲篇章、每一个音符之中，我们都可以看到一个艺术家与那个时代的血肉联系。

再比如，秉持与人民同唱的深情。曾有人评价说，"哪里有水深火热，哪里有苦难的人众，哪里就有张曙的作品和歌声"。他的作品不仅通俗易懂、简单易学，在人民群众中广为传唱，更代表大众发出了反抗的怒吼和团结的呼声。正因如此，"猛将"张曙的作品才成了为人民放歌、令时代难忘的永恒经典。

如今，烽烟已然远去，但革命音乐家们文艺救亡、"冒着炮火前进"的精神依然历久弥新。张曙的文艺生涯、革命生涯，短暂而又辉煌，当我们一同回顾、细细感受，或许就能理解为什么他会被周恩来同志称赞为"猛将"。

郑晨　陈逸翔　执笔

2024 年 1 月 22 日

检视文物安全的"人为之忧"

> 当我们常怀敬畏之心，将这些承载着先民智慧、民族文化的文物小心存放、细心守护，日后回首时，惆怅和失落定会少一些，自信和自豪必然多几分。

华夏大地上究竟有多少文物？答案或许远超很多人的想象。根据最新数据，全国现有不可移动文物76万余处，国有可移动文物1.08亿件（套）。它们散布在都市街巷里、山林田野中，就像一串串无声的符号，构成了中华文化绵延的密码。

然而一个残酷的事实是：许多文物的保护状况不容乐观。第三次全国文物普查结果显示，约有1/4的不可移动文物保存面临重大挑战。有的文物历经几百数千年风雨侵袭而无损，却在一个个"不小心""不经意"中毁于一旦。

除去不可抗力因素，如何排查、化解因人而起的安全隐患，从而打好文物安全保卫战，是值得我们深思的问题。

一

近年来，从限制国宝级书画作品出境引热议，到千年摩崖造像遭"毁容"、国内现存最长木拱廊桥被烧毁等新闻冲上热搜，文物安全的社会关注度与日俱增。与此同时，文物安全领域存在的一些突出问题和重大风险也被置于聚光灯下。细细看来，其中人为破坏性因素占到不小比重。

盗掘盗窃屡禁不止。在最新一轮全国打击防范文物犯罪专项行动中，公安机关侦破文物犯罪案件800余起，追缴文物1.3万余件。虽然对文物犯罪的打击力度不断加大，但文物盗掘盗窃依然频发，且呈现出团伙化、智能化、职业化趋势。比如，犯罪分子盗掘的手段日渐智能，反侦查意识增强，越来越多地利用网络平台交流信息、达成交易。更有猎獗者提供探、挖、盗、运、卖一条龙服务，造成不少珍贵文物流失。

火灾隐患不容忽视。现存的大部分建筑文物是木质结构，耐火等级低，起火后燃烧速度快，极易造成大面积毁坏。据统计，2016年至2020年全国发生文物建筑火灾79起，平均每年超过15起。超负荷用电、违规用气用火、违规施工等，使火灾成为威胁文物安全的主要风险之一。

法人违法频繁多发。一些地方和部门缺乏对文物基本的尊崇、珍惜之心，打着"保护性拆除""修缮性更新"的旗号，对传统街区和历史建筑搞大拆大建，盲目求新、求大，导致文物安全底线失守。法人违法行为高发的背后，利益关系复杂，执法阻力不小。

实际上，文物安全"人为之忧"多发，暴露出在思想认识上或者工作机制上存在短板。比如，有的地方对文物安全重要性认识不够，没有树立"保护文物也是政绩"的理念，导致审批把关不严、风险排查不彻底；还有些地方安全意识薄弱，存在侥幸心理，日常检查走过场，事到临头摸不着头脑，使得文物底数不清、疏于管护。

二

去年10月，国家《文物保护法（修订草案）》公布，面向社会征求意见，此次修订的重点之一就是加大新形势下的文物保护管理力度，确保文物安全；此前，国家层面还曾相继开展打击防范文物犯罪专项行动等，可见国家对筑牢文物安全防线的坚定决心。

那么，保护文物到底有着怎样的意义？不妨通过9个字来理解。

见过去。从历史中走来的文物，也是历史的重要见证者。它们历经沧桑，以一个个不同"切面"记录了社会生产生活的发展变迁，一旦遭到破坏，就难以恢复如初，即使修复也无法重现风韵。

每消失一件文物，就如同遗失了一把通往过去的密钥。试想，如果没有在上山遗址发现炭化稻米，我们何以感知万年稻作农业的深邃历史？如果不曾见过"夺得千峰翠色来"的越窑青瓷，我们从何感受那惊艳的秘色瓷美学？

知当下。保护文物安全，让文物代代相传，本质上就是延续文物所承载的哲学思想、人文精神和艺术传统，让后人从中汲取智慧和力量，用以观照当下。如温州朔门古港遗址发现的古码头、栈道、沉船和瓷器残片等，再现了千年"海丝"的繁盛。透过这些，我们读懂了中华民族开放包容的文化基因从何而来，也更加能够理解中国人的"世界观"、当下中国参与地区与国际事务的外交政策等等。

向未来。国际社会普遍认同，文物是否保护得当，是衡量一个民族对自身历史文化重视程度的重要标准。守护文物不仅是为了保存文明实证，更是为了将有形的文化资源转化为无形的精神力量，凝聚民族向心力。

文物是文明的深厚滋养。面向未来，我们需要更基本、更深沉、更持久的文化自信。良渚的文明曙光、殷墟的甲骨文传承、三星堆的文化瑰宝……一块块"拼图"被发掘，不断还原着恢宏的中华文明图景。当广袤大地上的文物多多活起来、传下去，我们前行的脚步也将迈得更实、走得更远。

三

人类从哪里来，又要到哪里去？对于这一终极命题，连接历史、现在与未来的文物瑰宝能带给我们答案。

习近平总书记强调，文物承载灿烂文明，传承历史文化，维系民族精神，是老祖宗留给我们的宝贵遗产，是加强社会主义精神文明建设的深厚滋养。保护文物功在当代、利在千秋。

面对当前文物安全领域出现的新情况、新挑战，如何守住文物安全防线，最大限度减少人为影响、化解文物安全风险隐患？

功夫下在平时。文物是不可再生资源，绝大多数是孤本、孤品，毁了就没了。最好的保护就是发挥主观能动性，防患于未然，把风险消除在萌芽、处置在未发。如果等事故发生了、文物被破坏了才想到去保护和补救，无异于"亡羊补牢"，只剩下追悔莫及。

因而，应当注重常态化风险防范，保持"文物安全无小事"的高度警觉，强化日常监督和隐患排查，全面梳理、精准掌握人的不安全行为、物的不安全状态、环境的不安全因素，做到潜在风险早发现、早处置、早化解。

打击犯罪"零容忍"。文物安全是文物保护的红线、底线和生命线。"红线"代表着不容侵犯，"底线"象征着退无可退，"生命线"意味着不能撼动。打击文物安全犯罪必须坚持"零容忍"，敢于亮剑、重拳出击，以雷霆之举形成高压震慑态势，将盗掘盗窃等犯罪逐个击破、一网打尽，推动形成不想破坏文物、不敢破坏文物、不能破坏文物的氛围。

以合力破"人为之忧"。文物安全是一项系统性的长期工作，需要多方协同配合、形成合力，容不得歇脚喘气。守护文物、珍惜文物，是各条线应共同承担起的责任。值得一提的是，加强保护力量配备和队伍建设十分重要，尤其是充实基层文保力量，培养专业队伍，改变长期"小马拉大车"的现状；可向外借力，发动社会组织、志愿者等积极参与进来，让"摸金校尉""江洋大盗"无处遁形。

此外，也有必要发挥数字技术的作用，推动文物安全精密智控，形成安全监管、风险预警、隐患处置全流程闭环，织密天罗地网。

文物是历史的绝唱，更是时代的回响。当我们常怀敬畏之心，将这些承载着先民智慧、民族文化的文物小心存放、细心守护，日后回首时，惆怅和失落定会少一些，自信和自豪必然多几分。

李戈辉　梁力　执笔

2024 年 1 月 22 日

乌篷船之忆

> 愿这一叶乌篷，依旧载满两岸烟火、浓郁乡愁、美好期许，摇曳着驶向远方，融入诗画江南的四时光景里。

1919年深冬的黄昏，暮色苍茫、朔风阵阵，鲁迅带着母亲、三弟周建人等人和行李，匆匆赶到绍兴西郭门外乘夜航船离乡赴京。他在《故乡》中回忆，"我们的船向前走，两岸的青山在黄昏中，都装成了深黛颜色，连着退向船后梢去"。

这只乌篷船，曾载他看过五猖会、社戏，也曾带他到南京求学。在他的笔下，乌篷船已化为家乡的一串记忆符号。

有人说，忆江南，最忆白墙青瓦乌篷船。今日就让我们一道随乌篷摇摆，去品味水乡的舟船故事。

—

陆游有一阕《鹊桥仙》，写道"轻舟八尺，低篷三扇，占断苹洲烟雨"。千余年来，吴越之地上千舟万楫往来繁若流云，乌篷船有何独特之处呢?

在水乡绍兴,乌篷船曾以其便利性成为广受欢迎的交通工具,船体细长轻盈,头尾尖尖,其上覆盖着半圆形船篷,有时还沁出船篷原材料的淡淡清香。这些船篷乌黑透亮,根据船身长度,有三至十一扇不等,部分还能开合移动,这样晴可见山水、阴可避风雨。

坊间相传,乌篷船的"乌"缘起于一场战争。据说公元前478年,笠泽江畔吴越开战在即。范蠡便献上一计,建议夜潜渡江。为隐蔽行船,越国军队寻来烟煤粉和桐油将船全涂抹成黑色。夜幕之下,乌漆漆的木船载着卧薪尝胆的越甲悄悄逼近,最终赢得胜利。

许是古越先民崇尚黑色的缘故,这涂黑木船的做法便流传了下来,又许是因为在绍兴方言里,"黑"又作"乌",于是就渐渐演变成了乌篷船。

从岁月里拾起泛黄的老照片,依稀能见到,曾经的乌篷船头雕刻着一种动物头部纹样,看起来有点凶,张着嘴又像在笑,可谓威中含慈。民间流传,这是"鹢"的头脸。乌篷船上画鹢,寄托着一帆风顺、平安无事的美好寓意。

乌黑发亮、图腾标识,这些还不是乌篷船最为独特的符号,人们津津乐道的还有"用手划楫、用脚蹋桨"的划船技艺。这种绝技,阅尽全球船史都鲜有一见。

宽窄逼仄的水巷里,船后艄处,头戴乌毡帽的船公头背靠着短木板,一边以双脚踏长桨,一边用腋下夹着短桨把舵方向,一长一短、一上一下交错划过碧波,悠悠晃晃穿行过座座古桥,还能娴熟地腾出一只手,端起碗来抿口老酒。

二

当我们在江南河道、记忆深处寻觅那一叶乌篷，回味留恋的到底是什么？

忆的是那一抹淡淡的乡愁。"湖中居人事舟楫，家家以舟作生业"，这是绍兴水乡旧时的寻常之景。据老一辈人说，在20世纪70年代以前，这种乌篷小船，已属于高级的交通工具。返乡探亲、出门远行、新婚登门……或隆重或琐碎的生活里，都伴随着乌篷船的身影。这大抵也只有在绍兴才能体验得到。

虽然很多乌篷船已退出历史舞台，搁浅在高高低低的水湾里，但它依然是不少绍兴人内心深处的美好回忆。像柯灵每当听到淙淙雨声，便会记起故乡的乌篷船；而蔡元培晚年回忆往昔，总爱提起清末坐着乌篷船赴杭赶考的故事。

忆的是那浓烈的文化氛围。作为东方水乡文化的典型，乌篷船交融于这一方水土，承载了无限的张力，让历代作家、文人的想象和艺术创作的空间之中，荡漾着水乡灵动浪漫的诗情。

温庭筠说"篷声夜滴松江雨，菱叶秋传镜水风"，明朝张岱写下了《夜航船》。谢晋导演的电影总会给船多留几帧画面，如在《舞台姐妹》中便拍出了石桥与乌篷船相映成趣的江南风情。

最为人熟知的，莫过于周家兄弟的作品，长兄迅哥儿的笔端几乎凡诉儿时必言船，更是将"坐着乌篷船去看社戏"的片段深深刻进了人们的记忆里。弟弟周作人还专门为乌篷船写了篇散文，他对友人说："你坐在船上，应该是游山的态度，看看四周物色，随处可见的山，岸旁的乌桕，河边的红蓼和白苹，渔舍，各式各样的桥，困倦的时候睡在舱中拿出随笔来看，或者冲一碗清茶喝喝。"

忆的是那岁月静好的期许。在欸乃的摇橹声中，充满诗情画意的乌篷船悠悠行来，又缓缓驶开，轻快而淡泊，悠闲又自在，载着水乡人恬淡自适的生活方式与精神追求。

有人说，乌篷船是品味"烟雨江南"的绝地，更是荡向"诗意生活"的原点。在与忙碌而紧张的生活斡旋的日子里，大家越发热衷于赴江南之约，重温遗失在缱绻时光里的美好。想象如古人那般，船前一壶酒、船尾一卷书，伴着船身与碧波彼此拍打的声音，感受清风拂过船舱的舒适，吃茶喝酒、谈天说地，飘摇于烟波之上，在动静间寻求松弛感。

三

从历史深处悠悠荡来的乌篷船，曾热闹穿梭在纵横交错的山阴水道，也曾慢慢落后于时代浪速。已演变为江南水乡记忆符号的乌篷船，如今又该如何荡向远方？笔者认为以下三个角度或值得思考。

复刻水乡的记忆。人们大多期待着以小小乌篷穿越旧时光、邂逅慢岁月、品咂烟火味，不妨复刻那些文学影视作品、传说民谣中的经典场景，以船串联江南韵味碎片，用厚重文化和悠悠节奏舒缓焦虑。

比如到了柯岩鲁镇，你可以坐在乌篷船内用茴香豆就黄酒，唇齿回味间，社戏的声音伴着摇橹声钻入耳窝，让这一场体验更添一份古意；又比如在古城穿进水弄堂，沿河岸台阶大步跨上乌篷船，赶上一场水上庙会、挑些乡土特产。还可衍生全链条的沉浸体验之旅，乌篷婚礼、乌篷写真、乌篷音乐会、乌篷市集等等，散发更多江南气韵。

找寻新的共鸣点。赶上"国潮热"的乌篷船，倘若想融入现代生活，不能只摇摆在古城景点的河道里，沦为旅游打卡的工具，更需逃脱"活在博物馆里的宿命"。说到底还得用力划出"深水区"，主动荡向年轻人的赛道。

像近两年，打铁花、木作、铜雕、裘衣、琴瑟这些"古法"技艺热潮滚滚，因短视频、直播而成为青年群体的"心头好"。乌篷船也可借非遗热潮，来场轰轰烈烈的"触网"之行，或是玩转联名船模、文创船品，还可举办乌篷文化节、划乌篷船比赛，让更多年轻人看见、体验并热爱。

连接大运河文化。大运河是乌篷船的舞台，乌篷船是运河上的舞者。"满眼生机转化钧，天工人巧日争新"，不妨叠加运河·船文化IP，让其焕发出新的生机和活力。例如，可以借鉴山东将运河故事与船舶元素结合，创造新IP形象，推出《运河护航队》动漫故事、数字藏品等，促进文化传统保护、文化资源传承、文化经济创收。

船过留痕，岁月无声。愿这一叶乌篷，依旧载满两岸烟火、浓郁乡愁、美好期许，摇曳着驶向远方，融入诗画江南的四时光景里。

刘向　杜佳苏　杨逸凡　执笔

2024年1月23日

浙江乡贤之书如何常读常新

> 读浙江乡贤的文学作品，初读是欣赏他们非凡的才华和文字魅力，往深了读，则不难于字里行间读出其对故土的一往情深，对家国大事的时时牵挂。

作为一个浙江人，阅读可以有多种喜好。但若是要了解之江大地，知道自己的根在何处，阅读浙江乡贤之书是不二法门。

但浙江自古以来文化昌盛、名家辈出，从汉代王充到当今时代，经史子集可谓浩如烟海，诗词文赋更是汗牛充栋。如何在乡贤之书的阅读中，真正寻找到门道，直至登堂入室，做到常读常新，读后更能在阅读、思想、行动上搭建桥梁，贯通过往、当下和未来呢？

笔者觉得以下三点可以一试：学其文采，思其洞见，追其高格。

一

为何要学其文采？孔子说，"言之无文，行之不远"。确实，作品没有文采，它的流传就打了折扣。

而浙江乡贤的伟大思想、深刻哲理之所以能影响四方、流传至今，原因之一是其著作有着光芒四射的文字魅力和文学价值。所谓浙水敷文，古往今来，之江大地一直才子骚客涌现，名篇佳句不绝。

如唐风时代，可读骆宾王，读他一扫六朝文学颓波，革新初唐浮靡诗风的先行勇气，读他《讨武曌檄》骈文名篇里的激昂慷慨和沉郁凝练，读他"请看今日之域中，竟是谁家之天下"的雄大气魄；读贺知章，读这位"少小离家老大回，乡音无改鬓毛衰"的四明狂客虽远离江南，却一直惦念故乡的浓浓乡情；读孟郊，细细咀嚼这位德清才子的落魄一生，读出把失意酿成诗意的创作韧劲，读出《游子吟》背后的骨肉深情。

如宋韵时代，可读陆游，从其存世的9300余首诗歌中，读其慷慨激昂的报国之志，读其壮志未酬的悲愤之情，也从《钗头凤》等词作中感受其一生爱而不得的缺憾之心。

如明清两代，可读宋濂，从《送东阳马生序》中感受其对年轻学子的嘱托，当下依然有不可磨灭的教育意义；读刘基，从《卖柑者言》中读出其对乱世中"金玉其外，败絮其中"的愤懑；读于谦，从《石灰吟》《咏煤炭》中感受其一生清正廉洁接近完美的坚守；读张岱，从《陶庵梦忆》《西湖梦寻》等看似华丽的文字中，读出其惦念故国、心碎山河的悲痛；读龚自珍，从《己亥杂诗》中读出遭遇变局时一个爱国文士的努力和抗争。

而到了近现代，浙江乡贤文学更是到了日月同辉、众星拱月的辉煌阶段。可读鲁迅，他出道即巅峰，把白话文学发展到了让人难以企及的高度，读懂了他的"故乡系列"，也就读懂了旧时的中国；读茅盾，他的长篇小说在现实主义文学中拥有他人不可代替的地位，以他名字设立的茅盾文学奖更是中国当代文学的最高奖之一；读徐志摩，读他在象牙塔里筑梦作诗时至真至纯的柔情；读艾青，读他对这片土地爱得深沉的感情；而读郁达夫，不只读他的狂狷和沉沦，更要读他一生为革命事业和民族解放奔忙直至捐躯的无惧无畏；读金庸，要读他侠义之上的家国之情，也读他一生对故土的眷恋；读余华，这位凭借《活着》等书籍"圈粉"无数的作家，除了读他笔下的故事之外，更要学其作品的深刻和冷峻，去品味出人性的复杂和时代的多元。

读浙江乡贤的文学作品，初读是欣赏他们非凡的才华和文字魅力，往深了读，则不难于字里行间读出其对故土的一往情深，对家国大事的时时牵挂。这样才会常读常新，抵达一定的深度和高度。

二

读乡贤之书，如只学其文采，就会流于表面和浮华。因此，我们更要体悟其文字背后深刻的思想和力量。

浙江乡贤之作，蔚为大观，从东汉王充开始，多带有深刻的问题意识，充满着解决时代之问的睿智和担当，绝不是无病呻吟和隔靴搔痒。

如王充，他是浙江历史上第一个具有全国性影响的思想家。他所处的时代，是谶纬学说大行其道的时代，是谈神论鬼故弄玄虚的时代，他反其道而行之，力排众议，写下《论衡》一书，宣扬朴素的唯物主义学说。读王充，他的无神论，实事疾妄的认识方法论，文为世用的经世致用主张，今日依然是我们穿越思想迷阵的风向标。

如叶适，这位永嘉学派的代表，展示了勇敢睿智的一面。自从孔孟学说诞生以来，所有的"正人君子"是羞于谈利的，程朱理学更是把"存天理，灭人欲"的理念推到了极致。而叶适则提出"崇义养利"，这更符合真正的人性和宋代的现实，需要极大的勇气。读叶适，他"崇义养利"的核心观点，依然是市场经济时代经商营商、为人处世的务实法则。

如王阳明，他创建心学，正是因为对传统儒学存在的缺陷感到不满，对程朱理学的日趋僵化感到痛心疾首，他倡导"心即理""知行合一""致良知"。读王阳明，其知行合一、力行实践、由凡入圣的准则，依然是当下修身养性、寻找自我的参照路径。

而黄宗羲，他看到了君主制度的极端危害，得出了君主专制是"天下之大害"的结论，并从"民本"的立场加以猛烈抨击，堪称中国思想启蒙第一人，对后来维新派的"兴民权"、孙中山的"三民主义"都产生了深刻影响。读黄宗羲，他朴素的民生民本思想，在当下依然值得探究。

直击时代难题，心系国家巨变，关注百姓得失，从而开出药方，是历代浙江乡贤思想的核心所在，也是其最有价值的地方。而今天，我们重温这些浙江乡贤的书籍，是因为这些文字闪烁着思想的华彩，仍能为当下答疑解惑。

三

浙江历代乡贤大多人如其文，追求知行合一，华章高论下涌动的是高尚的人品——文章千百年流传，人格更受万人敬仰。

所以，我们光赏其文、悟其思还不够，更要学其人，做一个顶天立地之人。

在爱国抗敌上，很多乡贤都堪称表率。如陆游，一生为抗金呐喊不已。他惦记中原人民，铁马冰河入梦，死前也不忘嘱咐儿孙"王师北定中原日，家祭无忘告乃翁"，是爱国诗人里一面不倒的旗帜；如陈亮，作为辛弃疾最为亲密的词友，大半生都是布衣之身，身处乡野之地，却仍心系家国命运，高举抗金义旗，数次上书论政，慷慨激昂陈词，虽多次被陷害入狱，但不改豪情壮志；如章太炎，更多的人只知道他作为学者时的满腹经纶，却不知他作为革命家的视死如归——为了推翻帝制，他多次入狱，被折磨得痛不欲生却不改初心。

在气节大义上，很多乡贤虽看似文质彬彬，但不失铁骨铮铮。如方孝孺"迂"得可怕可敬，宁可被诛杀十族，也不愿起草篡位诏书；如明末大儒刘宗周，在清军入关、杭州失守后，追求气节选择绝食身亡；如"梨洲老人"黄宗羲，少年时在庭审现场勇猛地用锥子刺阉党余孽，痛拔仇敌胡须，中年时变卖家产，召集600余名青壮年，组织"世忠营"响应抗清，暮年时保持气节，顶着杀头灭族的风险，拒不仕清；如张岱，前半生看似放浪不羁，后半生却披发入山，眷恋故国，修史明志，向死而生；如秋瑾，巾帼不让须眉，一腔热血最终化成碧涛。

在修身养性上，很多乡贤作了很好的示范。如王阳明一生遭遇多次磨难，却在磨难中找到破解之道，创立心学，拨开迷雾，做一个正大光明之人；如于谦，一生都保持着"要留清白在人间"的志向，疾恶如仇，护国有功，即便无辜蒙冤身死，也不留半点道德上的瑕疵；如林逋，在孤山隐居，留下了"梅妻鹤子"的佳话，其高洁形象为历代隐居者推崇。

在故土情深上，如金庸，虽远在香港，却一直惦念江南山水，既用笔墨书写梦里故乡，也用真金白银捐建文教场所，晚年还回浙大授课，不遗余力为家乡助力。

他们书里所写的，也是他们一生所做的，真正地做到了文如其人。

于谦在《观书》中写道："书卷多情似故人，晨昏忧乐每相亲。"浙江乡贤之书宛如最亲的故人，唯有在温习细读中，读其文，悟其思，学其人，他们的形象才会穿越岁月，变得生动鲜活，他们的思想主张才会扩大传播，融入当下。

读乡贤之书，学乡贤其人，绝不单是为了继承过去，更重要的是拥抱当下、开拓未来。唯有如此，浙江乡贤之书才算是读进去了、读出来了，这样才能做到常读常新，让浙江文脉真正后继有人、绵延不绝、再创高峰。

赵波　执笔

2024 年 1 月 23 日

新华书店的向"新"路

┌　　　　新华书店可不只是一家书店这么简单。┘

经过400多天升级改造，近日，杭州解放路新华书店重新开业，引发不少市民的"回忆杀"。有人就说，"每个人的青春里，都有一家新华书店"。

新华书店是几代中国人知识启蒙、梦想启航的地方。在物质和娱乐相对缺乏的年代，它如同精神乐园般使人向往、让人留恋。而在网络普及、信息爆炸的今天，"如何找回曾经的辉煌"，成为摆在不少从业者面前的一个课题。

新华书店该如何求新求变？今天，我们来说说它的向"新"之路。

一

新华书店可不只是一家书店这么简单。1937年，新华书店诞生于延安清凉山万佛洞的一间石窟中，很快就成为延安最具人气的地方之一。

新华书店成立之初，毛泽东同志就作出指示，"哪里有人民群众，哪里就要有新华书店"。他还曾三次为新华书店题写店名，今天我们看到的新华书店的门店招牌，上面那四个大字就是毛主席题写的。

从延安窑洞到遍布全国，新华书店一步步发展壮大，逐渐成为许多城市的文化地标。很长一段时间，新华书店都是众多男女老少的追捧地。赶赴城市最繁华的地段，或安静地选购书籍，或捧一本书细细品读，对许多人来说是快乐、是满足。

位于杭州市官巷口的解放路新华书店，是浙江历史最悠久的书店之一。作为当时杭州唯一的大型书店，这里曾很多次上"新"：杭州第一次大型书展、浙江第一代开架售书……它为市民源源不断地提供精神食粮，在不同年龄层读者的心目中留下了深刻印记。

二

或许大家有这样的感触：现在很多人爱逛书店、爱在书店阅读，却鲜少掏腰包买书。即便遇到心动好书，也会立即打开购物软件对比一番，并果断在线上下单。

那么，以新华书店为代表的老牌实体书店，究竟碰到了哪些瓶颈？

线下盈利困难。理想很丰满，现实很骨感。门店租金、人力酬劳等日常运营成本是摆在经营者面前的清楚账，文化与商业之间如何平衡共赢是一道大难题。同时，盗版侵权现象屡禁不止，成本低、收益高的盗版侵权行为已成图书行业的顽疾。盗版图书仅靠几台印刷设备、一些耗材及几个人员就可以生产，导致"李鬼"压倒

"李逵"。

线上竞争加剧。数字化时代，购物软件的搜索功能以及大数据分析系统、便捷的物流等，为大家提供了便利、高效的购书体验。在这样的情况下，包括新华书店在内的实体书店生存空间受到挤压，这是不得不面对的现实。

与此同时，通过"最低价"争夺用户成为各大平台常见的营销手段，定价无序、新书打折、一元购书……图书出版业被各种野蛮生长的销售模式"背刺"；这也造成一些消费者对价格的敏感度被进一步放大，很多网友纷纷在线上分享起低价购书的"薅羊毛"经验。种种现象，导致实体书店行业生存发展日益维艰。

读者需求生变。如今，大部分读者的阅读习惯、购书需求、消费方式已然发生变化，但新华书店在不少人心中依然还是买教材、买文具的功能。不得不承认，和一些小而精的民营书店相比，新华书店因其经营连锁化、普适大众化而在精准、优质的服务竞争上掉了队。因此，对新华书店而言，服务理念、销售手段等的革新已刻不容缓。

三

80多年倏忽走过，作为老字号的新华书店，有时步伐似乎不够快，格调似乎不够新。但不可否认，它也在积极转型，并具有不少独特的优势。有业内人士就分析说，相比于一般的电商从线上走向线下、从开网店到开实体店，新华书店首先就具有先天的资产优势。

那么，在用好优势的基础上，新华书店该如何启"新"

上"新"?

其一,对书店自身而言,有无准确定位还真不一样。新华书店的"新",首先体现在特色性、差异化的运营上:能不能变大中小的卖场店为定位更垂直的分类店?

比如,北京市新华书店共有地安门店·为宝书局、动漫主题书店等近20家特色主题书店,以精准细致的特色项目和内容满足不同的读者需求;新华文轩推出首家熊猫书店,服务于年轻读者与游客,因鲜明地域特色和独特文化价值出圈,这些都是很好的案例。

浙江的新华书店正在推出一些新举措,如打造"一店一景、一店一品、一店一韵"等,成效也较为明显,但能不能吸引当地甚至全浙江、全国的读者都来逛一逛,让大家经常想着、时时念着,还是要"以结果论英雄"。

其二,各级政府对书店文化空间建设这件事,还需加强赋能。在北京、上海等地,不少商业品牌纷纷投入打造书店式文化空间和阅读文化地标,一些新锐城市更投身"以书养城"的新赛道。而在杭州、宁波这样"东南形胜""书藏古今"的城市,这一块还做得较为有限。

在书店及书店式文化空间的打造上,政府的规划与引导十分重要。书店是城市的窗口和符号,滋养城市里的每一个人。面对当下书店业发展的不易,做好"以书养城"这件事,既得有情怀,还得有投入,既要形成氛围,也要营造生态。

其三,延伸再广一点,融进乡村阅读当中。从窑洞里"走"出来的书店,不妨重新"走"进泥土的芬芳中。目前,浙江不少乡村书房已经逐渐集文化旅游、环境生态、创业发展于一体,兼具乡土气息和时尚活力,成为精神共富的"文化粮仓"。这样的场所不怕多，还要建得更多，打造有形的空间，营造无形的氛围。

　　书店是大众日常生活中别有滋味的点缀。80余年来，"新华书店"这四个字始终闪耀在人们生活中的各个角落，点点星光聚沙成塔。希望"新华"更"新"，走好向"新"之路，与我们长久相依。

　　　　　　　　　　　董圣玥　钟璐佳　叶倍　执笔

　　　　　　　　　　　　　2024年1月24日

这件"事"何以陪伴群众20年

> 20年不是终点，而是新的起点。只有一件接着一件办，一年接着一年干，才能逐渐实现人民对美好生活的向往，让大伙儿的幸福感越来越强、日子越过越有奔头。

"孩子的抚养教育，年轻人的就业成才，老年人的就医养老，是家事也是国事，大家要共同努力，把这些事办好。"习近平主席2024年新年贺词中的这句话，温暖人心。

昨天上午，浙江省十四届人大二次会议开幕。和往年一样，政府工作报告公布了2024年十方面民生实事。算下来，今年已是浙江连续第20个年头发布民生实事项目。

20年，于一个省域而言，足以发生翻天覆地的变化，人们的生活水平、生活需求也呈现出新变化、新特点。那么，民生实事项目的20年，是如何长久陪伴浙江群众的？又是如何真正办到了大家的心坎上？

一

有人说，陪伴是最长情的告白。走过20个春秋，历经时光变迁，民生实事项目有传承、有创新、有发展，而为民初心始终不变，精神内核始终如一。

擦亮普惠底色。从2004年开始，浙江省委、省政府就把为民办实事作为一项重要工作纳入议事日程，每年筛选确定的民生实事都十分注重普惠性。2005年，省政府工作报告首次提出要"突出抓好十个方面的实事"，其中就提及，"积极扩大企业养老保险和基本医疗保险的覆盖面，确保城乡最低生活保障对象应保尽保"等。

此后，像2009年"免除本省户籍年人均收入4000元以下农村家庭子女就读中等职业学校的学费"，今年的"实行全省医保参保人员一地签约、全省共享基层门诊签约报销比例"等，都在让基础性、兜底性的社会保障体系网络越织越密。

切中热点难点。纵观浙江20年民生实事项目，会发现每年十个方面的具体实事内容，始终把准群众需求的"脉搏"，聚焦群众急难愁盼。浙江对民生实事的筛选一直都是开放式的，广泛征集民生实事项目，把群众的呼声作为第一信号。

比如，随着新能源汽车保有量越来越多，充电桩少、充电不方便的问题接踵而至，不少群众受之困扰。于是"新建新能源汽车公共充电桩2万个以上，其中农村1万个以上"就被纳入了今年的民生实事项目；就业创业问题时刻牵动着大众的心，今年民生实事项目中的一项内容，就是"为离校2年内未就业高校毕业生开发见习岗位5万个以上"。

持续迭代进阶。民生实事项目不是一蹴而就的，也不是抓一年、两年就了事了的，需要持续加码。比如，今年实施的十个方面、32个具体项目中，延续项目为14个，像新开工改造城镇老旧小区450个、4200栋，新（改）造农村生活污水处理设施2000个以上，新（改）建农村公路1000公里以上等都在其中。紧密围绕群众最关心、最直接、最现实的项目蓄力促提升，群众美好生活的版图方能越扩越大。

二

为民办实事这项制度从何而来？

据《习近平浙江足迹》一书记载，21世纪初，较早实现从温饱到小康跨越发展的浙江，也比其他地方更早遇到"成长的烦恼"，比如教育、医疗、文化、环保等民生事业发展相对滞后，政府基本公共服务供给不能满足群众日益增长的美好生活需要，一些偏远地区基础设施建设和社会发展面貌亟待改善，低收入农户脱贫攻坚任务艰巨。

对于这些"烦恼"，习近平同志走到哪儿都时刻关注。比如，2004年6月，他来到长兴的福利院，就特意查看了为老年人、伤残和复员军人、残疾儿童服务的综合性社会福利设施。习近平同志还亲自主持重点调研课题"关于建立健全为民办实事长效机制的调研报告"。

在习近平同志的提议和推动下，2004年，浙江省委、省政府在全国率先出台《关于建立健全为民办实事长效机制的若干意见》，明确了一系列工作机制，包括民情反映机制、民主决策机制、责任落实机制、投入保障机制、督查考评机制等。

20年来，浙江历届省委、省政府一以贯之，一任接着一任干，具有浙江特色的为民办实事长效机制建立健全。不仅如此，实施主体也由省、市政府逐步向县、乡拓展，成为响当当的品牌。

20年来，为民办实事长效机制的重大理论和实践意义受到广泛关注。它至少有以下几个方面的显著意义。

比如，让初心使命更加可知可感。为民办实事长效机制从人民群众最关心、最直接、最现实的问题入手，扎实解决了人民群众生产生活中感受到的痛点难点，把我们党的初心使命落实在了具体行动上，让群众看得见摸得着。

又如，促进了社会治理水平提升。"群众想什么，我们就干什么"。为民办实事长效机制创新为民办实事的方式，问需于民、问计于民、问情于民，广泛发动力量，让老百姓在共建共治共享中有更多获得感、幸福感，是推进治理体系和治理能力现代化的积极探索。

再如，有力锤炼了工作作风。为民办实事是检验作风和能力的"试金石"。20年来，"为民办实事"业已成为各级政府部门的思想自觉和行动自觉。党员干部事不嫌小、事不避难，敢于担当、勇于负责，解决好群众的操心事、揪心事、烦心事，进一步密切了政府与群众的关系。

三

自古以来，中国人就把"国计"与"民生"联系在一起。有论者就指出，民生与现代化建设存在着最直接、最密切的关系。推进中国式现代化，办好一件件民生实事是题中之义。随着经济社会发展，再加上社会价值观念、文化传统等因素的影响，民生的内涵和外延总是在变化。办好民生实事，没有可以歇歇脚、喘喘气的时候，而要一如既往地把功夫下到家。

那么，接下来如何更高质量落实好这些民生实事，继续保障和改善民生？笔者有三点想法。

让"落脚点"更实一些。实事实事，重点是"实"，落脚点是人民群众实实在在的获得感，说一件做一件、做一件成一件，绝不能开空头支票。在浙江工作时，习近平同志就指出，实事必须实干，要改进工作方法，转变工作作风，脚踏实地、稳扎稳打，尽力而为、量力而行，决不喊空口号、搞花架子。

当前，少数地方还存在实事虚做的问题，比如仅把民生实事的落实停留在"数字增长"上等。解决此类问题，需要更大的决心、更强的力度去推进各个项目落地，完善横向到边、纵向到底、具体到人的责任体系，健全落实机制。

让"好成色"更足一些。民生实事不仅要解决"有没有"的问题，也需要重视解决得"好不好"的问题，不断消弭群众需求与实事效果之间的偏差。比如，少数公共文化空间的大门，开是开了，但未必能提供优质、"对味"的文化服务；有的农村班线公交化改造项目，被群众投诉反映发车具体班次时间信息不够准确等。可见，顺利完成项目不是民生实事的终点，还需高标准做好质量把关、高水平做好运营维护，多去够一够天花板。

让"颗粒度"再细一些。发展性和层次性是民生的特征，做好民生工作必然是一个与时俱进、持续满足群众需求的过程。随着我们这个社会每时每刻变化，老百姓身边随时可能发生一些需要解决的琐碎小事,甚至是难事、急事。它们未必入列每年的民生实事项目,但同样需要被关注和解决。比如,这段时间,有细心的市民发现,杭州部分地铁口多了风雨连廊,让行人在短距离内躲避了日晒雨淋。这些日常生活中的"民生实事",同样需要去诚心诚意办好。

办好民生实事是一项长期工作。20年不是终点,而是新的起点。只有一件接着一件办,一年接着一年干,才能逐渐实现人民对美好生活的向往,让大伙儿的幸福感越来越强、日子越过越有奔头。

郑思舒　王潇　苏畅　执笔

2024年1月24日

"村晚"有啥吸粉秘诀

> "村晚"之所以能持续收获群众的喜爱，是有其独特魅力的。

近期，央视龙年春晚联排如火如荼，令人期待。而在很多乡村里，热热闹闹的"村晚"已经或者即将开场，渔民、茶农、村嫂……各地农民群众纷纷登上舞台，自编自导自演的舞蹈、小品、曲艺等节目——亮相，带来一场场乡土气息浓郁的文化盛宴，一同欢天喜地迎新春。

1981年正月初一，丽水市庆元县月山村农民办了一台乡村春晚，开创了乡村举办"迎春跨年晚会"的先河。如今，"我们的村晚"已然成为浙江一张亮丽的文化名片，仅2023年春节前后，就有5800余场"村晚"在全省各地的农村文化礼堂举办。"村晚"还在祖国大江南北的乡村全面"开花"，去年2万余场全国"村晚"示范展示活动，吸引约1.3亿人次参与，火爆程度可见一斑。

有人说，"村晚"本身就是一个中国好故事。那么，"村晚"何以唱响40余年？面向未来又能如何把好故事常讲常新？

一

其实，"村晚"之所以能持续收获群众的喜爱，是有其独特魅力的。

比如，向往美好生活的情感张力。春生夏长，秋收冬藏。中国农耕文明发达，自古便有在一年农事圆满后举行新年岁首祭祀仪式的传统，以示感恩并祈求丰年和平安。"村晚"作为群众的舞台，与此传统可谓一脉相承，因此收获大众喜爱。去年初，2023年"我们的村晚"省主场活动在海盐县沈荡镇永庆村文化礼堂举办，场内场外精彩纷呈，既有村歌村舞、串烧说唱表演，又有集市活动，现场气氛十分热烈。一个个节目自然、真诚、淳朴，引发情感共鸣，赢得阵阵掌声。

又如，呈现生动韵味的文化活力。正如有人说，基层有最丰富最生动的实践，群众中蕴藏着智慧和力量。"村晚"作为一种从基层生发的文化现象，有着天然的活力和不竭的创造力，可以说每台"村晚"都有自己的特色和个性，有让人眼前一亮的元素。像丽水有畲族歌曲、红色故事，温州、台州有渔歌舞曲，宁波、绍兴有诗书育人，鲜活呈现了各地村民参与"村晚"、玩转"村晚"的幸福生活和地域文化的丰富多彩。

再如，紧扣时代脉搏的乡村引力。40多年前，在改革开放春风的吹拂下，解放思想的月山村村民，唱起歌跳起舞，为彼时稍显闭塞的山村平添了文艺氛围和时代气息。而随着乡村振兴战略的深入推进，乡村面貌迎来了崭新变化。"村晚"也与时兴的"村游""村玩"等活动实现了"混搭"，突破特定时间限制，内容和形式一直在创新，有的地方形成了人在村中游、四季皆有"村晚"的格局，吸引越来越多年轻人关注和打卡。

二

去年4月，文化和旅游部公布了2023年"四季村晚"主会场和示范展示点名单，丽水成为冬季"村晚"示范展示点之一。在去年冬至日，来自全国20家"村晚"联盟单位和4个主办城市的代表，汇聚丽水古堰画乡。"村晚"再焕新，有几个话题绕不过。

"村"味如何更浓？不用精致舞台，无须高超技巧，三两人成戏，全国、省、市、县、镇、村联动……"村晚"已融入群众的生活。在浙江，截至目前已建成20511家文化礼堂，不少文化礼堂不仅有舞台，还有排练厅。与很多文艺演出不同，"村晚"台前幕后的主角都是农民，主打一个"本土化"，编渔网、唱渔歌、采茶、插秧、做糍粑等普通的农活都可以亮相舞台。根在乡村、骨在真诚，面向未来的"村晚"，浓浓"村"味依然必不可少。

"新"意如何迭出？从40多年前到现在，"村晚"逐渐成为父老乡亲的新年俗，浙派"村晚"也成为全国推进乡村振兴战略中的一个"浙江样本"。我们看到，浙派"村晚"上，既有农耕劳作、邻里故事的微观呈现，也有民族团结、红色传承的宏大叙事，可谓涵盖着人、乡村、时代等多重内涵。

值得关注的是，"村晚"是时代的产物，也需随时代的发展而长存常新。像"四季村晚"的诞生就是一个有益探索，通过一年四季以及二十四节气的时间串联，不断展示新创作的基层优秀节目。像最近，山西一位晋南威风锣鼓主播、传承人在家乡举办了一场以锣鼓表演、簸箕音乐为主角的"村晚",超过790万网友通过直播围观。网友感慨,"簸箕里的黄豆也能奏出最潮的音乐"。

"融"字如何做深?以"村晚"撬动乡村发展、"艺术＋文旅"的"村晚"共富新模式等,近年来成为很多地方探索的方向。更具时代特色的魅力"村晚",若能因地制宜,融入相关产业,积极开发新产品新业态,给村民、企业和游客带去更多实实在在的获得感,将更有利于助推文旅深度融合和乡村全面振兴。

三

如何更好地满足群众文化生活需求、推动乡村振兴,成为更具价值的文化IP,是"村晚"续写精彩的必答题。对此,笔者有三点想法。

多一些"新人新气象"。人们喜爱"村晚"的理由,离不开可以参与其中、收获快乐、引发共鸣,可以说,"村晚"的生命力正在于其群众性。当前,在乡村振兴的背景下,越来越多年轻人投身乡村,成为乡村发展的中坚力量,他们同样也可以助推"村晚"发展。不妨将更多年轻的"新农人"也推至台前,让年轻人上节目、玩创意,甚至编导晚会,让"新人新气象"成为"村晚"的新面貌。

比如,近期"农民工组乐队回乡办'村晚'获全村支持"冲上热搜,就有在台州打工的"00后"女孩主动报名,跨越1200公里到湖南凤凰腊尔山参加,在"村晚"舞台上动情演唱一首《幺妹住在十三寨》,收获欢呼与掌声。

多一些"云上活水来"。近年来,移动互联网发展带来了传播途径的变革，一批具有敏锐"网感"的城市、活动等，借助直播、短视频等热潮实现"出圈"。这也给"村晚"带来了新机遇。

比如，杭州余杭区的"村晚"就曾以线上播出方式，让各个镇街的群众在云上相聚，演绎"大联欢"；丽水则建成全国首家"乡村春晚主题数字文化馆"，不仅在"云"上让更多人看到、了解"村晚"，还在线下打造体验空间，让人们可以在数字文化馆录播节目，还能扫码带走视频，吸引不少游客体验。

多一些"村晚＋"IP。除了让人"咧嘴一笑"，"村晚"更被时代赋予了促进物质富足、精神富裕的新内涵。这就需要"村晚"不断拓展内涵和外延，以融合发展走出文化突围之路。现在一些地方已经通过深入挖掘农耕经济文化内涵，把乡村生活的特色元素与现代度假休闲方式有机融合，举办产业特色"村晚"、打造"村晚"体验线路，打造出"村晚＋露营""村晚＋农业"等"村晚＋"IP集群，等等。

回归自然，寻味乡村，随着越来越多的中国乡村唱好唱响"村晚"大戏，中国人淳朴热烈、浪漫诗意的生活和文化之美会得到更加淋漓尽致的展现。

谢孔伟　郑浩威　执笔

2024 年 1 月 25 日

浙江经济的韧性

事实证明，浙江经济不仅"能打"，也能"抗击打"。

近日，浙江经济交出年度答卷：2023年全省生产总值82553亿元，总量迈上新台阶，按不变价格计算，比上年增长6%，消费、投资、出口等一系列经济指标表现均超预期。

过去这几年，世界经济在风险和不确定性中走得磕磕绊绊，而浙江经受住全球变局考验，于波浪、曲折中保持上升、前进，展现出不一般的"韧实力"。事实证明，浙江经济不仅"能打"，也能"抗击打"。

那么，浙江经济的韧性，体现在哪里，又从何而来？

一

在全国经济版图上，浙江的分量之重不言而喻。

面对国际环境风高浪急、国内有效需求不足等复杂形势，作为制造业大省、开放大省的浙江，承受着比以往更大、更直接的冲击，但是浙江经济依然用一份漂亮的"年度成绩单"展示了自身的非凡韧性。

先看量与质。历经疫情之后，浙江走出了一条从低谷爬升到强势反弹，再到稳进向好的复苏曲线，跑出了6%的增长。从体量看，不但稳住了经济大盘，而且"家底"越积越实，跃上超8万亿元的新台阶，总量超过荷兰、土耳其等国家。从质量看，结构不断优化，数字经济核心产业、高新技术产业、战略性新兴产业增加值等增速，均超GDP增速，可谓成色十足。

再看内与外。这一年，全球经济复苏"浪头"不小，忽高忽低，交织涌来。但不管什么样的风浪，都不能阻挡浙江经济破浪而行。向内看，浙江受疫情冲击明显的服务业恢复也最快，拉动GDP增长3.8个百分点；向外看，在国际市场疲弱的背景下，浙江对外贸易逆势进位，出口规模居全国第二，较上年再进1位。尽管来自外部的不确定性呈现复杂样态，但浙江的经济经受住了国内外各种"压力测试"。

最后看老与新。越是承压前行，越需要创新这一动力来"解压"。浙江坚持创新驱动发展，在创新深化上下"怎么也不为过"的功夫，规模以上工业增加值增速从年初的零增长到全年的6%，一路走高、一路愈见"压舱石"之稳重。这得益于"创新种子"竞相萌发，带动传统制造业"老树发新枝"、向着高端跃进。2023年，浙江规模以上工业新产品产值率43.6%，工业机器人等新产品产量增长超70%。以新质生产力之"立"，"破"传统产业转型发展之困，浙江经济在创新引擎的助推下，迸发出更为强劲的生命力。

二

　　韧，柔而固也。如同浙江有大江大河也有小桥流水，浙江经济有百折不挠之坚韧，也有以柔克刚之灵活。这种韧性，让浙江经济有土壤就扎根、给阳光就灿烂，也让浙江处处是商机、人人能创富。

　　韧性源自性格之拼。不管是文化传统的塑造还是"先天不足"的倒逼，都使得浙江广大民众有强烈的自我创业欲望和浓厚的商品经济意识。浙江人敢闯敢拼敢干，无论是一个产品"从0到1"的创新专注，还是一家企业的创业守业拓业，抑或一地产业的"腾笼换鸟、凤凰涅槃"，无数浙企浙商用走遍千山万水、说尽千言万语、想尽千方百计、吃尽千辛万苦的"四千"精神，将"韧性"二字鲜活演绎成"任尔东西南北风"的能力、毅力和定力。

　　韧性源自内功之深。十年间，浙江经济连跨5个万亿级台阶，蹄疾步稳、厚积薄发，为抵御短期波动、赢得未来发展打下不易撼动的"底盘"。一方面，浙江不断向明天"进击"，持续发力投资，以项目为王、企业为重，实施"千项万亿"工程，让今天的投资成为明天的发展。另一方面，浙江不断向世界"进击"，让"地瓜经济"伸向世界的藤蔓为浙江经济输送阳光、雨露和养分。锻长既有优势、再创新兴优势，让浙江经济抗风险的内力愈发深厚、抗打击的身板愈发硬朗。

　　韧性源自政策之实。有人说，浙江有着独具特色的"一体两翼"发展路径，一翼为活力满满的市场微观主体，另一翼为创新优先的政策宏观环境，主体则为生生不息的民营经济。浙江经济走到今天，"两只手"始终和谐共舞，释放"强磁力"。面对经济下行压力，一向务实的浙江以三个"一号工程"的精准施策、精细服务，持续破发展难点痛点，优化营商环境。从民营经济高质量发展32条到政务服务增值化改革，再到当前省两会上受到密切关注的《浙江省优化营商环境条例（草案）》，在实实在在的政策与服务加持之下，向"亲""清"而进，使得浙江营商环境"优＋"值不断上涨。

三

韧性，对个体而言是起起伏伏中"不倒翁"式的挺立，对群体而言是逆境中冲不垮、压不倒的精神，对地方而言，则是穿越周期、挺过风浪的无穷力量。

在经历"小、中、大"的段位切换中，浙江经济在产业的浴火重生中淬炼优势，在市场的大风大浪中久经洗礼。如今，这种韧性，早已浸入浙商的筋骨，融入浙江经济的血液。眺望前路，浙江何以用韧性赢得明天？笔者想到三句话。

熬过困难，才能迎来又一佳境。经济发展不可能像总是画出45度斜线般一直向上，浙江经济发展向来不是顺风顺水的。还记得2008年，全球金融危机爆发后，浙江进出口曾出现负增长。浙江积极应对，加快调整发展方式，持续转型升级，逐渐取得显著成效。当前，国际环境的复杂性、严峻性和不确定性上升，对浙江稳定外贸外资基本盘、保障产业链供应链安全等带来一系列重大考验。这些考验，就像一道道分水岭，跳过去就是新天地。把困难当作机遇，率先拿出一系列招数打法破解新的困难、挑战，熬过涉滩之险、爬坡之艰，等待我们的一定会是风景"浙"里独好的"佳境"。

"一千万份"的坚持，最为难能可贵。民营经济是浙江经济社会发展的"最活跃因子"，其最强"内核"在于1000万的市场经营主体。无论是风浪还是阳光，他们敏锐地捕捉着环境之变、发展之变。他们的感受，是衡量发展环境好不好、发展态势好不好的关键指标。他们的创造，也蕴藏着浙江经济能屈能伸、无穷无尽的生长能力。在中国式现代化的长征路上，充分激发市场主体的活力，那么这1000万份的逆势拼搏、活力释放，就是浙江经济发展中最为坚韧也最为坚挺的底色。

"扎好自己的篱笆"，才能走得远。当前，世界迎来新一轮科技革命和产业变革，但其"红利"并不会自动惠及所有人。风口在前，既要抓得住，更要守得住，机会永远是留给"还在场上"的人。有企业家代表说，出海破内卷，创新破外卷。只有踏踏实实"扎好自己的篱笆"，咬定"创新"不放松，坚持"升级"不懈怠，耐得住寂寞，守得住赛道，才会守得云开见月明。

大寒已过，春天不远。韧性生长的浙江经济，定将再迎春风十里百花开。

陈培浩　王丹容　执笔

2024 年 1 月 25 日

何以"江南第一家"

> 好家规造就好家风，好家风造就好家庭，而众多好家庭就组成了好社会。

从公元1099年至今，白麟溪已经流淌了925年。它默默守护郑氏族人，见证着这个家族的辉煌与传承。

沿白麟溪前行，穿过一条并不宽敞的小巷子，便来到了金华浦江县的郑氏宗祠，也就是郑氏族人的祭祀之地。徽派的马头墙、门前的石鼓，无一不昭示着这个家族的不凡。

宗祠大门的正中，高悬着一块斑驳的匾额。牌匾为明太祖朱元璋亲赐，上面刻着独属于郑氏家族的荣耀——江南第一家。一个家族，为何让朱元璋如此青睐？这个家族何以担起"江南第一家"之名？

—

公元1127年，宋室南渡，天下不太平。金国占据大片国土，蒙古铁蹄虎视眈眈。乱世之中，征战杀伐，流民四窜，如何护佑一族安宁？

郑氏一族家长郑绮的选择是：义居共炊，即整个家族的人居住在一块儿，一起吃饭、劳动、分配，通过团结的力量在乱世中自保。自此，浦江郑氏开启了同居生活。郑绮临终前召子孙前来，刺指血滴酒中，次第饮之，誓曰："吾子孙有不孝悌，不同釜炊者，天实临殛之。"此后，郑氏子孙恪守郑绮遗训，孝义为宗，耕读传家。

郑氏家族同居，并非单纯选一块地大家聚在一起过那么简单。在世代传承中，一套独具特色且系统完备的家族体系逐渐形成。

比如，第五世家长郑德璋制定了"治家准则"，创建了"东明精舍"，用教育改变家族子孙的命运；其子郑文融在父辈的基础上著家规五十八则，请柳贯参酌审定并实施，又经宋濂倾注心血修订，成为饮誉古今的《郑氏规范》。他还扩建东明精舍，邀请柳贯、黄溍、吴莱、宋濂等学术大咖前来讲授。很长一段时间里，东明精舍名师云集，文风鼎盛，成为浙中学术高地。

东明精舍也成为郑义门人才培养的摇篮。据《郑氏历朝仕宦题名》记载，自元至清，郑氏家族先后培养出官吏169人。《郑氏宗谱》又统计，在明朝受到赏识重用的就有47人。

这些族人的出仕又让郑氏一族誉播八方。1311年，郑氏家族首次被旌表为"孝义门"，此后又再获旌表为"孝义郑氏之门"。1385年，朱元璋亲赐"江南第一家"牌匾，郑氏家族荣誉达到鼎盛。

直到1459年，一场大火忽起，溪风助火势，火越烧越大，以致势无可救，屋宇宗祠几乎焚毁殆尽，300多年的同居被迫结束。灾难过后，郑氏族人重整家资，实行分家。各宗仍分号集居，分小灶聚食，形成一个个小群体，世称"小同居"。

二

　　历经宋、元、明、清二十世"合族共食"，郑义门坚持"廉俭孝义"治家，数百年不分家，创下了传奇。这是为何？曾经，相传朱元璋同样有此疑问。洪武年间，当时的郑氏家长郑濂面见朱元璋时，回答得十分干脆：谨守祖宗成法，因家规进。

　　祖宗成法指的就是《郑氏规范》。规范以郑文融的五十八条家规为蓝本，经数代家长完善，由当时在东明精舍执教的宋濂审定、撰序、编制而成。有学者这样评价：《郑氏规范》是中国儒学治家史上最完备的家规之一，是"江南第一家"郑义门家族长盛不衰的精神火炬。那么，这部家规中，蕴含着什么样的法宝？

　　一部人生体验的字典。从咿呀学语到耄耋老人，不论哪个年龄段，大家看规范就能知道自己该做什么，不该做什么。比如，5岁要学礼，8岁要进家塾读书，等等。规范内容还涉及冠婚丧祭、生活礼仪、为人处世等生活方方面面，教会族人如何做好一个堂堂正正的人。可以说，操作性强是《郑氏规范》的一大特色。

　　一部家族管理的秘典。一个庞大的家族要实现和谐共处，单靠血缘关系是不够的。郑氏一族善于治家，家族成员人人有分工，各司其职；家庭管理层设有18种职务，人员公推公选，不仅有宗子、家长，还有专门监督的监视；设有"奖""惩"二牌，成员有过错都予以公示，做到奖罚并重有原则。

　　一部为官之道的宝典。郑氏一族成才率很高，不少族人考取功名出仕。对于出仕的人，家族会进行奖励，但有一点要求：不论再大的官，也要遵守家规。他们将廉和孝加以等同化，视子孙不廉为不孝。比如，家规第八十六条规定：子孙器识可以出仕者，颇资勉之。既仕，须奉公勤政，毋踏贪黩，以忝家法。违者以不孝论。

在漫长岁月里，这些家规发挥了很强的效力——169人出仕为官，除一人受诬告外，其余168人均有清名。《郑氏规范》也被誉为"明代法典制作的蓝本"，在清代辑入《四库全书》。

三

古人云，"天下之本在国，国之本在家"。南北朝时期颜之推的《颜氏家训》，吴越国时期钱镠的"武肃王八训""武肃王遗训"，宋代司马光的《家范》，清代的曾国藩家书，无不闪耀着古人治家的智慧。

当然，在今天来看，这些传统家规家训可能存在一些不合时宜的封建意味，但其价值仍不可否认。笔者认为，现代人可以有取有舍、古为今用，更好地向《郑氏规范》《颜氏家训》等汲取智慧。

比如，传统家规与现代治家怎样有机结合？家规的首要功能是"齐家"，它尤其重视对家风的规范，承载着塑造品行、规范言行的功用。古时，有些家族在族人对家规家训的执行方面，有时会照本宣科、严苛套用。现代人在治家过程中更应该注重情理结合、宽严相济。不一味高压管教，也不放任自流，讲明道理、注重沟通，找到平衡点。

又如，家规的智慧怎样融入现代基层治理中？传统家规并不是故纸堆里的文物，它在现代基层治理尤其是同族聚居地区的治理上，至今发挥着较大影响力。在浦江县郑宅镇，由《郑氏规范》衍生出的好家风，就塑造出了一个个好村风、好镇风。该镇建立"5＋1"好家风评价体系，把"好家风指数"作为各类评选的重要依据，带动全镇民风持续向好，这不失为一种融合"小家"与"大家"的好实践。

再如，传统家规与时代精神怎样契合？任何在浩渺历史长河中的存在，必然被印刻上时代的印记。在新时代弘扬家规文化，既得有个性，也得有共性。一方面，传统家规的精华不能全盘否定；另一方面，应与时代特征、核心价值观相契合，追求共性，使之既符合个体单元的成长需求，也符合社会发展进步的需要。

习近平总书记指出，家庭是社会的基本细胞。历史也证明，好家规造就好家风，好家风造就好家庭，而众多好家庭就组成了好社会。随着优秀家规家风文化的传承弘扬，那些凝聚一个家族精髓、经受岁月变迁考验的家规，必将在新的时代里继续发挥润人心田的作用，滋养家风正、民风淳、社风清的善治风尚，成为促进社会向上发展的力量。

俞晓赟　姜丹青　执笔

2024 年 1 月 26 日

"抓落实"之功怎么练

要把"实事办实、好事办好、难事办妥"并非易事。

最近这段时间，多个国家部委就新一年的发力重点密集发声，如优化调整税费政策、将大力激发民间投资活力等，释放了诸多政策信号。除了国家层面，各地也陆续出台了一系列政策，为经济社会发展加码。

政策不少，力度不小，而政策能不能稳稳地落实下去，转化为发展的信心，转化为高质量发展的动力，考验着各级干部抓落实的能力。

光明前景是靠干出来的。在笔者看来，抓落实，抓的是各级党员干部的工作作风和工作方法，这些也是大家必须练好的基本功。

一

马克思的墓碑上刻着一句很多人耳熟能详的话："哲学家们只是用不同的方式解释世界，问题在于改变世界。"在自然科学解释了"世界是什么"之后，哲学家的任务转向了"怎么改造世界"。所以从某种意义上来说，马克思主义哲学是实践的哲学，马克思主义者注定要当实干家。

行动者往往要面向实际，脚踏实地、真抓实干，中国共产党人历来善于抓落实。放眼世界，没有哪个政党可以一个接一个地制定和执行五年计划，甚至十年、五十年的计划，并把向老百姓作出的承诺一个一个变成现实。正是这种战略确定性、实践连续性给予了老百姓满满的安全感、获得感，也奠定了中国崛起的稳固基础。

从近几届美国大选来看，民主党和共和党每四年就轮换执政，政府陷入激烈的党争，不仅相互否决提案，政策也常朝令夕改，政府执政效率、落实能力低下。有学者这样调侃：中国的特点是一届接着一届干，西方则是一届对着一届干。

在浙江工作期间，习近平同志既重视战略谋划又强调狠抓落实。据《习近平在浙江》记载，在作出一个决定、制定一项政策之前，习近平同志都要深入基层亲自调研；政策制定下来后，他还会亲自到基层去督促落实。比如，为实施好"千万工程"，他以县为基础抓落实，并且亲自到县里去开现场会，带领起草报告。

当时，习近平同志还提醒地方党政干部："如果中央的大政方针你没有认真贯彻执行，对省委的决策决议你心不在焉，然后说我忙了很多东西，这叫作'哪壶不开提哪壶'，甚至是南辕北辙。"

浙江今天的成就，印证了习近平同志当时所强调的：抓好落实，我们的事业就能充满生机；不抓落实，再好的蓝图也是空中楼阁。

二

这几天正在举行的省两会，就对浙江今年各领域重点工作作了部署。省政府工作报告将"聚焦聚力提升政策引导保障成效"放在重点要抓好的十方面工作之首，提出要迭代升级"8＋4"经济政策体系等，"把更多财力用在帮企业、促发展、惠民生上"。

报告还指出，必须以行践言、实干争先，不折不扣抓落实、雷厉风行抓落实、求真务实抓落实、敢作善为抓落实，切实做到言必信、行必果，真正把实事办实、好事办好、难事办妥。

而要把"实事办实、好事办好、难事办妥"并非易事。在这个跃变过程中，需要克服不少主观、客观障碍，付出诸多艰辛努力。

不可否认，当前少数地方在执行政策时，仍然存在着抓而不实不细的现象。比如有地方"以文件落实文件，以政策落实政策"，讲上几句"高度重视""认真贯彻"的话，实际上没起到太大实际作用；有地方怕担风险，搞"主动作为"的层层加码、一刀切，实则背离了政策初衷。

当然，不是说抓落实不需要开会、不需要发文件，开会是为了集思广益，文件能够为落实工作提供依据，必要的会议和文件不能少，关键是要压实责任，有部署、有推动、有督查、有问效，一环扣一环地去抓，把决策和部署全面落实下去。

在抓落实的过程中也会不可避免地碰到一些矛盾，有的可能还是长期没有解决的历史遗留问题。如果碰到矛盾就躲、遇到问题就推，政策再好也可能会变成一纸空文。事实上，很多政策就是为解决问题制定的，比如中央经济工作会议提出的九项举措，每一项都是针对问题去的。这就需要党员干部到经济社会发展的一线去，在克服困难、化解矛盾、解决问题中抓落实、出实绩。

抓落实是一门学问，也是一项系统工程，不仅需要把部署和落实统一起来，还需要处理好坚持和深化、当前和长远的关系。特别是一些打基础的工作，成效不会立竿见影，甚至需要一任接着一任久久发力，这就需要有"功成不必在我"的境界和担当。习近平同志在浙江工作时就强调："当前有成效、长远可持续的事要放胆去做，当前不见效、长远打基础的事也要努力去做。"

三

干部"抓落实"之功怎么练？在《之江新语》一篇名为《抓落实如敲钉子》的文章中，习近平同志就指出了什么才是"真抓"的工作作风、怎样才是"会抓"的本领方法。

那么，党员干部该如何练好"抓落实"这项基本功？钉子应该怎么敲？笔者认为，至少要回答"为谁敲""敲哪里""怎么敲"这三个问题。我们结合经济发展领域来谈谈这些问题。

首先弄清楚到底"为谁敲"。评价一个地方、一个干部抓落实的成效怎么样，不是看开了多少会、办了多少文、记了多少台账，而是看做的事情有没有让群众满意。站在群众的立场上去想问题、干事情，政策才不会落空跑偏。

比如在支持民营经济发展、拓展民间投资领域，在市场准入方面设置"红绿灯"方面，需要从群众、从市场主体的角度综合考量，在政策的落实过程中多做一些价值判断，而不仅是做技术判断。

其次是搞明白"敲哪里"有效果。抓落实也需要讲方法，不能

"老虎吃天，无处下口"，而是要抓到要处、踩在点上。抓落实抓的是上级的重大决策部署，抓的是群众关切的热点难点痛点。

当前的经济形势和以往有所不同，内外形势更复杂、更严峻，如何解决有效需求不足、社会预期偏弱、风险隐患较多等问题，是各级党政干部在抓落实中需要重点突破的。这个过程中既需要把"国之大者"领会到位，也需要将从哪里开始干、应该干什么内化于心。

最后要找到"怎么敲"的办法。以"钉钉子"精神抓落实，就要一锤子接一锤子敲下去，不能只钉半截。对广大党员干部来说，只要抓住了时机、看准了方向，就要想尽办法加油干，看准了就抓紧干，努力以自身的确定性应对形势变化的不确定性。

当然，敲钉子也不能使蛮力、逢墙乱打，而是需要结合本地区、本部门实际，实事求是、因地制宜，既不打折扣，也不层层加码，创造性地把决策部署落到实处。像扩大居民消费、保障和改善民生等方面的举措，就可以在大的政策框架下推出"一地一策"，更精准地发力。

中国经济社会要走向更加光明的前景没有捷径，政策已经"靠前发力"，狠抓落实才能"通关升级"。应"抓"之有法，一干到底、一抓到底、一拼到底。中国未来可期。

王人骏　刘海雯　执笔

2024年1月26日

笔谈沈括

> 一个生活在宋代的人，能拥有如此奇特的"最强大脑"，涉及如此之多的科技领域。沈括这份聪明才智的背后，是源源不竭的求索精神。

1082年，年过50岁的沈括兵败永乐城，从一名守护边境的大将，被贬到了湖北随州，政治生涯从此中断。

初贬随州，沈括诗云"满目伤心悔上楼"。从随州到秀州再到润州，他审视前半生的宦海沉浮，发现自己虽能游刃有余地处理数学、物理、地理等复杂的科学领域，但面对更为复杂的官场人际，时感力不从心。在人生最后几年，沈括写成《梦溪笔谈》。他将耳闻目睹以及自身经历，都写进了这本旷世奇书之中。

历史悠久的中国科技成果丰富，科技文化灿烂。今天在中华民族伟大复兴的征途中，推动科技文化繁荣发展尤为重要。沈括被英国学者李约瑟称为"中国整部科学史中最卓越的人物"，如今网上很多人评价他是宋代的"理科男"。沈括在科技文化发展方面作出了哪些探索？我们能从中读懂什么？

一

沈括幼年时，父亲四处为官，他跟着转徙四方。由于父亲忙于公务，承担教育重任的是母亲许氏。许氏的教育方法，最重要的一条就是鼓励他跟随兴趣成长。

和同时代的孩子不一样的是，沈括没有过早进入科举教育的框架中，他在很多地方边学边游，14岁就读完家中藏书，难得的是他对世间万物保持了发自内心的探索欲。

读到白居易的"人间四月芳菲尽，山寺桃花始盛开"，他跑到深山求证，终于明白这是地势高低带来气温变化，对植物生长产生了影响。听说潮州钓上像船一样大的鳄鱼，他感到难以置信，尽管身在福建，母亲还是带着10岁的他到现场一探究竟。书上说草药"钩吻"可以治病，又听说有人被它毒死，沈括便把这种草药种在自家院子里，竟然也得到了母亲的同意。

对未知世界强烈的探索欲望和实践精神，陪伴了沈括成长以及为官从政的前半生，也为包罗万象的《梦溪笔谈》积累了丰富素材。

1080年，沈括任延州知州，得知当地村民燃烧一种黝黑的液体煮饭、取暖后，通过实验认识到此物用途，敏锐感知到"此物必大行于世"，并在《梦溪笔谈》中将其命名为"石油"。

他还推断华北平原的成因是黄河流域的泥沙沉积，创造出军用的立体地图，提出流水侵蚀作用的自然现象，用"化石"解释生物遗迹，用实验揭示声音共振……令人叹为观止。

在千年以前的宋代，大多数人的人生道路，最优解是科举而非科技，是"修身齐家治国平天下"。但沈括的一生，恰恰是与科技相伴的一生。是科技，助他初出茅庐"十年试吏"一展身手；是科技，助他在宦海浮沉中卓有政绩屡进官职；也是科技，帮他在政治挫败时度过人生最后的岁月。

一个生活在宋代的人，能拥有如此奇特的"最强大脑"，涉及如此之多的科技领域。沈括这份聪明才智的背后，是源源不竭的求索精神。

二

科技的进步离不开创新，而推动沈括进行创新的，是他对湿法炼铜、潮汐月相的观察，是他治水造田、出使北辽的为国为民之心，是他对民间科技的记录。

沈括初入职场，担任沭阳县主簿。在沭阳，他面临的第一件大事，就是治水。这在当时非常棘手。棘手的关键原因在于县衙无法框定工程量，项目经常调整，导致工程久拖不决，民工怨气很大。再加上县衙监工打骂民工，二者矛盾尖锐。

查明实情后，沈括用上了他的地理、数学才能，重新审查施工图，经过仔细考察测量，将项目内容精准地固定下来。同时换下监工，亲自上阵。矛盾迎刃而解，工程顺利完工，"得上田七千顷"。

治理汴河时，为计算土石方，他发明了隙积术，把南北朝时就停滞不前的等差级数求和问题，发展为高阶等差级数求和。测量河道地形，他发明了会圆术，把球面三角学的发展推进到新的阶段。

又如他的"分层筑堰法"，精准测量出开封上善门至泗州淮口的水平高差为63.3米，水平距离在420公里之内，这是存世文献中最早的有关水平高程测量的记载。

科技在古代中国相对不受重视，特别是很多民间能工巧匠的创新发明，都湮没在历史之中。不过，沈括觉得："至于技巧、器械、大小、尺寸，黑黄苍赤，岂能尽出于圣人！百工、群有司、市井、田野之人，莫不预焉。"

沈括所到之处，都可见其询问探访的足迹。或医师，或乐工，或老农，或工匠，不论是士大夫之家，还是身居深林的隐者，沈括无不求访。

对于科技，沈括始终保持着求知若渴的态度。年轻时因为好奇喻皓的独门妙技，跑遍全城书店，只为了能买到《木经》；丁忧返乡时，发现家族收藏了一套毕昇的胶泥刻字半成品，便详细研究并记录了活字印刷制作和使用的全过程，让这项伟大发明得以传世……

沈括坚持不懈的记录为我们留下了宝贵财富。《梦溪笔谈》成为我们目前了解泥活字印刷术的原始资料，也是现在可供后人了解《木经》的宝贵资料。此外，书中详细记载了汉族劳动人民创造的炼钢工艺、福建农民种茶的宝贵经验。

三

元祐年间，经历了人生大起大落的沈括终于得以安定。他来到润州（今江苏镇江），在梦溪园中记录了他的所见所闻。

一桩桩往事，在沈括与笔砚的"交谈"中得到记录。同时被记录下来的，还有一个时代的科技思想和伟大的科技成就，以及沈括对科学独特的感知和纯粹的热爱。生活的清苦、被贬的失落，都在他的笔谈中转化为与时代的和解。

这部 10 余万字的笔记体著作，内容涵盖天文历法、地理、物理、数学、生物、音乐、艺术、文学、语言学、史学、医药学、军事、工程技术等 10 余个学科门类，堪称一部百科全书式的著作。其中，关于石油的命名、磁偏角、活字印刷、流水侵蚀等诸多现象，都数世界最早的发现或记录。

比如关于温州雁荡山的形成，在经过实地考察后，沈括在《梦溪笔谈》中写道，"当是为谷中大水冲激，沙土尽去，唯巨石岿然挺立耳"。这种水流侵蚀改变地表形态的记录，比西方的记录要早了 700 多年。

国学大师陈寅恪说："华夏民族之文化，历数千载之演进，而造极于赵宋之世。"回望千年，在封建社会一个多元发展的科技文化高峰时代，沈括的出现，既是偶然，也是必然。

透过《梦溪笔谈》，我们不仅可以看到中国古代灿烂的科技史，还可以看到沈括求知求真的科学精神，勇于任事、尽心尽责的事业精神，以及追求极致的工匠精神。

在杭州西北侧的余杭区安溪太平山南麓，良渚古城瑶山遗址之东，静卧着一座宋代风格的墓园，沈括去世后就安葬于此。

沈括墓的东面是主攻工业设计的梦栖小镇，西面是助推重大科技创新的之江实验室，而南面则是绵延 39 公里的城西科创大走廊，这条科创走廊会聚了 91 个国家级科创平台、58 万专业技术人才……中国式现代化关键在科技现代化。新时代的人们接续求真创新，科学精神跨越时空，遥相呼应。

钱伟锋　余露　执笔

2024 年 1 月 27 日

"三蹦子"何以"蹦"火海外

> 当更多的产品走出国门、走红卖爆，我们可以自信地"@"海外消费者：亲，记得给五星好评哦！

近日，一段"'国产三蹦子'在国外街头走红"的视频在网络上引发热议。视频中，国产"三蹦子"引来了老外们的强势围观，大家纷纷惊呼"太酷了"的同时还不忘要商品链接。

据报道，今年元旦以来，美国本土消费者从各电商平台下单"三蹦子"的数量持续猛增。相关企业负责人介绍，除了新热起来的美国三轮车定制市场，他们每年生产的二轮、三轮电动车总量中有二至四成会走出国门，产品远销欧洲、南美、中东、非洲等70多个国家和地区。

那么，"不起眼"的国产三轮车何以能在海外爆火？这对于国货出海又带来哪些启示？

一

在我国一些农村地区，三轮摩托车是一种重要的交通工具乃至运输工具，但很多人不知道的是，它在欧美地区也十分受宠。实用、拉风，这是国产"三蹦子"能够在美国爆火的两个关键。

一方面，这种三轮车灵活、便捷，尤其在交通拥挤的城市中，往往能发挥出独特优势，为当地人的生活带来了极大便利。另一方面，独特的"倒车，请注意！"的魔性语音提示很让人"上头"，在新鲜感、好奇心以及人有我无的心理加持下，骑车的人自然而然地成了整条街"最靓的仔"。

以往是服装、家具、家电等"老三样"在海外销售火爆，如今一系列国货纷纷选择出海征战。它们的走红海外，意味着中国制造在国际上的影响力越来越大。在国际市场上进行竞争，背后折射出中国对世界市场的深度融入。

以出行行业为例，去年是中国两轮车、新能源汽车的高光时刻。随着东南亚地区出台油改电减排政策、欧美日兴起 E-bike 风潮，中国两轮车出口数量一路狂飙。中国汽车工业协会数据显示，2023 年，我国汽车出口 491 万辆，比上年增长 57.9%，出口对汽车总销量增长的贡献率达到 55.7%。新能源汽车成为我国汽车工业的重要增长点，产销连续 9 年位居全球第一。

再如，去年年底，有研究机构发布的最新报告显示：过去 12 个月，中国咖啡品牌在全球的门店总量首次超越美国，以 4.97 万家的数量跃居全球第一，中国已成为全球最大的品牌咖啡店市场。

近年来，继大家熟知的中国手机、中国小家电、中国高铁在海外凭硬核实力"圈粉"后，中国茶饮、中国美妆、中国智能家居等产品成为中国出海"新势力"代表，特别是新能源汽车、锂电池、光伏产品等"新三样"在海外备受青睐。据统计，去年前三季度，电动载人汽车、锂离子蓄电池、太阳能电池等产品合计出口同比增长41.7%。

二

"新三样"驰骋海外、脱颖而出，而"老三样"也没有黯然退场，它们向着智能化、绿色化转型，焕发着勃勃生机……国货批量出海，凭借什么来"圈粉"海外消费者？

超强性价比。具备运输功能的国产三轮车与欧洲城市狭窄的街头、欧美农村地区的大农场有着很高的适配度，人们可以骑着三轮车送快递，也可以骑着三轮车在农场运果蔬。两轮车、三轮车、E-bike等近年来之所以迅速走红，正是因其价格实在又很实用。对于很多欧美国家消费者而言，不是本国产品买不起，而是中国产品更有性价比。品质高、体验好、服务优的产品，怎能不吸引人？

用产品说话。海外市场虽然有着广阔前景，但不免充斥着暗流和挑战。从加工贸易到技术、品牌的出海，如今国货有着稳定的产业链、供应链，也早已摆脱了低端制造，实现了品质出海、品牌出海。有关数据显示，2022年，中国整车厂从中国市场到欧洲市场的出口量在20万辆左右，到2025年规模将超过60万辆。上汽、吉利、比亚迪等自主品牌新能源汽车出口优势明显，重要原因是它们的产品竞争力显著提升，甚至在智能技术等方面超过了合资品牌，彰显了不俗的竞争力。

引流新渠道。酒香也怕巷子深，优质的中国货要在海外推广，也需要创新更多的跨境电商推广新渠道。比如，以拼多多旗下的Temu、字节跳动旗下的TikTok Shop、阿里巴巴旗下的速卖通（AliExpress）等为代表的中国跨境电商平台，在海外线上购物平台中有着举足轻重的分量。乘着这一东风，不少国货纷纷借船出海，通过直播带货等方式，以优质的产品和服务触达海外消费者。

三

正所谓没有无缘无故的走红。国货在海外频频出圈，背后的一些规律值得好好总结。

比如，用好"信息差"。各国的地理环境、生活方式、文化特征、审美标准、消费习惯、商业准则、法律规章等各不相同，在信息不对称的时代，更要善于将短期的市场刺激和长期的发展战略结合起来，在不同的信息语境下挖掘产品的深层价值。一些我们习以为常的东西，在海外或许就变成了新、奇、特。

比如，军大衣、回力鞋等在海外掀起怀旧潮流的秘诀，就隐藏在审美差异中；老干妈回味无穷的秘诀，则隐藏在饮食差异中。如果国货能够找准并用好这些差异，发现潜藏的价值和机遇，"蓝海"将足够广阔。

再如，审视"新价值"。曾经很多人习惯把国外商品称为"洋货"，甚至还出现了"只有洋货才是好货"的偏见。如今不少国货在海外爆火，站上C位，也提醒我们发掘身边这些优秀国货的"新价值"。

从中国的车、手机，到中国的线上购物平台，再到中国的网络文学、网络短剧，中国产品在世界范围内的实力"圈粉"意味着中国在全球经济发展中的作用越来越大。这背后既有技术的突破和产品的创新，更有普遍的情感认同和文化共鸣。我们可以更加自信地运用自己的方式讲述故事，让鲜活、多元、立体的中国形象更丰满，也让更多的海外朋友认识、理解并认同中国品牌、中国文化。

再比如，练好"弄潮功"。持续积攒实力，才能在瞬息万变的市场环境中以不变应万变。海外市场虽大，但当前逆全球化暗流涌动，国货出海必然是机会与挑战交织，亟须在风浪中提升弄潮的本领。一方面，"老三样"也好，"新三样"也罢，都要注重"品质"二字，在研发、生产和品牌端建好更坚固的"护城河"，延长价值链；另一方面，也要做好创新文章，通过产品改造提升与制定品牌策略，生产出高品质、符合市场需求和潮流趋势的产品。

曾经，有人热衷于在网上海淘"外国货"，如今，越来越多的海外网友热衷反向海淘"中国货"。当更多的产品走出国门、走红卖爆，我们可以自信地"@"海外消费者：亲，记得给五星好评哦！

陈培浩　厉晓杭　张昊　执笔

2024 年 1 月 27 日

宝总同款西装"灵"在哪

> 从红帮裁缝的裁剪之道中，从飞针走线的匠心传承里，我们除了感受到《繁花》里的温情脉脉，也感受到传统匠心和现代精神的汇聚、融合。

电视剧《繁花》当中，裁缝给主角阿宝定制西装的片段，被不少网友称为名场面。在改革开放的春风吹拂下，阿宝，一个普普通通一无所有的小伙子一跃成为上海滩的股神。在阿宝赚到第一桶金后，爷叔作为引路人，教给他的第一课就是备行头。

对于一件西装好不好，木心先生有过精辟概括："要经'立''行''坐'三式的校验。立着好看，走起来不好看——勿灵。立也好走也好，坐下来不好看——勿灵。""灵"，就是好的意思。

剧中，宁波红帮裁缝上门为阿宝仔仔细细地量体裁衣，制作了一套十分有派头的西装。在裁缝的巧手下，西装的面料、款式、用途、设计都十分讲究。有网友评论，"西装一上身，阿宝秒变宝总"。

不禁要问，这是剧情的艺术夸张，还是说红帮裁缝的剪刀真有这么"灵"？

一

红帮裁缝,"红"字何解?

一说红帮乃奉帮。红帮裁缝大部分来自宁波地区的奉化江两岸,而"奉"与"红"在宁波方言中发音相近。民国时期,上海南京路上的六家西服名店——荣昌祥、王兴昌、裕昌祥、汇利、王顺泰、王荣康,都是奉化人开的。因此,红帮裁缝实为奉帮裁缝之说流传至今。

也有一说认为,红帮取自"红毛人"之"红"。"红毛人"原指荷兰人,后逐渐成为当时中国人对西方人的普遍称呼。在与国外通商后,一些地方的百姓习惯于在逐渐欧化的行业前加"红帮"以区分。

为何要走街串巷做外国人的生意?主要是迫于生计。沿海地区土质多盐碱,难辟为良田。纵使故土难离、穷家难舍,当地一些农民与乡间工匠还是揖别了明山甬水。

很快,裁缝们完成了原始积累,告别走街串巷的拎包裁缝,转向租房开店的坐商模式,并占据了繁华街区。1910年,上海南京路上就有一家"荣昌祥呢绒西服号",这是奉化人王才运开的,其父亲为革命志士徐锡麟缝制了中国第一套国产西装。

孙中山先生认为,西服虽好,但不适应中国人的生活,正式场合会见外宾有损国体;传统服式,形式陈旧,又与封建体制不易区别。借着辛亥革命的东风,他来到"荣昌祥",做了"一套直翻领、有袋盖的四贴袋服装",这也就是后来人们熟知的"中山装"。

以"剪刀技术"为看家本领,红帮裁缝在此后越来越"灵"。

他们抓住机遇，顺应时势，成为传统手工业者成功转型的一个典范。作为中国服装史上一支不可或缺的服装流派，红帮裁缝无疑是传承发扬中国服饰文化的"执牛耳者"。

二

剪刀、厨刀、剃头刀，是有口皆碑的"宁波三刀"，其中尤以剪刀首屈一指。红帮裁缝的这把"神来之剪"究竟有何与众不同之处？

一套独门技法。舶来品西装在国内的风靡，有赖于红帮裁缝们融贯中西的扎实手艺，并多作归纳总结。关于素质、造型、效果的"四功""九势""十六字"独门技法，"三分裁、七分做""领半工、袖不息"等从实操中提炼出来的口诀理论，还有"小牛背""美人肩"等量体时生动的行业术语，都是红帮裁缝力求衣服合体、扬长避短的经验。

一双火眼金睛。红帮裁缝有门绝技，叫"以目代量"。比如，只要看一看外国电影中名角的服饰，他们就能为顾客打板复刻。也正得益于此，20世纪初，上海人就能穿上"明星同款"。

再举个例子，享有"西服圣手"美誉的红帮裁缝余元芳，曾受邀为到访的柬埔寨元首西哈努克亲王及其家人制作衣裳。谈笑风生间，余元芳就通过目测默默记下了"主角"们的尺寸，不日便送去大衣西服。服装柔软合体、式样新颖，亲王一家很是惊喜。

一张用户画像。所谓"天下三主，顶大买主"，红帮裁缝一早就参透了"顾客至上"的理念，除了给予到店顾客宾至如归的服务，他们还会给老顾客发信告知"新货已到，恭候光临"，随信附上面料小样并说明其特色、优点。有时，一杯咖啡的时间里，看似闲聊间，裁缝已为客人做了全方位"把脉"——顾客出入的场所、定制过的面料款式等都被一一登记入册。这大概就是早期的用户画像，可见其做生意之用心。

一份千斤承诺。"加工足料，精工细作，永不走样"是红帮裁缝对顾客的承诺。就比如在试样时，除却常规的两次"毛壳""光壳"，有时还需反复试上三五回，才能让衣服与人更加相得益彰。如果碰上顾客对做出来的样衣不满意，红帮裁缝还会当场将样衣剪掉作废，重新免费定制，以顾客满意度为最高标准，以此来赢得信誉、打响品牌。

三

有人说，红帮裁缝是小裁缝闯荡大上海，小剪刀剪出新天地，他们为客人量体裁衣，也为时代"打版定样"。红帮裁缝一路走来，看似偶然，实则必然。

他们寻求自强。红帮裁缝活跃于中国社会内忧外患之际，在夹缝中求生存，常常遭受外国资本主义等势力的遏制与压榨。面对危机，他们用自己的方式与外来势力作抗争。只要有"西风"吹到的地方，红帮裁缝就会闻"风"而至。无论是上海的南京路、哈尔滨的中央大街、北京的王府井等地段，还是背街小巷里，都有红帮裁缝的门店。他们几乎占领了西服业市场的每个角落，其涉足之先、规模之大，让当时的外国西服业望尘莫及。

他们同心协力。红帮裁缝崛起后，又及时引入了先进的经营理念和管理模式，将产业带入近代化轨道。为了在风云变幻的时局中拥有行稳致远的底气，红帮裁缝还较早建立了行业组织，即西服业同业公会，使得行业在险恶时局中保持了顽强的生存和发展能力。

他们良匠筑梦。红帮裁缝沿袭了传统的艺徒制，在生产力低下的状况下，保证了前期发展的人才供给。随着西服业不断发展，上海西服业同业公会创办了西服裁剪补习班。系统翔实的教材、专业专职的教师，取代了"生产第一、教育次之"的学徒制，为西服行业培养了不少人才，也为现代服装职业教育发展提供了有益借鉴。

作为国家级非遗项目，红帮裁缝技艺也曾和许多非遗一样，面临着不少现实难题。对此，宁波早早开始行动，调查红帮源流、创建宁波服装博物馆等，让更多人了解红帮裁缝甚至加入其中。此外，近年来，越来越多红帮文化系列丛书出版，讲述红帮传奇故事，让这项手艺过去可追、未来可期。

《繁花》带火红帮裁缝，也让不少网友循着线索找到了红帮裁缝的发源地——宁波奉化，当地王兴昌洋服店的"宝总同款西装"销量大增，顾客赞叹，"宝总同款西装，真的'灵'"。

从红帮裁缝的裁剪之道中，从飞针走线的匠心传承里，我们除了感受到《繁花》里的温情脉脉，也感受到传统匠心和现代精神的汇聚、融合。

徐溶　郑连乔　孔越　执笔

2024 年 1 月 28 日

游客更喜欢什么样的NPC

> 假以时日，中国景区NPC的"造梦之术"，不仅可以在国内讲得好、演得好，一定还能够吸引世界目光，让外国友人身临其境，沉浸于中华民族灿烂多姿的历史文化长廊当中。

最近，随着文旅市场逐渐火爆，景区NPC"破圈"变得话题性十足。

"入职胖十斤，月薪六千，工作内容就是吃……"近期，河北某地景区招聘孙悟空扮演者的公告引热议。"会不会胖到卡在洞里出不来""吃胖了直接转岗猪八戒，实现再就业"……网友的调侃让景区赚足了眼球。

没过几天，又一波热搜上榜。据报道，某地一景区推出古风NPC，因角色妆容"特殊"、与游客互动太亲密，被调侃成"男女妲己，有伤风化"，景区因此向大众致歉。

无论是真红还是"黑红"，不得不感慨，过去只在剧本杀等游戏中受欢迎的真人NPC，如今已成为各大景区的发力焦点。这不禁让人思考，真人角色扮演为何成了景区标配？游客更喜欢的是什么样的NPC？

一

NPC，"非玩家角色"，原本是单机游戏中的概念，即游戏中不受玩家控制的角色。他们或提供剧情引导，或烘托氛围，与玩家进行各类互动，从而提升游戏体验。

相比游戏，如今不少景区NPC营造的沉浸感可谓青出于蓝。那么，景区为何热衷于打造NPC？游客为什么会为此买单？

一是互动强，游客打卡更活泛。在一些景点打卡时，你是否有一套大众化的招牌动作，巨石旁边剪刀手，假人雕塑怀里搂。真人NPC的出现打破了这套大众打卡模式，也避免了静态拍照时的尴尬。灯火辉煌的长安里坊，衣着华丽的花魁风姿绰约，缓缓登上雕梁花车，回头抬首，眸光流动……这种沉浸感让人误以为穿越了时空。

有人指出，迪士尼稳坐景区顶流与一众卡通NPC的"破次元"密不可分。不少人的童年都有关于米老鼠、唐老鸭等角色的记忆，看着它们从荧幕来到现实，这种真实感正如有网友所说的，"给童年的自己圆梦了"。

二是人设新，NPC形象更真实。一些景区不断推陈出新，不但推出原创新人设，还在NPC打造的各个方面做了许多准备。比如，为了让NPC人设更具真实感，有景区在招聘NPC时要经过多轮面试，还要求NPC日常学习民俗历史、诗词文化等知识。

正因如此，不少景区的真人NPC令人颇为惊喜。比如，去年，满脸络腮胡、一身武将甲胄的嘉峪关"关长"走红网络。游客可亲自"参演",与"关长"互动,不仅能知道自己家乡在古时的地名,还可以拿到"通关文牒",颇具体验感。

三是氛围好,打破先天局限。有学者认为,NPC的一大优点是能弥补景区在基础设施等先天条件上的缺失。简单理解就是,有些景区硬件条件未必够,但通过NPC开辟了一条新赛道,不"卷"硬件"卷"软件,以氛围体验来吸引游客,同样可以很出彩。

不难看出,真人NPC让游览变得更加生动有趣,尤其在深度互动之后,精神上的愉悦会让游客感觉"这钱花得值"。正因如此,打造造型各异的NPC成为许多景区如今的"必修课"。

二

作为新生事物的景区NPC在蓬勃发展的同时,也不可避免产生了一些新问题。一段时间以来,关于景区NPC的负面事件时有发生,总结起来,三个方面的问题较为突出。

质量跟不上热度。NPC要把游客带入戏,不仅要练就娴熟的表演技巧,还需具备较强的临场反应能力、真诚热情的待客态度等,这都得通过时间来沉淀。然而,为了接住"文旅热"带来的"泼天的富贵",部分景区迅速扩充NPC团队,争先恐后推出各种文旅实景体验式产品,抢赢了时间却忽视了服务的质量。网络上不乏游客对景区NPC态度冷漠、水平参差、装扮糊弄等问题的吐槽。

把低俗当流量密码。有景区为了招揽游客,找来一些身材健硕的年轻男性,半裸上身模仿各类影视场景,让网友直呼"辣眼睛"。出圈不是出位,此类擦边营销不应成为文旅出圈的"流量密码"。

它们看似赚足了眼球，实则为文旅埋下了地雷，很可能引来反噬，逐渐消磨游客对景区的好感度。

因抄袭引起侵权之争。一些景区在推出NPC时，常常生搬硬套、复制粘贴原创游戏与热门影视剧的经典IP。原创力是生命线，这样的方式或许可以在短时间内"拿捏"游客，却难以真正留住游客。此外，抄袭热门IP的行为很容易引发侵权纠纷，有碍高质量原创IP的生成。

实际上，让员工穿上一身角色扮演的服装，上演一场噱头十足的表演并不难。摆在景区面前的真难题，是如何推出具有生命力的NPC，并让他们真正鲜活起来，凭借实力与服务赢得游客的心。

三

在越来越"卷"的文旅市场，景区若想持续经营下去，就必须开发出更为多元的盈利渠道。推出NPC项目，无疑是时下一条为大众喜闻乐见、有益于景区生存发展的出路。

面对现实压力，越来越多景区通过NPC为自身带来人流量和关注度，打开思路、创新方式、积极作为，这十分值得肯定。但纯粹为了追求热度与影响力而跟风、炒作甚至越界的行为实不可取。怎样才能打造出令游客更喜欢、更满意的NPC？笔者认为要把握好三对关系。

短线与长线。短期内，NPC爆火的确能够带来一定流量。但需要以牵一发而动全身的思维去思考，景区其他消费场景、服务机制等是否能够承受NPC爆火带来的巨大客流？此外，网友反映的少数景区游客现实体验感与网上宣传大相径庭等问题也需直面。不妨放眼长线，立足自身禀赋，深挖历史文化、自然风光等优质资源，再辅以NPC这样的新型呈现手段，打造出持久、有特色的爆款产品。

入戏与入心。作为文旅产业从业者，NPC的表现很大程度上决定着游客体验。NPC要充分发挥主观能动性，不仅演好当前角色，还应守牢职业道德。一方面，景区要做好真人NPC管理与培训，在推陈出新的同时，完善投诉和激励机制等，推动行业良性、可持续发展；另一方面，NPC自身应当以真情与真心对待游客，想游客之所想，把真诚这门必杀技用好。

标配与标准。有专家曾指出，"沉浸式体验正在成为文旅产业的风口"。从这几年西安大唐不夜城、杭州宋城的火爆中，就可窥知一二。值得注意的是，沉浸式文旅远不止推出几个NPC那么简单。说到底，文旅注重的是服务，常态化服务少不了完备的服务体系。不妨全盘考虑、细密筹划，为NPC的设计、剧本、点位、定位等制定出一套标准。比如，水乡乌镇被网友赞为"全员NPC"，原因之一就是，景区致力于以标准化提升服务人员、服务游客的品质。

我们期待文旅模式的创新，也呼吁更优质的管理水平、服务能力，还有更走心的待客之道。有人说："迪士尼可以开到中国，长安城也可以开到世界。"假以时日，中国景区NPC的"造梦之术"，不仅可以在国内讲得好、演得好，一定还能够吸引世界目光，让外国友人身临其境，沉浸于中华民族灿烂多姿的历史文化长廊当中。

朱鑫　杨永昌　徐佳叶　执笔

2024年1月28日

双面"momo党"

> 网络空间不是法外之地，momo的"马甲"更不是包庇违法犯罪行为的"保护伞"。

在一些社交平台的评论区，我们总能找到这样的用户：头像是一只粉色卡通小恐龙，昵称叫"momo"。萌萌的momo头像天然具有亲和力，两个小爪子托住大大的脑袋，眼神十分可爱。

有不明真相的网友最初会以为momo是同一个人，事实上这是一个匿名群体，由一个个"散户"组成。momo大军有多强大？在一些平台上，小组"momo"聚集了一万余名组员，800多万篇笔记与momo有关。

上个月，"浙江宣传"曾在《网络戾气不该是伤人"利器"》一文中提及"momo党"，读者纷纷在后台留言表示找到了共鸣。不禁想问，momo是谁？又该如何看待刷屏网络的momo大军？

一

最开始的那批 momo，是微信授权机制赋予的。用户在使用微信登录小红书、知乎等社交平台时，如果不选择自定义昵称与头像，那么平台就会提供系统默认选项，小恐龙头像与 momo 昵称是自动生成的。

momo 和微信可以说有着不解之缘。你可以试试拉到文章底部，点击"写留言"，在昵称右边有一个绿色的切换键，点击后便可创建新身份，如果选择随机生成，那么你就有机会成为一只 momo。

如今，momo 的出圈反向吸引了一大批原本不是 momo 的网友更换头像和昵称，加入到这场"派对"中。不少人对 momo 的态度是从质疑到理解，再到参与其中，乐此不疲。

与此同时，momo 的"二创"玩法也应运而生。网友们开始将 momo 和其他热点联名，取名"奥特曼 momo""野生 momo""momo 杭州版"等，把头像也"p"成五颜六色的小恐龙。这种跨界式玩梗遍布各个社交平台，也让 momo 群体不断壮大。

其实，互联网群体 ID 早已有之，momo 并非首创。跟早年论坛流行的"佚名""游客"，QQ 的"阳光男孩"等各式网名一样，momo 主打一个"毫无辨识度"。当一众网友开始以集体身份或群体名义行动时，这些相同的符号在无意中催生了网络空间里的匿名联盟，其最大的特征便是隐匿性。

比如，momo 们高频活跃于评论区，但光从昵称或头像看，外人一时之间难分谁是谁。但揭开这整齐的"面具"会发现，momo 们在现实生活中身份各异，来自不同地区，有着不同的 IP 地址。

随机进入几个momo的账号主页会发现，他们有的是穿着时髦的美妆博主，有的是分享考研经验的教育博主，还有的是风光摄影的艺术博主，可谓千人千面。

二

在我们一贯的认知里，这届网民的个体意识更强，更喜欢张扬个性。但在momo这件事情上，大家的想法却又趋于统一：宁当"小透明"，也不做"显眼包"。取名momo，仿佛举着"请勿靠近"的牌子，宣告要与外界保持边界。越来越多人加入到"momo党"中，背后至少有这么几种心理。

与算法"捉迷藏"，保护个人隐私。网络便捷了生活的同时，也模糊了边界。如果使用有个性的网名和头像，网络平台就会利用"算法读心术"，补全"你可能认识的人""猜你喜欢"等社交图谱，以此判断你的身份、职业、行踪轨迹等，并可能将用户连人带号推送到熟人、商家甚至不法分子手中。而momo通过牺牲部分个性化特征，让算法机制在一定程度上失灵。许多网友取名为momo，就是为了避免数据外泄，保护个人信息安全。

减轻社交压力，释放表达欲望。现实生活中，人们因为年龄、职业、社会身份等，需时刻注意形象管理。但当穿上momo的"马甲"后，个人标签与辨识度被削弱，自己在网上冲浪就不会轻易被发现，社交压力随之减轻。

这样一来，一些网友更加敢于表达自我。比如，在某影评网站上，有人前一秒还在上演"发疯文学"，后一秒就开始一本正经地写起优质影评。有人自从加入momo大军之后，经常在评论区直抒胸臆，哪怕被"抬杠"，也要大胆输出自己的观点。

抱团取暖，融入集体狂欢。"打工人"为缓解快节奏生活带来的压力，选择加入集体，从中获得心理慰藉。momo家族正是充当了这个载体，许多人热衷于互相帮助、资源共享。比如"欢迎加入mo家军""同是mo家人，不说mo家话"等戏谑口号，也表达了momo彼此间慷慨仗义、激发共情。

三

正如《乌合之众》中提到的那样，群体无名无姓，因此可以不负责任，当束缚个人行为的责任感完全消失时，人便会肆意妄为。这就会产生一系列负面问题。

比如，网络暴力时有发生。momo的初衷是保护个人信息不被泄露，避免遭受网暴。但在现实中，有的momo依仗隐身"盾牌"宣泄情绪，经常用言语攻击他人。在法不责众的心理下，有人甚至断言，"反正一mo做事万mo当，你咋知道我是哪个mo"。这样一来，本来因反对网暴等问题而兴起的momo大军，却在无意之中成为了网暴者。

比如，虚假信息更易滋生。匿名制之下，道德的约束力减弱，集体匿名行为容易增加信息发布的不确定性，网络谣言、诈骗信息等就会伺机潜入。前段时间，就有momo为了蹭明星流量，在社交媒体发布博人眼球的虚假信息，结果遭某艺人起诉。

凡事都有两面。穿上momo的"马甲"，有人输出理性观点，碰撞出思维火花；有人温情讨论，找到了情感陪伴；还有人当起了狂徒，疯狂输出不当言行，令人深受其扰。momo能筑起一湾避风港，帮助网友获得网络空间的精神自洽，也可能伪装成遮羞布，掩盖任意妄为的言行。这也启示我们：面对一些失控的 momo，面对失范的匿名社交，是时候做点什么来应对了。

作为平台方，在个人信息的获取上应秉承"最小必要原则"，不过度或无限制地侵轧用户隐私，在尊重用户意愿的前提下征得必要的授权。此外，也要利用技术手段，对"群体马甲"的错误使用进行必要的掣肘。如豆瓣此前曾冒出一批同名账号，或取名"江湖骗子"，或干脆叫"已注销"，因扰乱网络社区秩序，最终被豆瓣官方直接移除。

对于匿名社交产生的问题，有关部门已经亮剑。去年 7 月，中央网信办秘书局发布《关于加强"自媒体"管理的通知》，要求加强信息真实性管理，明确提出网站平台应当在信息发布页面展示"自媒体"账号名称，不得以匿名用户等代替。在此措施推动下，多个社交平台已经开始对粉丝量在 50 万或 100 万以上的"自媒体"账号进行前台实名。

诚然，适度隐藏个体是这届网民的新需求。但作为 momo 个体，更应意识到网络空间不是法外之地，momo 的"马甲"更不是包庇违法犯罪行为的"保护伞"。网民们在 momo 社交中构建起的"后花园"，有赖于每一位 momo 的守护。

只有当网络生态越来越好，momo 才能卸下保护隐私的重担。从长远来看，这件"马甲"还会不停变换，用户和平台如何在公域和私域之间找到平衡，依旧任重道远。

郑黄河　林奕琛　执笔

2024 年 1 月 29 日

"最美"何以十二载心心相传

> 面对"最美浙江人"带给我们的启示，我们要学会的，是在这个温暖的世界里成为更加温暖的人。

近期，2023年度"最美浙江人·浙江骄傲"人物揭晓，纵身一跃跳江救人的外卖小哥彭清林、38年坚守急危重症第一线的新时代"南丁格尔"赵雪红、用志愿服务点亮亚运精彩的"小青荷"……他们都为"最美浙江人"增添了新的注脚。

"最美浙江人"美在哪儿？众多"最美浙江人"的事迹告诉我们，他们美在无私、美在奉献、美在真诚、美在奋斗，他们是新时代的英雄模范。"最美浙江人"就是新时代浙江人的骄傲。

蓦然回首，"最美浙江人"已经走过十二载。笔者认为，"最美"的意义绝不仅仅是评选了多少先进、表彰了多少典型，更多的是十二年"最美"之路，带给了我们许多质朴而宝贵的启示。

启示一：伟大与平凡并不是两条平行线

英雄的事迹很伟大，模范的故事很震撼，我们心怀崇敬、心向往之。但有时候，屏幕上、书籍中的事迹与故事，让我们觉得有些遥远，甚至产生"英雄不愧是英雄，我可能一辈子也做不到"的距离感。

究其原因，可能是普通人的生活没有太多的惊心动魄，更多的是平平淡淡。但"最美浙江人"的诞生告诉我们，伟大与平凡并不是两条平行线。

"最美"从不是高高在上的圣人，他是我们身边的同事同学、工友战友、街坊邻居，甚至偶遇的路人，是寻常人在日常生活中展现出的不寻常品行。比如吴菊萍看见孩子从楼上掉落，没有一丝犹豫就徒手去接，即便受伤也不后悔，被誉为"最美妈妈"，而对于她来说，那一天也许就是日常、普通的一天。比如钱海军几十年如一日义务帮老人维修电路，还带着身边人一起做公益，脚步遍布了多个省份，没赚什么钱、没什么时间陪家人，却从不抱怨、甘心奉献，被誉为"百姓身边点灯人"，而对于钱海军来说，他做的就是普普通通的日常工作。

可见，"最美"起于普通、源于平凡，却归于不凡。从"最美浙江人"身上，我们看到：普通人也能成为英雄，平凡人也可以不凡。

启示二：善意是可以相互感染的

《诗经》有云："投我以木瓜，报之以琼琚。"当善意互相传递，就形成一股温暖的气流，带着爱与希望，感染更多的人。

感动全网的"早餐奶奶"毛师花，在出摊的27年里，从未涨价，遇到家庭困难的人，她不收一分钱。而在她生病住院的时间里，被她感动的1500多位志愿者成为照顾她、帮助她支摊的"守护者"。前不久，奶奶离开了我们，很多被她帮助过的孩子，带着自己的孩子挥泪送别，令人动容。再如来自临海的张海林、朱丹丹夫妇，将曾经坚持17年义务为老人理发却不幸身患重病的"中国好人"吴元渺接到家中，在将近10年的时间里，夫妻二人无微不至地照顾吴元渺，给了他家庭般的温暖，这一份情，源于当年一句"到我家住吧"的承诺。

这些故事让我们意识到，一个温暖的举动，便可以将善意的种子播撒在人们心中，让爱意持续传递。我们每个人都应该且可以成为传递的一环，形成爱的闭环，打造出一座座温暖之城。

启示三：正能量也能有大流量

有人说，流量时代，"好人好事无人问津，怪人怪事传遍天下"。综观一些短视频平台，我们不难发现，似乎娱乐八卦才有爆点，擦边卖弄才有关注，而很多真善美之举却似乎被淹没在数字洪流之中。不禁想问，正能量的短视频哪里去了？正能量就没有大流量吗？

其实，正能量的短视频天然具备传播优势，关键要看有没有抓住群众最想看、最爱看、最关心、最动心的内容。像抖音号"浙有正能量"，网罗之江大地上的"最美"人、"最美"事，这些人和事离我们每个人都很近，比如金华马路上一老奶奶右腿被卷进车轮，40多秒聚集了众多好心人合力抬车；再如海宁某路口一驾驶员全身抽筋求助，下一秒交警当起紧急"代驾"将其送往医院；又如车站内有老人行动不便，武警背上老人带他赶车……该账号虽发布的都是日常小事，却收获了1900多万粉丝，累计获赞14.2亿。这可能就是正能量与生俱来的吸引力。

我们或许未必认识这些人，但大概率听过他们的事迹，可见，通过网络，"最美浙江人"的故事被广泛传播，正能量在潜移默化之中获得了大流量、高声量。与此同时我们发现，比起那些一眼就能识破的矫揉造作的策划，人们更容易被真实的"最美"瞬间感动，这种感动让我们于不经意间成了正能量的"扩音器"，将正能量传递到更多人的心中。

启示四：社会不能也不会亏待善良

前些年"扶老人反被讹"事件让大家心寒，"不是你撞的，你为什么要去扶"之问直击灵魂。做好事者反被诬，施仁行者反受陷。有人不相信好人有好报，更有人将"多一事不如少一事"的冷眼旁观当作为人处世的信条。

如果见义勇为者、乐于助人者都不能得到最起码的尊重和激励，就难免让人寒心。"最美浙江人"品牌让大家相信，好人有好报、德者有得到。比如湖州就将"最美"人物的优待，纳入城市服务的平台，在停车、看病等许多领域，"最美"人物都能得到优待。当然，做好事不是为了得到奖励，但是做好事应该得到激励。

正是因为"最美浙江人"让我们相信"好人好报"，大家做好事才更有底气。从"最美妈妈"吴菊萍接住妞妞到沈东、陆晓婷接住欣欣，从"最美爸爸"黄小荣跳坝救人到"快递小哥"彭清林跳江救人……十二载倏忽而逝，历史惊人的相似，"最美"在"好人好报"的氛围中得到传承。

世界不会让善良的好人吃亏。好人有好报，获得好报的好人持续投入做好事，人们看到做好事的人有好报了也去做好事，这样滚雪球式的增长，就是"最美"倡导的生态。

启示五：成一事贵在久久为功

有人说，一个品牌，十二载屹立不倒，让我们看到的是坚守的力量。"最美浙江人"品牌十二年，始终坚定选树正能量者，讲好正能量的故事，让这个社会充满正气，这就是"最美浙江人"品牌的信念。

在这信念的指引下，"最美浙江人"十二年深耕品牌、创新品牌，让"最美"的声音越来越响亮。如今，"最美浙江人"品牌项目拓展到20余个行业，"最美文旅人""最美税务人""最美科技人"……正是因为坚持，"最美"才得到大家的认可与追随。成一事，贵在久久为功，积蓄能量。这启示着我们，坚定信念、深深扎根、细细耕耘，是成就一番事业的关键一招。

"最美"在身边，更在心间。面对"最美浙江人"带给我们的启示，我们要学会的，是在这个温暖的世界里成为更加温暖的人。

吴丽华 刘雨升 徐迪 汤汉涛 执笔

2024年1月29日

预付式消费能不能简单点

> 与其沉迷于追求短期暴利的"快速搞钱"策略，不如脚踏实地，细水长流。给予消费者实打实的优惠以及优质服务，这种真诚的态度，更能赢得胜过金杯银杯的口碑，攒下越来越多的"形象资产"。

去理发，充值越多折扣越大；报兴趣班，课包越厚单价越低；甚至不少街边小铺消费，也有办卡充值加赠等活动……相信很多人和笔者一样，对预付式消费已经习以为常，而今大有"万物皆可预付"之趋势。

乍一看，预付式消费似乎是一种双赢的交易模式。在这种模式下，消费者能以更低价格获得同等的产品或服务，商家则既稳固了客源，又增加了现金流。但事实上，关于预付式消费，常年来是纠纷不断、投诉不断，建议规范其行为的呼声也不断提高。

眼下临近年关，消费迎来高峰。商家们纷纷使出促销大招，其中就有各式各样的预充享优惠活动。在这个节点上不妨聊一聊，预付式消费究竟是诚心让利，还是暗藏套路？那些绕来绕去的规则、门槛、条件，能不能化繁为简、直接明了？

一

预付式消费，也就是先交钱后享用。或许有人会问，这种存在"被坑"可能性的模式，消费者为何愿意接受？

答案或许主要在于方便和实惠。比如，家有萌娃的，可能经常要去商场捞鱼、坐小火车，如果办卡充值，将来再消费只需要报手机号核销就行，还能获得一定的打折优惠。再如，健身房的私教课，一次性买多买少影响着单次课程费用的高低，价格差距甚至高至上百元。若消费者有长期需求，这样的差距就会累积成一笔不小的费用，从而使得预付式消费成为更有性价比的选择。

从另一个角度看，商家们之所以想方设法拉消费者充值，是因为在他们看来，"现金流为王"永不过时。尤其对于受到过疫情等因素影响的经营者来说，稳定的客源和现金流，是恢复元气与持续发展的关键。

所以在某种意义上，预付式消费可谓消费者与商家之间的"两情相悦"。这是市场机制作用下的一种自然结果。

然而，正如很多市场行为一样，预付式消费也存在一定的风险和挑战。相关协会曾发布信息，预付费经营模式已经从早期的美容美发和健身等行业延伸至各类消费领域，并且吸纳的资金呈倍数增长，成为消费者权益受损的主要风险源。

客观分析，预付式消费出现陷阱，大多是商家方面出了问题。比如货不对板，办卡充值前作出种种诱人承诺，在兑现时却打了折、缩了水、变了样。又如横生枝节，预付之后还有"套娃"，得续充加购才能得到实际想要的产品或服务。还有的经营不善便溜之大吉，更有甚者在关门停业前大搞一波促销，恶意骗取预付金后就跑路失联。

可见，预付式消费还是一场信任的"对赌"，而且并非总能以双赢告终。这也是为什么有人始终对这一模式持怀疑态度。

二

怎样的预付式消费才是大众所期待的？从一些吐槽声中，我们能够听到消费者希望"简单点"的心声。

"预付的金额太多，折扣能不能均匀一点？"通常来讲，在预付式消费中，预付的金额越多，所能享受的优惠力度也就越大。在经济可承受范围内，人们一般会选择更实惠的方案。然而，俗话说"买的没有卖的精"，一些商家深谙这种心理，因此在设计套餐时就会把预付金额尽可能设置得很高，诱使消费者为之买单。这多少暴露出一些急功近利的经营心态。而实际上，相较于短暂地留住一笔预付金，培养并拥有一批忠实的客户群体，也许才是实现可持续发展的核心所在。

"卡里的钱没用完店就不在了，交易周期能不能短一点？"此番"灵魂拷问"，在健身、教培、美容等行业领域屡见不鲜。在这些消费场景中，预付式消费换来的是会员身份的时间，或者享受服务的次数，而商家往往把战线拉得很长。这种长周期的交易，需要靠商家的持续经营能力和诚信度来维持，对于使用习惯上"不太勤快"的消费者来说不是很友好，潜藏着"还没消费完，商家就跑路了"的风险。因此有网友提出，希望少一些一次性购买数年或数十次的服务，多推出"短期、高频、快速"的套餐选项，以避免因时间跨度过长而带来的各种不确定性。

"把人弄得云里雾里，规则能不能简单点？"相信很多人都有类似被"绕晕"的经历。商家推出了各式各样的活动，结果比来比去，无非让人往多了买。乍一看有一堆券包或增值服务，等到想要使用时，却发现还有更多的隐形门槛和限制条件，意思是"得加钱"。这也就不能怪消费者发牢骚："一条条干脆利索地说清楚讲明白，很难吗？"实际上，从"预防胜于维权"的角度出发，买卖双方在达成交易前，把彼此的权责关系梳理得清清爽爽，才能更有效地排雷止纷。

三

吐槽归吐槽，愿望很明了。预付式消费若能再简单点，就会更贴近消费者的期盼和需求。

这一方面需要的是不玩套路和花招，是坚持以诚相待。对商家而言，与其沉迷于追求短期暴利的"快速搞钱"策略，不如脚踏实地，细水长流。给予消费者实打实的优惠以及优质服务，这种真诚的态度，更能赢得胜过金杯银杯的口碑，攒下越来越多的"形象资产"。

消费者其实也能有所作为。最根本的，就是用理性消费拂去各类粉饰，让预付式消费的套路"无的放矢"，打消商家来回算计和投机取巧的念头。

有网友分享了这样的经历：对某项教培课程讨价还价时，商家声称对教学质量很有信心，但不同的课包算下来，单价相差甚远。

于是网友反问，既然大课包能够拿出来推销，说明有一个可承受的最低成本，那为什么不能把这个价格放在小课包上？如果是担心上完小课包之后不再续费，那对教学质量的信心又从何而来？一时间，商家竟无言以对，最终为了"自证"，还真的遂了这位网友的愿——降低小课包的价格。

另一方面，有效的监管机制和先进的技术手段，也是"简化"预付式消费所不可缺少的。毕竟，对于收取了大量预付金的商家，消费者通常只能观其"表"，难以知其"里"。这个"里"，包括商家的实际经营状况、预付金的流向和用途等等。消费者都不愿看到，自己预支金钱和信任"投注"的商家，是寅吃卯粮或不专注于本职的。

这一点上，已有一些地方做了探索，对我们有所启示。比如，杭州富阳区就曾推出"富春预付码"，从商家发卡审核，到预付金专账代管，再到经营所需的低息贷款以及核销之后的费用支付，形成了全链条的监管服务。深圳通过数字人民币的智能合约技术，对预付金既能"管上"还能"追踪"，当出现"爆雷""跑路"等情形时，可为消费者追回损失提供证据。

我们乐见，商家以诚为本，消费者理性选择，政府和社会各界积极参与。如此，消费可更安心，市场也将更繁荣。

盛游　执笔

2024 年 1 月 30 日

安全生产的五个"！"

> 其实，安全生产是一项系统工程，不是一人、一地、一行的事。每个人都是主体，没有人是旁观者、局外人，"大安全"离不开群策群力、全员参与、人人尽责。

临近岁末年初，安全事故进入了易发期。安全生产事故看似事发突然，让人猝不及防，实则有迹可循，关键在于把工作做在平时、把责任落到实处，做到"真重视、真落实"，绝不能讲起来"很重要"、做起来"假把式"，平时"弄不清"、出事"来不及"。在安全生产这件事上，有五个方面值得思考。

一、安全生产的作用是生死攸关的"1"，
而不是锦上添花的"0"

习近平总书记强调，生命重于泰山。各级党委和政府要把安全生产摆到重要位置，树牢安全发展理念，不能只重发展不顾安全，更不能将其视作无关痛痒的事，搞形式主义、官僚主义。就像对于个人来

说，没有健康的身体，拥有再多财富也没意义，对于企业、国家来说也是如此。安全和发展就是一体之两翼、驱动之双轮。安全是"1"，发展是后面的"0"，没有这个"1"，后面有再多的"0"也毫无意义。

据《干在实处　勇立潮头——习近平浙江足迹》记载，习近平同志在浙江工作期间提出了建设"平安浙江"，强调"没有平安的浙江，就没有全面小康的浙江；没有和谐稳定的浙江，就没有繁荣富裕的浙江"。在防汛防台方面，习近平同志提出，"宁可十防九空，也不能万一失防；宁可事前听骂声，不可事后听哭声；宁可信其来，不可信其无；宁可信其重，不可信其轻"。在开展各项工作时，不妨先"灵魂拷问"一下自己，有没有遵循"万无一失，一失万无"的原则。没有安全这个"1"，再多的发展也无从谈起。

二、安全生产的要求是连通高压电的"红线"，
而不是可有可无的"虚线"

俗话说，人命关天。安全生产事关千家万户，一起事故会牵动很多家庭的命运。在安全生产这条底线、红线、生命线面前，没有任何借口和讨价还价的余地。只有站在维护群众切身利益的角度想问题，认真细致地排查、处理安全隐患，防患于未然，实现安全生产常态化才有可能。

我们也要认识到抓安全不能只在乎成本。安全本身就是竞争力，安全也能产生效益。经济学里有一条"罗氏法则"，每投入1元钱到安全领域，就可以创造5元钱的经济效益和无穷大的生命效益。如果只顾眼前利益而缩减安全方面的投入，一旦出事就会"一失万无"。安全生产绝不是可有可无的"虚线"，而是要硬碰硬的"红线"。平

时多一分留意、多一分操心，多到现场、多看一眼，才能更好守护万家灯火。

三、安全生产的防范是未雨绸缪的"居安思危"，而不是手忙脚乱的"亡羊补牢"

"海恩法则"是航空界关于飞行安全的法则，意思是每一起严重事故的背后，必然有29次轻微事故和300起未遂先兆以及1000起事故隐患。对于生产经营活动，这样的道理可用一个"必然"来概括——事故发生前必然有轻微事故和先兆发生，我们要高度警惕苗头、隐患。

习近平总书记强调要"时时放心不下"。安全生产是"如履薄冰"的大事要事，想走到"对岸"，就要求我们要有"时时放心不下"的责任感，"隐患无处不在"的危机感。只有把绣花功夫下在平时、放在经常，到了紧要关头才能多一份安心、少一份担心。

四、安全生产的落实是"一竿子到底"的坚决，而不是流于形式的表态

在过去发生的一些安全事故中，尽管涉事企业都曾有安全生产考核检查，但并没有起到杜绝事故的效果。追根溯源，还是因为没有牢固树立安全发展的观念，没有把安全生产的要求落到实处。

比如，有的被利益蒙蔽，在安全培训、应急救援等工作上存在短板，甚至刻意瞒报、违法贮存、违法处置危险物质；有的以为"多年没出过事就等于彻底安全"，放松警惕、掉以轻心；有的奉行安全事故"不可避免论"，觉得发生一些安全事故总是防不胜防的。

抓安全生产如同滚石上山，必须踏石留印、抓铁有痕，坚持"一竿子到底"，加强日常监管、优化应急处理、强化执法刚性……要尽最大努力、怀着极强的使命感。任何的掉以轻心，都可能导致追悔莫及。

五、安全生产的主体要强化的是"我是主体"的意识，而不是旁顾别人的"看客"心态

一些人面对别的地方的安全生产事故，可能会抱有"看客"心态，觉得别人的责任与自己无关，这样的事情离自己很远，殊不知这样的事情下一秒就可能发生在我们身边。"举一隅不以三隅反，则不复也。"善于举一反三、触类旁通，是一种能力和智慧。

其实，安全生产是一项系统工程，不是一人、一地、一行的事。每个人都是主体，没有人是旁观者、局外人，"大安全"离不开群策群力、全员参与、人人尽责。因此，面对已经发生或可能发生的事故，我们需要具备"别人生病，自己吃药"的警醒之心，切实担负起主体责任，让每个人都能成为安全生产的"第一责任人"，时刻增强安全防护意识，多注意身边安全生产的隐患，变"要我安全"为"我要安全、我会安全、我能安全"。大家都居安思危、未雨绸缪，安全生产的"铜墙铁壁"将会更加牢固。

说一千道一万，生命重于泰山，安全高于一切。在安全生产面前，从来没有"如果"，没有"万一"。只有真正做到又严、又实、又细，才能守护住人民群众长长久久、平平安安的静好岁月。

陈逸翔　周游　李陈　黄红霞　执笔

2024年1月30日

从5个故事谈记者作风

> 笔力是记者的基本功，可以学习、可以修炼，但一篇好的新闻报道需有真感情，这是造不了假的。稿子好不好，在写的时候就知道，如果感动不了自己，那也不可能打动读者。

新媒体时代，"人人都有麦克风"成为共识，而有时候记者的声音，似乎被淹没在内容的汪洋大海。与此同时，大数据、人工智能等技术快速发展，随之而来的是"人人皆可为记者""记者会被机器人取代"之类的担忧和质疑。

传播环境、舆论生态的变化，既需要记者转型调整、以变应变，也考验着记者的定力和坚守。无论时代怎么变、形势怎么变，"为党为民、激浊扬清、贵耳重目"的职责使命不变，增强"脚力、眼力、脑力、笔力"的能力要求不变。

当前，浙江不少新闻单位陆续开展"新春走基层"活动。笔者以5个老一辈新闻人的故事为引，谈谈当下我们做记者，应该守住的初心和作风。

第一个故事，关于判断

改革开放之初，社会上激荡、涌动着各类思潮，其中出现了认为"政策过头了"的声音。

当时的《辽宁日报》记者、后来担任过《人民日报》总编辑的范敬宜敏锐捕捉到这一错误倾向，1979年5月13日在《辽宁日报》刊发了《莫把"开头"当"过头"》一文，该文通过实地调查和深入采访，廓清了社会上存在的模糊认识，起到了澄清是非、引导舆论的作用。随后，该文被《人民日报》以《分清主流与支流　莫把"开头"当"过头"》为题在头版头条转载，引发了强烈的社会反响。

文章背后，体现了范敬宜的政治意识、大局意识。毛泽东同志说，搞新闻工作，要政治家办报。记者最重要的本领是"判断"，做到从政治上看问题，在围绕中心、服务大局中找坐标。特别是在重大问题上，怎么判断是非，采取什么态度，如何进行报道，都考验着记者的政治敏锐性和政治鉴别力。

第二个故事，关于感情

人物通讯《县委书记的榜样——焦裕禄》是新闻史上的经典之作。记者穆青写完报道后，在新华社内部进行了一次报告，结果焦裕禄的事迹感染了在场所有人，穆青和台下听众都泣不成声。

穆青后来回忆，在进行稿件修改的日子里，"满脑子都是他（焦裕禄），耳朵里回响的是他的声音，眼睛里看到的是他的形象，如醉如痴一样"。他说，大家都说这篇稿子写得好，其实关键并不在于写作技巧，而是为之倾注的感情，"我们是含泪写这篇文章的，我们把自己全部的思想情感都融入焦裕禄的事迹里面去了"。

笔力是记者的基本功，可以学习、可以修炼，但一篇好的新闻报道需有真感情，这是造不了假的。稿子好不好，在写的时候就知道，如果感动不了自己，那也不可能打动读者；反之，当真情实感被投入，有温度、有灵魂的新闻报道自然水到渠成。

第三个故事，关于精神

新华社原社长郭超人在西藏工作期间，创造了新闻史上的一个奇迹——创作了总字数约1.5万字的长篇通讯《红旗插上珠穆朗玛峰》。这是他跟随中国登山队攀登"离天最近的地方"——珠穆朗玛峰时写下的。

回忆起那段采访，郭超人说："我背着背包，扶着冰镐，跟随着长长的一列纵队，踏过山岩，走过雪坡，一步一步地向前走去……整个身躯已没有足够的力量将自己近乎麻木的双腿向前移动。"写作则更加艰难。由于饥寒、缺氧、全身肿胀，连眼睛都肿到难以看清字的程度，郭超人常常只能一只手写稿子，另一只手撑开眼皮以尽力辨认。

这种精神的背后，是对新闻事业的无限热爱、对新闻理想的执着坚守。做记者，有人当"文抄公""剪刀手""书房记者"，赚赚工分，做一天和尚撞一天钟；有人奉行"经济效益至上"，拈轻怕重，眼睛向钱看。要成为一名优秀的记者，应该像郭超人一样，把职业当事业，视新闻为生命。只有这样，才能成就经典、铸就永恒。

第四个故事，关于扎根

关于记者的初心和作风，新华社原总编辑南振中有个形象的比喻。

20多年前，南振中在河南某农村参观"无土栽培"大棚时，捕捉到了这项技术的优缺点："它的优点是省地、省水、省肥、省时、省力，缺点是作物的根离开了肥沃的土壤，一旦营养液供应不上，叶子就会枯黄。"

他由此想到，记者是不能"无土栽培"的，因为记者的"根"要扎在基层，不应缘木求鱼寻找所谓的"新闻营养液"，"如果我们偏离实际、远离生活、脱离群众，离开了人民群众生活的沃土，我们就会营养不良，采写的新闻自然会枯黄"。

当下，新闻行业被裹挟在"流量至上"的逻辑当中，出现了一些浮躁倾向。有的记者不愿调研，觉得时间长、见效慢、不值得，就从网上资料、微信采访中快速获取新闻的"营养液"。事实上，越是信息繁杂、众声喧哗，越需要记者多些钻劲、"傻劲"，扎根群众、深入生活。如此，文字方能生动鲜活、充满生气、深入深刻，拥有持久的生命力。

第五个故事，关于学问

著名新闻人范长江曾说，新闻记者不是有了一支笔，就可以信口开河，也不会有什么天才记者，而是要终身不停地刻苦学习，向博与精迈进。在他看来，记者要不断学习，尤其要学习那些自己在报道中感到缺乏的东西。

而他本人也是这样执行的，在大沙漠里骑骆驼穿行的时候，他还在认真读书，甚至因此把腰摔伤了。大量阅读和不断积累，使得历史、地理、人文、风物等等在范长江的心中生了根，要用时可信手拈来。这种博学广知，在他的《中国的西北角》《塞上行》等著作中可见一斑，书中他援引了 30 余部著作、70 多首诗词。

有人说"新闻无学"，但更有人说"新闻并非无学，而是学无止境"。要写出有思想、有观点的报道，离不开勤奋的学习和长久的积累。既要有广博的知识，又要有自己精专的业务、擅长的领域，不断提高新闻报道的专业性、权威性。

浙江新闻战线即将深入开展深化全省新闻工作者改文风行动。老一辈新闻人的故事，给予我们精神的浇筑、灵魂的滋养。心怀大局写时代，倾注真情写人民，靠专业立住脚跟，靠情怀赢得尊敬，是一代代新闻人应扛起的使命和担当。

张诗妤　执笔

2024 年 1 月 31 日

破"潜规则" 立"明规矩"

> 向"潜规则"亮剑,要直面问题勇于担当,更要正视自我刀刃向内。当人人都不敢"潜"、不能"潜"、不想"潜","潜规则"哪还会有立足之地?

《正风反腐就在身边》《零容忍》《永远吹冲锋号》《持续发力纵深推进》……近年来,反腐大片成为人民群众热议的话题,揽下高收视率的同时,也揭开了隐藏在暗处的贪腐"蛀虫"的面具。这些片子聚焦与大众日常生产生活息息相关的重点领域,展现了新时代反腐败斗争持续发力、纵深推进的生动实践,也警醒着每一位党员干部。

习近平总书记在二十届中央纪委三次全会上告诫全党,"要持之以恒净化政治生态""严明政治纪律和政治规矩,严肃党内政治生活,破'潜规则',立'明规矩'"。今天,我们就来聊一聊"潜规则"如何破,"明规矩"如何立。

一

正所谓"无规矩不成方圆"。"明规矩"主要指党章党纪、宪法法律、工作规程和党的优良传统。而"潜规则"则是一种游离于"明规矩"之外的，不成文、摆不上台面，大家却又心知肚明、约定俗成的规则，获得了一些不同程度的认可，因而导致后来的人主动或被动地接受与遵守。对此，一些影视剧作品中多有着墨。

比如，在早些年的电视剧《我主沉浮》中，文山市市长田封义提出了职务含权量的概念，并发明了职务含权量公式：Q职务含权量＝（S实际权力支配力＋C财政支配力）/Z职级。最终，这个把该做好工作的"责任田"当作自己的"自留地"、把职务当成个人敛财"资本"的"官迷"市长，落得了"翻车"的下场。

比如，在电视剧《人民的名义》中，"不跑不送，降职使用；只跑不送，原地不动；又跑又送，提拔重用"一度成为汉东省干部升迁的"隐形标准"。在这种畸形政治生态支配下，以省委政法委书记高育良为首的汉大政法系形成了紧密牢固的隐形组织，成为当地影响巨大的"汉大帮"；省公安厅厅长祁同伟为了能当上副省长，弯下身子到老干部陈岩石家中去锄地，千方百计地与省委书记沙瑞金"连上线"。

再如，在电视剧《狂飙》中，"有关系走遍天下，没关系寸步难行""能力不如关系"的"厚黑圈子学"为一些人深信不疑。正因如此，京海市黑恶势力"保护伞"的秘书才能狐假虎威、黑白通吃。

影视作品虽然都是虚构的，却也折射出现实中存在的一些问题。比如，有人认为"琢磨事不如琢磨人"，有人奉行"多栽花少栽刺"，有人对"搞定就是稳定，摆平就是水平，没事就是本事，妥协就是和谐"的"处世哲学"深信不疑。凡此种种，皆是"潜规则"五花八门的表现形式。

二

在个别地方和单位，一些"潜规则"虽不见阳光，潜伏得很深，却成为工作的实际"指挥棒"。一旦有人试图视而不见或是违背，就会碰壁甚至遭到打压。"潜规则"之所以必须要破除，根本原因就在于其直接扭曲甚至颠倒了价值标准，与风清气正的良好政治生态背道而驰。

一方面，"潜规则"是对"明规矩"的侵蚀，二者水火不容。很多时候，"潜规则"明明看着有问题，却很不容易对付。因为奉行"潜规则"的人很有一套，在他们的巧舌如簧之下，"明规矩"反而成为挡箭牌，表面上事事"按规矩"，实际却是"明修栈道，暗度陈仓"。这样一来，"两个嘴巴说话，两张面孔做人"，表面的"规矩"掩盖了私底下见不得光的勾当，让纪律变形失灵，沦为装饰品。

另一方面，"潜规则"滋生助长腐败行为。一些人不搞工作搞"圈子"，不接地气"搭天线"，拉帮结派、沆瀣一气，污染社会风气，而不拉关系、埋头实干的干部反而被边缘化，导致"劣币驱逐良币"。从短期看，一些人可能在小事上尝到了"潜规则"的甜头，本以为自己会浅尝辄止，实际上却在不知不觉中越陷越深，走向了腐败的深渊。须知，默许者即为助长者。从长期看，"千里之堤，溃于蚁穴","潜规则"将一点一点蚕食公平公正,堤溃之时,所有人都将成为受害者。

应当说,"潜规则"的出现,既有历史根源,又有现实原因。要消灭"潜规则",就必须破釜沉舟,将其滋生的土壤彻底铲除。

"这些潜规则看起来无影无踪、却又无处不在,听起来悖情悖理、却可畅通无阻,成为腐蚀党员和干部、败坏党的风气的沉疴毒瘤。如果任其大行其道,我们的党风、政风、社会风气又谈何好转?"习近平总书记的这番话可谓振聋发聩。

三

党的十八大以来,全面从严治党使得党内政治生态发生根本性变化,"潜规则"的生存空间一再缩小。同时要看到,"潜规则"具有极强的顽固性,一不留意就可能会死灰复燃。因此,破除"潜规则"需要坚持不懈、一贯到底。

立规矩,把"潜规则"逼到墙角。"潜规则"看似来无影、去无踪,但只要掌握规律就能发现其身影——规章制度缺失处,就是它的潜伏地。习近平总书记指出,破除潜规则,根本之策是强化明规则,以正压邪。中央八项规定出台以后,又先后制定了《党政机关厉行节约反对浪费条例》等数十部作风新规,作风建设的要求被充分体现在纪律处分条例、党内监督条例等法规制度中。事实证明,增强有效的制度供给,把"潜规则"逼到墙角,让"潜规则"无处立身,真正树立"明规矩"的权威,那么"潜规则"就会无处遁形。

讲规矩,对"潜规则"毫不留情。对党员干部来说,讲规矩是党性的重要考验。如果一边骂"潜规则"，一边千方百计走后门、拉关系，那么"潜规则"一天也不会消失。中央八项规定之所以赢得人心，将浪费、贪腐等现象打击到位，靠的就是不讲情面、不打折扣、一以贯之。因此，党员干部要从自己做起，注重小事小节，严格地讲规矩守纪律，不搞变通、不玩花样，让同志关系清清爽爽，上下级关系规规矩矩，政商关系亲清统一，努力"做一个一心为公、一身正气、一尘不染的人"。

严规矩，让"潜规则"没有市场。一批违反规定的党员干部被处理，让广大党员干部深刻认识到党的纪律和规矩不容挑衅。去年底新修订的《中国共产党纪律处分条例》释放出强烈信号——执纪只会持续发力，越往后会越严。党内政治生活不容"潜规则"胡作非为，既要让对党忠诚、干实事走正道、勇于抵制"潜规则"的干部得到褒奖和重用，也要使规则发挥效力，让会跑会要、习惯操弄"潜规则"的干部没有市场、付出代价。

"明规矩"每前进一分，"潜规则"便后退一分。向"潜规则"亮剑，要直面问题勇于担当，更要正视自我刀刃向内。当人人都不敢"潜"、不能"潜"、不想"潜"，"潜规则"哪还会有立足之地？

陈培浩　张昊　王瑞轩　执笔

2024 年 1 月 31 日

本书编委会

主　　任：赵　承

副 主 任：来颖杰　　张　燕　　虞汉胤　　沈世成

成　　员：邢晓飞　　郑　毅　　郑一杰　　李　攀

本书编写组

李　攀　　郑梦莹　　王思琦　　孔　越

杨　阳

相信文字

之江轩———编著

（中）

浙江人民出版社

图书在版编目（CIP）数据

相信文字 / 之江轩编著． -- 杭州 ：浙江人民出版
社，2025．6． -- ISBN 978-7-213-11992-7

Ⅰ．D64-53

中国国家版本馆CIP数据核字第20253NJ282号

目录

孟郊如何将失意酿成诗意

> 生活没有了远方的诗，只剩眼前的苟且，可这不妨碍他对诗文的雄心。

"慈母手中线，游子身上衣。临行密密缝，意恐迟迟归。谁言寸草心，报得三春晖。"1200多年前，出生于湖州武康（今湖州市德清县）的孟郊写下了这首《游子吟》，短短30个字，折射出真挚的母子情深，也让无数中国人找到了情感共鸣。

有人说，在大唐诗坛，悲催如孟郊者恐难找到第二人。他一生命途多舛，却偏偏把失意酿成了诗意。韩愈曾赞扬他"东野动惊俗，天葩吐奇芬"，甚至连大文豪苏东坡在李杜之后都赞誉孟郊和贾岛为诗风双璧，称"郊寒岛瘦"。

那么，是什么让孟郊走出了人生的困境，让他在诗歌的国度中占有一席之地？他的诗为何能力透纸背、千古流传？

——

孟郊60多载的人生有太多辛酸。用现在的话来说，可谓大写的三个字"太难了"。

他生活在一个尴尬年代。安史之乱的兵燹之祸给大唐盛世画上了休止符，孟郊这代人注定是命运曲折的。大概 10 岁时，孟郊的父亲突然离世，留下母亲裴氏含辛茹苦地抚养起三个孩子。为了让母亲不再辛苦，他决定考取功名，改变家里的境况。然而，在接下去的人生里，被现实暴击成为他的家常便饭。

他的失意，还来自接连的科场失利。与王勃十几岁就参加科举相比，孟郊到了不惑之年才去应试。他踌躇满志奔赴京城，自觉凭实力就可平步"青云路"。但一入京城完全懵了，原来考官取士的标准不取决于卷面成绩，而看应举者平日的名声和各方的推荐。这位不是出于名门望族、又没贵人引荐的寒门孤士，在考试中失利在意料之中。

尽管在乌烟瘴气的考场中多次失利、心力憔悴，他仍坚持应试，46 岁时总算成功"上岸"，在人生唯一的高光时刻写下了"春风得意马蹄疾，一日看尽长安花"之句。

然而，新的起点并不是"昔日龌龊"日子的终点。不会巴结献媚的孟郊等了数年后，才得了一个主管地方治安的县尉职务，处理一些鸡鸣狗盗之事，既非所长，也不得志。

更憋屈的是，人到中年之后，家庭变故接踵而来。没有什么比白发人送黑发人更痛彻心扉的了，他的三个儿子先后夭折。接连丧子之际，母亲撒手人寰。穷蹙、疾病、衰老、孤独的境遇让他万念俱灰。

64 岁那年，在颠沛流离的路上，孟郊苦难的一生画上了句号。

二

那个一度鲜衣怒马的中年人，游走于理想与现实之间，终是一个苦命人。在乱世离恨中，孟郊自然不可能有李白"仰天大笑出门去，我辈岂是蓬蒿人"的豁达。他个人生活的印痕给诗歌烙上了苦涩、凄凉之味。孟郊带着血与泪的文字，已褪去了盛唐的天真烂漫、海纳百川的奔放豪迈。

他写病、写泪、写贫穷、写忧愁，即使在山水诗中，也将凄苦揉进诗歌，比如《峡哀十首》中的"峡晖不停午，峡险多饥涎。树根锁枯棺，孤骨袅袅悬"，这样对三峡的描写，不禁让人脊背发凉。

生活没有了远方的诗，只剩眼前的苟且，可这不妨碍他对诗文的雄心：经历唐诗高峰之后，若想不被李杜的光芒遮掩，就必须另辟蹊径。

他关注人间的疾苦。看到百姓生活艰辛的残酷现实，他写下"霜吹破四壁，苦痛不可逃"；看到战争造成的生灵涂炭，他控诉战争的不义，"两河春草海水清，十年征战城郭腥。乱兵杀儿将女去，二月三月花冥冥"；在科场饱受冷眼，他喊出了寒士心中的不平之鸣："尽说青云路，有足皆可至。我马亦四蹄，出门似无地。玉京十二楼，峨峨倚青翠。下有千朱门，何门荐孤士。"

他坚持不俗的风格。在时代洪流中，孟郊剥去盛唐诗歌华丽的滤镜，将"直"与"真"奉为写诗的圭臬，写愁的诗催人泪下，言欢的诗让人开怀，千年之后我们仍然能够体会到其"诗从肺腑出，出辄愁肺腑"的艺术魅力。

孟郊赶上的恰是唐朝诗坛青黄不接的时代，李白、王维、杜甫、高适等人谢幕，中唐诗坛"扛把子"白居易、柳宗元、元稹均尚年少。称雄诗坛的是"大历十才子"，他们多投献应制之作，虽诗文华丽，但充满媚俗之气。那个时代"恶诗皆得官，好诗空抱山"，效仿大历才子们的辞藻，或许可以平步青云，但孟郊绝不从俗，而是要起而振之，一改诗坛颓废的文风，用奇险、瘦硬、峭刻的诗风刻画社会和人生。

三

孟郊一生都在与贫穷、疾病、饥饿的现实争斗、纠缠。即使在逼仄的生活中，孟郊也总能从微光中拨云见日，把失意酿成诗意。

这种力量，来自亲情温情脉脉的滋养。母亲广博无私的爱，是这位游子孤身行走在人世间最牢固的支持，让他在酸楚人生中倍感温暖。

年过半百的孟郊总算谋得一个小小的县尉，算是步入仕途。自觉苦尽甘来的孟郊赴任溧阳时，把母亲裴氏接来一同居住。看着母亲斑白的双鬓和佝偻的腰，或许他不禁回想起当年行走四方时，母亲对自己的嘱托，以及为自己缝补衣服的情景。于是写下了赞颂母爱的千古绝唱《游子吟》，将至纯至朴的母爱浓缩于字里行间。

孟郊的半生已经尝尽苦味，这首诗歌宛如清晨的朝阳、黑暗里的烛火，投射在每一个游子心中。孟郊的悲情人生经千百年发酵，酿为一坛醇厚美酒，而其诗歌字字千钧，深情的力量在"谁言寸草心，报得三春晖"里爆发出来。

这种力量，来自高山流水的深厚友谊。公元792年，唐朝历史上的应考"天团"登场，登第者有韩愈、李观、崔群等人。这次科考让韩愈和孟郊结下了深厚友谊，两人虽相差17岁，但一见如故。

韩愈总是以诗文勉励孟郊。韩愈去看望孟郊，被孟郊的诗才所折服，也为孟郊窘蹙的遭遇而感伤，于是写下了《长安交游者赠孟郊》，宽慰他不要因一时的困顿就愤懑忧愁，贫富荣辱没有高下之分，表达对他的坚定支持。

韩愈不仅在精神上安慰孟郊，还为他出谋划策，鼓励他去投靠徐州刺史，并赠以《孟生诗》，为孟郊"涨粉"。韩愈与孟郊情深意笃，相似的经历、接近的诗风和艺术主张让两人惺惺相惜，两人交往甚密，共同开创了"韩孟诗派"。

除了人世间的温存，孟郊还在诗歌中找到了自我救赎之路。他在诗歌中找到了一份超脱，甚至有些自负："一生自组织，千首大雅言。"他将自己的痛苦撕心裂肺地喊出来，铸就了别样诗意人生。孟郊一生颠沛流离，它的诗有着穿透时空的感染力。他将人生的苦味揉进诗歌，留给后人细细咀嚼。

今天，当我们重读"谁言寸草心，报得三春晖"的时候，除了感受真挚的母爱，作者悲凄的人生遭遇，以及将失意酿成诗意的创作韧劲，你还能想到他的什么呢？

杨泽斐　许生杰　执笔

2024年2月1日

"地域黑"折射出傲慢与偏见

> 黑别人并不能证明自己有多高明，反而暴露了自己认知中的狭隘和骨子里的偏见。懂得欣赏差异，多看到别人的优点和长处，人与人之间的距离才会更近一些。

最近，山东公安公布打击整治网络谣言5起典型案例，其中一个案例就是某网友为吸粉引流，多次在互联网平台发布涉及"地域黑"的谣言信息和负面言论。前不久，某明星在河南郑州的演唱会上与粉丝互动时的言论，被指在搞"地域黑"，最终该明星为不当言论公开道歉。

一直以来，"地域黑"的相关话题总能在网络上引发关注和讨论。有网友整理出全国"地域黑"图鉴："内蒙古人骑马上班""兰州人整天在吃拉面""山东人是开挖掘机的""上海人看谁都是乡下人"……这些耳熟能详的"地域黑"段子，犹如病毒一般在互联网广泛传播，有的人乐此不疲甚至造谣传播，这折射出部分人心中存在着的傲慢与偏见。

"地域黑"不是"中国特产"。放眼世界，意大利人眼中的俄罗斯就是卖石油和天然气的，英国人觉得美国人都是土老帽。日本国内还存在着一条"鄙视链"：京都人嫌弃东京人没文化，东京人嫌弃大阪人"太土"，大阪人又嫌弃京都人"太装"。

—

要说全国被黑得最惨的地方在哪里？最近因为和南方"小土豆"友好互动频频而登上热搜，让全国文旅彻底卷起来的东北，曾经就排在前几位。那么，"地域黑"到底是怎么产生的？

文化差异和区域发展不平衡是产生"地域黑"的现实因素。中国幅员辽阔，地区间历史文化有差异、经济社会发展不平衡。总的来看，从新中国成立到改革开放之前，南方各省常常处于"被黑"的阶段；而改革开放以来，随着南方省份经济迅猛发展，"地域黑"的风向随之一转，北方省份纷纷"中枪"。经济发展不均衡还产生了人员的大规模流动，外出务工成为经济相对不发达地区广大群众的选择。一些省份成为劳务输出大省，"打工人"遍布全国各地，庞大的基数下难免会有一些素质不高的人做出一些违法违规的事，为"地域黑"提供了案例和素材，这些案例不断叠加，让"地域黑"愈演愈烈。

社会舆论助推了"地域黑"蔓延。大众媒体作为社会舆论的传播主体，起着反映舆论、引导舆论的重要作用。曾经有一段时间，部分媒体常常热衷于报道某一个地区的负面新闻并且加上地域标签，有的电视防盗公益广告、文艺节目中，代表负面形象的扒手、骗子都操着某省口音。正所谓"好事不出门、坏事传千里"，这些扎堆出现的报道和节目直接影响着公众的判断，强化了公众对个别地方的负面印象。而随着互联网信息社会的高速发展，一些自媒体为了争夺眼球和流量，在发布负面信息时刻意突出地域概念，通过"造梗"和制造"地域黑"的标题来进行炒作，加剧了"地域黑"的蔓延，有的甚至不顾事实，"移花接木"，把负面新闻安在某些省份和城市上。

"吃瓜"群众有意无意的参与加剧了"地域黑"的网络狂欢。不可否认，一些省份的个别地方，在经济社会发展过程中发生了影响恶劣的事件，或者是部分群体造成了不好的社会影响，这些都长久地停留在了公众记忆中，被时常拿出来议论，逐渐形成了一种刻板、标签化的印象。但众声喧哗之下，有时候是一些网友"人云亦云"的跟风黑，也有网友根本没有到过某个地方，也没有跟某地人接触过，"以讹传讹"胡乱黑。"吃瓜"群众以其庞大的数量和强大的传播能力，让"地域黑"成为一场网络狂欢。

二

其实，有些网友偶尔参与"地域黑"和"自黑"时，只是觉得有意思，主观上并无多大恶意，多半也不会因为"地域黑"而影响自己的判断；而有些被黑的群体同样一笑置之，有的甚至先"自黑"为敬，以幽默来化解和抵制"地域黑"。这也表明，人们掌握的信息越来越全面，对各地的认识也更客观和理性。

但从舆论场到现实世界，"地域黑"造成的真实危害不可小觑。

对个人而言，"地域黑"往往形成"隐形歧视"。比如，在就业市场，地域歧视或明或暗地存在，导致求职者无法享受公平的就业机会。2022年9月，某省一男子在某平台上给猎头公司投简历时，被对方以"企业不要该省户籍的员工"为由回绝。有公司曾在招聘信息中明确表示,"不要有文身和东三省"的人。除了求职就业,"地域黑"同样影响择偶婚嫁,比如某省女孩就被贴上"扶弟魔"的标签。

对地方而言,"地域黑"广泛传播有损形象。本来就时常被黑,倘若再叠加一些地区发生的负面个案,就往往导致投资主体和外来人员对这些地方的营商环境形成负面印象。"地域黑"还会导致一些问题在投资风险评估时被放大,影响投资意愿。在投资意愿不足和经济发展乏力的恶性循环中,"地域黑"扮演了一个不太光彩的角色。

对社会而言,"地域黑"挑动的对立情绪也是一种不稳定因素。特别是在突发事件发生时,网上各种IP的"对战""对骂"不绝于耳。比如,疫情防控期间,"地域黑"仿佛成了"保留曲目",有的地方被指"就知道吃喝玩乐",有的地方被指"每次疫情都有你",还有的被指"看不起外地支援的医护人员",等等,引发了各地网友之间的矛盾,还衍生了网络暴力、造谣生事、互相鄙视,甚至对线下秩序造成影响。

三

美国心理学家戈登·奥尔波特在《偏见的本质》一书中说道:"对属于某群体的个体持有一种厌恶或敌对的态度,仅仅因为他属于该群体,就被推定具有人们归于该群体的那些令人反感的特性。"这道出了"地域黑"的本质。那么,应该如何破解"地域黑"呢?

以文明的言行为家乡代言。近日,一辆河北车牌号的车强行插队，车上一河北男子还下车挥拳砸别人的车，相关视频在网上传播后引发热议。警方通报，已依法对这名男子作出行政拘留10日并罚款500元处理。但是这名男子的行为，引发了不少网友对河北的"黑讽"。这也说明，每一位公民都是家乡的代言人，要时刻注意自己的言行，弘扬真善美，不给自己的家乡抹黑。

以发展的眼光看待问题。各地基础不同、资源禀赋各异，导致各地发展水平不同，有的甚至出现了一些问题和暂时性困难，这都是正常的，这些问题和困难都是发展过程中产生的。事物总是在变化中发展的，要避免用老眼光看人看事，也不能一竿子打翻一船人。尤其是对企业和用人单位来说，评判一个人是否适合某个岗位，应该要对其人品、能力、专业背景以及岗位匹配度进行综合考量。将地域作为一条标准，不仅违法违规，也会将真正合适的人才拒之门外，反过来还会影响社会对企业的评价，对自身发展不利。

以包容的心态对待差异。有人请教孔子如何做到"仁"，孔子说了五条，其中一条是"宽则得众"。对普通人来说，有包容差异的胸怀，能结交更多朋友。在我国，"十里不同风，百里不同俗"。来自不同地方的人，成长环境各异，受过不同教育，思维方式、性格特点、生活习惯各不相同，但绝不能因此人为地划分好坏优劣。事实上，黑别人并不能证明自己有多高明，反而暴露了自己认知中的狭隘和骨子里的偏见。懂得欣赏差异，多看到别人的优点和长处，人与人之间的距离才会更近一些。

以正向的舆论传递友好。媒体和自媒体应该加强道德约束和自律意识，自觉抵制"地域黑"，不应该为吸引眼球而炮制"地域黑"报道，或是随意关联、集纳某一区域的负面新闻而造成"地域黑"。热衷于"地域黑"和挑动地域矛盾的机构，其实消耗的是自身的权威性和影响力。摒弃"地域黑"只是前提，应该客观公允地呈现各地的经济社会发展情况和崭新的精神面貌，拒绝以点概面、以偏概全，为抵制"地域黑"营造良好的舆论氛围。

此外，完善相关法律法规，加大治理力度，对那些搞地域歧视的企业进行处理甚至处罚，对恶意造谣抹黑一个地方的行为予以严厉打击，有助于形成震慑，莫让被黑的人和地方寒了心。

余丹　执笔

2024 年 2 月 1 日

"好评返现"之困何解

> 通过"好评返现"买来的好评不是真的好评，不能获得真正的好信用和好口碑。

到餐馆吃饭时，在相关平台签到、打卡、发布图文好评，就可以获赠一份小菜或甜品；快递或外卖包装里常常夹着"好评返现"小卡片，按照指引给出好评就能拿到几块钱红包……这些情况，你是否碰见过？

现如今，"好评返现"已经"入侵"至越来越多的消费场景。在一组关于"好评返现"的问卷调查中，92.8%的人反馈曾遇到过"好评返现"现象，其中53.6%的人更是表示经常遇到。同时，超70%的消费者表示曾经碰到购买高"好评率"商品，但实际收到的商品或接受的服务与描述不符的情况。

不禁思考，"好评返现"为何愈演愈烈？又会带来什么不良反应？

一

说到"好评返现"，首先要说说什么是互联网消费评价。由于网购时看不见、摸不着实物，比起商家自己的描述，许多人更愿意相信顾客的反馈。于是互联网消费评价体系应运而生，并延伸至餐饮、住宿等各类消费场景。

可以说，消费评价的积极意义是十分明显的。但一些乱象也随之产生，比如有的商家为了诋毁竞争对手而恶意刷差评，还出现了以给差评为手段索要钱财的"职业差评师"、专职刷好评的网络水军等。而"好评返现"则是一些经营者为了尽可能获取高评分，通过各种小套路诱导消费者给出好评的行为。

曾有人总结出"好评返现"的多种形式：附带"好评返现"卡，影响真实客观评价；问题商品退货须先好评，给消费者维护正当权益设门槛；线下送礼换网络好评，"榜一餐厅"名过其实；客服软磨硬泡求好评，影响正常消费体验；朋友圈"集赞"返现，"绑架"消费者帮助推广；等等。那么，"好评返现"之风为何盛行？

比如，利益的驱动。评价的好坏，不仅直接关系到商家在平台上的排名，且很大程度上会影响消费者的消费决策。从短期效果来看，"好评返现"可以快速提高店铺评分，提升商品销量，于商家而言无疑是投入少、见效快的捷径。与此同时，有的消费者将之当作赚取零花钱的机会，认为"这钱不赚白不赚，积少成多"。此外，还有一些外包公司从事相关业务，诱导消费者给出好评，从而赚取中介费。

比如，参与的便利。各类平台的消费打卡、购物好评体系不断升级，操作起来甚至比发个朋友圈还要方便。有的平台的评价栏已经从"论述题"变成了"填空题"，框架都已经搭好，只需消费者稍稍动动手指即可完成，许多人便抱有何乐而不为的心态，参与到"好评返现"中。

比如，监管的困难。从现有法律法规来看，对"好评返现"的界定尚不明确，相关部门监管中面临着发现难、举证难、处罚难等问题。尽管不少平台已经开始有针对性地进行治理，如对"好评返现""好评返优惠券"等作出规范，包括不得以物质或金钱承诺引导买家进行好评等，但上有政策下有对策，部分商家不断"进化"，想出"扫码加入粉丝群"等新套路，用以规避平台识别。

二

虽然每一单"好评返现"，看似只是事关几块钱的交易，然而其带来的危害不可低估，笔者总结出以下几点。

失去了评价意义。消费评价体系设置的初衷是通过收集消费者的反馈意见，给其他消费者以参考，推动商家有针对性地提高商品质量、提升服务水平。但"好评返现"带来的评价走形，使消费者在选择商品时难以分辨评价真假，反而增加了消费决策的难度。据媒体报道，曾有消费者辛苦挑选了一家在平台上拿到5.0高分的民宿，实际却堪比"老破小"，让人大跌眼镜。

动摇了信任基础。如果说一开始大多数消费者会首选高分店铺的话，那么现在许多有过"受骗"经历的人，看到商品评价配图越精美、措辞越正面，心里反而越打鼓。"好评返现"影响了网络消费信用体系的可信度，动摇的是消费大环境的诚信基石。

"浙江宣传"在《"挤爆3.5分餐厅"藏着什么信号》中就提到，当"好评是刷的""评分是买的"变成很多人的共识后，所谓的"高评分"换来的将是消费者对网红餐厅的失望。

造成了违法违规。有专家指出，"好评返现"本质上是诱导消费者作出并不客观的评价，存在误导的可能性，涉嫌虚假宣传。2021年8月，市场监管总局发布《禁止网络不正当竞争行为规定（公开征求意见稿）》，明确规定：经营者不得采取以返现、红包、卡券等方式足以诱导用户作出指定评价、点赞、转发、定向投票等互动行为。

破坏了市场秩序。"好评返现"一方面可能导致一些商品质量和服务水平相对不错的商家评分和排名反而靠后，破坏了良性竞争的市场秩序；另一方面，长此以往，或使得越来越多的商家不得不参与到"好评返现"中，而一部分不愿意参与的商家被挤占了交易机会，甚至无奈退出市场，造成"劣币驱逐良币"。

三

如何挤掉好评的水分，让评价回归原有的意义，让优质商家得高分，让投机取巧者不能得逞？这还需多管齐下。

多一些"口碑来自消费者"的机制。平台可以关注消费评价的新形式、新问题，动态调整评价体系，研究搭建更真实、全面、客观的评分机制。比如除了用技术手段赋能识别外，还可以建立用户反馈机制，鼓励顾客举报"注水好评"，让真正的优质评论脱颖而出，让"虚假评价""恶意差评""好评返现"等违规行为无处藏身，创造更加公平的竞争环境。

多一些"羊毛出在羊身上"的理性。一方面，消费者在消费和购物时应避免一味选择高分、好评多的商家，而是更理性地作出综合判断，譬如看看差评者怎么说，比比卖同款商品的其他店家评价反馈如何，用好手中的评价权；另一方面，也需清楚"羊毛出在羊身上"，商家返现的钱最终还是由消费者来买单。只有更多人基于真实感受给予评价，市场秩序和评价体系才能更客观合理。

多一些"让一泓清水长流"的耐心。能够吸引消费者再次回购的，一定是物美价廉的高性价比产品以及宾至如归的热心服务。商家在适应平台规则之时，更应精心打磨产品，使之更符合消费者的需求和期望，同时提供更热情、周到的服务，及时解决消费者碰到的问题，提升消费者满意度。

"好评返现"从表面上看是一种消费领域的违规问题，其实质关乎诚信、关乎公平、关乎价值观，若放任自流、任其发展，可能会对整个社会风气造成不良影响。

我们应该形成这样的共识：通过"好评返现"买来的好评不是真的好评，不能获得真正的好信用和好口碑。我们也有一个共同期待：让"好评"回归"好评"，评出真正的好店和好物，营造一个更健康、有序的市场环境，一个更为诚信、公平的社会环境。

余丹　吴佳汇　执笔

2024 年 2 月 2 日

下一个十年，媒体深融靠什么

> 是否真正拥抱时代、拥抱改革、拥抱互联网，将直接决定它的走向和成色。长路不平坦，但势不可挡。

媒体融合是一场持久战，如果只是简单地把内容搬到网上，或许几个月就完成了，但要让"物理整合"变成"化学反应"，那将是一条很长的路。

2014年，媒体融合正式上升为国家战略。从那时候算起，融合之路已经走过十年。在顶层设计的推动下，这项工作不断走向纵深，全国上下主流媒体的改变是翻天覆地的。

置身信息化大浪潮下，媒体生态时刻风起云涌。下一个十年，媒体的深融靠什么？该重点往哪些方面挺进？

一、与时代紧紧地贴在一起

进入移动互联网时代，媒体受众发生了很大变化，阵地也已经转场到移动端，像抖音、B站、小红书、微博、微信等商业平台都是当下很多人热衷的"大广场"。媒体想要不被时代抛弃，一要紧紧拥抱互联网，到网上去捕捉时代的气息和读者的心声；二要进一步打开生产所能与传播所需的对接通道，更好地变主流为主导。

过去十年，不少媒体从一开始的不适应甚至抵触，到慢慢放下包袱、脱掉长衫，积极投身互联网，进行了很多卓有成效的探索。

在这个过程中，还存在一些"频道切换"不够彻底的现象。比如，少数媒体虽身在互联网，但专注的还是以往那几个版面、几个频道，苦守"一亩三分地"，不擅长开疆拓土；有的习惯自说自话，当下什么话题热、什么事情流行，不闻不问不写，依然你说你的、我发我的。

虽然有时候主流媒体自带光环，但如果不去拥抱时代，光环就可能会日渐褪去。想要创造互联网时代新的辉煌，就一定要把准当下的时代脉搏。

下一个十年，如何让思维、理念、话语等彻底转换过来，在一次次热点事件、一个个重大关切中去争取受众、赢得人心，进而成为时代的引领者，需要一道题一道题去挨个解。今后的我们，不再是"试试水温"，而应"背水一战"，把最优质的资源"押"到移动端，不给自己留后路。

二、给读者更多打开的理由

根据《2022—2023报业融合发展观察报告》，1330家报纸自建客户端达570个，开通率达42.9%，13家报纸的客户端新增下载量超千万。这说明，在深融时代，打造新闻客户端等新平台已是大势所趋。

但不可否认，现在市面上很多新闻客户端日活率和忠实粉丝量并不高，"繁忙"的读者找不到太多打开它的理由。这是因为，有的客户端缺乏精品化内容和差异化定位，既没有独一无二的特色，也没有粘住用户的本领，只能陷入"有端无客"的尴尬境地。

如何切实增强用户黏性，是媒体深度融合下一个十年需要认真思考的问题。融合不是关起门来融合，而是以开放的心态，将庞大的社会资源整合为自身的内容资源，从而给读者提供更多的信息增量、价值增量、情感增量。

除了做好新闻产品外，还要推动政务、服务、商务齐头并进，主要受众对象在哪里就深耕哪里，主要特色优势是什么就放大什么，如此才能给读者更多常来打卡的理由。

三、让文风再清新活泛一些

改变话语文风是媒体走向深融的一个重要命题。媒体融合十年，许多主流媒体为了能够融入网络环境，都在拼尽全力改进文风。比如，为了贴近网友的阅读习惯、拉近与年轻人的距离，他们广泛运用大众喜欢的网络语言、流行词汇和图片表情包。很多网友感叹："现在的主流媒体越来越俏皮了。"

与此同时，部分媒体发的文章，行文、用词依然比较老套，有的"框架"沿用多年，被人戏称为"大路货"，少数时候，宏大式、口号式表达也还存在。有网友就提出，"有的文章如果少一点规训、多一点鲜活，我们会更爱看""希望一些官方发布能有更多细节披露，而不是冷冷的三两行字"。网友有期待，就说明我们还存在有待改进之处。

文章感染力不够强、记忆点不够深，与创作者有没有跑起来紧密相关。有的记者写稿子不采访、不调研，对细节缺少挖掘、对现场缺少捕捉。笔者曾听到这样一句调侃，个别记者新春走基层，"人还坐在办公室，脚步还没迈开，稿子已经出来了"。如此出炉的稿件动人程度有几何也就可想而知了。

好的文章，辞藻未必要多么华丽，而是要"话由心生"，有血有肉、充满生气和思想，这样的文风才是好文风。这应该成为下一个十年媒体改进文风、创新话语的方向。值得一提的是，建构良好的话语文风，追赶潮流是需要的，但不能随波逐流，不加辨别、什么都学。要注重讲究文化品位、文化情怀，让网友爱读爱看，觉得主流媒体水平就是不一样。

四、别总被技术甩在后面

借助信息革命和技术发展的东风让主流媒体更具传播力，也是媒体融合的重要方向。像综合运用短视频、H5等形式来表现内容，这在各媒体平台已经屡见不鲜了，还有的媒体正在使用智能算法提供个性定制的内容和推荐，也是很好的尝试。

同时，伴随5G、大数据、人工智能等的更新迭代，社会在追逐技术的同时也出现了一些问题。有的从业者感叹"还没搞懂元宇宙，AIGC又冒出来了"，在技术的快速迭代中心力交瘁，但不这样又怕错过风口，与互联网平台技术差距越拉越大；有的技术与业务步调不协调，存在"技术的建议采编不认同，采编的想法技术难转化"的现象；还有的在浅层次技术应用上"蜻蜓点水"，想法和算法都难言深刻独到。

现代传媒业始终是随着技术的迭代而进步的。想要避免总是"追着技术跑"，就要真正树立起"技术驱动"的理念，从受众需求出发，对新出现的前沿技术保持敏锐，以新技术对原有采编流程进行重构和优化。有条件的还可以设立专门的技术公司，准确捕捉技术迭代创新方向。当然，如果资金、人力等受限，与领先的互联网平台企业开展合作也不失为一种办法。

在拥抱技术的同时，也应当认识到技术只是辅助工具、服务工具，努力提升专业素养和人文关怀，用主流价值导向驾驭技术，始终是核心要义所在。

五、让有才情肯奋斗的人大显身手

媒体融合发展是一次系统性重塑，需充分调动各方积极性，将人的主观能动性发挥出来，让创新创造的力量都活起来，融合发展才能水到渠成。当前，不少地方对媒体融合的体制机制进行了创新探索，在用人方面，围绕人才使用机制、考核评价机制等方面进行改革，取得了一定成效。

但客观地说，少数媒体现有的体制机制与时代发展的要求存在一定程度的不相符，部分有理想、有情怀的人难以施展拳脚。像有的内部绩效考核评价沿袭以往路径，只问发稿量、完成率，不问有效触达率，影响力无法合理量化；在考核上对肯拼肯干的记者、编辑缺乏有效激励，加之其他一些头部企业的"虹吸效应"，导致一定程度的人才外流。

改革的深处是制度。如果不敢于打破传统行政体制，建立与内容生产机制相适应的人才选用机制，有想法的新闻人就不能竞相涌现；如果不去突破原有考核激励模式，让有创意、有闯劲者打消顾虑、放手去干，就难以形成"江山代有才人出"、新闻媒体大胆创新的良好生态。

有人说，"媒体融合改革是革自己的命，每前进一步都会困难重重"。的确，媒体融合下一个十年，需要探索的方面还有很多、需要破解的难题也很多。是否真正拥抱时代、拥抱改革、拥抱互联网，将直接决定它的走向和成色。长路不平坦，但势不可挡。

谢滨同　云新宇　倪海飞　执笔

2024 年 2 月 2 日

你还记得那辆绿皮火车吗

> 到家了，这一年才算圆满，一年的风尘仆仆、酸甜苦辣、日思夜想也都有了安放的地方。

　　一年一度的春运，被称作人类历史上规模最大的周期性大迁徙。从1954年"春运"二字第一次出现在媒体上开始，铁路春运发送旅客从当年的2300万人次增加到今年预计的4.8亿人次，以前铁路平均时速还不及40公里，如今时速350公里的"复兴号"如闪电般驰骋……春运70年，他乡与故乡之间的往返奔赴，见证了中国社会的巨大变迁。

　　2024年的春运大幕已于一周前开启。当定下闹钟在12306上准点抢票时、当坐在窗明几净的火车上闭眼小憩时，有没有那么一秒钟，你还会想起旧时光里的那辆绿皮火车？如果你是"90后""00后"，你是否曾在网络上、画册中看见过与之相关的旧照片？

一、春运的记忆，是裹着大衣排队买票

在很多人的印象里，春运最特色的场景就是裹着军大衣彻夜排队购票。20世纪八九十年代，每逢春运，车站售票"大卖场"内外人山人海，看不到尽头的"长蛇阵"买票队伍总会如期而至，车少人多，一票难求。

为了能顺利踏上归途，有的人裹着军大衣、双手揣进衣兜，挺立在凛冽寒风中彻夜排队；有的全家总动员或全寝齐上阵，分车站、分窗口，通宵交换排队；有的人带着小板凳，卷着铺盖卷，一排就是十几个小时，甚至连续几天，忍着饥饿，拼尽体力。买到一张票的激动程度，堪比中了彩票。

从"熬夜蹲守"到"动动手指"，从纸质客票到电子车票，从手动检票到刷脸进站……方寸大小的车票，不仅寄托着无数"打工人"的浓浓乡愁，更见证了中国基建发展、科技腾飞的惊人速度与光辉历程。

二、春运的记忆，是大包小包和蛇皮袋

在行李箱成为"标配"以前，蛇皮袋和涂料桶可能是"春运大军"必备的装备。锅碗瓢盆、年货特产、一年到头辛苦挣来的家当，统统塞进大大的袋子里，这就是一个人的全部身家了。肩上扛一个，手里提两个，提手系在一起，生怕落了哪个。候车室里遍地铺满，上车的时候，大包小包都得举到头顶，乡亲伙伴七手八脚帮忙扒拉。车上的行李架根本不够放，过道上、座椅下被塞得满满

当当。

在那个电商网购还没有席卷全国，快递物流还不是四通八达的年代里，这些大包小包里装着的是寄托、是深情、是安全感。在外打拼的农民工，今年不知道明年的活儿在哪里，只好用行李家当建造起一座"移动城堡"，跟着自己四海为家。看过外面精彩世界的人，总想着把这世界装起来，也带回去给家人看看。行李或轻或重，包裹或大或小，有情人不远千里一路背负，分量都是沉甸甸的。

三、春运的记忆，是下不去脚的拥挤

20世纪90年代，随着务工流、学生流"井喷式"增长，火车超员率达百分之百甚至百分之两百。繁忙的车站，拥挤的站台，喧嚣的车厢，成为很多人曾经的春运见闻。有网友回忆时笑称"可以单脚站立而不跌倒——被挤住了"。

每每列车到站开门，人群就像潮水一样涌上去。车门处水泄不通，车窗就成了上下客的"快速通道"，大家各显神通、各凭本事，在窗外人托、窗内人拽的默契配合下，有的人甚至从窗户翻进去，艰辛登上归家列车。

车厢内，有时候几乎没有下脚的地方，座椅边、方桌底、过道旁乃至厕所边，只要有空隙的地方，都塞满了人，躺着的、站着的、蹲着的、蜷缩着的，千姿百态；更有"花式卧铺"应运而生，靠背顶上搭板子、座位底下铺报纸、过道厕所里"叠罗汉"，更艰难的是想去个厕所、泡碗泡面，看着水泄不通的过道，纵有百般不情愿，也得硬着头皮往前冲，鞋子被挤掉是常有的事，以至于相关

部门会发出提示：鞋子被挤掉，千万别弯腰。

四、春运的记忆，是车厢里热闹的空气

"啤酒饮料矿泉水，花生瓜子八宝粥。来，腿收一下。"神奇的列车推销员总能在无处下脚的车厢里用小推车短暂地推出一条通道。很多人往往买几桶方便面将就着，或者在火车经停靠站时，探出窗户，从站台上的小贩手里买些当地土特产。

各种味道的方便面，1.44元的德州扒鸡，0.5元一袋的五香小龙虾，道口烧鸡、馄饨、酱排骨、嘉兴粽子……如今想来，算不上什么山珍海味，但因为被饿得饥肠辘辘再加上回家"滤镜"，人们都吃得津津有味。

没有智能手机，没有平板，也没有必须在交通工具上完成的工作，人们打发时间的方式快乐又简单。隔着一张小桌，和对面的陌生人"确认过眼神"，就能心照不宣地打开话匣子。打扑克、嗑瓜子、拉闲话，伴随着南腔北调，呼噜声此起彼伏，这样热闹嘈杂的空气，是今天坐在静音车厢中的人们难以想象的。

五、春运的记忆，是有钱没钱、回家过年

曾经，坐绿皮火车几乎是出远门唯一可选择的交通工具。不奢望"走得快""走得好"，只求"走得了"，成为每个返乡人最朴素的愿望。即使人在囧途，只要挤上了火车，就能回家，就是最大的满足和安慰。

火车很慢，旅途很长，来自天南海北的旅人，在这一段时空中

短暂地交会，穿过原野江河、穿过白天黑夜。这几十个小时绝对称不上舒适，但身体的疲惫挡不住心里的喜悦。那时候的人们仿佛格外有耐心，也格外亲密，因为这趟旅程有一个共同的"目的地"——家。它点燃了大家那躁动的心。

无论有钱没钱，不管千里万里，就算条件艰苦，过年就是要回家。时代发展日新月异，几十年过去，我们有了"海陆空铁"，有了"随迁老人"，也有了"反向春运"。始终不变的是，哪里有团圆，哪里就是回家的方向。到家了，这一年才算圆满，一年的风尘仆仆、酸甜苦辣、日思夜想也都有了安放的地方。

陆家颐　徐婷　执笔

2024年2月3日

"舌尖上"品"村晚"

> "我们的村晚"，上了"舌头"，更上心头。

踏着新春的鼓点，和着欢喜的歌声与舞步，一年一度的"年节大餐"如约而至。昨晚，绍兴市柯桥区马鞍街道新围村文化礼堂，2024年"我们的村晚"省主场活动上演。

相比往年，今年"我们的村晚"参演人数规模更大、节目更丰富，不仅在演出形式上进行了诸多创新，还融入了网络上的热话题、农民朋友身边的新村事等，让父老乡亲在小年夜里品尝到浓浓年味。

笔者发现，"村晚"这道够味的年度文化大餐，主要可以分为五道菜式。正是因为菜品色香味俱全，才让"村晚"变得愈发令人流连、久久回味。

菜式一：贺岁菜"龙味"浓浓

"村晚"与"春晚"有一字之差，但本意相同，都是庆贺新春佳节，营造浓浓年味。近几年，每逢年关，总能听到有网友说，"越来越没有年味了""过年和平常也没啥区别"，云云。的确，随着经济社会发展，从前过年才能吃到的穿到的，现在随时可以满足，可谓"如今只道是寻常"。曾经的那份期待与喜悦，从哪里寻回？有人说，"现在最有年味儿的地方是农村"。

"村晚"便紧紧抓住"过大年"的主题，捧上了一道过年才有的贺岁菜。比如在今年"我们的村晚"省主场活动的开场表演《龙腾四海》中，长兴百叶龙、平湖九彩龙、奉化布龙、开化香火草龙、萧山河上板凳龙等特色舞龙队齐刷刷亮相，演员们伴着铿锵有力的节奏翻蹬、踢跳，将龙演得活灵活现，掀起"村晚"的第一个高潮。

尾声歌舞《龙龙的新年》，汇聚了全省11个地市农村文化礼堂的文化达人上台演绎，喜庆热闹的场面让现场气氛燃了又燃，博得现场观众欢呼阵阵。而会场外同样"龙味"浓浓，龙游园、龙集市等烟火气十足，老百姓在这里寻年味、赶大集，欢乐祥和的气氛在家门口升腾。

这道热气腾腾的贺岁菜，质朴又热烈地展现了鲜活的乡村生活，让人们找到了欢天喜地过新年的感觉，也找回了最难割舍的人情味。由"村晚"聚拢而来的好滋味，也让一年到头奔忙在外的人，对回家过年多了一分期盼。

菜式二：百家菜大放异彩

"村晚"这道文化大餐好吃，还因为其菜品多样、口味多元。今年"我们的村晚"省主场活动的节目，大部分由村民们自编、自导、自演。取材于各地原汁原味的乡村故事，通过精心的融合编创，将乡音乡情、乡愁乡韵浓缩于一方舞台。

比如，非遗号子《拔篷启舱》与现代说唱歌曲《四季行舟》相结合，一边将民族乐器融入编曲，一边大胆融入当下流行的音乐语言说唱形式，唱出了海岛渔民一年四季在海上漂泊的风雨兼程；来自丽水的《仙县春来早》，用动听的乐曲和轻盈的舞姿表现遂昌采茶姑娘辛勤劳作的生动情景……精彩的舞台表演，绽放跨越山海的文化魅力。

与此同时，湖州的竹乐、绍兴的越剧、金华的婺剧、丽水景宁的畲族舞蹈等节目应有尽有，让老百姓一口气看到诸多平时少见的文化节目，大饱了眼福。

"村晚"品牌越擦越亮，根源之一就在于坚持烧好"百家菜"，集百家绝活于一身，引得人人愿意上台、家家争着表演，百家唱响百家歌。

菜式三：特色菜别有底蕴

如今，不难发现，少数下沉到乡村的演出表演，虽然打通了"最后一公里"，送到了农民家门口，但展示的故事、表演的形式"模板味"浓、"特色味"少，未必符合当地百姓口味。

"村晚"坚持深挖当地文化特色，烧出一道道特色菜。看一场"村晚"，仿佛直击一次特色民俗展示的现场，体验一场"干货满满"的年末非遗文化大集，开启一趟乡村文化艺术"寻宝之旅"。

今年"村晚"省主场活动中，浙江乡村特色文化被展现得淋漓尽致。比如，村歌串烧的组成节目之一《墨迹丹青绘故里》，讲述了元代著名书法家赵孟頫夫人管道昇的故事，既融入了传统戏曲元素，还展现了鲜活的农村生活场景，台下观众得以从中品味穿越千年的文化故事。

搭配着舞台背景效果，表演者们仿佛有的就在山林竹海间忙碌，有的则在渔港码头穿梭走访，还有的正在用乡音土话与村民边走边聊，结合不同地域的文化底蕴，实现一个节目一种特色甚至多样特色。

浙江"村晚"的文化味从哪来？寻其源头，全国第一场"村晚"诞生于丽水月山村小学的操场上，学校的好氛围让"村晚"与生俱来带有文化味。而究其根本，也许还是因为其"背靠"家底雄厚的浙江，"浙"里拥有悠久的历史和丰富的文化底蕴，光非物质文化遗产代表性项目就有六批次、近千项。深厚的底蕴烧出一盘盘文化特色菜，成就一场寓教于乐的乡村文化盛宴。

菜式四：乡土菜居家常有

"村晚"是属于农民自己的盛会，它聚集了大家的智慧巧思、文艺特长，也演绎了大家点点滴滴的生活日常。其魅力之一就在于每个农民朋友都可以上台露一手。

伴随一个个节目的出场，隔壁的"民星"在聚光灯下真情流露、娓娓道来，一幅幅让人熟悉又带着新画风的乡村生活图景随之缓缓展开。真切发生在村里的小故事、好故事，经过艺术的加工后上演，犹如一道道包装精致但又保持原初风味的乡土菜来到了年夜饭桌上，令人耳目一新。

就像村晚的小品《家有喜事》，呈现了两代人关于新人结婚办酒如何办、在哪办、规格如何的讨论，借结婚办酒席的剧情，传递移风易俗的新风尚，观众们看着身边故事被搬上舞台，更加感同身受。

从一首首原创歌曲、曲艺说唱里，观众听懂了村民日常生活的酸甜苦辣，听出了村民农耕捕鱼的丰收快乐。这道乡土菜，让日常点滴在舞台上呈现，人们得以窥见乡土生活的一个个切面，它们稀松平常，但热烈灿烂。

菜式五：创意菜神来之笔

一台晚会，要想精准拿捏台下观众的喜好，让观众想听的、想看的应有尽有，让土味的、潮味的节目百花齐放，创意创新必不可少。比如，今年"村晚"有个斗舞节目《曳步舞 VS 科目三》，来自嘉兴市的菱乡阿妈们唱着《采菱歌》，跳着《科目三》，融入霹雳舞、太空步等一系列动作元素，挑战温州小英夫妇的曳步舞，上演南北斗舞，点燃了观众的热情。

相比于一些城市文旅节目，"村晚"呈现的往往是一套同样创意十足但更为接地气的节目体系，民俗表演、非遗体验、村礼好物、土味美食品鉴……"村晚"变"村玩"，十分具有朝气活力。

如今各地文旅纷纷发力做宣传推介，从魔性喊麦到"摇人"助阵，文化效应、明星效应不断加持，令网友直呼"卷出新高度，卷出硬功夫"。"村晚"也一直在创新，成为浙江乃至全国乡村过年的新年俗。习近平总书记在二〇二四年新年贺词中提到，"'村超''村晚'活力四射"。

"我们的村晚"，上了"舌头"，更上心头。或许正是靠着这五道"硬菜",它汇聚创意、齐聚人气,让村民的精神文化生活更为充实、更具品质、更有韵味。

刘雨升　包新旺　葛凤杰　阮秀涵　执笔

2024年2月3日

读懂四时更迭里的东方智慧

节气是古人对大自然纤毫变化的感受，也由此融入每一个寻常之日中。

今日立春。立春为二十四节气之首，代表万物起始、一切更生，也标志着新一年节气的"生物钟"开始时序轮转。

"春雨惊春清谷天，夏满芒夏暑相连。秋处露秋寒霜降，冬雪雪冬小大寒。"二十四节气是最具辨识度和日常性的传统文化之一，彰显着中国人的自然观，更是我们民族独特的文化印记。

有人说，二十四节气是从时间长河里生发的东方智慧。今天，我们就来读一读。

———

寒来暑往，四时八节，节气文化在中国文化版图中一直占有一席之地。

节气是人与天地的对话密码。四季轮转中，节气讲述了日升月落、四时交替、草木枯荣的故事。所谓"花知时而开，人顺势而为"，二十四节气是古人总结出的人与天地万物和谐共处的门道，蕴含着"道法自然""天人合一"的哲学，体现出中国人的时空观、宇宙观和生命观，博大而深邃。

节气是日常生产生活的指南。在农业社会，农业生产对时令的变化非常敏感和重视。古人观察天空中太阳、月亮、星星等天体的斗转星移，通过对自然节律变化和气候特点的观察总结，发明了二十四节气，用以指导农事活动。我们熟悉的"清明忙种麦，谷雨种大田""夏至种豆、重阳种麦"等俗语，皆脱胎于节气规律。数千年来，中国农民就是如此不违农时地耕作的。

节气中蕴含着东方生活美学。节气是古人对大自然纤毫变化的感受，也由此融入每一个寻常之日中。每个节气所特有的习俗，体现着中国人对生活的热爱。立春要祭祀春神、班春劝农，立秋要赴圩场赶秋、庆丰年祈幸福，冬至要拜祖、吃饺子……节气的理念早已融入我们的吃食、养生、习俗等各个方面，中式生活方式就这样落入四季更迭中，无声无息，无处不在。

二

在国际上，二十四节气被誉为"中国的第五大发明"，于2016年11月30日被列入人类非物质文化遗产代表作名录。这意味着国际社会对这一中国人数千年传承的智慧体系，早已形成高度的认知与认同。

然而，从农业社会步入现代社会，节气文化虽仍在流传，却也不可避免地面临着一定的生存困境。

随着现代社会的发展和农耕文化的转型，节气所具有的农事指导等功能逐渐式微。与农业生产直接相关的群体基数减少，也让其传承主体逐渐出现断层。这些情况导致，现在一些人对节气的认知与价值判定出现一些偏差。比如，有人认为，传统节日就是春节、端午节、中秋节等，二十四节气中的大多数节气已经没有什么存在感，不需要去进行传承和保护。

公历纪年法的普及使用，冲淡了传统节历文化的氛围。目前国际上通行的公元纪年法，也就是俗称的"公历"，在中国于1949年取代了传统的历法，被确定为官方的纪年方式。如今，除了春节前后大江南北都偏好用"腊月二十几""正月初几"来记录时间外，元宵节一过，人们就重回日常状态，约定俗成般地以年月日计算取代对四季轮转的感知。在这一大背景下，节气文化也就不可避免地被淡化。

此外，随着社会飞速发展，城市化进程不断加快，我们对自然气候的依赖不再那么强。在高强度的生活节奏中，不断强化的"社会时间"也让个体对"自然时间"的感知逐渐弱化。不可否认，少数人对二十四节气的认知，更多停留在术语和符号上、停留在短短二十八字的节气歌上。

三

二十四节气，是中国古老而科学的"时间制度"，穿越了数千年时光。如何让这一文化瑰宝焕发新的光彩，更深度地融入现代人的生活？这是一项新的时代命题。

比如，活化二十四节气的传承之景。在理解和挖掘二十四节气文化内涵的同时，也应当让它们可感知、可体验。像衢州柯城十多年来坚持活态传承"九华立春祭"民俗，以祭春仪式、鞭春牛、踏春、咬春等颇具仪式感的流程，让人们感受到千年来中国人对春天、节气发自内心的尊崇。

还有杭州设立半山立夏节，传承立夏习俗；台州三门县打造特色非遗街区，展示"祭冬"文化……这些可观可听可赏可闻的习俗体验点，绘就一幕幕节气传承的动人图景，都是很好的传承案例。

比如，展示二十四节气的自然之美。"野芳发而幽香，佳木秀而繁阴，风霜高洁，水落而石出者，山间之四时也。"山川、风物、人情，无不展现四时节气之美。北京冬奥会开幕式上，二十四节气作为倒计时器，自"雨水"始，至"立春"定，与古诗词、古谚语相融，完美呈现中国传统文化和现代美学。还有杭州亚运会开幕式暖场节目《南孔竹鼓 礼迎天下》，也让二十四节气的"非遗神韵"与千年传承的"两子文化"交相辉映。

比如，感知二十四节气的生活之用。节气与我们的生活息息相关，它蕴含着与人体生命科学及日常相关的智慧。比如，中国人历来讲究立春宜护肝，谷雨养脾胃，冬至宜多吃补心食物等。一些地方的中医院还开设了"时令门诊"，诊疗对象逐渐从中老年人向年轻人延伸。此外，如何更加多样地将之落于我们的生活之用，还需要进一步去思考。

再比如，演绎打破次元的节气之潮。节气是古老的，但展示可以创新；节气是传统的，但表述可以现代。十分能"整活"的河南卫视精心打造的中国传统节日"奇妙游"系列，结合流行的网剧和网综，推出虚拟人物"唐小妹"，打破"次元壁"，让传统节日一路"开挂"，这也可以作为节气文化"破壁"之策的参考。比如，可以推出节气动漫、节气游戏、节气文创等创新表达方式，让二十四节气在"Z世代"心中潮起来。

今天，我们在传承节气文化时，传承的不仅是一种文化符号，更是中华民族的智慧结晶。节气文化带我们追忆记忆深处悠扬婉转的田园牧歌，感悟人与自然的相处之道。

立春至，万物生，从此冬寒变春暖，阡陌漾春意。立春之日，你的家乡有哪些传统习俗？

郑晨　陈逸翔　袁航　云新宇　执笔

2024年2月4日

起底美国社会五撕裂

当美利坚合众国无法"合众",这部跌宕起伏的"美剧"也再次提醒我们:美式民主不是人类政治秩序的"标准答案"。

最近,全世界都在"围观"一个"瓜"。由美墨边境非法移民和边境管理问题引发的美国联邦政府与得克萨斯州之间的武装对峙,目前仍在持续中。

这几年,美国国内上演的闹剧不少,从剪不断理还乱的"国会山骚乱"事件,到此次不断升级的对峙,世人在追更"美剧"的同时,也再次见识了美国社会的种种"出乎意料"。

此次事件的细节我们按下不表,先借此聊聊美国社会的五大撕裂。

一、相互拆台的政党撕裂

"制度完善、治理成熟"一直被认为是美国政治制度的一个显著特点,美国政客长期引以为傲。但世界上没有绝对完美的制度,美国的政治制度也不可避免地存在着局限性。愈演愈烈的党派斗争，揭开了美式民主的假面，一定程度上暴露了其"否决政治"的制度劣根性。从本质上来说，这正是导致美国政党内部、政党之间的"拳击赛"此起彼伏的根源。

随着大选年的到来，民主、共和两党"过招"将更频繁，进一步加剧的两党之争和政治对立或将为美国政治极化和社会撕裂"火上浇油"。得克萨斯州的这场闹剧，就是"驴象之争"的结果。此前，民主党已经给特朗普送上缅因州和科罗拉多州取消其初选资格的"厚礼"，现在共和党又在得克萨斯州的移民问题上还以颜色。

相互拆台的政党撕裂，也引发美国社会内部对美式民主制度的广泛忧虑。比如，美国《大西洋月刊》就曾发文表示，担忧美国"陷入了'民主倒退'的困境"。美国13家总统图书馆曾联合发出警告：美国民主处于脆弱状态。路透社2023年的一项调查显示，近三分之二的美国民众认为，美国共和、民主两党政客因执迷于党派斗争而无法正常履职。

可以预见，只要这一政治制度持续，美国两党争斗的局面就不会有大的改变，这也将继续消解美国所谓的政治理性。

二、积重难返的种族撕裂

美国种族问题历史欠账冗长。在历史上，美国对包括印第安人在内的土著居民进行了屠杀、驱逐和文化灭绝，这是美国永远无法洗白的污点。

奴隶制遗留下来的种族主义阴影久久缠绕着美国社会。当前，美国国内对有色人种的歧视依然如故，根深蒂固的"白人特权"观念，让少数族裔的处境之难越发凸显。在全美各地频频上演的黑人"零元购"、黑白街头对立等现象让人们看到，黑人男子乔治·弗洛伊德临死前的那句"我无法呼吸"，已然成为当下美国少数族裔面临的困境的一个写照。

此外，阶级固化和贫富分化是美国种族鸿沟持续扩大的新账。据美联储调查，肤色与美国的贫富差距有直接的关系。这一差距在过去几十年得到扩大。1989年以来，白人家庭的财富中位值增加了两倍，而黑人、西裔和拉丁族裔家庭的财富几乎没有增加。此外，数据显示，美国白人家庭净资产中位值是黑人家庭净资产中位值的10倍。

正如美国学者所指出的，"肤色在决定美国人的命运方面，显然具有举足轻重的作用"。可想而知，如果美国不把种族歧视"新账旧账一起算"，这道裂痕将对其带来更深的伤害。

三、难以弥合的身份撕裂

不断凸显的身份政治现象，正成为美国民主危机的一个根源。何为"身份政治"？有学者将之概括为：人们在社会政治生活中产生的一种感情和意识上的归属感，以及相关的政治行为。

有人把美国社会比作一个"色拉拼盘"，不同肤色、不同宗教信仰的人共同生活在一个大社会。在建国初期，美国的身份政治相对简单。但此后，美国的身份政治扩大和演化到白人、黑人、拉美裔、亚裔等多个族裔，性别、性取向、堕胎、环保、气候变化、移民和对外关系等问题也交织其中，形成了错综复杂的局面，由此带来重重社会矛盾。

比如，近年来，美国校园的教育闹剧时有上演，围绕性少数群体、引导儿童变性等问题的讨论，逐渐演变成全社会争议的焦点。类似的争议还发生在体育界，"长着胡子的性少数运动员参加女子比赛夺冠"等新闻持续引发热议。

与此同时，一些政治人物积极推动将身份认同泛化，用来换取所谓的选票支持。比如，有些美国政客以反觉醒、反性少数来鼓动选民给自己投票，这又加剧了美国民众在身份认同上的极化，导致美国的社会共识日益"马赛克化"。

四、矫枉过正的文化撕裂

随着全球化的进一步深入，美国国内文化呈现出更加多元的趋势。近两年 TikTok 在美国年轻人群体中广泛流行就是一个证明。与此同时，种族撕裂、身份撕裂、性别撕裂等带来的文化撕裂，让美国自身的文化魅力受到一定消解。

虽然美国国内不断冒出各种新的文化名词，如"取消文化""冒犯文化"等，或将"黑美人鱼""黑雪公主"等元素植入文化 IP 中，并受到资本不断推荐，但事实证明，它们并未像曾经的美国文化和美国价值那样产生强势性、统领性的影响。

这些强行植入"政治正确"的文化 IP 缺乏人间烟火气，与此前由美式"硬汉文化"等衍生出的西部牛仔、超级英雄、变形金刚等文化形象相比，少了一些鼓舞人奋进的因子，无法引发更广泛的共鸣。

此外，也有一种声音认为，如今包括美国人自己都发现，这些套路其实都是党争政治的延续，是政党为了政治利益推出的文化扮演。有学者就指出，"合众为一"是美国社会的信条，也是所谓"美国梦"的一部分，但目前美国精英推崇的"取消文化"等新套路正在不断侵蚀这一信条。

五、利益至上的盟友撕裂

基辛格曾说过一句话："做美国的敌人可能是危险的，但做美国的朋友是致命的。"这话不假。事实上，以美国开国元勋汉密尔顿为代表的联邦党人很早就开启了"利益外交"先河，以美国利益至上的取向来决定"朋友圈列表"人选，"插刀队友"的事在美国历史上并不算少见。

比如，为维护自身经济霸权，里根政府用一纸"广场协议"狙杀日本；为解决本国长期贸易失衡问题，特朗普政府向包括欧盟、日本在内的多方大搞贸易霸凌；为抢军火生意，拜登政府在法国的背后"捅了一刀"，要知道，法国可是美国"历史最悠久的盟友"。

"友谊的小船说翻就翻"的操作，表面看是美国党争的外溢效应导致的，但从本质上来说，是因为在美国政客眼中，所谓盟友只是维护自身利益的工具，美国所说的"团结"只是"美国优先"的遮羞布。

从更根本上来说，是因为如今世界多极化已是大势所趋，美国竭力要维护的霸权已经不得人心，其盟友体系越来越松散。当美利坚合众国无法"合众"，这部跌宕起伏的"美剧"也再次提醒我们：美式民主不是人类政治秩序的"标准答案"。

时间来到2024年，美国大选序幕已经拉开。这场决战，会不会把以上五道撕裂的伤口更彻底地暴露在世人面前？我们且看后续。

陈培浩　徐健辉　执笔

2024年2月4日

再忙也不能把年味丢了

> 到了过年，不妨将手头工作停一停，把生活中的矛盾放一放，好好过个有滋有味的年。

再过几天，我们就将迎来甲辰龙年。这些天，大街小巷挂满了红灯笼、中国结和"福"字，商场超市放起了《恭喜发财》。有人开始置办年货，有人盘算着过年和哪些亲朋好友聚会，还有人已经踏上了回家的路。

也有人抱怨，现在的年味越来越淡了。有的年轻人过年聚会时还在低头玩手机，亲人朋友之间往来也不如以往多了，似乎过年就是一个加长版的普通假日，主打一个"敷衍了事"。

经过了一年的忙忙碌碌，很多人直到年底还有不少工作要做，有不少烦心事要操心，一定程度上冲淡了年味。但对中国人来说，春节不仅仅是一个普通假期，它承载了太多独特的意义，再忙也没有理由把年味随意丢弃。

一

"都忙，忙，忙点好啊。"这是一句经典的公益广告台词。家里老人虽然嘴上可能会这么说，但心里都期盼着子女"常回家看看"。电话里的一句"我今年不回去了"，似乎意味着"忙"阻隔了一切，"忙"比团圆还重要。

现代社会的节奏越来越快，每个人生活的担子都不轻，可能导致没有闲心追求过年的氛围。望着将近的年关，不是每个人都满心欢喜，一些人甚至患上了"过年焦虑综合征"。有的钱包并不宽裕，过年的油费路费、红包礼物都是"躲不开"的支出；有的觉得自己在外面"没混好"，回家见亲戚朋友丢了面子；还有的面对难得的假期，只想在家好好歇几天，没心思和力气大张旗鼓地张罗。加上如今商品购买便利、点餐方便，过年的各种置办也可以一键下单，年味就在忙碌中悄悄溜走。

几代人迥异的生活方式和价值观念，也让一些人对过年的社交聚会不太感冒。长辈跟不上晚辈的潮流喜好，不知道说什么好；晚辈遇到长辈更是紧张，七大姑八大姨团团围坐、刨根问底，"三句离不开收入和催婚，四句说的是你看别人家"。大团圆的亲情、节日的喜悦，都可能在城市生活与乡土传统的碰撞中消解。

当今社会物质丰富、娱乐多样，每个人都能找到自得其乐的生活方式，过年的热闹和团聚对于一些人来说不再是"刚需"。越来越多的人觉得，珍贵的假日要用在自己最期待的事情上。有的小家庭温馨陪伴，有的寄情于山水，有的畅游虚拟世界，有的只是一个人安安静静地待着。选择的多样性正是时代进步和社会包容的体现，每个人都有自己过年的方式和释放压力的途径。

但与此同时，这也让一些人感到无所适从——明明说好的一起过年，怎么都开始各过各的？年味的消散，有可能会带来一定的心理落差。

二

正如电影《年会不能停》中的一句台词，"年会不能停，人心不能散"。人们吐槽归吐槽，但只要年会真正成为员工的节日，成为一年中大家期待的"保留项目"，那便的确是一种在繁忙中找寻年味的方式。在笔者看来，过年也同样如此，再忙也不能把年味丢了，越忙越要锁住年味。

"过年"二字，"年"是一个节点，"过"则是一种方式和态度。人们常说，再苦再累，咬咬牙也就过去了。在人生这场漫长的马拉松里，琐碎生活周而复始，酸甜苦辣人皆有之。节日的诞生，本身就包含了对忙碌烦恼的解构和抵抗，带领人们进入一种自我调适和暂时休养的时间。而过年的特殊性在于，它既是一年的结束，也是一年的开始。人们要想从过去一年的劳碌繁忙中"满血复活"，迎接新一年的到来，就应足够重视这个节日所提供的情绪价值。

工作和事业固然重要，但不能在忙忙碌碌中忽视了家人和朋友。"有钱没钱，回家过年"，正如春运这场盛大的迁徙，亿万人朴素的幸福观化作了华夏大地最强劲的脉动。在团聚的日子，把时间留给家人、朋友，感受彼此间的关爱，分享欢笑和泪水，进而更好地找寻生活的目的，是过年的重要意义。

年味的消逝或许只是在不经意间发生，但文化传统的丢弃是一种难以挽回的遗憾。往小了说，过年的传统经由祖祖辈辈传递给我们，参与了我们的人生，构建了我们的记忆；往大了说，年味背后的年俗文化，是中华儿女独特的精神纽带，是值得我们好好珍惜的文化瑰宝。2023年年底的联合国大会将春节农历新年确定为联合国假日。中华民族的这一盛大节日正不断走向世界，所有中华儿女应该为此感到自豪，也应发自内心地守护和延续传统。只有每个人都把年过好，把过年的气氛搞得浓浓的，这一延绵不绝的民族文化传统才会有所继承和发展，乡愁才能得以安放，根脉才能得以舒展，神采才能得以传扬。

三

在繁忙中守住年味，不是因循守旧、故步自封，年味也会随着时代发展而不断变化。在经济社会发展日新月异的当下，唯有找到属于我们这个时代的年味，才能既传其"形"，又得其"神"；既守住文化之"根"，又结出创新之"果"。

比如，二十多年前，"看电影"还不是很多人春节期间的必选项，大多影院在春节前后都是歇业的；而如今，春节档电影已经成为全年电影票房绝对的"扛把子"，看电影已成为春节合家欢的主流选择。另外，也有人将"集五福、云拜年、抢红包、全家游"选为21世纪"新四大年俗"。不论是包饺子、打年糕，还是看电影、抢红包，同样都能把年过得红红火火、热热闹闹。

年味从何而来？从最小的家庭单元中来，也从生活中小小的仪式感而来。仪式感不意味着花多少钱，占用多少时间，而是把某一天、某一个瞬间过出不同、过得精彩。比如过年期间，尝试着学做几道"硬菜",和家人一起剪窗花、做灯笼、贴春联,在亲手实践的过程中,年味就像"小火慢炖",越"咕嘟"越浓厚。

在繁忙中守住年味,需要整个社会的努力和加持。让人们在岁末年初从忙碌工作中脱身出来,享受更为纯粹的家庭时光,不仅合乎常理常情,更是劳动者应有的权利。企业合理安排工作时间,地方结合当地特色组织年俗活动,国家保障劳动者权益落实带薪年假等制度,都是留住年味的必要条件。

对于每个人来说,虽然物质条件有优有劣,但到了过年,不妨将手头工作停一停,把生活中的矛盾放一放,好好过个有滋有味的年。年味交织着生活的芬芳,寄寓着我们美好的愿景,再忙也别丢下它。

吴晶　谢滨同　钱义　执笔

2024年2月5日

"千万工程"何以在世界"圈粉"

> "千万工程"从省域走向全国,也从中国走向世界,为营造和谐宜居的人类家园贡献"中国方案"。

近日,系列纪录片《千万工程》热播。其中一段采访给笔者留下深刻印象。

2018年9月26日,在纽约联合国总部的颁奖典礼上,浙江省安吉县鲁家村村民裘丽琴作为"千村示范、万村整治"工程代表,领取了联合国最高环保荣誉"地球卫士奖"。

纪录片中,裘丽琴说:"(领奖时)虽然我听不懂他们的语言,肤色也不同,但是他们有的走过来给你拥抱,有的跟我握手,还有的竖起大拇指,我觉得我是中国人特别自豪。"

"千万工程"何以受到国际社会广泛赞誉?

一

2003年6月,在时任省委书记习近平的倡导和主持下,浙江在全省启动"千村示范、万村整治"工程。20多年久久为功,"千万工程"促进了美丽生态、美丽经济、美好生活有机融合,不仅造就了万千美丽乡村,造福了万千农民群众,还赢得了国际社会积极反响,纪录片《千万工程》真实收录了这些赞誉和好评。

有的点赞山清水秀的人居环境。来自德国的设计师克里斯,因为一次偶然的机会骑行经过杭州余杭青山村,只用了短短几分钟就爱上了这里的青山绿水,并且正儿八经地成为了一名青山村村民,他说:"我非常开心能在中国生活。"

2023年8月,在湖州安吉召开的"以竹代塑"创新大会上,埃塞俄比亚农业部国务部长埃亚苏·范塔洪、喀麦隆驻华大使马丁·姆巴纳等国际友人纷纷称赞"群山绿色的程度令我惊讶""安吉的空气非常清新,人们能睡得很好""这一切无法用语言形容,环境如此绿色,说明生态系统非常好"。

有的点赞乡村振兴的巨大成就。一对造访过中国许多乡村的波兰籍夫妇,希望可以通过人类学课题调研,来探寻中国何以让乡村变得更美好。来到浙江后,他们找到了答案,于是决定留在宁波,用一本书来记录这里奔向共富的探索与实践。

来自英国、参与《习近平谈治国理政》译文改稿工作的外文出版社荣誉英文主编大卫·弗格森认为,农村、农民、农业问题一直是中国政治话语的重要主题,而"千万工程"给乡村振兴带来了巨大变化。

有的点赞中国共产党的领导力和中国人民的行动力。埃塞俄比亚总理府国务部长迈基尤·阿巴迪加感慨:"中国发生着令人惊奇的改变!"赞比亚林学院院长理查德·班达点赞道:"这就是真正的领导力,我想不到其他的形容词。"联合国前副秘书长埃里克·索尔海姆认为，大自然本身并不会自己解决问题，是人民的努力、中国政府的领导，让这一转变成为可能，而"动员人民进行伟大的变革是令人惊叹的"。

二

如何实现经济、社会、环境三者的平衡，是世界各国发展过程中必须面对的问题。联合国2030年可持续发展议程，就旨在解决以上3个维度的问题，推动全球走向可持续发展的道路。

"千万工程"的理念，与联合国可持续发展目标不谋而合；"千万工程"的探索，向世界提供了一种人与自然和谐共生的现代化模式。在笔者看来，"千万工程"之所以有如此影响力，主要是因为正确处理好了三对辩证关系。

"城市扩张"与"乡村发展"。随着城市化、工业化进程不断加快，乡村衰落已成为一个全球"流行病"。无论是发达国家还是发展中国家，人口流失、经济衰退、缺乏公共服务等问题都困扰着乡村发展。"千万工程"以环境整治为起点，让更多村庄走上发展新路，焕发乡村"万物生长"。

比如，安吉余村于2022年启动"全球合伙人"计划，携手周边3个乡镇的17个行政村，向全球人才发出邀请。国漫茶咖、乡音酒吧、余村数字游民公社等项目持续落地，村子比城市更显"洋气"、更有人气。

比如，2023年9月习近平总书记考察的义乌市后宅街道李祖村，曾经是偏僻落后的"水牛角村"，伴随着"千万工程"的深入实施，村容村貌改善了，基础设施更加完善，乡村特色得到凸显，加速迈向乡村振兴，成为欣欣向荣的"国际文化创客村"。

索尔海姆说，中国、印度、欧洲、美国等地，农村面临的一个主要问题是，年轻人往往被吸引到城市，老年人留在农村，而"千万工程"正在改变这种状况。

"金山银山"与"绿水青山"。工业快速发展虽然带来了物质生活水平的提升，但也造成了自然资源的过度消耗以及生态环境的恶化。"千万工程"打破了"要发展就必须牺牲环境"的魔咒，通过培育"美丽乡村＋"农业、文化、旅游等新业态，让越来越多的乡村成了景区，越来越多的村民富了口袋，书写出一篇又一篇"绿水青山就是金山银山"的大文章。

大卫·弗格森认为，中国在环境治理方面的做法和其他重大战略的做法相同。从长线做规划，分不同阶段严格实施，当其行之有效，并符合所有人的共同福祉，就会全面推广。

索尔海姆觉得是习近平生态文明思想起到了决定性作用。他说："习主席的新生态思想是，人类是大自然的一部分。习主席经常提到环境问题，我非常乐意看到世界各国领导人都像他一样谈论环境问题。"

"物质满足"与"内心丰盈"。西方以资本为中心的现代化在为人们创造丰富物质产品的同时，也使很多人的精神世界趋于功利、空虚、疏离，成为"单向度的人"。在"千万工程"的推动下，人们在越来越多的乡村望得见山、看得见水、记得住乡愁，更成就着许多青年的"诗与远方"。

纪录片《千万工程》中，用艺术振兴乡村的宁海葛家村，唱"村歌"、办"村晚"的江山大陈村，开展"樟树下议事"的余杭小古城村……一个个村子用实践证明，乡村文明是中华民族文明史的主体，乡村可以成为中国人身有所栖、心有所依的精神家园。

著名作家、被称为中国"村落保护第一人"的冯骥才说，习近平总书记提出的"望得见山、看得见水、记得住乡愁"这句话是带有文学性的，这也是我们做好村落保护的一个指导思想。习近平总书记说的记住乡愁，这里就有中华民族的魂，乡愁是对乡土的一种情怀、情感，就是我们民族的凝聚力。

三

"千万工程"被浙江农民群众誉为"继实行家庭联产承包责任制后，党和政府为农民办的最受欢迎、最为受益的一件实事"，被专家学者誉为"在浙江经济变革、社会转型的关键时刻，让列车换道变轨的那个扳手，转动了乡村振兴的车轮"。

而现在，"千万工程"从省域走向全国，也从中国走向世界，为营造和谐宜居的人类家园贡献"中国方案"。

正如2018年联合国"地球卫士奖"颁奖词所写的那样，"这一极度成功的生态恢复项目表明，让环境保护与经济发展同行，将产生变革性力量"。

"千万工程"何以走向全国、影响世界？说到底，还是心里真正装着人民，想人民之所想，急人民之所急。

香港中文大学（深圳）教授郑永年说，中国共产党对农村的发展从来没有忽视过，这些都是一以贯之，也一直在做，很多的工作实际上不容易做到现在这一步。

纪录片《千万工程》的最后，几位村民对着镜头说出想对习近平总书记说的心里话，"我们这个小山村现在是越来越美了""给予我们年轻人更多的创造空间""'千万工程'振奋了我们所有人的信心"……

千头万绪的事，说到底是千家万户的事。"千万工程"从解决群众反映强烈的环境脏乱差问题做起，正是对以人民为中心的发展思想的生动实践，也因此才得以持之以恒，从而不断实现人民对美好生活的向往。

大卫·弗格森评价"千万工程"时说："西方发达国家花了200年的时间来学习和理解，中国在大约40年的时间里就认识到，基于对环境的索取来进行现代化将会失败并自毁。"

张诗妤　姜思铄　王超　执笔

2024年2月5日

吃完这道鱼，年味近了

> 中国人的文化里，吃饭不仅是简单的充饥果腹，更是联络感情、互诉衷肠的契机。一道道美味中往往蕴含着丰富而又美好的情感。

农历新年的足音渐近。"老底子，闻着年鱼香，就到年边上啦"，在江浙一带，青鱼干就像是年的信使，在片片晶莹中传递着岁月的况味。

腊月上市的青鱼干又被叫作年鱼，它包裹着独特的咸香，浸润着盐、风、阳光和岁月的百般滋味。蒸好的青鱼干油润绵密、肉质紧实、劲道鲜美，香到食客连鱼骨头都要吮上好几口才过瘾。这时，来上一碗米饭或是就一口米酒，味蕾缠绵中，最朴素的咸鲜足以令人回味无穷。

小小的青鱼干，为何会让人如此惦念？

一

青鱼干里蕴藏的丰收滋味，丝丝缕缕萦绕在唇齿间，于节节攀高的年景中散发开来，是酣畅淋漓的渔获喜悦。

中国人对"丰收"的渴盼是刻在骨子里的。沿着长江中下游自西向东，满目皆是丰沃之地，鱼肥米香。丰收之喜，陆地有之，水域更有之。

浩瀚之水是青鱼的大千世界。在"中国青鱼之乡"——嘉兴市秀洲区王江泾镇的湖荡中，丰收季的青鱼捕捞现场声势浩大，极为壮观。晨曦初绽，光照在广袤的水域之上，渔民们干劲十足，撒网、赶鱼、捕捞的动作中满含着积攒了一年的热切，青鱼的活动范围被不断收紧，网兜中密集翕动的鱼嘴渐渐浮现。

随着欢快的渔歌号子，渔民们拉动大网的速度越来越快，平静的水面霎时溅起激烈的水花，青鱼撒欢打滚，更有"调皮者"在空中划过一道抛物线，激起的水花引得堤岸上的围观村民惊呼连连，"一网几万斤"是司空见惯的场景。

在王江泾镇，几乎家家户户都会腌制青鱼干。选一条体形匀称的大青鱼，沿着脊背从头到尾剖开，再把炒热的盐和花椒均匀抹在其两面，久搓入味，然后用布将青鱼包好扎紧，安排上"日光浴"，封好的青鱼整整齐齐码开，晾在农家院子里，鱼身被光照得透亮，泛起油润的光泽，浓浓的年味悄然而至。

晒青鱼干，阳光的作用不可小觑。腊月里的太阳，既不浓烈，又暖融融的，配合着寒冷干燥的西北风，能快速驱散水气、析出油脂，盐与风共同绑紧了丝丝鱼肉，每一寸皮肉都散发着美味。

在江浙一带，谁家挂的鱼干多，代表着谁家人丁兴旺、富贵有"余"。辞旧迎新的喜庆氛围更是在一日日的晾晒中，被一点点地烘托到位。

二

细嗅青鱼干的味道，每一丝都带着时光的痕迹。要把自然的馈赠烹制为人间风味，离不开老底子人们的辛勤劳动和匠心独运。

800多年前，诗人陆游沿京杭大运河路过闻川，也就是现在的王江泾，看到老百姓把腌制的鱼干晾晒在屋前，就记录到他的《入蜀记》当中："过合路，居人繁伙，卖鲊者尤众。"这种名为"鲊"的鱼产品，就是当地渔民自行腌制的鱼干。这种腌制法从南宋一直延续至今。

翻看朱彝尊所著的《食宪鸿秘》，《鱼之属》中首推鱼鲊，考究到极致：大鱼青鱼一斤，切薄片，勿犯水，布拭净。夏月用盐一两半，冬月一两，腌十顷。沥干，用姜、橘丝、莳萝、葱、椒末拌匀，入瓷罐揿实。箬盖，竹签十字架定，覆罐，控卤尽，即熟。

有青鱼干相伴的餐桌，总是令人食指大动，"米饭杀手"绝非浪得虚名。青鱼干最简单的吃法是清蒸，把鱼干切块，喷上黄酒或白酒，铺上姜片、辣椒丝，再淋上少许菜籽油，上锅蒸10分钟，美味即得。

青鱼干的下饭搭档也不在少数：咸咸的青鱼干，和蔬菜一起"出道"，不管是大白菜或毛豆或土豆，都鲜美可口；和五花肉一起红烧，肉中有鱼味，鱼中带肉香；和豆腐一起蒸，和肋骨一起焖，裹成鱼干粽……让人忍不住要大快朵颐一番。

还有的青鱼干是特地不去除鱼鳞的，"老饕"会专门收集鱼鳞，下油锅炸至金黄，香香酥酥的，那滋味别提有多勾魂了。

烹制青鱼干的技法，在细腻悠长的岁月中传袭至今，而精心烹制出来的菜品，也将那段难忘的时光包裹在了咸香中。

被誉为"四大家鱼之首"的青鱼，生活在水域底层，是个典型的"慢性子"，成长四五年才堪称成熟，再加上青鱼爱吃螺蛳，它的营养价值和肉质滋味早已远超其他家鱼。

由此也出现了一个怪现象：中华传统美食普遍注重食材新鲜度，但青鱼却在"干货"赛道一骑绝尘。

比较值得采信的解释是过去的生活比较清苦，青鱼养殖成本高，自然也就贵，老百姓平常不太舍得吃，只有等到快过年时，家里才会做；而且青鱼肉质厚实，做成鱼干极耐储藏。老祖宗的艰苦朴素与生活智慧，可见一斑。

三

青鱼干里饱含的团圆年味，承载着我们平凡的寄望。

汪曾祺说过，味道是一种很奇特的感觉，有时候不在于那菜式的本身，而是在于那时节、那人和那情感。

中国人的文化里，吃饭不仅是简单的充饥果腹，更是联络感情、互诉衷肠的契机。一道道美味中往往蕴含着丰富而又美好的情感。

享受的是亲情交融之乐。有些美食，一做便知道是过年了，青鱼干就是其中极富仪式感的一味。在浙江绍兴、宁波、温州、台州等地，同样有着"无鲞不过年"的说法，《尔雅翼》有载："诸鱼鲞干皆为鲞。"鲞，说的也是鱼干。晒鲞期间，邻人们你来我往，热热闹闹赠鲞评鲞。多年来，"毛脚女婿"往老丈人家送年货，青鱼干是不可或缺的。因此，年前市场上常会出现一鱼难求的盛况。

慰藉了远游赤子的乡愁。朱彝尊将心心念念的鱼鲊写进了《鸳鸯湖棹歌》里，"百步桥南解缆初，香醪五木隔年储，不须合路寻鱼鲊，但向分湖问蟹胥"。鲁迅先生在《在酒楼上》多次提及茴香豆、冻肉、油豆腐、青鱼干等"绍兴四味"，隔着纸香，都能感受到青鱼干的好吃。鲁迅的日记里，还细致地记录了家乡亲友寄来的土特产：干鱼、风鸡、酱鸭，还有糟货。这些家乡美食，仿佛一条无形的丝线，连接起了远隔山水的大文豪和亲朋间的相守相望。

承载着平安顺遂的寄望。在春节这个最为悠久、宏大的传统节日里，跨越中国广袤大地，从西至东，由南往北，风味地道的鱼菜是餐桌上的常客，不仅是团圆时的佳肴，更是人们对"岁岁平安，年年有余"的美好期许。春节尾声，游子又将离家，父母们又忙不迭地把青鱼干切好段，密封装好，在后备箱或行李袋中塞了一份又一份。

"浙江宣传"曾在《中国人为什么爱回家过年》一文中说过，回家的路如此不易，但中国人还是想着回家过年，因为唯有老家的氛围、少时的味道、父母的亲情，是最治愈人心的。

色泽晶莹、肥硕鲜美的青鱼干，如一枚枚灯盏，照亮了游子的归程。家乡的鱼，家乡的水，家乡的味道，沉淀在胃里，融化进血脉，温润着心灵。

胡佳　执笔

2024 年 2 月 6 日

8090和00后为何能给省领导"宣讲"

> 宣讲与青年的"化学反应",正激起青年学习理论、认同理论又再用理论影响更多青年的正向循环。

2月5日上午,一场特殊的宣讲在浙江省委大院开讲了,5名8090和00后宣讲员走进一省决策的"最高枢纽",围绕科学理论在浙江的探索与实践,用青年的方式向省领导们作了一次宣讲展示。

省委书记易炼红说,大家用生动语言、鲜活案例和感人故事侃侃而谈、娓娓道来,声情并茂、深入浅出,听了以后让人豁然开朗、引发共鸣,从中可以感受到大家有站位、有情怀、有钻研、有本领、有作为,值得点赞。

在浙江,青年和理论产生了什么样的聚合效应?8090和00后宣讲员为何这么有"排面"呢?

一

回顾百年党史不难发现，用科学理论武装青年始终是我们党的传统和优势所在。青年人一旦掌握认识世界和改造世界的思想武器，就能迸发出惊人的变革力量。

比如，20世纪20年代的农民运动讲习所，正是毛泽东、周恩来、彭湃、恽代英、萧楚女等一批当时的"90后"，用鲜活的阶级斗争理论和丰富的武装斗争经验，引领进步青年将革命火种撒向全国。

让有信仰的人讲信仰，真理的甘甜才能沁入人心、春风化雨。让有信仰的青年讲信仰，真理的回响便拥有了更持久的传播力与创造力。

但不可否认的是，在物质生活日益繁荣、精神文化趋于多元的当下，要实现青年与理论的"双向奔赴"，难度不小。新时代的广大青年思想活跃、兴趣广泛，却也承受着更大的精神压力与成长焦虑。像高校思政课遇冷、佛系"躺平"等青年现象所反映的，既有核心价值观与多元社会思潮的碰撞，有主流媒体传播与算法"信息茧房"的较量，也有理想主义集体价值与功利主义个人至上的交锋。

要赢得这一系列社会、文化、思想领域的青年争夺战，绝不能依靠束之高阁、拒人于千里之外的僵硬教条，更不能依靠一成不变的经验与脱离青年实际的说教。基于深刻洞察青年的"用户思维"，浙江选择用青年理论宣讲辟出一条新路：用年轻人去赢得年轻人。

一方面，在浙江成长起来的新青年们，享受着"千万工程""绿水青山就是金山银山""腾笼换鸟、凤凰涅槃"等蝶变带来的成果，更能感受到真理的魅力和实践的伟力；另一方面，多年来，浙江用青年话语、青年创造，解决青年困惑，帮助青年成长，不断激发青年亲近理论的原动力，探索出更多青年与理论之间的"感应通道"。

青年宣讲员们摒弃了照本宣科"高大上"的术语堆叠，来一场发自内心、直击灵魂的对话，从此不再台上热火朝天、台下低头一片；抛却舞台华丽的灯光音响，回归初心，小人物也能讲出大道理，小故事也能有强共振，浙江年轻人的理论"种草"见到了成效。

二

用党的科学理论武装青年，关系党和国家事业后继有人。习近平总书记多次就青年学习、传播党的创新理论发表重要讲话，对浙江8090新时代理论宣讲作出了重要批示。浙江将青年理论武装作为一项"置顶"的青年工作，经历不懈探索，8090和00后青年宣讲在之江大地蔚然成风。

青年宣讲对于浙江来说，已经是一项"全省的事业"。从基层一线到机关大院，从大专院校到科研院所，从国有企业到民营企业，从行业协会到志愿服务团队，凡是有青年的地方，就有青年宣讲团的身影。新时代文明实践中心、文化礼堂、城市休闲广场、企业公共空间、新媒体平台，哪里有群众，哪里就是青年宣讲的前沿阵地。

青年朋友只要有一颗愿与理论"触电"的心，就不会缺少展示的舞台。近年来，从"我最喜爱的习总书记的一句话"到"共同富裕青年说"，从"我在之江学新语"到"'八八战略'在身边"，浙江用一场场精心准备的主题宣讲活动，为青年打通科学理论向生动实践转化的桥梁通道。这次的5位宣讲员，清一色经历了"创造营"的修炼。他们能够"成团公演"，是千百次宣讲实践的水到渠成。

除了把"浙青年爱学习"的品牌越擦越亮，从源头上增强理论与青年的"亲和度"，让更多"有信仰的人讲信仰"，浙江还把青年们像种子一样撒到樟树下、车间里、社区中，撒到老百姓中间，用一场场"特种兵"式蹲点宣讲，蹲出基层视野，蹲出实践观点，蹲出与老百姓的深厚情感。比如2023年，浙江就组织全省各地的宣讲员围绕营商环境为何"优"无止境、美丽乡村何以点"绿"成"金"、公共服务如何"供给"美好生活等话题，到企业、社区、乡村开展蹲点宣讲。

有人形容，现在的浙江，时时都是宣讲良机、处处都是宣讲舞台、人人都是宣讲对象。宣讲与青年的"化学反应"，正激起青年学习理论、认同理论又再用理论影响更多青年的正向循环。

三

世界上最难的有两件事情，一件事情是把人家口袋的钱掏过来，另一件事情是把自己的思想装进别人的脑袋。

如今，让理论从"云端"来到"身边"、抵达"心田"，使青年学习和理论宣讲成为一种生活方式，这些看来是美好愿景的事物正在浙江变为实景大戏，浙江青年理论宣讲正"好戏不断"。在笔者看来，从中可以获得三点启示。

第一，抓住青年就抓住了未来，这尤需发挥好理论的力量。青年是推动社会进步最活跃的力量，一个有远见的民族和政党，总是会把关注的目光投向青年。对于当代青年来说，要成为民族复兴赛道上最可靠的"接棒者"，关键是要有坚定的信仰，对中国的未来充满信心。这两年，浙江一直把青年作为开展理论武装工作的重要对象，比如已连续三年开展"00后 talker"遴选、集训，围绕共同富裕、中国式现代化等理论问题作理论研学、蹲点宣讲，解答了年轻人心目中很多"怎么看""怎么办"的问题。

第二，青年影响青年、青年带动青年是最好的理论传播方式。任何一种理论都是从实践土壤里生长出来的，它可以回应和解答现实社会中各种各样的问题。理论并非总是高高在上的，如果能够巧妙地对其进行年轻化、通俗化处理，学理论、讲理论也会在青年当中形成一股潮流，展现出强大的吸引力和影响力，让人有共鸣、能共情。比如寓教于乐，用开放麦、擂台赛的形式作宣讲。比如用快闪形式奔赴街头巷尾，用新鲜的热点故事铺垫，把观点想法传递出去。宣讲的到达率、走心率提高了，理论之树也被源源不断地注入了青春力量。

第三，将青年和理论"缠绕"在一起，还需要发挥好组织的力量、制度的力量。当代青年思想活跃、视野广阔，具有强烈的主体意识、参与意识、表达意识，受到社会潮流和不同观念的影响，很多青年的思想状态、价值取向、行为方式呈现出越来越个性化、多元化的特征。青年理论宣讲是一项解决青年思想问题的系统性工作，不能光靠某个单位、某个部门，需要把社会的力量、制度的力量发挥出来。比如浙江共有5000多支宣讲团，10万多名宣讲员构成了"浙字号"宣讲矩阵。比如衢州、台州与市场监管部门联合制定浙江新时代基层理论宣讲标准化体系，避免宣讲组织建设"走形式""一阵风"等等。

青年"名嘴"走进省委大院宣讲是一次全新的探索，听听青年的声音和想法，或许也能为社会治理提供一些启发和思考，毕竟看到青年的青春活力自信，也就看到了一个地方未来的模样。

王人骏　沈於婕　倪佳凯　苏畅　执笔

2024年2月6日

拥抱一场江南的雪

> 每个人心中，都有一场江南的雪。她未必有多么凌霄冷酷和磅礴豪情，却胸怀着轻舞曼妙的细腻温润，于无声处恬静安然。

雪是冬日的独特印记。在很多人看来，不下雪，冬天就还未真正到来，而江南的雪"最是中国"。下了雪的江南，就多了很多足以令人铭记的景致与意韵。

昨天，一场纷纷扬扬的雪在浙江多地飘下，此情此景引得朋友圈"人均李白"，大家个个诗兴大发，"雪中的江南，这氛围感谁懂""这场雪下出了水墨江南的诗意清雅""今日份风雪夜归人是我"……

有人说，千百年来的笔墨，让雪的意象浪漫到了骨子里，诉说着大自然与温暖人间的一场邂逅。江南雪来，年也更近了，且让我们迈步看雪去。

一

　　江南的雪值得等待。它是独具审美的画笔，似点点飞絮，如朵朵梅花，点亮了温婉如水的盈盈眉眼；它饱蘸着诗意深情，在天地间翩翩起舞，勾勒出水墨氤氲的醉人画卷。

　　是大美山河的别样风姿。如果看雪，你就不能只看雪，你还要看她是哪里的雪，看她有何独特气韵。不同于北方沃野的千里冰封、万里雪飘，江南的雪更柔情、更随性。她飘零在水乡街巷里、落在莹莹湖面上，又或是在油纸伞上轻扬，总之是在绝美的"千里江山图"中，雪让人间有了如梦似幻的色彩。

　　鲁迅说，"江南的雪，可是滋润美艳之至了"。在飘飘摇摇的雪中，让人动心的，是苏州人影婆娑的江南园林，是乌镇清幽静谧的小桥流水，是自古多情的断桥残雪。雪里江南花如玉，美艳动人的不只是雪，更是浪漫留白的阡陌小路、回眸浅笑的天青色山水。

　　是诗意古典的浪漫邂逅。当茫茫白雪在不经意间簌簌落下，黛瓦变白首，墨绿披银装，这份雪中的人文情愫，让"真江南"跃然眼前。"一念梅开香如故，一念雪落醉浮生"，一梅一雪，常常成为激发文人墨客抒怀揽胜的"开关"。

　　踏雪寻梅，是"畅怀最是孤山去"的兴趣盎然，是"踏雪寻梅梅正芳"的岁月静好；驻足西湖，是"痴似相公者"的闲情雅致，是"能饮一杯无"的人生快意。

　　是返璞归真的人生趣味。天寒料峭草木稀，北风卷地下雪时，或许是季节更替让花草树木褪去了颜色，雪落下的时候显得格外清朗寂静。人们常常赋予雪自然、高洁、洒脱的印记，在飞雪无声、天寒地冻的日子里，仰望清风白云上，行至雪霁初晴间，我们总能在这片江南的雪中找回内心平静。

不妨回首想想，你有多久没有行走在江南的冬天里，踩在嘎吱响的雪地上，像童年时一样撸起袖子来一场酣畅淋漓的雪仗了？

二

雪一片一片落下，任由风儿卷起带到各个角落，哪怕短暂存在也要绽放出意义。

江南雪来，稀缺珍贵。在江南，下雪次数少、雪量小，留下积雪更是不易。因而，一贯以来有"江南雪薄，易化难驻"一说。不仅如此，她还不算守时，除了天地气运，更要看方方面面条件的保持，这是自古以来久居江南人的共识。正因如此，江南的雪格外珍稀。

江南的雪是大自然的馈赠，哪怕是一片小小的雪花，都会成为人们欢欣的理由。她从遥远的地方走来，跨越山河的重重阻隔，在某个瞬间，如同惊喜的礼物落入凡间，成为众人拥趸的宠儿。在这三九严寒天气里，有人在家中坐，温酒一杯，小酌一口；也有人走入白茫茫天地，观"雾凇沆砀，天与云与山与水，上下一白"，只为将天地奥妙尽收眼底。

江南雪来，温暖萦绕。当深冬的大雪落下，总有外出忙碌的人头顶着纷飞白雪，踏雪归家。打开门的一瞬间，看见微笑迎面的家人，厨房里的小火炉冒着热气，炖着一老早就准备好的可口饭菜，一整天的疲惫感在此时此刻一扫而空。

"闲来松间坐，看煮松上雪"，讲究的江南人还以雪水烹茶，茶碗间飘溢着甘醇芬芳，更有甚者取花瓣积雪，待融化后瓮存深埋以备来年取用。雪夜对饮、围炉煮茶的仪式感，让江南人的日常生活有了丝丝乐趣与阵阵暖意。

正因为如此，每个人心中，都有一场江南的雪。她未必有多么凌霄冷酷和磅礴豪情，却胸怀着轻舞曼妙的细腻温润，于无声处恬静安然。

三

寒冬腊月里的这场雪，因与"来年"紧紧相连，更有了热切的温度，满载着幸福期许和美好祝愿。有人说，岁末年初的雪，是中国红与素雅白的相遇，更是热闹和清爽的交织、朝气与希望的叠加。此话不假。

在农耕文化版图里，雪是节令变化趋势的反映，为农事劳作提供有利条件。天寒地冻时，皑皑白雪覆盖着大地，保持土壤热量；冬去春来大地回暖，积雪融水又能补充水分、杀灭病害，她唤醒沉睡的大地，哺育着这片生机勃勃的田野。

白雪荡涤尘埃、润物无声，她从不只带来冬天的祝福，更孕育着春天的美好。

无论是"瑞雪兆丰年，五谷登丰收"，还是"雪满天，必丰年"，种种说法都证明，从古至今，人们都相信，雪是祥瑞吉兆，预示着新一年诸事顺遂、红红火火。因而，当江南的雪盘旋下落，人们会走到户外漫步赏雪，在大雪中迎接新年，为来年岁物丰成、颗粒归仓祈福祝愿。

雪花飘，年关至。此时此刻，无论你是已经在家里烤着火喝着茶享受着年味浓浓，又或是正在天寒地冻中踏上回家的旅途，还是仍在岗位上头顶着漫天飞雪"奋战逆行"，总有一场雪，为你而下。银装素裹中，没有阵阵寒意，反而让人满怀希冀。

如此，便让我们一起拥抱江南的雪，共赴这场诗意浪漫、回味无穷的山水人文之约。

袁航　陈文雪　执笔

2024年2月7日

"脑洞大开"你怕不怕

> 技术的突破固然让人心醉，但相随而来的风险也需引起警惕。

有个网络流行语曾风靡一时，叫"脑洞大开"，形容人的想象力极其丰富而奇特、天马行空，甚至到了不可思议的境地。如今，现实版的"脑洞大开"已经来了。

近日，特斯拉 CEO 埃隆·马斯克在社交平台上宣布，其旗下公司 Neuralink 已完成首例人类脑机接口设备植入，他表示第一位人类患者接受了植入手术，目前恢复良好。按照他的介绍，这款名为"心灵感应"的产品进入大脑后，移植者只需通过意念就能控制手机、电脑乃至所有设备。失去四肢功能的人群将是该产品的首批使用者。

现如今，脑机接口的技术应用，正离我们的生活越来越近。不禁想问，脑机接口到底是啥？它真能让大脑"开挂"吗？对人类而言，究竟意味着什么？

一

何为"脑机接口"？一句话形容，就是用意念直接控制机器，不让信号"绕远路"。

正常来讲，人的大脑要想与外界进行信息交换，必须通过"媒介"进行，也就是神经及肌肉。而有了脑机接口技术，则相当于绕过神经及肌肉，在大脑与外部之间建立了直接通道，实现"脑"与"机"的直接交互。

举个例子，当你想喝咖啡时，不再需要手动磨豆子、拿杯子，这念头一旦出现，就会被脑机接口设备捕捉到，并指令机械手臂为你献上一杯醇香拿铁。

事实上，人类对脑机接口的探索早已有之，它并非新概念。1973 年，美国有位计算机科学家就设想，将电极放置在头皮上检测大脑信号，从而控制计算机，帮助四肢瘫痪的人恢复基本的自理能力。但因计算机性能、神经科学的发展局限，这在当时只是停留在假想阶段。

科幻小说、影视巨作中也经常出现脑机接口的画面。比如，电影《阿凡达》中，主角们利用脑机接口技术，实现了与异种生物的深度交流和控制；《黑客帝国》则描绘了"脑后插管"技术实现之后，人类被计算机所操控与奴役的场景，令人印象深刻。

新的技术风口迎面而来，中国也在不断蓄力发力。前不久，工业和信息化部等七部门联合印发《关于推动未来产业创新发展的实施意见》，其中就多次提到脑机接口，明确提出要突破脑机融合、类脑芯片、大脑计算神经模型等关键技术和核心器件，研制一批易用安全的脑机接口产品。

值得一提的是，几乎就在马斯克发布"炸裂"消息的同一时间段，我国首都医科大学宣武医院与清华大学医学院团队发布了首例无线微创脑机接口临床试验成果：经过3个月康复训练，脊髓损伤患者可以实现自主喝水等脑控功能。

无疑，"脑世界的大门"已经逐渐被打开。

二

脑机接口技术之所以这么香，引得全世界一众科学家、企业家为之着迷、竞相追逐，根本原因就在于其广阔的应用场景及巨量的市场潜力。

在医疗领域，这一技术可以作为妥妥的"辅助器"。它不仅有助于治疗记忆障碍、听力障碍、视觉障碍、抑郁、失眠等各类神经系统疾病，还能帮助有运动功能障碍的患者、瘫痪人群进行康复训练、恢复部分能力。

在非医疗领域，脑机接口技术也拥有各色各样的应用场景，包括监测与评估大脑状态、调控神经、增强感官能力，以及在教育娱乐、智能生活、体育竞技、无人驾驶等众多方面为人类带来福祉。比如，在杭州第4届亚残运会的开幕式上，残疾人运动员徐佳玲用通过大脑操控的智能仿生手高擎火炬"桂冠"，成功点燃主火炬。

在可预见的未来里，脑机接口还将作为一种增强技术出现在人们的日常生活中，有望实现更高级别的人机交互，为人类与计算机等设备之间的界限带来新的划分模式。比如，通过可穿戴、植入、嵌入的技术设备采集人体生物特征数据，并将之连入网络，推动人类逐渐从互联网到物联网再到"身联网"的跨越。或许，仙侠剧中的"法术"就将成为可能。

据中国信通院发布的《脑机接口总体愿景与关键技术研究报告2022年》预测：神经重塑、神经替代、神经调控脑机接口技术未来将撬动数十万亿元规模的市场空间。可以说，市场很宽广，前景很可观。

不过，就目前而言，脑机接口要直接进入广泛应用阶段，还存在一些难题。比如，脑机接口无线植入设备需耗费大量财力，目前还不能进行批量生产；又如，长期稳定地读取大脑信号，需要芯片和算法这两大核心支撑，其技术壁垒尚需攻破。

综合来看，这项技术虽然向前迈出了重要一步，但要走向成熟仍然要破解一个又一个大大的问号。

三

技术的突破固然让人心醉，但相随而来的风险也需引起警惕。需要指出的是，任何事物都有两面性，脑机接口技术同样是把"双刃剑"，带来诸多益处的同时，也潜存不少风险。

比如，技术滥用风险。大脑是人类最后的隐私边界。从"人"到"人的赛博格化"，同样引发人们最本能的担忧：如果有人通过"脑机"盗取了我的意识，侵犯了我的隐私，该怎么办？如何确保这类脑控武器不被恐怖分子掌握使用？人类未来的命运会被人工智能主宰吗？这些隐忧，的确不是杞人忧天。

又如，伦理道德风险。人们在享受信息化、智能化等科技发展福祉的同时，也时常面临一些价值尺度与伦理底线的挑战。事实上，针对脑机接口的研究，一直以来不可谓争议不大。不管是曾引发广泛关注的基因编辑婴儿事件，还是算法歧视下的个人选择与社会偏见事件，自人类进入智能时代后，人机结合的伦理关系始终是绕不开的一个主题。

这些问题看似五花八门，其实都围绕一个中心：人机关系究竟会以何种方式存在？其实，从计算机、大数据到 AR、VR、元宇宙，再到 ChatGPT、脑机接口，每一次新技术的出现，都会引发人们的担忧和热议。

不可否认，人类感知世界的方式是有局限的，而机器的确能够成为我们的"赛博感官"。一方面，它解放了人的双手，我们得以"偷得浮生半日闲"；另一方面，它提升了社会效率，让"风驰电掣""日进斗金"成为可能。

是"敌人"还是"朋友"，关键不在于技术本身，而在于价值追求是否一致。机器本质上是为人服务的，只有坚持"机器服务于人"，才能实现"机器强人"而不是"机器换人"，才能让技术有益化而不是技术武器化，破除非你即我、非我即你的二元对立思想，凸显机器的价值所在、关怀所在。

数字化时代，机器与技术早已嵌入我们生活的方方面面，如何在与技术和谐共处的同时保持独特的自我，需要的不是"超级大脑"，而是"智慧的人脑"。

没人可以预知，脑机接口技术打开的究竟是阿里巴巴的宝藏，还是潘多拉的魔盒，但有一点可以确定：装好"刹车"再上路，才能确保科技发展始终在正确的轨道上前行。

陈培浩　王娟　执笔

2024 年 2 月 7 日

中国年里的多彩鲁迅

> 也许是多年的旅居生活，让鲁迅格外珍惜春节的意义，将其作为对家人的一种补偿，和我们每个人一样向往着一家人的平安喜乐，依恋着这个传统节日带来的欢愉、团圆和闲适。

甲辰龙年临近，江南好多乡镇村落的大小晒场上码起一排排年糕、麻糍，农户家屋前院内挂着腊味，各大老字号年货店外，新老顾客在春寒料峭中裹着厚外套排起了长队，久违的热闹年味又浓起来了。

中国人是爱过年的，鲁迅先生也不例外。"人间烟火气，最抚凡人心"，当年旅居北平的鲁迅，年夜饭餐桌上摆的总是火腿、黄酒、糖藕这一类地道绍兴菜色，有时还托友人回浙江"代购"酱鸭和糕点，充作追念江南年味的"分岁"佳肴。

他的日记中，有20多个年份都对过年有着不同篇幅的记述，提到过年的散文短文也不少，文笔写实且充满生活气息，让我们看到了一个不同于以往黑白照塑造的冷峻形象以外的多彩模样。

一

对于早年在外求学、后来繁忙奔走于新文化运动前沿的鲁迅来说，过年是他少有的闲暇欢乐时光。

他爱淘书和淘古玩。有一年春节，他兴致勃勃地一连4次逛书市买书，前后共买了60册；还有一年，在琉璃厂买石印《王荆公百家唐诗选》一部6本。有好几个春节，他都到上海内山书店淘书，一次买个七八本。作为备受推崇的作家、文学家、教师，鲁迅当年收入颇丰，花钱也有些"大手大脚"，四处收集陶俑、古瓷、小型青铜器也成了他过年的一大趣味项目。

此外，鲁迅非常刻苦，过年时也笔耕不辍，忙于创作、编录或翻译《华盖集》《厦门通信三》《南腔北调集》《且介亭杂文》《少年别》等一大批文章典籍，自律且自励，俨然是当年的文坛"学霸"。

鲁迅对政局和民生的关注，有个转折过程。电视剧《觉醒年代》对此进行了描述：他正专注地把玩着碑帖，这时钱玄同来找他，邀请他为《新青年》写稿。鲁迅回答，"《新青年》是个什么杂志？没听说过"，还说"我现在躲进小楼，不问春秋"。

鲁迅思想的重大转变，发生在1918年除夕。时任《新青年》主要编委兼"网红作家"刘半农来绍兴会馆找鲁迅和弟弟周作人，三人理念相近、情感相投，恰逢新春佳节，坐在一起彻夜饮食长谈，畅聊新文化、新文学，颇有青年才俊摩拳擦掌、期待大展身手的味道。

从那时起，刘半农与鲁迅交往日益密切，鲁迅也开始应约为《新青年》供稿，发表了《狂人日记》等一批新文化运动名作。也许是那个除夕夜留下的美好印象和回忆，加上气场对路、"磁场"相合，二人间虽有过一些误会，但鲁迅一直对刘半农抱有好感。刘半农去世时，鲁迅还专门著文《忆刘半农君》，称刘半农为"我的老朋友"，坦言自己"佩服陈胡，却亲近半农"。

能与三五知己一同饮乐畅聊过大年，确是人生快事。

二

身为新文化运动的倡导者，对春节这个最盛大、最热闹的传统节日，鲁迅时常乐在其中。

他在短文《过年》中写道，"我不过旧历年已经二十三年了，这回却连放了三夜的花爆，使隔壁的外国人也'嘘'了起来，这却和花爆都成了我一年中仅有的高兴"，还描述了人们过春节"比去年还热闹"。

鲁迅的小说《故乡》和《祝福》都是过年前后完稿的。他在两篇小说中均对家乡绍兴农历过年习俗作了大量描述，追忆这"二十年来时时记得的故乡"。

"这是鲁镇年终的大典，致敬尽礼，迎接福神，拜求来年一年中的好运气的。杀鸡，宰鹅，买猪肉，用心细细的洗，女人的臂膊都在水里浸得通红"，故乡的人们对过年的重视和对年俗仪式的精心操办"年年如此，家家如此"。

无论身在哪个城市，过年这个传统节日总是潜移默化地影响着他，内心深处怀着"过年情节"和浓浓乡愁。他在文中提到的"杀鸡宰鹅"，在老家绍兴的过年习俗中叫"化牲屠"，这和绍兴人喜福祉、多忌讳有关。过年过节，不能讲"杀"，代之以"化"；不能讲

"死"，代之以"老"。绍兴人还惯将红枣烧藕块称"藕脯"，取"有""富"之意；烹制鲞冻肉取含义"有想（鲞）头"；粽子、年糕则讨个"年年高（糕）""代代子"的好彩头。

后来鲁迅与周作人一家共住八道湾四合院。那个院子可谓北平的"名人会馆"，李大钊、毛泽东、蔡元培、胡适造访过此地，许寿裳、钱玄同、沈尹默、马幼渔、齐寿山等也时常出入小院，称得上"谈笑有鸿儒，往来无白丁"。亲人相陪，好友作伴，那几年的春节更有了浓浓的年味。

三

作家梁实秋说，"过年须要在家乡里才有味道"。鲁迅在绍兴古镇度过青少年时代，十多岁离开老家。与现代许多"外漂"青年一样，鲁迅常年旅居上海、北平等地，碍于当时的交通条件，回乡过年成为一种奢望，他曾连续多年没回绍兴老家过春节。

有一年年底，为了赶回老家省亲，还上演了一出民国版的"人在囧途"。他不辞舟车劳顿，换了好几趟火车，来回转乘汽车、轮船，雇了人力车和轿子，花费一周时间，才从北平赶回绍兴。

不过说起过年的忙，远不只是旅途周折，采购年货、置办酒席、走亲访友，江南一些地区还要蒸酒打糕、熏肉制肠，也没太多得闲的工夫。鲁迅就在几次日记里提到，除夕忙于寄信收信，或"治少许肴"，或去电影院观看电影《疯人院》，有时他还"饮酒特多"。而在正月初一到初六，则有工作聚餐，有社交饭局，安排得也十分充实。

印象中，过年的忙碌往往只归大人，孩子可以充分感受开心和兴奋。有一年除夕，鲁迅也暂时放下文学大师的"担子"，放纵自己享受孩童般天真的乐趣。他写道，"买花爆十余，与海婴同登屋顶燃放之"。

也许是多年的旅居生活，让鲁迅格外珍惜春节的意义，将其作为对家人的一种补偿，和我们每个人一样向往着一家人的平安喜乐，依恋着这个传统节日带来的欢愉、团圆和闲适。

而如今很多在外的游子们，同样在这新春佳节即将来临之际，努力排除万难，千方百计地回到山城、水乡、田园的那个老家，让爆竹和欢声笑语洗去一年的疲惫，与家人亲友提碗碰杯、欢庆团圆。

今日的我们，就像当年的鲁迅，未必每一个春节都如自己所愿那么吉祥喜庆、尽善尽美。但是，随着年龄的增长和阅历的增加，我们更加能够体会过年带给我们的心灵慰藉和精神寄托。

应钢　龚勤茵　执笔

2024年2月8日

今年过年你在哪里

不管今年过年你在哪里、回不回家，都请记得给自己一个仪式感，哪怕是一个人也要好好过年。

明天就是除夕了，这个万家灯火的团圆时刻，你回家吗？谁陪在你身边？

有人感慨，"小时候盼望着过年，长大后害怕过年"。在那个物资匮乏的年代，尽管生活并不富裕，但过年总能带来无尽的欢乐，孩子们迫不及待地穿上崭新的衣裳，一家人围坐在一起享受难得的大餐。而现在一年到头都在忙工作，精力几乎被消磨殆尽，过年往往伴随着变老的焦虑，不小的开支，还有各种人情负担。有人说，过年犹如过关。

过年的意义究竟是什么？相信每个人都有自己的理解和感触，即便同一个人在不同阶段也不一样，可谓一岁年龄一岁心，也有一岁的感悟。不过，随着时代变迁，年的过法会改变，人的心境会改变，刻进中国人骨子里的情结和执念是不会改变的。或是因为许久未见的亲人，或是因为那顿让人魂牵梦萦的年夜饭，或是因为守岁时的激动，过年与其他日子总是不太一样的。

春节是刻进生命里的年轮，在并不算很长的人生旅途里，我们又将坐过一个站点。站在新旧年的交界处，就是一场隆重的告别。到了除夕之夜守岁之时，很多人的心愿会变得尤为简单朴素，希望家人健康平顺，希望岁月温柔以待、留住身边人，希望拥有一个充盈的内心，希望找到自己人生的价值……这份对心灵的洗涤，对生命的凝望，是过年独有的意义。

过年在哪过？对于这个问题，相信绝大多数人的答案依然是"回家"。"他乡纵有当头月，不及故乡一盏灯"，回家是中国人千百年的传统情怀。其实，在我们的文化基因里，有这个世界上独一无二的中华根文化。很小的时候，我们背诵过杜甫的"露从今夜白，月是故乡明"、李白的"举头望明月，低头思故乡"，字里行间都寄托着游子的乡愁。

1987年央视春节联欢晚会，费翔一首《故乡的云》唱哭了多少离家在外的人，"我曾经豪情万丈，归来却空空的行囊，那故乡的风和故乡的云，为我抚平创伤"，时隔37年还是那么熟悉与动人。长大后我们才渐渐明白，人不管走到哪里，不管拥有怎样的生活，最动人的岁月还是少年时，最难舍的情愫还是故乡情。

每个人都有自己的故乡，故乡就是我们的根。回家的路，是寻根的路，也是团圆的路。所以每年春节，即便有风雪、有艰辛，几亿人也要回家过年，这便是根和叶的关系。这点与西方明显不同。中国人的精神世界排斥"漂泊感"，追求落叶归根，而西方崇尚我行我素、个人至上。

受雨雪冰冻天气影响，这几天河南、湖北、安徽等多个省份还有一些人被滞留在回家路上，我们希望每个人最终都能顺顺利利、平安抵达。有的还在岗位上坚守着，特别像医护人员、公安干警、环卫工人等保障社会运行的人员，除夕之夜也不一定能回家，以一家不圆换万家团圆。

身边还有一些在外地打拼的人，由于这样那样的原因，今年可能回不了家，抑或是不想回家。有的觉得这一年不顺心，生意不好做，工作没起色，股票又亏了不少，没有回家过年的心情；有的忙忙碌碌一整年，年底更是疲惫不堪，最大的愿望就是好好休息；有的可能是"社恐"，面对亲朋好友对事业、婚姻的拷问，害怕去面对；也有的是因为抢不到回家的车票，只好在外地过年。

不管今年过年你在哪里、回不回家，都请记得给自己一个仪式感，哪怕是一个人也要好好过年。我们衷心祝愿，每个人都能把这个年过得热烈蒸腾，让节日喜庆照进眼底心间。

过年在哪里、怎么过，既是一个文化问题，也是一个经济问题、社会问题，是当下无数普通人幸福指数的一个反映。过去一年是"后疫情时代"的头一年，全球经济正处于转向阵痛期，中国经济也在爬坡过坎，时代的冷意传导至每一寸神经末梢。

这一刻，信心和坚持尤为可贵。坚定不移深化改革开放，政策给力、落实到位、上下同心，眼前的坚冰一定会消解掉，千千万万的普通人过个好年的同时，也能在今后每个日常闪闪发光。

为什么会有越来越多的人害怕回家过年？经济上不小的开支是一个因素，其次就是人情负担比较重，这让很多年轻人发愁，困住了一些人回家的脚步。有网友感叹，现在的"90后"年轻人患上了"过年焦虑症"。问成绩、问收入，催结婚、催生娃，过年往往伴随着沉重的"关心"和无休止的比较。还有一些礼节上的攀比风，比如长辈给小孩子的压岁钱，节节高升，给老人带来不小的经济负担；反过来，很多年轻人过年也会给长辈钱，花费不小，有的地方因为面子越给越多，甚至超出了能力范围。

过年本应是开心、舒适的，别让人情礼节的攀比困扰了人。不论是老一辈，还是现在的"80后""90后"以及很多在校学生，每一代人都有各自的不容易。以前是物质上的艰苦，如今是精神上的焦虑和压力，社会需要更多的相互理解，既要多理解老人，也要多理解当下的年轻人，这样的年才会过得更加纯粹和欢乐。

在时代的大变革之下，我们是激流勇进的一代人，过去一年留下了许许多多平凡人努力生活、奋斗追梦的身影。当我们站在辞旧迎新的一刻，一定会对人生、对自己有别样的感触。

不管你的2023年是什么颜色，碰到了怎样的烦恼，请记得给自己打气，先"支棱起来"，纵然道阻且长，也一定会行则将至。

有句玩笑说，"生活就是起起落落落落落落"，但只要一直走下去，焉知下一个出现的就不是"起"呢？正如稻盛和夫所言，"渔夫出海前，并不知道鱼在哪里，可是他们还是选择出发，因为他们相信，一定会满载而归。人生很多时候，是选择了才有机会，是相信了才有可能"。

明天就是除夕了，是中华儿女万家团圆的日子。我们希望，不论走多远，生活有多艰辛，也都别忘了回家的路，它是这个世界上最温暖的归途。

倪海飞　执笔

2024年2月8日

说"龙"

作为"龙的传人"，我们传承的是文化、是精神。

2024 年是甲辰龙年。提起龙，大概每个中国人都有所感、有话说。比如，茶有"龙井"，剑有"龙泉"，水果有"龙眼"，地名有"龙游""龙翔桥"，等等。

据闻一多先生的《伏羲考》，龙的形象来源于原始社会多图腾形象的融合。作为上古图腾、祥瑞神兽，龙一路见证了中华文化的发展，并成为中华民族的重要象征之一。

巧合的是，十二生肖中，唯有龙是传说中的动物。那么，龙是什么？中国人为何又被称为"龙的传人"？新春将至，我们龙年说"龙"。

—

中国人对龙的喜爱与崇尚是毫无保留的，这在不少描述中都有体现。像《山海经》里提到诸多神灵异兽，其中不少拥有龙首或龙身；屈原《九歌·河伯》以"驾两龙兮骖螭"描绘龙可通天的神异；李白写下"熊咆龙吟殷岩泉"，用龙吟来形容天姥山间流瀑令人战栗的震响。

大概从商周起，龙的意象与皇权逐渐关联，并构建起等级、舆服等制度，以神化政权、巩固皇权、加强统治。比如，天子挂九旒龙旗、着龙衮，龙辇、龙驭、龙袍、龙纹等都是电视剧中常见的名词；秦始皇大一统后，被称为"祖龙"，汉代王充解释说"祖，人之本；龙，人君之象也"。

因其威武雄奇的形象和扑朔迷离的身世，龙又颇受志怪小说青睐。《搜神记》中，龙多是神人坐骑或司雨神兽；《西游记》中，四海龙王被迫赠予悟空金箍棒、金冠、金甲和云履。

与此同时，龙与人也生发出更加亲密的关系。形容人出类拔萃之时，会说"人中龙凤"，描述人体态轻盈之时，会说"婉若游龙"。《庄子》用"尸居而龙见，渊默而雷声"来形容君子，王安石在《龙赋》中用龙德来写人德……可见，古人认为只有品德高尚的人才能以龙来比拟。

以龙喻人，犹嫌不足。于是，文章雄健、文采华丽，称为"龙文""龙章"；书法笔势刚健、变化无穷，则是"矫若游龙""龙骧豹变"；绘画有张僧繇"画龙点睛"等故事；文赋有刘禹锡"山不在高，有仙则名。水不在深，有龙则灵"等名篇。

二

穿越漫漫历史长河，我们发现，龙对中华文明的意义是超脱实体、别具一格的，可以从三个角度解读。

龙是中华民族共同体的具象体现。古说龙"九似","角似鹿、头似驼、眼似兔、项似蛇、腹似蜃、鳞似鱼、爪似鹰、掌似虎、耳似牛"。博采众长拼合而成的"神物"——龙,正是中华文明多元融合、兼容并蓄的生动写照。

良渚文化中的龙首纹玉器与红山文化中的玉龙极为相似,这表示当时相隔甚远的文化之间可能有交流。现藏于黑龙江省博物馆的金代铜坐龙,兼具麒麟、狮子等动物的外形特点,作为龙族一员,这个端坐在云上的"混血儿",可以说是汉族与周边民族交往交融的生动写照。

龙文化映照天人合一、道法自然的价值理念。在中华文化中,龙布德泽、润万物,是善良、力量和智慧的象征。距今约7000年至5000年的仰韶文化,先民将人骨、蚌壳摆塑成龙、虎等造型,或与星象有所关联。农耕社会,风调雨顺意味着五谷丰登,古人将"生命之源"水和龙绑定在一起,相信龙可行云布雨,通过舞龙、祭拜龙王祈求普降甘霖。

龙意象蕴含奋发向上的生活追求。中国龙或是潜于深渊、或是遨游九天,都展现出奋发进取、迎难而上的精气神。"龙腾虎跃""云起龙骧""龙马精神""龙凤呈祥"等成语,舞龙、赛龙舟等民俗活动,饱含劈波斩浪的豪情,寄寓美好生活的愿望,激励人们奋力向前。

2月8日,在2024年春节团拜会上,习近平总书记指出,龙是中华民族的图腾,具有刚健威武的雄姿、勇猛无畏的气概、福泽四海的情怀、强大无比的力量。可以说,龙文化蕴藏的奋发图强的精神,一直流淌在中国人的血脉中。

三

今天，如何进一步挖掘龙文化、弘扬龙的精神，让世界读懂中国龙文化？

深深地挖掘。龙文化演变的脉络，藏在各地出土的文物里，比如查海遗址的石堆塑龙、西水坡的蚌壳堆塑龙等，都生动还原了早期龙文化的形态。这些珍贵的文物资源，是中国龙文化的佐证，对它们进行系统的挖掘、研究与展示，可以帮助人们从更深层次上认识龙文化、爱上龙文化。

比如，最近浙江诸多博物馆推出龙文物展等，观众可近距离感受考古发现，从中体会龙文化的魅力；20世纪80年代，查海遗址发现后，辽宁省阜新市连续召开多届"玉龙文化研讨会"、举办"玉龙文化节"等，深入解读查海龙文化内涵。

活泛地演绎。龙文化要保持长久的生命力，需要"活"在当下、"活"在民间。比如，有"中华龙乡"美誉的重庆铜梁就围绕当地非遗铜梁龙舞进行了诸多设计，形成了涵盖龙灯、演出、技艺等全方位的龙文化产业链。

浙江各地拥有不少与龙相关的国家级非遗，如金华浦江"板凳龙"、湖州长兴"百叶龙"等。进一步尝试通过更多龙文化民俗活动、互动体验式旅游路线、龙主题文创产品等，以新形式、新元素激活非遗文化，有利于推动龙文化传承发展。

多多地讲述。龙是中外文化交流的重要载体。在跨文化交流中，应当从容自信地讲述龙的故事，寻找共同的价值理念，引发情感共鸣。而要弥合东西方文化的差异，首先需要解决翻译的问题。

比如，有学者就提出，可以用"Loong"替代"Dragon"，来区分"东方龙"与"西方恶龙"。

同时，在文艺作品中注入更多龙文化的精神内涵，也是向世界传播龙文化的绝佳方式。比如，奥斯卡最佳外语片《卧虎藏龙》，就通过中国传统武术之美与武侠文化，颠覆了许多国外观众对龙的印象。

清末内忧外患之际，梁启超在《少年中国说》一文中寄望"潜龙腾渊，鳞爪飞扬"。120多年后，我们欣见神州大地处处龙腾虎跃。

作为"龙的传人"，我们传承的是文化、是精神。甲辰龙年，又是一个新的起点。在中华民族追梦路上，传承不息的文化，秉持昂扬的精神，中国龙一定会腾云驾雾、飞龙在天。

徐伟伟　茹雪雯　臧田文　执笔

2024年2月9日

年夜饭何以抚慰人心

> 历经千山万水，让人热泪盈眶的，始终还是家的气息。擦去风尘，彼此把酒言欢，那些积攒了一年的牵挂、问候，总是能在这一刻坦然卸下。

在红红火火的春节假期里，年夜饭无疑是重头戏。

当新年的钟声即将敲响，人们用年夜饭上的美食犒劳辛苦了一年的自己。餐桌上，无论是鱼的味道、海的味道，还是腊肉的味道、年糕的味道，觥筹交错之间，都是家的味道。

在中国，从市井街坊到乡间阡陌，"团圆"二字始终是除夕夜的关键词。正是因为"家家户户人团圆"，才让除夕夜的年夜饭拥有着抚慰人心的力量。

一

《红楼梦》里写到，每逢除夕之夜，贾府就要摆合欢宴，一家欢坐一起，其乐融融。接着还要上"屠苏酒、合欢汤、吉祥果、如意糕"等讨彩头，字里行间洋溢着过年的喜悦。

丰富的物产、高超的烹调技艺让来自天南海北的食物在年夜饭餐桌上绽放出不一样的精彩。东南的海鲜、西南的山珍、北边的牛羊、西部的面食，东西南北中，滋味各不同，让年夜饭变成一户一味。

在年夜饭吃什么的问题上，浙江人各有主张：宁波人逢年过节，少不了红膏炝蟹，绍兴人的年夜饭里有一道"钉子户"鲞冻肉，而酱鸭则是杭州人年夜饭的心头爱……

菜过五味，怎可没有"玉液琼苏作寿杯"。如果说年夜饭是家宴的极致，那么酒则是年夜饭的灵魂。作家冯骥才曾回忆，有一年过节，为了不让酒缺席年夜饭，他蹬着自行车全城找酒，终于在一个小杂货铺里觅得一瓶酒。这瓶被他心心念念的酒，被视为家宴中的点睛之笔。

年夜饭在温州人这里有个别名——"分岁酒"，十个高脚碗分盛十样冷菜，正是"十全十美"。绍兴人的年夜饭桌上，自然少不了用锡质酒壶温着的琥珀色的黄酒，就着茴香豆饮上一口，暖意顿时涌上心头。

都说人间烟火气，最抚凡人心。到了互联网时代，过年的烟火气氤氲到了线上。朋友圈里放几张年夜饭饕餮大餐的美图，再配上美滋滋的文案还有一排排点赞，家的温暖隔空传播，无远弗届。此时，一方方餐桌成了比武场，不同地域的美食在此"对垒"。

二

年夜饭为何格外让人牵肠挂肚、回味无穷？是什么让这顿饭拥有抚慰人心的力量？这其中，无外乎三种味道。

始于故乡之味。家乡风味总是延绵在游子的记忆和梦境里，激发对故乡深情的眷恋。酱鸭的鲜咸，汤圆的滑糯绵甜，梅干菜焖肉的油润不腻，剁椒鱼头的鲜辣入味，都别有地方风味，或浓油赤酱，或清新鲜爽，或鲜咸合一，让人口舌生津，俘获了人心与胃。酸甜苦辣的滋味，在日复一日的磨炼中皆有体会，却在这一刻回归同一味——故乡的滋味。

抗日战争时期，文学家梁实秋在重庆后方，脑海里浮现的是故乡北平的豆汁和糖葫芦，就连那小贩沿街的叫卖声，一旦闭目沉思，也俨然在耳边。乡愁，让年夜饭的意蕴显得更为弥足珍贵。

忠于团圆之味。家人闲坐，亲情四溢。历经千山万水，让人热泪盈眶的，始终还是家的气息。擦去风尘，彼此把酒言欢，那些积攒了一年的牵挂、问候，总是能在这一刻坦然卸下。

今天，物质生活已经大为丰富，年夜饭未必与平时饭菜有太多不同，人们不再像以前一样执着于那份过年才有的口福，但这顿饭的意义却大不同。纵使外面玉盘珍馐千姿百态，在这一刻都抵不过阖家团圆的一桌家常菜。在许多人心中，即便是寒风刺骨的时节，家乡饭桌上升腾起的热气，都能够驱散冬日的寒意，唤醒精气神。

寓于希望之味。天南地北，千家万户，凝结着情感又充满寓意的年夜饭，是人们辞旧迎新的必备仪式。天地间的寻常风物，人世间的故土乡音，都是对生活本身的热爱与热情。

在物阜民丰的江南，舌尖上的年夜饭不仅讲究"食不厌精，脍不厌细"的精致，还要有喜庆的"口彩"：杭州人爱吃的八宝饭、八宝菜，象征吉祥如意；在靠海吃海的温州人的餐桌上，"无黄鱼不成宴，无好黄鱼压不住好年"，"年年有余"是期待和祝福。大餐背后，透着人们对生活最朴素的憧憬。

三

有人说，在中国人的观念里，只有等所有人都到了，才是一顿真正的年夜饭；和家人一起吃上一顿年夜饭，是中国人独有的仪式感。但万家灯火外，那些更为非同寻常的年夜饭，同样见证着人间的温情和大爱。

总有一群人，会因为各种原因没能在年三十这天与家人共进年夜饭。他们或许是坚守在工作岗位上的医护人员，或许是为了生计奔波的务工者，或许是远在他乡的留学生，等等。其实，他们并非没有对家庭的眷恋和亲情的羁绊，每个人都想变回那个让父母疼爱的孩子，变回无所不能的爸爸，变回温情脉脉的爱人……他们都期盼与家人同享一桌饭餐，品尝"家人闲坐，灯火可亲"的滋味。

并不是只有在家吃的年夜饭才能尽兴。警察和年夜饭之间的距离，冠以"守护"之名。在"不打烊"的岗位上，他们的年夜饭餐桌上或许没有大鱼大肉，有的甚至只是"行色匆匆"；医院不会因为节日而变冷清，疾病也不会放假，于一线医护人员而言，或许只是一碗热乎的饺子也能让他们吃得满足。忙碌与缺席，是他们团圆夜的"主旋律"。

他们缺席家中的年夜饭，奋斗在一线岗位，只为守护一方，但他们将一道叫作"责任与担当"的菜送至千家万户。

也并非阖家团聚的年夜饭才充满温情。和一群陌生的面孔共度除夕，虽然初识乍见，但是不仅没有尴尬，反倒有久违的温暖与亲近。那些无人照顾的孤寡老人、留守儿童被社区干部邀为年夜饭桌的座上客；志愿者把刚出锅的餐饭送到坚守岗位的建筑工人、快递小哥手上。年味在这场特殊的年夜饭中逐渐蒸腾为人与人之间守望相助、情深意长的美好情感。

年夜饭之所以值得期待，是因为它寄予了人们对美好生活的向往，蕴藏了亲情的温暖，积攒了奋斗的力量。当我们拉近现实的镜头，将它聚焦在每一个鲜活的个体，会发现总有人为了肩负责任和崇高道义而舍弃温馨团圆的"小确幸"，用清澈的爱、真挚的情，守护人间最美烟火。

《舌尖上的中国》里有这样一句话："这些味道，已经在漫长的时光中和故土、乡亲、念旧、勤俭、坚忍等等情感和信念混合在一起，才下舌尖，又上心间，让我们几乎分不清哪一个是滋味，哪一种是情怀。"那是难以形容又无可代替的家的味道，也是一代代中国人一脉相承的家风传统。当熟悉的味道在唇齿间绽放，味蕾得到满足的同时，心也满了。

夜幕降临，龙年将至。在家的港湾里，我们抚慰心灵；在美食的荟萃中，我们辞旧迎新。且于今夜共团圆，且于明朝逐新春。

吴洋　杨泽斐　丁琼洁　执笔

2024 年 2 月 9 日

年画里的"年话"

> 年画里的话，是老百姓想说、爱说的话，说到底，是对家人团聚、对未来的期许。

"千门万户曈曈日，总把新桃换旧符。"每逢过年，王安石的这首《元日》就会浮现在我们的脑海里。诗里描绘的过年习俗——张贴年画，是很多中国人过年独特的仪式。

年画，顾名思义，是新春佳节被贴于门窗上、用于辟邪祈福的画作。在春节这个对中国百姓来说最重要的节日，贴春联、年画是新年里的喜庆事儿。家家户户的门窗上，或是神虎、桃符、金鸡等吉祥符号神气活现，或是关羽、赵云、钟馗等武将神仙叱咤风云，古人将千年的图腾符号和美好期许都藏在了画里，又将画藏入了年中。

新春已至、年味四起，老祖宗传下来的年画又"上新"了，我们一起去看看年画里的中国年。

一

年画由来已久，年画的起源离不开远古时代人们的信仰。在秦汉时期，年画的一种——门神画就已经出现，而"年画"一词，却在清代才见于文章："扫舍之后，便贴年画，稚子之戏耳。"

年画伴随中国人走过年年岁岁。在每个中国人的记忆深处，几乎都会有一幅年画，撩拨起心底的无限温柔。小小年画中都说了啥，以致一直被人惦念？

一说"妖魔鬼怪快走开"。解救百姓于鬼魅之苦的神荼、郁垒两兄弟是最早的"门神CP"，传说中，这兄弟二人一身正气，百鬼闻之丧胆。为防止鬼魅入侵，各家各户在大门外张贴起二人神像。后来，三国的关羽、张飞，唐代的秦叔宝、尉迟恭，捉鬼降妖专业户钟馗、张天师，各显神通的"八仙"众神……百姓心中的英雄一一被镌刻到纹样里，诉说着妖魔尽退、安定祥和的祈求。

二说"富贵吉祥快快来"。吉祥喜庆的"福禄寿"，象征夫妻恩爱的"和合二仙"，鹿、鹤、牡丹、摇钱树等祥瑞……一直以来，这些寓意吉祥的元素都是年画中常见的题材，饱含着百姓对阖家欢乐和富贵吉祥的盼望。比如金华木版年画、杭州余杭一带流行的纸马等，都以象征吉祥喜庆的花鸟为题材，辅以谐音、象征等手法，像"石榴多子""花开富贵""加官进爵"等，蕴藏着大家对新年的朴素愿景。

三说"往来古今世间事"。"丹青百幅千般景，都在新年壁上逢。"年画渐渐由祈福迎祥的新年期盼演变为会讲故事的文化传承，在烟火人间中"活"了起来。坊间流行的戏曲故事，比如一期一会的牛郎织女，断桥定情的许仙白娘子，也簇拥着来这年画里头"凑热闹"。

"画中要有戏，百看才不腻；出口要吉利，才能合人意"。一言以蔽之，年画里的话，是老百姓想说、爱说的话，说到底，是对家人团聚、对未来的期许。

二

历经上千年的传承与演变，年画早已不仅仅是过年期间的装饰，更承载了丰富的文化底蕴与艺术价值。有人认为，年画是反映中国民间社会的百科全书。一方年画里，究竟有着什么宝藏？

一笔一画地雕琢匠心。唐宋时期，雕版技术逐渐成熟，木版年画登上历史舞台。绘稿、刻版、着色、敷粉、印刷、装裱……要制作一幅木版年画往往要耗费大量心血，每一刀、每一笔都可谓精雕细琢。比如苏州桃花坞的一幅《天水关诸葛亮收姜维》，画上的人物就多达十几个，每个人物的脸部彩绘都有多道精细工序，作画者需小心翼翼、"步步为营"。也正因这绵延千年的极致匠心，多个木版年画项目已入选国家级非遗，步入了保护传承的赛道。

潜移默化地构筑文化。年画里，藏着文化乡愁，连着精神脉搏。有人在年画里读到了家国，抗战时期的《军民合作 抗战胜利》《拥护咱们老百姓自己的军队》，激发了人们沸腾的爱国心；新中国成立后的《丰收乐》《南京长江大桥》，反映了新社会的腾飞和人民群众对美好生活的向往；《穆桂英挂帅》《武松打虎》等一个个英雄故事也启蒙着我们的精神，陪伴着我们成长。

热热闹闹地装点生活。无论是生动鲜明、表现农耕文化的四川绵竹木版年画，还是寓意祥瑞、刻工精湛的杨柳青木版年画，都是当地民俗生活的透彻展现。每逢年节，逛街买年画、阖家贴年画、团圆赏年画，每一个环节都洋溢着快乐。

贴年画是过年的传统仪式之一。在这一天，全家人一起小心地撕下去年贴上的旧年画，沿着贴痕，再将精心挑选的新年画牢牢贴上。年画贴在门上的那一刻，年的感觉就来了。在一家人的盈盈笑意里，一段叫作"年"的时光被装扮了起来，也装点出新一年的缤纷生活。

三

在许多人的眼中，年味渐渐变淡了。那么，绚丽了千百年、热闹了千百年的年画，是否也在一点点褪色？新时代的年画又该如何重新上色？笔者认为，可以从三个角度思考。

形式上，"刻版"但不刻板。技艺高深的木版年画或许令普通人望而却步，但打破形式桎梏的新年画完全可以与市井烟火紧紧相融。如义乌的年画市场主打"年轻化"，在鼠年推出"米老鼠"，在兔年推出可爱的卡通兔子，让年画"萌"了起来；再如金华市木版年画博物馆，运用AR、VR等技术，让年画里的人物在手机里动了起来、"活"了起来。

当然，还有更"平易近人"的新形式：年画拼图微信小游戏、年画体验类H5、年画贺岁动漫、年画音频故事课、年画微信表情包……在年轻人喜闻乐见的方式中，年画正在重回大众生活。

内涵上，升华但不"脱缰"。年画为祈福而生、因年节而热，承载着人们对生活的热爱，若要在春节舞台上重新拿回"主唱话筒"，就须把握这一关键点，同时创新话语形式，衍生出新的文化内涵。

比如，有网络红人创作了年画系列——"诸神复活"，喜神成为"脱单神器"，财神也有"一个亿的小目标"，考神保佑逢考必过……一系列创新点子，使传统年画穿越时空与当下需求接轨，顿时圈粉无数。

推广上，追求但不强求。不得不承认，如今的年画制作已演变为一种小众技艺，曾经"家家会点染，户户善丹青"的繁华不复存在。如若过于执着年画普及、年画量化，或许收效甚微。何不尝试换个思路，通过衍生品这类大众文化来挽回年画在大众心中的地位，从而让传统IP在当代为更多人认知与共享。

当下，浙版年画推出年画挂历打入日常生活圈；杨柳青、开封、佛山等地则将年画引进电商平台，年神化身可爱的产品"导购员"；华为等知名品牌纷纷与年画联名，刷足了一波传统文化的存在感……

一张张年画，一句句"年话"。在华夏喜庆祥和的热土上，年画将支棱起这个时代鲜活、沸腾的年味。

吴梦诗　高海洋　吴京攀　执笔

2024 年 2 月 10 日

我们一起龙行龘龘

> 其实大多人都一样，平平无奇但不甘庸碌。在每一个备考的日子里奋笔疾书，在每一个练习的音符里反复琢磨，在每一次创业的艰辛里自强不息，耐下心、沉住气，然后惊艳所有人。

"浙江宣传"给大家拜年啦！

此时此刻，手机屏幕前的你在做什么？也许还赖在温暖的被窝里，享受难得的惬意；也许已经穿上精心挑选的新衣裳，和亲友互道祝福；也许你已经登高望远，祈求一年的好运；也许你还在坚守岗位，开始新一轮的忙碌。

无论如何，日历已经翻到了新的一页。昨夜的春晚，一句"龙行龘龘，欣欣家国"火出圈，生僻字"龘"成为刷屏热词。这个龙年，做怎样的一条龙，才能龙行龘龘，前程朤朤，生活鱻鱻？大年初一，我们一起立下 flag，唤醒全新的自我之旅。

一、做一条生机勃勃、百毒不侵的"壮壮龙"

不知何时起，有的人突然发现，公园里、广场上，不少长者力大如牛、健步如飞；健身房里，年轻人抢着撸铁、骑动感单车、练普拉提。身边的人都朝气蓬勃、活力无限，似乎只剩自己经常腰酸背痛脖子疼、失眠脱发没精神。

身体是一台精妙无比的仪器，所有的细胞都会随着你一时一事的状态，发出喜忧各异的指令。平时再忙也不要忽视自己的身体，不要失去了健康才后悔莫及。不妨就从此刻开始，下定决心告别"脆皮"。可以不用练出马甲线，但需要"care"体脂率；可以不用每天5公里，但需要"join"养生局；可以不炫肱二头肌，但需要"max"男友力。

不必要的应酬，试着学会拒绝；没头绪的内耗焦虑，试着开始自愈。每晚早一点放下手机，对自己说一声"晚安，好梦"。很多身外之物固然难以放下，但是身体才是所有"0"前面的"1"，想要赢得人生，离不开健康的身体和情绪。

二、做一条野蛮生长、怒马鲜衣的"倔强龙"

过去这一年，虽然有跌跌撞撞，但是相信很多人的内心都生长出了无所畏惧的勇气。小镇青年桂海潮问天寻梦、摘下星星；跑龙套20年的张颂文，弯道狂飙、一朝成名；在大洋深处钻孔30年的万步炎，不懈攻关、突破难题。永葆少年意气，常怀热忱之心，关关难过关关过，撞了南墙也不回头，谁说这不是一种英雄主义？

没有永远的上游，但我们永远向上游。向前冲吧，小龙人！即使一边叫着"摆烂"，一边也要埋头苦干；即使嘴边喊着"躺平"，身体也要拼尽全力；即使时常咆哮"这班也不是非上不可"，但说说闹闹后，第二天依然准时到岗。对大多数人而言，尽管有时幻想从天而降的幸运，但更多时候依然清醒地相信爱拼才会出奇迹。

电影《阿甘正传》里有一句经典台词："人生就像一盒巧克力，你永远不知道下一颗会是什么味道。"我们有得意之时，也总会有失意之际，这些时刻放弃容易，但坚持会更酷。锚定理想便一往无前，找到差距就全力补强，漫长的季节里，生活不会辜负每一个全力以赴的人。

三、做一条立心力行、稳稳惊艳的"潜卧龙"

2023年我们听到了许多好消息：国产新能源汽车强势出海，华为5G重磅回归，又一次激励我们提振信心；旅游业回暖，淄博、"尔滨"火爆出圈……这些浓墨重彩的事情，并非一朝一夕的幸运，而是离不开厚积薄发的潜卧和养精蓄锐的韧性。

推崇"潜"，并非鼓励藏愚守拙和过度自谦；崇尚"卧"，也并非赞扬过度小心翼翼和唯唯诺诺。潜卧，是一种"水不在深，有龙则灵"的心境，是"有红利时，学会冲浪，没红利时，学会游泳"的智慧，是一种"功成不必在我，功成必定有我"的气概，更是"道阻且长、行则将至"的魄力。

其实大多人都一样，平平无奇但不甘庸碌。在每一个备考的日子里奋笔疾书，在每一个练习的音符里反复琢磨，在每一次创业的艰辛里自强不息，耐下心、沉住气，然后惊艳所有人。永远不要怀疑自己，默默无闻的日子，正是蓄势崛起的时机。

四、做一条告别"疲"味、满面春风的"豁达龙"

当代年轻人爱自嘲。嘲自己在上班和上进之间选择了上香；嘲自己刚给《年会不能停》打下9分好评，转身就在工作群里回复"好的，收到，这就执行"；嘲自己满身"班"味、"疲"味……其实这些自嘲细细品味起来，不过是初入社会的年轻人对时代撒个娇罢了。自嘲完，还将满血复活，继续为了生活而奋斗。

人生有跌宕起伏，事业有成功失败，生活有悲欢离合。出世的智者，抑或是入世的强者，都是平凡而努力的普通人。春风得意时不必自我陶醉，失落黯然时也不必一蹶不振，这也是一种豁达。

年轻人的豁达与乐观，是弥足珍贵的纯粹性和钝感力。无论你是i人还是e人，都能成为活跃气氛、惊艳全场的圆梦超人；无论你想摆脱"疲"味还是"班"味，都能眸光熠熠、笑眼盈盈地从繁忙的工作中走出来。新的一年，"竹杖芒鞋轻胜马，谁怕？一蓑烟雨任平生"。

五、做一条本事在身、小满万全的"富足龙"

现在年轻人的生活节奏很快，不少人都有着"一夜暴富"的梦想。"财神爷"手机壳分分钟拿下；"摇钱树"办公桌上必摆。"暴富"的梦想折射到工作上，就是简历必须反复"盘到包浆"……大家都明白一份快速成长、实时反馈、灵活有趣的工作会让我们成为更好的自己，也都明白"比起过往，未知的前方更值得一闯"。

现在年轻人脚步又很慢，不少人在追求"富足"上还会保持人间清醒、精神愉悦。日子熙熙攘攘，也总有人不慌不忙地煲一锅汤；孩子吵吵闹闹，也还会在睡前拥抱亲吻互道晚安；等公交时百无聊赖，依然会驻足观赏湖边落日、柳枝抽芽……许多年轻人开始体悟到，"诗和远方"终不难寻，人生小满胜万全。

物质富足和精神富有本就息息相关。新的一年，让我们在生活中练好"暴富"的本事，树立好小满万全的心态，做一条"富足龙"。

六、做一条敞开怀抱、春风风人的"大爱龙"

过去这一年，很多人成为"两栖动物"，一边在为别人祝福，一边抚慰自己。但山高水长终有回甘，我们尚在途中，今后仍要继续。总有爱人、亲人、朋友的爱伴你左右。哪怕是一颗小星星，即使微弱，也依然有光伴着前行。

希望你用这微光爱自己。爱昏黄路灯下匆忙回家的疲惫身影，爱孤注一掷时不被理解的棱角，也爱人生诗歌中偶然出现的"错别字"。更希望你用这微光照亮身边人。留一个温暖的拥抱给老友，耐心回答孩子每一次懵懂的"鸡毛蒜皮"，更把不动声色的浪漫留在家人的三餐四季。

双向奔赴的爱才有意义。2024年，让我们做一条"大爱龙"，春风风人，夏雨雨人，人海中常有爱相伴，长夜里总有梦闪光。

新的一年，无论是欣欣家国的"大时代"，还是万千百姓的"小日子"，一定会有爬坡过坎的时候。但如果我们能化身一条条腾跃纵横的龙，在黑暗里能寻找光，看见山能迎难上，永远和时代保持同频共振，就会明白"若我们自己决定灿烂，那便山海无遮拦"。

云新宇　陆家颐　陈云　高烨　金梦裳　执笔

2024年2月10日

浙婺凭啥唱响海外

> 在文化"出海"的航道上，还需要更多中国戏曲劈波斩浪、跨越重洋，为世界舞台注入隽永的东方艺术魅力。

中国戏曲丰富多彩。数据显示，全国现有各类戏曲剧种300多个，堪称世界之最。其中，大量地方戏曲因为根植于农村、地域特色鲜明，一直被视为"难登大雅之堂"。

近年来，这一现象正在发生改变，精彩亮相2024年央视春节联欢晚会的婺剧就是典型代表之一。七登央视春晚的浙婺，不仅在国家级重大舞台上大放异彩，前不久还受文化和旅游部委派，远赴塞尔维亚、瑞典、冰岛、德国、荷兰演出，连续13年参与"欢乐春节"文化交流活动，所到之处赢得一致叫好。

此前，"浙江宣传"曾两度发文关注浙婺的院团改革。今天我们换个视角，来聊一聊从田间地头走出来的婺剧是如何一路唱响海外、"圈粉"世界的。

一

　　中国戏曲在海外受到欢迎，其实由来已久。

　　1919年，25岁的京剧艺术家梅兰芳受邀赴日本演出，表演了《天女散花》《御碑亭》《贵妃醉酒》等名剧，在日本掀起一股"京剧热"，曾出现"万人空巷，争看梅郎"的现象。

　　关于这次出访，梅兰芳在回忆文章中写道："这仅仅是我企图传播中国古典艺术的第一炮。"演出持续10天，梅兰芳顶着压力，为推动中国戏曲走向世界铺开了一条道路。此后，随着中外文化交流日益频繁，戏曲这一有说有唱、有文有武的独特艺术形式，逐渐成为展示中华文化的一扇窗口。

　　与国粹京剧依靠梅兰芳等艺术家的努力走出国门不同，作为一个常年活跃在农村的地方剧种，婺剧的"出海"之路更多靠的是绝地求生的勇气和一往无前的开拓精神。

　　20世纪八九十年代，传统戏曲经历低谷，剧团普遍面临着"演出市场缩小、观众人数急剧减少、无戏可演"的生存危机。在这样的背景下，"连出访资金都靠政府支持"的浙婺勇敢地迈出了走向海外的第一步。

　　1993年11月，应金华友好城市日本栃木市的邀请，浙婺飞赴日本演出。此行演出阵容强大，由团内骨干演员陈美兰、张建敏、周志清等人组成。演出剧目是婺剧经典剧目《白蛇前传》。

　　尽管舞台设施简陋，文化差异大，演员们仍以生动、精彩的表演征服了现场观众，在栃木和真冈两地的三场演出均取得成功。特别是栃木的两场演出，在潮水般热烈的掌声中，演员们谢幕了四次。

这次成功的日本之行，让浙婺更加坚定了"走出去"的决心，全团上下心往一处想，朝着"墙内墙外都飘香"的目标努力。

1995年，浙婺应邀赴新加坡参加"1995狮城戏曲节"，在国际上的影响力进一步扩大。进入21世纪，海外演出机会增多，为婺剧捧回首个"梅花奖"的陈美兰在美国休斯敦市"旋风艺术展"上惊艳全场。2009年，浙婺首次受文化部委派，参加智利国际艺术节和厄瓜多尔巡回演出，反响远超预期……2023年10月，浙婺人又将婺剧唱到了肯尼亚、埃塞俄比亚等非洲国家，收获了一大批"洋粉丝"。

浙婺，这一来自浙江民间的戏曲院团，正成为国际戏剧舞台上闪闪发光的星辰。

二

20多年来，浙婺先后出访58个国家和地区，足迹遍布五大洲，演出300余场，是国内在海外演出场次最多、影响力最大的地方戏曲院团。

"中国戏曲有浙婺"，海外赞誉无数渐成业内共识。如今的浙婺已经成为中国文化对外传播一张当之无愧的"金名片"。不禁要问，在迈向国际化的过程中，浙婺做对了什么？又掌握了哪些"出海"秘籍？

不妨通过几个关键词来"解码"。

"量身定制"。不同国家和地区有着各自的文化背景和价值观念，这将直接影响到观众对舞台艺术的理解和接受程度。在海外演出前，浙婺总会从题材、内容、唱段等方面精心挑选剧目，并根据国外观众的审美和观看偏好适当调整，比如对语言字幕进行处理、增加互动表演、向观众介绍故事背景等等，为海外市场打造"国际版"定制剧目。

"内容为王"。时代在变，观众在变，需求也在变。在快节奏的当下，只有持续推出优质、新颖的内容，才能在国际市场上永葆竞争力。从早期的经典《断桥》，到近年来广受好评的《三打白骨精》，浙婺几十年如一日在内容创新上下功夫，与时俱进地捕捉能引发共鸣的"流量密码"，持续带给观众新鲜感和惊喜。

"民族特色"。越是民族的，越是世界的。婺剧源于农村、长于民间，中华优秀传统文化和民间艺术是其取之不尽、用之不竭的资源宝库。每次赴国外演出，浙婺都会精心挑选一些具有民族特色的非遗技艺，将拉线狮子、九节龙、民乐等元素融入其中。多元的表演内容不仅丰富了演出层次，也让中国文化的传播更有深度、温度和力度。

"完美呈现"。浙婺深谙一个道理：高难度的技巧、高质量的表演和高标准的要求，是站稳脚跟的根本。从剧目到演员再到演出纪律，浙婺人时刻保持百分百的状态。在海外演出时，浙婺用过的化妆间永远是干净整洁的。凭借"有戏更有礼"，浙婺不断吸引更多"头回客"成为"回头客"。

三

如今，国际社会对中国的关注达到空前高度，更多外国人渴望了解中国、走近中国。

艺术是最好的"柔性"交流方式之一,它具有超越时间、地域和语言的魅力,能让不同民族、不同国度的人们实现情感同频和灵魂共鸣,在推动中华文化"走出去"、促进文化对外传播方面发挥着不可替代的作用。

立足浙婺"漂洋过海"的成功实践,如何让更多和婺剧一样的传统戏曲、东方艺术扬帆远航,在异国他乡绽放光彩?

"出海"除了"出发",更重要的是"抵达"。这些年,国内院团机构出访演出的机会持续增多,中国戏曲的戏迷"朋友圈"逐渐扩大。成绩固然令人欣喜,但不可否认的是,有不少还只停留于"只增步数、不显力度"的状态,尚未发挥出最佳传播效应。

文化"出海"是一项长期而艰巨的任务,既不能期待"一蹴而就",也不能满足于"表面热闹"。在追求演出数量、频次的增加之外,我们更应该把精力花在拓展文化贸易渠道、加强精准宣传投放、提高受众"触达率"等关乎传播效果的关键环节上,实现内容的有效供给和传播。

在跨文化传播过程中,由于文化背景和文化认知的差异,"文化折扣"现象不可避免、普遍存在。这就要求作出相应调整。但要注意的是,调整并非无原则的妥协或迎合。过去曾有剧团不惜削足适履,把看家本领给弄丢了,结果适得其反。

文化"走出去"不是生硬的展示,也不是媚俗的迎合,而是基于相互尊重的交流。就像浙婺,既懂得随机应变,又坚守文化根基,在适应海外市场需求的同时始终保持剧种本身"文武兼备"的独特性,原汁原味地呈现婺剧特色。如此一来,不仅让海外观众领略到了真正的婺剧风采,也为中国文化在国际上赢得认可。

科技进步赋予文化"出海"无限可能。VR、AI等数字科技催生出许多新的观演模式，跨国界的艺术交流在技术加持下，早已突破时空束缚，让世界各地的观众在云端便能一睹中国文化的精彩。诸如此类的尝试已有很多：比如北京保利剧院打造"保利云剧院"，中国国家大剧院推出"春夏秋冬"系列线上演出季，越剧《新龙门客栈》抖音直播，等等。

这启迪我们，有了好内容，还要积极拓展更多渠道、打通更广线路，进一步扩大传播"辐射面"，努力实现"借船出海"向"造船出海"的跨越。

"曲高未必人不识，自有知音和清词。"在文化"出海"的航道上，还需要更多中国戏曲劈波斩浪、跨越重洋，为世界舞台注入隽永的东方艺术魅力。

李戈辉　俞晓赟　执笔

2024 年 2 月 11 日

为何我们对龙的翻译很较真

> 为中国龙正名，绝非小事一桩不值一提，也不是故步自封，而是为了与世界的沟通更顺畅，分享中华优秀传统文化中的营养。

龙年春节来了，这是联合国把春节（农历新年）确定为联合国假日后的第一个春节。全球五分之一的人口进入春节模式，引发了全世界的春节热潮。但"龙"到底该怎么翻译？这个问题，连日来引发了网络讨论，还登上了社交平台热搜榜第一。

现在很多网友支持将更有中国特色的"Loong"作为中国文化中"龙"字的英文翻译。他们认为，传统西方语境里的"Dragon"代表着暴力、贪婪等负面符号，不能定义中国的"龙文化"。

随着中国经济的迅速发展，国际影响力不断提升，"中国龙"等传统文化符号"出海"已成大趋势。如何在保留中华优秀传统文化精髓的同时，创造更适应国际受众的传播形式，让文化在交流碰撞中增进了解，事关文化自信，事关文化自主权和话语权，不可不较真。

一

　　龙，无论在东方还是西方，都是文化图腾，具有象征意义。但两种文化在对龙图腾的内涵定义上，却截然相反。

　　西方近代奇幻文学的开山之作《指环王》系列文学作品里，龙（Dragon）是邪恶暴力贪婪的代名词。西方文化中对龙（Dragon）的负面定义，可以追溯到5000年前苏美尔人的圆形石印上的雕刻龙。西方多数经典作品都将龙（Dragon）作为恶魔的使者或化身，它在文化符号中扮演着极其负面的角色。

　　中国龙形象的出现，从目前考古发现来看，远早于西方。在距今8000年前的辽宁查海遗址中，曾出土过一条近20米长、由石块精心堆塑而成的龙。在中国乃至整个东亚地区，龙都是给人们带来幸福和财富的祥瑞形象。

　　所以，中国的龙与西方的龙，在文化内涵上是不一样的。

　　将两者形象混为一谈的是早期来中国旅行的西方探险家。据学者考证，13世纪初著名的《马可·波罗游记》首次将中国的龙以"Dragon"之名传入西方。之后，意大利传教士鄂图瑞克在他的《亚洲游记》中同样将中国龙翻译为"Dragon"。19世纪，英国传教士马什曼在其著作中提及了中国的龙，他在注音时使用了"Loong"，但在其后的解释和翻译中仍然沿用了"Dragon"这个词的含义。

　　最初的混淆也许源于对神秘东方的不了解，但在经历了19世纪末20世纪初所谓"黄祸论"等极端民族主义理论宣扬之后，西方将其文化中龙的负面形象强加于中国龙之上，并借此诋毁中国，成为一些人对华进行恶意抹黑的手段之一。时至今日，我们仍可以在部分美西方媒体上看到这种误导性的操作，给中国的形象带来了负面影响。

因此，向全世界说清楚，中国龙是"Loong"不是"Dragon"，事关维护我们传统龙文化图腾的正面性，也是我们这一代要走向世界、解决中国"挨骂"问题的中国人必须直面的课题。

二

那么，中国龙到底代表着什么？借着龙年的到来，和世界各地喜爱中华文化的人们说明白很有必要。

前几天，"浙江宣传"在《说"龙"》一文中提到，龙是中华民族共同体的具象体现，龙文化映照天人合一、道法自然的价值理念，龙意象蕴含奋发向上的生活追求。笔者还想补充几点。

与西方龙代表着邪恶与暴力明显不同的是，中国龙代表着中华民族对生命与秩序的尊重。中国的龙文化是从农耕文明中孕育出来的。中国的龙在进入中华文化序列之后，就与生命之源"水"紧密相关。龙能带来降水，风调雨顺才能带来丰收，丰收才能让人丰衣足食，生命才能得以繁衍。中国龙在古代还代表着守正的秩序。从炎帝、黄帝等中华人文始祖的传说开始，龙始终与华夏大地的政治、经济、社会运转息息相关，龙带来的公正和权威，是华夏民族走向崛起的文化象征。

中国龙还见证了中国重新挺起腰杆的历史，在中国人心目中具有独一无二的文化意蕴。在网上能搜索到这样一幅19世纪的欧洲漫画：一条挂着辫子正在打盹的中国龙，身边围满了手持刀枪的各种动物。这是鸦片战争后中国沦为半殖民地半封建社会的真实写照。1951 年，中国人民志愿军在抗美援朝中攻克汉城，得到消息的萨镇冰老人写下了"龙游浅水勿自弃，终有扬眉吐气天"。

无论多少艰难险阻，在龙图腾的鼓舞下，华夏儿女终能够摆脱历史泥潭，让民族重新屹立于世界之林。龙文化顽强的生命力源于其本身已与中华文化融为一体，已深深植根于华夏儿女心中。

奋进向上的中国龙，蕴含着引发世界共鸣的人类共同价值。随着中国文化在海外的传播，中国龙演绎出来的美好寓意，正在被越来越多的外国人所接受。中国龙已经成为代表中国形象的重要标识。一些国际体育明星就曾将中国龙形象文在身上，寓意中国龙能带给他们激励。

三

"Loong"还是"Dragon"？为何要在翻译上锱铢必较?

有观点认为，英语翻译还是要按西方传统语境来比较靠谱，这样可以减少传播的障碍。但也要看到，在文化的国际传播中，这种较真可谓比比皆是，因为这不是小事，而是事关文化定义主导权、话语权的大事。比如，日本在 2019 年向国际媒体提出了一项要求，更改日本人名字在英语翻译中的顺序，回归日本人名秩序传统。对于日本的新年号"令和"，日本专门给出了官方英语翻译来解释和规范，纠正部分国际媒体的错误翻译。

中国龙无论是外部形象还是文化内涵、历史演变的轨迹，和西方龙都有天壤之别。纠偏"Loong"与"Dragon"的混淆，有利于增进世界各国对中国文化的了解，塑造可信可爱可敬的中国形象。

其实目前"Loong"与"Dragon"的争议话题也触动了一些西方有识之士，对于中国龙的重新定义，在西方文化界已有动作。比如《牛津英语词典》在2024年首次将"Chinese Dragon"收入其中，并作了正面的解释。

叫响中国龙，更为重要的是积极讲好龙的故事，让龙成为全世界都喜爱的文化符号。

中国龙文化源远流长，让中国龙的文化内涵深入人心，需要的不仅是长年累月的推广，更要在创新内容和形式上多下功夫，找到合适的平台和合适的人，才会事半功倍。比如2022年冬奥会，中国选手谷爱凌成为中国龙文化的"代言人"，她的赛服、雪板、头盔不仅有中国龙的图案，还有"人中之龙"的英语表达。伴随着谷爱凌屡获金牌的表现，中国龙也刷到一波国际人气。

为中国龙正名，绝非小事一桩不值一提，也不是故步自封，而是为了与世界的沟通更顺畅，分享中华优秀传统文化中的营养。当历史进入21世纪，步入新时代，诸君且听这自信的龙吟，这正是响亮的中国之声。

徐健辉　陈培浩　执笔

2024年2月11日

酱鸭，酱货里的"硬通货"

> 常常是某个冬日，或者早春时节，走在老杭州人聚居的小区，抬头一瞥，就能看到阳台上一只只吊着脖子的酱鸭，酱色在太阳底下散发出特殊的光泽。

"熬稍熬稍，手汏汏清爽，酱鸭儿先捞一块尝尝看！""嗯，个次酱得入味，毛赞！"这样的对话，对于绝大多数杭州人来说，想必熟悉而亲切。

有人说，正如没有一只兔子能走出四川，没有一头牛能离开潮汕，在杭州，没有一只鸭能逃出杭州人的餐桌。

一些人不解，为什么杭州人钟爱酱鸭？问题的答案并不是最重要的。当一种食物和城市的名称连在了一起，说明它已经是城市文化的一部分了。酱鸭之于杭州，就如同饺子之于北方人，早已密不可分。

观之色泽油亮，闻之酱香扑鼻，食之肉质紧实、甜咸兼具。杭州人对酱鸭的"情有独钟"，摆在日常餐桌上，随在走亲访友的礼单里，也种在每个杭州人的心中。

一

大约小雪节气后，老杭州们就开始忙碌地筹备过冬的酱鸭了。要说制作酱鸭的过程，"洗、腌、晾、熬、酱、晒"这六道工序缺一不可。

先是长辈们互相提醒着要买鸭子了，呆头鸭最佳，秋吊鸭次之，买来以后洗净、脱毛、沥干，等待腌制。

酱料的准备也颇具仪式感。酱油必须是湖羊牌酱油，这是经过一代代杭州人检验过的"认证品牌"。同时，还要备齐茴香、八角、花椒、香叶、料酒。

料备齐，便开始下锅熬制酱料。熬制期间还得加上料酒，有经验的家庭掌勺人说，料酒这东西，实属顶级催化剂，不加，总觉得这味道少了点意思。随后，沥干的鸭子就要准备开酱了。在此之前，有些杭州人还会给鸭子们喷上一些白酒，不过这道工序属于"私人定制"，全凭个人习惯。

当鸭子和酱料深度融合后，还得记着时不时给它们翻个身，确保每个面都"雨露均沾"。至少24小时后，鸭子们就可以挂起日晒了。晒出来的酱鸭，开始还带着粉色，随着冬日太阳和微风的共同发力，鸭子的颜色一天天变深，散发的酱香味也日渐浓郁。

常常是某个冬日，或者早春时节，走在老杭州人聚居的小区，抬头一瞥，就能看到阳台上一只只吊着脖子的酱鸭，酱色在太阳底下散发出特殊的光泽。

年复一年的阳台酱鸭和飘进屋子的酱香味，成为埋藏在老杭州人记忆中独一份的景致，陪伴着很多人走过年少时光，走向成家立业。一味酱香深埋于心，甚至成为一种牵挂。越是离家在外久了，就越是想念。

二

香脆流油的北京烤鸭、细腻酥烂的南京板鸭、皮薄肉厚的粤港沙姜鸭，到杭州人这里只有一句骄傲满满的民间俗语："你有播地西北风，我有陈酒酱鸭送。"

回到最开头的问题，杭州人为什么喜欢吃酱鸭？除了从小养成的杭州口味外，酱鸭吃起来方便、下饭也是原因。

酱香甘鲜、不硬不柴的杭州酱鸭是公认的"下饭神器"。倒上黄酒、撒上葱姜后简单一蒸，一盘酱香怡口、油润不腻的酱鸭便喷香出炉。有酱鸭的日子，大米饭都要多吃上二两。

小酌下酒亦少不了酱鸭。丰子恺曾在《湖畔夜饮》中写道，"端了一壶酒和四只盆子出来，酱鸭、酱肉、皮蛋和花生米"。与友人郑振铎在西子湖畔饮酒谈天的惬意时光中，亦有酱鸭相伴。那一夜，窗外微雨，月色朦胧，两个阔别十年的老友相逢对坐，灯下共饮，欢喜又或者忧愁，都在酱味伴酒中消解得干干净净。

不仅如此，杭州酱鸭还是个"百搭"：撒两把小青菜做成酱鸭菜泡饭，吃上两大碗都不过瘾；把年糕切片与之同炒，温润的鸭油让整道菜香气扑鼻、鲜味四溢；还可煮千张、蒸笋、蒸豆腐……酱鸭好似一味神奇的调味剂，能让绝大部分食材焕发鲜味。

尤其是到了过年期间，无论是年夜饭桌上还是新春拜年招待亲戚的餐桌上，酱鸭定是那份最先蒸熟切好的"招牌菜"。一盘酱鸭，满口酱香，"还是原来的味道"，记忆中的点滴美好瞬间被唤醒。

餐桌上的"钉子户"、走亲访友的"硬通货"……正是杭州酱鸭特殊的"出场时间"，让它见证了无数的团圆相聚，承载了主人的热情好客与亲友的相亲相爱，让记忆中颇为珍贵的美好瞬间有了真实而又具体的滋味。

三

随着时代变迁，现代工艺制作的酱鸭成了主流，很多人馋虫四起之时，随时随地就能够到店里买一只酱鸭。因而，在很多杭州人的心目中，有一些老底子的品牌无可替代。

7岁开始做菜的"食神"胡亮醉心酱鸭制作。他故去后，妻子王莺依然坚守着招牌，每只酱鸭都历经108小时的精心制作，晾晒在远离喧嚣的虎跑，不但纯净健康，更具几分诗意；坐落于杭州老城南的文娟酱鸭，也是用20多年的坚守讲述了一出"草根变顶流"的好戏，吸引了络绎不绝的八方来客。

在杭州的"酱鸭江湖"里，每一个广为流传的酱鸭品牌背后，都是一份对老底子杭州味道的眷恋和坚持。即便如此，还是有"倔强"的杭州人，坚持手工制作自家风味的酱鸭。每户人家，都是在反复尝试中调整创造出最适合自家口味的配方。

杭州人好客，总想着把最好的吃食推荐给朋友。因此，每逢过年过节，杭州人送礼的清单中，总少不了一只酱鸭，也少不了把这一抹酱味分享给其他人。

网上有这样一则视频，想必大家有印象：有一年过年，一位在杭州工作的北方姑娘因疫情被隔离，社区送的年货里，就有酱鸭。没吃过酱鸭的她蒙了，拍了短视频发到社交网站，在线求助网友怎么吃。

网友的热情，被这只杭州酱鸭点燃了，评论区成了南北美食文化的交流区。各种各样的吃酱鸭教程让姑娘看花了眼，她默默地把酱鸭挂起来，最终在几个杭州朋友的帮助和指导下，这只翘着头的鸭子方才"落腹为安"。杭州酱鸭的味道，在网络平台的声声关切中，被越来越多人传递着。

如今，以杭州酱鸭为代表的《传统食品腌腊技艺》等相继入围区、市非遗保护项目，《杭州酱鸭》团体标准出炉，为杭州酱鸭"飞出杭州"提供了良好契机。从饕餮美食到非遗传承，杭州人对酱鸭的爱在经年累月间愈发深厚。

自然，并不是所有的杭州人都喜欢吃酱鸭，但是对酱鸭的那份感情根深蒂固，"你可以说不好吃，但你不能说它不好"。对于酱鸭，一户人家有一户人家的口味，而对于家乡的偏爱，却是每一个人的坚持，它发自内心，历经时光沉淀，不随岁月流逝。

徐铭婕　何嘉成　执笔

2024 年 2 月 12 日

这届年轻人真的不想结婚吗

> 爱情与婚姻和追求个人成长并不矛盾，有时反而能在彼此的双向奔赴中为人生注入更多动力。

正值春节，年度"花式催婚"大剧迎来高潮。

"年纪不小了，也该结婚了""先成家后立业，都多大岁数了还不找对象""别再挑挑拣拣了，挑来挑去只能挑别人剩下的""你不结婚，我在亲戚朋友面前都抬不起头""你看隔壁谁谁谁，跟你一样大，娃都会打酱油了"……一边是苦口婆心、心急如焚的父母，一边是"我的人生我做主"的子女。面对"夺命连环催"的灵魂拷问，很多单身年轻朋友表示"压力山大"。

2023年，"浙江宣传"探讨过催婚这个话题。2024年我们再聊一聊，谈及婚恋，这届年轻人到底在想些什么？难道他们真的不想结婚吗？

一

在传统婚恋观里，"执子之手，与子偕老"是美好爱情和幸福婚姻的写照。美满的期许犹在眼前，但不少年轻人已然将单身作为人生选择。在他们心中，"母胎solo"不是贬义词，"单身贵族"是潇洒的生活方式。

民政部相关数据显示：2022年全国依法办理结婚登记683.5万对，连续第九年下降。可以说，随着时代变迁，年轻人对于婚恋的认识也在发生变化。

比如，更在意精神共鸣。20世纪70年代的"手表、自行车、缝纫机"，80年代的"冰箱、彩电、洗衣机"，再到后来的"房子、车子、票子"，结婚"三大件"迭代升级，不仅直观反映出人们生活水平的提高，也于无声中体现了婚俗风尚的时代变迁。如今，越来越多的年轻人将重点放在"人"的身上，更在意对方能否给自己带来"情绪价值"。不同于传统意义上的"男大当婚，女大当嫁""父母之命，媒妁之言"，现在的年轻人坚持"宁缺毋滥"，更倾向于"跟着感觉走"，有时甚至会因父母干预而产生抗拒心理。

再如，更关注自我修炼。不少年轻人虽然向往爱情和婚姻，但同时表现得"小心翼翼"。在他们看来，与其将就自己和别人"打配合"，还不如多多取悦自己，因为"没有最好的婚姻，只有最好的自己""婚姻未必可靠，可靠的只有自己"。于是，有人选择将婚姻大事延后，进而把自我提升和快乐生活摆在第一位，努力考研、考编、创业，攒劲买房、买车、买保险，时不时再来个美容、健身，不断给自己"做加法"。

又如，更享受个人自由。有人虽然对恋爱、结婚不排斥，但对寻找另一半却表现得相当佛系，不管是被动单身还是主动单身，主打一个"敌不动我不动"。虽然偶尔也想品尝一下爱情甜苦，却更贪恋一个人的自由自在，不愿轻易打破原来的生活节奏。此外，还有人奉行"不婚主义"，戏称"婚姻是爱情的坟墓"，提倡"只恋爱、不结婚"，甚至迷恋"只暧昧、不恋爱"的搭子关系。

二

面对爱情和婚姻，这届年轻人既保留着浪漫的想象，又有着对现实的清醒认知，可谓多元且复杂。对此，老一辈往往难以感同身受，直言"不谈恋爱不结婚，你们小年轻到底想干啥？"

事实上，这届年轻人如此"别致"的婚恋观背后，有着深刻的经济和社会背景。

有的是源于个体独立价值的追求。年轻人更懂得认识自我、理解自我、取悦自我，愿意把时间和精力投入到更能实现自我价值的事情中去，比如发展爱好，又如奋斗事业。一些年轻女性实现了性别观念与传统认知上的突破，她们用单身来抗衡数千年来女孩要成为母亲的角色设定，用一张张亮眼的成绩单来证明女性在各个领域都可以很出色，因而相比男性，她们对于婚恋的犹疑态度更甚。

有的是囿于婚恋成本的现实障碍。有人说，爱情是奢侈品，获取成本低，持有成本却很高。不管是吃饭、旅行、节日、纪念日的花销，还是三观不合甚至遭遇背叛的隐忧，都让人不可避免地开始权衡得失，担心恋爱或者婚姻失败会使沉没成本"打水漂"，更遑论繁杂的家务、难管的"神兽"、很牵扯精力的家庭关系乃至不得不让步的个人事业，这些因素随机排列组合都能"吓退一名未婚女性"。而对于很多年轻男性来说，高价婚房、高额彩礼、高昂育儿费用等经济压力和家庭责任，则是必须面对的现实问题。

还有的是受到网络文化的影响。婚恋作为一种社会行为，很大程度上受文化的深刻影响。而伴随互联网成长起来的年轻一代，婚恋观也深受网络文化影响。一方面，游戏、追星等很大程度上满足了年轻人的情感需求，分散了其对于婚恋的精力；另一方面，家暴、出轨等负面信息碎片经由网络传播不断放大，容易误导年轻人形成对婚恋的非理性认知，在不同程度上引发"恐恋恐婚"情绪。

可以说，当下面对不恋爱、不结婚，社会的理解度和包容度显著增强，很多年轻人认可对人生的多元选择，也越来越懂得自己的人生自己做主，结婚生子已然不再是必选项。

三

"从前车马很慢，书信很远，一生只够爱一个人。"现在，科技进步使沟通交流变得极有效率，但在高速运转的现代社会，婚恋反而变得更加困难。

当然，时代各有不同，每个时代的婚恋观和行为模式自然不尽一致。作为一个"过来人"，笔者有几点感受。

可以耐心倾听，但不用跟着他人的期待走。余华在小说《活着》的自序中写道："生活是属于每个人自己的感受，不属于任何别人的看法。"亲朋好友频繁催婚，更多是在表达对年轻人的关心和爱护，年轻人可以多加理解、耐心倾听，但是婚姻大事，年轻人有必要多些主见，多尊重内心的真实感觉，多融入现实生活。"鞋子合不合适，只有脚知道"，这在爱情和婚姻中是颠扑不破的金玉良言。

对家长们而言，急切的心情固然可以理解，但对单身儿女不妨多一些换位思考，不必因为子女到了某个年龄段，就逼着他们"凑合""将就"一下，把自己"交付"出去。强扭的瓜不甜。与其拼命催孩子，不如多引导他们养成正确的婚恋观，多教教他们学会如何去爱。

婚姻和事业并非不可兼得。爱情与面包之间的抉择与平衡，始终是婚恋绕不过去的话题。有人认为，在竞争趋于激烈的当下，事业和家庭有时很难兼顾，谈婚论嫁会拖慢"打拼进度"，因而不自觉地在"成家"和"立业"之间划出一条泾渭分明的"楚河汉界"。其实，婚姻的本质不仅是爱情的结果，还是双方在相互理解、相互支持的基础上共同成长的过程。爱情与婚姻和追求个人成长并不矛盾，有时反而能在彼此的双向奔赴中为人生注入更多动力。

婚恋不仅是家事更是国事。让更多年轻人敢结婚能结婚，既需要年轻人自身的努力，也需要各方力量携手，为年轻人创造更好的婚恋条件。

比如，让结婚的成本更低一些。在这方面，可以继续做的工作有很多，包括加强舆论引导，持续推进婚俗改革，破除高价彩礼、大操大办等陈规陋习，让年轻人能够在健康积极的社会环境中形成积极的婚恋观，减轻对婚恋的焦虑与恐惧，等等。再如，让遇见"对的人"更容易一些。从家庭到工作单位再到相关部门，都可以从生活、工作、社交等方面给予年轻人更多实打实的支持，为他们遇见"对的人"创造更好的条件与渠道。如此一来，"想恋"的自然"能恋"，"想结"的也就"敢结"，"恐婚"的便会"不恐"。

陈培浩　章馨予　盛游　执笔

2024 年 2 月 12 日

海外浙江人如何过大年

一幕幕海外浙江人的过年图景，正是浙江人出海故事里独具乡愁味的篇章。

刚赶完非遗年货大集，又携全家去看灯会，龙年新春的浙江各地烟火味、团圆味扑面而来。而海外"龙的传人"们也没闲着，美国唐人街早早挂起了灯笼，西班牙巴塞罗那推出共庆新春佳节系列活动，写福字、贴春联、剪窗花、吃饺子等中国传统年俗在各大洲齐齐上演。

浙江是全国著名侨乡，早在16世纪40年代，就有宁波人跟随西班牙船队远赴他乡。数据显示，目前约有205万浙籍侨胞分布在全世界180多个国家和地区。在这个热闹欢腾的中国年里，在外的浙江人是怎么过年的？家乡又怎样关心着他们？

一

当新年的钟声敲响，不论身在何方、有多少时差，中国人红红火火、热热闹闹的氛围感和仪式感一个也不会少。

很多海外浙江留学生会提前置办年货、采购食材，为年夜饭做准备，和朋友们一起炖汤、卤肉、包饺子，让年的味道翻倍；侨乡青田的海外各地同乡会则会延续家乡过年传统习俗，吃糖糕、米冻、蹄髈，纵情欢唱；罗马的温州籍华人的年夜饭里，寓意着"年年高"的炒年糕总是少不了的一道家乡味，最好还要加上青菜，意味着"加财"。

中国年俗被越来越多人带到异国他乡，年味不仅没有变淡，还因为异域文化的融入有了更丰富的层次。巴西里约热内卢的华人联谊会春晚上，舞狮、太极和桑巴舞同台共秀；舞龙和东方扇子舞在一片红色氛围中将西班牙的中国年推向高潮；2023年，数百名加拿大温哥华地区的温州籍同胞欢聚一堂，共享春晚，欢庆迎兔年；2024年，乌干达首都坎帕拉举办了龙年新春庙会和春节晚会，现场挂起了红红火火的中国灯笼，中乌特色的视觉艺术和表演轮番上演。

一幕幕海外浙江人的过年图景，正是浙江人出海故事里独具乡愁味的篇章。相传，早在300多年前，浙江青田人就远走海外，到俄罗斯卖石雕、茶叶等，甚至跨山越海，做起西欧的生意。如今，越来越多的浙江商人、学生走出国门，在海外各地掀起了"浙江潮"。

数据显示，目前浙江籍华侨在180多个国家和地区建立了很多个同乡会等华侨华人社团组织。可以说，从美国的华盛顿到澳大利亚的悉尼，从南非的好望角到俄罗斯的西伯利亚，到处都有浙江籍华侨的身影，以至于民间有了"有鸟能飞过的地方，就有浙江人去"一说。

二

　　情系故土、报效桑梓。有人说，浙江人走多久，对之江大地的记挂就有多久。

　　有的期盼热烈殷切。不管离家多远，海外浙江人都关注着家乡发展，而家乡的发展也为他们在海外打拼增添了底气。比如在俄罗斯经商的台州籍侨胞会满怀自豪地向周围人说道："你看，我的家乡已经8次上榜'中国最具幸福感城市'。"有义乌商人在波兰做了10多年小商品生意，每年春节，他最盼望的就是家乡的义新欧班列驶入华沙，列车给他送来的不仅是早已预订好的小玩具、小饰品，更是来自家乡的乡愁。

　　有的思念跨越山海。不管是崇山峻岭，还是大海汪洋，都挡不住浙江人对"浙里"的牵挂。2023年6月，旅居意大利26年的温州商人组建了一支欧洲中华骑士联盟，一行9人从意大利出发，穿越欧亚七国，骑行了近40天，跋山涉水14000多公里，只为回到家乡温州。每到一站，他们都会去当地的中餐馆慰藉"中国胃"，骑士联盟的队员说："世上再美的风景，都不及回家的那段路。"在非洲安哥拉的两位青田侨胞曾因疫情原因选择留在当地，他们退掉了回乡机票，把这些钱换成了65份大礼包，从万里之外将这一包包爱意送给青田县培智学校的孩子们。正如他们所说，"能把这份心意送给家乡的孩子，也算另外一种形式回家了"。

　　有的反哺意切情真。在海外的浙江人就如同地瓜的一根根藤蔓，跳出浙江向各大洲各国伸展，汲取养分回馈故土。有的回报是绵延岁月里的细水长流，法国文成联谊会成立已有30多年，无论是洪水、地震，还是台风、疫情，每当家乡需要帮助，海外文成侨胞的关心总会送达；有的回报是毅然决然的落叶归根，一位从迪拜归来的温州商人为帮助家乡走上发展快车道，把商城开到家乡的村子里，做起农村商贸，助力乡村振兴。

三

海外浙江人对家乡的反哺和故乡对浙江籍侨胞的关爱相辅相成。可以说，浙江人在哪里，浙江的关心就到哪里。如何更好地让海外浙江人过好新一年、过好每一年，"浙里"一直在努力。

比如，多一点"妈妈的味道"。身在海外，家乡美食是很多人心心念念的味道。烧好一道道色香味俱全的家乡菜，就是烧好了侨胞美好生活的"大菜""硬菜"。为此，省侨联已举办16期海外中餐烹饪技能培训班，挂牌"浙菜海外体验店"，把"妈妈的味道"送到远方的游子身旁。杭州海关则采用数字化查检辅助企业通关，把饱含着吉祥寓意的八宝饭更快地送到海外华人手中。

继续创新海外中餐的"色香味"，改善海外餐饮经营理念、升级海外中餐产业，鼓励和支持更多浙菜品牌餐饮企业在海外扎根壮大，才能让更多海外浙江人在他乡也有安吉竹笋、金华火腿、衢州鸭头等美味相伴。

比如，多一点老家的文化。中华文化是海外华人华侨的精神财富和情感纽带，像在俄罗斯的台州籍商人把《三国演义》《呐喊》《朝花夕拾》等一本本中文名著搬进了莫斯科市中心的饭店，打造一个特别的"乡情角"，吸引了不少国内外游客。不妨让这样的"家书"再多一点，给海外的浙江人提供更丰富的精神食粮。

现在，不少华二代、华三代们从小就生活在国外，海外华裔新生代中有的可能对身份认同不敏感、对中华文化缺乏了解。可以组织更多海外华裔青少年参加汉语比赛、作文比赛等，吸引他们关注中华文化、讲好家乡故事，让海外华人留住根。还可以向海外浙江人开展浙江方言培训班，帮他们记住乡音，举办书法、篆刻、戏曲等文化交流活动，引导新生代深入理解浙江文化。

再如，多一点家人的帮扶。浙江人向来有"创业闯世界，合力兴家乡"的传统，像"宁波帮，帮宁波"就为人所津津乐道，亲邻相帮、同乡扶持是他们商海弄潮的金字招牌。如今，宁波帮已经遍布100多个国家和地区。宁波侨胞还和政府合力搭建海外青年宁波帮创业创新互动平台，为新一代的宁波人外出就业提供"亲"情帮助。

这样的以侨为桥、乡亲互助、携手创业的互助做法在青田、瑞安、瓯海等地也不断涌现，越来越多海内外浙江人的互帮互助成就了强大的"浙里侨帮"。在侨胞间搭建更多桥梁，用娘家人的力量把浙江籍海外侨商、侨资企业家联系起来，在关键时刻为他们提供更多找得到、靠得住的帮助，这是海外浙江人所期盼的。

海外浙江人跳出浙江、发展浙江，你们身处他乡、情系故乡，在这热闹欢腾、喜气洋洋的新年里，家乡也向你们道一声——新年快乐！

吴琪琦　徐苗　执笔

2024 年 2 月 13 日

掼蛋的出圈密码

> 如果表面上打的是掼蛋，实质上却是人情世故的表演，这不仅无法让掼蛋带来简单而纯粹的乐趣，还有可能让掼蛋成为潜规则的温床。

一家团圆，边叙家常边干啥？掼蛋吧！拜年走亲戚，吃完饭干啥？掼蛋吧！久未重逢的好友，春节聚会干啥？掼蛋吧！

这个春节，要说什么游戏最火，掼蛋必有一席之地。这项源于江苏、流行于苏皖的纸牌打法，近来大范围出圈，成为风靡大江南北的国民游戏，在一些地方甚至成为充满年味的民俗。对此，我们不禁要问，掼蛋凭啥那么火？

一

啥是掼蛋？掼，是江浙沪皖方言中的常用动词。安徽人吴敬梓在《儒林外史》中写到邻居向范进报喜，"劈手把鸡夺了，掼在地下，一把拉了回来"。一个"掼"字，把风风火火的气势写得极为传神。

在纸牌游戏中也是如此，由于掼蛋规则为四人使用两副牌，组合炸弹不分花色且融合了麻将中的"百搭"万能牌，一局之中可称"炮火连天"。

掼蛋，即为扔炸弹。试想一下，在牌桌上，当玩家将手举过头顶，用夸张的动作将"炸弹"甩向桌面时，那种掷地有声的力道和神态，就如同扔真的炸弹一样。

另外，还有谐音梗的起源之说。相传20世纪70年代，掼蛋这种玩法刚面世时原为"关栏"，即把对手的牌给关到栏里。因方言发音，流传中成了掼蛋。

作为一种纸牌游戏，掼蛋可谓集江湖纸牌玩法之大成。据淮安地方志办公室《漫谈淮安掼蛋文化》记载，掼蛋起源于20世纪60年代的南闸公社（现淮安漕运镇）。顾名思义，这里毗邻京杭大运河，自唐代起便是商贸中转之地，千年前的船工号子至今仍以南闸民歌的形式流传。

南船北马，各路"打工人"带来了各类纸牌玩法。劳累一天之后，一张牌桌足以消解疲乏、联络感情。为统一规则，获取彼此间的最大公约数，掼蛋便诞生了。这种打法借鉴了"争上游""十点半""跑得快""五百分""斗地主""麻雀牌"等，玩法上更刺激，更考验玩家的策略、打法和应变能力。

相传掼蛋刚被发明时，还曾被人吐槽："喜欢找麻烦，摸牌一大把，整牌要空子，一牌打半天。"其实，这正是掼蛋的乐趣所在，让人动手动脑、身心愉悦。很多持有异见者待得上手，也不禁赞叹。

一些漕运镇的老人还对1985年的一场掼蛋比赛记忆深刻，从早上8点打到晚上6点，31支代表队、55个参赛组合上演全镇"总动员"，赛场所在的校园被围得水泄不通。

草根游戏深深带着一方水土的印记，掼蛋的魅力正在于此。

二

据不完全统计，当前全国掼蛋爱好者已达1.4亿人。中国的纸牌游戏种类数不胜数，为何掼蛋能爆火出圈？笔者认为，至少有三大原因。

国民游戏"上分"。能成为全民性娱乐，掼蛋必不可少的一个特性就是好玩。淮安当地的掼蛋歌中讲道："只顾自己误时机，一张不慎全局累。"一场掼蛋里，规则是两两组局，那么团队协作必不可少。现场，"打心理战"便成为看家本领；"田忌赛马""弃车保帅"等烧脑战术也变化多端，令人欲罢不能。

因此，有玩家评论："掼蛋里头是有中国传统军事思想的，牌型百变多样，打久了也不会腻。"平日里往来无多的邻里朋友，通过打掼蛋拉近了彼此的距离；有社交需求的人，通过掼蛋打通了圈层融合的渠道，方便了沟通……这款"社交神器"，让人在放松身心的同时，营造了和谐有趣的氛围。

官方认证"上牌"。草根出身的掼蛋凭借自身的娱乐性、益智性和竞技性一路升级，甚至走上了国家竞技体育赛场，一跃成为"中国式牌局"的顶流。

掼蛋，被淮安市政府列入第五批市级非遗，被国家体育总局列入全国趣味棋牌类正式竞赛项目，被列为第五届全国智力运动会表演项目，进入央视总台春晚小品……一系列的"官方认证"都进一步让掼蛋声名大噪。

网络流量助推。掼蛋出圈离不开淮安当地爱好者打造的"掼蛋网",网络平台的诞生快速推动了这项游戏的传播。很快,掼蛋便开始走出淮安,在江苏、安徽等省内外流传起来。

2023年被一些人称作"掼蛋元年",与掼蛋相关的话题频上热搜。在网上,掼蛋摆脱纸牌主要受众为中老年人的刻板印象,受到大量年轻人的欢迎,让掼蛋这把火燃得越来越旺。

三

网上有个段子说,从韩信的淮安出发,顺京杭大运河而下,到杜牧的扬州,再溯长江而上,到辛弃疾的南京,进而到李鸿章的合肥——这条缱绻而磅礴的路线,行驶着一艘满载珍宝的大船,这便是掼蛋。

经过半个多世纪,掼蛋也在群众智慧中成长,让很多爱好者着迷。有人还因掼蛋玩出了人生思考,总结出了不少道道。

比如打牌过程中的"进贡"被玩家认为是"弱肉强食、丛林法则";而"抗贡"启示了"风水轮流转,处事需均衡"的人生哲理;"六必治",指的是对手只有六张牌时的处境,这一局面也被人引申为在人生的关键时刻需当机立断。

自带流量,自带粉丝,掼蛋也从草根的牌桌上长出了无限可能。比如赛事经济,这张"体育牌"潜力满满,湖北襄阳的一场千人掼蛋全国邀请赛热闹不输马拉松、自行车等传统赛事;比如文体融合,掼蛋已成为淮安漕运镇的一张名片,成为颇具特色的非遗体验项目,吸引了大量爱好者前来打卡;比如文化出海,有专家建议推动掼蛋入围国际智力运动项目，填补牌类项目中国文化空白，与围棋、象棋组成"两棋一牌"文化传播矩阵……

不过，掼蛋虽好，也要防沉迷。凡事过犹不及，适当的娱乐能够益智，有利于社交，但如果沉迷于掼蛋，只会适得其反。

值得警惕的是，掼蛋不能成为拉关系的一种桥梁。如今在互联网语境下，掼蛋的功能被进一步放大，仿佛社交必须得会掼蛋。在一些报道中，有的机构为了拉近关系，给客户送"掼蛋礼盒"，甚至不惜投入时间精力去研究掼蛋教材与技巧。如果表面上打的是掼蛋，实质上却是人情世故的表演，这不仅无法让掼蛋带来简单而纯粹的乐趣，还有可能让掼蛋成为潜规则的温床。

掼蛋的出圈，正是"草根游戏也精彩"的一种写照，所谓"高手在民间"，掼蛋的魅力，便是那简单易上手的酣畅、那热腾腾的生活烟火气。我们期待在热腾腾的烟火气中，更多草根智慧能被看见。这个春节，你掼蛋了吗？

朱鑫　吴梦诗　执笔

2024 年 2 月 13 日

年糕，年"高"，"黏"糕

> 白白嫩嫩的年糕条，是江南人家热情的馈赠，更是异乡游子对故土深沉而绵长的眷恋。因而，所谓年糕也是"黏"糕，它总能黏住乡愁、黏住思念。

流行歌曲《江南》里唱着："风到这里就是黏，黏住过客的思念。"在江南湿润的空气里，年糕自带米食的香甜之气，黏着念兹在兹的牵挂，散落在市井人家的烟火中。

就像北方人过年餐桌上必须有饺子一样，很多南方人的年味中，少不了年糕这一味。当混有米香的浓白蒸气四下弥漫，家家户户欢天喜地摞起成筐的白玉般的年糕，过年的滋味才算化作了实感。

白白糯糯的年糕，不仅是很多江南人家的桌上美味，也是祭祀神灵、供奉祖先的必备供品，更凝结着人们年年丰收、步步登高的期盼。年糕年高，岁长情长。一口咬下去，年的味道同步落进了胃里。

一

百变糯米制品，似乎有着神奇魔力，一出场就俘获了大江南北人们的味蕾。从东北的黄米年糕到潮汕的甜粿，再到台湾的红龟粿，不同做法变化出不同滋味。

在江南一带，宁波水磨年糕是最受食客青睐的品类之一。1909年，上海环球社《图画时报》刊登了一则广告，在上海滩广为流传："宁波年糕白如雪，久泡不坏最坚洁。炒糕汤糕味各佳，吃在口中糯滴滴。"可见，在100多年前，宁波年糕已有足够的口碑和实力，在江南美食版图中占据一席之地。

要说宁波年糕究竟有何独特之处，主要体现于"水磨"二字上，所谓"献糕仍年例，粉糍出水磨"。《舌尖上的中国2》曾用6分多钟的时长，以细腻视角还原老底子年糕制作技艺，不少观众直呼"好怀念！"

先说原料。宁波年糕虽糯，却不加一粒糯米，通常选用当年新产的晚粳米，在水中充分浸泡个三四天，让米吸饱水分，彻底"苏醒"。这样做出来的年糕口感既爽滑细腻又韧性十足，可久煮不化。

再说工艺。水磨年糕最考究的是流传已久的古法技巧，在磨粉工艺上至今仿照磨豆腐的磨法。用石磨碾出洁白的米浆，压去水分，徒手粉碎过筛，稻米的分子得到重组，口感得到明显改善；随后置于蒸笼中猛火蒸透；再放入石臼中锤打成团，刚与柔的交锋成就了年糕的细腻与柔韧。随后，切条、晾凉，年糕便做成了。

最后说吃法。宁波人吃年糕，很讲究花头，蒸、炒、煎、炸、烤，吃法花样百出。从糖年糕、雪菜肉丝年糕汤，再到家烧黄鱼面年糕、蟹炒年糕，只要你敢搭，就能从中变化出多种多样的滋味。

当然，当地食客们都知，水磨年糕最好吃的时刻就是那新搡出的一瞬间。那新鲜的热乎劲儿，就是最顶级的美味。

二

年糕，有年"高"之意。如果说宁波人对年糕的喜爱不分四季，那春节做年糕、吃年糕的风俗，则饱含人们那年年攀高的美好愿景，是老百姓最质朴最深切的期盼。

在宁波农村，一入腊月，不少人家通常要请个"班子"到自家搡年糕：浸米、磨粉、搡捣、做胚……随着搡年糕的声音此起彼伏，手作的温度在指间不断传递，过年的氛围感也在乡间拉满。

"糕"与"高"谐音，可取作高升、高中之义，这美好寓意在江南民间积累了不少人气。古时，送读书人的礼物总缺不了年糕，因年糕的形状与官员上朝时的朝笏颇有几分相似，含有年年高升的祝愿。

"年糕寓意稍云深，白色如银黄色金。年岁盼高时时利，虔诚默祝望财临。"在清代，年糕已经成为普遍用于节令祭祀的食品，在年岁更替中寄托着美好的希望。

如今，逢年过节，做寿的、办喜事的、走亲戚的，都少不了年糕，甚至连数字也有讲究，六根、四十八根、六十六根。每当这个时节，宁波人还会不自觉"输出"很多吉祥语，比如"大头菜烤年糕，彩头高照年年好；荠菜笋丝炒年糕，灶王爷吃了也说香；酒酿番薯年糕汤，甜蜜发财年年高"。

为了讨个好彩头，人们还在年糕造型上做足文章。"五福""六宝""如意"等花纹，用模具压制而成，再印上红章"福戳"，或是徒手捏出新年生肖，着实为新春添了一把喜庆。颜色也有讲究，点缀红色是期望日子红红火火，做成黄色则寓意财源滚滚。

可见，年糕早已超脱其本身作为食物的一面，进而与年节相辅相成，成为具有中国特色的民俗文化符号。

三

"一方水土滋养一方风物"，两者总是彼此成全。白白嫩嫩的年糕条，是江南人家热情的馈赠，更是异乡游子对故土深沉而绵长的眷恋。因而，所谓年糕也是"黏"糕，它总能黏住乡愁、黏住思念。

1989年，改革开放春风劲吹，时任宁波甬港联谊会副会长缪广才首次去香港拜访宁波帮乡贤时，行李中就有几件宁波"土货"，水磨年糕便是其中一件。这是给长居异地的宁波帮人士带的，他们对故乡味十分挂念，以至于美食一上桌就一抢而空。临别前，宁波帮人士反复嘱托，希望家乡人以后还能再带些家乡货，以慰大家思乡之苦。

宁波籍连环画大师贺友直在上海时，很爱吃小吃摊上的排骨年糕。离乡数十载，他依然难忘这一味人间烟火："在我的家乡……做年糕虽不会在同一天里，但总会形成一阵子，这总的气势是相当可观的。"他还为上海宁波同乡会创作了画作《做年糕》。在他的画笔下，旧时做年糕的场景栩栩如生，赏画者仿佛能够闻到那经久不散的味道。

更不用说作家们笔下的年糕是多么令人食指大动了。冯骥才曾说："年糕是慈城食文化的历史名牌，亦是先人留给我们的遗产。"在给母亲置办的年货中，他总会放上宁波年糕。有一年，有人给他寄了年糕，闻到这一抹家乡味，这位游子深深感慨："家乡年糕，糕香情浓，令我感动与心醉。"

小小年糕，承载了故土深情，每个游子都想用自己的方式，珍藏这份孩童时期的"菜单"。如今，宁波年糕远销海内外，机器早已代替手制，成为当地一个重要产业。但老宁波人独独钟情自己亲手做的年糕，将年糕浸入水缸，随吃随取，一直吃到来年。

一块年糕，百种吃法，宛如一张纯白画布，任由各地将山珍海味、风物民俗"绘制"其中。这一口年味，经过时间的浸润，不仅是江南人餐桌上不可替代的主食，更成为人们寄托乡情的一个具象符号。

当暮色四合、烟火升腾，一家人围坐在一起，雪白的年糕已经下锅，裹着热气腾腾的年味，嚼上一口，香喷喷的米香沁人心脾，一起许下"年胜一年"的新春心愿。

厉晓杭　执笔

2024 年 2 月 14 日

"反向旅游"何以成新宠

> "有风"的旅途，正吹向下一个看似平常的街角。

　　哈尔滨的爆火进一步带动全国旅游热潮，各地知名景点、网红城市也纷纷亮出花式绝活，希望能接住下一波"泼天富贵"。

　　与此同时，面对龙年首个出游高峰，一些原本关注度不高的地方也迎来了客流高峰。一部分游客"避热就冷"，反其道而行，逃离人潮汹涌的热门景点，"捡漏"一批小众旅游目的地，开启了"反向旅游"。

　　相关机构统计数据显示，旅游环境优质但知名度较小的186个旅游目的地城市，成为2024年春节高性价比目的地黑马。截至2024年1月30日，洛阳、佛山、保山、普洱、阿勒泰、景德镇、柳州、台州等小机场城市在相关平台上的春节酒店预订量比2023年同期增长4.5倍。

　　不禁要思考，"反向旅游"风潮缘何兴起？奔跑在这条赛道上的地方又该如何更好地"出招"？

一

实际上，"反向旅游"并不是个新词，只是近两年开始逐渐出圈。那么，"反向旅游"给游客以怎样的体验？

"睡到自然醒"的松弛感。游客去到一个小众目的地，图的就是追求身心的放松，享受"睡觉睡到自然醒、饿了钻进小巷里、咖啡店里当景点"的松弛度假生活。比如，在各大社交平台的"反向旅游"帖子中，网友十分乐意分享自己走过的"反向旅游地"，一些景点人少、景美、有特色，也让游客们充分体验到了不同于工作日那种身心紧绷的放松感。

浙江绍兴的安昌古镇，被网友称为"浙江年味最浓的小众古镇""江南年味的顶级选择"。过年期间，游人可在古镇枕水而眠，一觉睡醒，去坐咿咿呀呀的乌篷船、看热闹非凡的水乡社戏、吃名扬四方的绍兴"酱"味，体验扯白糖等江南风俗，感受岁月悠悠。

"走到哪儿算哪儿"的随意性。有人开玩笑说，多年前参加跟团游，逛景点、吃团餐、买特产，一天的行程任务满满当当。可一回忆，对景点的印象模糊了，马不停蹄的紧张感却记忆犹新。而今，一首歌、一个梗、一道墙、一碗粉，就能让人动了说走就走的心。他们随意穿梭在小城的街头巷尾，舒适惬意地在民宿酒店休憩，有着自在、松散的行程安排，不求一天把所有的景点游览完毕，要的就是慢节奏、舒适感，主打一个"不计划、不赶趟、不打卡"。

"最抚凡人心"的烟火气。中国旅游研究院 2023 年 3 月发布的《世界旅游休闲城市发展报告》提出，国内游客从"看山看水"转向"人间烟火"。相比去打卡一些大城市的著名景点，不慌不忙地深入烟火气的市集、"氛围感"的菜场、"文艺范"的寻常巷陌这些最正宗的市井之地，坐在老城的小吃摊前，细细品尝当地"最不起眼"的街头小吃，听老板操着方言卖力吆喝，感受当地的热闹、温暖和人情味，成为旅行者与目的地之间的记忆链接、情感链接。

二

"反向旅游"热潮的出现，是热门景点游客爆满带来的溢出效应，也是游客出门旅游的新需求、新向往，人们主动寻找新的选择，到一些小众景点"探秘"。那么，"反向旅游"目的地，凭什么吸引游客驻足？

主打用高性价比吸引游客。低成本、高价值是人们选择"反向旅游"的一大重要因素。比如，200元开盲盒就能品尝到"根本吃不完"的地方美食，打车30元就能绕小城逛一圈；拥有支线机场的小城市，有着四通八达的交通、相对完善的设施和性价比较高的星级酒店。这些都让游客不必付出高昂的旅行成本，因而受到大力追捧。花更少的钱，获得同等的服务，不失为一种机智。

平台"种草"让人心向往之。近年来，部分种草平台设立"反向旅游"专区，一些博主、网红特意挑选"默默无闻"的小城，为网友展现不一样的人间烟火。在网络裂变式传播下，小众旅行地能见度不断提升。

比如，新疆伊犁、四川甘孜的文旅局局长上阵表演雪地骑马、创意变装，吸引大批游客涌入；黑龙江鹤岗、山东曹县，因热点而出圈；浙江安吉云上草原、杭州临安大明山等滑雪场地，也因冬奥会等掀起的"滑雪热"而在网上被更多人熟知。

个性特色让旅途更有记忆点。每一个旅行者心目中都有自己的"诗和远方",每一座城市也都有专属的个性。比如,汕头的美食品种繁多,每天不重样,几天吃不完;德清新市古镇主打原生态,特色美食梅花糕过不过节一个价,被网友誉为"一座低调的千年古镇";乌兰察布的森林湖泊、温泉火山等,能满足网友关于旷野的各种想象。可以说,"反向旅游"意在寻找和体验原汁原味的特色,让游客充满了期待,邂逅了新奇。

三

"反向旅游"让在各类榜单鲜见身影的旅行地迅速蹿红,让更多山好水好、文化独特、性价比高的三四线城市甚至是小县城、古村落看到了出圈的可能性。

当然,在这个过程中,也暴露出一些地方产业配套不完善、服务亟待规范等短板。如何顺应需求,为"反向旅游"热添一把火,让小众旅游地在游客心目中更具魅力,是现实问题,也是当务之急。

如何更有看头和玩头?有人说,过去的旅游是看风景,今天的旅游除了看风景,更是体验场景。如今,年轻人是旅游市场的主流人群,这就意味着,要主动去了解年轻群体喜欢吃什么、玩什么,研发个性化、品质化、多样化的特色产品,因地制宜创造全新的生活场景和消费内容,推出丰富而优质的旅游产品供给和活动体验。如此,一些原本传统旅游资源匮乏的冷门城市,也能在文旅产业版图上分得一杯羹。

如何挖掘风景背后的文化内涵？不可否认，一些景点千篇一律的现代古建、如出一辙的网红美食，容易让游客产生审美疲劳。对小众旅行地来说，应极力避免同质化，在保留自身特色的基础上进行配套建设。同时，结合当地的历史文化资源来开发景点，承接流量机遇。比如，景德镇主打"瓷器牌"，建成世界最美的陶瓷博物馆、陶溪川陶瓷文化创意园等，展示出由文化和手艺撑起的城市气质，吸引游客纷至沓来。

如何为游客"撑腰"？少数网红景区因为配套缺失、服务不到位，"翻车"速度飞快。面对游客巨大消费热情，不妨多考虑如何以服务积攒人气，建立起细水长流的好口碑。像广西柳州就是个好案例。有人为了一碗螺蛳粉去了趟柳州，发现在这里喀斯特地貌的龙潭公园可以免费逛，花3元就能坐水上公交车游遍整座城，柳州因而被网友称为"宝藏旅行地"。可见，只有产品过硬、服务过硬，才能回馈好每一份远道而来的热情。

"有风"的旅途，正吹向下一个看似平常的街角。春节假期，出游正火热，期待大家不论旅行方式如何，不论目的地何在，都能够更好地奔赴山海，满心欢喜出门，心满意足回家，让身体与灵魂都得以翩翩起舞。

郑思舒　王珏　执笔

2024年2月14日

恰是"张灯"好时节

> 灯彩铺就一片中国红，带去了阖家团圆、红红火火的祝福。这片"红"，早已融入"种花家"的文化血脉之中。

流光溢彩、灼灼生华的灯彩，绝对是新春佳节的主角之一。过年挂上大红灯笼、正月里来逛灯会赏花灯，是一味不可或缺的年味。近几日，像嘉兴乌镇、台州黄岩、宁波慈城镇等地，都举办起大小灯会，可谓灯树千光照，璀璨迎新春。

中国人对花灯有多钟情？有诗云："有灯无月不娱人，有月无灯不算春。"可见，人们对灯的喜爱程度不亚于对月亮的喜爱。

为何"偏爱"至此？答案就藏在数千年的热闹与喜庆之中。今天，我们来品品灯火里的中国年。

一

中国灯彩文化历史悠久。《史记·乐书》载，元月上辛日，汉武帝在甘泉寺燃灯祭祀太一神，灯火昼夜未眠，始开"张灯"之河，后世沿袭成俗，灯彩的发展由此开始。这是一种说法。

灯彩文化的发展饱含着匠心与智慧。初始，灯彩尚属稀罕物，随着造纸术和纺织技术的提升，纸、麻成为制作灯彩的主要材料，因价格便宜、轻便易携等属性，促使其在民间快速发展。时至唐朝，制灯的手艺和材料愈发精妙，更是出现了灯树、灯轮、灯楼等大型灯彩。

而到宋朝，中原、江浙、闽南等地区形成了以"灯市"为主的灯彩生产中心。在南宋临安城，官巷口至众安桥成为各色花灯的交易中心，络绎不绝的人群、琳琅满目的灯彩、不绝于耳的买卖声使这里热闹非凡。

"火热"的市场需求，不断催生多样化的灯彩品类。绘制于明朝的《上元灯彩图》记录了当时灯彩之丰富：鳌山巨灯占据画卷中心，金莲灯、荷花灯、芙蓉灯、螃蟹灯、大象灯、龙凤灯、寿鹤灯上的神物、瑞兽、花鸟等栩栩如生，不同形制，应有尽有。

"飞入寻常百姓家"的灯彩，在光影斑驳中，与一代又一代人相遇，融入人生礼仪、生产生活、信仰祭祀，记录着中国人对生活的热情，也照亮了文化传承的道路。

二

俗话说，一方山水养一方人。笔者以为，一方山水人文也滋育了一方灯彩。

有着千百年历史的灯笼制作技艺，巧妙融合了传统绘画、剪纸、刺绣等工艺。各个时代、各个地域的能工巧匠各显神通，用编扎、裱糊、彩绘、剪贴等技法，融入地域文化，以才智与巧思创造出千姿百态、同中有异的灯品。

据中国非物质文化遗产网数据，目前全国共17个灯彩项目被列入国家级非物质文化遗产代表性项目名录，海宁硖石灯彩就是其中之一。硖石灯彩之奇，尤以制作精巧、细腻秀丽取胜。正因如此，海宁硖石灯会有着"江南第一灯会"之称。

何以灯彩？我们不妨以风格类分，细细品味。

宫廷式灯彩。在万千灯彩中，有一种宫廷形制的灯相较于其他更为考究，被称为"宫灯"。《旧都文物略》中提及："宫中各式灯品，雕刻彩画，精美绝伦。"宫灯用料精细，多以木材、玉石等为主要材料，制作技法自成一派，雕镂画绘并重，整体风格大气、华丽、典雅。

乡土式灯彩。乡土式灯彩多源自民间创作，讲究因地、因时制宜，在制作上就地取材，融合百工技法，在施彩绘饰以及选题寓意上充满浓郁的乡土气息。要说这类灯彩的最佳"代言人"，就不得不提有着"岭南灯彩艺术奇葩"美誉的潮州灯彩，其融合潮剧、潮绣、泥塑等多种当地特色艺术元素，乡土特色浓郁，自成一派。

匠作式灯彩。匠作式灯彩主要出自专业灯匠之手，既重世俗情趣、形式活泼，又尚巧意精工、儒雅华丽。

比如，仙居针刺无骨花灯之所以为人称奇，只因拥有两件法宝。所谓"针刺"，就是灯匠手握极细的"针笔"，一针针刺出灯身图案。有时厘米见方的纸片上，要刺出100—150个针眼。所谓"无骨"，是指传统花灯一般以竹、木为骨架。仙居花灯却通体"无骨"，仅靠大大小小的纸张黏合而成，更显灵动飘逸，颇具仙气。

随着时代发展，灯彩也逐渐形成了现代风格。融合现代科技和时代特色的灯彩，在技术、媒介与时尚审美的加持下，绽放出与传统灯彩大不同的旖旎光影。比如，四川自贡的灯会，就使用玻璃、钢骨等新材料，还有人工智能、3D、AR等新技术，让灯彩更加百变与时尚。

从古至今、从南到北，形态各异的灯彩始终是和谐美好、繁荣吉祥的象征，凝结着百姓的智慧和创造，形成了丰厚灿烂的灯彩文化。

三

一盏花灯一束光，在中国人的认知里，灯彩是极其特殊的存在。它早已超越单纯的照明功能，成为温情与浪漫的象征，万家灯火中承载着守候、期盼与祝福。作为非物质文化遗产，历经千年依旧焕发光彩的灯彩艺术，更是被赋予了极为丰富的内涵。

寄托文人情愫。中国人历来擅长以诗词中的寥寥数字写尽灯彩的芳华、寄托自身的情怀。那剪不断理还乱的思绪，是陆游"灯笼一样薄腊纸，莹如云母含清光"的思母之情；是辛弃疾"众里寻他千百度。蓦然回首，那人却在灯火阑珊处"的铁汉柔情；是范成大"侬家亦幸荒田少，始觉城中灯市好"的丰年之美；是汤显祖"一篝灯影乱轮蹄，一片东征一片西"的家国之爱。

展示浪漫情怀。在代代相传的故事、地方戏曲和文艺作品里，灯彩的光泽从未消失。民间有很多关于灯彩的浪漫传说，像仙居花灯的起源就很有说头。

相传唐朝时，一秀才为母治病，独自前往神仙居采药。山高林密中，秀才在夜间迷了路。此时一仙女手持花灯翩翩而至，将花灯赠予秀才，说："花灯所照之处，便是归家之路。"秀才感念这一奇遇，依样制作了一盏花灯挂在门口。乡亲见了都觉喜爱，纷纷仿制，仙居花灯的制灯技艺也因此流传开来。

承载美好期许。我们先从一些民俗趣说当中管窥一番。比如，闽南方言中，"灯"与"丁"谐音，寓意人丁兴旺、日子红火；在皖南山区，家家户户到正月十五均会"照灯"，他们相信在灯节"照灯"能驱散毒蛇、蝎子等。

在灯彩制作中，灯画内容极有讲究，要求"画必有讲头，图必寓吉祥，典故精粹，雅俗共赏"。长寿有"寿字灯""松鹤灯"，富裕有"五谷丰登灯""年年有余灯"，喜庆有"福字灯""大吉灯""普天同庆灯"，爱情有"双喜灯""百子灯"……这些灯彩，无一不寄托着百姓对于美好生活的祝愿。

写春联、剪窗花、挂灯笼，张灯结彩闹新年，无论人在家中坐，还是离家多久、多远，中国人都会保留着挂灯彩的传统习俗。灯彩铺就一片中国红，带去了阖家团圆、红红火火的祝福。这片"红"，早已融入"种花家"的文化血脉之中。

文化遗产的灯火不熄，守艺中华的步履不停。何为张灯好时节？请听满园灯彩回答：时时是好时，处处适张灯，灯火家家有，通宵人如织。

应芳露　执笔

2024 年 2 月 15 日

越剧怎样接住"泼天的富贵"

"泼天的富贵"降临，是内功、实力使然，也是时代机遇使然。而要把这富贵稳稳接住、久久留住，我们要做的还有很多。

龙年央视春晚的舞台上，由浙江小百花越剧团两位"90后"演员陈丽君和李云霄组成的"君霄组合"亮相，二人共同演唱了越剧《梁祝》片段，充满古典美的扮相、清雅婉转的声音，让观众一饱眼福耳福。

无独有偶，大年初二晚，在《浙江卫视 2024 龙年越剧春节晚会》上，"君霄组合"再次登台，与一众青年演员为观众献上一场东方美学盛宴，线上线下又掀起一波"越韵十足"的热潮。

虽然越剧经常是各大晚会的保留节目，但 2022 年可能是第一回收获了如此之多的年轻观众。有人说，"泼天的富贵"终于轮到越剧。的确，2023 年，凭借新国风环境式越剧《新龙门客栈》的表演，"君霄组合"已有爆红之势，《新龙门客栈》演出场场爆满即是证明。

如此说来，越剧的春天真的来了吗？越剧怎样才能接得住这

"泼天的富贵"？鲜花着锦之余，不妨一起来思考。

一

对于这一波热度，有句评论流传甚广，"流淌在中国人血液里的戏曲DNA觉醒了"。笔者认为，这句话的背后，至少有着两重意味。

一方面，足可见越剧历史之悠久、群众基础之深厚。1923年，第一个越剧女子科班在浙江嵊县（今嵊州）创办。此后，女子越剧越来越受欢迎，很快超越"男班"，渐渐地几乎成为越剧绕不开的一部分。20世纪40年代，"越剧十姐妹"更是风光无两。

1983年，28名年轻演员组成演出团，赴香港演出《五女拜寿》，一鸣惊人。第二年，浙江省决定保留这一团体，浙江小百花越剧团由此成立。同年，她们又是参演同名电影，又是参加全国巡演，着实红极一时。

另一方面，是说年轻人对传统戏曲文化的重新认识与接纳。这波越剧潮的雪球越滚越大，带来了一大批新越剧粉，越剧也不再只是"爷爷奶奶辈们爱看的戏曲"。社交媒体上，"君霄组合"享受到了顶流待遇。在之前的文旅比拼中，"君霄"出战被网友称为浙江文旅的"王炸"，短视频平台上掀起一波波《新龙门客栈》的角色模仿大赛。

由此带来的长尾效应也十分明显。在浙江小百花越剧团，除了《新龙门客栈》，《五女拜寿》《陈三两》《梁祝》等剧目也再次翻红，门票十分难抢；北京小百花越剧团，自打在吉祥大戏院演出几年来，第一次出现门票售罄的情况；福建芳华越剧团的成员说，推广尹派艺术也变得"丝滑"多了。

二

年轻人是未来，向内，于剧种内部而言是如此；向外，面向市场更是如此。越剧这一波火出圈，让笔者想到一句话：相信年轻人，吸引年轻人。

先说相信年轻人。传统戏曲要走出舒适区，一方面要相信年轻演员有承担起传承传统文化的实力，另一方面要相信年轻人创新破局的能力。传统戏曲永葆青春，离不开"传帮带"，培养一代代年轻新势力，让年轻演员有更多的机会现身舞台，在实战中提升技能，形成"集团军"阵势，去占领演出市场的山头。

相比老一辈，年轻人的最大优势是活跃的思维。我们在《〈新龙门客栈〉凭啥火到一票难求》中写道，"85后"导演、"95后"编剧、"90后"舞美设计，加上新生代演员，年轻的主创团队为"小客栈"注入了更多青春气息和时尚表达。这一好经验，值得持续发扬传承。

再说吸引年轻人。传统戏曲要想在当下市场乃至未来市场占据一席之地，必须顺应时代潮流，适应年轻人的独特审美与他们的"打开方式"。

创作上，在保留传统曲目的基础上，将目光投射向现实，无论是改编历史题材还是创新现实题材，都应注重与年轻人产生共鸣。在展示戏曲声腔之美的同时，通过沉浸式氛围、演员与观众零距离互动等，提高年轻人的参与度。

推广上，着眼于发现演员的魅力、剧种的魅力，并将之传播出去，形成大流量。比如，演员怎样演绎"一人千面"？如何用越剧唱腔、念白表达日常情绪？抓住年轻观众的兴趣点，把演员的专业能力通过短视频、直播等展示出来，其魅力值或许就能翻番，甚至达到指数级增长。"君霄"的走红，最初正是来源于"玉面郎君"陈丽君在舞台上的一则转圈短视频。

三

"君霄"火了，浙江小百花火了，是不是意味着从此就可以高枕无忧了？其实不然。任何一门艺术，要传承和发扬光大，不能只依靠少数人，也不可能只凭借一两部作品。最为重要的是一花开后如何百花齐放，一两人火后带动满团"红"。

事实上，曾经辉煌一时的传统戏曲，或多或少碰到了市场遇冷之困，曲目创新不多，新增粉丝越来越少，不断有从业者离开这门行当。因而，于演员自身、于小百花、于越剧而言，要思考的都还有很多。

比如，流量面前如何经得起诱惑。网友把大流量比喻为"泼天的富贵"。互联网上，热点一个接着一个，来时波涛汹涌，褪去时悄无声息。这波"泼天的富贵"过后，流量能留下多少留量，才是越剧长久枝繁叶茂的根本。

其中的关键在于演员要能守得住初心、下得了苦功夫，在一场又一场演出中磨练自身。剧团也应考虑，如何完善体制机制，充分激活、释放人才能量。在保护好演员的同时，依托社交网络的流量，把越剧的市场做大，提升粉丝增量，让更多观众感受到优秀传统文化的魅力。

比如，如何以硬核作品稳固实力。传统戏曲的"破圈"，始终要以整体实力说话，尤其是以优质作品强底气。艺术的根基在于守正，活力在于创新。就越剧而言，守的是越剧之本，唱腔、念白和表演的程式，创的则是故事之新、形态之新。

从2022年的《越剧好声音》到2023年的《新龙门客栈》，再到近来的央视春晚、浙江卫视龙年越剧春晚等都说明，当今时代的艺术，比过去任何时候都有条件且更迫切需要贯通古今、融通中外，传统戏剧在立足自身根本的同时，还应当汲取各种艺术之长进行创新，探索更广阔的外延。正如剧作家田汉曾说："不仅要把新内容注入旧形式，也要把新形式注进旧形式，使中国原有的戏剧形式更丰富，更生动，更能表现新内容。"

比如，怎样涵养出更多真爱粉。不可否认，"君霄"走红带来的新流量中，一部分人对越剧本身并不一定十分了解。和以往的越剧粉不同，这一波吸引他们的，更多是演员的外貌、扮相等，比如《新龙门客栈》中贾廷一角，面容俊朗，仪态挺拔，打戏利落，举手投足恣意风流，的确很圈粉。

传统戏剧找出路，先要吸引愿意看热闹的观众，但不能让观众仅停留在看热闹上。通过持续"输出"，不管是在现场舞台表演上，还是在网络传播等"后半篇文章"上，将越剧的服化道之美、真善美之核全方位展现在观众面前，才能让更多人打心底爱上越剧。

从"越剧十姐妹"到小百花"初代女团"，再到以"君霄"为代表的"90后"演员为观众所追捧，充分说明：优秀作品、优质偶像，有着无可比拟的影响力。当演员是鲜活的，当作品与观众是贴近的，更多人自然会来看戏，看得见热闹，看得进门道。

"泼天的富贵"降临，是内功、实力使然，也是时代机遇使然。

而要把这富贵稳稳接住、久久留住，我们要做的还有很多。待到百花齐放，越剧的未来会更加生机盎然、不可限量。

钟玮　钱伟锋　执笔

2024 年 2 月 15 日

船帮宴里的烟火味

> 一碗成一味，满桌瓯江情。船帮宴色、香、味、意、形、养俱全，不仅令人食指大动，也成为瓯江畔独具特色的新春仪式。

瓯江畔的年味，在一席百余米长的船帮宴中迎面扑来。只见数十张圆桌沿老街一字排开，百姓一边谈笑风生，一边大快朵颐。"瓯江二仙""船帮牛肉汤""百尺高头""三江朝霞"……一碗成一味，满桌瓯江情。船帮宴色、香、味、意、形、养俱全，不仅令人食指大动，也成为瓯江畔独具特色的新春仪式。

新春团圆时刻，船帮宴何以抚人心？我们又能从船帮宴里吃出怎样的年味、品出怎样的乡愁？

一

"民国初期，瓯江船只8000艘，每日到达永嘉终点船只平均250艘……"据记载，曾经的瓯江可谓千帆竞发，江畔的百姓以江为地，以船作犁，耕耘出生活，也孕育了淳朴独特的船帮文化。

那时，瓯江帆船从庆元与龙泉交界的小梅顺流而下，再从温州逆行而上，一来一回，至少半月。故乡遥，何日回？依江而居的船帮人，既想满足口腹之欲，又要缓解思乡之情，于是便在船只靠岸停泊休整之时，"以食为媒，一解乡愁"。船帮把辽阔而绵长的江与淳朴地道的宴关联在一起，就有了船帮宴。

船帮宴举行当日，船只互相紧挨，船帮人拆下自家船上的一小块船板，合拢成一张"长桌"。每条船的主人出一道佳肴，一盘一碗、一碟一锅，口味自成一家，"一道有一道的乡愁"。推杯换盏，其乐相融，设在船上的"家宴"，便也成就了舌尖百味。

虽然条件受限，但在船帮宴的置办上，船帮人颇讲究。瓯江船帮人对水产品的加工，起初以风干、腌制为主，后来增加了酒醉、酒糟、油氽等多种烹制方法。比如虾皮腌肥肉，咸香开胃，适合拌白米饭吃，被称赞"味道绝得很"。

船帮宴还遵循四时之序。水暖之时，一条鱼便是船帮人的口腹之乐。一锅鱼汤，鲜香嫩滑、地道纯粹，牵动人们舌尖、心头多重滋味，点缀船帮人更为丰富饱满的生活方式；天寒之日，宴上便是风炉的天下。煮在瓯江的山光水色里，浓香的原汤通过滚滚炭火"激发"，在味觉中烙上"船帮"印记。

江水悠悠，烟火袅袅，风景之中生出风味。船帮宴的魅力，不止于开怀畅饮，不拘泥于慢吞细嚼，其中蕴含的乡味、乡音、乡情、乡愁，让情感共鸣来得更为直接、绵长。

二

竹篙起起落落，在一个又一个的历史浪头中，瓯江船帮浮起又沉寂，渐渐退出历史舞台。不过船帮宴的习俗迁移到了陆上，栖居于村落之中。

上了岸的船帮宴，慢慢演化为一道吉时家宴，成为一个地方生活符号。

平日里，百姓会把饭桌支在门口，约上亲朋好友、邻里同仁，用家常的烹饪方式，炒菜、炖汤，搭配一钵米饭，成为彼此的"饭搭子"。虽然桌子由船板变成了门板，享受的却依然是席间弥漫的亲情、友情。这家办完那家办，村头吃完村尾吃，就这样，船帮宴似乎成了一场家宴接力赛。

遇上佳节时，船帮宴就变得更为丰盛热闹，足足19道菜，寓意长长久久。老街上最宽敞的空地被"征用"为临时后厨，大锅、炉灶一字排开，煤块、鼓风机随地而置。食材陆续下锅、层层叠放，各种新鲜的食材自带本源的鲜味，在煎炒中有条不紊地筹备一场舌尖盛宴。

如今的船帮宴讲求就地取材，一桌宴席少不了两岸的野笋、菌菇等，现挖现烧，乡土又新鲜。在当地人看来，船帮宴的菜要最新鲜的，不要过早从地里拔；老鸭得自家养，喂的是菜叶、米饭拌米糠；就连佐料，也是就地采来的紫苏、胡葱等，绕齿生香、别有风味。

特别是从江里捕的河虾，讲求"时机刚刚好"，大火入锅后，勺铲"左右开弓"，鲜虾上下翻转，一勺盐、一勺油，锅里飘出的都是真功夫。据国际权威检测机构瑞士SGS检测，丽水拥有水质优异的稀有矿泉水，这或许也让河虾的味道变得独一无二。当香味直往鼻子里蹿时，色泽金黄、香脆可口的椒盐河虾出锅了，每一口都充满层次感。此时，它有了自己的新名字——"三江朝霞"。

船帮宴还讲求感官体验。15层高的蒸笼，一笼有一笼的风景。八宝饭的造型全"藏"在底部，蒸熟蒸透后倒扣在盘子上，上面每种食材都有美好的寓意——处州莲子代表和谐美好、红枣代表早生贵子……"百尺高头"由发糕和年糕组成，前者依然用红枣点缀，后者的装扮则换成了枸杞；颜色搭配考究的红薯、芋艿和玉米，不仅带来视觉享受，还回味绵长，氤氲出"五谷丰登"的幸福味。

三

从一碗咕嘟咕嘟的热汤到一种团圆的文化，都让船帮宴充满了幸福烟火味，在真味中留住人心。

吃的是食景两相宜的情调。丽水市莲都区大港头村的船帮宴，设在古老的青石板路上，"进可寻山望远，退可凭栏听风"。与美味宴席相伴的，还有老街上的咖啡馆、文创小铺、手作店。正所谓"移步换景，杯随景动"，每桌宴席的"壁纸"不尽相同。这一刻，闲适与快活相生相伴，繁华与宁静自由切换，不少游客点赞"舌尖和心境，一同圆满"。更有质朴幽远的民谣，一曲接一曲，和席间的八方乡音融合碰撞，形成别具一格的交响乐。

品的是古老船帮文化的韵味。每一桌船帮宴上，都有一些必备的菜品浓缩着船帮文化。比如，"瓯江二仙"是酥酥脆脆的瓯江溪鱼干和鲜美细嫩的对虾，"衣食无忧"则取材于冬笋和鸡蛋，是瓯江船帮人历经急流、险滩、暗礁后最朴实的期望。同时，船帮宴注重小中见大，时常将热烈、喜庆之类的祝福寄于菜品之中，因此，宴上出现了"百尺高头""皆大欢喜""玉树临风"等菜名，一股妥妥的"吉祥如意味"。

感的是流淌在记忆中的乡愁。船帮虽然已不多见于瓯江上，但万家灯火闪耀时，一席船帮宴，依然寄托着游子的思乡之情，生成一份"回家看看"的集体记忆。此时，排场不重要，丰盛也其次，无论有多远，不管有多忙，归途方向永远清晰可见。辗转千里万里，奔赴一场船帮宴，已经成为很多人行程中的共同焦点。

节，是载体，是号角，是欢歌盛舞；宴，是相聚，是召唤，是久别重逢。新岁盛启，愿你与家乡的味道常相伴。

陈炜芬　执笔

2024 年 2 月 16 日

这届年轻人为何不爱走亲戚

> 不把走亲戚当作任务或者负担，而把走亲戚当作不同年龄层之间互听心理需求的载体、延续家族记忆的契机，让亲情传递"不断层"。

新春佳节拜大年，大包小包上门去、热热闹闹走亲戚，曾经是多少人难忘的春节集体记忆。而如今，"过年走亲戚"的习俗似乎正在逐渐被年轻一代淡化。2024年春节期间，这届年轻人不爱走亲戚的相关话题屡上热搜，引起热议。

有研究显示，年龄越小的群体和亲戚经常联系的就越少，"90后"大多数人只是"偶尔联系"，而18岁以下的就"基本不怎么联系"了。不少年轻人调侃自己得了"亲戚PTSD"，对过年走亲戚提不起兴趣，甚至需要一部"春节自保指南"来应对亲戚盘问。

不禁想问，这样的转变何以发生？这届年轻人真的"断亲"了吗？

一

从某种程度上说，出现亲缘关系"疏远""淡漠"的现象，多少也是现实因素使然。

家庭结构变"散装"了。随着生育率下降、家庭中子女数量减少，传统大家族式的"共生"模式逐渐转向以"三口之家"为主的独立"散装"模式。根据全国人口普查数据，中国家庭户平均规模已从1982年的4.41人变为2020年的2.62人。亲戚之间传统的日常生活沟通逐渐减少，而只在婚丧嫁娶等特定时间节点有些程式化交流。甚至"00后""10后"群体往往面临着父母辈没有亲兄妹的状况，除了直系亲属之外，不再与旁系亲戚有多少交集。

社会流动更频繁了。数据显示，2020年全国人户分离人口为49276万人，与2010年相比增长88.52%。人口流动的日益频繁，让兄弟姐妹"同住一个屋檐下"成为过去式。亲人之间不仅有城乡之隔，更有区域之隔，亲缘关系的"离散化"成为必然趋势。越来越多的人离开自己的家乡，涌向大城市上学、求职再到安家，好多亲戚连一年都见不到一次。在不少家庭中，父母、子女以及其他家庭成员分布在全国甚至世界各地生活、工作，导致亲属间因空间距离而"渐行渐远"。

交流方式更"在线"了。年轻一代出生成长在互联网飞速发展的时代，"人与人"的关系部分被"人与网"的关系所替代。据统计，我国网民平均每周上网时长达29.5小时，年轻群体上网时间更长。当赛博空间就能满足展示自我、表达自我、获取信息的沟通需求，很多年轻人有了自己的交际圈，就更不再将亲戚关系作为主要的社交依托，也不愿意在走亲戚式的现实交往中，消耗巨大的"社交能量"。

二

现实的藩篱之外，走亲戚之所以在很多年轻人的社交选项中排到末尾，还因为一些"中国式亲戚"让人感到无奈。

不论是喜欢"爹味"说教的二大爷、"什么都想管"的三大舅，还是"催婚催育"不能停的七大姑、打探攀比"无下限"的八大姨，都成为不少年轻人的"过年噩梦"。一个经典拜年场景是，家中长辈"高高在上"设置话题，频频发出"灵魂拷问"，"95后""00后"小辈被迫应对、应接不暇。

这届年轻人对亲情的理解框架，早已经不被传统乡土社会和宗族伦理所束缚，很多年轻人渴望的"归属式"亲情，远不是走亲戚所能带来的。

不想要"假关心"，而渴望"真善意"。在这届年轻人的观念里，真正的亲情不只建立在血缘关系上，更基于理解、尊重和情感的共鸣。以"都是亲戚""为了你好"的名义，对年轻人的个人选择评头论足，总把"我们年轻的时候比你们苦多了""我走过的桥比你走过的路还多""你以后就明白了"等口头禅挂在嘴边，实际上也可能是在真的表达关心，但年轻人也许不易接受，听多了反而会觉得有些心烦。

不想要"一言堂"，而向往"听我说"。网上有一种说法叫"一言堂之家"，指的是在家里，有的长辈习惯于单方面输出，其他人都只能听着，或者顺着他的话往下说。现在的年轻人往往想法多元、行动多元，在家不愿总是被指点而想要表达自我、得到尊重。具有凝聚力量的家，需要容得下每个人的声音和观点。

不想要"全交代"，而注重"边界感"。"工资多少""有对象吗""结婚了吗""买没买房"，有的亲戚也许并没有见过几次面，却总想把你的底细挖个底朝天。殊不知，很多年轻人对社交生活的边界比较敏感，所谓的聊家常在他们那里更像是"被审问"，带来无形的社交负担。

三

那么，这届年轻人真的要走向"六亲不认"了吗？其实不然，若是能够调整心态、双向奔赴，亲情的"复苏"还大有可转圜的空间。

怀有同理心，学会有"理性"的爱。一代人有一代人的际遇。年长一辈可以尝试理解年轻人的"社交恐惧"，从年轻人感兴趣的话题开始，逐步拉近关系和距离，用更易被接受的语言分享作为"过来人"的经验和教训。有时候，年长一辈其实是在努力地表达对年轻人的关心和善意，然而可能对年轻人的生活和兴趣不太了解。对此，年轻一代也可以改变心态，试着读懂长辈，尊重长辈的经验和智慧，用理解的眼光看待时代变迁，不一味排斥抗拒"走亲戚"，试着找到自己稳稳融入亲缘关系网络的方式。

保持边界感，输送有"分寸"的情。长辈们不妨试着和"八卦""是非""攀比"做一个切割，用互动代替"盘问"、用尊重代替"越界"、用肯定代替"比较"，在年轻人需要时能够现身，提供切实帮助或情绪价值。如果发现不能提供有效的建议，不如体谅年轻人的不易，尊重其基于自己认知做出的选择。年轻一辈也可以增加主动性，分享身边趣事，积极沟通了解，比如趁春节假期和家里的老人们共同做一顿饭等，在保持分寸感的同时拉近彼此的距离。

守好传承性，接续有"温情"的心。不把走亲戚当作任务或者负担，而把走亲戚当作不同年龄层之间互听心理需求的载体、延续家族记忆的契机，让亲情传递"不断层"。老一辈用积极正向的言行潜移默化地影响年轻一辈，让年轻人将走亲戚的温暖看在眼里、留在心里。年轻人也可以探索创造走亲戚的新方式新场景，形成年轻人的新"年味"。

纵使时移事迁，亲情仍然宝贵，贵在血脉相连，贵在亲人之间的情感是人际交往中最淳朴而无私的关系之一。来自亲人的朴素的爱，在润物细无声中滋养着每个人的灵魂与血肉。这个春节，你走亲戚了吗？

苏畅　许小伟　陈瑜嘉　执笔

2024 年 2 月 16 日

且共一碗绍式三鲜

> 虽为招牌，但相对其他名菜的精致玲珑，它美而不华、鲜而不奢，天生一派朴实自然的气质。

相传800多年前，在绍兴，宋高宗因政务繁忙、身心疲惫，想吃一道集聚山、水、田之精华的菜肴。厨师灵机一动，用猪肉、鲜鱼做成肉圆、鱼圆，将越鸡炖汤，加入山笋、河虾、火腿等蒸制。宋高宗品尝后大呼"鲜哉"，给菜赐名"绍三鲜"。

三鲜，堪称中国式菜名里的"万金油"。三鲜的江湖里，各地都有"霸主"，如东北地三鲜、湖北炸三鲜、陕西烧三鲜等。这其中，绍兴传统名菜绍三鲜别具特色，时常在各类美食排行榜上位居前列。

在绍兴本地，绍三鲜是重要场合不可缺少的"硬菜"，有着"无三鲜，不成席"的说法。尤其在过年过节时，它更是以"十碗头"里最重量级的大菜身份登桌上堂。

一

绍三鲜算得上三鲜界招牌之一。虽为招牌，但相对其他名菜的精致玲珑，它美而不华、鲜而不奢，天生一派朴实自然的气质。

绍三鲜采用的食材极为质朴。打开它的菜谱，里面没有山珍海味，不是富贵人家的珍馐美馔，最贵的不过河虾、猪肚，都是寻常百姓可得之物。但这些食材，简约却不简单。在专业厨师看来，绍三鲜的"核心竞争力"，就在于其食材，只因它们取自稽山鉴水的"精华"。

这一道菜，可说是吃尽绍兴。绍兴位居北纬30°的黄金线上，倚山面水、河网纵横、丘陵起伏，天时地利之和孕育了丰饶物产。鱼虾鲜活跳跃，来自鉴湖水系的浪里沙头；竹笋与木耳鲜嫩欲滴，生长于会稽山脉丛林之中；猪鸡丰腴，俱为宁绍平原田园所养。

绍三鲜有最朴实的烹饪方式。无需炒、爆、炸等技法，也不必用勾芡、挂浆、腌制等手段，原汤原汁、轻油忌辣，对调料的需求也不高。需要做的仅仅是将所有食材置于一锅，旺火蒸15分钟。

蒸制这种最简单的烹饪方式，将食材精华融合至臻，让山中鲜、田中鲜、水中鲜共舞。在一道"三鲜"里尽享巍巍稽山、汤汤鉴水的滋味，吃好又吃饱。没有人能抵挡住这种诱惑。

绍三鲜里，还藏着朴素的哲学之味。中国菜讲究味觉极致体验，以至于光是一味鲜还不够，集齐三鲜才算顶流。"独鲜"终究不如"众鲜"般兼容并包、富于层次。

道不离日用寻常的中国人，撷取自然的馈赠，用简单的食材和烹饪方式，在"和"与"众"的哲学之道上，让鲜美的滋味臻于极致。绍三鲜，就是这样一道自然与匠心共运的三鲜代表。

二

虽然沾着"鲜"字，但绍三鲜并非"仙气飘飘"，相反作为"人设"平实的家常菜，带着浓浓的烟火味。

老百姓眼中，绍三鲜代表着好兆头。各色时令美物的各美其美、美美与共，赋予了它"团圆美好"的象征意义。说不清是人如饮食还是饮食如人，传统的中国人都要讲究一大家子因缘和合而聚，以"家"的名义携手奔赴幸福美满。

每次忙碌操办席面，都是一次情感的聚会。主厨和一众帮手忙碌之余不忘交流家长里短，聊天声、吆喝声、勺声、锅声……交织汇聚成忙中有序的协奏曲，引人沉浸在喜庆祥和之中。

一桌"十碗头"，第一碗必是绍三鲜。考究的人家更是仪式感十足，三鲜用暖锅盛着，蒸腾缭绕的热气作为"舞美"，伴着汤汁咕咚冒泡的背景音乐，一家人围桌而坐，你一筷、我一嘴，言笑晏晏。

有料、有汤、有氛围；看相好、营养好、寓意好。冲着美味和情怀，无论本地食客，还是外来游客，只要走进绍兴的大小饭店，绍三鲜都是"翻牌"最多的菜肴之一。

绍兴古城内屋舍鳞次、栋宇毗连，在巷陌之间，一家家不起眼的小饭馆里，天南地北的食客围坐在八仙桌边，点一壶老酒，听一曲越音，望着窗外石桥古巷，从一锅色彩明丽、香味扑鼻的三鲜里，舀起一丸鱼圆、再喝一口浓汤，浮华散去，尽归淳朴，生活之乐原来不外如此。

三

绍三鲜更有一种"诗外功夫"的滋味。如果说舌头尝鲜是第一层，氛围体验是第二层，那么感受美食内里的文化侧影，唤醒情感共鸣，应该是食物之于人之精神的最深层的触达。

从绍三鲜中，能尝出绍兴文化性格的"侧影"。如同绍兴人的文化性格，一边是离乱中有骨江南的慷慨高昂，一边是盛平下举业云集的隐于莲幕，绍三鲜色白而不艳，味清而不浓，没有辣椒麻椒的刺激，没有葱蒜薤韭的荤香，看似淡然寡味，尝一口却是馥郁咸香，如觑着儒冠深巾后的活泼生趣，见了藏在布衣长衫下的笔直脊梁，这般精神上的享受堪称一绝。

文化的绍三鲜，是一碗菜，也可以是每一碗菜。食物之鲜、生活之鲜、文化之鲜相互交织、不断赓续，唤醒凝结于中国人血脉里的乡土情结。正如《舌尖上的中国》导演陈晓卿所言，每个人的肠胃实际上都有一扇门，而钥匙正是童年时期父母长辈给你的食物编码。

为了这份潜藏在乡土美食里的感情，中国人素来不吝代价。晋朝的张翰在洛阳为官，秋风阵阵撩拨，让他想起家乡的莼菜羹、鲈鱼脍，于是辞官归去。那句潇洒的"人生贵得适志，何能羁宦数千里以要名爵乎！"成了当代凭一念就高价打飞的回家吃饭的游子们的精神鼻祖。

"少小离家老大回，乡音无改鬓毛衰。"晚年回乡的贺知章不仅口音不改，口味亦不改；在外漂泊时，"吃货"陆放翁最是难忘故乡的鲈鱼、黄甲、芋头、菱角、黄瓜、翠苣以及载满老乡热情的农家腊酒；即便是"横眉冷对"的鲁迅先生，也会被童年故乡的一碗蚕豆所"牵绊"。

在绍兴，前人走过的石板桥，我们还重复踏着；前人吃过的家乡菜，我们还重复尝着；前人追寻着的那丝慰藉，我们长存于心。

《说文解字》称：绍，继也。从糸、召声。这段线，编系出深浓的牵挂，一头系于故园，一边牵住你我。将乡愁与生活、记忆与理想、往昔与明天汇聚在一块，加以历久弥新的思念之火，方能蒸煮出最是人间有味的绍式三鲜。

许正　周圆　执笔

2024 年 2 月 17 日

把"故乡"装进飞驰人生

> 我们每一次对故乡的凝望，每一次对他乡的审视，某种意义上都是对自我的找寻和确认。这种凝望与审视的意义在于，努力抵达内心最深处的精神原点，汲取到最基础的力量，然后再向前。

"别离岁岁如流水，谁辨他乡与故乡。"随着春节假期即将结束，不少人已经返程，告别了熟悉的家乡和亲人，踏上了重返他乡奋斗的路途。

有网友深有感触地说，"充电器一拔就又是一年""后备箱被爸妈塞成了'菜市场'""车门一关再回来不知是何时"。

对每一个奋斗在他乡的游子来说，这趟旅程，一头是寄托着人生理想的他乡，另一头是终生魂牵梦萦的故乡。当他乡与故乡在时空的舞台上各自演绎，游子的情感变得愈加凝重，与故土难舍难分。

今天，笔者想以三问三答的形式，来聊聊故乡与他乡。

一问：故乡是什么？

故乡不仅仅是一个地理位置，更是心中永恒不变的文化符号、精神坐标，承载着人们内心深处根之所在、情之所系的那抹乡愁。

有人认为故乡就好比一面镜子，它能映照出我们生活的原色与变迁，那些熟悉的老街、儿时嬉戏的河畔、父母耕作的田野，都是记忆深处难以忘却的片段，也镌刻下了我们人生列车的始发点。当我们离开故乡，那面铜镜便愈发明亮，它用斑驳的光束领航每一条或崎岖或平坦的人生路，无论我们在何处航行，都能借此辨识自己的位置，感知当下的生活状态。

也有人把故乡视为心灵的港湾，它之所以让人心安、温暖且有力量，是因为这里停泊着我们的心灵归属。市井小巷熙熙攘攘人群中弥漫着欢快而热闹的氛围，那是乡情的味道；母亲忙碌的身影在灶台边穿梭，饭菜的香气溢满整个院落，那是亲情的温暖；透着丝丝泥土芳香的油菜花丛里，儿时与伙伴们嬉戏追逐的身影若隐若现，那是友情的印痕。甚至，不管是面对现实有无奈，还是面向未来有迷茫，一句简单的乡音问候，就能让我们被深深治愈。

对于遭遇多元文化、身处变革时代的人来说，故乡传统文化的力量深深影响着每个人的个性特征、生活习惯乃至价值观念，它让我们无论身处何地、无论离开多久，都能感受到那份来自遥远故土的脉脉眷恋和深深积淀。当我们在远方漂泊过、打拼过，便能更加明显地发现，那份跨越山川河流的惦念，自始至终有所指向、有所归属。

二问：何处是吾乡？

时间在变，外面的世界在变，故乡也会变。这是一个变化无处不在的时代，它不仅影响着个人的人生选择、生活轨迹，也深层地体现在整个社会对个体发展与价值实现的关怀与支撑。

早在一个世纪前，一名"80后"海归也曾告别故乡，先是远赴日本，此后又飘零于"北上广"，他就是鲁迅。在小说《故乡》的结尾，他这样写道："希望是本无所谓有，无所谓无的。这正如地上的路；其实地上本没有路，走的人多了，也便成了路。"在当时的时代背景下，鲁迅坚定告别故乡时踉跄的身影，成了那个时代诸多个体命运的真实写照。

历史的车轮滚滚向前，百余年间，在中国共产党的带领下，一代代人以"虽千万人吾往矣"的奔赴与创造推动着山乡巨变，让锦绣山河向美而行，凝聚起新的发展力量。

一方面，中国城镇化步伐加快，部分地区的"乡村中国"向"城市中国"跨越，经历了翻天覆地的变化。从统计数据来看，我国的城镇化水平从1949年的10.6%提高到2023年的66.16%。

在这个过程中，人口流动性逐步提升，人们远赴他乡以改变生活、实现自我，勇敢地与时代同频共振。据有关部门预测，2024年春运我国全社会跨区域人员流动量将达到90亿人次，创历史新高。堪称史上"最忙"春运，见证着充满活力与朝气的中国正在蓬勃发展，也凸显出其中的每个人在他乡与故乡之间钟摆式流动的状态。

另一方面，故乡本身也无时无刻不在变化发展中。在传统与现代的碰撞、交融中，在工业化和信息化的冲击下，原有的传统社会结构发生了比较大的变化，人与故乡都随着时代浪潮不断奔涌向前。

近两年，网上流行这样一句话，"他乡容纳不下灵魂，故乡安置不了肉身"，也有人发问，"何处是吾乡？"时间会让一个人历尽千帆，也会让一座城、一个村今时往昔大不同。但笔者始终坚信，只要心中还有牵挂，故乡就在。这就是为什么每年春运无论路途多么遥远，人们都如同候鸟一样，义无反顾地踏上归乡之路。

三问：他乡与故乡如何取舍？

他乡与故乡并非完全对立的概念，"去他乡"与"回故乡"也不是孰优孰劣的"单选题"，二者都"热辣滚烫"。

有人以他乡作画布，以故乡为底色，主动拥抱未知和挑战，凭借才智与努力在他乡扎根成长，把他乡作故乡，将他乡的文化、经验和资源融入自身，实现个人价值的最大化，用奋斗的笔触绘制出一幅幅"他乡变故乡"的精彩人生画卷。这背后，体现的正是积极进取的人生态度与奋斗开放的时代精神。

而随着乡村振兴战略的推进，越来越多年轻人选择从繁华的都市回归故乡，这些"新农人""新创客""新乡贤"们不仅能够运用自身所学为农村发展注入活力，通过创新思维和实践改造传统农业、提升产业层次，还能积极推动乡村文化建设和社会治理现代化；既实现了自我价值的升华，也为家乡带来了实实在在的发展变化，与故乡达成"双向奔赴"。

比如，近年来，浙江启动实施"十万农创客培育工程"。截至

2023年10月，已累计培育农创客超5.8万名，他们用新技术、新理念、新业态将故乡变成"希望的田野"，乡村振兴成为年轻人展现才华的舞台。

有人说，心若没有栖息的地方，到哪里都是流浪。其实，一个人无论身处何方，只要找到了内心的安宁与满足，就找到了滋养心灵、成就事业的沃土。所以，近千年前，苏东坡也才有了"此心安处是吾乡"的神来之笔。

人生之路，漫漫亦灿灿。我们每一次对故乡的凝望，每一次对他乡的审视，某种意义上都是对自我的找寻和确认。这种凝望与审视的意义在于，努力抵达内心最深处的精神原点，汲取到最基础的力量，然后再向前。

如若人在故乡，熟悉的地方也有风景，梦想也能绽放在希望的田野上；如若背上行囊奔赴远方，那么且把"故乡"装进飞驰人生，怀揣着勇气、喜悦和期待，坦然面对生活中的各种滋味，在他乡谱写新的篇章。

生活就像气球，总是向上的。而离别，则是为了下一次更好的重逢。行行重行行，祝愿奔赴远方的你心有所依、行有所向！

陈培浩　严文耀　黄之宏　执笔

2024年2月17日

"乌石"年味

　　体验不一样的年俗，是人们选择外出旅游过年的重要原因之一。乌石村喊出"我的日子你的年"的口号，做足"原汁原味"文章。

　　"我的日子你的年"，金华磐安的乌石村春节假期热热闹闹，全村200多家农家乐4200多张床位预订火爆，已成功举办6届的"原味年"活动吸引了八方游客。

　　如今，这个小山村年接待游客数已超百万人次，村民人均收入超过8万元。但谁又能想到，就在二三十年前，乌石村还是个集体经济年收入仅3500元，被很多人调侃为"有女不嫁"的穷山村。

　　那么，小小乌石村何以走上它的逆袭之路？它又有何魅力，让越来越多的游客奔赴大山深处来寻访它？在文旅市场快速复苏的背景下，这道大山里的年味，又能给乡村旅游业发展带来哪些启示？

一

乌石村的村名，其实是一段艰苦岁月的见证。

因地处山区县边角，又悬于海拔500多米的高山台地之上，乌石村在过去很长一段时间里发展无门。老一辈村民还记得，20世纪七八十年代，壮劳力不辞跋涉之苦，也要远赴宁波当"割稻客"，因为在那里干一天活能挣数倍于本地的钱。

因为经济条件差，村民造房子时只能有什么用什么，就地取用火山喷发后凝固的黑色玄武岩来搭建房屋。随着这样的房子越来越多，村子也慢慢被人叫作"乌石村"。可以说，彼时，"乌石"是这个村子窘迫的写照。

不过，随着国家大力支持新农村建设，乌石村命运的齿轮开始转动。硬化通村道路、新建环村大道、实施"退耕还林"……随后，乌石村更一步步沿着"绿水青山就是金山银山"之路前行。

2005年，村里决定开办农家乐，吃生态饭、旅游饭。由村干部带头，首批4家农家乐开始"试水"。但因缺乏资源和经验，不久后其中两家就关停了。不过，认准这条路的他们不打算就此放弃。比如当时的村书记张威平，就曾背着装满土特产和宣传折页的蛇皮袋到上海，找旅行社挨家挨户上门推销。

据《干在实处　勇立潮头——习近平浙江足迹》一书记载，2006年6月13日，时任浙江省委书记的习近平同志来到磐安县尖山镇管头村，调研当地农家乐发展情况时勉励当地村民，"农家乐是朝阳产业，前途无量"。

这些话不仅更加坚定了乌石村的信心，也一直激励并陪伴着他

们的 "创业之路"。十多年后的今天，乌石村也确实闯成功了。在农家乐里，就有宁波客人说："以前你们过来当'割稻客'，辛苦不赚钱；现在我们到乌石过年，你们是赚钱不辛苦啦。"

二

当前，各地开发农家乐项目的乡村不在少数，但依托农家乐 "出圈" 的却不多。而乌石村不仅被誉为 "金华农家乐第一村"，其 "乌石村农家乐创业园" 还获评省级创业孵化示范基地。这里的火红年味，离不开一步一个脚印的积累与创新。

比如，以原汁原味 "吸引"。体验不一样的年俗，是人们选择外出旅游过年的重要原因之一。乌石村喊出 "我的日子你的年" 的口号，做足 "原汁原味" 文章。

就像今年春节，从除夕到正月初八，乌石村每天都举办特色年俗活动。游客们可以参与谢岁仪式，表达对先祖和自然的感恩敬畏之情，也可前往古茶场祈福，感受千百年来的文化传承。此外，迎大旗等非遗项目更是让游客们大饱眼福。浓郁的年味，还藏在地道的山村生活中，如正月初一的早饭，村民会为客人准备当地特色的玉米羹和粽子，羹同 "耕" 音、粽似 "种" 音，合起来便是 "耕种"，寓意人勤春来早、新年新气象。

比如，以宾至如归 "打动"。近年来，乡村旅游的市场竞争日益激烈，可谓 "打江山" 不易，"守江山" 更难。对此，乌石村将 "打法" 对准了服务的提升。

为了让游客住得更舒心，乌石村把宾馆的标准化服务流程搬进农家乐，通过提升客房整洁度、床品舒适度，完善热水供应和Wi-

Fi等设备，让游客既能享受乡村的古朴韵味，也能得到家一般的温馨和便捷。为了让游客玩得更省心，村里还成立专门的"管事员队伍"，不仅提供旅游咨询和导览服务，还可以随时解决游客可能遇到的各种问题。

再如，以特色IP"定情"。乌石村利用自身的海拔优势，将近520米的海拔高度巧妙转化为"云上尖山大爱乌石"文旅IP。这是乌石村精心打造的标识，也是吸引游客的又一法宝。他们将数字"520"所蕴含的特殊情感概念与乌石村的风土人情、旖旎景色相融合，推出了"海拔520打卡地"等别具浪漫氛围的打卡点，切中了很多年轻人的共鸣点，同时也借此向八方来客传递独特的乡村文化韵味。

三

2023年以来，淄博、"尔滨"等火爆出圈，昭示着国内文旅市场的强劲复苏。2024年春节期间四处涌动的人潮，给文旅热潮再添一把"火"。借乌石村的年味说开去，如何让古村落在文旅热潮中焕发新活力，引导浓浓乡愁化为共富涟漪，这是值得探讨的话题。

攻与守之间，找到独一无二的精彩。让人流连忘返的古村落，往往流淌着历史悠久的文化，流传着引人入胜的故事，并能提供丰富有趣的游玩选择。这就离不开迭代文旅产品和项目的攻，以及保护传统文化和自然风光的守。

像乌石村，就在十多年间使当地的农家乐从1.0版迭代到3.0版，满足不同年龄、不同层次人群的消费需求。与此同时，村里保留了470间老乌石房，与新式的农家乐既形成对比又和谐共存，造就了乌石村不同于其他古村落的"有趣灵魂"。

取与予之间，打造共享共赢的格局。打造更具吸引力和竞争力的乡村旅游目的地，"组团作战"不失为一个好途径。如果缺乏有效协同，有时就会出现资源利用不充分或者项目"雷同"的情况。这就需要各个村在利用资源时，做好相互补位。

比如春节期间，尖山镇把乌石村与湖上村、尖山老街等"撮合"到一起，从业态上进行新老搭配，在年俗活动方面叠加整合。而在全县范围，磐安则设计推出了"原味年＋爱情线＋趣文化＋潮流风"的主题线路，布开一张全域旅游网，也让"玩法"更加多元。

引与留之间，打造想来常来的亮点。旅游业不光衡量一个地方的吸引力，也是对当地承载能力和服务水平的考验。引来游客只是第一步，如何留住人心、让游客满意而归才是更为关键的一步。

"标准化"是乌石村通过多年实践得到的秘诀。比如，对从事农家乐的村民定期进行培训，涵盖食品安全知识、餐饮服务礼仪、旅游接待技巧等内容，并通过"星级评定"来展示不同农家乐的"质地"。再如，针对游客"农家菜有余，而磐安特色药膳不足"的呼声，乌石村新建了中央厨房，统一制作流程，并按需配送入户。这些点点滴滴，促使不少"头回客"成了"回头客"。

年味，就藏在热气腾腾的灶台间，流淌在欢声笑语的筵席上，绽放在每一张热情洋溢的笑脸上。愿越来越多的"乌石村"，可以让我们与年味亲密相逢。

盛游　执笔

2024年2月18日

落笔"第一资源"有何深层考量

> "人才"这两个字从来都不遥远，若人人尽心而为、尽己所能、尽展所长，则都能在各自领域成长成才、发光发热。

有人说，21世纪最宝贵的是人才，最稀缺的也是人才。什么是人才？《周易》早早就提出"三才之道"，即"天道""地道""人道"，后来"人才"一词逐渐衍生出有能力的意思，并代指有专长的人。

古人说，功以才成，业由才广。习近平总书记强调，科技是第一生产力、人才是第一资源、创新是第一动力。无论是社会发展，还是科技创新，最后的落脚点都在人才上，哪怕是大国竞争，说到底也是人才竞争。

那么人才到底意味着什么？为什么说人才是第一资源？

一、回溯历史，社会进步时亦是人类群星闪耀时

习近平同志在正定工作期间曾说："纵观中国历史，凡是升平

昌盛之世,总是伴随着大批人才贤士的出现;凡是有作为、有建树的历史人物,对人才问题总是高度重视的。"

自古以来,我国就十分重视人才,并将用好人才视为兴邦大计。从周文王"磻溪访贤"寻姜子牙到燕昭王筑"黄金台"广纳贤士,以及我们耳熟能详的"萧何月下追韩信"、刘备三顾茅庐请"卧龙"等故事,无不显示出古人求才若渴、善待人才。

如果我们把时间拉得更长、把视野放得更宽,从世界范围、人类历史来看,16世纪以来,全球先后形成5个科学和人才中心——

第一个是16世纪的意大利,文艺复兴的热潮中产生了哥白尼、伽利略、达·芬奇和维萨里等一大批科学家;

第二个是17世纪的英国,培根经验主义理论和"知识就是力量"的理念加速了科学进步,产生了牛顿、波义耳等世界大师,成为推动第一次工业革命的先导;

第三个是18世纪的法国,启蒙运动营造了向往科学的社会氛围,产生了拉格朗日、拉普拉斯、拉瓦锡、安培等一大批卓越人才;

第四个是19世纪的德国,那个时候有举世瞩目的普朗克、欧姆、高斯、黎曼等一大批科学家;

最后就是20世纪的美国,集聚了费米、冯·诺依曼等一大批顶尖科学家,产生了贝尔、爱迪生、肖克利等一大批顶尖发明家……

正是这些与时代辉映的历史人物,让西方在现代化的道路上拥有了强有力的支撑,也让整个时代熠熠生辉。

二、从战略上讲，人才是攻坚克难的"大国重器"

在美工作的钱学森欲回国时，得知这一想法的美国海军次长金波尔表示："我宁可把这个家伙枪毙了，也不让他离开美国""无论在哪里，他都抵得上5个师"。

古往今来，无论是精于制造的巧手工匠、博闻强识的文化大家，抑或是在各行各业出类拔萃的贤能之士，他们凭本事为自己赢得了认可，而他们深湛的专业本领与蓬勃的实践力和创造力，也给社会注入了一道强劲动能。如古语云："国有贤良之士众，则国家之治厚；贤良之士寡，则国家之治薄。"

行业进步离不开人才。大到航空航天、能源勘测、电子通信，小到焊接、纺织，多年来，一批批"大国工匠"立足岗位、默默付出，以卓越的技能水准和持之以恒追求极致的奋斗精神，在各自领域为改进生产效率、提升行业竞争力等发挥了积极作用。近年来，浙江每年都会评选"最美浙江人·最美工匠"，有的是维修电工，20多年来始终战斗在维修第一线；有的是钳工高级技师，解决技术难题500余项，解决设备故障数千次；等等。

攻坚破壁少不了人才。"盖有非常之功，必待非常之人"。新中国成立初期，在国家一穷二白、百废待兴的情况下，很多科学家突破政治封锁、科研条件、技术难度等方面的层层难关，为我国站稳脚跟、提升国力作出了巨大贡献。像程开甲扎根大漠戈壁20多年，为我国核武器研究和核试验事业的开创隐姓埋名、殚精竭虑。他说："我的目标是一切为了祖国的需要。'人生的价值在于奉献'是我的信念。"

推动创新更不能没有人才。创新活动离不开其中最为活跃、最为积极的因素——人才,"谁拥有一流的创新人才,谁就拥有了科技创新的优势和主导权"。而今,加快实现高水平科技自立自强、发展新质生产力的使命在肩,核心关键是涌现更多前沿性、颠覆性的科技创新成果,亦是呼唤更多科技人才充分输出洞见、贡献智慧。

三、着眼未来,时代与人才彼此滋养、互相成就

现代化的本质是人的现代化。中国式现代化的发展道路,不同于西方国家现代化的老路,但无论哪条路,人才都是关键支撑。

在国际上,有两个标准常被拿来评判一个国家能否成为教育、科技、人才中心,一是重大科学创新成果占世界同期发明总数的比例,二是世界一流的学者、教授和优秀学生的集聚程度。据统计,2022年,我国人才资源总量达到2.2亿人,全球创新指数排名由2012年的第34位上升到第11位,人才比较优势日益凸显,我国从人口资源大国向人力资本强国迈进。

然而,与中国式现代化的要求相比,我国还存在创新型人才队伍大而不全的问题,尤其是在关键核心技术领域、新兴前沿交叉领域,创新型人才还不多,亟需一批领跑者和开拓者引领发展、驱动创新。在世界新一轮科技革命和产业变革迅猛发展的当下,我们既要充满危机意识以应对新挑战,又要站上时代风口,如果此时不拼,那就会像19世纪那样,没有登上工业革命的历史快车,只能眼睁睁地看着"被超越""赶不上"。

但与此同时,伴随着经济社会飞速发展,劳动关系变得灵活、

工作内容趋于多样、工作方式富有弹性，各种新业态不断迸发，新就业群体持续涌现。越来越多的普通劳动者用汗水浇灌自己脚下的土地，用奋斗拼出了精彩的明天，用坚持赢得了鲜花和掌声。比如，快递小哥李庆恒凭着满腔热情练就一身绝技，获评杭州市D类高层次人才；靠把汽车喷漆技术掌握得炉火纯青，"95后"蒋应成在多个重量级赛事中斩获冠军，获评浙江省特级技师、"全国技术能手"等荣誉称号。

命运的光亮不只化作聚光灯照射在那些闪亮的人身上，也会如春天的暖阳铺洒在每一名平凡者前行的路上。

四、细观现实，聚天下英才而用之并非易事

现实地看，从供需错配、人才赤字、机制不畅等宏观"堵点"到招不到人才、用不好人才、留不住人才等微观"痛点"，再到高层次人才储备不足，许多现实挑战都摆在眼前。时至今日，我们依然面临一些关键命题。

如何答"钱学森之问"？"为什么我们的学校总是培养不出杰出的科技创新人才？""钱学森之问"至今仍令人深思。杨振宁院士也曾就"国内科学家'难产'的实际情况"连发三问，"是不是有这个现象？有没有可以改进的地方？到底重要不重要，值不值得去研究？"一连串的问题，问的是人才培养，是人才机制，也是年轻人的雄心壮志。

如何破"李约瑟难题"？英国学者李约瑟提出，"为什么曾经高度发达的中国科学没有发展出现代科学，反倒是科学发展并不领先的欧洲取得了突破，发展出了现代科学？""为什么近代自然科学和

工业革命都起源于欧洲，而不是中国？"他纠结的问题或许针对历史，但我们思考的目光更应触及未来。比如，怎样更好地实现"人尽其才、才尽其用"？怎样优化人才评价标准导向，对不同类型的人才制定科学的标准体系？怎样营造有利于人才脱颖而出的氛围，鼓励创新、宽容失败？

如果说"钱学森之问""李约瑟难题"关注的是如何培养人，那么我们还应重视一个问题——培养什么样的人？中国人向来讲求德才兼备。有才无德，"人才"就可能滑落为"人渣"，其害尤烈。正如科学没有国界，但科学家是有祖国的，心怀"大我"方能成就"大才"，古今中外莫不如是。各类人才都需要深怀爱国之心、砥砺报国之志，在时代赋予的使命责任中找准前行坐标。

若录长补短，则天下无不用之人。"人才"这两个字从来都不遥远，若人人尽心而为、尽己所能、尽展所长，则都能在各自领域成长成才、发光发热。浙江"新春第一会"将落笔"第一资源"，其实我们每个人都可以是主角。

王云长　何诗航　张俊　应明君　王志刚　执笔

2024 年 2 月 18 日

"左笔"写新我

> "手自左挥原反右，貌从故我独翻新"，正是费新我的不屈与奋进，照亮了他的攀峰之路。

1958年，年近花甲的费新我突遭右手腕肿痛，久治难愈，恢复无望。这对于一个书画家而言，不啻于晴天霹雳。

半年不到，他就以远超常人的毅力，改左手写字，书法呈现出生拙、奇崛、朴茂、刚劲的特点，一种"新我"体就此诞生。启功赠诗给费新我曰："烂漫天真郑板桥，新翁继响笔萧萧。天惊石破西园后，左腕如山不可摇。"

出生于浙江湖州的费新我尤以左腕运笔而闻名，在中国当代书坛上有广泛而深远的影响。时至今日，人们提及费新我，除了称赞他的书画造诣，更会被他打破自我、重塑新生的精神所打动。今天，我们重读他的"新我之路"。

一

20世纪30年代，费新我做了人生中的一个重要决定——辞去账房先生的工作，进入上海白鹅画校学习。

朋友和同行认为费新我"意气用事"：他当时已是正账房，收入不低，而学习书画很可能成不了名，生计都成问题。但费新我认定自己的书画使命，坚决要跳出"舒适圈"。在《我与笔》里，他兴奋地描述学画经历。

"我钻进画堆，日夜与画笔打交道。放下画笔，就翻画论；师友们指点、谈论的，无非是画；欣赏、观摩的，也总是画。心与境俱，真成为'新我'了。"

然而，生活的苦难很快降临。随着抗日战争爆发，靠书画赚钱越来越没保障。他经常一手将小孩抱在怀里，一手作画。为养活一家，他不怕别人笑话，常到小菜场拣一些人家掰下不要的菜叶带回家做着吃。

新中国成立后，费新我的书画艺术渐入佳境，但一个巨大打击悄然而至。1958年，他的右手腕被确诊为关节结核病，经过电疗、推拿等治疗均无果。费新我食不知味、夜不能寐，他事后撰文回忆："这是我平生刺激最大、最为迷惘的时日了。"

当亲朋还在替他惋惜时，却诧异地发现，费新我用左手习字了！左手运笔势逆、迟钝，需付出非同一般的努力。那段日子，费新我感到痛苦，却也是充满希望的。这是一个书画家"打碎了自己"的坚毅，也是一种从头开始的进化。每天，他鸡未鸣时就伏案练字，写完字的宣纸堆到几尺高。他以名家为师，遍学正楷、隶书、魏碑、章草；以世事为师，去看铁匠挥锤猛击，掂量其铿锵千钧的力度；还以自然为师，在公园练习太极拳，将其圆转如意、绵绵不绝的气势吸收到书体之中。

费新我曾在作业旁签上"Fishing wood"这一英文名字，意思是木头和鱼，即"缘木求鱼"。爬到树上找鱼是不可能找到的，但是他恰恰敢于挑战，知其不可而为之。

二

对于费新我的书画成就，国内有"南费北启"的说法，"启"即国学大师、书法泰斗启功。费新我的书画为何能取得这么大成就？除了左手练字，是否还有其他"秘籍"？在笔者看来，还有三个特点。

请人"挑刺"。费新我常请朋友点评，但朋友碍于情面，很少肯说缺点。有一次，费新我问好友矫毅，别人都是怎么批评他的。矫毅见他如此严肃恳切，把知道的意见全写了出来。"新我的字太油滑，滑得留不住了""只会写行书，只能算是半个书法家""不能博览群书，少书卷气"……费新我视为珍宝，有则改之，无则加勉。

除了让同行看，费新我还请群众提意见。他趁着在公园打太极拳的机会，把字画摊在石桌上，请来往的游人观看，有人说"下笔力度强"，有人说"字软弱"，费新我都默默记在心中，提升笔力。

别具风格。书评家曾将历史上的左书名家高凤翰与费新我作对比，认为"高书的最终审美仍以右手所书为指归，费书进一步挖掘左手所书的自身审美价值，不仅保有高书的奇崛、生涩、拙朴，还加进了辛辣、鲜活和苍劲，这是费书所独有的"。

从费新我的作品中，时常会看到惊人的创意，如草书李白诗《望庐山瀑布》，"布"字的一竖连破多字、一穿而下，特征十分鲜明。这既将左手创作的奇崛用到了极致，又注入了激昂勃发的情感，正契"飞流直下三千尺"之诗意。

心怀"赤子"。费新我有一方闲章曰"人书未老"。书法家创作一般年轻时奔放激越，年老时平淡宁静，但费新我反其道行之，年老时更加纵横恣肆、大开大合。今天，当我们重新审视他的作品时，能感受到一字一句中的坚韧、一撇一捺间的豪迈，也能感受到他对艺术的炽热早已跨越年龄。

古谚云："七十不出门，八十不留宿。"80多岁后，费新我去新疆慰问边防战士，还出访美国、新加坡，始终怀着一颗赤子之心。79岁那年回家乡湖州时，他怀着极高兴致登山，信笔而书《莫干山记游诗》，字里行间仿佛萦绕着沁人心脾的云雾之气，江南群山的壮观如在眼前。

三

回望费新我的一生，欣赏他的书画，我们又能读出怎样的"新我"精神？

追求"日新"的极致精神。费新我一生有他自己的"三字经"，即恒、诚、寻。他左笔书法成名后，请求写招牌的单位接踵而至，但即使是"任务性书法"，他也求新求异。

费新我常举一例子：有一位作者，为创作一幅满意的作品，竟写了400多张纸，终于入选全国书展。"手自左挥原反右，貌从故我独翻新"，正是费新我的不屈与奋进，照亮了他的攀峰之路。

一身傲骨的民族精神。1941年战火燎原，在国家危亡之际，费新我冒着生命危险，潜回湖州南浔双林为被日军杀害的抗日英雄王士龙烈士画遗像，后又在《苏州日报》《苏州明报》分别作《百丑咏图》和《八年痛心素描》，控诉日军的滔天罪行。

费新我对书画有着强烈的民族担当，他对书画家田原说："日本人欺人太甚，在报上说中国的书法不行了，写法老一套，全是上了年纪的人在写，后继无人。今后书法的责任，要落到日本的肩上了。"他对于年轻人的请教知无不言，还写作了一系列书画工具书。

源于人民的创作精神。除了请群众点评书法作品，费新我还深入群众中作画。创作《刺绣图卷》时，他每天清晨就到刺绣工场，细心观察绣工的神态、样貌、体态，精准地描画下来。绣工们在午间休息时，常常围在他身边，猜着画中"留双辫的是谁""剪短发的是谁"……费新我在和绣工们闲聊间修改，这幅画作也更加栩栩如生。

费新我晚年惦念南浔双林的家乡父老，出资重建"还金亭"。他说，"我以书作笔润所得，还金于社会""积蓄起来重建还金亭，也是我还金于家乡的人民"。

"唯有精神上站得住、站得稳，一个民族才能在历史洪流中屹立不倒、挺立潮头"。个人何尝不是如此呢？对精神的坚守，能让个人对自我有更为清晰的认识，并在攻坚克难中拥有持之以恒的力量。费新我的"新我"精神在往昔峥嵘中令人缅怀，亦在高歌猛进的今日，闪耀着珍贵光芒。

周桂云　施煜颖　徐震　王志刚　钱永强　执笔

2024年2月19日

《第二十条》：做好人不该有代价

> 当我们在每一个司法案件中感受到公平正义，在每一次判决中看到是非曲直得以辨别，才会对国家法治进程更有信心，对内心的价值判断更有底气。

2024年春节档电影表现抢眼，实现了票房和口碑双丰收。根据国家电影局初步统计，2024年春节假期全国电影票房为80.16亿元，观影人次为1.63亿，相比2023年春节假期票房和人次分别增长了18.47%和26.36%，均创造了同档期新的纪录。

今天是年初十，虽然很多人已经"正式退出春节档"了，但春节档电影的票房数据还在持续拉升。从这几天来看，春节档票房排第四的《第二十条》后劲很足，多次实现了"逆跌"，2月18日领跑当日票房。很多人观影后表示，"泪点与笑点并存，笑着笑着就哭了""我们很需要这样的影片，如果《第二十条》早点上映会更好""做好人不该付出代价，还是要勇敢地做一个好人"。

电影《第二十条》是如何唤起大家对正义之举的敬仰？笑声背后，又为何让人不禁掉下眼泪？

一

电影片名《第二十条》，取自《中华人民共和国刑法》第二十条关于正当防卫的条款。影片呈现的三起案件都围绕着正当防卫的争议而展开：村民王永强一家因欠高利贷，长期遭"村霸"放贷者欺压，他将放贷者捅成重伤，放贷者最终死亡，他却可能被判处死刑；高中生韩雨辰为阻止校园霸凌将霸凌者打伤，却由于缺乏霸凌证据，面临被立案拘留；公交司机张贵生为保护受到骚扰的女乘客，将骚扰者打伤，却被判定为故意伤害。

作为一部法律题材电影，《第二十条》之所以能在春节档吸引那么多观众走进影院，绝非偶然，主要是因为它将抽象的法规条款化作身边的故事，击中了每个观众内心朴素的情感，引发了人们对于公平正义本能的思考。

为什么这些案件会激起人们的普遍关注和热议？其实，公平和正义一直植根于中国老百姓的内心深处，是在长期的文化熏陶中形成的，是在社会的共识中前进的，有时只需一些小小的触动便能被激活、被放大。或许很多人没有读过刑法第二十条，但大多数人都知道"见义不为，无勇也"，都相信"好人有好报"，都愿意"路见不平拔刀相助"。正是有了这样舍生取义的民族精神和守望相助的价值导向，中华民族才能在历史的长河中进取不息。

在当今社会，人们对公平正义的向往和诉求，早已超越了以牙还牙、以暴制暴的范畴，形成了以法应对不法、以公正对抗不公的理性认知。不论是为了保护本人合法权益的自卫行为，还是保护他人的见义勇为、保护国家和公共利益的英勇斗争，都应该得到法律保护，尤其是后者更应该得到全社会的尊重和褒奖。当我们在每一个司法案件中感受到公平正义，在每一次判决中看到是非曲直得以辨别，才会对国家法治进程更有信心，对内心的价值判断更有底气。

二

有人说，好人难做。有此感慨的原因之一是，尽管人们依然有赤子之心，依然有干云义气，然而有些时候，种种现实顾虑牵绊住了他们仗义而行的脚步。

好人常满腔热血，但热血的义行有时会被误读。电影中有一个生动的情节，检察官韩明为了阻止公交车司机张贵生上访，拿着手机给他解说案发当时的监控录像，一帧一帧地分析，这个视频里从第几秒到第几秒属于见义勇为，从第几秒开始属于互殴，从第几秒开始就变成了故意伤害。看似荒诞其实隐藏了深刻的现实思考。

见义勇为这件事本身就需要有一点儿"上头"，如果张贵生能够"三思而后行"，恐怕他就不会出手救人，而是会选择明哲保身。做"事后诸葛亮"、用上帝视角去评判一次义行是简单而容易的，但如果把自己代入当时的情境中，就会发现所谓的评判不符合实际。怎样选择最佳救助方式、怎样把握防卫限度需要科普，但是怎样守住这一点挺身而出的冲动与血性，也同样重要。

好人总心怀善良，但善良的人有时会受委屈。影片中，韩雨辰勇敢帮助遭受校园霸凌的同学，反而被诬陷为打架受到调查处分，甚至差点被立案拘留。韩雨辰父母为了不让此事影响他的升学大事，教导他"小不忍则乱大谋"，两个人轮番上阵向身为教导主任的霸凌者父亲请求和解，韩雨辰无法理解，明明错的不是他，为什么要他道歉？下次遇到这种事，还要不要管？

我们教育孩子从小要真诚、勇敢、善良，那么我们就要把这样的价值观念一以贯之、言传身教地贯彻下去，不为一己的利益颠倒是非，也不为世俗的无奈而扭曲善恶，更不要让孩子因为做了善事而受委屈。孩子的世界往往是黑白分明的，世界也本来应该是黑白分明的，我们要让孩子始终相信，对就是对，错就是错，就算阳光一时被遮蔽，终究会有云开雾散之时。

好人愿施以援手，但帮助别人有时换来的却是伤害。大学时代的韩明帮助吕玲玲伸张正义，却耽误了自己毕业时的工作分配；张贵生见义勇为，却因故意伤害罪被判入狱三年。而在现实生活中，曾经出现过搀扶摔倒老人反被讹诈、路见不平出了手却被诬陷敲诈的事件。一方面，一些道德坍塌、诚信缺失的事件让人们寒了心、凉了血；另一方面，曾经"沉睡"的法律条款也没能让一些善良的人免于遭受伤害。

正如电影台词所说，"法不能向不法让步"。法律应该维护"善有善报，恶有恶报"的社会秩序，而为了实现这个目标，很多人都付出了巨大努力。刑法第二十条的激活，赵宇见义勇为案等案件的裁决，正在为这些勇敢善良的人披上坚固的"铠甲"，让他们可以大胆行善，不再有后顾之忧。

三

《第二十条》最令人热泪盈眶的，是触动，是解气，是不让做好人付出代价的法治进步。虽然说电影来源于生活，很多人物和情节也都能在现实中找到原型，但是我们也要看到，和电影相比，现实生活要更为复杂。

从电影到现实，从个例到整体，从积极倡导到社会自觉，我们依然有很长的路要走。怎样不让好人付出代价，这个问题值得每个人深思，因为它事关"我们是把怎样的一个世界交到下一代手里"。

不让做好人付出代价，就要保护好每一次勇敢出手。法律是最基本的社会制度，是治国之重器。制定法律的一个重要初衷是维护公平正义，但是如何在每一个具体案件中精准地理解和适用法律，如何"让坏人犯罪的成本更高，而不是让好人出手的代价更大"，虽然已经成为社会共识，但要完全做到却不是一件容易的事。

面对罪恶，普通人怎样才会站出来？怎样才肯出手、敢出手？最起码的一点就是要保护好他们，首先是法律上的保护。法律不是冰冷的逻辑，而是有温度的，体现着普通人的常情常感。影片所聚焦的三起正当防卫案件，承载了无数普通人对公平正义的期待。这份期待，是对每一次出手的保护，不让做好事被挑刺，不让做好人被辜负，大家才会敢于去做好人，进而让善行义举在整个社会蔚然成风。

不让做好人付出代价，也要注意保护好以身护法的法律人。法律和法律人是公平正义的防线。试想，影片中如果没有韩明、吕玲玲等这样一群胸怀法治信仰和正义感的检察官，如果他们的坚守没有获得认可与支持，案件又将会是怎样一个走向？

电影中塑造的检察官形象，便是现实的折射。推动法治的更大进步，让老百姓在每一个案件中感受到公平正义，始终需要一大批这样的法律人。坚守心中信仰，推动作出不同于以往的裁判，需要顶住巨大压力，他们同样需要被这个社会保护起来，少一些干扰，少一些非议，少一些求全责备，保护他们的信仰追求，保护他们的刚正不阿，保护他们的正义情怀。

不让做好人付出代价，同样不能忽视舆论监督的推动作用。老百姓对关心的社会话题，积极提出自己的意见，是推动法治进步的重要力量。换句话说，网络舆论往往反映着民意走向，如果被正确引导，在某种程度上可以填补法律上的空白，推动相关法律的进一步完善。

近几年多起案件的审判，特别是互联网上对于正当防卫的大讨论，舆论发挥了积极的推动作用。但舆论监督不是"谁弱谁有理，谁死谁有理"，也不是让情绪与法治站在对立面，更不是所谓的"舆论审判""舆论胜利"。而是要倾听老百姓最朴素的情感期待，努力实现天理、国法和人情的统一，让人们更加自觉地尊重法律、遵守法律、信仰法律。

不让做好人付出代价，让大家敢于做好人，是《第二十条》留给我们的一个思考。它既应该是这个社会的共识，也应该成为无数普通人的追求。

谢滨同　陆家颐　倪海飞　执笔

2024 年 2 月 19 日

飞云江的源与缘

> 正如有人所说的，江河无需人的恩惠，人却不能没有江河的滋养。飞云江的水连绵不绝，成为流经之处不断前行的力量之源。

"蓬莱定不远，正要一帆风。"近千年前，陆游过飞云江，伴着船行进在镜子般的水面上，产生了蓬莱仙境就在不远处的感叹，忍不住赋诗一首。

这条"仙气飘飘"的江，究竟藏着怎样的故事？在浙南第一高峰——白云尖的深处，藏着飞云江的源头。不过，因山高路远、千峰万壑，这里一直人迹罕至，直到20世纪80年代末，才在河源考察小组的溯源过程中被发现。

拨开丛生的杂草，源头泉眼就出现在了眼前，泉水汩汩涌出，汇集形成山涧、溪流、江河，开启了飞云江脉动不息的故事。今天，我们沿着飞云江，遍览顺流而下的风景，探访溯源而上的故事。

一

飞云江干流长 193 公里，是浙江省第四大河，它流经景宁、泰顺、文成、瑞安四地，最后出瑞安港入东海。罗阳江、安阳江、安固江、瑞安江，都是飞云江的曾用名，江随县名，寓意好也容易记。

如今的飞云江之名，则和江上的千年古渡"飞云渡"有关。"帆影分南北，潮声变古今。"飞云渡曾是浙闽商贾行客的必经之道，借此东风，其名声愈盛。到宋末，就以渡口之名冠江水之名。

据记载："飞云江源出泰顺、景宁交界白云尖的西北坡，地属景宁县境。"飞云江、白云尖，都似乎与"云"结下了不解的缘分。

因上游海拔高，云雾缭绕、雾气氤氲，云层变幻莫测，初看是高山溪涧，忽然就变成了云上仙岛。飞云江的上游山崖陡峭、水流湍急、充满野性，林间竹树绵延，山民们多制作竹排作为交通工具顺江而下。

到中游时，充沛的水流、错落有致的坡降，被珊溪水库拦腰截断。这个水库于 1997 年投建，年供水量和供水受益人数在浙江均拔得头筹，是温州近 600 万人用水的保障，在汛期更成为下游 25 万百姓安全的守护神。

飞云江流经泰顺、文成一带时，支流众多。这些支流各有千秋，如"六月不辞飞霜雪，三冬更有怒雷鸣"的百丈飞瀑；铜铃山上声如洪钟、高低错落的十二个壶穴；等等。

因受海潮影响，飞云江下游的水色浑浊，水中携带大量泥沙，在两岸形成冲积平原。入海口处，沙洲连绵、滩涂广袤，泥沼之地经大自然的鬼斧神工和人工的海涂围垦改造，逐渐兴起了港口、工业和商业中心。

二

随着水流在山峦间蜿蜒前行，飞云江与江畔民众的互动逐渐频繁起来。

漫漫历史长河中，飞云江沿岸形成了80多个渡口，像白鹤渡、岜口渡、滩脚古渡、平阳坑古渡等，船筏穿梭、人来人往、商旅咸集，演绎着一派富乐气象。其中最具代表性的，就是前面说的飞云渡，谢灵运、陆游等人都曾在此地留下行迹。

明嘉靖元年（1522），原为民渡的飞云渡成为官渡，渡口规模由此扩大，带来了更为繁忙的商贸活动。渡口上，米行、布行、钱庄、南北货行、饭店、客栈等应有尽有，招待着天南地北汇聚而来的商贾客人。到了20世纪80年代，飞云渡迎来又一繁荣时期，成为瑞安港区最大的客运码头。正是这些大大小小的渡口，谱写了飞云江上一部壮阔的交通史。

古人得益于舟楫之利，在飞云江两岸依水设市，街市尤以渡口码头处为盛。江水流转之间，商贸活动催生了为来往商旅转运货物的行当——"过塘行"，按照现在的说法，就是物流集散中心。

乾隆《瑞安县志》中记载了瑞安当时的街市"以鲜食赡民生"。可以想象，在当时，新鲜的海产品经飞云江渡口入市，市场上喧哗声一浪盖过一浪的景象。飞云江流域的街市，如珊溪老街、营前老街、高楼老街、湖岭老街等，仍保留着一些老行当的店铺，依稀能见到当年的风貌。

渡口如心脏、老街如动脉，古村与古城随之兴盛。元至治三年（1323），画家王振鹏绘成《江山胜览图》，700年前瑞安市井生活中的娱乐、买卖、婚嫁、渔业、种植等场景都在飞云江两岸一一呈现。只见河岸两边多为砖木结构的建筑，普通民房小巧而整齐，鳞次栉比；在交错的街巷里，不乏重臣名宦的宅邸，它们面街临水、粉墙黛瓦、檐角飞翘、轩窗四敞，堪称瑞安古城的建筑代表。

直至今天，瑞安城里的老屋都少有空置，与人口拥挤的现代化大都市相比，这里有着别样的市井生活，充满着人间烟火味和生活之乐。

三

飞云江碧波荡漾，滋养着一批名人大家的灵感和智慧，千年文脉在此生生不息。

古时，这里就走出了一大批知识分子。比如，位于江下游的潘岱砚下村，留有孙衣言、孙锵鸣和孙诒让两代三人的孙氏故居。有着"如玉之珍贵，若海之浩瀚"美誉的玉海楼，为浙江四大藏书楼之一，就是孙衣言、孙诒让父子所建。

孙衣言、孙锵鸣两兄弟皆进士及第，孙诒让虽科举入仕无望，依然潜心学术，编成《温州经籍志》三十六卷，又在经学、诸子学、考据学、校勘学等研究上颇有建树，留下了"启后承前一巨儒"的美誉。

此外，飞云江流域还诞生了"永嘉学派"的代表人物陈傅良、叶适，主张"经世致用、义利并举"；陈虬、陈黻宸、宋恕等人传承先驱又结合西学，提倡维新改良，探索救国之路；飞云江支流泗溪上游的武阳村，则是明朝开国功臣刘基的故里。

到了现代，这里焕发出新的生机。江畔的居民，从飞云江出发，将事业发展到全国，乃至漂洋过海。他们借助现代工业，创造了一个个"致富神话"。

比如，在马屿镇几代人的接续努力下，眼镜生意做遍全国，形成了"哪里有马屿人，哪里就有眼镜"一说；而在沃壤千里、生态宜居的仙降，胶鞋制造也从"阁楼烫鞋"阶段起步发展到产能占全国市场近七成，成为国内最大的同类产品生产集聚区，生意逐步做到全世界。

一代代先行者、远行者，在外闯荡的同时，也反哺着自己创业的起点与源头。如今，飞云江两岸的高新产业园区，不断有温商群体回归入驻。

正如有人所说的，江河无需人的恩惠，人却不能没有江河的滋养。飞云江的水连绵不绝，成为流经之处不断前行的力量之源。而人与人、古与今的缘分，也因这江水相连而生生不息。

王婷奕　执笔

2024 年 2 月 20 日

如何让"关键变量"更热辣滚烫

> 以"大人才观"打通"任督二脉",打出一套不拘一格聚人才的全新招数,才能更好破除堵点难点,积累先行优势,蓄积发展胜势。

古往今来,人才都是富国之本、兴邦大计。习近平总书记多次强调要"聚天下英才而用之"。一个"聚"字,既说出了新时代人才工作的精髓要义,也讲明了一个颠扑不破的道理:多士成大业。如果一个社会人才充裕,那么各种活力都将竞相迸发。

人才是推动高质量发展的"关键变量"。聚焦这个变量,浙江"新春第一会"释放了强烈信号:全力打造高素质干部队伍、高水平创新型人才和企业家队伍、高素养劳动者队伍,以"大人才观"全力打造中国式现代化建设者大军。

那么,在具有风向标意义的重磅会议上顶格推进人才工作,有何深意?如何让人才在浙江拼出热辣滚烫的人生?我们尝试解码"新春第一会"的用"人"之道。

一

坚持高质量发展，是新时代的硬道理。综观全国各省"新春第一会"，虽然聚焦主题各有侧重，但落子布局的指向却是相同的，那就是让硬道理生根发芽。其中，"人才"是会场内外的关键词。

比如，广东提出要视人才为珍宝；江苏向全省干部抛出问题："丰富的创新人才，如何进一步激发创造活力？"上海提出为企业家营造"敢干、敢闯、敢投"的浓厚氛围……可以看出，各地为了激发人才创新活力，阵仗不小。这背后谋的是高质量发展的"未来式"。

向历史深处回眸，每一次跨时代进步的取得，都是步履不停的结果，是群星闪耀的成果；凝望现实，新一轮科技革命和产业变革迎面而来，经济社会结构面临大洗牌。在这场抢占制高点、抢跑新赛道的比拼中，关键靠什么？底气在哪里？答案毋庸置疑，人才很关键。

习近平总书记指出，"科技是第一生产力、人才是第一资源、创新是第一动力"。在三个"第一"中，人才是最具决定性的力量。全球知名智库公司曾宣称，美国最大的竞争优势，就在于其不断吸纳国际人才的全球人才竞争优势。归根结底，国家、区域的竞争，都是关于人才这一"关键变量"的竞争。

改革开放以来，浙江之所以能够从"小个子"成长为如今活力十足、勇立潮头的模样，关键就在于引育了一代又一代能创业、善创新、敢创造的人才队伍。他们各展其才、各尽其才，支撑浙江不断创造出"无中生有""点石成金"的发展奇迹。

2003年12月，浙江省委、省政府召开新中国成立后第一次人才工作专题会议。此后，在"人才强省"的鲜明路标之下，浙江20年间人才增长超千万。龙年开春，浙江以"新春第一会"重磅论人才、专题谋人才，可见人才工作在浙江发展全局中的重要分量，也足见浙江对念好"人才经"的一以贯之、一脉相承。

二

浙江过去发展靠的是人才，决胜未来依然要靠人才。浙江把人才工作放到特别重要的位置，背后有何深层逻辑？我们用三个词语来概括。

一是"先行"。中国式现代化先行，没有现成的答案。海何以有舟可渡，山何以有路可行，都取决于人。在这一方面，我们还有比较大的进步空间。比如，存在创新型人才队伍大而不强、领军型企业家人才凤毛麟角、高水平技能人才短缺匮乏等问题；干部队伍中少数部分存在"不作为、不敢为、不善为"等现象。

以"大人才观"打通"任督二脉"，打出一套不拘一格聚人才的全新招数，才能更好破除堵点难点，积累先行优势，蓄积发展胜势。浙江过去20年的发展经验已经证明，这是一路走来的定论，更是逐浪前行的必然。

二是"新质"。发展新质生产力是一条创新主导、人才驱动的全新大道，这条路上的许多未知领域都需要人为先、人争先。特别是在爬坡过坎的关键期，我们正面临着新的"成长的烦恼"：资源要素缺乏、发展动能减弱、发展空间受限、发展不平衡不充分，这

"四大难题"是横亘眼前的四道关卡。

要闯关夺隘，需要集聚更多层面、更广范围的人才向高攀登、向新发力。当"关键变量"的乘数效应得以释放，人们透过浙江这扇窗口会看见更多中国高质量发展的新风景、好风景。

三是"全面"。把视野放得更大看，不难发现，与西方现代化模式主打的资本逻辑相比，中国式现代化彰显的是人的现代化与人的价值，本质是人本逻辑。浙江作为先行者，就是要先一步探索"人的全面发展"的实现路径。

透过此次"新春第一会"上的部署，我们看到，浙江要打造的人才蓄水池，不拘泥于特定的一涓一流；引来金凤凰后，更着眼于人才成长成才的全链条、全周期，以期最大限度、更加全面地释放人才的潜力、活力。

三

中国有句老话说："没有泥土，长不出花木。"鲁迅先生也说过："譬如想有乔木，想看好花，一定要有好土；没有土，便没有花木了；所以土实在较花木还重要。"土壤之于花木，正如环境之于人才。

此番，浙江开启招才引智新篇章，就是要千方百计优化"土壤环境"，从"落地生根"到"化木成林"，助力人才成长。对于此中深意，笔者想到三句话。

第一句话：找准维度，助推人才"飞驰人生"式跃进。

如果把我们的社会比作热带雨林，那么人才则是这个生态系统里的种苗。要让种苗"枝繁叶茂"，必须主打一个"既要又要还要"：既要有实打实的政策激励，又要"精准滴灌"，立足各类人才的具体需求，为其量身定制成长方案，还要有润物无声的人文关怀。

浙江重点实施打造"三支队伍"7项行动，将各类人才都包含其中，既贯穿辨才进才、引才聚才、留才用才全链条，也涵盖干部队伍、创新型人才和企业家队伍、劳动者队伍多方面，希望构建起百花齐放的人才"大生态"，让各类人才都有"飞驰人生"。

第二句话：开掘通道，满足人才攀高向强的渴求。

人才的成长，仿佛翻山越岭，很多时候是一场寂寞的长跑，需要充分的包容与呵护伴随他们一路向前。浙江的许多科研工作者记得，习近平总书记在浙江工作时，总是给科学家们送来徐徐"暖风"和融融"热气"，同大家一起把"冷板凳"捂热。

有人说，今天，中国式现代化的实践，对人才数量、质量和结构的需求是全方位、高标准的。因而，聚焦人才思想攀高、能力攀高、精神攀高，在每个人成长成才的每个领域、每个阶段，灵活赋能各种具有温度的成长通道，是对人才最好的礼遇和呵护。

第三句话：打造舞台，让"第一资源"更加热辣滚烫。

人才"雁阵"的背后，是产业矩阵、产业沃土的支撑。浙江把"三支队伍"建设置于创新深化、改革攻坚、开放提升的大场景中来谋划贯通，就是要为各类人才在服务现代化先行中找到适合自己的成长场景、发展气候和干事平台。放眼整个浙江，产业场景多姿多彩，等待着各路人才"八仙过海，各显神通"。

浙江这片土地上，自古具有海纳百川、兼收并蓄的特质，也有崇文尚学、爱才惜才的传统，各色各样的人才都能在此找到用武之地、心安之所。人人皆可成才、人人尽展其才，在"浙"里，"关键变量"正滔滔不竭转化为推动高质量发展的有力动能，让一切愈发热辣滚烫。

陈培浩　王丹容　王娟　执笔

2024 年 2 月 20 日

戏台"有戏"

遍布乡野的古戏台，将祭祖的庄严盛大、民俗的喧腾欢闹、笙歌的美妙悠扬一一浓缩其中，汇成了不褪色的生活记忆。

听曲看戏，无疑是一些人正月里必备的仪式感。"出将"门前帘儿轻轻一挑，淡施粉墨的演员款款登台，水袖轻舞，顾盼生辉；台下观众则看得如痴如醉，共情于戏曲人物的爱恨嗔痴。

悠悠古戏台，演绎着历史长河的波澜壮阔，也安放着百姓对生活美满和国泰民安的期许。历经沉浮兴衰，古戏台弦歌不断。今天，让我们再次聆听戏里春秋，品味那唱不尽的千年风雅。

一

美轮美奂的古戏台，闪耀着中华审美的风华。它诉说着梨园春秋的当年盛景，也传递着独具匠心的建筑记忆。

宋金时期，异彩纷呈的戏曲，催生出了多姿多彩的古戏台。在浙江的宗祠、庙宇、会馆里，甚至水边桥畔都有戏台，很多地方一村就有一两座戏台。仅宁波宁海一地，目前仍保存有120多座古戏台，被誉为"中国古戏台文化之乡"，足见当地百姓对传统戏曲的热爱。

戏台虽小，却融木雕、砖雕、彩绘、髹漆、书法等艺术形式于一身，细细品读，如同翻阅一本记载古代建筑艺术的"立体书"。目之所及，皆是精湛的建筑工艺、华丽的装饰技艺以及别具神韵的楹联美学等。

要说古戏台尤为吸睛之处，当数有着"最美天花板"之称的藻井。其多用精巧的木构件精密有序地榫接而成，还有着独特的聚音扩音功能，可实现"绕梁三日"的音响效果。比如，宁海岙胡村胡氏宗祠古戏台就盛名在外，其藻井用十六个龙头状坐斗堆叠向上，层层盘旋，恍若十六条金龙在漩涡中飞腾舞动。这座古戏台还罕见地并排建有三个藻井，格外恢弘。

古戏台的装饰工艺也可谓精彩绝伦。从屋脊到梁枋，再到花板，精雕细刻，丹青重彩，令人目不暇接。在绍兴东安村，滨水而筑的古戏台，歇山顶翼角飞翘，极具江南建筑的轻灵神韵；温州苍南的碗窑三官庙古戏台，则用彩漆画满了许仙、白素贞等戏曲人物，以连环画的形式呈现。在能工巧匠的镌刻之下，转瞬即逝的戏曲之美被定格了下来。

戏台上的楹联，通常由本地有名望的文人精心撰写，往往妙趣横生，寓意深刻。"一枝花开向牡丹亭，沉醉东风情不断；四声猿惊回蝴蝶梦，浩歌明月想当然。"一些人们耳熟能详的杂剧、传奇名称，在宁海崇兴庙戏台被独具匠心地联成了楹联。优美的戏联，更为古戏台增添了几许文雅诗心。

从简陋到华美、从质朴到精致，古戏台在漫长历史中历经多次

"变身"。穿越千年留存至今，它仍散发着独特的东方气韵。

二

　　鲁迅先生在《社戏》中如此描述儿时在外婆家划船看戏的场景："最惹眼的是屹立在庄外临河的空地上的一座戏台，模糊在远处的月夜中，和空间几乎分不出界限，我疑心画上见过的仙境，就在这里出现了。"

　　遍布乡野的古戏台，将祭祖的庄严盛大、民俗的喧腾欢闹、笙歌的美妙悠扬——浓缩其中，汇成了不褪色的生活记忆。

　　它聚合了乡村的"烟火气"。明代文学家张岱在《陶庵梦忆》中记载了正月里绍兴万人空巷看"灯头戏"的风俗："串《磨房》《撒池》《送子》《出猎》四出。科诨曲白，妙入筋髓，又复叫绝。"

　　除了春节、元宵、重阳等节令，在庆贺寿辰、修谱、建庙、丰收等好日子，很多农村也会请戏班来演出。像每年正月，在宁海强蛟峡山村，红弦翠袖，金鼓喧天，《赶花船》《龙女出海》等戏曲，在古戏台上一出接一出，连演数日。生活的甘苦，在婉转的唱腔中得以抚慰，一年的辛劳，被戏台的热腾气氛所拥抱。

　　它也缠绵着世间的"人情味"。舞动的水袖，和底下观众的心事里，都暗藏着千转百回的柔情。《长生殿》里杨贵妃与唐明皇在月宫得以朝暮相随，《梁祝》里梁山伯与祝英台双双化蝶相守相依，台上的爱恨情仇，时常牵动台下观众们的情感涟漪。生活的酸甜苦辣、悲欢离合，都在这方小戏台上被演绎得活灵活现、有情有味。

　　有专家曾有过饶有趣味的描写：（旧时戏台）厢楼里男女分开，正好相亲，所以有一厢情愿的说法。只要红娘上戏台一唱"他每不识忧，不识愁，一双心意两相投。夫人得好休，便好休"，庙宇和祠堂便立刻成了人情味浓郁的地方。

三

作为中国戏曲文化的宝贵遗存，古戏台跨越岁月的长河，传递道德之光和人文之美，凝结成极具地方特色的文化记忆。

古戏台，千百年来占据了很多民间文化娱乐的C位，也是地域文化重要的传播平台之一。在一代代戏班子的奔走演出下，古戏台见证着许多戏曲剧种的演变与融合。绚丽多彩的地域文化经由戏曲的演绎和民众的口口相传，流传至今，即便是大字不识的村民，通过看戏也能对许多帝王将相、英雄人物的故事如数家珍。

戏曲声声之间，忠孝节义从台上传到台下，戏中的道义逐步成为戏外普遍持守的道德准则。"待把山河重整，那时朝金阙"，唱的是怒发冲冠的岳飞精忠报国的铮铮风骨；"国有事忠良将怎能得安"，唱的是枕戈眠月、舍生忘死的杨家将……台上演的故事生生不息，震撼着观众的心灵，砥砺着大众的志节，在潜移默化中滋养了一代又一代人的精神世界。

古戏台联通古今，汇聚历史云烟和人世弦歌，这不仅仅是一方乡土记忆，更是一个民族的文化符号。许多饱经沧桑的古戏台，在被守护中不断实现活态传承，成为不少年轻人追捧的"新国潮"。

如今，在南戏故里温州，一轮轮的南戏演出季在古戏台不断上演，融合年轻化元素推陈出新，让一出"老戏"变成"好戏"；宁波天一阁的秦氏支祠百年古戏台，经过修缮在2024年春节重新亮相，续奏雅音，让游客感受清丽婉约的江南腔调。

小小古戏台，像是一个浓缩了人文历史、灿烂艺术和绚丽民俗的文化展台，每一处都有着丰盈的故事，成为中华文明在漫长岁月里温情的守望。当台上咿呀唱响，我们仿佛可以听到从历史深处传来的精神回响。

"元宵演剧到春残，乘兴何妨日日看。"这个火红的正月里，不妨乘着雅兴，且听一听丝竹歌吹，看一看霓裳舞袖，在余音绕梁中感受古戏台历久弥新的魅力。

张昊　厉晓杭　执笔

2024年2月21日

Sora将改写什么

> 无论是 ChatGPT 还是 Sora，技术进步更重要的意义，在于让更多人可以不被简单重复的劳动所束缚，从而去创造更大价值。

在ChatGPT问世一年多后，OpenAI公司近期再次出招，推出文生视频大模型Sora。根据简单的文本指令，Sora就能生成一段60秒的视频，其中包含多角度镜头切换，呈现相当丰富的细节，等等。OpenAI官网发布了多个视频示例，逼真的画面令人很难区分它们是由实拍而得，还是由AI生成。

Sora的现身一时间引发热议。部分业内人士称其"比想象中来得更快"，是"人工智能领域的一次突破"；也有一些网友紧张了起来，比如有人担心，有了Sora的加持，影视、传媒、广告等文化产业将受冲击，进而产生了"饭碗焦虑"。

不禁要问，Sora究竟是什么？如果普遍使用的话，它将给文化产业及其从业者带来什么？

一

Sora并不是文生视频领域的第一个"吃螃蟹者"。此前，Runway、Pika等公司也曾推出文生视频模型。那么，"后来者"Sora为啥能"居上"？

"大片质感"。有人评价，由Sora生成的视频，无论是光影色彩的转变，还是镜头移动，甚至细微到纹理结构变化，都呈现出较高质感。它还能模拟现实世界的物理规律，像"一杯咖啡中，两艘海盗船展开了激烈的战斗"这段视频，不仅呈现了咖啡的流体动力学和逼真的光影渲染，还运用了光线追踪和移轴摄影技术等，技能强大。

"时长感人"。此前，谷歌、Runway等推出的大模型，每次生成的视频最多只能达到10多秒的时长。而Sora则将视频长度拉长到了60秒，这一突破意味着，由其生成的视频信息承载力更强、内容更丰富，达到了很多短视频平台的内容发布要求。

"匹配自如"。Sora不仅能让文字迅速成片，而且能根据情况生成与各种设备匹配的画面，宽屏视频、竖屏视频以及其他比例的视频都能得到匹配。这也使得Sora能适应不同设备，满足各类用户的观看需求。

此外，据分析，Sora在细节处理、语言理解能力、视频扩展功能等方面的表现也较为显眼，这些也正是"后来者"Sora能够突出重围的原因。

二

需要看到，作为生成式AI模型的一颗"新星"，Sora并不算完美，仍存在一些不成熟之处，比如逻辑性还有待提升，在更精细内容的调控方面有待加强。但它的出现，已经给大众带来了一定的想象空间。

对文化产业而言，"新物种"Sora如果能够进一步被使用，或许能带来不一般的能量。比如，在内容供给端，有业内人士就认为，Sora会像当年的智能手机一样，降低内容创作者门槛，从而使内容供给更加丰富。

对影视产业来说，Sora似乎已经可以"承包"部分摄影、导演、剪辑等任务，那么当它进一步升级后，影响的或许将不只是短视频。尽管Sora发布的视频示例中，时间最长的只有60秒，但按照AI大模型等技术日新月异的迭代速度，生产出优质的AI长视频似乎指日可待。当然，这一角色，除了Sora，也可以是其他的大模型。

这一技术也可以应用到广告业领域。像OpenAI发布的一个视频示例就呈现了这样的画面，"一辆老式SUV行驶在盘山公路上，扬起的灰尘在温暖的阳光下清晰可见，路两边的丘陵上种满了红杉树"。可以想象，未来的汽车广告、美食广告、景点宣传视频等一些不需要特别复杂情节的广告视频，或许就能够借助它来完成。

此外，于新闻传媒业而言，诸如Sora这样的视频生成器的使用，也会对目前的新闻生产方式和流程等产生一定的重构性作用。

当然，文生视频大模型的出现也令人喜忧参半。比如一些文化产业相关从业者就开始担心，Sora是否可能抢了自己的"饭碗"。目前网络上相关讨论当中，这是主要话题之一。

还有一些网友担忧，在未来，假新闻是否会因此而更泛滥？此前就有人曾利用ChatGPT将搜集到的一些素材修改编辑后，当成新闻报道发布在互联网上，编造假新闻牟利。此外，这种逼真的视频生成技术还可能被用于制作"深度伪造"视频，一旦被犯罪分子利用，将带来较大风险。

三

技术浪潮下的文化产业，重塑与变革必然势不可当，正如蒸汽机、发电机等机器工具的发明和普及，让手工劳动被自动化机器代替。随着Sora及其他一些大模型的逐步开放和商用，文化产业中部分重复性的、缺少技术含量的劳动有较大可能会被取代。

换言之，无论是ChatGPT还是Sora，技术进步更重要的意义，在于让更多人可以不被简单重复的劳动所束缚，从而去创造更大价值。文化产业想要制胜未来，不能逃避而只能主动拥抱人工智能新浪潮。那么，如何让生成式AI技术的"洪荒之力"为我们所用？

与AI成为工作"搭子"。生成式AI所蕴含的深层次、革命性力量是不容低估的，与其揣着"饭碗焦虑"，我们不如将之视为工作的"搭子"，利用它帮助自己更高效地实现创意转化、精品打造等。

比如，真实是新闻报道的生命，生成式AI不能完成纪实性内容的采集和拍摄，但利用好这一技术，是否可以快速生成动画、图表，使得报道更生动、内容更可读？对影视产业来说，利用该技术降低影视特效生成难度，一些高风险、拍摄难度系数较大的镜头和画面可用它来生成。

把好内容安全的"方向盘"。生成式AI是基于现有数据基础的"演绎",如果现有"训练资料"有问题,则产生的内容也容易受到影响,出现偏差。因此,进一步完善内容审核机制,确保AI生成的文字、图片和视频等内容导向正确、合法合规,还需要继续探索。同时,也有必要积极开发运用相应AI辅助工具,及时筛选存在问题的内容,有效防范虚假、违规等内容的传播风险。

让技术与文化"共舞"。文化产业要更好接驳这一波风口,既要有技术的"强支撑",让生成式AI发挥好"聪明才智",也要有文化的"强底座",让数字技术与文化创新发展共融共舞,催生产业新活力。比如,运用AI技术生成虚拟数字人,在各大景区景点、文博场馆化身传统文化"导游",与观众进行穿越时空的对话,带来沉浸式新体验。

有人说,就像宝剑从属于侠客一样,无论人工智能发展到何种程度,它始终根源于人类的创造,也始终是人类智慧的延伸。不妨对AI技术的发展寄予美好的期盼,也对未来人类与AI的和谐相处、携手共进抱有更多信心。

郑思舒　执笔

2024年2月21日

江南有秘境

> 从被人守护到反哺于人，藏于深山之中的江南秘境，放开脚步、走进人心，并与人相见两欢。

雨水节气一过，江南入春的脚步轻快了许多。而春日里的江南，可谓千姿百态、面面可爱。"日出江花红胜火，春来江水绿如蓝"，是诗人浪漫的吟讴；放舟南湖，是与革命先驱跨越时空的精神交汇；书藏古今、港通天下，见证着诗书传家的文脉和勇立潮头的气魄……

其实，江南还有一种情致，藏在深山、细腻绵长，还被《中国国家地理》杂志称为"秘境"，它就是位于浙西南的松阳。何为江南秘境，又何以动人？

—

由杭州出发，往西南方向270公里左右的松阳，是江南秘境的典型代表。

秘境之秘，首先在其原生底色。大自然赋予了江南秘境根与魂，在时光冲刷下愈发鲜活。自东汉建安四年（199）置县至今，松阳县域范围虽屡有变动，但山高林茂、绿水长流的原生特征始终如一。据"堪称孙吴一代完史"的《吴录》记载，松邑"作松杨，以地多二木也"。《吴地志》则写道："县东南临大溪有松树，大八十一围，腹中空，可容三十人坐，故取此为名。"如今，松阳森林覆盖率高，空气质量优良，可谓阡陌相连、养眼养神。

秘境之秘，还在其千古文韵。文化烙印为江南秘境增添了深沉厚重的独特韵味。据记载，东晋时期，王羲之从会稽出发，前往望松岭，仰观明月挂松枝，俯察紫荆盈山野，留下了松阳古十景之一的"望松夜月"；"诗佛"王维在送别缙云苗太守时，提笔写下"按节下松阳，清江响铙吹"的诗句，在讴歌自然风光的同时表达了对苗太守的祝愿；宋代经学大师项安世则在途经田园农家时感叹"但使普天无横吏，人产何处不春风"，将爱民之情深深地烙在了独山的脊背之上……

秘境之秘，落脚在人间烟火。在恬淡醇厚的人间烟火中，秘境天人合一、余韵悠长。走进秘境，鳞次栉比的民宿立于山野之间，与当地的夯土房完美融合，黄泥墙与黑灰瓦的木石建筑相互映衬，共同构成了一幅和谐统一的画面。沏上一碗松阳端午茶，尝一碟石仓泡豆腐，漫步在老街的青石板路上，稍后再寻一家百年面馆，在老旧的木椅上坐下，嫩滑劲道的水牵面就着特制浇头，尽享美味之时，还能透过升腾的雾气看店外画像、刻章、裁缝、草药、制蓑衣、弹棉花等商铺，感受传统商业业态，体味江南人生百态。

二

　　江南秘境，其名何来？又何以历千余年而不绝？故事还要从秘境的核心载体——古村落说起。沿着瓯江上游最大的支流松阴溪蜿蜒前行，仅在松阳一县境内，便分布着百余座风格各异的传统古村落。它们犹如点点星火各有魅力，演绎着江南秘境的别样风情。

　　比如界首村，一条长约500米的古驿道穿村而过，道旁分列民居、祠堂、客栈、商铺等各式建筑，从高处望去，前后窄中间宽，呈弧线状，是典型的"船形古村落"；杨家堂村，坐东朝西依地势而建，黄墙黑瓦、色彩统一，错落有致、布局巧妙，被不少人誉为"阶梯式古村落"的代表。

　　十多年前，《中国国家地理》杂志刊发30多页的专题报道，将松阳称为"最后的江南秘境"。此后，一场以"古村落"为核心的变革，让江南秘境焕发全新生机。

　　遵循着"最小干预"的原则，松阳开启了"拯救老屋行动"。同时，当地还邀请一批学者和建筑师开展"乡村建筑针灸"，改造老屋、更新老城、重塑文化、激活业态。民宿品牌相继入驻，"旅居松阳"计划携千幢房屋，以古村探秘、田园问茶、老街寻味、山居旅拍、山野探趣等组合出击，一时间吸睛不少。

　　比如陈家铺村，依山而建、面朝峡谷，高低200多米的落差，造就了云雾缥缈、云海翻滚的秘境奇观。在乡村振兴战略指引下，乡村面貌迎来巨变，村游、村居成为人们短暂逃离城市喧嚣、寻觅宁静自然生活的上佳选择。据2023年数据，陈家铺村共接待游客超60余万人次，实现旅游收入超3000万元。

从被人守护到反哺于人，藏于深山之中的江南秘境，放开脚步、走进人心，并与人相见两欢。

三

自然孕育的江南秘境，随着瓯江昼夜不停、长流不息，流淌着动静相融的无限魅力。知往鉴今，意在潮涌未来，当江南秘境越来越为人所知，如何长存常新、如何解锁更多新秘境等命题都值得思考。笔者认为可以从两方面入手。

一方面，就地取材，挖出更多记忆中的乡愁。"松翠掩山寺，溪深山路幽。烹茗绿烟袅，不得更迟留。"秘境之中，100多座古村落是一份取之不尽的宝藏，不仅是古人神往的桃花源，也正成为现代人的"诗与远方"。

近年来，松阳基于"百县千碗"，延伸打造松阳味道，松阳煨盐鸡、王景状元饼、歇力茶猪脚、紫苏溪鱼等讲述时光珍藏的味道，令不少游客念念不忘。而基于"百县千宿"，松阳也就地取材、巧用空间，将或处山巅、或隐谷间、或傍溪畔、或藏竹林的特色老屋改造为精品民宿，实现人们看山、看水、看天、看人、看己的旅居自由。接下来，当地将进一步做深"原生态＋现代化"的文章，让更多独特的美景、美食、非遗等成为唤醒人们记忆中乡愁的传播爆点，为古村落发展创造更多机会。

另一方面，注入"新逻辑"，焕发古村落时代光彩。可以说，江南秘境延绵至今的密码，绝不是遗世独立、孤芳自赏，而是时刻保持由自然孕育、随生产生活需要不断调整的动态平衡。

近年来，江南秘境以其优质的生态环境和独特的传统村落风貌，搭配具有极高辨识度的景观，如"黄墙黛瓦""村口老树""暮归耕牛"以及"小桥流水人家"，成功吸引了一批充满乡村情怀的艺术家。松阳也适时推出"艺术助推乡村振兴——百名艺术家入驻松阳乡村计划"，国际国内较高知名度艺术家来到松阳，在这里驻场创作、交流研讨、交易拍卖，他们逐渐成为乡村治理和发展的参与者、谋划者。当秘境遇上艺术，一场有关传承与创新的变革悄然发生，也为江南秘境的破局与出圈带来了新的可能。

　　江南春近，秘境先知。春日下江南，常游常新的江南秘境，正翘首待君，一探山河深处的"人间理想"。

邓其锋　谢孔伟　杨澍　何宇翔　刘洪燕　执笔

2024年2月22日

别让顾虑影响担当

> 我们从来不缺想干事能干事的干部，给足干部安全感，他们才能放心大胆地往前冲。

近日，浙江省委"新春第一会"提出要实施"干部为事业担当、组织为干部担当"激励保护行动。所谓"干部要干、实干为先"，"干部为事业担当"自然是身为党员干部应该尽到的职责。那么，后面再加上一句——"组织为干部担当"，究竟有怎样的考量和现实意义？

一

"为官避事平生耻"。敢于担当，是新时期衡量好干部的一条重要标准，也是党员干部为官从政的基本要求。

近年来，一大批敢作善为的优秀干部，为党和国家各项事业冲锋陷阵，成效是有目共睹的。比如，从2019年开始，浙江多次开展"担当作为好干部"评选，覆盖全省党政机关、高校和国有企业，并以省委、省政府名义召开表彰大会，释放出激励干部担当作为的鲜明导向。

但与此同时，也有极少数干部在其位不谋其政，不担当不作为，干工作瞻前顾后，碰到矛盾绕着走，不敢动真碰硬，贻误了事业发展，被有关部门点名曝光、处分问责，有的直接从领导岗位上调整下来。在2023年浙江省政府新闻办举行的发布会上，发布人介绍，浙江对那些不担当不适宜的干部，即使没有违纪违法，也坚决进行调整，5年多来共调整不适宜担任现职的省管干部92名。

当前正处在中国式现代化建设的关键时期，各项工作会碰到很多艰难险阻，机会也稍纵即逝，不容半点闪失，错失发展良机。一方面，对那些不愿担当、不敢担当、不善担当的干部，相关部门应态度坚决，让他们该"下"的要"下"，不让其尸位素餐，这是为改革发展事业负责的表现；另一方面，我们也应认真审视现在一些干部为什么会害怕担当，如何去消除他们遇到的烦恼，为他们放下顾虑创造条件。

正所谓，干部一心为事业担当，组织上就要为干部担当。特别是当他们受到恶意的干扰和非议时，组织上出面为他们撑腰鼓劲，他们才会更有底气、更有干劲，崇尚担当、敢于担当在干部队伍中才能蔚然成风。

二

大多数干部是想担当、愿担当的，希望在自己的岗位上大干一场、有所建树。然而在实际工作中，有的时候不是干部能力不够，也不是"不想干"，而是"不敢干"。

习近平总书记曾一语道破干部的顾虑所在："探索就有可能失误，做事就有可能出错，洗碗越多摔碗的几率就会越大。"经常洗碗的人，有时难免失手将碗打破，可能因此受到责备和埋怨，这种现象被称为"洗碗效应"。具体到我们的工作中，一些地方问责泛化、简单化，一定程度上捆住了干部干事创业的手脚，"不干事不出事，干事多出错多"，一旦被问责、被处分，就可能会影响前途。为了规避风险，一些人只能选择所谓"中庸之道"，萧规曹随、稳妥为上，不求有功、但求无过。

在一些地方或者一些领域，原来的路已经走不通了，迫切需要另辟蹊径，寻找新的突破口。有的干部有心想试一试、闯一闯，但是因为改革探路很多时候没有先例可循，需要摸着石头过河，"试"就有错的几率，而错就可能要付出代价，这个代价往往是干部承担不起的。

进入新阶段，改革和发展都已经进入"深水区"，面对的都是难啃的"硬骨头"。干部要动真碰硬，必然涉及对既有利益格局的重塑，也必然会动"奶酪"，失实举报、频繁信访、恶意投诉、诬告陷害等等令人防不胜防。俗话说"一封举报信几毛钱，折腾干部一整年"，有的地方一接到举报就要求干部说明情况、谈话调查。久而久之，干部心力交瘁，再热的心也有可能冷下来了。

这样的局面，不仅会让许多有抱负、有想法、有能力的干部被白白埋没，还可能因为一时的顾虑贻误发展机遇，危害不言而喻。其实，我们从来不缺想干事能干事的干部，给足干部安全感，他们才能放心大胆地往前冲。

三

面对上述情况，首先从干部自身的角度来说，要果断放下顾虑，无私便无畏，无畏则担当。而组织上，又该如何为那些勇于担当、敢于作为的干部撑腰鼓劲，让他们干得更有底气、更有尊荣？

干部肯干、敢干、能干，组织就要及时用、大胆用、好好用。组织为干部担当，首先就是要树立正确的用人导向。习近平总书记强调，对干部最大的激励是正确用人导向，用好一个人能激励一大片。这方面，中共中央印发的《党政领导干部选拔任用工作条例》也十分明确，"大力选拔敢于负责、勇于担当、善于作为、实绩突出的干部"，"对不适宜担任现职的领导干部应当进行调整，推进领导干部能上能下"，等等。

让有为者有位、能干者能上，特别是要打破平衡照顾、论资排辈的陈旧观念。如果最后大家都"你好我好大家好"，甚至对那些敢闯敢冲的干部一味求全责备，则会滋生不良风气，让"好人主义""躺平心态"蔓延盛行。这样一来，改革发展中的痛点堵点难点，谁都不愿意去触碰、去解决。

为此，大胆使用敢于担当、善于担当的干部，既需要组织慧眼识才，也需要为干部挑担子。如何让考核评价更加精准，让典型评选更加常态，让赛马平台更为广阔，都极为重要，都是一篇篇大文章，需要不断破题、走向纵深。

鼓励干部先行先试，就必须落实好容错纠错机制。对于那些干部在推进改革中因缺乏经验、先行先试出现的失误和错误，那些上级尚无明确限制的探索性试验中的失误和错误，那些为推动发展的无意过失，要予以宽容和包容，让担当者放下包袱。

近年来，按照"三个区分开来"的要求，很多地方都制定了容错纠错的细则。随着改革发展推向深入，实际情况会发生变化，推动容错清单向更多领域拓展、向更具体的事项细化，会更方便组织和干部对照遵循。在不搞纪律"松绑"的前提下，如何让敢于容错与合规容错相统一，需要组织的担当去释放更强烈的信号。

为敢于担当的干部正名，就是为干部队伍正风。应该看到，错告诬告是束缚干部担当作为的桎梏，既会打击干部的积极性创造性，还会对一个地方或一个单位的政治生态产生恶劣的影响。

近年来，一些地方为受到诬告的干部澄清正名，取得了较好效果。早在2019年，浙江就率先出台开展澄清正名和打击诬告陷害工作有关规定，目的就是不让干部流汗又流泪。2023年，全省共为2244名党员干部和200个党组织澄清正名，查处诬告陷害100起134人，既营造了激浊扬清、干事创业的浓厚氛围，也进一步激发了干部队伍的斗志和信心。

全面加强"三支队伍"建设中，高素质干部队伍起着重要引领作用。只要牢牢抓住激励担当作为这个重点，不断卸下干部内心深处的"包袱"和顾虑，干部担当之风一定会充分涌流，"三支队伍"就能各尽其才、竞相奔腾。

谢滨同　陆家颐　倪海飞　执笔

2024年2月22日

漩门大坝的抉择

　　建时有多不易，拆时便有多不舍，但大家曾经"笑着建坝"，后来也是"笑着撤坝"。

　　在玉环市档案馆里，珍藏着这样两张照片。其中一张摄于20世纪70年代末，照片里，夹道欢迎的群众、依次驶来的车队、随风飞扬的彩旗，见证着漩门大坝的通车仪式。自此，楚门半岛和玉环本岛之间的漩门湾上架起了一条大坝，和大陆遥遥相望的玉环人结束了孤悬于海的日子。

　　另一张的拍摄年代近一些，记录着2022年漩门大坝的撤坝仪式现场。照片上，轰鸣的挖掘机在大坝两侧张开巨臂，"1977—2022"几个金黄色的数字镌刻着漩门大坝辉煌的一生。人们相聚于大坝之上，依依不舍。

　　两张照片定格了漩门大坝的"一生"，也记录了当地的两次重大抉择。今天，我们不妨翻开故纸堆，说一说漩门大坝从建到拆背后的那些事。

1977年10月1日漩门大坝通车典礼（左图）；2022年漩门大坝拆除启动仪式现场（右图）

一

玉环岛是浙江省第二大岛。这座海岛曾孤悬海上，为一湾百余米宽的半月形的漩门海峡所阻隔。海峡水流湍急且漩涡众多，被称作"龙窝""险峡"，曾切断了玉环百姓外出的谋生路。

自古以来，玉环岛与陆上的通行，主要依靠渡船。渡船过海吉凶难卜，人翻船落水被漩涡卷走是常事，因此常有鲨鱼在渡口"守猎"。"漩门湾，鬼门关，眼望漩涡泪斑斑。"当地经久流传的民谣，诉说着人们"望湾兴叹"的无奈。

漂洋过海尚且可靠经验和勇气，真正要命的还是资源问题。20世纪70年代的玉环，以农业为经济支柱。海域面积是陆地面积的5倍，人均耕地面积不足0.46亩。淡水资源更是严重匮乏，常面临"大旱三六九，滴水贵如油"的窘境。

行路难！资源难！发展难！而漩涡翻滚处，却是滩涂绵延，写满了丰腴：如果建设一条大坝，将一举多得，不仅可促成围垦造田10多万亩、建成一个蓄水1亿立方米的海湾水库，还可以打通一条交通大动脉……因此，建设漩门大坝再也等不起了。

早在1932年，玉环民众代表就向当时的省建设厅提交了"要求堵塞漩门港以资启发富源"的提案，1948年还被列入省水利实施纲要，却因工程艰巨、资金困难等因素，百般期待终成空。

新中国成立后，人民的堵港意愿重燃，政府牵头、群众自发的勘测调查、抛石实验不断，只为答出这道证明题——"漩门是能够堵住的"。20世纪70年代，玉环民众数十年的奔走呼号终于有了结果——1975年，漩门堵坝工程正式启动。

二

1975年，漩门工程指挥部成立。数以百计的人里，既有远道而来的专家，也有业界熟手老匠人，更多的则是一批在玉环土生土长的热血青年。他们聚集而来，准备为一项将要改变玉环面貌、改画玉环地图、事关玉环今后重大发展的工程大干一场。然而，"改天换地"注定会面临种种难题。

人心不齐怎么办？那就宣传先行。自古以来，漩门湾给人们留下了"心理后遗症"：群众对于漩门堵港的心理其实很矛盾，既希望围堵成功，又缺乏信心。为了消除这种疑虑，宣传干部们开着宣传车，在周边村落里挨家挨户发放宣传资料，用高音喇叭、电唱片播放宣传口号，打下了良好的群众基础。"绝不把漩门工程留给下一代""立下愚公移山志，誓把漩门变通途"，也成了一代漩门人难以忘却的回响。

缺乏资源和设备怎么办？只能自力更生。没有水泥和灰浆，工人们靠着人力劈山采石，硬是削平了半个山头。在机械化设备严重缺乏的年代，仅仅靠人力小推车艰难搬运轻则四五百斤、重则三千斤的巨石。乐观积极的工人发明了"土吊车""漏底船""三角锄""三角龙门架"等土机械，极大地提升了工程的效率。

似乎每个人都铆足了一股劲儿。高峰时期，工地上钢钎凿、板车推、肩膀抬、畚箕挑，多拉快跑的劳动者达千余人。漩港两岸，飞扬的小红旗、回荡的号子声，与澎湃的海潮一起，沸腾了。

1977年5月23日，漩门大坝终于合龙。有位参与大坝工程的水利测量员的儿子就在当天出生。"双喜临门"之下，他兴奋地给孩子也取名为"合龙"，玉环民众的喜悦之情可见一斑。

对玉环人来说，漩门大坝改画的不只是一处地图。大坝围垦10万亩土地，相当于再造一个"陆上玉环"，同时让玉环结束了孤岛时代——通山达海，改革开放、民营经济高速发展的春风吹到了漩门湾两岸，从而跻身经济百强县……

三

时间一晃来到2022年，发生了开头所描述的，当地人万般不舍拆坝的那一幕。那么，大坝有什么不得不拆的理由吗？

其一，堵坝后由于洋流注入的减少，漩门湾水体交换周期成倍延长，各项水质指标明显恶化。2017年，玉环明确了建设海湾城市的发展定位，要求"恢复和保持水系的自然连通和流动性"。撤坝建桥让漩门重开，便成了扮靓绿岛蓝湾的破题之举。

其二，当时，一座宽39米、双向共6车道的现代化大桥——月环桥，在漩门上方已经"登场"。在通行使命交接后，漩门大坝，这位陪伴玉环人45年的"老伙计"也就到了"退伍"时刻。

朝夕相伴多年，漩门大坝早已成了玉环的路标，一过大坝，便是家了。漩门湾两岸，"大坝糕头""大坝小炒"这些颇具地域特色的小店也成了一代又一代人的集体记忆。建时有多不易，拆时便有多不舍，但大家曾经"笑着建坝"，后来也是"笑着撤坝"。

在建与拆里，过往的遗憾得以弥补。当时陆岛交通问题其实有三种解法，包括造桥、结合水力发电和堵坝，然而困于造桥技术和物资有限，综合考量后才决定选取填海筑坝的"下策"。随着经济、科技水平的发展，当地终于有能力办以前办不到的事，也有能力弥补过往的遗憾。

在坝与桥里，发展的理念不断迭代。漩门之选亦是时代之选。40多年前，人们抱着人定胜天的勇气、征服自然的胆量，为小县开辟一条生路；而40多年后，人们秉持尊重自然的思想、保护生态的愿望，为强县谋划发展蓝图。从"大坝时代"到"大桥时代"，是发展目标的延续，也是发展观念的更迭升级，"碧海银滩也是金山银山"的观念正逐渐深入人心。

在破与立里，新的序章徐徐拉开。撤坝后，整个湾区水面面积达5万多亩，总蓄水容积达1亿多立方米，全面提升了玉环市域防洪排涝能力。此外，总投资11.46亿元的拓浚扩排工程也得到持续推进，助力改善漩门湾水环境及周边生态环境，漩门海峡蕴含着无限的发展新生机。

而今放眼漩门湾，东西两侧风光各具特色，一侧波光粼粼、高楼叠影，另一侧帆影幢幢、飞鸟翔集……重新"打开"的漩门显得如此开阔。

档案资料

两张照片分别拍摄于 1977 年和 2022 年，现收录于玉环市档案馆，在《漩门的前世来生》《玉环摄影选集》等漩门大坝相关书籍中均有选用。两次事件分别以《玉环岛人民改画地图》《玉环再改图》为题，刊发于《人民日报》。

林琳　执笔

2024 年 2 月 23 日

知识分享的"风"如何继续吹

> 知识博主应回归初心，用真学术的思维去钻研、用真科普的话语来讲述、用真专业的态度来沟通，以此博得观众认可。

近些天，随着大模型 Sora 的出圈，对 AI 知识付费的讨论热潮一同被激起，"某博主靠售卖 AI 课程年入数千万""知识付费算不算割'韭菜'"等话题引发热议。同时，也有网友提出，"如果能学到实打实的内容，愿意掏腰包当'韭菜'"。

"充电"方式千千万，在网上付费学习课程、获取知识成为近年来不少人的选择。尤其伴随着直播平台的兴起，知识分享这把火烧得更旺了。

然而，过去的 2023 年，知识分享行业似乎"时运不济"，诸如"中国最贵企业咨询师"在年度演讲中使用具有争议的数据而"翻车"等"事故"，将该行业推到了风口浪尖。那么，知识分享领域的高光还能持续吗？这股"风"，又该如何继续吹？

一

2016年前后，知识付费兴起，在线上获取知识、提升认知成为不少年轻人、创业者"武装"自我的重要方式。他们将碎片时间利用起来，在上下班路上、午休时间、周末时光学习付费课程，提升个人能力。

相关数据显示，2022年中国知识付费市场规模达1126.5亿元，预计2025年将达2808亿元左右。此外，据估算，2025年知识付费用户规模有望达6.4亿人。那么，知识分享为何风靡？

浓缩了知识精华。优质课程"高度浓缩"的特质，让公众从中获取更高的学习效率和更显著的学习成果：从前可能要读很多书才能形成的思维方式和分析方法，现在或许通过十来分钟的视频，就能了解到七七八八。

此外，对于涉及未来发展趋势、行业前景等令人十分关心却未必能快速找到突破口的话题，知识分享领域也能够给出一些答案。比如，你对人工智能领域有兴趣，就可以先找一些靠谱的视频课程来看，迅速了解相关基础知识，再有针对性地重点学习，便捷高效，节约了不少时间。

契合了客观需求。一方面，互联网海量信息中，一些优质内容要么被淹没，要么被稀释；另一方面，处在竞争激烈、信息爆炸的社会中，职场人的工作需求不断发生变化，更新知识、补充"电量"的意愿十分强烈。知识博主将知识、信息进行分类、整理，提炼成干货，分享给付费的用户，正好契合了这一需求。

提供了情绪价值。有人说，知识分享的盛行，并不仅因为它提供了人们所需的知识，其带来的情绪价值也是另一层次的价值。一些人为知识买单，也是为生活、事业上的迷茫以及如何去应对它们而买单，通过更高效的学习为自己求得一颗"定心丸"。此外，当身边有朋友在观摩、学习付费课程时，一些人也会担心自己是否会落伍或无法融入圈子，这种焦虑促使他们寻找突破口，选择加入其中。

二

随着知识分享的"风"越刮越大，大量公司与博主选择入局。鱼龙混杂之下、泥沙俱下之中，这一领域也出现了一些被人诟病的现象。

比如，良莠不齐。随着越来越多人的入场，知识分享领域不可避免地出现了博主素质与课程内容等各层面都参差不齐的情况。如，部分博主只是做着知识的"裁缝"，东拼西凑进行内容输出，这些所谓的知识，很难讲有多高含金量与实用性。

不少人也发现，有的课程不过就是一些"老调重弹的 N 手知识""别人嚼过的馍"，索然无味。从号称能改变命运的写作课到只需 9.9 元就能带你致富的投资理财课，再到一大批围绕 ChatGPT、Sora 的训练营，在知识分享领域，付费课程、演讲主题高度重合，以及内容高度雷同的问题都较为突出。

再如，套路满满。利用信息和观点的缝合制造"新概念"成为一些知识博主的惯用手法。比如，将浅显的道理换上一个新的名词或概念，依靠话术加以包装，"以不变应万变"，实则底层逻辑不变；有的课程更像是"故事会"，博主将其他书籍中列举的例子转换一番，改造成故事，再加入一些所谓的新名词等。此类种种，并不能为用户提供价值增量，反而都是套路。

又如，贩卖焦虑。有的课程类似成功学讲座，总要先大肆渲染困难，为后面的"听懂掌声"埋伏笔。比如，必须说说这一年的难，"今年很难""很多人都很焦虑""十大被互联网抛弃的行业"……年年都很难，年年都焦虑，要被AI取代的行业越来越多。这些多少有些耸人听闻的论调、话术，乍一听的确能让人心头一紧，实际上却只提供焦虑，不提供干货。当消费者内心的焦虑被激起，下方"小红车"中的付费课程就"闪亮登场"了。

还有，"鸡汤"浓浓。不可否认，"鸡汤"在某些时候确实能起到一定激励作用，但有的博主将一些空话整理成"XX条金句"等并反复刷屏，对于现实的指导意义微乎其微，有些无病呻吟还会令人陷入情绪内耗。渐渐地，有网友发现，"鸡汤"喝了并不能"强身健体"，从而调侃道"学到最后发现，学习课程的我们没有成功，只有知识博主成功了"。

三

一方面，随着社会和科技的不断发展，大众对新知识的渴求、对能力提升的诉求愈发强烈，知识分享的市场规模仍在持续扩大；另一方面，目前这一领域的质量和服务却良莠掺杂，口碑也是褒贬不一。如此说来，知识分享行业似乎走到了一个岔路口。那么，未来的路，应该怎么走？

多些真才实学，少些"网红套路"。有句话叫"让专业的人做专业的事"。事实上，入局知识分享领域并非零门槛，是需要深厚功底的，博主的功底越深、专业学术能力越强、在某个领域越是精通，其分享的知识就越有价值。同时，知识博主应回归初心，用真学术的思维去钻研、用真科普的话语来讲述、用真专业的态度来沟通，以此博得观众认可。

比如，近两年流行的跨年科学演讲，没有豪华的舞台，也没有流量网红的站台，但科学家会用一些深入浅出的道理让年轻人了解科学，科学爱好者也会分享当下受到关注和热议的科学话题。这种零套路、干货满的分享，应该多一些、再多一些。

多些躬身体验，少些夸夸其谈。环境好不好，深入一线感触更深；生意成不成，自己试试才算成。"说起电商头头是道，卖起货来无人'上道'"的知识博主，注定无法赢得用户的口碑。知识分享的市场足够大，但想让消费者买单，先要有真正的本领。只有通过专业知识、科学分析、实地调查得出的建议，并且能真实有效地为一些人解决实际问题，才值得被分享、被买单。

此外，对消费者本身而言，通过优质靠谱的课程提升自我不失为一种好办法，热爱学习、追求进步的想法值得被肯定和鼓励，但必须擦亮眼睛，捂紧口袋。

当一名博主把所有的话都说在你的心坎上，也许只能说明对方话术很高，未必代表他的专业水平一定很高，也不代表其课程含金量很高。确定要为某一课程买单时，应多维度参考博主的专业背景、工作履历、社会评价等，也多思考其是否符合自身实际需要，避免在冲动消费中成为"韭菜"。

余丹　汤汉涛　执笔

2024 年 2 月 23 日

江南二月谁吐幽香

> 璀璨悠久的中华文化历史长河中，多少文人名士折服于宁静澹泊、傲气存骨、超然自怡的兰韵。于他们而言，兰花是灵感的源泉，是情感的慰藉，更是风骨的化身。

"我从山中来，带着兰花草"，这首40多年前的歌曲《兰花草》，时至今日仍让人耳熟能详。伴随朗朗上口的曲调和歌词，人们对兰花的喜爱也一代代流传着。

"采兰挑笋，则春事已在绿阴芳草间矣"，《武林旧事》这段记载大意是说，兰花一开，春天也就到了。确实如此，每逢二三月，春意总是倏忽而至，倘若此时穿行在江南的街头巷尾，不经意间会嗅到一缕清香。这香气，便吐自兰蕊，淡雅而幽远。

这几天，第三届中国春兰节在绍兴举办。每年的中国春兰节都能引得数万兰友前来一睹花王的美姿芳容，流连于2000余盆选自天南地北的精品兰花之间。都知兰花美，但你知道那附着于兰花之上的历史趣闻、文化意象吗？

一

兰花的渊源，可追溯到7000多年前的河姆渡文化时期。

20世纪在宁波余姚出土的陶器上，印有一种独特的图案：在长条方框上面，有一株神秘优雅的植物，叶片间隐藏着待放的花蕾。经过深入研究与考证，专家们确定该植物是一株在框形容器中栽培的箬兰，也就是产于浙江的落叶虾脊兰。

兰花之所以能跳脱野生草本序列，或许还要归功于被称为"人工种兰第一人"的越王勾践。明代《绍兴府志》记载："兰渚山，有草焉，长叶白花，花有国馨，其名曰兰，勾践所树。"勾践从吴国被释放回越后，在渚山建立了"兰花培育基地"，向喜好奇花异草的吴王表"忠心"。

勾践恰好挑到了一块培育兰花的"天选"之地。地处北纬30°左右的之江大地，无论气温、降水、日照还是风向，都非常符合兰花的生长脾性。而渚山所在的会稽山脉，土壤呈微酸性，肥沃而松软，最为春兰所喜爱。甚至这里的泥土都被称为"兰花泥"，相传清朝皇宫培兰都会专程来此运泥。

勾践种兰100多年后，被称为"咏兰高手"的屈原登场了。"余既滋兰之九畹兮，又树蕙之百亩"，在春色烂漫中，他植下遍野芝兰，似乎已闻到扑面幽香。

及至一个初夏，汨罗江雾霭迷蒙、凄风阵阵，屈原久久伫立江畔，壮志难酬、国破家亡的哀痛让他无法释怀，轻抚过佩戴的那束秋兰，叹息终究无法真正像兰一样遗世独立、横而不流，江面破碎，波涛哀恸，唯留"扈江离与辟芷兮，纫秋兰以为佩"的千古绝唱久久回荡。

南宋时期，被后世誉为"笔墨之祖"的兰花得以单独入画。这背后离不了来自浙江的书画大家赵孟坚，他被后人尊为"画兰第一人"。他首创墨兰画法，用笔劲利舒卷，勾勒出春兰如蝶起舞之意境。

现藏于故宫博物院的传世名作《墨兰图卷》，上面题有"高风无复赵彝斋，楚畹湘江烂漫开"，两行诗道尽屈原、赵孟坚对兰学的深远影响。

二

兰花究竟美在何处，能在数千年间持续俘获人们的芳心？

美在其香，不浓不烈却足够醉人。赏兰，一般都先闻其香。兰花的香有无数"头衔"，孔子赞其为"王者之香"，先秦人誉其为"国香"，《清异录·草木门》说"江南人以兰为香祖"。怎样一种香味，才能接得住如此多美誉？那是幽幽淡淡、清雅沁人的香，并无香艳恼人之感，能让人在瞬间舒缓情绪。

别看小小一株，香气却四溢持久，"一盆在室，满屋皆香"绝非夸张之词。民间相传，明朝正德皇帝南巡，行至兰溪兰荫山，忽闻一股世间难有的异香，便命人探寻。没想找到了一个小香炉，细问才知，原来这炉曾用来栽植兰花。由此可见，兰香之悠长。

美在其形，源于大自然的雕琢。兰之花叶，美而不媚、清而不轻、淡而不寡。兰花品种众多，形态各异，有如梅荷、如水仙的，亦有如蝉翼、如燕尾的，不得不惊叹于大自然的巧工。1923年，浙江杭县人吴恩元收录各类文献而成《兰蕙小史》，其中记载的名品就达161种。

在苏东坡眼中，兰花娇羞惹人怜又超脱凡俗。他任杭州知州时，专向热衷于画兰的好友杨次公赠诗，提笔写下"春兰如美人，不采羞自献"。逍遥的嵇康则用"绿叶幽茂，丽藻丰繁"道尽兰花那碧绿葳蕤、花自繁丽的形态。

美在其韵，引得文人争相挥墨。古之兰花，"缘空谷而生，食清泉而长，沐风雨而开，独艳群芳而不争，香弥幽境而不扬"。正因为这样，孔子总爱以兰来讲"君子之道"。而后千百年，兰花同梅竹菊并称"四君子"。

有人总结，屈原佩兰而思君，徐渭迷蕙而图精，书圣摹兰而字美……璀璨悠久的中华文化历史长河中，多少文人名士折服于宁静澹泊、傲气存骨、超然自怡的兰韵。于他们而言，兰花是灵感的源泉，是情感的慰藉，更是风骨的化身。

三

空谷幽兰，那一抹碧色、一缕奇香，不只宣示着特有的美丽和气质，更蕴藏着多元深厚的意象与内涵。

兰花之语，诉说着美好的情感。翻阅词典，恐怕少有一种植物能像"兰"一样，链接了万般美好。比如用"兰章"喻诗文之美，以"兰室"赞美好环境，把才貌出众之人称为"芝兰玉树"，父母爱给子女取带"兰"的名字，寓意美好，还喜欢将兰花作为嫁妆陪嫁。

于恋人，兰花是定情信物；于友人，兰花是坚贞友谊的见证；于国家，兰花是友好的使者。在中国外交史上，就有段因兰而起的美谈。1962年，日中友好人士松村谦三访华，周总理知其爱兰，特意赠予祖居地绍兴的名兰"环球荷鼎"。25年后，松村谦三之子又将"环球荷鼎"的后代返赠绍兴，续写父辈的友好佳话。

兰花之野，迸发着顽强生命力。人们常说兰花娇气难养，连来自养兰世家的鲁迅都说"养兰花是颇麻烦的事"；心急的胡适因为等不到开花，便有感而发，写下本文开头歌曲的原诗《希望》："我从山中来，带着兰花草。种在小园中，希望花开早。一日望三回，望得花时过。急坏看花人，苞也无一个。"

其实兰花是顽强坚韧的。野生兰花籽须由真菌供给营养才能萌发，光是孕育新芽就需耗尽力量。然而一旦出芽，兰花就会如蝶变般重生，凌霜傲雪，于寒风中盎然摇曳，如黄庭坚《书幽芳亭记》中所言"雪霜凌厉而见杀，来岁不改其性也"。

兰花之幽，通向诗意的平静内心。养兰如养心，它能让人在喧嚣尘世中寻得一份宁静与淡然。时下越来越多年轻人乐于捧兰归家，只因其幽香能治愈精神内耗。无论人生怎样沉浮，只要像兰般孑然独立、芬芳自信，便能把平淡的日子过出一种"坐久不知香在室，推窗时有蝶飞来"的惊喜和诗意。

在2008年浙江省省花海选中，兰花夺魁折桂，被选为省花。如今又是一年春风起，就请兰"粉"们循着那一抹幽香，亲赴一场"君子之约"吧。

刘向　杜佳苏　杨逸凡　何瑛儿　执笔

2024年2月24日

元宵节里的中国式浪漫

元宵节这盏亮了两千多年的"灯",如同一轮盛满夙愿的满月,在漫长的岁月中,升华了每个中国人的新年,演绎了极致的浪漫。

老话说:"不出十五都是年。"传统的中国年是一定要过完元宵才算圆满的。元宵节从西汉时起就已诞生,被称为是最古老、意象最美,也是最具浪漫气息的传统节日之一。

"今年元夜时,月与灯依旧。"元宵节这盏亮了两千多年的"灯",如同一轮盛满夙愿的满月,在漫长的岁月中,升华了每个中国人的新年,演绎了极致的浪漫。今天,趁此元宵,我们来一品元宵节里的中国式浪漫。

——

元宵节的别名有很多,比如元夕节、上元节、上灯节、团圆节……单看名字,便让人生起许多遐想。

这一系列的名字其实暗含着不同的起源传说与文化习俗，比如"上灯节"一名从历史典故东方朔为救宫女"元宵"，帮助其与家人团聚，诓骗汉武帝让全城张灯结彩而来；"上元"一词则与汉武帝祭祀太乙神有关，据说这位太乙神的生日便是正月十五；还有多处史书记载元宵节"金吾不禁"的故事……

不过，无论源起于何，元宵节早早地便与赏花灯、吃汤圆、猜灯谜等习俗"绑定"到了一起，在历史的长河中传承不息。

纸香墨飞、经济繁华的宋朝是元宵节的高光时刻，那时老百姓不仅有了"七天长假"，庆祝方式也更为多元，比如节庆烟花氛围、特技表演等不绝于巷，"歌舞百戏，鳞鳞相切，乐声嘈杂十余里"，每天都能令人耳目一新。

有人说，如今节庆的感觉淡了。事实上，很多地方都开展赏花灯、猜灯谜、坐游船、赏打铁花等文旅活动，不仅点亮了节日的夜晚，更让城市夜经济"热辣滚烫"。人们过元宵的参与度或许不及从前，但元宵节在时代的变迁中，早已多了许多现代化演绎。

2024年春节，江南多地的老街早已是"火树银花不夜天"，硖石灯彩、秦淮灯市、鳌山灯会等隆重登场，某一转角，也许你会与象征着美好祝福的各色花灯撞个满怀；也许你会一不小心进入"炸"场的"元宇宙"灯会，被酷炫的AR科技"惊掉下巴"……"灯火阑珊处"提升为时尚文化新秀场，各种可以参与演绎、互动、品味的新体验让游客沉浸其中。

也有多地始终保留着独一无二的过节仪式，像是走百病、迎紫姑等。台州就执着于"正月十四是元宵"，那一天，"家家糟羹蛤蜊调"，一碗黏糊糊又热腾腾的糟羹下肚，勾起无限的记忆。

传统与时尚交织，传承千年的元宵节编织着独树一帜的文化景观。心醉烟火间，人间喜乐莫过于此。

二

元宵节的浪漫，在每一处细节里，如春雨绵绵无声，又如昙花极尽绽放。

比如，内化于热气腾腾的生活中。元宵节固然一年一次，但元宵的浪漫元素在岁月流转中渐渐融入了人们的日常生活。比如在吃汤圆这件事上，对很多人来说，汤圆早已不是专属的元宵美食，而成了中国人餐桌上常见的一道风景。芝麻汤团、水晶汤圆、鲜花元宵、炫彩小丸子，蒸煮炸等各种花样吃法持续上新，陪伴人们度过无数个美好、温馨的时刻。

比如，涵养在千古传诵的诗词里。寓意深刻、独具魅力的元宵节着实让许多文人墨客爱到了骨子里，据统计，单《全宋词》中的元宵词就有330多首，历史上关于元宵节的诗词歌赋更是不计其数。

比如元宵灯会，自古文人纷纷借景抒怀：一句"月上柳梢头，人约黄昏后"，勾起了多少人封存在记忆中的缱绻情事？"众里寻他千百度。蓦然回首，那人却在灯火阑珊处"，辛弃疾怎么也不会想到，自己当年的一首情诗，会被后人升华成人生哲学；苏轼笔下"灯火钱塘三五夜，明月如霜，照见人如画"的唯美也让人回味无穷……

比如，意蕴在文化东方的美学中。元宵节的魅力，或许就是将传统与美学相结合。一元复始、万象更新，虽然寒意仍未消散，春花也没有完全开放，但五彩斑斓的元宵节花灯却提早送上了如春般的绚烂与生机。这天，古时女子亦可迈出闺阁上街观灯，寻觅缘分，街上花灯锦簇，游人如织，笑着闹着，还有绚烂的焰火、热闹的舞龙、喧天的锣鼓。余秋雨写道："这是个狂欢的节日，是个释放的节日，也是个'情人节'。"因此，你可以说元宵不如春节热闹，但不得不承认过元宵节是一门精致的东方美学，令人心醉。

三

元宵被古往今来的人们寄予了不一样的情愫，在共情与共鸣中，我们读懂了这个节日，便也读懂了独属于中国人的浪漫。

今宵，开启新年前程的"元"。放一盏灯，寄托的是一个美好愿望。"一年之计在于春"，一年开个好头、全年都会顺利的观念，深深地根植于中国人思想深处。

"元"生开始，"宵"渐结束，所谓"元宵"，正是新一年的第一个月圆之夜。此夜月下，蛾儿雪柳，笑语盈盈，再添一壶温软江南好酒相衬，为整个春节做个收尾，年节才算真正欢欢喜喜地过完了。这一夜，回望来时路，看清脚下路，更加坚定前行路，收拾心情，整装待发。

今宵，生发人间安澜的"愿"。将愿望包在汤圆里、放在花灯里、藏在谜语里……元宵节还寄托着不同人朴素的期待。往小处说，是"天上月圆，地上人安"的吉祥祝福，比如辛勤耕耘的农民在这天燃灯祭祀，希望祛除来年的虫害，祈求丰收和好运；往大处说，也饱含着浓浓的爱国情，比如，"俗重十四"的台州便将元宵的格局放大，这一温暖时刻，他们缅怀英雄先烈、崇尚忠诚担当。台州元宵被赋予了各美其美、美美与共的包容性，以及胸怀家国、协和万方的教育性。

今宵，团聚万家灯火的"圆"。中国人骨子里的夙愿是落叶归根，元宵节也因此画上了"圆"的符号、家的符号，浸润着浓浓眷恋。

元宵佳节，或许你与家人欢聚在一起，吃上一顿团圆饭、一口甜蜜蜜的汤圆；或许你还走在千里之遥的漫漫归程，融融的月光如故乡温暖的召唤，如一抹悠悠的乡愁，唤起我们心底深藏已久的爱。

"世上本无元宵节，团圆的人多了就有了元宵节"，在每个中国人的内心深处，元宵节从不止于一个节日，而是一种情感的再回眸、一次心灵的再出发。

潘亮红　吴梦诗　徐佳叶　执笔

2024 年 2 月 24 日

宋人如何过元宵

> 喜乐的元宵，是一年伊始的希望所寄、圆满所期，承载着宋人真挚婉约的情感，诉说着绵延千年的宋韵美学，让这个节日更加不一般。

元宵之夜，赏月正当时。然而昨天元宵当晚，浙江不少地方都笼罩在阴雨当中，难见月光，没能看到21世纪唯二的元宵节当夜遇上的最小满月，据报道，这样的月亮下一次出现要等到2086年，但各地过元宵的氛围依然热烈。

元宵节从古代演变至今，已度过逾两千年时光，承载着中国人对团圆和美好的深切向往与追求。若要说哪个朝代的元宵佳节与现代尤为相似，想必是宋朝，因为一方面宋人的元宵夜生活很丰富，《东京梦华录》《武林旧事》和《梦粱录》等书中，很多内容都细致地描绘了汴京和临安的元宵盛景，沉浸感十足；另一方面宋朝的一些过节习俗至今仍在传承，比如打铁花。

今人不见古时月，今月曾经照古人。且让我们遥想千年，梦回宋朝，看古人如何欢度元宵，重温这绵延千年的元宵喜乐。

一

　　在宋朝，最盛大的节日可不是春节，而是元宵。宋人对此的热衷之情，可以用"独喜上元"来形容。

　　在宋代，元宵是一年中最为热闹隆重的节日，灯期百日有余，街头巷尾千灯争艳。当时的人，从上一年九月赏菊灯后便开始"迤逦试灯"，营造氛围，这唤作"预赏"。灯市早早开始营业，各类灯品数千百种，可谓"极其新巧，怪怪奇奇，无所不有"。

　　其中最壮观的要属堆成大鳌形状的"鳌山灯"，最精妙的则属玲珑剔透的无骨灯，还有流苏珠子灯、羊皮灯、白玉灯等，不仅材质奇异，上头还绘有诸色故事，栩栩如生，活灵活现。

　　元宵期间，赏灯之外更有诸多民俗表演，堪称"元宵联欢晚会"。描绘北宋社会风貌的《东京梦华录》中有载："正月十五日元宵……游人已集御街，两廊下奇术异能、歌舞百戏，鳞鳞相切，乐声嘈杂十余里。"而这种习俗也延绵到了南宋，元宵佳节的杭城热闹非凡，上演着歌舞、杂技、傀儡戏等多种演出，数十百支民间舞队来自城乡，自发集结，延绵十余里，好比当下的cosplay巡游。

　　而民众在元宵时的衣食，既顺应时节，又有吉祥讨彩之意。"蛾儿雪柳黄金缕，笑语盈盈暗香去。"辛弃疾的词中，"蛾儿"是状似飞蛾的头饰，"雪柳"则是金丝做成插在翠冠上的装饰。玉梅、菩提叶、灯球等节日"限定"饰品，也是出游常备。

　　元宵时的节令美食更是诱人，乳糖圆子、水晶脍、澄沙团子、滴酥鲍螺、煎七宝姜豉……应有尽有，引人垂涎。而琳琅满目的美食当中，今人最熟悉乳糖圆子，它就是汤圆的前身。不过宋人的精致是出了名的，汤中还要再加入一些蜜渍桂花，这才成就了一碗乳糖圆子的软糯香甜，更有着团圆甜蜜的寓意。

二

喜乐的元宵，是一年伊始的希望所寄、圆满所期，承载着宋人真挚婉约的情感，诉说着绵延千年的宋韵美学，让这个节日更加不一般。

先说爱情之美。在古时，一年当中，元宵节是年轻人尤其是少女难得可以自由出游赏玩的节日。在灯火璀璨的街头，年轻男女趁此机会相识相伴。"月上柳梢头，人约黄昏后"，灯前月下，爱情故事如走马灯般徐徐展开；"更阑烛影花阴下，少年人、往往奇遇"，柳永的词写出少年男女相遇时的怦然心动；"蓦然回首，那人却在灯火阑珊处"，求索追寻的辛弃疾，期待的则是另一种奇遇。

再来看普天同乐。宋朝过元宵节要放七天长假。官方还从各种政策制度上便利节日，比如财政补贴元宵前后三日的公私旅店房费，"以宽民力"；比如做好消防和巡警工作，在巷口搭设皮影戏吸引小孩观看，防止走丢。

同时，大家还会通过各种形式为元宵助兴，如地方主事官员巡街时会为路遇舞队、小商贩发放红包，名曰"买市"，以鼓励元宵"夜经济"；官方会筹备烟火大会供民众赏玩，许多官员会沿街免费供应茶水、布置灯笼。

有意思的是，南宋元宵节无形中还推动了官府的法制教育实践，甚至演变成为元宵习俗固定下来。在元宵放灯的日子里，临安城里的刑狱机构不仅会"建净狱道场"，还会设主题灯展，利用灯饰上绘图像演绎"狱户故事",形成教育引导作用。

令人意想不到的是,当时还会组织警示"路演",在最繁闹的地方点燃巨烛,押着囚犯公布他们的犯罪行为,并当众宣布法律惩罚,"以警奸民"。通过一系列法制教育措施,保障元宵盛会的治安秩序,也让元宵佳节与社会治理形成了"梦幻联动"。

三

穿越时间的长河,很多事物都发生了翻天覆地的变化,部分古时的元宵习俗早已逐渐淡去,但人们每逢节日的那份雀跃的心情似乎没有改变,为节日注入的情感依然醇厚。更多节俗意蕴在变化中也得以保留传承,并被赋予了新的内涵。节日,总是在提醒我们知所从来,一遍遍告诉你我:大家流淌着共同的文化血脉。

比如团圆美满的向往期盼。自古以来,元宵节就与"团圆"的美好愿望紧密相连。北方有"滚"元宵,南方有"包"汤圆,都将对团圆的期盼、对相聚的期待揉进了这一颗颗圆圆的团子里。即便是"独在异乡为异客",也可以吃一碗汤圆、吃一盘饺子,将对家乡的思念融进那一缕缕人间烟火当中。

时至今日,许多年轻人出外打拼,在这样一个重要的传统佳节,身处异乡的游子或许无法与家人团圆,但所在地的一些公司、单位,或许会举办相关活动迎接、庆祝元宵。笔者就曾多次参与单位工会组织的元宵喜乐会活动,和天南海北的同事一起吃汤圆、做冷餐,其乐融融,感受别样的团圆温情。

比如穿越古今的文化基因。从宋人过元宵的各种习俗中,我们不难看出,自那时起,元宵节就已成为一场"全民狂欢"。正所谓

"正月十五闹元宵"，赏花灯、猜灯谜、耍龙灯、舞狮子、放烟花、踩高跷……元宵节的民俗活动，也显得分外丰富多彩，热烈喜庆。

老话说，过了元宵，这个年就真正过去了。在年的"尾巴"上酣畅淋漓地狂欢一场，是中国人从古至今不变的"保留项目"，也承载着诸多文化特质。就像作家肖复兴所说："传统春节是以除夕夜的鞭炮开始，以上元夜的彩灯收尾的。一个震天动地的声响，一个绚丽夺目的色彩，体现中国人独特的想象力。"

比如民俗文化的时代表达。如今的元宵，更是在传统与时尚、古与今中寻找连接点的节日。全国各地将节庆文旅办得花样繁多、精彩纷呈，不仅延续古时赏灯猜谜的传统，还打开思路，用更创新性的思维让今人也体验一把古人的"元宵奇妙夜"。

就拿传统习俗逛灯会来说，不少地方已将灯会打造成一场艺术盛会，让人们在张灯结彩、温暖喜庆的节日氛围中寻味元宵。比如，杭州西溪湿地展出的长达四十余米的"百丈龙灯"如巨龙般蜿蜒游弋，五米高的鳌山灯棚仿佛"巨鳌戴山"，为游客打造了一场沉浸式的互动游园盛宴，生动再现南宋灯市盛况的同时，也让传统美学元素在当代人的日常生活中焕发出新的光彩。

元宵节前后，人们陆续开启新一年的奋斗历程。欣赏过天上的明月和人间的灯火之后，且让我们从这热闹当中去寻找"那种高雅、那种美丽"，将之怀揣在心底，化作对未来的斗志。

王潇　桑隽漾　郑黄河　张雯　执笔

2024 年 2 月 25 日

相亲能相到"对的人"吗

> 遇见合适的伴侣从来都不是一件容易的事情，抱以更多的耐心和诚恳，以真诚换真诚，以真心等真心，每个人都能真正找到属于自己的幸福。

当前，被催婚、被相亲似乎成为不少年轻人解不开的烦恼。每逢过年过节，返乡的单身青年免不了被七大姑八大姨各种"关心"。春节假期刚过去不久，想必大家感触颇深。

为什么父母长辈对单身青年的催婚、相亲这么"上头"，年轻人又该如何面对家人这份特别的关心呢？前不久，我们探讨了《这届年轻人真的不想结婚吗》，今天继续聊聊相亲那些事儿。

———

相亲是中国传统婚恋的一种方式，有着丰富的内涵，在悠久的历史中演绎出不少趣事佳话。

专门的相亲会在周朝就已产生。每逢仲春时节，官府便会邀请那些年满30岁尚未娶妻的男子和年满20岁尚未出嫁的女子参与相亲，若是遇到心仪之人，便可互送芍药传情。

唐宋时期，元宵、上巳、七夕成为三个固定的相亲节日，节日里单身青年以外出踏青、赏灯或逛花市的名义挑选自己心仪的对象，对上眼了就可以相约一起漫步、互留信物。另外，到了进士发榜日，一些权贵家中的小姐还会来到江边，借新科进士聚会之机看看是否有合眼缘之人，若是有，便回家向父母禀报，启动提亲环节。

明清时期也有比较特别的相亲方式。比如，媒人陪同男方造访女方家，女方会在闺房内观察男方表现。如果满意，便会迈出闺房给男方倒茶，反之则留在房内。如此一来亲事成不成，大家就都心照不宣了。

古人的相亲讲究含蓄文雅、真诚体贴。相亲不仅是个人寻求婚姻伴侣的方式，影响着人们的婚姻选择，更是一种文化传承，体现着社会伦理观念。

与古代的相亲相比，现代社会的相亲已逐渐跳出"父母之命，媒妁之言"，男女双方都有了更多的自由和主动，但也出现了一些新问题。

比如，在一些相亲角里，男女的相貌、学历、收入信息被"明码标价"，有人就提出疑惑，"纯靠外部硬性条件走在一起的人真的幸福吗"；比如，相亲网站中充斥各种虚假信息，甚至还有各种诈骗，让人"赔了夫人又伤心"；再如，很多父母情急之下"赶鸭子上架"，安排速战速决的"快餐式"相亲，不仅让年轻人身心俱疲，甚至造成亲子关系极度紧张。

二

事实上，大部分单身青年并非不想或不愿寻找爱情，之所以陷入"相亲焦虑"，有着深层次的原因。

一方面，代际之间的观念碰撞，催生了许多"相亲的烦恼"。由于成长环境变化，与老一辈人相比，年轻人的思维三观、处事方式都有很大不同，而婚恋领域，往往是新老观念碰撞激烈的"主战场"。

比如，面对生儿育女、繁衍后代这个"古老课题"，很多父母往往坚持"什么年纪做什么事"，希望子女拥有"按部就班"的人生，当子女在婚姻大事前停滞不动，他们便产生了难以接受的心理，于是着急地为孩子安排一波又一波相亲，却未必关注到孩子的主观意愿。

年轻人对婚姻有着更多元化的思考，有人不急于进入结婚生子的人生阶段，认为"一个人有一个人的好"；有人排斥以相亲这种形式来寻找对象，认为"真正的爱情相不来"，深厚的感情基础需要经过双方长期相互了解和交流才能建立起来。一部分人抗拒相亲，其实是在抗拒父母对自己的不理解，以及长辈对自己情感生活的过度干预。

另一方面，随着社会竞争加剧，年轻人面临各方面竞争压力，社交空间受到一定程度挤压。在疲惫的工作之余，一些人不愿在相亲上搭进太多时间、精力，本能地对相亲产生逃避和抗拒心理。

此外，随着互联网时代的飞速发展，"面对面"的社交逐渐被"键对键"的交流替代，部分年轻人习惯了在线上交朋友，一旦线下交流就会产生"社恐"。当相亲双方被撮合在一起必须要进行当面沟通时，便会感到十分局促，有人对此比较排斥。这也让传统的相亲模式在年轻人中变得"水土不服"。

但不可否认，相亲的确是寻找人生伴侣的一个重要途径。通过亲友介绍、婚恋机构牵线搭桥等方式，打破社交壁垒，能为单身男女更迅速便捷地找到对象提供更多可能，没必要对相亲避之不及。正如有人说，相亲是人们寻找爱情的起点，它提供了一个了解和评估对方的机会，并不是强制让两个陌生人马上产生感情。

三

那么，应该营造怎样的环境来帮助青年缓解"相亲焦虑"呢？笔者认为，年轻人的婚恋，不仅仅是年轻人个人的事，创造更宽松的相亲交友环境需要多方努力。

在婚恋问题上，父母的"爱"要适度。父母将子女的幸福看得很重要，有的父母觉得相了亲、结了婚就了却了自己的心愿，为此甚至"病急乱投医"，为自己也为孩子硬生生制造出焦虑。事实上，婚恋是孩子自己的人生大事，应多考虑孩子个人的意向，可以偶尔与孩子谈心聊聊这方面的问题，交换一下彼此的想法，但没有必要在后头事无巨细、追得太紧。不妨多一些尊重和理解，在孩子相亲交友的过程中以"过来人"的身份，提供些好的意见和建议。

对单身青年而言，相亲可能会占用一些时间、增加一些压力，但这何尝不是结交新朋友、打开新世界的一个机会。保持良好的心态，无论结果如何，这都可以成为一次美好的经历。此外，相亲或者不相亲不能变成横亘在父母与自己之间的"鸿沟"，应多与父母沟通交流，让他们理解自己，知道自己能够为自己的幸福买单，这也十分有必要。

助力年轻人突破"爱情困境"，社会也需要动起来。对政府部门或社会组织而言，可以通过搭建青年婚恋交友平台，强化青年婚恋服务，给予单身年轻人更多的机会和资源去扩大交友圈。

比如上海就把"加强对青年婚恋、婚育社会化支持服务，营造婚育友好的社会环境"列入青年发展型城市建设"五大服务计划"行动；浙江则发文鼓励有条件的政府机关、企事业单位、社会团体、社区和品牌婚介机构开展多种形式的青年联谊、交友相亲活动。

此外，还要引导社会杜绝高价彩礼、奢华办婚礼等陈规陋习，树立文明节俭、健康向上的婚恋新风尚。

遇见合适的伴侣从来都不是一件容易的事情，抱以更多的耐心和诚恳，以真诚换真诚，以真心等真心，每个人都能真正找到属于自己的幸福。

王人骏　陈逸翔　郑涛　许紫薇　执笔

2024 年 2 月 25 日

无梅花，不江南

> 疏影横斜、暗香浮动的梅花，与小桥流水的水墨江南，组成了这个季节江南特有的诗意画卷。

每当红墙边的白梅盛放，西湖边的钱王祠就迎来了它的"顶流时刻"。"红墙黛瓦，白影染霜"，微风轻拂而过时，一静一动，相映成趣，江南美学在这一刻便有了具象化的诠释。

"琼姿只合在瑶台，谁向江南处处栽？"疏影横斜、暗香浮动的梅花，与小桥流水的水墨江南，组成了这个季节江南特有的诗意画卷。

江南赏梅，可以是一场专程赶赴的视觉盛宴，也可以是一次桥边檐下的惊艳偶遇，与雪相伴，和春而来，横贯了整个季节。

无梅花，不江南。

一

从地理学上讲，梅花与江南地区有着天然的适配度。虽说梅花能够"凌寒独自开",但就它的生物习性而言,气温如果太低,并不适合生长。江南地区的温润气候,可谓是梅花的绝配。

清代龚自珍在《病梅馆记》的开篇便写道:"江宁之龙蟠,苏州之邓尉,杭州之西溪,皆产梅。"

自唐宋起,要说在东南地区赏梅,杭州便当仁不让站"C位"。除西溪湿地以外,以杭州植物园灵峰、临平超山的梅花为著。

西溪湿地的梅花共有2万多株,大多临水而栽,搭配着蜿蜒曲折的流水,赏梅更有一番野趣。超山的梅花则胜在壮观,红、粉、白三色相间,有着"十里梅花香雪海"之美誉。灵峰探梅是杭州人迎春的仪式感,在这里,梅花与江南园林建筑相融合,亭台楼榭间,梅花更显雅致。

浙江境内,赏梅之处众多。中国现存楚梅、晋梅、隋梅、唐梅、宋梅五大古梅中,三株在浙江,其中,超山有唐梅与宋梅,天台国清寺有一株隋梅。

1205年的晚冬,80多岁的陆游又一次梦回绍兴沈园,垂泪写下"城南小陌又逢春,只见梅花不见人"。这座铭刻了陆游与唐琬凄美爱情故事的园林,在千年之后,梅香如故。

梅花花型只有五瓣,湖州铁佛寺内的两株红梅,却有六瓣,古人云"六出为贵",这便是独一份的珍贵。

除了浙江,上海、南京、苏州、无锡等地都有着各自的赏梅胜地。如有"天下第一梅山"之称的南京梅花山,梅花开时,云蒸霞蔚,景致令人叫绝。

古人赏梅,以"踏雪寻梅"的意境为先。大雪纷飞,梅花凌寒独自开,红的热烈,白的素雅,梅雪争春,引起了多少诗兴。

不过,随着气候环境的变化,如今的江南,梅花盛放的二三月，已经很少能看到雪的踪迹了。倒是和梅花名字相近的蜡梅，开放期在12月前后，更有可能遇上雪天，让人能够体验一次踏雪寻梅的韵味。

二

江南的梅花不仅开在山水园林之间，也开在了人们的心坎上。从古至今，无数人为梅痴狂。

南宋时期，苏州诗人范成大就是梅花的"唯粉"，他编著的《范村梅谱》是我国第一部专门记述梅花的"科普全书"，开篇即言："梅，天下尤物，无问智贤愚不肖，莫敢有异议……"

到了宋朝之时，梅花已经受到天下人的喜爱，据《范村梅谱》记载："学圃之士必先种梅，且不厌多。他花有无，多少，皆不系重轻。"当时许多风雅之士都喜好种梅，其他的花则无关紧要。

除了记录自家园圃中种植的12种梅花的生长习性，范成大还记述了时人对梅花的审美偏好、人文态度。可见，在宋代，赏梅已不局限于对外形、对香味的品鉴，更形成了一种"梅文化"。

在杭州孤山的一隅隐秘之地，有一座不太起眼的古墓。墓的主人叫林逋，是位北宋时期的隐逸诗人。

生性恬淡、不仕不娶的林逋结束江淮游历后，隐居西湖孤山，爱上了种梅养鹤，自称"以梅为妻，以鹤为子"。"疏影横斜水清浅，暗香浮动月黄昏"就是林逋在孤山上写的，被认为是历代咏梅诗的巅峰。

苏轼评价林逋是"绝伦人"，称其"神清骨冷无由俗"。这份清冷与绝俗，与文人雅士眼中的梅花何其相似。

林逋之后，孤山梅花也多了几分出尘的意味。南宋时期的《梦梁录》，将赏梅列为了西湖四时之景，称"冬则梅花破玉，瑞雪飞瑶。四时之景不同，而赏心乐事者亦与之无穷矣"。

江南人爱梅，常以梅花喻人喻己。南宋陆游写过许多梅花诗，最有名的当属"零落成泥碾作尘，只有香如故"这一句，他虽然一生失意，但爱国之心始终如故；元代王冕自号"梅花屋主"，将行事高洁的一身傲骨，融入了种梅、咏梅、画梅之中；近现代金石书画大师吴昌硕自称"苦铁道人梅知己"，留下了许多以梅为主题的诗、书、画、印。1927年，84岁的吴昌硕又来到超山，将宋梅边选为自己来日的长眠之地。几年后，家人将吴昌硕迁葬于此，了却他"平生梅花为知己"的愿望。

三

江南赏梅，赏的不仅仅是梅林芳菲，更是一份人间气韵。

每年花期一到，江南的梅景总能成为社交平台上的流量担当。一张图片、一段视频、一篇美文，顺着网线，一缕缕梅香从江南传达至全世界。

如"不要人夸颜色好，只留清气满乾坤"的风骨。"檐流未滴梅花冻，一种清孤不等闲"，梅花好看，但更以风骨著称，在中国传统文化中，梅花是品行高尚的代名词，它与兰、竹、菊并称"四君子"，和松、竹组成"岁寒三友"。

"冰雪林中著此身"的梅花，被历代文人墨客赋予了不畏严寒、励志奋进的精神和淡泊名利、高洁出尘的气韵。北宋时期，经历了变法失败的王安石，写下"墙角数枝梅，凌寒独自开"，在大起大落的起伏间，依然坚持着改革的思想。

如"江南几度梅花发，人在天涯鬓已斑"的乡愁。"梅花自是江南物，但看梅花即故乡"，作为江南美学的象征之一，梅花也常用来表达对故乡的思念。故乡那枝绽放的新梅，当年只道是寻常，但多年未见，已成为游子心头的牵挂。

对漂泊在外的游子而言，江南的梅花不仅是景，更是一段温馨的记忆，"来日绮窗前，寒梅著花未"是王维的惦念；"欲为万里赠，杳杳山水隔"是柳宗元的神伤；"绝知春意好，最奈客愁何"是杜甫客居他乡的哀愁。

如"天涯也有江南信，梅破知春近"的喜悦。"俏也不争春，只把春来报"，仲冬初春，寒意料峭，百花静默之时，梅花悄然盛开，独天下而迎春。梅花盛放，打破了冬日的寂寥，带来了春日的生趣。

"江南无所有，聊赠一枝春"，在诗人眼里，梅花给江南带来了春天的信息，同样也赠以友人最最珍贵的礼物。

时下的江南，雨水节气已过，春天的气息突然间变得浓厚起来。经历了寒冬磨砺的梅花，以最热烈的姿态，迎接春意。春风落枝头，春雨润花色，便是道不完的江南梅花意。

钱伟锋　王艳颖　执笔

2024 年 2 月 26 日

六句话读懂宗庆后

> 认准一条路，就坚定不移走下去，以正确的方法付出最大的努力求最好的效果，这是不少成功人士的人生信条，对于我们每个人来说也是如此。

娃哈哈集团创始人、董事长宗庆后于 2024 年 2 月 25 日逝世，这一消息令人扼腕痛惜。

作为改革开放后我国第一代民营企业家、改革开放 40 年百名杰出民营企业家、浙商群体的标杆性人物，三次问鼎中国首富的宗庆后一生充满传奇色彩，不仅创造了物质上的巨大财富，为社会作出了重要贡献，还留下了许多充满哲思的语句，给人以精神启迪。

今天，笔者选取了宗庆后的六句话，这既是追思他一生的重要视角，也为探讨民营企业和企业家们如何继续书写"春天的故事"。

第一句话：没有改革开放，就没有娃哈哈

宗庆后出生于 1945 年，小时候家里很穷，有时候甚至吃了上顿没下顿。17 岁，他初中毕业，先后在舟山马目农场、绍兴茶场从事高负荷的体力劳动十多年，直到 1978 年母亲退休，才顶职回到杭州成为一名纸箱厂工人。

1987 年，这个 42 岁"高龄"的创业者，借债 14 万元接手了一家连年亏损的校办企业经销部，这就是娃哈哈的前身。自此，白手起家的他走出了人生中的重要一步，用蹬三轮开启了"逆天改命"的"冒险"之旅。从开发儿童营养液到兼并罐头厂，从将娃哈哈战略转型为食品饮料生产制造商到建立经销商体系开拓全国市场……宗庆后的每一步几乎都与时代深刻契合。

对于自己与娃哈哈的成功，宗庆后将其归功于时代所赋予的宝贵机遇，他说："我是一个普通人，从底层崛起的凡人。幸运的是，我生于一个大时代。"

可以说，宗庆后的奋斗史，正是改革开放以来企业家创业的一个缩影。时代的大河奔涌向前，无数老一辈企业家同宗庆后一样，与改革开放同频成长，秉持走遍千山万水、说尽千言万语、想尽千方百计、吃尽千辛万苦的"四千"精神，成长于时代之中，也开创了属于自己的时代。

第二句话：我们不去欺负别人，但也不能让别人欺负

企业发展难免会遇到大大小小的困难，其中，最值得一提的是娃哈哈与法国达能集团之间的纠纷，这场轰动一时的国际商战被称为"达娃之争"。

1996 年，当时的世界 500 强企业法国达能集团与中国饮料业巨头娃哈哈集团共同成立合资公司。在最初的几年里，双方互惠互

利。然而，好景不长，达能有了非分之想，想把娃哈哈非合资公司也收入囊中。此举遭到了宗庆后的反对，达能集团因此对其提起了诉讼，达能集团时任总裁甚至扬言，要让其"在法律诉讼中度过余生"。

据宗庆后在《浙江改革开放40年口述历史》一书中回忆，我们合作了，就像两个人结婚，原本相安无事，应该是诚心诚意地合作，同甘苦共患难。可是时间一长，才发现他们看到的只是利益，只是想控制娃哈哈。

宗庆后展开有力反击，他出席了全球70多场诉讼，经过两年半的漫长斗争，展现出超凡的意志力，最终成功地赢得了这场纷争的胜利，打赢了保卫民族品牌的"自卫反击战"。

正如宗庆后说的："有理的话，可以走遍天下。不用怕人家的。你越怕人家，人家越欺负你。而且中国现在越来越强大了，也不应该再受欺负了。""达娃之争"也向世人证明：国际竞争环境错综复杂，国际市场博弈无处不在，充满风险挑战。持续提升自身竞争力和影响力，努力打造长青基业，实现可持续发展，是企业做大做强的前提和基础。伴随着祖国的强大，在全球经济浪潮中，中国民营企业有实力有底气站稳脚跟、赢得尊重。

第三句话：认真做好一件事，这是最简单，也是最难的

对于一个企业、一个企业家来说，创业难，守业更难。当一波又一波浪潮席卷而来，当其他行业迎来爆发式增长，还能否坚守初心，认真做好一件事？

宗庆后为之奋斗终生的事，就是发展实体经济。在总结自己创

业的心得体会时，他首先强调的一条就是："坚持主业发展，坚守实体经济。"在接受一次采访时，他又说："不能看什么赚钱就一哄而上，等热度下去了又一哄而散。"

在对实体经济近乎顽固的坚持背后，是宗庆后久久为功的战略定力。他曾大声疾呼，要大力发展实业，发展制造业，莫要把虚拟经济搞过头。实体经济特别是制造业，是立国之本、强国之本、富民之本。

当然，宗庆后坚持实体经济也并非排斥虚拟经济，相反，他一直坚持用数字经济赋能实体经济，实现深度融合。正因如此，娃哈哈推出面向全行业开放的营销平台，推动了线上线下营销网络一体化。

认准一条路，就坚定不移走下去，以正确的方法付出最大的努力求最好的效果，这是不少成功人士的人生信条，对于我们每个人来说也是如此。

第四句话：坚持创新发展，哪怕领先别人"半步"

1988年，在儿童营养饮品稀缺的年代，娃哈哈推出了第一款产品"儿童营养液"。随后，娃哈哈一直走在创新发展的前列，接连推出果奶、纯净水、AD钙奶、营养快线等产品。

站在今天的视角看，宗庆后在很多关键节点上踩准了创新步伐，跑在了市场前面；而站在当时的视角看，创新既需要敏锐的判断力，也需要一往无前的勇气。为了领先别人"半步"，有时可能付出巨大的试错成本，宗庆后与娃哈哈也并非每一步都走得平稳顺利。但即便如此，跟在别人身后亦步亦趋的企业是没有未来的，坚持创新才能抢占先机。

当有的同龄人选择"躺平"时，宗庆后仍然保持着创业初期那种勇于自我变革的精神：在杭州基地打造了中国第一条数字化与智能化饮料生产线；开展多元化战略，跨界奶粉、雪糕、奶茶；推动重点战略从"安全"转向"健康"，挖掘行业内部的变革潜力……即使面对来自外界的一些质疑，他始终以实际行动勇往直前、闯出新路。

在"快鱼吃慢鱼"的时代，宗庆后用勇于创新、突破成规的思维，创造了属于自己、属于娃哈哈的成功，这也是广大企业家打开局面、破难攻坚的"金钥匙"。

第五句话：人不能不干活，不然老得快

在商界，宗庆后素有"劳模企业家"之称。他每年都会花费大量时间下沉一线市场调研，脚踩一双万年不变的布鞋，用脚步丈量中国市场地图，走出了娃哈哈覆盖全国的销售体系。

而在娃哈哈内部，宗庆后也是集团的超级劳模，被称为"第一勤奋的人"。不少媒体都报道过他数十年如一日紧张、勤奋的工作状态：7点前上班，23点后下班，工作时间超过16个小时；一人身兼董事长、总经理等多个重要岗位，领导着3万名员工、180多家子公司。

过了古稀之年，宗庆后依旧坚持学习、步履不停，不仅考取基金从业资格证书进军创投圈，还化身"主播"直播带货，更进军茶饮市场"第三次创业"。甚至在2024年1月初，被病痛折磨多时、"一生未退休"的他躺在医院病床上插着鼻管，却依然坚持工作、

签署文件。生命最后阶段，他仍在践行他自己说过的话："再经常干点活，就稍微干得轻松点，那我寿命还会更长一点。"

经济发展有客观规律，但也有赖于人的主观能动性。新生代民营企业家有责任有使命在新的时代谱写新的奋斗史、创业史。不管市场的环境、条件、模式如何变化，筚路蓝缕、艰苦奋斗的精神永远不会过时。

第六句话：为老百姓造福，人家才尊重你的财富

"达则兼济天下"的家国情怀是宗庆后身上闪亮的标签。在娃哈哈的"家文化"中，宗庆后一直提倡凝聚小家、发展大家，最终是报效国家。

比如，自1987年以来，每年春节前，宗庆后都会邀请员工共享一顿温馨的年夜饭，这一传统已然成为娃哈哈独具特色的文化符号。自2000年杭州开展"春风行动"后，娃哈哈积极履行社会责任，年年捐款，帮助下岗职工和困难家庭等。自2009年浙江省娃哈哈慈善基金会成立起，至今已累计助学、助孤、助老、助残超7亿元。

除了捐款捐物、捐资助学外，宗庆后还带领娃哈哈集团通过产业振兴，培育"造血"功能、提供就业机会，助力浙江推动共同富裕。

2022年，宗庆后获得了浙江省慈善奖"个人捐赠奖"。对此，宗庆后这样说："我的人生目标很简单，就是踏踏实实把企业办好，让员工安心工作、舒畅生活，为国家多创造利税，为民族富强尽绵薄之力，为实现中国梦尽一份责任。"

应当说，企业的价值取向不仅影响着个人、企业的发展，也关乎经济社会发展的质量。如何让员工分享企业发展成果，让更多人能够通过辛勤劳动过上好日子，也是每一位有情怀有担当的企业家应该思考的问题。

宗庆后的身影已经永远定格在这个乍暖还寒的春天，但他的人生轨迹、奋斗精神、家国情怀仍将激励后来者，不断书写浙商新传奇！

陈培浩　云新宇　谢滨同　执笔

2024 年 2 月 26 日

寻味老茶馆

在这里，悠然自得的茶客们或低语浅笑、或高谈阔论，就着袅袅茶香，反复咀嚼消化人生百味。

江南水乡多茶馆。一个多世纪前的水乡乌镇，年幼的茅盾拉着祖父粗糙的大手，穿过悠长的青石板路、跨过斑驳的石拱桥，上访卢阁吃茶。

他在《我走过的道路》中这样回忆："祖父的生活，很有规律，每天上午，或到本地绅士和富商常去的访卢阁饮茶，或到西园听拍曲。"之后，茅盾的父亲早逝，家庭经济逐渐拮据，陪伴祖父吃茶的经历成了他童年回忆中难得的一抹亮色。

走在今天的古镇，人们常常能邂逅茶馆。听着水声风声，盖碗里的茶叶舒展开身姿，散发悠悠香气。八仙桌、藤编水瓶、柜台上摆满的坛坛罐罐，都透着一股旧时光的味道。

春天的脚步近了，品茶的好时节也将到来。我们不妨循着茶香，一起去寻味老茶馆。

一

江南与茶的缘分颇深。魏晋时期就已经出现简易的流动茶摊，随走随买，被称作"提壶弼茗"；唐代，陆羽在江南著《茶经》，推动了江南茶文化中心地位的形成，江南茶风为之再盛；待至南宋，商贸繁荣，楼、院、坊、摊等各式经营茶水的场所随之风靡。

茶馆，吸引着众多文人雅士。比如，20世纪20年代，年轻的丰子恺留学回国，受邀在春晖中学任教，常与叶圣陶、夏丏尊、朱自清等同事好友喝夜茶。倚在茶馆的栏杆上，他们手持清茶闲谈，直至夜深才散去。这番意境最后成了丰子恺的一张代表画作，题款便是那句很多人熟知的话——"人散后，一钩新月天如水"。

茶馆，也是最市井的所在。不少人喝茶，为寻片刻清净，也为一番热闹。丰子恺除了喜欢与朋友雅聚喝清茶，也喜欢去小镇、村头那些散布的茶坊寻味。他的许多画都是描摹小茶馆的，里面的茶客光脚环腿，围着八仙桌，谈天说地、眉飞色舞，一股浓浓的市井味由此滋生。

喝茶不仅是消费，还具有社交功能。熟悉的茶馆，是老友们聚会、交流、休闲、娱乐的公共空间。赶早去茶馆坐一坐，除了喝茶，还为听那新鲜事，这就是老一辈人口中说的"灵市面"。难怪会有人说，江南茶馆的味道，半盏风雅，半盏闲情。

江南茶馆还以曲艺表演而闻名。苏沪浙一带的老茶馆，曾经还有一年一度的"会书"，也就是附近评弹曲艺名家的"同台PK"，满座听客让茶馆不仅充盈着文化气息，也有了更多营生门路。

二

有人说，江南人的日子，泡在一杯杯茶里。伴着一汪透亮的茶汤，生活变得更为润泽而熨帖。那么，热衷于泡在茶馆里的人们到底喝的是什么？

或许是平凡生活的自我馈赠。随着生活方式变迁，新式茶馆越来越多，一些小镇上保留的老茶馆，在不少茶客心中更显珍贵。像上海的朱家角古镇，至今还有凌晨营业的老茶馆，吸引着"老上海"们日日来喝茶谈天。

老茶客们早早起床，习惯在开启一天的忙碌之前，先去茶馆里喝几口浓茶。茶馆内明亮温暖，茶客们听着烧水壶的咕咚咕咚声，醒醒觉、暖暖身。结束了一天的辛勤劳动后，他们又不约而同地拐去茶馆里坐一坐，解解渴、祛祛乏。茶馆，如同辛劳生活中的"间隔空间"，在这里可以稍作休整，感受生活中的"小确幸"。

或许是安放心灵的温馨港湾。江南有个词叫"孵茶馆"，一个"孵"字，尽显其妙。茶好不好喝可能并不是最重要的，茶客更在意的是茶馆这方空间，热气腾腾的，有着别样的治愈力量，能为自己带来精神上的放松和愉悦。

在这里，悠然自得的茶客们或低语浅笑、或高谈阔论，就着袅袅茶香，反复咀嚼消化人生百味。正如林语堂说，只要有一只茶壶，中国人到哪儿都是快乐的。清茶一杯带来的享受，恰似置身春日的屋外，躺在椅子上眯着眼睛，感受被温暖的阳光轻轻抚摸，身心惬意。

或许是绵延千年的文化乡情。"野兴几多寻竹径，风情些小上茶楼"，宋代诗人林逋郊野游玩，疲劳时要就近寻一间茶楼歇歇脚；诗人戴复古坐船出行，途中也要找家茶馆停靠，他还写诗道："舣舟杨柳下，一笑上茶楼。"可见茶风已深入古人生活。

时至今日，江南茶馆依然镶嵌在白墙黛瓦、小桥流水之间，以其独特的地理位置和环境氛围，赋予了茶饮别样的风情。在这里，品茶不仅是品味道，更是品生活的艺术。拉一拉家常，听一段地方曲艺，那一盏或清冷、或浓郁的茶当中，是割舍不断的故土乡情，是绵延不绝的民俗文化。

三

传承千年幽香的江南茶馆，如果说曾经是风流雅士聚集地，那么现在早已走入寻常百姓家中，但也遭遇着时代浪涌的冲击。而今，大街小巷、乡村里弄，咖啡馆、奶茶店、中西合璧的新式茶店越开越多，江南茶馆这缕茶香，未来又将飘向何处？

留住历史印记。四川有句老话说，"头上晴天少，眼前茶馆多"。不同于成都随处可见的老茶馆，江南茶馆显得更为低调，往往静静地置身于悠悠河畔、小巷深处，其中的江南味并不是靠华丽的装潢带来，而是从历史时光的沉淀中而来。因此，保留茶馆古朴的建筑、纯粹的茶味、弥久的气韵，留住江南水乡的原始印记，是延续这一缕江南茶香的根本。

传承美学品位。"杯里乾坤大，茶中日月长"，联结老茶客、吸引新茶客，缺不了乡土文化纽带。特别是当很多"Z时代"消费者的审美日益向中式回归，江南茶馆也将在迎回"东方美学"中焕发新的生机。

比如，有些茶馆追慕古人风雅，让茶客感受千年国风；有的则重视体验，邀请茶客亲手制作，感受茶艺魅力。放眼全国，福建的"大众茶馆"也可借鉴。该省在著名景区实现"大众茶馆"全覆盖，品一杯功夫茶，逛一圈文创产品，游客仿佛打开了一扇展示福建文化的窗口。

建立生活连接。茶馆兴盛，正是因为它深深嵌入生活。对于很多江南老茶客来说，若是周边没了茶馆，心就空落落不踏实。当下，江南茶馆要让更多人喜爱，就需要发掘更多"入圈"连接，承载起丰富百姓生活的更多功能，从而得以长留。

比如，浙江很多村都有"连心茶馆"，为村民提供饭后喝茶聊天、议事咨询、提升自我的场所；有些地方则把基层养老服务点和茶馆合二为一，有了公共资金的投入，环境设施得以提升，茶馆和茶客有了更深的联结。

"无由持一碗，寄与爱茶人"。若是遇上老茶馆，莫嫌其老旧，不妨花几元茶水费，听听老人们絮絮叨叨的"嘎山湖"（说闲话），袅袅茶香中，自有一分雅俗共赏的闲适。愿江南老茶馆历久弥新，让这一缕茶香，给更多茶客送去惬意、抚慰和精神寄托。

朱鑫　黄薇　执笔

2024 年 2 月 27 日

"新中式"何以风头正劲

> 传统文化不能只存在于博物馆的橱窗里，也要融入火热的现代生活中，与时代产生深度"链接"，如此才能传下去、火起来。

中式夹袄搭配牛仔裤、泡泡袖旗袍、盘扣皮衣叠穿帽衫、针织毛衫配马面裙……最近刮起了一股"新中式"风，很多年轻人都穿着"新中式"出游、逛街。

线下的潮流也反映在了线上，"新中式刺绣穿搭""为什么年轻人都喜欢新中式"等话题接连登上热搜，某短视频平台上，带有"新中式穿搭"话题的短视频播放量超过106亿。某电商平台销售数据显示，今年1月以来，马面裙等汉服品类成交额同比增长已超300%，而在春节期间，汉服品类成交额也同比增长了325%。

不禁要问，"新中式"服装新在哪里？何以收获越来越多的拥趸？

一

先来说说什么是"新中式"服装。

实际上，"新中式"服装尚未形成统一的标准。宽泛点说，将中国传统元素和现代时尚设计相融合，都可以算"新中式"。"新中式"有以下几个特点。

传统元素"活色生香"。"新中式"服装是一种以传承为基础的创新，设计师将小立领、对襟、提花暗纹等古典元素应用于细节之中，并衍生出新的变化趋势。比如从设计元素上看，"新中式"服装可以融入盘扣、云肩等经典中式元素；从款式上看，有的能够一眼看出继承了旗袍、马褂等中式服装版型；从材质上看，可以采用真丝、香云纱、绸缎等天然有质感的东方面料，无不透露着独特的东方审美气质。

设计改良大胆创新。设计师们不断琢磨款式、图案、颜色、面料等领域的创新，使其更具年轻态、时尚感。比如，"新中式"服装已"进军"衬衫、T恤、西装、大衣、羽绒服等多个品类，色彩上也不再局限于传统中式服装的黑色、红色或金色，而是更加丰富，比如鲜艳的红粉蓝绿或低饱和度色系，图案也更为多元，可以融入提花、暗纹、拼色等具有现代感的纹饰，材质选择已不再局限于天然材质如棉、麻、丝、毛等，而是创新采用了粘胶纤维、醋酸纤维等再生纤维。

日常穿着自由松弛。"新中式"服装主打一个穿着自由，适用于多种场合。比如，有的"新中式"服装，在保留了旗袍、马褂等传统剪裁方式的基础上，引入了西服、连衣裙等现代服饰的剪裁技巧，让消费者可以根据身形选择合适的版型。又如，上过热搜的"宋锦外套拜年服"，并没有想象中的"隆重感"，此类"新中式"服装以米色、青色、灰蓝色为主色调，巧妙地融入花鸟、山水暗纹，这些精致的图案仅在阳光下若隐若现，主打一个"上班开会能穿，陪父母走亲戚也能穿"。

可以说，"新中式"服装融合了经典中式风格与现代时尚元素，衍生出多样风格，变得更好搭配，从而一步步走入消费者的衣橱。

二

某购物平台显示，"新中式"服装的消费主体中，18至34岁人群占比近七成。那么，曾经老一辈的"心头好"，为何能够"再流行"并在年轻群体中走俏？这背后究竟涌动着怎样的时代风潮？

年轻人"挺"传统。"中国有礼仪之大，故称夏；有服章之美，谓之华。"不管是旗袍、马褂，还是马面裙、曲裾，各个时期的服饰都有其独特魅力，承载的是中华民族的文化，展现出独具特色的气韵。"新中式"服装巧妙地融入了刺绣、盘扣、印花等传统服饰元素，"点燃"的是人们对传统文化的认同感和自豪感，也让我们看到越来越多的年轻人正在以自己的方式弘扬传统文化。

像是央视龙年春晚《年锦》节目"出圈"后，很多传统文化爱好者不仅穿着体验华服，还会仔细了解不同时期服饰的纹样、图案、形制、面料及织造工艺，这是因为这些服饰中，不仅承载着深厚的文化底蕴，更藏着古老悠远的文明故事。从这个意义上说，年轻人喜欢"新中式"服装，热爱的是"服章之美"，也是传统文化之韵。

产业链上下游"同频共振"。眼下,"新中式"服装从设计、生产制造,到衍生周边及线下活动等,形成了一条完整的产业链。比如,据相关报道,浙江海宁许村已有超过百家厂商投身于"新中式"产业领域,他们每天能生产出长达三万米的布料,确保了原料供应的稳定与充足。而在杭州的某个知名服装批发市场,"新中式"服饰已经占据了主导地位,从儿童拜年服到成人毛衣、羽绒服,各类产品琳琅满目,种类日益繁多。

社交平台"种草"推荐。打开某短视频平台,可以看到一些明星、时尚博主,不管是走机场、日常出街,还是出席活动都在穿"新中式",带动着"新中式"服装持续走俏。截至目前,某社交分享平台上,"新中式穿搭"相关笔记高达284万余篇,"新中式"年服被称为"新春战袍"、年货"新三样",并打上了"清冷感""高级感""老钱风"等风格标签,还有人挑战一周穿"新中式"不重样。许多消费者也因被"种草"而纷纷选购"新中式"服装。

海内外"遥相呼应"。"新中式"服装大火,吸引了不少海外头部品牌在新款服饰中运用这些元素。比如,某知名国际运动品牌2024年新春发布的"百年巨匠艺术巨匠联名系列",以齐白石、张大千等名画元素为灵感,推出了"新中式"风格系列产品。此外,某社交平台数据显示,有超1万名社交平台博主在海外穿"新中式"服装庆祝龙年新春,将"新中式"的"风"吹到了世界各地。

三

眼下,"新中式"热潮不仅在服装领域风生水起,还席卷了美妆、餐饮、家居、养生等多个领域,带来了新机遇。那么,如何让

"新中式"的风劲吹？如何让"新中式"潮流找到更大舞台？笔者认为，可以从以下几方面入手。

让产品质量更加"上乘"。"新中式"服装也存在良莠不齐的情况，比如一些明星同款，价格相差数倍。也有网友吐槽到手的服装"细节有bug"，并没有想象中称心如意。还有网友高价买到的衣服，货不对板、剪裁糟糕，这些都会影响消费者的热情。"新中式"服装想要长红，需要让一批根植传统、设计在线、品质优良的品牌"冒"出来，引领行业持续健康发展。

让产业版图拓得更宽。时装的风靡需要持续植入新元素、注入新血液。一方面，可以从传统文化的"宝库"中源源不断汲取力量。比如，上海设立了汉服版权服务平台，搭建产学研合作机制，推进传统服饰研究，诞生更多创意之作、经典之作。

另一方面，可以根据年轻人的需求，选用新材料、引入新工艺、运用新技术，比如除了宋锦外，还可运用云锦、蜀锦、傣锦等织造技艺，或从故宫、敦煌壁画中提取色彩元素，或尝试斜裁工艺，等等，不断提高服装的时尚感和实用性，让其走进更多人的"衣柜"。

让传统文化与日常生活"零距离"。当下悄然刮起的这股"新中式"风，也让我们看到，传统文化不能只存在于博物馆的橱窗里，也要融入火热的现代生活中，与时代产生深度"链接"，如此才能传下去、火起来。一些传统文化的保护传承，之所以在某种程度上让人有"距离感"，与其说是人们不感兴趣，不如说是因为人们接触不到或是不了解而产生了刻板印象。假如开发为文化符号，创作诞生一系列文化作品、文化产品，便有助于推动传统文化的"齿轮"滚滚向前"转动"。正如国漫电影《长安三万里》口碑票房双丰收，舞剧《咏春》香港巡演场场爆火，《只此青绿》《红楼梦》一票难求，不仅为经济社会发展注入动力，也让我们的文化自信更加丰盈饱满。

泰戈尔曾说，"古老的种子，它生命的胚芽蕴藏于内部，只是需要在新时代的土壤里播种"。让传统文化焕发新生、重放光彩、生生不息，需要以各种全新的方式去演绎、诠释和融合，需要更多人去参与、热爱与传播。

郑思舒　王珏　执笔

2024年2月27日

赵之谦走过的两条"路"

> 面对时世的离乱与命运的无常,他身入俗世、心在世外,一次次奋起,从苦难中寻求突围、寻觅诗意。

赵之谦是谁?在浙江美术馆专门为他举办一场跨年大展"朗姿玉畅——赵之谦特展"之前,许多人都会有此一问。事实上,这位堪称"全能"的晚清浙籍艺术家,书、画、印无一不精,且都对后世产生深远影响。

一生追求经世致用、建功立业的赵之谦,始终郁郁不得志。可以说,"事与愿违"是他人生之路的写照。面对时世的离乱与命运的无常,他身入俗世、心在世外,一次次奋起,从苦难中寻求突围、寻觅诗意。

今天,我们来看看他所走过的两条"路"。

一

1829年,赵之谦出生在古城绍兴的一间普通院落里。赵家世代经商，到了赵之谦父亲这一代，生活尚能衣食无忧，因而，赵之谦的童年还算安逸舒适。

但没过几年，在西方列强的坚船利炮之下，清廷被迫门户洞开，各地农民起义愈演愈烈，清王朝内外交困，战火逐渐蔓延到浙境。赵之谦10多岁时，母亲因积劳成疾撒手人寰，父亲也因病卧床不起，加之后来长兄被诬告，因打官司败诉而倾家荡产，一家老小的生计落在了他的身上。

面对家境的一落千丈和人情冷暖，他渴望通过科举改变家族命运，实现传统士大夫的人生理想。不过，这条路注定千沟万壑、跌宕多舛。

他一边做塾师、幕僚，一边求学备考，31岁时以第三名高中举人，文才备受考官赏识，尚未入京已名动公卿。本以为仕途就此一帆风顺，但太平军突然攻陷杭州，已在北上会试途中的他只好作罢。

万般无奈之下，他为谋生辞别妻女，孤身一人南下温州，又一路流落至福州。在困顿的日子里，与家人断联已久的赵之谦终于收到了一封暌违已久的家书，上面的字句却让他如坠冰窟——由于饥饿与灾疫，妻子与两个未成年的女儿已经辞世了。

遭遇家破人亡的重大打击，赵之谦跌到人生的最低谷。他改号"悲盦（ān）"，铭刻自己悲苦而离乱的前半生。不过，际遇的起伏并没有消解他的志向，他立功立言、治世治人的愿望反而更加强烈。

不久后，赵之谦排除万难北上赶考，却屡试不第。对科举心灰意冷的赵之谦，决定通过纳捐谋一条出路。他辗转绍、杭、沪等地售卖字画，又得几位师长好友资助，才筹齐捐官费用，被分配到江西一地当知县。

身为一方父母官，赵之谦期待能施展抱负、造福百姓，然而现实与理想有着极大的落差。在任职江西期间，赵之谦虽兢兢业业，莅政治民，却从未得到提拔，最终因劳累过甚，卒于任上。生前寒苦，身后萧条。幸有故交友朋为他料理后事，将他的遗枢从江西运回浙江，落葬杭州丁家山。至此，他的人生之路画上句点。

二

"君能读得有用书，吾生读书竟无用"，这是赵之谦曾为友人作的诗。在他看来，金石书画诸艺终究是"无用小道"。

"无用之用，方为大用"，人生之路坎坎坷坷的赵之谦，却用才华诗意"种"下一朵瑰丽的艺术之花。他用一种"事与愿违"的方式，让世人记住了自己。

赵之谦自幼便展现出超常的天资，"六岁学古文，九岁学诗，十岁后讲学"。在家中庭院里，父亲手把手教他以水作墨，在地砖上随性地书写绘画，他从中感受到了运笔的韵律与水墨的美感。此后，其艺术脉络也呈现出较为明显的特点。

其书，拙笔勤耕。赵之谦早年学习颜真卿的书法，曾自述"遍求古帖，皆涉一过"。17岁起，他开始接触金石之学，搜罗汉魏碑版、编撰《补寰宇访碑录》，在此过程中大量临习和双钩汉碑，"先求形似，然后神骨"，逐渐形成了"颜底魏面"的书法艺术语言，呈现出劲健挺秀、古厚朴率的书风，最终达到"人书俱老"的境界。

其画，博观约取。江南自古文脉兴盛，赵之谦在青年时期就有机会博观越中名画，又在游宦生涯中结识了一众志同道合的知己好友，"奇赏疑析，晨夕无间"，使得他的艺术风格不局限于一家一派，而是在多方滋养中别开生面。

在各地游历时，赵之谦往往就地取材写生，以仙人掌、夹竹桃等当地特色风物入画，令人耳目一新。他打破了书画的界限，以北碑书法入画，笔下的梅枝犹如刀刻，金石味十足。

其印，融通出新。赵之谦提出的"印外求印"主张，以碑额、摩崖、钱币等铭文入印、融会贯通，在章法、刀法与创作取材上都呈现出丰富生动的变化。他以"为六百年来摹印家立一门户"的胸怀与胆气，为篆刻艺术开辟新貌，吴昌硕、齐白石、潘天寿等人都受其影响。

赵之谦曾刻有一枚"汉后隋前有此人"的朱文印。这方印章，不仅是他对自己的定位，也是他心目中艺术的最高境界。魏晋时期浑然天成的审美意趣、对个体心灵的自由表达，以及不拘洒脱的名士风骨，正是赵之谦艺术之路上的精神归属。

三

赵之谦的人生，一边是笑对苦难的顽强韧性，一边是恣意挥洒的艺术心性，平凡也不凡。或许，这也是为何他在今天仍有诸多"粉丝"的缘由。

1865年，赵之谦参加第二次会试，未第。他在给朋友写的信中提到，自己在考卷上引用纬书子史，导致主考官有30多个字不识，自然不可能给他判高分；晚年时，他的经济状况愈加困窘，身体也每况愈下，为此，他还刻下了"为五斗米折腰"的款印自我调侃。其可爱可见一斑。

命运常常与赵之谦开玩笑，猝不及防地将他推入谷底，但他只将满腔悲怆灌注在刀锋之下，仿佛在用一道道苍劲霸悍的刻痕对抗人生路上的不易，去直面现实加之于身的种种苦难。

而从更深的层面，我们看到，赵之谦虽然在理智上试图融入俗世，潜意识里却抱守着另一方精神天地。

"立德、立功、立言"是无数中国文人一生所求，赵之谦也不例外。完全可以选择专营字画、以艺谋生的他，却不愿放弃心中志向，情愿捐官去当一个小小知县，只为能有机会济世为民。在江西为官时，他潜心修志、秉公断案，还曾捐资设立育婴官局、牛痘官局，为百姓办了不少实事。

"别有狂言谢时望，但开风气不为师"。赵之谦的一生，并没有立下所谓的赫赫功绩，身后似乎也有一些寂寥。与其说他是一座让人难以翻越的高峰，不如说他是一汪清流激荡的泉眼，滋养着金石书画的艺术流变，也在当下激发更多人重新思考生命的价值与意义——

人生不如意事常八九，"历尽艰难乐境多"。也恰如有句话说，"如果事与愿违，请相信一切另有安排"。

李戈辉　茹雪雯　徐霞　执笔

2024年2月28日

"山寨语录"几时休

> 勤于锻炼眼力、培养思考力，方能慧眼识真，不被伪造名言之人利用了求知之心。

　　某明星在网上分享所谓的张爱玲语录，被张爱玲书迷指出其中部分内容是杜撰的；杨绛先生过世时，诸多网友发文悼念，悼词中引用的却是杨绛没写过的"伪语录"……你有没有在网站、推送中见过相关"山寨语录"，甚至点赞转发？

　　古圣先贤、文学巨匠、知名学者……不少名人曾为"伪名人名言"背过锅，甚至一些大V明星都一不小心成了"山寨语录"的"搬运工"。那么，"山寨语录"究竟为何这么火？

— 一 —

　　所谓"山寨语录"，指的是那些并非出自某位名人之口，却被冠上其名加以传播的话语。

　　其实，早在古代就有"托古传道""借名传学"的做法，此举多是希望心血之作得到更好的传播。但到了现在，语录的编造者们似乎另有目的，编造出的"山寨语录"也类型各异，有些甚至十分风靡。

有的是断章取义、穿凿附会，给名家原话来个"改头换面"。任何言论都有其产生的语境，针对的是特定的场合或情况。但有的"山寨语录"试图用一两句话概括世间万象，作"万能公式"，要么截取整体里的部分片面解读，要么随意注入自己的想法进行改写，企图以假乱真。在这方面，鲁迅、杨绛、张爱玲等人都曾"中招"。比如，你一定听说过"学医救不了中国人"这句话，其实它是经过"改头换面"的"鲁迅名言"。

有的是移花接木、张冠李戴，将一个人的话安到另一个人头上。比如被认为是伏尔泰名言的"我不同意你的说法，但我誓死捍卫你说话的权利"，实际上是英国女作家伊夫林·霍尔对伏尔泰观点的阐释。一句名人名言被误传，原因可能是多方面的，有时是出于偶然，有时却是故意为之，部分语录甚至几易其主，出处跟着风向变，谁红就是谁说的。

还有的是无中生有、蓄意杜撰，模仿名人口吻发布言论。此类"山寨语录"大多迎合大众对名人的"刻板印象"，扯着名人的旗号宣传自己的观点，为自身增加热度。它们通常"专业对口"，编给鲁迅的语录主要负责批判，仓央嘉措负责谈文艺爱情，马云、乔布斯等则主讲成功励志。

这类伪造语录传得多了，甚至发展出一种"梗文化"。有人总结，只要给句子加些"大抵""揣测"之类的词语，再搭配上犀利的表达，就能炮制出一条"鲁迅说过的话"。

二

"山寨语录"具有迷惑性强、易传播、难证伪等特点。"山寨语录"能够大量出现甚至风靡网络，背后必有玄机。

从语录本身来说，矫饰之语甜蜜，诱人信服。仔细阅读那些传播广泛的"山寨语录"，不难发现很大一部分是"心灵鸡汤"式话语，它们大多文字优美，有的还富含人生哲理。人们对激励人心的语言有天然的偏好，"鸡汤"搭上名人，产生双重效果，迎合了幻想，戳中了爽点，激发了共鸣，让人"丢盔卸甲"，不知不觉坠入甜蜜的陷阱，成为"山寨语录"愈传愈烈的"帮凶"。

比如网传林徽因说的"你若安好，便是晴天"，读起来含情脉脉，文艺范十足，满足了大众对她的美好想象，频频被收入各种林徽因的金句语录。实际上，这句话为作家白落梅在《林徽因传》中所提。传记再版时，作者又将其加至书的标题中。因而这句为大众所熟知的话，也被一部分人认为出自林徽因本人。

再看说语录的人，名人之名耀眼，夺人眼球。一些语录之所以会被嫁接到名人身上，也与所谓的名人效应有关。我们对名人往往心怀崇拜，认为他们比普通人更出色、更富有智慧。相同的话，如果从名人之口说出便自带光环，可信度和传播力大大提升。因此当一句话被打上了名人的标签后，有人便会深信不疑并在网络上转发。

莫言获得诺贝尔文学奖后，网上一下冒出了众多莫言语录，如"莫言告诫中国人的十句话"等被传得沸沸扬扬，甚至还传出一首题为《你若懂我，该有多好》的小诗。对此，莫言多次澄清，还专门发文辟谣称："我钦佩这些作者的才华，也为他们放弃自己的著作权而感到惋惜。"

从传播机制上看，"山寨语录"传播之势迅猛，难以抵挡。互联网飞速发展，信息传播速度快如闪电，核实真伪有时却变得殊为不易。与传统媒体的层层把关、权威发布相比，互联网时代的媒介具有传播多元化、个性化、快速性等特点，人人都能发布信息，都有可能成为"山寨语录"的潜在创造者、传播者和消费者。所谓三人成虎，一句信手编造的"名言"被转发Ｎ遍后，就可能让"山寨"的雪球越滚越大，令人避之不及。

三

名人名言是思想的提炼，是智慧的结晶，在一定程度上能成为人们精神世界的指明灯。然而，"山寨语录"很容易成为少数有心之人赚取流量、获得利益的工具，"假语录之雾"肆意蔓延，带来的危害不容小觑。

比如，让人难辨真假，有误导读者之嫌，有的话未必能带来多少激励作用，反而可能变成麻痹心智的"毒鸡汤"；比如，损害名人权益，"造谣一张嘴，辟谣跑断腿"，辟谣难、成本高等问题，将对"中招者"造成不必要的干扰；比如，一旦"假语录"广为流传，将对名人形象形成解构作用。对于杨绛语录被杜撰，有评论家就说：在媒介转型的语境之下，杨绛的文化形象与其在文学史上的形象发生了某种"偏离"。再如，习惯了炮制和传播名人的"心灵鸡汤"，久而久之就会形成思维依赖，也会影响我们的文化创造，导致语言的贫乏。此时，去伪存真显得尤为必要。

一方面，平台要担起内容管理的责任，对虚假信息和误导性内容进行识别处理。"山寨语录"可能对被冒名者构成权利侵犯，甚至危害网络传播生态。一旦发现歪曲事实、恶意赚取流量的"山寨语录"，平台有责任对其进行删除、屏蔽等，并主动使用技术手段过滤不当信息，避免同类侵权行为再次发生。对依靠编造名言博眼球、赚流量的账号同样有必要采取限制措施，避免其从中不当获利，误导更多人。

此外，借助大数据等技术建立权威数据库也不失为一种辅助方法。"鲁迅语录搜索引擎"就是很好的例子，这本是面向小范围学者的检索系统，却意外被广大网友发现，成为鲁迅语录在线查询、核实的"利器"。权威数据库让名言有所依、有所查，助力"打假"，让"山寨语录"无处遁形。

另一方面，作为读者的我们要增强判断力，警惕思维"懒惰症"。需要承认，"山寨语录"也是一种"创造"，其中也有不少佳句能给人以启发，但不论如何它们都是山寨的，缺少了"真"的内核，且更多是内涵有限的"安慰剂"。用当下很火的"多巴胺"和"内啡肽"作比，许多"山寨语录"好似让人直接获得快感的"多巴胺"，好看是好看，留下更多的却是空虚；而真正的名言则如付出辛苦后带来成就感的"内啡肽"，本身可能是难懂甚至冷峻粗砺的，需要经过深刻的思考方能体味。

阅读是追求丰富文化生活的表现，但只停留在表面的只言片语显然不够。勤于锻炼眼力、培养思考力，方能慧眼识真，不被伪造名言之人利用了求知之心。

正如有人说，名人名言并非放之四海而皆准的金科玉律。同样的，它亦不是解决一切问题的灵丹妙药。不论是对"真名言"还是对"假语录",都应少一分盲从,多一分理性,毕竟生活的道理还是要靠自己从生活中体悟。

金纾吟　陈晟琪　执笔

2024 年 2 月 28 日

白堤到底是谁修的

> 西湖之名，起于白居易，杨柳依依，山色空蒙，每一位从断桥、锦带桥到孤山的人，又怎么会忘记他。

今年年初，《咬文嚼字》编辑部发布了2023年十大语文差错，其中第7条是误称白居易修建"白堤"。

西湖有三堤：白堤、苏堤、杨公堤。很多人都知道，苏东坡所修，杨公堤是杨孟瑛主持修建，唯有白堤的修建者一直是个谜。但可以肯定的是，白堤的修建与白居易无关。

———— 一 ————

西湖历史上，的确有过一条白公堤，但此堤并非现在的白堤。

长庆二年（822），白居易出任杭州刺史，此时的他已经年过半百。白居易对杭州这座城市一直有一种亲切感，年幼时，他曾跟随父亲在杭州小住过一段时间，对这座江南名城的山水诗意念念不忘。

实际上，白居易这次在杭州做父母官不到两年时间，但是，在西湖和杭州的发展历史上，他是一个极其关键的人物。除了为杭州写下《钱塘湖春行》《杭州春望》等著名的诗歌外，他还是一名为民干实事的地方官，最著名的事迹便是修筑西湖堤防、疏浚六井。

对于西湖，白居易决定启动一项大工程。他在上湖（即今西湖）和下湖之间修建了一条堤坝。

堤坝建成以后，把湖水尽量储蓄在上湖，让杭州的千顷良田有足够的水灌溉，城里的百姓有水可以饮用。

但修堤不能增加百姓负担，白居易不想通过增加赋税来解决修堤所需的钱粮。于是，他一方面发动民间的力量，以管饭的形式招募工人；另一方面自己捐出部分俸禄，并到杭州的各个寺庙化缘。

长庆三年（823），筑堤工程终于开工。在他离任前的两个月，即长庆四年三月，这条湖堤才筑成。他为此写了《钱塘湖石记》，刻石于湖畔，为后人留下了西湖治水的经验和故事。

白居易修筑的这条堤坝意义重大，它蜿蜒在后世西湖的东北向，位置在旧日钱塘门外的石涵桥，至武林门外，被称为"白公堤"，和白堤仅一字之差，《新唐书·白居易传》《西湖游览志》对此堤均有记载。

"未能抛得杭州去，一半勾留是此湖。"相比苏轼，白居易在杭州的时间不长，但同样留下了不朽的功绩。对杭州的深厚感情，白居易写在了诗词之中，多年以后，他那首《忆江南》，让无数人对杭州心驰神往："江南好，风景旧曾谙。日出江花红胜火，春来江水绿如蓝。能不忆江南？"

在历史的变迁中，杭州地理环境早已改变，这条"白公堤"现已无迹可寻。

二

日常工作之外，白居易最爱逛的是"绿杨阴里白沙堤"，这条白沙堤，就是现在的白堤。

也就是说，白堤早于白居易来杭州之前就已经存在了。见多识广的诗人，一边沉迷于白堤上的美景，一边也在问"谁开湖寺西南路"。

历史上，白堤"谁开"之谜，有很多人考证过，但都无法自圆其说。有古籍记载，唐懿宗咸通二年（861年），杭州刺史崔彦曾为制止钱塘江潮水涌入杭城，筑沙河塘时开了白堤。但其实他来杭州的时间比白居易还要晚30多年，白堤不可能是他修建的。

杭州水利史专家阙维民通过文献考证与科学考察，在《钱塘湖白堤与西湖白堤》里揭示出白堤形成的真正原因。

西湖形成之前，水流绕行孤山南北两侧时，因为摩擦力等缘故，流速逐渐变慢。当水流在孤山东头重新汇合时，泥沙就沉积下来。这种沉积，又把汇合点不断地向前推进。时间长了，沿着水流汇合的方向，一条沙堤堆积出来。

据1983年4月至5月浙江省交通设计院在白堤钻的四口地质孔的钻孔资料，孔深4米之上的地表层均为人工填土。白堤的标高近8米，西湖的正常水位标高约7.5米。白堤的人工填土始于西湖与钱塘江隔绝、成为淡水湖之后，大致在唐大历年间。

由此可见，今天的白堤形成大致可分为两个时期，前期钱塘湖白堤是自然堤，形成于距今2500年至唐初；后期西湖白堤是由浚湖之泥堆积而成的人工堤，形成于唐中期以后。两者在时间上前后相继，在堆积层中上下互衔。

历史上，白堤曾在元代坍塌败落，直到明万历十七年（1589年）才得以重新修筑，并建锦带桥、垂露亭。清雍正二年（1724年），为了疏浚西湖，白堤开启加高、加宽工程，并进行了花木桃柳的补植工作。

大抵是从清代起，为了纪念白居易对杭州和西湖的贡献，世人逐渐将"白沙堤"称为白堤。拥有独一无二美景的白堤，自此又多了一重含义。

三

如今的白堤，全长 1 公里左右，将西湖自然地分割成里湖、外湖。堤上两边，各有一行杨柳、碧桃。柳树 146 株，均为垂柳；桃树有 144 株，基本为碧桃。

白堤的东头是西湖与城市的连接处，出入之间，西湖与城市融合共生，诗意与生活都在眼前。

白堤上，有自然之景。每逢春季，翩翩柳丝泛绿，树树桃颜带笑，犹如湖中的一条锦带。用"间株杨柳间株桃"来描绘这里的春景，最为贴切。

春天的桃红柳绿自不必多说。立足白堤之上，足可感受西湖一年四季不同的魅力。夏天，里湖荷花正好，"接天莲叶无穷碧，映日荷花别样红"；秋天，北山街两侧的悬铃木青黄相间，白堤是最佳观赏点；冬天，一遇到雪，断桥残雪让西湖的诗意又增添许多分。

白堤上，还有人文之景。"乱花渐欲迷人眼，浅草才能没马蹄"

的白堤，白居易之后，留下了无数文人墨客的身影。苏东坡看雨的望湖楼，就在白堤旁，明代张岱的《湖心亭看雪》里，所看到的"长堤一痕"便是白堤。

说白堤，断桥不可不说。除了断桥残雪的美景外，许仙和白娘子的爱情传说，让断桥平添了浪漫的色彩。在"西湖美景三月天"的歌声中，断桥成为情侣们的热门打卡地。

白堤往西，有一座锦带桥。虽然知名度不如断桥，但锦带桥是白堤上一处极佳观景点，桥上视野开阔，近可观平湖秋月，远可望孤山。清代许承祖有一首专咏锦带桥的诗："波光山色渐模糊，锦带桥平入画图。约略前身是渔父，一竿双桨占西湖。"

风物滋养文化，文化成为风景，白居易修建白堤的说法虽然是个差错，但从中可以看到，千载过后，唯有民心不易。西湖之名，起于白居易，杨柳依依，山色空蒙，每一位从断桥、锦带桥到孤山的人，又怎么会忘记他。

余夕雯　执笔

2024 年 2 月 29 日

"为自己赢一次"击中你了吗

> 人生就像一场不断闯关的游戏，"为自己赢一次"，我们说的可能不是经济上的输赢，更多的是挑战自己、赢过自己，在这场生命的单向赛道中，留下属于自己的印迹。

今年春节假期期间，浙产电影《热辣滚烫》拿下票房冠军，并跻身中国电影票房总榜前二十。与此同时，电影引爆的话题也持续不断，更有公司买下电影全球发行权，不久后，这部电影有望在海外上映。

作为一部聚焦小人物努力完成蜕变的励志电影，影片想传达的一些观念也引发广泛讨论。有网友说，"被'为自己赢一次'击中了"；还有网友发现电影的英文译名为"YOLO"，是"You Only Live Once"的缩写，意思是"你只活一次"。就像影片主题曲中所唱的那样："人生啊，只有一次吗，那就算啦，不用重来，我就自己修改啦！修改成我想要的样子。"

只活一次的我们可以走出舒适区，"为自己赢一次"？

一

《热辣滚烫》的背后，一方面是自带流量的减肥话题热度居高不下，掀起了一股健身潮；另一方面，也让很多人看到了一个中国电影人为了自己热爱的职业，不断冲击高难度挑战的韧劲和勇气，从中感受到了"为自己赢一次"的精神力量。

在一些年轻人喜欢自嘲"摸鱼""躺平"的当下，或许有人会拿"YOLO"当作贪图享乐的理由，选择活得"不羁放纵"，每天过着"今朝有酒今朝醉，明日愁来明日愁"的快活日子；也有人将"YOLO"奉为慎之又慎的信条，感到人生没有"NG"，尽量不要犯错，以至于每一步都走得谨小慎微、患得患失；还有人将其当作消极避世的借口，选择"得过且过"，他们仿佛"看透人生"，觉得与其忙碌而无为，不如消停一点。这种"独善其身"在一定程度上让人渐渐失去生活的动力和意义。

而在电影中，我们看到的主角乐莹是一个毕业十年在家待着的大胖子，在工作生活中处处受阻，她的人生似乎是卑微的、向下的、迁就的，在自己的舒适区里小心翼翼地活着，而当找到新的生活目标后，她却能拼尽全力、挑战自己。电影的结尾，她虽然没有打赢拳击比赛，但是为自己"赢"了一次。

在社会心理学上，有一个"马太效应"，认为"强者会越强，弱者会越弱"，只有为自己赢一次，才能敢于去赢更多次。可以说，这部电影带给大家的感动，正是普通人也可以选择为自己而战，用心用情用力，像电影中主角乐莹一样"热辣滚烫"地活着。

二

人生就像一场不断闯关的游戏，"为自己赢一次"，我们说的可能不是经济上的输赢，更多的是挑战自己、赢过自己，在这场生命的单向赛道中，留下属于自己的印迹。

正如为了塑造电影角色，主角乐莹的扮演者贾玲先增重又减重。哪怕有专业的团队支持，快速减重也是一次极限挑战。在电影中有这样一个桥段，参加拳击比赛前，在长长的走廊上，乐莹与过去那个怯懦又卑微的自己告别，充满自信地走向擂台。这种向不公对待挥拳、向一地鸡毛的生活挥拳的勇气，令人动容。

在现实生活中，面对新的领域和新的挑战，我们可能都遇到过一时迷茫、找不到努力方向的情况，有时甚至自我否定，陷入自卑、内耗和逃避的困境中，被自身设下的心灵枷锁限制了视野。电影《肖申克的救赎》有一句经典台词："心若是牢笼，则处处皆为牢笼。"唯有我们勇敢地迈出改变的一步，才能真正地走出心灵的牢笼。

不过在挑战和改变自己的赛道上，荆棘丛生在所难免。有些人可能会对你一时的失败冷眼旁观，甚至指指点点。但其实我们没必要过分在意别人的评价、关注别人的情绪，因为对不公的忍让、对他人的迎合，实则是对自己的内耗。让自己的内心强大起来，告诉自己"我可以"，对挑战自身底线和原则的人说"不"，才能更好地获得别人的认可与尊重。

就像电影中的乐莹一样，从自卑到自信，从消极到正向，从低迷到滚烫，这条道路注定不平坦，但当她选择觉醒、选择奋斗，也就拥有了更加自信和丰盈的人生。

三

"为自己赢一次"不仅仅是一个人建立自信的过程，也是一个人形成价值观的过程。那么，我们如何才能"为自己赢一次"？

比如，敢于打破思维的定势。在契诃夫的小说《装在套子里的人》中，困在旧观念里的别里科夫的形象深入人心，他习惯用自己的"阅历"来应对新事物，如果局势脱离自己经验的"可控"范围，就会陷入恐慌。其实，历史上许多成就都源于人们勇敢地打破思维的定势。曾经有科学家断言人类百米赛跑不可能跑进 10 秒大关，然而美国短跑运动员海因斯在 1968 年的墨西哥奥运会上，以 9 秒 95 的成绩创造了奇迹，赛后他激动地高呼"那扇门原来虚掩着"。这句话不仅是他对自己突破极限的欢呼，也是对打破思维定势、把不可能变成可能的呐喊。

比如，勇于推倒隐匿的围墙。坐井观天的青蛙难以理解和认同外面的世界，最终被自己断了活路；嫩芽突破舒适的土壤，才能够吸收阳光茁壮成长。在工地读诗的农民工、在菜场卖菜的写作者、在烧鸭店弹琴的老板，这些普通人之所以打动我们，正在于他们虽然平凡却又充满梦想，勇于推倒看似束缚了他们的"围墙"，把每一天都过得熠熠生辉。就像许多被形容为"白手起家、四海为家"的浙商，始终保持一股"闯出去"的劲头，把生意做到了全世界，正是这份勇于推倒舒适区"围墙"的清醒和魄力，才成就了他们与众不同的人生。

比如，保持锲而不舍的定力。面对困境，曲折与挫败总是如影随形，唯有坚持才能看到希望的曙光。像亚洲首位UFC世界冠军张伟丽，曾经因伤病不得不在17岁的时候选择退役，其间为了生计，她当过幼儿园老师、旅馆前台、健身房销售等，但是重回赛场的梦想之火一直没有熄灭。最终，她凭借坚定的信念和毅力，通过不断地向命运挥拳，最终在逆境中绽放光芒。

有人说，"这世上有一种英雄主义，那就是看清了生活的真相，依然热爱生活"。可能大多数人面对的都是普通的人间烟火，但只要不气馁、不妥协、不服输，努力为自己拼一次、赢一次，也终将收获"热辣滚烫"的生活，开出更多人生的"繁花"。

徐溶　许小伟　厉晓杭　丰瑞　执笔

2024年2月29日

海上活水从何而来

> 面对匮乏的淡水资源，舟山人凭着一股子韧劲与拼劲，"为水而战、向水而行"，孜孜不倦地探寻出了一条"求水"之路。

"过去浙东这一带是缺水的地方，特别是舟山，一半的水都要靠这个引水工程。"2023年9月，习近平总书记在浙江绍兴考察调研时这样说。

"浙江宣传"曾在《浙东饮水当思源》这篇文章中提到，浙东引水工程最远流向的是舟山群岛。而就在不久前，身处浙江最东端的舟山嵊泗县也迎来了一件意义非凡的"新年礼物"，这就是嵊泗县大陆（小洋山）引水工程启动试运行。随着汩汩甘泉流入当地的千家万户，浙东海岛供水的"最后一块短板"成功补齐。

今天，就让我们顺着这股甘霖的脉络，探寻海岛"求水"历史的沧桑巨变，解码海上活水从何而来。

一

凿井而饮、引水灌溉、耕田而食，我们的日常生产生活都离不开水。但生活在浙东近海的舟山百姓却长久面临着缺水难题：此处人均淡水资源拥有量只有671立方米，约为全省人均的40%、全国人均的30%，接近国际上界定的严重缺水警戒线。

这是一个什么样的概念？说得具象一些，自1950年以来，舟山几乎平均每1.2年就会遭遇一次干旱，其中1996年那场大旱，不少舟山人至今记忆犹新。这一年，舟山经历了连续的伏旱、秋旱和冬旱，水库几近枯竭，最严重的时候，蓄水量仅占可蓄水量的5.1%。据《舟山市水利志》记载，此次干旱导致50万人饮水困难，晚稻减产4.49万吨，渔业生产大受损……

被一片汪洋环绕着的舟山群岛，是典型的海洋性季风气候，降水不可谓不充沛，可为何长期为缺水所困？主要有两方面因素。

既有先天不足之因。海岛空间有限，涵养水源能力不足，导致地下水极易流失。且由于海岛与大陆相隔，各岛之间相距甚远，无过境客水，水资源主要靠降水补给。

此外，海岛山低源短，最长的河流仅为7公里，最宽处也不足80米，难以发挥储水调蓄作用，无法满足当地人生产生活用水需求。

亦有后天失养之故。自唐代设立翁山县至舟山解放的1200多年间，海岛的水利建设堪称"命途多舛"。明清实行"海禁"政策，岛民纷纷内迁，导致早先的海岛水利设施被废弃；近代以来，定海县城三次被英军占领，抗日战争时期又遭受侵华日军严重破坏；到了1949年，国民党军队退守舟山后大兴土木建设防御工事，又破坏了当地原有的植被和建成的水利设施，致使海岛水利设施一度处于"旱不起、挡不住、排不出"的瘫痪状态。

缺水问题如同一道隐形枷锁，在漫长时光中影响着当地居民的生活和产业发展，也制约着海岛的腾飞。如何拥有稳定的淡水资源，成为横亘在海岛百姓心头的一件大事。

二

山困不住往外走的先民，海同样困不住"求水"的岛民。面对匮乏的淡水资源，舟山人凭着一股子韧劲与拼劲，"为水而战、向水而行"，孜孜不倦地探寻出了一条"求水"之路。

首先是凿湖蓄水。舟山鲜有天然湖泊，然而数十年间，舟山人在不到1500平方公里的土地上挖出了209座"人工湖"。这些湖成为保障海岛用水的第一道屏障，用相对稳定的蓄水能力应对了部分自然环境之变带来的不确定性。

然而，这始终不是治本之策。每到旱季，仅有的水资源总是捉襟见肘，往往难以支撑海岛群众的生活需求与发展需要。那该怎么办？

紧接着是向海要水。靠海吃海的舟山人"敢为人先"，再次勇敢地迈出了关键一步。1997年，我国第一座日产500吨的反渗透海水淡化站在缺水最严重的嵊山岛落成，为海岛带来了新水源。

此后，随着海水淡化技术逐步走向成熟，泗礁岛、大洋山岛、枸杞岛、岱山岛等岛屿都陆续建成了海水淡化设施，舟山全市日处理海水淡化能力也从最初的500吨一跃而至如今的66.5万吨。海水变淡水，进一步解了"渴"，改变了海岛人只能"靠天喝水"的困局。

此后是引入活水。历经重重努力，难题依然接踵而来。比如，在海水淡化产能有限的阶段，淡水产量相比于每日近20万吨的需求量，可谓杯水车薪；比如，海水淡化成本较高，制约着这一技术的全面推广；此外，由于发展之初技术条件不够成熟，淡化后的海水并不适合长期饮用。

这些问题迫使当地人再一次开动脑筋另辟蹊径：既然已经选择向浩瀚的海洋要水，那么距离不妨再远一些、思路不妨再活一些。于是，从大陆引水以解海岛之"渴"的新路径逐渐形成。而今，随着嵊泗县大陆（小洋山）引水工程等重大项目逐步落地与运行，舟山实现了"海岛县大陆引水全覆盖"，海岛人的淡水梦想在"千岛之城"已然成真。

三

时至今日，"靠天喝水""遇旱祈雨"在舟山已成为历史，但舟山人的"求水"之路并未就此终结。季节性缺水、通往一些偏远海岛的供水设施老化等问题，依然需要不断去解决。在这条路上，舟山人的脚步始终不能停下。

对每一个"水龙头"都精雕细琢。如果说海岛的供水是一张网，那每一个交界处的"水龙头"都显得尤为重要，任何一个环节出现故障，水源都可能到不了该去的地方。

"求水"之路，也是求索之路。这些年，舟山依托"小岛你好"等行动，通过提档升级农村单村水站，建设规模化水厂和水源"一源一备",推进城乡供水一体化,构建成了一张覆盖86座主要住人岛屿的供水网络,使得自来水普及率达99.9%。

对每一滴水都"精打细算"。正如有专家指出的,"水从来都不是无限供给的资源",对于像舟山这样长期面临水资源短缺的海岛地区而言,"节水"更应深入到生产生活的每一个环节当中。

这些年,为了把每一滴珍贵的水资源都"花在刀刃上",舟山使出了"浑身解数",比如一些渔产品加工企业开始使用冷凝水替代自来水对金枪鱼半成品进行喷淋,不仅使喷淋时间缩短了一半以上,而且每年能够节约近4000吨水。

问海岛清水哪得脉脉不绝,无数人付出的勤劳与智慧就是最好的答案。如今,大大小小的水利设施贯穿于海岛的街巷、村舍之间,织起了悠悠流淌的水脉网,更激活了海岛人民对家乡的热爱和依恋。

而随着一泓泓甘甜的清水不断流入更多寻常百姓家、涌入更多车间工厂,"千岛之城"的未来发展新图景也将逐步变成现实。更多的人,将难忘那一抹深蓝。

刘晓梦　黄雯铮　王之媛　执笔

2024年3月1日

快递送货上门为啥这么难

> 其实每个快递送到哪里，都是可以商量的，但消费者需要一个名正言顺的权利，一个能够自主选择物流终端服务方式并且得到满足的权利，而不是被"一刀切"地剥夺选择。

今天，新修订的《快递市场管理办法》（以下简称《办法》）正式实施。事实上，自这一新规发布以来，相关内容就已经在舆论场上引发了较为热烈的反响。

《办法》中，引起讨论最多的是第二十八条第三款："经营快递业务的企业未经用户同意，不得代为确认收到快件，不得擅自将快件投递到智能快件箱、快递服务站等快递末端服务设施。"

随着新规开始实施，许多人满怀期待。不禁要问，"第二十八条"为何会引发大家关注？送货上门怎么就这么难？这一"众望所归"的新规，如何真正落地？

一

随着近些年来快递量井喷式增长，加上前几年疫情的特殊背景，快递服务站、智能快递柜应运而生。

快递站点设立的初衷，就是为了解决末端配送的痛点，跨越"送快递"与"收快递"间的"最后一公里"，这原本应该带来一个"双赢"的局面。对快递员来说，有了快递站，把"点对点"简化成"点对站"，相对更省力；对消费者来说，可以存放不能及时签收的快递，还能免受快递电话的"突袭"，可谓一举多得。

但在实际使用过程中，消费者遇到了一些困扰：人多时，在一些快递驿站取个件得排长队、翻来覆去找半天；站点遍地开花，有的距离比较远，取多件快递可能要绕一大圈；有时碰到大件或重物，自己搬运很困难；如果不及时去取，快递就可能被退回或收取保管费；还有的驿站营业时间较短，等上班族下班了，驿站也下班了……

其实，现在很多网购下单页面已经设置了选项，让消费者选择快递是放在快递站点还是送货上门，但这个选择经常形同虚设。有时消费者明明标注要送货上门，快递员还是会放在站点；有时消费者甚至不知道快递已经到了，错失"七天无理由退货"，或导致生鲜件腐烂、贵重件丢失。一气之下，有网友甚至问，"能不能求快递柜把我拉黑，这样快递就放不进去了"，令人好笑又无奈。

不同消费者有不同需求，设置快递站点，原本也是为了让消费者多一种选择。但是现实中，"选择权"有时不在消费者手上，无论怎么选，快递放在哪儿都"被安排得明明白白"。

二

面对如此困局，我们也不禁思考，消费者为什么会被无视？快递送货上门为什么如此难以实现？

先来分析快递员这头的原因。国家邮政局监测数据显示，2023年12月，我国快递年业务量已经突破1200亿件大关；2022年快递日均业务量超过3亿件。在如此庞大的数量下，快递员的工作时间已经非常饱和，如果每个包裹都送货上门，那么派件时效必然受到影响。

特别是，有时要一个个打电话确认客户是否在家、能否签收，有的客户看到陌生电话直接挂掉，有的则是打好几个电话也打不通……为了避免物品丢失，最后还是只能放在快递站点。久而久之，除了少数快递公司有明确要求外，不送货上门就成了快递行业的一个惯例。

商家和快递公司之间沟通不畅也是一个原因。有时消费者在下单时备注要求送货上门，商家没能及时通知或者提醒快递公司。等快递送到终端派送员手上时，面对以车计量的快递，自然也很难一一弄清哪些是必须要送货上门的件。

从快递公司角度来看，当前行业价格战进一步加剧，快递行业已经进入拼量的阶段，而电商掌握着大量的货源，从而在一定程度上掌握了定价权。数据显示，2023年以来，各家快递公司单票收入不断下滑，有的公司单票收入已经降到了2元出头。在此情况下，快递公司只有送尽可能多的件，才能在竞争中存活下来，而送至快递站点无疑配送效率更高，也就成了理所当然。

与之相对，消费者要维权往往十分困难。一些消费者或许会以拒收作为"威胁"，但这不过是"伤敌八百，自损一千"。即便投诉，等来的也往往是商家与快递公司之间的推诿扯皮、相互甩锅，商家"一推六二五"，快递公司睁只眼闭只眼，投诉常常石沉大海、不了了之。

其实每个快递送到哪里，都是可以商量的，但消费者需要一个名正言顺的权利，一个能够自主选择物流终端服务方式并且得到满足的权利，而不是被"一刀切"地剥夺选择。

三

《快递市场管理办法》第二十八条，将快递送到哪儿的"选择权"交到了消费者手里，无疑将有力捍卫消费者的权益。不过，在具体执行过程中，这一权益如何真正落地，还有许多问题等待解答。

设置快递站点初衷没有错，应该反思的是，如何让它们成为消费者心甘情愿的选择？快递站确实发挥了很大的作用，不能因为在使用过程中出现了问题就"一棍子打死"。特别是每年的网购高峰期，如果没有快递站，很难想象那么多堆成山头的快递要多久才能派送完成。我们需要考虑的，不是"要不要"，而是"怎么用"，全国各地快递站点千千万，怎样让它们物尽其用，不再被消费者诟病甚至避之不及。

快递驿站要打通"最后一公里"，就要靠"便利"二字说话，最大限度减少消费者的麻烦。最起码的就是让消费者少"跑路"，离居民住宅区越近越好，各个快递站点尽量集中或者"化零为整"。同时，进一步优化服务，设置更加便民的开放时间、采用更加科学的存取模式、提供更加安全的保管服务、配备更加专业的管理人员，费用收取也要更加合情合理。这些事项都需要建章立制、形成规范。

"一刀切"式送货上门没必要也不现实，但因设置不同选项而增加的成本，该由谁承担？据了解，一般而言，一位快递员送1个快递的收入在1元左右。每个快递员的运力是有限的，如果送货上门的件多了，其工作量会大大增加，派送效率也会降低。在这样的情况下，送货上门的快递运费应不应该提高？如果要提高，应该由谁来承担？

有网友认为，应该由商家和快递公司协商摊派成本，比如包邮商品，如果要送货上门的，商家应该给快递公司多支付一些运费，而不是转嫁给消费者。也有网友认为，商品下单页面应该设置好选项，用什么快递，放到驿站、快递柜还是送货上门，不同的选择明码标价，让消费者自己决定、自己承担。

方法的确可以有很多，但无论如何，两条原则有必要守住：其一，不能简单地把成本转嫁给消费者，让他们在无形之中成为买单方；其二，快递小哥是精准匹配需求的关键一环，不能让他们两头受气，流汗又流泪。

小小快递，一头系着百姓生活，一头连着经济活力。新规的出台实施是一件解决痛点堵点的大好事，让快递行业更加规范有了"约束方"，也让消费者权益保障有了"撑腰人"。

而迈出规范物流终端服务新一步之后，我们还要继续寻找破题之法，在实践中一步步明确和完善细则，并将之不折不扣地执行下去，更好地保障消费者收快递的"选择权"。

陆家颐　徐婷　执笔

2024年3月1日

相信文字

（下）

之江轩 —— 编著

浙江人民出版社

图书在版编目（CIP）数据

相信文字 / 之江轩编著. -- 杭州 ： 浙江人民出版社，2025. 6. -- ISBN 978-7-213-11992-7

Ⅰ. D64-53

中国国家版本馆CIP数据核字第20253NJ282号

相信文字

之江轩　编著

出版发行：浙江人民出版社（杭州市环城北路177号　邮编　310006）
　　　　　市场部电话：(0571)85061682　85176516
责任编辑：高辰旭　陶辰悦等
营销编辑：陈雯怡　陈芊如　张紫懿
责任校对：杨　帆　陈　春　王欢燕　何培玉
责任印务：程　琳　　　　　　　　　　封面设计：王　芸
电脑制版：杭州天一图文制作有限公司
印　　刷：浙江新华数码印务有限公司
开　　本：680毫米×980毫米　1/16　　印　　张：60.5
字　　数：696千字　　　　　　　　　　插　　页：6
版　　次：2025年6月第1版　　　　　　印　　次：2025年6月第1次印刷
书　　号：ISBN 978-7-213-11992-7
定　　价：120.00元（上、中、下册）

目录

这杯酒的醇香

> 正是有时间这么一位雕刻大师，让酒在坛中静静沉淀后，每一滴都蕴含着悠长的韵味、丰收的满足、分享的喜悦。

时间若回到宋元明清，想必金华酒在黄酒的江湖中一定遥遥领先。

电视剧《知否知否应是绿肥红瘦》中有这么一幕：女主角盛明兰深夜算账时，丫鬟小桃想帮她取暖，明兰先是说，"给我一镟错认水就好"。随后她笑言，"冷天吃冷酒，别有一番风味"。

"错认水"正是金华酒的一种。金华酒，也称金华府酒，产地覆盖东阳、义乌、兰溪、永康等地。时至今日，这款老酒依然是很多金华人的餐桌必备。那一缕令人心醉的酒香，始终萦绕在人们的记忆深处。

—

纪录片《酒美中国》提到："美酒是自然的造化，也是人类驯化微生物的结果。"金华人酿酒的历史，大概是源自一次意外的微生物驯化。

2014年9月，考古专家在义乌桥头遗址陶罐中，提取出了霉菌和酵母菌的残留物。这是中国远古的酒曲痕迹，距今约9000—8500年。

遥想当年，品尝那酒的滋味，先人们大抵心里想的是"感谢大自然馈赠这一佳酿"。或许为了留住这一美好，他们开始琢磨微生物中的秘密。

酒曲见证和经历了人们发现、利用微生物的全过程。在黄酒的生产过程中，曲发挥着不可忽视的作用，被称作是"酒之骨"。黄酒生产用曲大致分为大曲和小曲两种。

不过，金华酒却跳脱于外，无法简单归纳。这是因为它由双曲复式发酵酿制而成，既有白曲（麦曲）酒的鲜和香，又有红曲（米曲）酒的色香和味美。

这是一种什么样的口感体验呢？元末明初陶宗仪在《说郛酒谱》中这样描述：

酒味虽少酸，一种清香远达，入门就闻……米多水少造酒，其味辛而不厉，美而不甜，色复金黄，莹彻天香，风味奇绝，饮醉并不头痛口干。

正所谓一方水土养一方人，一方风物酿一方酒。美酒之"美"，与自然之神秘、万物之造化密不可分。《事林广记》中将金华酒之色香味俱全归因于"水土之美"。这一观点得到清人袁枚的认同，"盖金华一路，水清之故也"。

金华酒的体验无疑是奇妙的，这也使得其成为中国广袤土地上特殊的一款。春秋时，金华酒凭着最早的白醪酒初露锋芒。唐代，金华酒是专供公务饮用的名品官酒。明代，金华酒发展一度达到顶峰，酒坊巷的酒远销京城。

近现代，金华酒依然散发醇香。《金华县志》记载，1915年，与茅台酒同获巴拿马万国博览会金奖；1963年，在全国第二届评酒会上获银质奖；2008年，金华酒酿造技艺入选国家级非物质文化遗产名录。

二

金华酒如此受欢迎，还因它是一段传承千年的文化记忆。

每个人在品味这杯甘醇之美时，似乎都能触摸到那不同的历史脉络，感受到那独特的文化韵味。

"兰陵美酒郁金香，玉碗盛来琥珀光。但使主人能醉客，不知何处是他乡。"李白的《客中行》让金华酒美名远扬。按照李时珍的说法，这兰陵酒，即金华酒。在这琥珀色的琼浆中，李白品味出了身在他乡、随遇而安的豁达与乐观。

"一樯兰溪自献酬，徂年不肯为人留。"南宋诗人陆游，在晚年时光里，常常独自品味着"瀫溪春"，那也是金华酒的一种。他在龟堂中，向北遥望那曾经奋斗过的中原大地，心中充满了对家国天下的深深忧虑。这杯酒中，不仅有陆游的遗憾与不甘，更有他那矢志不渝的报国之志。

金华酒，不仅激发了诗人们的创作灵感，还成为风雅趣事的催化剂。"杜诗颜字金华酒，海味围棋左传文"。这副记载于余姚人孙矿《书画跋跋》中的对联，生动描绘了明弘治年间文人的风雅生活。与杜甫的诗、颜真卿的字、左丘明的文章相媲美，金华酒的影响可见一斑。

若说谁更懂金华酒的魅力，那兰陵笑笑生必定榜上有名。在他的《金瓶梅》中，金华酒成为不可或缺的角色。全书提及酒多达71处，而金华酒独占32处之多。那"吃螃蟹得些金华酒吃才好"的描写，更是将金华酒的美味展现得淋漓尽致。

李时珍对金华酒的研究可谓深入骨髓。他不仅将其视为口腹之欲的满足，更看到了其在医药领域的独特价值。《本草纲目》中写道："入药用东阳酒最好。"这不仅是对金华酒的高度认可，更是对其独特药用价值的深入挖掘和传承。

历经千年的沉淀与传承，金华酒蕴藏着古人的智慧与情怀，品味金华酒，又何尝不是与古人的另一种对饮呢？

三

在金华这片沃土上，金华酒早已成为生活的一部分。每当立冬时节来临，金华的街头巷尾便弥漫着熟悉的酒香，那是金华人开始"做酒"的信号。

"冬浆冬水酿冬酒"，这是一句俗语，道出了金华人对于酿酒工艺的执着与坚守。他们视酿酒如烹小鲜，每一个步骤都充满了仪式感。从选米、浸泡、蒸煮到发酵、封存，近二十道程序一环扣一环，凝聚着智慧与匠心。

酿酒的过程是金华人情感的流露。灶火已生，木柴在锅底噼啪作响，开水在铁锅里欢快地翻滚。伴随着蒸腾的水汽，柴火的香味四溢开来，整个房间都充满了期待与温暖。

"糯米饭熟了！"顾不上摊晾，心急的孩子们早就馋坏了。蘸一些冷水，挖出一小块，裹上红糖，就迫不及待地将这份美味入肚了。大人们则配着花生米，喝着陈年老酒，随手捏个饭团，畅谈着家长里短。

金华人"做酒"，向来不是一件家庭小事。"做酒"当天，主人家往往会邀请亲朋好友、左邻右舍，为他们奉上一碗香喷喷的糯米饭。这项古老的传统，是人们庆祝丰收享受美酒的借口。久而久之，变成金华人心照不宣的一种仪式，并将这种情感一代代延续下去。

酒足饭饱，糯米饭差不多凉了，"做酒"也将继续。曲头被均匀地撒在糯米饭上，简单混合拌匀，最后一起被送进酒缸。加水、搅拌、封泥、储存，等待奇迹发生。

人们常说，时间是把刻刀，雕刻着万物。正是有时间这么一位雕刻大师，让酒在坛中静静沉淀后，每一滴都蕴含着悠长的韵味、丰收的满足、分享的喜悦。

酿酒师傅们则是这份喜悦的守护者。在快节奏的黄酒市场中，他们坚守古法酿造技艺，用心守护着金华酒的品质。在他们看来，酿酒不仅是一门手艺，更是一种责任与担当。

"秀丽山川，万物生长"。酒的滋味流转于天地之间，将人们飘散的思绪收集起来，酿作浓浓的情感。清风徐徐，金华酒醇香飘远，又将醉倒多少人呢？

俞晓赟　执笔

2024年3月2日

不要被"热搜"绑架

> 社会治理的最终目的，不仅仅在于能否经得起"热搜"，更重要的是无论上不上"热搜"、出不出舆情，政府都能全心全力把每一件实事办好，让人人共享社会治理成果。

网络舆情可以反映出一个地方的社会治理水平，倘若负面舆情多发高发，本质上说明社会治理存在不足。因此，正确应对网络舆情对于提升社会治理水平十分重要，但要警惕的是出现"热搜恐慌"等现象。

当前，一些地方特别是基层对舆情过度敏感，一旦涉及本地的相关话题冲上"热搜"，便噤若寒蝉、草木皆兵，感觉"被架在火上烤"，导致治理决策被"热搜"绑架，工作陷入被动。那么，基层工作被"热搜"绑架有哪些突出表现？根源在哪里？如何破解？

一

对于"热搜"应该辩证地看。不可否认,"热搜"在放大正面声音、改进政府治理、推动问题解决等方面发挥的作用不容小觑。比如,应对复杂多变的国际问题,我国外交部发言人犀利诙谐的言论频上"热搜",让网民直呼"过瘾"、拍手叫好,有力展现了自信自强的中国形象。2023年11月,"网友吐槽政务大厅全天工作6个小时"话题冲上"热搜"后,当地紧急出台整改措施,网民赞其"闻过即改,很难得"。

可遗憾的是,"热搜"并不总是带来好处。某个话题一旦进入"热搜"榜单,就容易引发"舆论狂欢",一些基层地方或单位被"热搜"绑架的问题值得警惕。

一些地方把"上热搜"均视作重大舆情来处理。当某个"热搜"话题引发网民热烈讨论,有的地方政府部门极易受到相关网络舆情的影响。比如,对于一些本地出台的政策措施在网上引发批评和争议,不少地方首先想到的不是如何吸纳网民的意见建议,也不管网民的讨论是积极献策还是批评指责,而是先想尽办法"降火""撤热搜"。不少学者认为,这种被"伪舆情"绑架的行为,恶化的是整个网络生态。

所谓网络舆情,通常指的是公众借助互联网表达对现实生活中一些热点难点焦点问题的看法,呈现出较强的影响力和倾向性。但需要注意的是,并非所有的网络舆情都需要政府处置。网民关于社会话题的正常讨论不仅不该被排斥,而且是一个开放包容的社会应该提倡的。倘若相关舆情涉及对重大政策措施的误解误读,或危害公众切身利益，或严重冲击社会道德底线，或在突发事件处置和自然灾害应对中造谣传谣等，政府进行及时有力处置则是很有必要的。

一些地方把"热搜"视为全民舆论，决策受"热搜"左右。"热搜"是网络民意的"晴雨表"，但是由于雇佣网络"水军"制造虚假"热搜"、利用算法干预"热搜"等现象时有发生，"热搜"并不总是能代表真实民意。在具体实践中，政府决策被"热搜"绑架并不鲜见，有些改革和做法无可厚非，但只要上了"热搜"，被网友一质疑，有的基层政府就马上认错、平息舆论。

一些地方对于登上"热搜"的问题立即作出处理，不上"热搜"则置之不理。"热搜"有助于改进社会治理，但是"难题上了'热搜'才好解决"如果成为治理取向，势必带来新的问题。一些基层政府不想着从根源上解决问题，出现舆论"狂热"后，为了平息舆情，在极短的时间内采取措施予以处理，难免落入"头痛医头、脚痛医脚""政府不作为才导致了事故的发生"等口实。

比如，某地高架桥建成通车后，长期存在车辆超载等问题，多年来，虽有群众向有关部门反映，但并未得到相应解决。有一年该桥发生侧翻事故，相关话题迅速登上"热搜"，当地政府随即启动应急响应机制，开展救援处置工作，实行货车上高速前的载重检查。

二

往深里看，之所以出现社会治理被"热搜"绑架的现象，其实有着诸多方面原因。

实践证明，网络舆情的确起到了促进社会矛盾和问题得以解决的作用，然而一些地方由此产生了跟着"热搜"作判断的"路径依赖"。一些社会问题初期可能没有突出危害，民众也没有觉察，但若登上"热搜"榜单便会引发广泛的关注和思考，从而促使有关部门采取行动、解决问题，类似的案例不胜枚举。像"33吨井盖被哄抢警方不立案"等话题登上"热搜"榜后，地方政府立即出面予以澄清、纠偏，在舆论的聚光灯下问题很快得以解决。然而，有的地方把上了"热搜"等同于工作出现了问题，即使工作中本来没问题，但面临"热搜"也会采取"一刀切"举措。

一些基层政府缺乏足够的决策自信，或者决策本身就经不起质疑。一些地方在政策措施研究阶段不积极听取群众意见，而到了公布、推行阶段，面对汹涌的"热搜"舆情，或不敢坚持原则，或心里本来就没谱，只好选择"屈从"热搜、息事宁人，遇到舆论争议就"叫停"。这样的做法，表面上看是尊重民意，实则可能是担心影响官员本人的"乌纱帽"，害怕承担决策失误的责任和风险。

一些领导干部应对"热搜"存在"本领恐慌"。"热搜恐慌"一定程度上源于"本领恐慌"，一些领导干部错误地以为，撤掉"热搜"、删除帖文，就等于事情"翻篇"了。于是乎，有的选择在"热搜"舆情面前保持沉默；有的选择避重就轻，不顾事实一味否认；有的选择敷衍应对，对于网民提出的质疑不能给出有信服力的解答，导致舆情持续发酵。事实上，舆情应对的关键在于解决问题，只有正面应对，不被"热搜"裹挟，才是应有之策，寄希望于删帖也好、撤"热搜"也好，都无法从根本上解决问题。

与此同时，基层也有基层的难。一些地方担心会动不动被上级部门问责，这也是产生"热搜恐慌"的重要因素。有的部门一旦看到出现"热搜",不问青红皂白就给基层施加压力、要求处理,甚至问责基层干部,这让基层很害怕相关工作出现在"热搜"上。

三

如何破解社会治理被"热搜"绑架的问题,笔者想到三句话。

把正常的批评和争议当作舆情要不得。批评监督公职人员和政府,是宪法赋予公民的正当权利。"热搜"当前,相关部门和领导干部应有"有则改之、无则加勉"的胸襟,冷静分析,有针对性地处置。有些批评是善意的、建设性的,不仅要抱持欢迎的心态,而且要认真研究和吸取。尤其是别把关注等同于舆情,部分网民的批评和争议可以当作改进工作的重要参考。一味试图用行政手段封杀所有于己不利的声音,既难以做到,结果也只会适得其反。一味问责,也只会挫伤基层干部的积极性、创造性。

决策不能被"热搜"牵着鼻子走。"热搜"是网络民意的放大器,尊重民意是政府做好各项工作的出发点和落脚点。但是人为制造"热搜"、借助争议性话题"带节奏""带情绪"等事件不断发生,"热搜"在很多时候其实难以代表民意。因此,地方决策也要辨别"热搜",警惕被"热搜"干扰。政策出台之前,有关部门应充分听取民意,评估可能产生的舆情反应,而真到了"舆论狂欢"之时,有关部门应保持足够的自信,审慎决策,敢于发声、善于发声。

不能指望用"热搜治理"来解决实际问题。对于那些长期存在、网民经常反映的问题,地方政府应该及时予以解决和回应,不能等到有了舆情、上了"热搜"才火速研究应对办法。长此以往,一些网民尝到"甜头"后便会热衷于依靠网络博取关注，从而加大社会治理难度。舆情在线上，根源却在线下。基层治理不能被动等待舆情来推动，只有从根源上解决问题，把事情做好，才能达到"釜底抽薪"的效果。

正如习近平总书记所强调："对网上热点问题，要线上线下共同发力。对思想认识问题，要解疑释惑，及时引导；对建设性意见和建议，要认真研究，及时吸纳；对合理的困难和诉求，要想方设法帮助解决；对需要长期解决的问题，要做好解释工作，争取群众理解。"

各级政府越来越重视网络舆情，这并非坏事，但是社会治理的最终目的，不仅仅在于能否经得起"热搜"，更重要的是无论上不上"热搜"、出不出舆情，政府都能全心全力把每一件实事办好，让人人共享社会治理成果。

徐岚　执笔

2024 年 3 月 2 日

赵超构的笔

> 赵超构让世界看到了一个真实的延安，而其本人的笔锋也淬炼得更为锋利，对社会黑暗的揭露更加不留余力。

每当提及新闻人的初心、使命和担当，许多人都不禁会想起被誉为"一笔曾当百万师"的报人赵超构。

80年前，34岁的赵超构在国民党统治区，把自己在延安的见闻写成了13万字的长篇通讯《延安一月》，并在《新民报》上连载81天，呈现"新社会试验区"延安的真相，打破国统区对共产党及解放区的偏见，为延安的合法存在提供了有力的新闻舆论支持——这就是记者的力量和担当。

《延安一月》是如何出炉的？赵超构的力量与担当从何而来？又能给当下的年轻记者以怎样的启示？不妨来了解一下这位报人和他的笔。

一

赵超构，笔名林放，1910年出生于浙江瑞安龙川（今属文成县），报人、记者、杂文家。

他成长的年代，正是中国动荡不安又思潮涌动的时期。目睹五卅惨案中工人的鲜血、"一·二八"事变下日寇的铁蹄，毕业于上海中国公学大学部政经系的赵超构选择了弃经从文，立志"言论报国"。他1934年进入南京《朝报》，1938年进入《新民报》并扎根于此。

前文所述的、令其名声大噪的代表作《延安一月》，则是源于1944年一场"阴差阳错"的"参观"安排。

全面抗战爆发后，中国共产党的抗战主张及敌后抗日根据地的发展颇受各方关注。1944年，一些驻重庆的外国记者提出倡议要访问延安，国民党迫于形势只得同意，但别有用心地将"记者团"改名为"参观团"。中外记者西北参观团一行21人，于当年5月17日出发，并被要求对陕甘宁边区"只参观不报道"。

经过反复挑选，《新民报》里，他们确定参加人员为赵超构。为什么是赵超构？其实并不是因为觉得这位主笔文章写得好。他们认为，这个"书呆子"和延安方面没有牵连，再加上幼患耳疾，两耳重听，操着一口难懂的温州方言，没有比这个"聋哑记者"更合适的人选了。

可令他们没料到的是，赵超构虽然听力不好，但眼力好，更何况他还怀揣着一颗记者的良心。在延安的40多天里，他通过和毛泽东、周恩来、朱德等一大批中共领导人深入交流，对抗日根据地亲身观察，对共产主义的书籍认真研读，敏锐察觉到延安是一个"新社会的试验区"，于是着手将这一信息带给国统区的读者。

回到国统区，他立刻将"所见的延安"记录下来，以连载的方式发表在《新民报》上，后集结成册，取名为《延安一月》，五个月内再版了三次，发行数万册。在《延安一月》中，赵超构写下了与当局的主流宣传截然不同的文字："非常光明的一个社会在中国出现了……我当然非常向往这个地方。"

如果说埃德加·斯诺的《西行漫记》打开了世界认识延安和中国革命的大门，那么《延安一月》的意义，则是让一个全新而真实的延安在外界得到比较全面的呈现。

二

通过《延安一月》，赵超构让世界看到了一个真实的延安，而其本人的笔锋也淬炼得更为锋利，对社会黑暗的揭露更加不留余力。

1946年起，赵超构连续在《新民报》上发表了与臧大咬子事件、李公朴、闻一多事件，二九惨案等相关的文章，报社屡次因此被勒令停刊。1948年，他不得不暂时避居香港，直至解放后才返回上海。

随着新中国成立，回到上海的赵超构，心境和想法再次发生了变化。他将更多目光投向如何更好地发挥报纸在社会主义建设中的作用之上。

当时的中国百业待兴，私营报纸难以为继，全国只剩下《新民报》一家晚报。而《新民报》的日子也不好过，至1952年，发行量惨跌到2700多份。

困境呼唤着改革。1956年，在报纸改版之际，担任社长的赵超构提出了三句口号，"短些，短些，再短些；广些，广些，再广些；软些，软些，再软些"；两年后，《新民报》改名为《新民晚报》。赵超构认为，晚报核心在"晚"，要将社会新闻做出特色；它是市民社会风貌的记录者，促进"移风易俗"的先行者。因而《新民晚报》不做"大而全"，而在"小而精"、地方性上下功夫。"对症用药"后，20世纪50年代末，该报发行量上升到了30多万份。

遇势而变，遇时而改，是媒体永葆生机活力的秘诀。在新民晚报社改革、发展的关键节点上，一直都挺立着这位老将的身影。

20世纪80年代，《新民晚报》复刊，原有的班底老的老、散的散、退的退，年过七旬的赵超构只得重新披挂上阵。他将编辑方针概括为16个字："宣传政策、传播知识、移风易俗、丰富生活"，提出晚报的功能就是做"穿梭飞行于寻常百姓家的燕子"，"为百姓分忧，与百姓同乐"。

在复刊后的短短两三年里，《新民晚报》发行量最高时飙升至180多万份，一度跃至全国第二，同时也成为晚报界的一面旗帜，为其他地方性晚报的发展提供了范本。

三

赵超构始终没有放下那支笔。与"晚报界泰斗"并驾齐驱的是他"杂文家"的名号。写杂文这件事，贯穿他人生始终。

这些杂文曾经以"林放""沙"为笔名，发表在《新民报》和《新民晚报》的"小评""今日论语""未晚谈"等栏目。比如，"未晚谈"上曾刊登过他写的一篇极短的杂文，写尽了借着战事大发国难财之人的心态：

战事紧张，金子看涨。

战事好转，金子看跌。

所以，所有多金、拜金的人，是决不会为前线的好转而欢呼的。

赵超构曾解释过"林放"笔名的寓意，"林"指的是写作范围，即不成体系，零零碎碎，"放"指的是写作风格，即放言而论，无所顾忌。这一笔名，高度概括了他的文风特征。街头巷尾、市井琐事都能成为他信手拈来的文章题材，看似零碎最终又会落脚于时局政治这样的大事。

赵超构也向来"放言之论"，从年轻气盛时挥斥方遒、嫉恶如仇，到耄耋之年仍举起"如刀之笔"。他的一生，写下了万余篇、数百万字的时评、随感、杂文。晚年集结成六册的《赵超构文集》，也仅仅包含了他不到一半的文章。

于赵超构身上，我们得以窥见一代代报人的"继往开来"。他既是诸多优秀报人理念的传承者，比如邹韬奋的民众观、邵飘萍的爱国情、史量才的文人心；他也是新中国报业的先行者，沿着前辈们所开创的道路，为后来的市民化报纸、杂文的发展提供了开拓性的意义。

《人民日报》在刊登的一篇报道中曾以"一笔曾当百万师，手不停椽至去时；铮铮雄文传千古，赤赤丹心照汗池"一诗评价赵超构的一生。可以说，这一生，赵超构始终怀揣着赤子丹心，站在时代的潮头书写，贡献了报人的担当。

王婷奕　执笔

2024 年 3 月 3 日

老街的"理想图景"如何绘就

> 保护不是将其紧闭大门、秘不示人，最好的保护是给老街以"生命"，还文物以"尊严"，找到保护与利用之间的平衡点，让历史文化在现代生活中熠熠生辉。

有人说，老街的记忆是一段与过去相连的回忆，它不仅让人们感受到历史的沉淀，也让人们更好地了解自己的文化根源。就时下年轻人热衷 Citywalk 来说，老街之所以好逛，绝对离不开对"过去"的精心呵护。

作为历史文化遗产的重要部分，老街下接历史建筑、上承历史名城，大多分布在古城、古镇、古村之中，有不少已被划为历史文化街区。数据显示，截至目前，全国共划定历史文化街区1200余片，确定历史建筑6.35万处。随着数量增多，近年来老街的商业化开发也成为社会热点，一面是经营几十年的老店在关门，老街坊陆续搬离；另一面是连锁品牌不断入驻……一时间，保护与利用似乎成了"二选一"的关系。

日前，全省历史文化名城名镇名村保护传承工作现场会在绍兴召开，与会人员之前还调研参观了绍兴仓桥直街、八字桥历史街区等。不禁要问，老街的保护与利用能否兼容？街区的"理想图景"究竟是什么样的？又该如何绘就？

一

老街往往承载着许多故事，"镌刻"着民俗"标本"，见证着生活变迁。比如，杭州北山街被称作"民国建筑博物馆"；杭州桥西、南通唐闸、南京金陵机器制造局等历史文化街区记录着中国近代工业化进程；扬州南河下、福州三坊七巷等历史文化老街是明清以来商业繁荣的见证，在社交平台上是人人神往的"文化打卡地"。然而，也有的老街在建设、运营多年后，逐渐迷失了自我、磨平了性格"棱角"，给人以难以辨别之感。

有的拆旧建新、有形无魂。在一轮轮旧城改造和城镇化浪潮中，有的老街在推土机"冲动"下遭到破坏；还有些地方热衷大兴土木，不顾文化传承，新建仿古街区，导致街区有"形"无"魂"。比如有的历史街区内，建于明清时期的文保院落被"改头换面"，原本的雕梁画栋、翘角飞檐没了踪影，反被日式风格的餐厅所取代。这种"整容式"的改造，抹去了历史原貌，拆散了文化骨架。

有的随意装扮、风格不搭。某些老街增添的设施、引入的业态与街区原有风格不协调、不匹配。比如，某地一街区有座拥有上百年历史的地标性建筑，但在改造过程中，其外墙被赫然安上了超大型电子屏，既不美观，也没有任何韵味，丢失了传统审美和历史文化风格。

有的利用不当、失去人气。一些老街历史悠久，但活化利用不够，"养在深闺人未识"，游客想参观游览却发现走两步就已无处可看了，久而久之，街区就远离了大众视线，古朴原始中少了些许人气；还有的走向另一个极端，过度商业化、缺少文化味。比如，一些地方的老街由于商业化的压力"失去了初心"，涌入大量商户，物价水涨船高，屡遭举报导致最后摘牌。

有的大同小异、失去个性。天南地北的老街宛如星辰，不少却有着一样的青石板、白墙黛瓦、特色小吃，对于普通游客而言，要想找到一条老街真正的历史文化，还真不是一件易事。有的游客表示，坐高铁到千里之外的城市，吃的东西还是自家楼下就能吃到的味道；有的游客评论老街，"中间一条路，两边是商铺，卖着同样货，业态雷同多"。

可以说，种种"开发性"的破坏，不仅不利于老街历史文化的保护传承，甚至会对历史街区造成不可逆的伤害。

二

事实上，这种"开发性"破坏现象，折射出重经济效益、轻文化内涵的观念，反映出保护方法不科学、保护内容不完整不系统等问题。那么，老街风韵保护与利用的"跷跷板"该如何平衡呢？笔者认为，要注意把握以下原则。

保护要放在首位。老街是历史的"原物"，是传统文化的"星光"，如果不重视保护，即便日后通过拆旧建新等方式大致恢复了原来的模样，但所用的技术、材料、工艺都是新的，没有经过时间的淘洗和沉淀，保护的价值仍会大打"折扣"。保护这些老街的一个重要目的，是为了珍藏那一段时间历程、那一段历史岁月。

比如，早在2007年，上海就将中心城区内144条道路和街巷认真保护了起来，其中64条为永不拓宽道路。又比如，浙江湖州老城的小西街，完整保留了2万多平方米的老街原貌和大量历史建筑，以保护为先，其后才是引入现代产业经营，把本地人的"梦里老家"和游客的"梦中情街"融合在一起，让生活与历史同时映入游客心窝。

在保护中利用，在利用中保护。实际上，对一条老街全方位、全要素的系统性保护，不仅不会挫伤沿街商户的积极性，反而能最大限度地凝聚保护共识，增强对商户的吸引力。比如，在保护的基础上，上海历史街区沿线"冒出"了许多新业态，风格各异的咖啡厅，老洋房里的新民宿，都在"过去"的基础上增添了一分当下的风味。

又如，绍兴仓桥直街将活态传承深深刻进老街的每一寸肌理中，不仅保护、修复古建筑的一砖一瓦，更将地段好、面积大的老宅利用起来，打造成陈桥驿史料陈列馆、张桂铭艺术馆等文化场馆。如今在这条1.5公里的老街上，800多户原住民与35家非遗商家、6家文化艺术场馆相生相融，演绎出活态传承的时代图景。

正如习近平总书记强调的："要把历史文化遗产保护放在第一位，同时要合理利用，使其在提供公共文化服务、满足人民精神文化生活需求方面充分发挥作用。"

对老街而言，保护是前提，要始终把保护放在第一位。但保护不是将其紧闭大门、秘不示人，最好的保护是给老街以"生命"，还文物以"尊严"，找到保护与利用之间的平衡点，让历史文化在现代生活中熠熠生辉。

三

习近平总书记曾在考察福州三坊七巷时强调，保护好传统街区，保护好古建筑，保护好文物，就是保存了城市的历史和文脉。对待古建筑、老宅子、老街区要有珍爱之心、尊崇之心。那么，如何实现这"两颗心"？笔者认为可以从以下几方面着手。

从"点上突破"走向"整体串联"。老街中往往聚集了文物古迹、历史建筑、非遗技艺等丰富的历史文化遗产，它们通常以分散、点状形态分布。可以用系统思维、战略思维加强科学规划，把点与点之间、片区与片区之间的各类历史文化遗存、建设性项目统筹起来，串珠成链、聚链成群，实现整体保护利用。比如，江西省赣州市的姚衙前历史文化街区就是将传统建筑、现代街巷以点布线串联起来，统一风貌，加入广场、绿地景观，丰富区域业态，重塑历史生活节点。

从"静态保存"走向"动态保全"。时间流转不息，老街上的建筑会斑驳，设施会老化，就像人一样，皮肤会松弛、皱纹会生长，但这时候无须大刀阔斧地"整容"，可能只要勤敷面膜、用心护肤，就能延缓衰老。老街也是如此，它的保护没有终点，也没有一劳永逸的办法，只有使用"微改造""精提升"的绣花功夫，动态、持续保护，并与当地特色文化相结合，唤醒城市记忆，才能"唤醒"并"焕新"街区。

比如，湖州市德清县的新市古镇，1700多年历史让她有着极富韵味的身段，当地在挖掘名人故居、红色资源的基础上，不拆不建，用更多精力来发展诗路文化研学、打造古风文学场地，让静态老屋老巷活了起来。

从"物质更新"向"内容载入"转化。2023年7月，习近平总书记在苏州平江历史文化街区考察时指出，不仅要在物质形式上传承好，更要在心里传承好。这启示我们，保护老街，不仅要留住其"筋骨肉"，也要传承好"精气神"。比如，于苏州平江路漫步，苏绣、宋锦、制扇等非遗项目俯拾可见；比如，在广西南宁三街两巷，人们不仅可以观看传统邕剧表演，还可体验糖画制作，移步换景之中，历史文化气息扑面而来。

从"单打独斗"走向"全民参与"。街区改造、环境治理等都需要群众的智慧与力量。比如，福建武夷山五夫镇，完整保留古街、老房、旧院，并请于修缮、经营之道上有所研究的村民共同参与，使一批老建筑得到保护修缮，也为当地依托历史资源带动旅游业发展打开了局面。

老街见证风雨，迎接未来。它的保护与利用不应以非此即彼的眼光来看待，而是要将其视为两头都要抓的必答题。试想老街上，各种老建筑被"延年益寿"地精心保护，非遗工坊、特色书屋、沉浸式演艺等新业态源源不断地引入注入，古风古韵与烟火气息和谐共生，历史文化与现代生活融为一体，将是多么美好的"理想图景"。

郑思舒　李戈辉　沈丽洁　执笔

2024年3月3日

乡士成真儒的"逆袭"之路

> 有人说，"北山四先生"是隐士，走的是"与世几成隔绝"的纯学者之路。但其实四人心中燃烧着的求知济世理想，从未熄灭过。他们虽然轻功名，却重学识。他们虽然隐于江湖，但从未忘记天下与黎民。

在我国数千年历史中只有100多人从祀曲阜孔庙，而金华就有五位，其中四位还是一个特殊的组合，被后人称为"金华四先生"，可见这四人地位之高。

如今不少金华人可能对这四位先生还不太了解，但在理学史上，他们的地位举足轻重。故事缘起于700多年前，一个平常冬日，放弃仕途苦寻理学真知的王柏，踏游金华山，找到婺州名儒何基。王柏向何基道出求学中的困惑和孤独，渴求名师指点。何基勉励他刻苦求学，还点明了"立志居敬"的求学方向。

就在金华山北麓的一处农家里，这两位先贤的见面开启了一段接续百年传承理学的佳话。何基传道于王柏，金履祥先后师从王柏、何基，许谦又受学于金履祥，诞生了当前学界所说的"金华四先生"，又称"北山四先生"。四人均活跃在当时的婺州（即今金华），并从祀孔庙，被后世尊为真儒。

四人的故事很值得一说。今天，我们探寻"北山四先生"的理学传承之路，不仅可以体察一段学术的流变，更能体会一种甘于寂寞、求真求实的精神。

一

宋代，"学而优则仕"的风气，已非常盛行。王柏曾向何基诉苦，在遇到恩师之前，他找不到志同道合的朋友，也没有找到全心全意传授理学的老师。何基劝慰他："会之真吾友也，望其不忘初心，奋其终身。"

对于功名的态度，四人出奇得一致。王柏家族世代为官，他却为追求理学，放弃了考试得来的官位；何基不但对朝廷送上门的官职坚决推辞，就连地方官员邀请他担任职务，他也不愿意；金履祥摒弃举业，一生不仕；许谦身处宋元交替的时代，"官府屡为辟荐，均固辞"。

有人说，"北山四先生"是隐士，走的是"与世几成隔绝"的纯学者之路。但其实四人心中燃烧着的求知济世理想，从未熄灭过。他们虽然轻功名，却重学识。他们虽然隐于江湖，但从未忘记天下与黎民。

目睹当时百姓困苦，王柏向金华地方官连上《社仓利害书》《赈济利害书》，主张州府加大对贫民的救助。当国家面对入侵时，王柏还上书提醒朝廷务必加强军事重镇襄阳的防务。襄阳后被元军围困，金履祥屡次献策，其中"重兵由海道直趋燕蓟，且备叙海舶所经地形"更被后世认为是可行的奇策。

何基、许谦把教化万方作为己任，大开讲学之门。从丽泽书院到八华山讲学，两人以教书育人之名，风动天下。许谦甚至达到了"远而幽、冀、齐、鲁，近而荆、扬、吴、越，皆不惮百舍来受业"的成就。

在《三国演义》舌战群儒中，诸葛亮曾奉劝东吴的官员当学务实有骨气的君子之儒，莫学刁钻文字的小人之儒。

"北山四先生"之所以被尊为真儒，也是因为四人在传递理学的同时严守儒者的操守，将求真和求实从始至终贯穿在师徒传承的信念链条中。四人成就的是"君子之儒"。

二

"北山四先生"被后世奉为朱学嫡脉、理学正宗。他们的文风受朱熹影响，推崇"道本文末，文以载道"，他们将婺学中对实践的推崇，融入理学文章中，形成了独特风格。

"北山四先生"做学问还有一个显著特点，那就是为了达成推广理学的初心，他们竭尽全力地将理学送入民间。四人非常默契地对"四书学"展开研究。

朱熹为"四书"作过批注。"北山四先生"在此基础上对朱熹注释的经典再加以笺注，目的是让更多民众也能读懂朱学理学，促使"四书正学"成为大众皆知的学问。

如此作为，在讲究道统的封建时代是需要勇气的。"北山四先生"传道重视儒学经传，但也带着强烈的质疑精神，用批注来开拓传承的新路。

何基曾劝说王柏，对经典只传而不作疑，避免争议。但王柏坚持做考证质疑，对"四书"及朱熹集注有不少疑论。

他质疑《大学》《中庸》是否出于《子思》二十三篇，《孟子》是否是自著之书，《论语》是否出于《家语》等。每次遇到疑问，王柏都会反复向何基求教。何基也包容弟子的执着，总是耐心解惑。

师长包容，学生敢为，"北山四先生"合力使当时儒学困于经典、畏于权威的状态得到一定程度的突破，朱熹的理学在四人手中传承发扬。

明代章一阳在《金华四先生四书正学溯源》中，对"北山四先生"的传承意义有一句评价："孔孟未发奥得朱注而朗于日星，朱注之未尽意义又得四先生阐明殆尽。"意思是说，孔孟之学说，在朱熹的批注下复兴，朱熹的批注又在"北山四先生"的传承中得以明辨古今。

三

从祀曲阜孔庙，可以说是"北山四先生"被尊为真儒最直接的体现。但实际上，这段路走得颇为漫长与艰辛。

明成化及正德年间，当地官府都曾上奏，请求将"北山四先生"从祀孔庙，但皆未获准。不过，朝廷准许金华建设正学祠（书院），并多次支持其扩建，明宪宗还赐题"正学"匾额。直到雍正二年（1724年），清廷决定孔庙增祀包括"北山四先生"在内的20人。此时，已是许谦逝后近400年。至此，金华有吕祖谦和"北山四先生"五人从祀孔庙，人数之多居浙江各地市之首。

正是"北山四先生"用接续百年的求索，诠释了理学的意义和魅力，才有了那广泛而深远的认同和感召。

时至今日，我们回溯"北山四先生"的往昔岁月，可对真儒之风骨有更深理解。

以纯粹之心求不止之境。"北山四先生"探寻知识之无垠，几乎达到了忘我的境地。因为在他们看来，学术研究是"为往圣继绝学"的使命，有着以识增智之趣。用现在的话来打个比方，就好似"叫醒你的不是闹钟，而是梦想"。增学识、涨技能、提修养，其实无论何种，只要能有一件自己认定的事，并为之毫无保留地去奋斗，便是幸事。

传道授业解惑不囿于形。何基谢辞书院山长，王柏却接过这一职务，两者其实并非矛盾。通向以文化人的终点，非师者"专利"，还有条条大路。何基选择做清寂的学者，便拥一颗止水之心，研究历史以期为今用。但当潜心悟道的王柏出现时，何基也会心生涟漪，倾囊相授。这样的情谊和传承，成就了"北山四先生"，又非只是"北山四先生"。泱泱大国，千秋文脉，靠的正是无数文人志士惺惺相惜，代代相承。

力行而不待取亦是智慧。"力行以待取"是孔子的话，意思是说要努力做事，等待别人录用。"北山四先生"不仅对格物致知很执着，其实也有经世致用的追求。他们都曾针砭时弊，如许谦就写下《朋党论》《学校论》等文章，主张改革选官和学校等制度。只不过，他们用出世的智慧洞悉世事，抽离了自身得失，淡泊名利，但求用理学造福苍生。

"北山四先生"的传承，在传统儒学语境中，可能并不是显学。

但四人经历一百余年，演绎了一段从"一乡之士"到"万世真儒"的传奇。这其中能触动我们的还是那份纯粹的学者心境，若要在喧嚣中寻一份安宁，不可不读"北山四先生"。

徐健辉　盛游　执笔

2024年3月4日

"土特产"如何琢磨透

> 一篇"土特产"文章,涵盖农耕传承、文化绵延、科技创新、热血青年、产业升级等内容,这些元素合起来正是一幅乡村振兴的壮美图景。

全国两会即将召开。在近些年的全国两会上,"土特产"经常会成为代表委员热议的话题之一。2024年浙江省政府工作报告也提出,壮大乡村特色产业,培育创意农业,建成年产值超10亿元的"土特产"全产业链100条。对普通人来说,"土特产"是土生土长的家乡味道,是记忆中剪不断理还乱的乡愁。

习近平总书记曾指出,各地推动产业振兴,要把"土特产"这3个字琢磨透。可见在乡村振兴中,"土特产"这篇文章大有可为。那么,蕴含着浓浓乡情的"土特产"如何才能琢磨透,从而更好地推动乡村振兴?

一

俗话说："靠山吃山，靠海吃海。"我国幅员辽阔，因气候条件、土壤特性、地理空间的不同，形成了独具特色、品类繁多的"土特产"，陕西的苹果、新疆的大枣、四川的榨菜、黑龙江的大米……耳熟能详，不胜枚举。

在信息、交通不发达，人员流动少的短缺经济年代，各种"土特产"往往深藏闺中，仅盛名于一地，没有市场和品牌知名度可言。随着生活水平提高，"吃得好""吃得健康"等理念逐渐深入人心，人们需要质量更好、品质更优的农产品。在满足人民群众日益丰富多样的消费需求的同时，各地开始依托特色资源，推动一二三产业融合发展，创新开发农业的多种功能、多元价值。

"土特产"虽顶着"土"的名头，却有着不可替代的价值与魅力。不少"土特产"已走出"米袋子""菜篮子"的局限，变成了乡村旅游文创产品、乡村文化的传播载体，甚至拓展到"非遗"文化、特色旅游，进而探索出一条事关"钱袋子"的农文旅融合新路子。数据显示，截至2023年底，全国优势特色乡村产业集群已累计建设达180个，全产业链产值超4.6万亿元，辐射带动了1000多万户农民。

在广大乡村，"土特产"已经是农民致富的"金钥匙"，承载着他们对美好生活的期许。比如，"七山一水二分田"的浙江，就有覆盖山河湖海、春夏秋冬的各类"土特产"，不少产品畅销全国。在诸暨，四溢的榧香滋养着土地，是美景，更是"钱景"。资料显示，诸暨现有香榧栽培面积13.8万亩，年均香榧干果产量3000吨，年产值10亿元以上。

"土特产"也是一方水土的记忆集成。比如浙江盛产茶叶，茶叶不仅是一种受欢迎的饮品，更蕴含着各地的劳动智慧和中华美学，涵养着文化自信。嘉兴由来已久的"粽子标签"，则是深厚稻作文化的集中呈现。嘉兴素有"浙北粮仓"之称，嘉兴粽子的美誉度和知名度也为这座城市增添了属于自己的辨识度。

"土特产"还承载着游子化不开的乡愁。有人说，闻过绍兴酒，就像回到了绍兴。"土特产"的味道，便是故乡的味道。鲁迅在北平时，就常常思念绍兴的"土特产"。挚友许寿裳托人购来鱼干、酱鸭、糟鸡送给他配绍酒，让鲁迅感念至极。

二

近年来，在电商加持下，"土特产"销售形势持续向好。某电商平台数据显示，平台一年可助销农特产47.3亿单，平均每天就有1300万个装有农特产的包裹被送至全国各地。不过，在产业化的道路上，问题和挑战并不比以往少。在笔者看来，还需闯过三道关键关口。

其一，信任关。"土特产"到底靠不靠谱？"土坑酸菜"事件一度引起舆论哗然。对于当地农户来说，这一生产模式已传承千年，是地道的老底子风味。然而，消费者用行动作出选择，涉事产品销量在短时间内大幅下滑。后来，中国食品科学技术学会发布相关团体标准，填补了该领域的行业空白，才让"土法"技艺有了现代标准。然而，综观当前的"土特产"行业，类似的标准规范屈指可数，不免令人担忧。

其二，品牌关。一旦"真特产"火起来，常常会有一群"假特产"蜂拥而上。不知情的消费者，安能分辨哪个是真、哪个是假？

五常大米就曾遇到过大规模造假的问题。一边是"年产105万吨"五常大米，另一边是"市场在售1000万吨"五常大米，这让消费者徒留一脸迷茫。还有一些"土特产"，即使有了地理标志、区域品牌等知识产权，也依旧没能摆脱被"李鬼"假冒的命运，品牌被抢注、产业被收购等"为他人做嫁衣"现象时有发生。

其三，产业关。习近平总书记曾指出，从全国面上看，乡村产业发展还处于初级阶段，主要问题是规模小、布局散、链条短，品种、品质、品牌水平都还比较低，一些地方产业同质化比较突出。

"土特产"要是久久成不了产业链，那农民赚不到钱，自然不会投入时间和成本；加工层次难以提升，品牌则难以走出去；外部营销跟不上，消费者自然不会产生消费行为……

三

习近平总书记十分关心"土特产"的发展，柞水木耳、大同黄花、延安苹果、茂名荔枝、枣庄石榴……每到地方考察，他总会看看当地的"土特产"。

他还为"土特产"发展指明方向："做好'土特产'文章，依托农业农村特色资源，向开发农业多种功能、挖掘乡村多元价值要效益，向一二三产业融合发展要效益，强龙头、补链条、兴业态、树品牌，推动乡村产业全链条升级，增强市场竞争力和可持续发展能力。"

"土特产"只有三个字，内在却大有乾坤。"土"，意味着把独具优势的乡土资源用足用好;"特",强调差异化,指引着一条因地制宜的发展道路;"产",则要求打造出融合发展的产业链。

有专家曾这样诠释三者的联系。缺了"土",产业根基不稳;失去"特",竞争优势不足;没有"产",发展难以持续。对此,笔者认为,有以下三方面可以进一步着力。

用好一方山水,深挖文化才能发掘潜力。"妈妈的味道"是一种"土"的味道,背后有精心挑选的食材、世代传承的工艺、独具特色的口感和令人回味的乡愁。不少"土特产"还停留在包装简陋、价格低廉,"卖原料""卖初加工品"的层面。"土特产"姓"土",但要从"土"的味道里吃出"土"的气质、"土"的时尚,就离不开文化这一灵魂。

地处钱江源头的开化县,把一条沿袭明朝古法养殖的清水鱼送进了杭州的"楼外楼",现在又开发出"全鱼宴",每道菜都有一个故事、一种寓意,食客们吃的不只是鱼,更是一种文化。有的地方还把"土特产"做成了富有乡村特色的文创产品,用创意和情怀打动消费者,充分凸显农产品的生态价值、社会价值、旅游价值、文化价值。

放大特色资源,制造卖点才能形成爆点。一些地方的"土特产"与周边地区的高度同质,在产品差异性上没有区分度,在农文旅融合上跟风学样,导致"千村一面","色"上相似,"质"上无异。"百里不同风,千里不同俗。"弄清本地家底,发挥优势、挖掘潜力,在特色资源、创意转化和特色产品三个层面的联动推进上多动脑子,才能在保持"特色"的基础上创出"特质"。

像浙江省内光一只"饼"就有衢州烤饼、缙云烧饼、金华酥饼、永康麦饼、温州鱼饼等十多种,各有各的特色。再如广西螺蛳粉，短短几年从路边摊成为全国网红，其话题、流量带来的"网感"，也让柳州体验了一把"泼天的富贵"。追求错位、形成特色，这是市场经济发展的底层逻辑。

　　顾好两头，留下利益才能培育活力。"土特产"这根金扁担，一头是田间地头的农产品，一头是善于创新的专业人才。比如四川大凉山深处的昭觉县，一方面组成县域农业集体，引导农户有意识地种植初级农产品；另一方面加大引才育才力度，建起产业园，从东部沿海引进电商团队。"有一种美食叫情怀，有一种情怀叫土豆"，昭觉的土豆"出山记"，切实在改变着当地人的生活。同时，年轻人的返乡回流也让曾经寂静的山村有了久违的活力。

　　一篇"土特产"文章，涵盖农耕传承、文化绵延、科技创新、热血青年、产业升级等内容，这些元素合起来正是一幅乡村振兴的壮美图景。您的家乡有什么"土特产"呢？

朱鑫　吴梦诗　徐佳叶　执笔

2024 年 3 月 4 日

"高仿账号"当休矣

> "流量向善，方能长流"。想要通过搬运、复制的途径不劳而获，结果只能是"偷鸡不成蚀把米"。毕竟，任何东西丢了内核，都只是一张"画皮"而已。

近日，一名女子发文称好友把微信昵称改为"文件传输助手"，还使用了同样的官方头像，导致自己错用了9年，各种隐私被一览无余。该事件引发网友广泛关注并迅速冲上热搜。

一时间，"高仿账号"话题再度被聚焦。"高仿账号"并非什么新鲜事物，其伴随着社交平台的蓬勃发展而大量滋生。但尽管相关部门使出"十八般武艺"，"高仿账号"依然呈现出"野火烧不尽，春风吹又生"的景象。

不禁想问，"高仿账号"赖以存活的招数究竟是什么？治理"高仿账号"又为何如此之难？

一

"高仿账号"通常指的是一些自媒体冒充或模仿政府部门、商业机构、专家名人等开设的账号，他们在网络平台上博取关注和流量，从而实现变现。纵观当前的"高仿账号"，主要有以下几类常见特征。

有的照猫画虎，在头像昵称上故弄玄虚。和曾经的"康帅傅""太白兔""粤利粤"等山寨产品套路相似，如今的"赶丽颖""何炅"等假明星，擅长通过形近字替换、在正版昵称后加符号（例如·/!?）等手段浑水摸鱼，并频频在各种热搜评论底下"抛头露面"、蹭粉引流。也正因如此，当有真明星在线留言时，往往会被网友调侃"活跃得像个高仿账号"。

有的鸠占鹊巢，扮演新闻当事人博眼球。此类"高仿账号"精准拿捏了"吃瓜群众"的好奇心，喜欢在一些热点事件闹得沸沸扬扬之时乘虚而入，编造散布虚假信息。例如前不久"上海女教师被指出轨男学生"一事引发社会关注，多个自称是"女教师"本人的账号在网络平台上接连冒出，赚取了不少流量与打赏，随后因涉及假冒仿冒被平台封禁。

还有的披着"羊皮"外衣，冒充熟人打"感情牌"。他们通常盗用目标对象身边亲人、好友、领导的头像和身份，一番寒暄之后，或要求垫付机票，或请求转账治病。诈骗方式更是不断升级，利用AI技术炮制假视频、假声音的新闻也已经屡见不鲜。

更有甚者直接"碰瓷"政府部门官方账号。有关报道显示，仅2023年，就有超20家"国字头"单位连发"防诈声明"，提醒公众保持警惕，谨防上当受骗。这些打着政府机关旗号行骗的不法行为，既会对政府形象和公信力造成损害，也极有可能扰乱市场秩序，造成社会各方的财产损失，由此引发的风险难以估量。

二

是什么驱使"高仿账号"宁愿冒着触犯法律的风险也要"顶风作案"？又是什么赋予了假冒账号如此强的"韧性"？笔者认为，背后原因有以下几方面。

从"高仿账号"本身来看，巨大利益驱使其"野蛮生长"。低成本、高收益，简单复制粘贴、粗暴搬运，就能立马引来流量，继而转化为实实在在的收入，这种近似于空手套白狼的诱惑，使得大批人趋之若鹜。有媒体调查发现，这些"高仿账号"的背后，已经形成了一条造号、养号、卖号的灰色产业链，一个号月入5000元不成问题。于是，那些投机取巧、缺乏原创力的自媒体将运营"高仿账号"视作"摇钱树"，本着"蹭到就是赚到"的想法，挖坑、碰瓷、抱大腿，一再突破道德法律底线。

从平台态度来看，监管滞后造成"推波助澜"。目前，多数自媒体平台面对公众账号注册会设置相应的身份验证，但当涉及个人账号时，这种审核机制有时会大打折扣。某些平台为了迎合用户快捷注册的需求，推出了无需实名认证的注册方式，这无疑为"高仿账号"开辟了绿色通道。

此外，个别平台作为利益相关方，对推送作品的审核也存在"装睡"之嫌。一些明显一眼假的"高仿账号"本该被限流，却被算法反复推送至目标用户。随着推送次数的增加，"李鬼"逐渐变成了"李逵",平台也间接成为"高仿账号"杀熟的"帮凶"。

直到今日,仍有不计其数的名人"高仿账号"在各大网站流窜,白岩松、靳东、周杰伦等公众人物都曾深受其扰,到最后不得不亲自站出来打假。但仅靠本尊自证清白终是"治标不治本",若平台能够多一丝警觉和行动,受害者也无需如此大费周章。

从广大网民角度看,心理弱点导致"防不胜防"。出于一夜暴富、情感慰藉、追求偶像等心理需求,部分网民在面对"高仿账号"时会不由自主地失去基本的判断力,尤其是一些网络甄别能力较弱的青少年和中老年群体。

多数受骗者往往只看到了"高仿账号"为自己提供的情绪价值,而忽视了完美人设背后隐藏的套路,稍不留神便会被蒙蔽双眼,稀里糊涂地落入圈套,轻则成为恶意吸粉的"分母",重则导致个人财产的损失。

以"假靳东"一案为例,"高仿账号"正是利用了粉丝渴望与偶像亲密互动的心理,以及中老年人缺乏关注的"情感需求",一旦时机成熟,便开始骗取钱财,而受骗者沉浸在甜言蜜语中浑然不觉,直至警方上门还不愿相信被诈骗的现实。

三

"高仿账号"长期活跃在广大网友眼皮底下,有流量的地方,总有它们明晃晃的身影。面临庞大的账户基数,"打地鼠"式的查处方式注定是杯水车薪。想要真正使其不敢冒头,还需形成"人人喊打"的社会合力。

一方面,平台尽到责任,让"高仿账号"无漏洞可钻。面对是非原则问题，平台方理应收起维护自身流量的那点"小算盘"，本着对社会公众负责的态度，从账号申请注册、资质认证、运营行为等多方面进行干预，积极发挥好"把关人"的作用。

在这点上，一些平台的先行探索取得了初步成效。比如，微博、微信公众号采取官方认证机制，为官方账号加"V"以示区别；又如，抖音平台"重拳出击"，对多个"高仿账号"予以无限期封禁、抹除其不当行为获取的粉丝、取消营利权限等处置；再如，通过升级算法推送程序，减少"高仿账号"相关内容被推送至程序首页的概率……各大平台也可在借鉴基础上创新优化，真正将"清旧疮"与"治未病"相结合，不让"高仿账号"有可乘之机。

另一方面，加大"灭鼠"力度，让"高仿账号"无生存空间。网络空间从来都不是无法无天的"江湖"，监管部门要健全、细化相关法律法规，多措并举，彻底斩断"高仿"行为背后的利益链、流量链，同时强化网络法治意识教育，引导广大网民健康用网触网。

实际上，国家网信办早在2021年就发布了《互联网用户公众账号信息服务管理规定》，明确"恶意假冒、仿冒或者盗用组织机构及他人公众账号生产发布信息内容"属违法违规行为。不少社交平台舆论场上的"李鬼"，也在去年的"清朗·从严整治'自媒体'乱象"专项行动中现出"原形"。可见打鼠的板子必须"带电运行"，才能形成高压震慑。

此外，用户个人也要擦亮"火眼金睛"，善于甄别分辨。看到一些有疑议的内容时，不妨点入账号主页查看认证主体，在发现假冒仿冒账号时及时举报投诉，切勿被第一眼所迷惑，陷入"假作真时真亦假"的幻境。

　　"流量向善，方能长流"。想要通过搬运、复制的途径不劳而获，结果只能是"偷鸡不成蚀把米"。毕竟，任何东西丢了内核，都只是一张"画皮"而已。

林奕琛　陆昶　执笔

2024年3月5日

爱国情怀岂能这样消费

> 靠"碰瓷"爱国做流量生意，这是对朴素爱国主义情感的羞辱和冒犯，终有一天会"搬起石头砸自己的脚"。

近几年，有这样一个现象：有些人经常在互联网上打着"爱国"的旗号，发一些爽文和短视频，然而其真实目的根本不是抒发爱国之情，而是通过"碰瓷"爱国主义，博人眼球、赚取流量，把"爱国"当作一桩生意在做。

很多情况下，对那些持有不同意见的人，他们还动不动就给对方贴上"立场有问题""你不是中国人""你不爱国"等标签，搞道德绑架那一套，从而占据话语主动权。这一招似乎屡试不爽。

爱国主义是每个人心中最纯粹、最朴素、最高贵的情怀，岂能这样拿来亵渎和消费！

一

现实中，这些人是如何利用大众朴素的爱国心，做起"爱国流量"生意的呢？大致有几种套路。

"碰瓷式"的恶意举报。一些人借着"爱国"的名义，对他人的正常行为作恶意联想和政治化解读，甚至肆意进行攻击举报。一些地方面对这类行为时心里也顾虑重重，怕一不小心引火烧身，只好本着"多一事不如少一事"的心态作出妥协。

此前，视频博主"战马行动"在某地一家商场指控该商家玻璃上的招贴画有日本元素，是"卖国行为"，报警后，商家迫于压力进行整改。事实上，经过网友对比，原图案是普通的招贴画，与日本元素无关。后来，由于扰乱市场秩序，该博主的账号被封。

"煽动式"的反智谣言。一些自媒体博主违背基本常识，以编造谣言假说、煽动网民情绪的方式赚取流量。此类帖子的标题往往耸人听闻，动不动就用"阴谋论"来扭曲事实，试图把读者的智商"按在地上摩擦"。

比如，前段时间某地发生山火，一些博主对原因进行分析，其中有一种猜测甚嚣尘上，大意为当地是我国中草药出口大省，前不久我国停止了与日本的中草药交易，所以日本人蓄意跑到山里去放火。事实上，官方早已调查出山火原因，但此类"阴谋论"仍然大有市场，反映出谣言的煽动性和危险性。

"通稿式"的爽文剧本。在一些平台上，不同的主播讲述着同一个"感人至深"的爱国故事，仔细观察会发现，这些文案其实是由职业写手统一打造、批量生产的。

比如"在中国边疆地区被边防官兵保护的感人故事"，同题下面用的是"我们没有生在和平年代，而是生在一个好国家"的统一文案，以及在海边或江边使用手机拍摄视频的统一背景，身后还统一停着一辆边防特警车。在此主题下，一条平平无奇的视频可以感动无数网友，获得高达50万的点赞，收获数万条留言。

一个粗制滥造的文案或故事，经由不同的人讲述或演绎，实则是利用了网民的爱国心，以极低成本赚取流量、实现涨粉。

二

这些"爱国生意"，看似只是哗众取宠的行为，然而，它们对社会造成的危害难以逆转，也不容小觑。

其一，混淆视听、扭曲认知。这些账号大搞"阴谋论"，大肆"带节奏"，一些不明真相的网友容易被带跑带偏、人云亦云。这些违背常识的信息，实际上是在传播一种偏激的、非理性的思维模式，扭曲大众的价值观。特别是在大数据的"精准轰炸"下，人们会不断固化自己的认知，让舆论场变得撕裂混乱，甚至滋生一些极端的行为。

其二，挑动对立、扰乱秩序。有些所谓的"爱国大V"为了煽动情绪，为了"博眼球""骗流量"，夸大其词、移花接木，甚至胡编乱造、无中生有。不仅占用公共资源，还破坏了正常的经济秩序，扰乱社会生活。有的账号凭空捏造国外的"乱象"，这些谣言通过互联网传播出去，抹黑了我们在海外的形象，不啻为一种"高级黑"。

其三，挤占空间、破坏活力。这些自我标榜的"爱国者"，想霸占"爱国"的定义权。一些正常的语言被歪曲为"别有用心"，一些正常的事物被指责为"崇洋媚外"，如果申辩反驳，就更加被"抓住把柄"、上纲上线。久而久之，真正爱国的人对他们退避三舍，有的专家变得噤若寒蝉，有的企业变得如履薄冰，生怕一个不小心就被扣上"不爱国"的大帽子。

其四，亵渎情怀、伤害情感。爱国是深藏在每一个中华儿女内心深处的真挚情感，不需要谁来审判，更不能被消费、被绑架、被欺骗、被利用。这些"碰瓷"的人，侮辱了"爱国"这一崇高的词语，也消解了这两个字沉甸甸的分量。更加严重的是，这样一次又一次的愚弄，就像"狼来了"一样，对人们朴素的爱国之情反而是一种伤害。

三

最后，说一下三点总结。

靠"碰瓷"爱国做流量生意，这是对朴素爱国主义情感的羞辱和冒犯，终有一天会"搬起石头砸自己的脚"。那些以"爱国正能量"为标签的"大V"，或许今天可以通过自设话题"收割"广大网民的情感，赚得盆满钵满，但这样骗取来的流量他们根本无法驾驭，迟早会被流量反噬。因为它与绝大多数人们心中的爱国逻辑背道而驰，那些看似"大快人心"的爽文，究竟是"爱国"，还是"碍国""害国"？稍加思考就会有清晰的判断。

爱国情怀是神圣的，不应被动机不纯者当作护身符，也不能任其泛滥，什么事情都往上"扣帽子"、借题发挥，让片面和极端的言论盛行。我们要坚决刹住这股歪风邪气，对那些人为制造对立、搅乱舆论场的劣行，平台方要更加果断地出手，该封禁的要及时封禁，出现严重后果的还要追究责任，不能让其侵蚀网络舆论生态。

每个人都要擦亮双眼、保持理性，不被虚假的"爱国"所裹挟，更不能陷入"只看立场、不论是非"的倾向。我们的爱国，应该是理性的、平和的，这才是民族自信的体现。每个人在面对一些社会热点事件时，要保持独立思考之精神，不轻易被带偏引流。

非理性的情绪宣泄无助于理性地探讨问题，更无法推动问题得到真正解决，而且会不断强化一种对立的、偏激的思维方式，这种思维很容易使人走向极端、陷入陷阱。

爱国并不复杂，努力在自己的岗位上发光发热，就是最真切、最实在的爱国。究竟什么是真正的爱国、正确的爱国？有人说，爱国首先是一种深沉的文化认同；也有人说，爱国不要看说了什么，要看做了什么……每个人心中的理解和感受是不一样的。

其实对于大多数普通人来说，爱国更多时候体现在踏踏实实地干好自己的工作，在岗位上多为社会作一点贡献，这就是最好的爱国。我们无须把它成天挂在嘴上喊口号，更不应拿来消费、谋取私利，把"主义"当"生意"。

倪海飞　谢滨同　陆家颐　执笔

2024 年 3 月 5 日

三隋

> "三隋"的美各有不同。国清寺美在幽静古意，隋塔美在挺拔庄严，而隋梅则美在清绝高洁。

三月烟雨中的江南，仍春寒料峭。天台国清寺的梅花已过花期，满地的春泥似乎仍在诉说，这里曾有一树树绚烂绽放的胜景。对今人来说，隋梅开花甚是珍贵，值得一赏再赏。

隋梅与国清寺、隋塔并称天台"三隋"。三者相伴相依，度过了一个个冬去春来，吸引了无数游人的眼光。"三隋"究竟美在何处？又藏着多少故事？

一

"三隋"的历史可以追溯到约一千四百年前。国清寺，旧名天台寺。据南宋《嘉定赤城志》记载："隋开皇十八年（598）为僧智颛建。先是颛修禅于此，梦定光告曰：'寺若成，国即清。'"隋梅和隋塔亦是同一时期的产物。

先来说国清寺。"静"与"古"是其独特的两重意境。甫一进入山上，扑入眼帘的是蔓延的深绿，在亭亭如盖的古树遮蔽下，寺前的光亮变得略微幽暗。明晦交接之间，松树上偶尔传来的啾啾鸟鸣，也似乎在森森树盖中被削弱三分。

一千多年风雨沧桑，让国清寺洗尽铅华。黄色照壁上，赵朴初题字的"隋代古刹"，字大如斗，别有意趣。晨钟暮鼓之间，松涛阵阵、流水潺潺，时光的脚步似乎都慢了下来。

再来说隋梅。若沿小径向前，便能看到那株隋梅，它依墙而立，虬枝盘曲，一些枝干越过高墙，压向房檐。民国《国清寺隋唐古梅记》记载："披霜斗雪，千数百年……花时雪白如银，香闻数里。洵古梅中之奇特也。"

隋梅为天台宗章安大师栽种，是国内五大古梅之一，颇有名气。1964年，郭沫若参观国清寺，书"梅亭"一匾，赋诗一首："塔古钟声寂，山高月上迟。隋梅私自笑，寻梦复何痴。"

最后我们登高看隋塔。从梅亭再上高台，便能望见远处隋塔姿影。隋塔建于国清寺同年，高约60米，六面九级，楼阁式砖木结构。如今在全国，如此"高龄"之塔实不多见。隋塔最早时塔顶玲珑，飞檐斗拱，可惜后来毁于火灾。随着塔砖中的铁元素氧化，塔身呈现出绛红色。

"三隋"的美各有不同。国清寺美在幽静古意，隋塔美在挺拔庄严，而隋梅则美在清绝高洁。一年四季，"三隋"景致应时而变。

二

景致上的美说罢了，更有历史赋予的人文之美值得细说。不同的人看"三隋",能从中获得不同感受。

有人于此找寻"方寸"之间的气韵。古刹内外留存着大量摩崖石刻,记录着书法家们的人生痕迹与生活情趣。如王羲之曾求学于天台白云先生,相传一日他见白鹅振翅,笔随心动,写下一"鹅"字,每笔均见鹅头,形似一只只鹅在水中引吭高歌。

存世的"一笔鹅"碑只有右半边是王羲之真迹,左半边在岁月更迭中不幸损毁。作为王羲之的"超级粉丝",清代书法家曹抡选在反复观摩七年后,提笔补足了半边"鹅"字,留下了一段佳话。

寺后石壁上至今仍清晰可辨的"大中国清之寺",右侧有落款"柳公权书"。这被认为是柳公权目前存世的、已发现的唯一的摩崖榜题。

有人把此处当成修身养性的"桃花源"。历史上,许多人装着心事来到这儿,期盼着来一场"身心疗愈"。比如唐代诗人寒山科举落选、亲友背离,从陕西一路跋涉来到天台山,开始了隐居生活。

偶尔与好友拾得论道,寒山问拾得:世间有人谤我、欺我、辱我、笑我、轻我、贱我、恶我、骗我,该如何处之乎?拾得云:只需忍他、让他、由他、避他、耐他、敬他、不要理他,再待几年,你且看他。

寻访"桃花源"的还有诗人孟浩然。开元十七年(729),孟浩然科举不第。他经永嘉江入海北上,登天台山,发出了"山水寻吴越,风尘厌洛京"的感叹,获得了心灵上的舒缓与恬淡。

有人在此探寻延续千年的"匠心"。作为古建筑的隋塔、隋寺,历经古代多次修葺,又于近代经历"起死回生",其方位选址、建筑范式、雕刻艺术等技艺对后世影响颇深。

如隋塔、隋寺修复中所运用的干漆夹苎工艺源自东晋。匠人们选用13种原材料，历经48道工序，让古建修旧如旧。干漆夹苎技艺已被列入第一批国家级"非遗"项目，这项古老的技艺在天台焕发新生。

三

千年时光赋予了"三隋"历史的厚重感，而数次"起死回生"更为其增添了不一样的美。

"千磨万击还坚劲"的韧性。隋历二世而亡，"当时只道是寻常"的隋代古迹能保存到现在的风毛麟角。一千多年中，国清寺数次被毁，隋塔亦牵连受损，飞檐斗拱不再，塔尖也有所缺失。

直到1973年，国清寺才得以全面整修。借着修复寺庙的东风，隋塔也得到修葺。如今细看之下，塔身上的一个个空洞就是曾经飞檐斗拱的插入处。有人说，倘若雷峰如老衲、保俶如美人，那么隋塔挺拔清瘦、精神矍铄，就像一位历经沧桑的智者。

"天然高洁淡为真"的品性。隋梅也曾在国清寺被毁后蓦地枯死，不吐蕊、不开花、不结果，树干几欲倒塌。据说1973年寺庙重修，枯死数年的梅花突然"如有神助"，吐蕊开花。此后，满树梅花凌寒开放。

隋梅深谙"俏不争春"的道理，在一众怒放的红梅中，本应是"元老""明星"的她不争不抢，静静地开花结果。有人说，铁佛寺的红梅是热情奔放的豪放词人，逢人便展露才气；国清寺的隋梅更像负箧曳屣、深山苦修的僧侣，大智若愚。

可见"三隋"之间，除了诞生时间相近、所处方位相同，还有一个共同点，那就是历经磨砺后依然坚韧且高洁清澈。

"山花落尽人不见，白云深处一声钟"，伴随着越来越浓的春意，何不来天台看一看、品一品"三隋"跨越千年的动人故事？

刘亚文 叶倍 执笔

2024 年 3 月 6 日

5%，难吗

> 就好比巨轮航速取决于风向水流、引擎动力、航线方向、船舶负载等因素，5%左右GDP增速目标的提出，并非"想当然""拍脑袋"，而是来自对大海深处的冷静瞭望。

又到全国两会时间，中国经济前景备受海内外关注。昨天开幕的十四届全国人大二次会议上，国务院总理李强作政府工作报告。报告提出一系列新目标新部署，其中明确今年国内生产总值增长预期目标为5%左右。

5%左右，释放出中国经济积极、务实、稳健的发展信号。那么，5%左右意味着什么？实现这一目标难在哪里？我们又该如何破难而进？

一

如果说世界经济是一片波澜壮阔的汪洋大海，那么"中国号"

巨轮要想在高质量发展航道上行稳致远，就需要在定位经纬、辨别方位中明确每个航程的航速。

在经历过去一年波浪式发展、曲折式前进之后，政府工作报告将实现"十四五"规划目标任务关键一年的航速锁定在5%左右。这一目标的确定，"综合考虑了国内外形势和各方面因素，兼顾了需要和可能"。

就好比巨轮航速取决于风向水流、引擎动力、航线方向、船舶负载等因素，5%左右GDP增速目标的提出，并非"想当然""拍脑袋"，而是来自对大海深处的冷静瞭望。

过去一年，我们从"多重困难挑战交织叠加"中走来，走出了"全年经济运行前低中高后稳态势"，走出了GDP增长5.2%的复苏曲线，但眺望前路依然风雨维艰。从国际看，世界经济增长动能不足，地区热点问题频发，外部环境的复杂性、严峻性、不确定性上升；从国内看，面临有效需求不足、部分行业产能过剩和社会预期偏弱等问题。

在这样复杂的海面上航行，既不能"头脑发热"，也不能"缩手缩脚"，而是要在观大势、谋全局中锚定航道，确定科学合理的航速。透过5%左右让世界看到，置身于内外挑战并存的经济大海洋，中国经济既警醒风险、感知压力，又从容坚定、稳健前行——经济增长预期增速目标为5%左右，考虑了促进就业增收、防范化解风险等需要，并与"十四五"规划和基本实现现代化的目标相衔接，也考虑了经济增长潜力和支撑条件。

应当说，这是一个迎难而上、逆流奋楫的目标。当然，在高质量发展的深水区实现5%左右的增速，也就意味着压力更大、难度更大，因为越往深处走，暗礁冰山就越难以预测。

二

经历疫情之后，中国经济总体处于"大病初愈"的恢复阶段，同时面临多重困难和挑战，所以经济运行的压力加大。政府工作报告指出，"实现今年预期目标并非易事，需要政策聚焦发力、工作加倍努力、各方面齐心协力"。明知不易，缘何为之？"中国号"经济巨轮之所以有信心、有底气、有能力无惧风浪、知难而进，关键在于中国经济发展长期蓄积的基础和动力。

我们有"下一个'中国'还是中国"的发展胜势。改革开放以来，中国积累出制度优势、需求优势、供给优势、人才优势等，一跃成为世界第二大经济体、制造业第一大国、货物贸易第一大国，对全球经济增长的年均贡献率接近30%。这些，都铺垫成中国经济的发展胜势，厚积成中国经济乘风破浪的坚实底气。去年在全球经济不确定的大背景下，国际机构纷纷对中国投下确定的"信任票"，就是对中国经济发展实绩的明证，足见中国是世界经济的"稳定器"和"动力源"。

我们有"闯过一关又一关"的破难起势。2023年的中国经济顶住外部压力、克服内部困难，一路爬坡过坎、回升向好，圆满完成主要目标。闯关，实属不易，也是为下一程积累经验打下基础，为今年发展蓄力起势。实践证明，面对复杂多变的外部环境，中国经济依旧韧性十足，长期向好的基本面没有改变也不会改变。就像麦肯锡中国区负责人所期待的那样，中国经济和企业提高了韧性，2024年中国经济"可能会出现一些惊喜"。

我们有"时与势在我们一边"的良好态势。政府工作报告指出，综合分析研判，"今年我国发展面临的环境仍是战略机遇和风险挑战并存，有利条件强于不利因素"。这一判断，源自对"克服重大困难"的全面审视，源自对实现"十四五"规划目标的胸有成竹，源自对推进中国式现代化的深刻洞察。纵览全球经济，尽管有暗礁有险滩，但都阻挡不了奔腾向前的大江大河。在中国经济爬坡闯关之时，波动和曲折在所难免，但我们也要看到风雨过后的晴空万里。

———————
三

网上流传着一个故事，著名航海家哥伦布在他每一篇航海日记的结尾总要加上这样一句话：我们继续前进！看似平平无奇的一句话，却出奇地饱含无穷毅力和信心。就是凭着这种"执念"，哥伦布在惊涛骇浪中发现新大陆、留下传奇壮举。

航海是这样，经济发展也是如此。长期以来，中国经济都在爬坡过坎中前进。今年政府工作报告直面难题，锚定"5%"的目标，既给出了"怎么看"，也给出了"怎么办"。

比如，报告提出加快发展新质生产力。大数据、云计算、区块链、人工智能等新一代数字技术，催生着全新的发展机遇。其实，新质生产力并不抽象，就在我们身边，从 ChatGPT 到 Sora 的横空出世，AI 技术的创新变革给很多行业和人们的生活都带来了变化。政府工作报告将加快发展新质生产力列为年度"任务清单"的第一条，就是为了在新领域新赛道中抢占制高点。

比如，报告提出提高区域协调发展水平。贯彻新发展理念、建设现代化经济体系，一个重要组成部分是区域协调发展。在刚刚过去的这个冬天，爆火的"尔滨"让我们更加认识到"冰天雪地也是金山银山"，只有立足实际充分发挥比较优势，区域发展整体效能才能更快更稳。

再如，报告提出坚持不懈抓好"三农"工作，扎实推进乡村全面振兴。民族要复兴，乡村必振兴。推进强国建设、民族复兴伟业，最艰巨最繁重的任务仍然在农村。新春伊始，中共中央、国务院发布了《关于学习运用"千村示范、万村整治"工程经验有力有效推进乡村全面振兴的意见》，就是以学习运用"千万工程"经验为引领，集中力量抓好办成一批群众可感可及的实事，打好乡村全面振兴的"漂亮仗"。

惊涛拍岸处，自有凌云美。十个方面工作部署，环环相扣、招招务实，形成了一张张具体的任务书和施工图。总理说："我们一定直面问题和挑战，尽心竭力做好工作，决不辜负人民期待和重托！"如何实现"5%"的预期，答案不言自明。

陈培浩　王丹容　王娟　执笔

2024 年 3 月 6 日

今天，你"文字讨好"了吗

> 多元的网络世界，文字交流习惯不必强求统一。倘若把看问题的时间线拉得更长，网络社交礼仪还会随着时代的发展不断演绎。但无论它怎么变换，第一法则仍是真诚和善意。

你是不是也有这样的感受：回复消息时，觉得回应"嗯""好""知道"显得有点冷漠，就把它们改成"好啊""嗯嗯~~""知道啦"，结尾再加上一个可爱的表情包，展现自己连蹦带跳的积极态度。

很多人习惯的这种"常规操作"，被网友们戏称为"文字讨好"或"文字讨好症"。它常常借助一些"嘞、哈、呀、嗷、哟、滴、~、、！"等亲昵的语气助词、标点符号、颜文字等，或者一长串"哈哈哈哈哈哈"，使话语表达更加柔和。

相关话题曾冲上社交媒体热搜，引发讨论。有人说，这算不上讨好，只是一种文明礼貌的态度；有人认为这种对话模式是当代"打工人"的被迫示好，容易造成不必要的情绪内耗。"文字讨好"产生的原因是什么？这是一种什么样的新型互联网社交礼仪？

一

"文字讨好"一词的说法，最初来源于网上的一条动态，有人问："你们有没有'微信文字讨好症'？"很多人纷纷跟帖，表示"当然有啦，还有表情讨好症""甚至还会加上太阳表情来表现我的阳光！""从好、好的进化到好滴、好滴好滴"。

有人做过调研，发现"哈""啦""呀""滴"是"文字讨好"四大常用助词，而叠词是"卖萌"专业户，传递出一种可爱的语气和积极的感情色彩。有时候，为了使句子显得不那么生硬和冷漠，网友还会在句末额外打上几个波浪号。

表情包也是"文字讨好"的"常客"。一旦聊天开始冷场，网友们总会忍不住要发一个表情包来收尾。表示赞美，竖起"大拇指"；学习工作加油，发"奋斗"；庆祝节日，回"烟花"……一图胜千言，避免了冷场的尴尬。

有意思的是，职场人之间更加偏爱使用"讨好性"文字。他们经常把昵称、语气词、叠音词、波浪号、emoji表情包等叠加使用，借此表达尊重，试图消解严肃、传递友善，营造出一种"你好我好大家好"的和谐氛围。

比如对接甲方时，每句话加语气助词是工作惯例。"收到啦，我们再对齐下颗粒度哈""没问题哦，马上就去办~"，透露出乙方的热情洋溢；又比如"好的好的"或者"没事没事"，就比单音词听起来更加亲切。

总体来说，"文字讨好"主打亲和至上。一些网友认为，在适宜的场合，恰当使用一些"讨好"的助词和表情，既能显示出一个人的修养，又能拉近双方心理距离。

二

每种网络现象的兴起，都离不开当下社会环境的渲染，一定程度也折射出社会阶段性变化的特点和人们的精神心理状态。在笔者看来，"文字讨好"得以流行起来，背后至少有这么几个原因。

一方面，在线上交流过程中，"文字讨好"可以最大限度消解语言理解偏差。随着媒介技术的发展，社交媒体深度融入日常生活当中，线上聊天成为人际交流的常态形式。不同于线下交谈，单凭线上文字沟通，无法看到对方的表情和姿势，从而有可能产生理解的不对称。一句话，语气或者理解不同，互动效果就会有所区别。通过语气助词和表情包等"文字讨好"的方式进行沟通，可以避免误解产生。

另一方面，伴随着社会原子化，人们渴望获得融洽与温暖的人际关系。万物互联虽然让人际关系无缝连接，但也带来了一种看不见的疏离。人类是群居动物，当我们的交流大部分都在"云端"上，孤独感随之而生。为了走出人际孤岛，就会希望通过"讨好"得到别人接纳，获取归属感。

比如群组聊天时，有的网友会采用讨好式的语言或符号来迎合他人，从而呈现自己友好和受人喜欢的"人设"。通过这种行为吸引相似群体的关注，更好扩大"朋友圈"，达到交际的目的。

此外，重塑网络话语体系的年轻群体，成为推动"讨好体"流行的主力军之一。互联网是年轻人的主战场，他们活跃参与网络狂欢，创新推动语言的"新陈代谢"，为社交互动带来了新的元素和风格。像"好哒""yyds""遥遥领先"等词汇，身边使用的人一多，个体或多或少会受到感染，这种"约定俗成"也渐渐转变为日常表达习惯。

三

当然，并非所有人都偏好于此类表达方式，对于"文字讨好"的看法，也存在 AB 面。也有一些网友认为，在很多时候，那些附加的语气助词其实没有特殊意义，加与不加都不影响意思的表达。累赘的语气词反而增加了沟通成本，也为交流主体带来形象管理上的负担、表达上的不畅快等困扰；更有人抱怨："这样说话真的好累啊。"

比如，有的"文字讨好"并不是发自自己真实的内心，而是碍于面子"表演"出来的。如果处处需讨好，字里行间就会如履薄冰，真实情感的确有可能会被掩盖。慢慢地，还会抵触与人交流这件事。

长期过度"文字讨好"，还可能造成语言的"通胀"。当一个词语被使用多了，表达的"面值"越大，实际价值就越低。以前形容一件事好笑，只要回复"哈哈"就已经到位。而如今为了配合对方，需要回复8个"哈"才能以量取胜，表示真的有在笑。仿佛只有这样，才能到位地表达内心的真情实感。

在笔者看来，"文字讨好"并不含有褒贬成分，它只是用来概括一种网络社交行为，让冰冷的文字带上了一丝丝温度。我们对其也不必过度解读。一分为二地看，"好哒""对哈"确实显得生动活泼，网友想要表达友好和善的行为也应得到理解，虽然它们并不适用于所有情况;"了解""知道"看上去严肃生硬,但也不影响正常对话,没必要"标签化"语言习惯。

该明确的是,交流的本质是准确传递信息、表达意图。在不影响他人的情况下,选择哪种表达方式的主动权仍然掌握在我们自己手中。如果纠结自己是否会因用词不当而让对方感到不舒服,使用"文字讨好"未尝不是个好办法;如果认为"文字讨好"让人感到疲惫,那大可删繁就简,从纠结归于自在。

多元的网络世界,文字交流习惯不必强求统一。倘若把看问题的时间线拉得更长,网络社交礼仪还会随着时代的发展不断演绎。但无论它怎么变换,第一法则仍是真诚和善意。怀有真心,推崇彼此尊重的平等对话方式,学会真实地表达自己的想法和感受,这才是网络社交该有的模样。

郑黄河　执笔

2024 年 3 月 7 日

莫以"第一学历"论英雄

> 真正令人感到苦恼和不平的,或许不在于简历中是否显示"第一学历",而在于一些用人单位对"第一学历"的傲慢、偏见乃至歧视。

两会期间,全国人大代表潘复生院士一则关于破除研究生招生就业唯学校"出身论"的建议受到舆论关注,引发广大网友对"建议消除简历第一学历概念"的热烈讨论。

就业问题一直是全社会关注的焦点。对于这一话题,很多网友有切身之感,不少人曾因为"第一学历"而受到偏见甚至歧视,以至于有人发出"第一学历不好,就像留了案底"的自嘲。

那么,我们到底该怎样看待"第一学历"?如何才能摘下"有色眼镜"去看"第一学历"?

一

学历是指人们在教育机构中接受科学文化教育和技能训练的学

习经历，我们平时说的"学历"一般指个人获得的最高或最后的学历。关于"第一学历"，教育部曾"否认三连"，明确表示：国家教育行政部门相关政策及文件中没有使用"第一学历"这个概念。

不过，在现实生活中，"第一学历"大有市场。大家对这个"伪概念"往往有一种不成文的理解：指的是一个人在普通全日制教育中获得的第一个学位或学历。一个人的"第一学历"，经常会被贴上"本科""专科""985""211""C9""双一流"等形形色色的标签。

从不同视角出发，看待"第一学历"的态度也不尽相同。

有人说，"第一学历"不好，并非因为个体不努力，而是受到教育资源、成长环境和个人高考临场发挥、志愿填报等多方面因素影响。有些人通过后期加倍努力，或是考研、考博进入了更好的学校，或是想方设法提升了个人能力，但最终因"第一学历"而被"一票否决"，这肯定是不合理的，也让人难以接受。

也有人认为，学习能力本身就是个人综合能力的一种体现，在兼顾公平的基础上，适当竞争并没有坏处。"第一学历"光鲜亮丽，很大程度上可以代表一个人的学习能力和知识水平，不然寒窗苦读十数载考上名校却不能在简历中"露脸"，岂不是读了个寂寞？

在一些招聘单位看来，现在优质岗位和资源相对较少，而竞争者、求职者处于饱和状态。"僧多粥少"之下，相比从看得人眼花缭乱的海量简历中去"淘宝"，不如设置一些硬性条件来筛选人，减少招聘工作量，节约成本、提高效率。

需要指出的是，"第一学历"的确是个体成长经历中客观存在的重要一环，无论是否出现在简历中，在生活中都无法做到"一键消除"。真正令人感到苦恼和不平的，或许不在于简历中是否显示

"第一学历",而在于一些用人单位对"第一学历"的傲慢、偏见乃至歧视。

二

实事求是地说,"第一学历"在一定程度上反映出人才的基本能力和素质,但如果将之当成选人用人的重要标准甚至是唯一标准,就会陷入"唯出身论"的陷阱,最后的结果只能是"多输"。

对用人单位而言,"一刀切"的做法看似高效便捷,但也可能存在误判的风险。比如,某地曾发生多起职业骗薪案,诈骗团队通过伪造光鲜的学历、履历,骗取多份工作,拖延在职时间,利用合同漏洞进行诈骗。事情虽荒唐,却暴露出一些企业在招聘过程中或多或少存在"唯学历"倾向。正是因为缺乏对求职者深入细致的背景调查和能力测评,缺乏全面综合考察,才被骗子钻了空子,错过真正能够创造价值的人才。

对个体而言,当一个人后期再怎么努力,都难以甩掉"第一学历"不好的"包袱"时,"奋斗""向上""逐梦"这些美好的词就难免陷入价值真空,打击了人们参加继续教育和终身学习的积极性,以及对社会公平公正的期待。反之,一些"第一学历"闪亮的人则有可能产生先天的优越感,有的甚至在"高枕无忧"中迷失自我,滋生懈怠心理。在一些顶尖高校,学生因不够努力导致学业不达标而被退学的现象并不稀奇。这样一来,所谓选贤任能就无从谈起,更遑论最大化激发人才学习成长的动力、干事创业的活力。

对社会而言,由"第一学历"引发的各种社会性歧视同样值得警惕。当人们被贴上"第一学历"好与不好的标签，"学历鄙视链"就随之产生，不仅会加剧名校情结和学历崇拜，还会造成教育内卷和群体焦虑，损害社会公平。更有甚者，"学历歧视"还向其他领域蔓延，如一些社交活动、相亲活动也讲究"第一学历"，其影响之深可见一斑。

"唯第一学历论"为何一直暗流涌动、难逃"怪圈"？难以解开的名校情结是一方面原因。社会上一些用人单位和个人，确实多少对"自带光环"的名校毕业生另眼相看。还有一个重要原因在于学历贬值。

最新数据显示，2023年，全国共招收研究生130.17万人，比上年增长4.76%，"考研大军"用浩浩荡荡来形容不为过。与此同时，博士招生与毕业人数也是逐年攀升。当就业市场供求关系失衡，就业门槛也就"水涨船高"，层层筛选不可避免，这加剧了"第一学历"问题。

三

去年，浙江一名职高生一路逆袭成为麻省理工博士的经历让很多人觉得不可思议，这无疑是一个充满励志和传奇色彩的鼓舞人心的故事。事实上，很多人可能多少都听说过此类故事，故事主人公不仅让我们感受到了一个人所蕴含的无穷潜力，也在提醒我们：不妨摘下"唯第一学历论"的"有色眼镜"来看待这个世界。作为"乡村错题本"和"双非"选手，笔者有几句心里话想跟大家聊一聊。

第一句话：能力是通向成功永不过时的"通行证"。学历，或者说"第一学历",只是一个阶段性的注脚,绝不能成为衡量一个人能力的唯一标准。论个体,"英雄不问出处",没有头顶名校光环,并不意味着没有出色的学习能力和发展潜能。

论群体,在20世纪八九十年代,一批批成绩优异的学生选择进入"中师",毕业后扎根基层学校,许多人往往一干就是一辈子,稳稳托起基础教育的塔基,还有一部分人则通过不懈努力,书写出"一路高走"的人生轨迹。事实上,他们的中考分数很多甚至超过当地最好高中的分数线,却因各种原因放弃了读高中、上大学。不过,这并不妨碍他们释放才华与能量。可见"第一学历"也并不能衡量某个群体的实力。

第二句话:与其纠结过去,不如蓄力奔跑。学历是死的,能力提升却永无止境。"第一学历"不好可能是各种各样的原因导致的,但这不是原罪,持续升级才是硬道理。即便一个人起点不高,如若能从自身角度及时调整心态、转换思路、自我提升,依然能够凭借个人能力本领置身"海阔凭鱼跃,天高任鸟飞"的广阔天地。

第三句话:大力营造"不拘一格降人才"的良好生态。"第一学历"歧视问题的根源在于人才评价标准的跑偏。用人单位除了学历等显性指标之外,还应关注责任心、团队意识等个性特质,重视对其发展潜力的考察,让求职者的综合素养被发现、被看见。

相关部门在政策制定过程中的导向作用也极为关键,依法保护劳动者平等就业的权利,营造"不拘一格降人才"的识才用才氛围,避免"唯学历论英雄",别让"第一学历"成为伤害求职者的一把"利剑"。对于奋斗者,我们的社会不缺少个人上升发展的通道,但此类通道的口子可以拓得更宽一些。

　　有时候虽然很难，但在终身学习的时代，无论起点高低，每个人都需要蓄力奔跑，稳健地跑好属于自己的职场马拉松、人生马拉松！

陈培浩　刘召鑫　郑黄河　执笔

2024 年 3 月 7 日

"天空的一半"是什么

> "妇女"二字，朴实无华，却力重千钧。乘风破浪的"她力量"，在中国女性身上从未远去。

"妇女能顶半边天"，这句代表中国女性力量的口号响彻大江南北。但鲜有人知，这7个字的诞生和杭州建德一个叫千鹤的小村有着密切联系。

1955年的春天，原来大多数时间只能在家做做家务、带带孩子的千鹤妇女们，走向了田间地头。仅用了4天时间，她们就完成了105亩油菜的收割，并在15亩自留地上种下苋菜、南瓜等农作物……她们还参与修筑水库、积焦泥灰等等。这一事迹被记录下来形成报告、加入书稿，毛主席曾亲自为此写下512字的按语。

按语影印件上，密密麻麻的字迹中，有铅笔、毛笔、红笔修改过的痕迹，其中提到，"中国的妇女是一种伟大的人力资源。必须发掘这种资源，为了建设一个伟大的社会主义国家而奋斗"。

"天空的一半"是什么？今天是"三八"国际妇女节，我们寻溯60多年前的"妇女能顶半边天"，一起去寻找答案。

一

1955年的千鹤高级农业生产合作社，有水田320亩、旱地302亩、山地200亩。当时，社里的秧苗因肥力问题普遍发黄，有20%已翻根；当年春耕土肥原计划需要26多万斤，后来只备了9万斤……

随着生产规模不断扩大，劳动力短缺的矛盾日渐突出。全社只有男正劳力87个，半劳力28个。与此同时，有劳动能力的妇女却不被允许到田间地头参与生产劳动。当地流传着"妇女踩过的田不长庄稼"等怪论，封建礼教观念根深蒂固。

为了摆脱这种困境，当时的建德县妇联主任胡采薇与村里的妇女同吃同住，挨家挨户上门谈心，鼓励妇女们走出家门。

首先是解决思想观念上的问题。为了破除"妇女下田，无米过年""劳动生产是男人的事"之类的观念，千鹤社除了开会、谈心、讨论外，甚至还开展了男女社员间关于"男女平等"的大辩论。

其次是解决妇女参加劳动面临的具体问题。为解决妇女下地干活和带小孩之间的矛盾，千鹤社还专门成立了托儿组，减少妇女的后顾之忧。这其实就可以看作是现在托儿班的雏形了。

亲历变革的胡采薇，牵头撰写了一份题为《建德县千鹤农业生产合作社发动妇女投入生产，解决了劳动力不足的困难》的调研报告。1955年，毛主席在审阅《中国农村的社会主义高潮》书稿时，为被收录于书中的这篇报告亲笔写下按语，并将标题修改为《发动妇女投入生产，解决了劳动力不足的困难》。按语中，毛主席还写道："浙江建德县的经验，一切合作社都可以采用。"

这份按语，成为新中国妇女解放的重要理论篇章。自此，建德千鹤成为"妇女能顶半边天"思想的重要发源地。

二

走向田间地头的千鹤妇女，喊出了"劈山拦河溪改田"的口号。"花木兰队""刘胡兰排""妇女先锋队"等劳动组织的鲜红旗帜渐渐地在建德县内扬起。

论劳动，在社里组织的"大田撒肥""双轮双铧犁"等农活比赛中，妇女们在苏莲珠的带领下，通过苦练和巧干，多次赢得比赛，可见她们在日常生活中的勤快劲与战斗力。值得一提的是，"妇女参加生产，抢了男子汉的工分"这样的说法，逐渐变成"男女齐上阵，泥土变黄金"等口号，并广为流传。

劳动之外，千鹤妇女还抓紧学习文化和生产技术。如胡梅莲因为没有被编入学习技术组，主动提出"四问四比"。她说："比劳动，我哪一样生活不去做？比觉悟，我哪一次会不去参加？比政治条件，我是青年团员，说我有孩子，我已把孩子送托儿所，为什么不叫我学技术？"

双手残疾的傅爱娥，为了学写字，学起古人，用绳子把笔杆绑在手臂上练习。傅爱娥的事迹传遍四邻八乡，《浙江日报》曾在头版头条发表《身残志不残》一文报道她的事迹。1966年，傅爱娥被评为"全国劳动积极分子"，同年还被推荐进京参加国庆观礼。

此外，千鹤妇女还积极响应"大办民兵师"号召，组建了杭州市唯一的女子民兵连，这也是当时浙江省仅有的两支女子民兵连之一。

淳朴勤劳、敢想敢干、不怕苦、不服输的千鹤妇女凭着一股特有的韧劲儿，阐释了什么是"妇女能顶半边天"。

三

今天，毛主席的512字按语复印件，作为千鹤妇女精神的载体，静静地展陈在橱窗里，映照着千鹤妇女不平凡的曾经。

"不等不靠、敢想敢干、团结协作、艰苦创业"的千鹤妇女精神，也在不断迭代升级，发展成"自强奋斗撑起半边天，创新创业敢为天下先，忠诚奉献共圆家国梦"的"新时代千鹤妇女精神"。如今的千鹤村里，千鹤嫂巾帼志愿服务队、千鹤嫂创业街、千鹤嫂直播间、千鹤嫂创业联盟……处处可见"她力量"。

"妇女能顶半边天"，这不仅仅是一句口号，透过它，我们还能感受到许多。

比如社会角色的转变。传统观念里，妇女的主要社会职能围绕家庭展开，"男主外、女主内"的思想根深蒂固，很多时候妇女缺少实现人生梦想的通道。新中国成立以来，妇女地位日渐提升，权益保障日益完善。有了施展聪明才智的舞台，她们紧紧把握住了人生出彩和梦想成真的机会，改变了原有那些古板的角色定位。

比如女性力量的凸显。"半边天"精神激励着中国女性不断追求人生价值的体现。从乡村到都市，从太空到深海，女性力量不断书写出新的故事。"燃灯校长"张桂梅、诺贝尔奖获得者屠呦呦、"人民英雄"陈薇、"太空教师"王亚平、"大山的女儿"黄文秀……她们的名字熠熠生辉。数据显示，2022年全国女性就业人员占全部就业人员的比重为43.2%。在全国科技工作者中，女性占比45.8%，人数近4000万。

也要看到，中国女性事业发展是进行时而不是完成时。现实中，妇女也确实面临着与过去不同的挑战。如何让妇女不被生活重负和新旧偏见所束缚，在更广阔的天地里展现才华，仍是我们需要持续关注和解决的话题。

"妇女"二字，朴实无华，却力重千钧。乘风破浪的"她力量"，在中国女性身上从未远去。正如一位网友所说："她是人民，她是创造者，她是女性，是这个人类世代的二分之一片天空。"

档案资料

1955年，"千鹤妇女精神"这一案例被中共中央办公厅整理编入《中国农村的社会主义高潮》。毛主席将标题改为《发动妇女投入生产，解决了劳动力不足的困难》，并题写按语。毛泽东同志的按语原件现存放于中央档案馆，影印件存放在建德市档案馆、千鹤妇女精神教育基地等地。

王莹　钱伟锋　陈培浩　执笔

2024年3月8日

来浙江的十个理由

> 假如你来浙江，一定可以住在"富春山居图"里，生命力与诗意同在，在飞驰的时代中留住一方自得的天地。

在全国两会上，浙江向天下英才发出"英雄帖"："浙江是富于创造、活力十足的热土，也是充满温情、安放身心的港湾，我们打开大门、敞开胸怀、张开双臂，欢迎大家到浙江创新创业、打拼发展，携手成就一番事业、携手共赢美好未来。"

10万多平方公里的之江大地，究竟凭啥去赢得天下英才的青睐和向往？浙江有什么、来浙江为什么？以下十个理由是否可以打动你？

一、崇尚创新的热土在等你

有人说，浙江无处不创新、无时不创新。这是因为，浙江既有敢为人先、勇立潮头的改革创新精神，又有"互联网＋""智能制造"等新兴产业的战略布局。

我们来看一组数据：在浙江今年开工的首批 647 个投资 10 亿元以上制造业重大项目中，新能源汽车及零部件相关项目就有 123 个，高端新材料领域项目 66 个，绿色石化精细化工领域项目 63 个，生物医药与医疗器械领域项目 63 个，集成电路领域项目 61 个⋯⋯

假如你来浙江，我们不怕你的想法太大胆，我们大可一起天马行空、头脑风暴，一起碰撞出创意的火花，在创新涌流的热土上打开很多种想象与可能。

二、活力满满的市场在等你

如果要论经济成色谁最足、发展势头谁最好，可能全国不少地方难分伯仲。但若要论民营经济谁最强，浙江当之无愧。

"2023 中国民营企业 500 强"榜单中，浙江民营企业上榜 108 家，这一数量已经连续 25 年"霸榜"全国第一。浙江有 1000 多万个市场主体，每 7 个人中就有 1 个老板，每 19 个人就办有 1 家企业，民营经济占 GDP 比重约 70%⋯⋯一个个数字昭示的，正是浙江浓厚的创业氛围、广阔的就业空间，还有满满的市场活力。

假如你来浙江，我们可以一起感受发展的气息、时代的脉动，在千万市场主体中找到自己的赛道，书写自己的精彩一页。

三、开放包容的港湾在等你

浙江"七山二水一分田"，既然自然资源禀赋并不突出，那就敞开胸怀、拥抱世界，把开放的大门越开越大，迎天下客人，做天下生意，交天下朋友。

如今，宁波舟山港连接世界、义乌小商品货通四海、浙商遍布全球，这些都是浙江人开放的基因结出的硕果。2023年，全省出口总值3.57万亿元，规模跃居全国第二，进口跻身全国前五，外贸贡献率居全国首位……

假如你来浙江，等待你的将会是开放包容的胸怀，你可以在多元融通的世界里闯出一番天地。而且你可以尽情地把这里当作"第二故乡"，因为在这里没有"漂泊"。

四、便捷高效的服务在等你

面对各大城市之间的激烈竞争，你会选择去哪里干事创业？这个问题有很多答案，而高效便捷的政务服务一定是重要因素。它是许许多多来到浙江工作生活的人，最有共鸣的答案之一。

很多人都说，在浙江，只要申请材料齐全、符合受理条件，无论是购置新房办理证件、创办企业申请许可，还是办户口、办身份证，各种大事小情，只需"最多跑一次"，甚至在"浙里办"App上在线办理，一次都不用跑，最大限度方便企业和群众。有网友调侃，"在有的地方跑一次没办成事情慌的是自己，在浙江跑一次没办成事情慌的是办事人员"。

假如你来浙江，体验的是办事不用求人的畅爽，也是"急难愁盼"都被看在眼里、放在心上的"在乎"，更是真正被一座城市所尊重的暖心。

五、赛博时代的风口在等你

从人工智能、元宇宙、云计算等技术的广泛应用，到世界互联网大会乌镇峰会、全球数字贸易博览会的永久落户；从跨境电商"买全球""卖全球"，到"网红经济"引爆消费新风口，浙江不缺流量，也不愿错过赛博时代的风口。

浙江数字经济的发展不是冷冰冰的，而是以人为本、普惠共享的，更与实体经济产生了你中有我、我中有你的深度融合。

假如你来浙江，既可以是架构二进制世界的"工程师"，也可以是自由行走在各地的"数字游民"，更可以做一个智能生活的"体验官"，哪一种角色都能尽享数字时代独有的美好。

六、诗情画意的江南在等你

这里有苏堤春晓，乱花浅草；这里有三秋桂子，十里荷花；这里有断桥残雪，雁荡冰封；这里有钱江弄潮，渔舟唱晚……厚重的历史与轻灵的烟雨共同塑造了"诗画江南"。白蛇许仙的浪漫爱情、文人墨客的隐逸孤高、沉淀千万年的悠悠时光，它们不正是每个中国人心中的"江南"吗？

"诗画江南"不只是一道风景，更是一种生活方式。眼前是重叠的群山，脚下是潋滟的湖波，随时随地都能触摸古迹、寻幽探胜，十一个设区市各有风姿、移步换景。人与自然和谐共处，现代科技与古朴底蕴相得益彰……

假如你来浙江，一定可以住在"富春山居图"里，生命力与诗意同在，在飞驰的时代中留住一方自得的天地。

七、文化荟萃的殿堂在等你

万年上山、八千年跨湖桥、七千年河姆渡、五千年良渚、千年宋韵、百年红船……浙江是中华文明重要发祥地，素有"文物之邦""人文渊薮"之美誉。在中华文明这条波澜壮阔的长河中，浙江的文脉宛如钱塘江水，藏珍纳景，激波扬涛，一路奔涌，从未断流。

这里既有宋韵文化、阳明文化、和合文化、南孔文化、大禹文化等一颗颗璀璨的"明珠"，也有杭州国家版本馆、之江文化中心等新晋"顶流"，还有无数高山仰止的文艺巨匠、千古流芳的旷世巨作。

假如你来浙江，可以亲身感悟中华民族的文明曙光，触摸悠久深厚、意韵丰富的优秀传统文化，也可感受新时代文化焕发的活力，聆听古老与现代交相辉映的对话。

八、抚慰人心的烟火在等你

人间烟火气，最抚凡人心。在网上，总有人戏称浙江为"美食荒漠"，一道西湖醋鱼甚至成为网络热梗。但是浙江其实从来不缺美食，大美食家苏轼就曾经感叹："天下酒宴之盛，未有如杭城也。"杭州片儿川、衢州三头一掌、兰溪手擀面、嵊州小吃、嘉兴粽子、缙云烧饼、温州糯米饭……

这片土地孕育着拼搏进取的基因，也涵养着认真生活的态度，所以这里的人才会去亲手制作包罗万象的美食，也会在闲暇之余脱掉正装，去享受轻松愉快的时光。

假如你来浙江，可以遇见热腾腾的美食、热腾腾的浙江人，还有热腾腾的生活，在细细品味中逐渐找到归属感。

九、幸福有感的家园在等你

《中国十大最具幸福感城市2023》研究报告显示，杭州、舟山、宁波位居前十，再一次诠释了浙江这个自古以来的江南富庶之地，是一个幸福感满满的地方。

如今的浙江，正在高质量发展建设共同富裕示范区，地区、城乡、收入"三大差距"正在不断缩小。很多年轻人返乡创业，在农村过上了和城里一样美好的生活。同时，浙江连续20年把为民办实事作为重要工作纳入议事日程，不断提升老百姓的获得感、幸福感、安全感。

假如你来浙江，一定能感受到实实在在的"性价比"，也可以在这里看得见山、望得见水、留得下美好、记得住乡愁。

十、造梦圆梦的高地在等你

很多人都知道，今年浙江省委"新春第一会"的主题是人才，重点将打造"三支队伍"，即高素质干部队伍、高水平创新型人才和企业家队伍、高素养劳动者队伍，并且出台一系列"含金量"很高的政策。"新春第一会"为啥聚焦"人"？"大人才观"的背后，体现的正是浙江以人为本的理念，释放了尊才爱才护才的鲜明信号。

　　浙江地方不大，但我们的舞台很大。因为这里有广阔的市场、浓郁的氛围，去年就有55.7万人选择到浙江工作生活，他们当中留下了许许多多干事创业、成就梦想的身影。

　　假如你来浙江，不论你是务工，还是做生意，又或是"读研""考公"，我们相信，这方热土定是个不错的选择，你的梦想定会在"浙"里照进现实。

　　　　　　　　倪海飞　洪敏　云新宇　谢滨同　陆家颐　执笔

　　　　　　　　2024年3月8日

"上班比丑穿搭"是真的在比丑吗

> "丑穿搭"更多的是一种自嘲与自愈，是"同为天涯打工人"的观念认同和情感宣泄。

最近，"上班比丑穿搭"的话题频频引发热议。过去精致的"猪猪女孩"，现在纷纷晒出上班时的"潦草"装扮，一场"比谁穿得更丑"的PK在互联网上蔓延。

"办公室真的没有在意的人""丑衣服要留给上班穿""上班丑关我下班什么事"等高赞评论，引发了很多人的情感共鸣。"上班比丑穿搭"为何火了？这背后是年轻人整顿职场的一次"出招"，还是他们为了寻求更加从容舒展的工作状态？

——

"上班比丑穿搭"大概源起于2023年9月初，有视频博主在短视频平台发视频称，自己曾因上班穿得"恶心"被领导谈话。今年春节后上班，越来越多的年轻人开始从衣柜里翻出丑衣服、旧衣服，打算都留着上班穿，并笑称"早已不在乎世俗的眼光"。

穿搭风格被分成了很多类，比如知性风、老钱风、休闲风、学院风、名媛风等等，但是上班族穿搭，似乎"一切皆有可能""万物皆可搭配"，宽松的卫衣搭配的可能是小香风短裙，呢大衣下穿着的可能是珊瑚绒睡衣，阔腿裤直接套在碎花棉布睡裤外也不成问题。看似割裂的审美，在上班这个场景中实现了和谐统一，有网友将此总结为"每穿一件衣服，都有着不顾下一件衣服死活的美感"。

那么，当下年轻人的上班穿搭真的很丑吗？实际上，去掉一部分强蹭流量、博人眼球的夸张式"比丑"穿搭，网友晒出的"上班比丑穿搭"照片，大多都在正常着装的范畴，它可能只是穿搭得不够精致，组合得有点草率，看起来有点"普"也有点"土"。

一般而言，打工人穿搭的单品比较固定：冬天是羽绒服、冲锋衣，夏天就搭配T恤、防晒衣、牛仔裤；款式就选最基础的，颜色都选深色系的，耐脏效果一流。由此衍生出经典的"海淀风穿搭"，即黑色长款羽绒服、轻薄型羽绒服、冲锋衣。这三种服装被并称为"海淀三大件"，尤其是过膝黑色羽绒服更是几乎实现人手一件，在人流密集的场所和朋友走散，甚至很难找到彼此。

二

都说爱美是人类的天性，但为何如今的年轻人，却变得越来越不爱在工作场合打扮了？笔者认为，最核心的原因是两个"不"。

其一是不需要。除了礼仪、主持、空乘等部分需要维持外在形象的职业外，职场中大部分的工作其实对着装打扮的要求并不高，"拖鞋＋T恤"的"懒汉穿搭"在互联网及科技行业中早已流行。

一些单位创设出相对自由和宽松的工作环境，鼓励打工人更加注重内在的自我提升，而非外在的精致扮相，正如一位网友说的那样："穿得舒适随意才能把精力都放在工作上，年轻人穿得不好看但干活还是不含糊的。"

其二是不值得。精致打扮需要有时间、有金钱和有心情，但对于不少年轻人而言，时间、金钱和心情，样样都是"稀缺货"。

有报告显示，我国主要城市的平均单程通勤时间为36分钟，上海、重庆等大城市的单程通勤时间达到40分钟。年轻人每天从起床开始就像上了发条，花时间精致打扮，不如掐掉闹钟多睡个十分钟的回笼觉。有网友的评论一针见血："画个美美的妆并没有奖金，相反，要是迟到了，很有可能会被扣掉全勤奖。"

另外，打扮自己需要化妆品、服饰、箱包等物资的"加持"。不少年轻人发出灵魂一问："'凭薪'而论，我的打扮真的丑吗？"还有人调侃："都说相由'薪'生，我穿得丑，但我问'薪'无愧。"在快节奏的现代社会，年轻人注重生活与工作的平衡，更愿意将有限的时间和精力投入到生活爱好上。

更为关键的是，"上班比丑穿搭"折射出了多元的审美观念，营造了劳动者自由的"舒适区"，其本身的幽默感能够带给打工人"会心一笑"，有助于调节工作压力，缓解工作焦虑，是一种积极的情绪劳动。因此，所谓的"比丑"，表面上是在调侃穿搭，实际上是当下年轻人对工作对生活的一种"自定义"态度。"丑穿搭"更多的是一种自嘲与自愈，是"同为天涯打工人"的观念认同和情感宣泄。

三

在热映电影《热辣滚烫》中，女主人公乐莹有一句经典台词："现在，就不在乎别人的看法啦。现在，看心情。"对于年轻人在工作场合不愿意精致打扮的现象，我们也应修炼更为开放、豁达的心情。

比如，包容穿衣自由。在不触及公序良俗底线的基础上，我们应充分尊重每一个人对穿搭的自由选择。换言之，在工作场合、职业特性允许的范围内，在不影响他人、不影响工作的前提下，上班穿什么、怎么搭配是个人的事情，不用过分在意他人的眼光和评价，更不可让着装成为工作和生活的烦恼。

比如，尊重职业"设定"。在特定的工作场合及特定的职业属性中，大方得体的穿搭能够塑造专业、可靠的职业形象。年轻人可以根据不同工作场合的"设定"，以愉悦的心情切换穿搭风格。当然，"丑到辣眼睛"的职场穿搭还是需慎重。

比如，关注职场生态。"上班比丑穿搭"折射的是年轻人对职场生态的反击，这也提醒用人单位需要多倾听年轻人的诉求，营造既能体现企业文化又能尊重员工个性的工作环境，这也是吸引和留住年轻人才、提升团队凝聚力的关键。

与此同时，更要警惕防范无良自媒体的恶意炒作。热点话题的背后有实打实的流量变现。一些自媒体账号为了蹭热点博流量，晒出不堪入目甚至触及色情边缘的穿搭丑照，借以抹黑当代年轻人；一些自媒体刻意煽动对立情绪，激化职场矛盾……这些都需要网络管理部门激浊扬清，维护健康有序的互联网生态。

泰戈尔说："你可以从外表的美来评论一朵花或一只蝴蝶，但你不能这样来评论一个人。"生活本身就是一个巨大的秀场，一个人精致的内核，往往会比精致的穿搭更具魅力，也更有吸引力。

胡佳　张瑞洁　执笔

2024 年 3 月 9 日

发展新质生产力需避免五个误区

> 生产力变革是一项系统性、集成性的工程。谋求一场战役的胜利，拥有先进的武器装备固然重要，但战略战术、人员配备和后勤补给都不可或缺。对于新质生产力，走出思维误区，统一认知、协同用力，有助于真正踏上向"新"而行之路，为高质量发展加油添劲。

今年全国两会上，"新质生产力"是一个热词。习近平总书记在参加江苏代表团审议、看望参加政协会议的民革科技界环境资源界委员、出席解放军和武警部队代表团全体会议时，都强调了"新质生产力"。

听到"新质生产力"，你想到的是"脑机接口""星链计划"的颠覆性，还是量子科技、生命科学带来的未来感？新质生产力以全要素生产率大幅提升为核心标志，特点是创新，关键在质优，本质是先进生产力。可以说，新质生产力代表着未来中国发展的方向、趋势和路径。

那么，如何发展新质生产力？习近平总书记指出，发展新质生产力不是要忽视、放弃传统产业，要防止一哄而上、泡沫化，也不要搞一种模式。要统筹推进科技创新和产业创新，加强科技成果转化应用，推动传统产业转型升级，发展战略性新兴产业，布局建设未来产业，加快建设现代化产业体系。各地要坚持从实际出发，先立后破、因地制宜、分类指导。

思想是行动的先导。从长远来看，发展新质生产力，我们对它的认识要避免陷入一些误区。

误区一：发展新质生产力就是一味发展新兴产业

新质生产力之所以能向"新"而行，是因为它代表新兴技术、能够创造新价值并形成新兴产业。但这并不意味着片面追新求新，只看到摆脱传统的经济增长方式与生产力发展路径，而忽视甚至放弃了传统产业。比如，把钢铁、石化、有色、建材等传统产业等同于夕阳产业、落后产业。再如，发展新质生产力要靠战略性新兴产业和未来产业，于是支持传统产业转型升级的资金投入越来越少，甚至弃之不顾。

实际上，新质生产力代表了一种方向，往这个方向跑肯定是对的，但并不是要将创新与守正对立起来，也不是把传统产业与新质生产力对立起来。这两者的关系，其实也是中央经济工作会议确立的"立"与"破"的关系，"先立后破"决不能成为"只立不破"。在"育新枝栽新苗"的同时，也离不开"老树发新芽"，更何况，"老树"还是我们的老本、根系所在。我国传统制造业是工业经济的主体，占比超过80%。

因此，一方面，新兴产业要培育壮大，在量子技术、生命科学等新赛道上奋力奔跑；另一方面，传统产业也需升级，在稳住基本盘的基础上，聚焦产业高端化、智能化、绿色化。

误区二：发展新质生产力是什么热门就干什么

生产力是人类社会发展的根本动力。这一社会发展的根本规律，独立于人们的主观愿望而存在，我们必须尊重规律。然而，在领会新质生产力发展要义时，要注意避免犯方向性的错误，不能不按规律办事，一哄而上，造成泡沫化、内卷化。

比如，倘若忽视产业规律和自身条件跟风追热，什么热门就干什么，盲目上马"高大上"的新兴项目，不顾实际地推动战略性新兴产业和未来产业发展，就可能会导致重复建设、产能过剩等问题，反而不利于地方经济社会长远发展。

发展新质生产力既不能好高骛远、急于求成，也不能饮鸩止渴、杀鸡取卵，说到底还是要实事求是，准确把握规律、科学运用规律，结合本地实际情况有条不紊地去推进，这样才是完整、准确、全面领会和贯彻中央的决策部署和战略意图。

误区三：发展新质生产力只要瞄准科技创新单打一

生产力变革是一项系统性、集成性的工程。谋求一场战役的胜利，拥有先进的武器装备固然重要，但战略战术、人员配备和后勤补给都不可或缺。生产力变革上的攻城拔寨亦是如此，需要多要素相互配合、一体推进。正如中央财办有关负责人所说，新质生产力是由技术革命性突破、生产要素创新性配置、产业深度转型升级而催生的当代先进生产力，它以劳动者、劳动资料、劳动对象及其优化组合的质变为基本内涵，以全要素生产率提升为核心标志。

因而，不能简单把新质生产力等同于新发明和新技术，而是要在抓住科技创新这个核心动力的基础上，再给它配备其他"装置"和"支架"，多种要素相辅相成、共同发力。比如，进一步全面深化改革，不断破除体制机制性束缚，打通发展新质生产力的堵点卡点；比如，根据发展新趋势新动态调整策略，激发劳动、知识、技术、管理、资本和数据等生产要素的活力。

功以才成，业由才广。值得一提的是，发展新质生产力，要用好人才这个"关键变量"，通过优化高等学校学科设置、人才培养模式等措施源源不断向前沿领域供给急需紧缺人才。

误区四：发展新质生产力就必须全域齐铺开

发展新质生产力涉及科技创新、产业升级、组织管理、人才引育等多个层面，不同地域也要有不同打法。假如一味讲求大而全，忽视了各地的个体差异、发展实际，就容易埋没了一个地方的发展潜能和优势，贻误发展时机。

一方面，各地现有的产业基础、科研条件和人力储备不同，要优化的内容和攻克的难关自然也就应该有所侧重；另一方面，各地都有各自的资源禀赋和长处长项，有针对性地选择与投入，避免跟风行事，是确保新质生产力健康、有序发展的关键。

在今年的"新春第一会"上，许多省市在提到新质生产力发展战略时，也都结合自身实际情况，突出了因地制宜。如浙江聚焦促进创新链产业链资金链人才链深度融合，提出要全力打造高素质干部队伍、高水平创新型人才和企业家队伍、高素养劳动者队伍"三支队伍"；上海作为我国经济和科技发展最具活力的地方之一，提出要坚持以科技创新推动产业创新，聚焦智能化、绿色化、融合化，加快建设现代化产业体系；等等。

误区五：发展新质生产力要自立自强，于是"闭门造车"，忽视国际交流合作

近几年，中国一些高新技术企业在海外发展时的遭遇，让许多人意识到，当前国际上还存在相当程度的保护主义和技术壁垒，若要在关键技术上不被"卡脖子"，唯有自立自强。

不过，追求科技创新的自立自强，绝非自个儿捣鼓自个儿的。关起门来搞科技、"闭门造车"，只会导致故步自封、止步不前。追求科技创新的自立自强，是冀望也是目标，有益于促进这个目标实现的方式方法都值得去尝试，各种"门路"都努力去闯一闯，该交流交流、该合作合作，他山之石也可为我所用，从而将发展的主动权牢牢掌握在自己手中。

现在国际上的许多前沿技术都值得我们学习借鉴，科学研究也只有走出去，与更多新思想交流、碰撞，才更有利于自身取长补短、加速进步。如今全球正历经新一轮技术变革和产业变革，这是我国实现技术追赶的一个机会。习近平总书记指出，越是面临封锁打压，越不能搞自我封闭、自我隔绝，而是要实施更加开放包容、互惠共享的国际科技合作战略。

"思想永远走在行动之前，就像闪电走在雷鸣之前一样"。对于新质生产力，走出思维误区，统一认知、协同用力，有助于真正踏上向"新"而行之路，为高质量发展加油添劲。

王云长　执笔

2024年3月9日

"天涯贾客"出龙游

> 从钱江源头到东海之滨，从龙游商帮、宁波商帮到温州帮、义乌帮，再到现如今的风云浙商，一代代"天涯贾客"正是在与时俱进的浙江精神的滋养下劈波斩浪，走出浙江、走向全国、走向世界。

两会时间，与民营经济相关的话题持续引发关注和热议，会场内外，不乏来自浙江的企业家代表委员们的身影。

作为民营经济大省，浙江拥有数以百万计的浙商，他们活跃在全球各地，传承和发展着历史悠久、灿烂丰富的浙商文化。

中国古代有十大叱咤风云的商帮，其中两大商帮来自浙江——"无宁不成市"的宁波商帮和"无远弗届、遍地龙游"的龙游商帮。今天，我们循着钱塘江的水脉和浙商的发展脉络溯流而上，看八百多年前，龙游商帮的"天涯贾客"如何走出龙游。

一

龙游商人群体以"商帮"形式出现，要从南宋说起。

南宋迁都临安后，为方便军事联络，修建了一条官道。官道东自临安起，向西连接赣湘，穿越龙游全域。自此，凭借地理位置的优越性，龙游又多了一条经济动脉，为商帮的兴起与贸易的往来撑起了空间。

一方面，盛产于龙游的山林竹木和茶漆粮油等山货，成为本地商人发家致富的"外贸"商品，大批大批沿着穿境而过的衢江运往各处。

另一方面，"不安分"的龙游商人特别偏爱远走他乡开拓市场。造纸、刻印、桐油、蚕帛……龙游商贸人士走出龙游，来到临安等地，活跃于各个领域，并以行会之名聚集。为此，被宋宁宗任命为丞相的龙游人余端礼，饱蘸浓墨，挥毫写下"龙游行会"四个字。

时间来到明代，江南地区崇商重商思想浓厚。越来越多龙游百姓转而经商致富，涌入商海大潮。万历年间，"龙丘之民，往往糊口于四方，诵读之外，农贾相半"；清初时，龙游外出经商者，已从明中叶的半数跃至"十之六七"。

实际上，龙游商帮的商人不仅是龙游人，主体范围还要广，还包括金华、江西上饶等地的商人，只因当时龙游商人多，所积累的资源也多，其他地区的商贾便逐渐以龙游商帮为旗号开始在各地经商做生意，这又一定程度上促使龙游商帮走向"高光"。

二

"白天当老板，晚上睡地板"，浙江商人敢闯敢拼、吃苦耐劳的精神特质，在明清时期的龙游商帮身上体现得淋漓尽致。龙游商帮不像一般乡民那样安土重迁，为了求生存谋发展、积累财富，他们不畏背井离乡，成为一帮"天涯贾客"。那么，数百年前的这群"天涯贾客"如何经商？

"无远弗届"之远。明天启年间的《衢州府志》记载："龙游之民，多向天涯海角，远行商贾，几空县之半。""几空县之半"这五个字，足以证明人们将在外龙游商人形容为"遍地龙游"并非虚词。

许多人或许不知道，作为平民草根的创业代表，龙游商帮还曾是"西部开发"的先驱者。据记载，明成化年间，龙游商人与江西安福商人一道，千里迢迢来到云南边陲，从事边贸或屯垦。这一"大部队"总共有三五万人。买卖茶叶、药材、丝绸等，是龙游商人的主营业务。更有甚者，二三十年不回原籍。

"开拓创新"之勇。自然资源的匮乏，催生了浙江人"敢为天下先"的精神面貌。这种创新活力，随钱塘江水滚滚东流，滋润了之江大地，也孕育了诸多商贾巨富，头脑活络的龙游商人也不例外。他们上至中原、下抵边关、漂洋出海，活跃于江南、京师、秦晋、云南、广东乃至海外，与徽商、晋商等各商帮竞相角逐。

他们较早形成了"产业资本"意识——不少商人将经营所赚得的资金转向投资手工业生产和工矿产业，以获取更多利润。在现在看来，这实际上就是一次生产关系的跃迁。

"海纳百川"之广。龙游商帮之所以成"帮",还在于海纳百川、兼收并蓄式的智慧。尤其到了明代中叶,他们的活动范围不断拓展,陆续吸纳其他商贾"加盟"至商帮当中,进一步壮大队伍,为自身与各商帮进行角逐进而称雄一方做"加法"。

各行各业的龙游商人面对市场风云,还成立了类似于"行业工会"这样的组织。工会会馆成为商人们集会和活动的重要场所,他们在这里"抱团取暖",抵御市场风险,兼营各类善举。

三

有人说,中国传统十大商帮中,唯独龙游商帮以县域命名,这是商业史上的奇迹,也是区域文化史上的奇迹。经商固然要取利,"利"字是要义,而一个"义"字,更是解码龙游商帮文化的另一关键字。

比如,童叟无欺式诚信经营。龙游纸商傅家来开设的纸号,所造之纸以均匀、洁白、坚韧著称,质地总比其他商家生产的纸要优良。为了树立品牌形象,他们格外注重生产销售上的细节处理,质量须经过层层把关,决不出售次品,产品统一加印"西山傅立宗"印记。

再如,亦儒亦商的文化气质。龙游书商童佩就是代表之一。许多资料中,都记载其"因售书而读书,因读书而藏书,因藏书而刻书",可见其对诗书文化用情至深。他还常拿出田地、租金为村民办学校,帮助贫寒子弟进塾读书,因而他"以德聚财,以财播德"的事迹流传至今。

龙游商帮商人,大部分拥有较高文化水准,他们既是商人,也是文人，与徽商一样，也十分看重"财自道生，利缘义取"。

这一独特气质，缘何而来？龙游商帮的发展，深受南孔文化的浸润和熏陶。南宋初年，孔子第48代嫡长孙孔端友率族人南迁至衢州后，衢州成了"东南阙里、南孔圣地"。儒风甲于一郡，使得当地本身就有一定基础的刻书业更为繁荣，造纸业、贩纸业一并得到发展，崇学尚文之风更盛。

也正因如此，"以义取利""义利并举"的基因，深藏于龙游商帮的发展脉络中。无怪乎有人用这样两个关键词形容龙游商帮，一个是"无远弗届"，一个是"天下归仁"。

时至今日，历经八百余年的龙游商帮虽已不复往昔之光辉，但其风范依然生生不息，激励新时代龙游商帮出龙游、"游"天下。

从钱江源头到东海之滨，从龙游商帮、宁波商帮到温州帮、义乌帮，再到现如今的风云浙商，一代代"天涯贾客"正是在与时俱进的浙江精神的滋养下劈波斩浪，走出浙江、走向全国、走向世界。

郑林红　张雯　求张锋　楼郁馨　执笔

2024 年 3 月 10 日

再读"侠之大者"

> 他盛名之下坦心求学的谦逊，他那如长者般循循劝学的赤忱，他贯穿一生的孜孜求学精神，是小说之外，值得我们铭记的财富。

100年前的今天，海宁袁花秤钩湾，一处名为"赫山房"的院落内传出阵阵婴啼，这便是金庸"大闹一场"的开端。

这些年，每到今天，许多读者都会以各种形式为金庸庆生。曾有人这样写道："'飞雪连天射白鹿，笑书神侠倚碧鸳'，这14个字便是我的青春！"

可还记得，打着电筒在被窝里看武侠小说的深夜；可还记得，晚饭后围坐在电视机前的等待……金庸的作品陪伴几代人成长，大漠风沙、少年挽弓，是永远抹不去的印记。

有学者提出，金庸有译者、报人、小说家、影人、商人、时事评论人、国士、学人等八重身份。百年金庸，值得记叙的太多，"浙江宣传"曾发文纪念大侠金庸的江湖与情怀。今天，我们从金庸的五句话，再读"侠之大者"。

一、知识分子一定要有入世精神，
我的一生，都在学以致用

不同于笔下的狄云、越女阿青、张无忌那般"事了拂衣去"，金庸一辈子都是彻底的实干家。他以知识分子的经世热情关注时局、关怀百姓，反对纯粹的理想主义，称："根据现实走最好的道路，最伟大！"

他少年求学，经济拮据，便和同学编印出版辅导书，掘得第一桶金；他研究历史，同意一种说法：历史学家不同于历史工作者，后者重考据，前者更侧重以朝代更迭看趋势，以古鉴今；他写社评，时刻关心着祖国改革开放的脚步……他认为，学者需要解决人民需要解决的问题，应该对社会有贡献，应该有入世的精神。

晚年的金庸常出席各种政府推介活动，有人讽刺他是"翩然一只云间鹤，飞去飞来宰相衙"。金庸听后反而夸对方诗句贴切，他以终南隐士作类比。古人为什么隐在终南山？因为终南山离长安近。

从始至终，金庸都不只是一位武侠小说作家，他怀着一颗入世之心，书写江湖、投身江湖。他启示我们，或许在某些时候，我们可以越来越懂得边界，可以酝酿着"逃离"，可以有自己的特立独行，但遇到干事创业的好时机时，千万不能畏首畏尾、止步不前。

二、不一定要做社会上很出名的人，
不一定要成为大什么家

一项针对金庸书迷的"金庸成分"调查显示，比起"80后"

崇拜乔峰、郭靖,"00后"更喜欢令狐冲。令狐冲不汲汲于富贵、不戚戚于贫贱,不追求权力与权威,葆有一份自由冲淡,也是金庸最喜欢的小说人物之一。

金庸曾和学生们分享,不一定要做社会上很出名的人,也不一定要做很高级的领导,不一定要成为大科学家、大文学家,大什么家,"做人最重要的是对社会有贡献,对得起教育你的师长、父母,对得起自己"。还有人曾问金庸,来生愿意做男人还是做女人,做郭靖还是做黄蓉?他回答,不论做男人也好,做女人也好,都要做一个好人。

言下之意是,拼命进步固然是值得夸耀的品质,但不应好高骛远,尽己所能、问心无愧也是一种境界。

我们或许不是小说中的主角,没有杨过的天赋,没有石破天的运气,但江湖之中,大侠的史诗毕竟寥寥,更多的是小人物的奋斗史。日拱一卒,功不唐捐。江湖,何尝不是由无数无名之辈撑起的?

三、不怕牺牲名誉和地位,去纠正社会上不对的事情, 这就是侠义精神

"只盼你牢记着'为国为民,侠之大者'这八个字,日后名扬天下,成为受万民敬仰的真正大侠。"襄阳城内,郭靖面向杨过言辞恳切,这番话可谓金庸武侠小说的总纲。

很多人之所以热爱金庸武侠,正因心底藏着武侠梦。郭靖、杨过等人,皆为乱世之侠,充满正气。在金庸的武侠世界中,正义终会战胜邪恶,付出总会获得回报。

那么,在现实社会,侠又是什么?2007年6月,83岁的金庸告

诉北大学生，在现代规则下，侠义精神便是不怕牺牲名誉和地位，去纠正社会上不对的事情。

做一位有侠义精神的人，会不会武功不是关键。金庸曾把刘姝威比作现实中的大侠。21世纪初，这位女学者发现股市神话蓝田股份伪造虚假业绩，抵挡住收买、恐吓等手段，不惧威胁，为国家挽回不可估量的损失。

金庸本人也是如此。创办《明报月刊》时，金庸就说，要凭良心讲话，要能够以严肃负责的态度，对中国文化与民族前途能够有积极的贡献。"敝履荣华，浮云生死，此身何惧。"对他来说，办报纸是拼命，写小说更像是玩玩。

金庸留给我们的，不仅是那恩仇英雄泪，更是在大节大义上的磊落险峰行。存一份精神良知，人人皆可为侠。

四、养成读书的习惯，你在以后的人生痛苦中，
在寂寞、疲倦的时候，（读书）会帮助你解决问题

曾有人给金庸出了道选择题：坐十年牢但能随心所欲看书，自由自在但永远不准看书，选哪个？金庸毫不犹豫选择坐牢，说："不准念书，你在社会上摇摇晃晃，最没有味道了。"

金庸懂得一张课桌的珍贵。他年轻时身处乱世，读书不易。为求借读，21岁的他克服重重困难，穿越日军设下的三道关卡。在写给湖南大学校长胡庶华的信中，他满怀渴望地祈求："如成绩不及格可即予开除，但求能赐予一求学机会……"

金庸读书，引人注目的一件事便是晚年赴英留学。他在81岁的高龄，顶着一堆荣誉博士甚至教授称号，以学生的身份来到剑桥

大学，并接连完成硕士、博士学位论文。当时，有人称其沽名钓誉，有人说他是走了后门，还有人尖锐地讽刺他作秀。面对非议，金庸谦逊地说："学问不够，是我人生的一大缺陷。"

每每与年轻人聊天，他也是一副劝学姿态。2003年，他回到母校嘉兴一中，几度哽咽。在分享自己求学经历时，他说自己唯一的经验就是读书，且是一生一世有用的经验。人生中有很多悲哀、痛苦，但养成读书的习惯，会帮助解决很多问题。

他盛名之下坦心求学的谦逊，他那如长者般循循劝学的赤忱，他贯穿一生的孜孜求学精神，是小说之外，值得我们铭记的财富。正如网友说的："一生向学，求知学习，是金庸用行动告知我们的武功秘籍。"

五、我们自信自己的民族很强大，
外来的武力或外来的文化我们都不害怕

熟悉金庸的读者都知道，先生一直志于历史研究。晚年时，他还有个"十年计划"——沉下心读书，写一部大历史观的《中国通史》。他说，中华民族之所以强大，是因为各种民族文化融合在一起，一起发展。

这种融合观念，体现在他的历史观中，也体现于他的人生实践中。早在1973年，金庸在访台手记中就吐露心声，此生最大的愿望，是能看到祖国统一。在香港回归过程中，金庸在基本法起草中发挥重要作用，旗帜鲜明反对英国港督的收买人心；在香港政制模式讨论中，他舌战众方，希望促成"一国两制"……

金庸晚年与年轻人对谈，满溢着昂扬的道路自信。他深信讲究

融合、兼爱的中国文化传统，"大有可能导引我们进入光明的未来"。他说，在21世纪，世界的中心将是在中国，不管是在北京，还是在上海，只要是在中国就好。

大侠的期待，看懂金庸武侠的书迷自当理解，这也应当是我们所有中国人的自信和期待。

大闹一场，悄然离去。百年金庸的故事暂告一段落，百年金庸的人生和他的那些言语，值得我们细细品读。

朱鑫　执笔

2024年3月10日

戏曲电影如何"老树"发"新芽"

> 千百年间，中国民众对戏曲的情感已深深扎根，无论身处何方，只要耳畔响起熟悉的地方戏曲调，那份久违的乡愁便会瞬间涌上心头。

戏曲与电影，一个在舞台上演绎喜怒哀乐，一个在银幕上展现悲欢离合。当戏曲遇上电影，会发生什么？剧作家田汉在看完戏曲电影《斩经堂》后曾评价："银色的光，给了旧的舞台以新的生命！"

今天，浙江戏曲电影展在香港开展，故事影片《汉文皇后》越剧、《何文秀》越剧、《典妻》甬剧、《宫锦袍》婺剧、《孙悟空大战红孩儿》绍剧等五部戏曲电影"一路向南"跨越山海，来到狮子山头，赴一场千里之约。

方寸舞台，化在光影之中，融于镜头之下。当戏曲的呈现不限于台板地毯之上时，又会绽放出怎样的芳华？

一

也许很多人不知道，中国第一部电影是戏曲电影。1905年，北京丰泰照相馆内，"中国电影之父"任庆泰把摄像机对准了著名京剧老生谭鑫培，拍摄出的戏曲电影《定军山》开启了中国电影元年。1913年香港的首部电影《庄子试妻》也是改编自粤剧《庄周蝴蝶梦》的戏曲电影。可以说，电影进入中国以后就和戏曲相互交织、相互影响。

早在41年前，素有"半部中国戏曲史"美誉的浙江，其戏曲之风从内地刮到了香江之畔，拉开了浙港两地文化交流的序幕。

1980年春，香港甬港联谊会和香港票友协会相关人员在杭州观看浙江越剧二团的《云中落绣鞋》后，希望浙派越剧团到香港访问演出。但当时浙江10余个剧种都面临青黄不接、后继无人的问题。作为浙江最大的剧种，越剧更是出现了"四个花旦两百岁，三个老生两颗牙"的尴尬局面。

为了承担赴港演出任务，浙江从全省越剧团2000余位候选人中"海选"出茅威涛、何英、方雪雯、董柯娣、何赛飞、夏赛丽、陶慧敏等40名优秀越剧新苗，组成了赴港演出团。经过一年多的集训，又从40人中精选28人，这些优秀苗子组成了后来蜚声中外的"浙江小百花越剧团"。1983年11月，"小百花"赴港演出，带去了《五女拜寿》《汉宫怨》《双玉蝉》三台大戏。14天演出15场，创下了香港戏曲演出日程最紧的纪录。

40多年来，浙港两地的戏曲情一直未断。就在去年，浙婺、宁波及绍兴的小百花越剧团相继赴港，带去一批经典曲目，演出大受欢迎,门票被一抢而空,还有不少观众专程从新加坡、马来西亚等地赶来一饱眼福。

去香港办一场戏曲电影展,既是浙港两地戏曲迷的一次"双向奔赴",也是一次传承发扬戏曲文化、发展推广戏曲电影的绝佳机会,更是浙港两地友谊源远流长的见证。

二

然而,与近些年火热的创作潮相比,戏曲电影的市场表现依然比较疲软,受众的"冷淡"反应意味着其发展仍处于困局。

先说艺术形式之争。是给戏迷看电影,还是给影迷看戏曲?戏曲电影凸显了电影写实与戏曲写意之间的审美裂隙。有论者认为,戏曲强调以一当十、以少胜多的艺术旨趣,基于"四功五法"的程式化表演和观剧距离的考量,往往要求表演上的夸张;而电影则因日常自然态的呈现和镜头的放大效果,更注重表演的真切与细微。此外,戏曲置景和道具要求简约、概括,与电影直观真实的场景美学相去甚远。

戏曲人认为,将戏曲改编成电影,会损坏戏曲的"内核"。电影导演则认为,戏曲电影终究是"影",戏曲只是表现形式。倘若内耗于"戏影之争",戏曲迷不爱看、电影迷看不懂,表现形式不明晰、受众观众不细分,戏曲电影自然打不开市场。

再说主题价值之变。传统文化如何演绎时代价值?有研究表明,21世纪以来的戏剧电影,内容主要围绕颂扬传统美德、赞美坚韧无私的女性和塑造廉政清官形象等方面。这些戏曲电影由戏曲舞台演变而来,鲜有进行现代化改写的尝试,电影题材也主要聚焦历史故事、经典剧作等"古装"题材，用"旧瓶"装"旧酒"。事实上，戏曲电影作为独立的艺术门类，不仅肩负文化与价值的传承重任，更要直面当代受众，赋予古典艺术以现实意义，拥抱更多烟火气。

最后说受众群体之减。曾经老少皆宜的戏曲，今天却让很多年轻人感慨"不好看"。毕竟现代人在成长教育过程中，已经鲜少有机会接触到戏曲相关的知识和艺术形态，也很少欣赏戏曲。此外，现代戏曲缺失了幽默诙谐的喜剧成分。戏曲最初就是从喜剧开始的，而现在的戏曲在创作上有时为了表现宏大主题，摒弃了民间生活情趣，舞台上一般都是正剧，行当齐全、角色性格丰满的完整大戏变得愈发难以一见，削弱了亲和力、感染力。

三

戏曲电影隐藏着中华民族独特的文化基因。戏曲电影破圈重生的根本出路、长久之计还是要做好"传承"和"发展"这两篇文章。

培养一方"戏影"沃土。要让"老树"焕发"年轻态"，就要培养更多观众。耳濡目染是最好的传承方式。比如开展戏曲电影"进校园"等线下活动，让小观众了解戏影、对戏影产生兴趣；比如利用社交平台开展戏影线上答题活动，借助陈丽君、李云霄等流量明星吸引更多年轻小戏影迷走进戏影；比如打通更多传播渠道，在当下影院倾向商业电影排片的现状下，适时在农村增加戏曲电影的公益展映，让老百姓方便看戏影。

给观众奉上"新瓶"与"新酒"。不再拘泥于"戏影之争"，而要多关注内容题材的研究和创作,用"新瓶"装"旧酒",或用"新瓶"酿"新酒"。《新龙门客栈》何以火爆出圈?除了演员自身流量加持外,还有就是为观众奉上一瓶"新酒"——环境式越剧。2021年上映的粤剧电影《白蛇传·情》,刷新了戏剧电影票房纪录。该电影将白素贞塑造成一个有明确意识、自觉性和强行动力的女性,引发了当代女性的共鸣。

迭代玩转戏影的"打开方式"。比如为戏曲电影增添赛博元素,与游戏公司联名,推出戏影人物玩家角色,反向圈粉游戏玩家。比如为戏曲电影插上科技翅膀,像《白蛇传·情》运用4K和计算机动画技术,打造水墨江南,极致的中式美学体验令人印象深刻;《贞观盛事》采用3D全景声影视技术,让Z世代观众闪回千年大唐。比如为戏曲电影打造沉浸式场景,类似于《新龙门客栈》,由王珮瑜主演的戏曲电影《搜孤救孤》用剧场直播模式,为银幕前的观众提供"剧院中最好的位置"。

有人说,千百年间,中国民众对戏曲的情感已深深扎根,无论身处何方,只要耳畔响起熟悉的地方戏曲调,那份久违的乡愁便会瞬间涌上心头。尊古不泥古,创新不离宗,戏曲电影才能发出"生机之芽",开出"希望之花"。

徐溶　王超　林琳　吴洋　执笔

2024年3月11日

"自动续费"开启容易关闭太难

> 毕竟谁的钱也不是大风刮来的，怎么却"被大风刮走了"？

现在，各式各样的手机App已经成为百姓日常生活中必不可少的便捷工具。然而，一些App在会员充值上默认"自动续费"，还有很多人抱怨，App内根本找不到关闭"自动续费"的入口。这些都是消费者吐槽已久的问题。

日前，全国政协委员安庭提出了《关于加强付费软件"自动续费"乱象监管治理力度的建议》，引起广泛反响。事实上，2019年，有媒体调查显示，50款热门付费软件中，七成以上在会员包月、包年服务套餐中暗藏"自动续费"的消费陷阱。某知名投诉平台上，以"自动续费"为搜索条目的投诉件，从2020年的3万多条，暴增至如今的14.8万条。

一键关闭"自动续费"，有这么难吗？

一

"入坑"容易"退坑"难,"续费"容易"退订"难。不少网友感慨,纵览现今较为主流的 App,几乎没有一款可以在"一键退订"上为消费者大开方便之门。

梳理大家的投诉和网友们的吐槽,"自动续费"主要存在以下套路。

一是主打一个"悄无声息",在"无提醒"情况下开启"自动续费";二是主打一个"暗箭难防",取消"自动续费"功能后仍在扣费;三是主打一个"措手不及",提前扣费,想退都来不及;四是主打一个"强行捆绑",想享用平台服务的优惠价,就必须勾选"自动续费"这一"必选项";五是主打一个"暗度陈仓",原有低价合约不知道什么时候就偷偷涨了价;六是主打一个"猝不及防",点击弹窗即下载,下载即扣费;七是主打一个"吃相难看",想要提前取消就必须先补齐差价。

在重重套路之下,只要用户同意了"自动续费",再想取消可不是那么容易,"套娃式"解套往往是必经之路。

有网民就总结,有些 App,"一键完成"的"自动续费",却需要"N键取消":首先,需要在 App 内取消连续包月包季包年服务;其次,需要在手机系统设置中取消订阅服务;最后,还需要打开支付宝或微信支付,取消绑定的自动扣费。而且每一步之间,经常都不是自动跳转,不少消费者就容易因此疏忽漏过。如此"套娃式"取消续费,年轻人尚觉心累,更遑论老年人和未成年人。

以上种种,都让消费者愤慨:看似每次收费都不多,但日积月累下来，也成了一笔不小的开支，何况这已经涉嫌侵犯消费者的选择权和知情权。毕竟谁的钱也不是大风刮来的，怎么却"被大风刮走了"？

二

困扰大众已久的"自动续费"，难道就没有人管管吗？

事实上，这个问题的关注度一直都很高。2021年9月以来，多款App"自动续费"取消难的问题就被央媒曝光过。市场监管总局、工信部、中消协也多次出台相关政策法规，明确"采取自动续订、自动续费方式提供服务的，应当征得用户同意，不得默认勾选、强制捆绑开通。在自动续订、自动续费前5日以短信、消息推送等显著方式提醒用户"等内容，并对涉事经营主体予以通报、要求整改。

然而，尽管有相关法律法规作为依据，但不少付费App仍心存侥幸，甚至阳奉阴违，针对退订服务设置重重关卡。"管"的办法有了，但"改"的成效不大。这是为何？

首先，商家擅长玩"文字游戏"。比如《网络交易监督管理办法》第十八条规定"以显著方式提请消费者注意"，但商家和消费者对"显著"二字的标准和认知显然不同，法律条文中也并未对"显著方式"进行明确定义，给了别有用心之人以可乘之机。

其次，个体案例难以引起重视。有些个体消费者在申诉时，客服会以付款前推送的相关条款应对，让申诉者只能自认倒霉。此外，个体消费者涉及的金额通常较小，维权的经济和时间成本较高。

最后，违法成本尚不够高。数据显示，截至2023年3月底，我国国内市场上监测到的活跃App数量达261万款。想要对数量如此庞大的应用程序进行全面有效的监管执法，难度很大。即便用户投诉"自动续费"，处理结果也仅限于退还消费者订阅费用，违法成本并不高。

如此种种，导致不少消费者稀里糊涂地进入了消费套路，稍不注意就被扣了钱、续了费。

三

从"自动续费"功能的初衷来看，它本应是消费者和商家"双赢"的一项服务：消费者能够以更划算的价格获得内容和服务，商家也能因此增加用户的黏性和稳定性，提高平台盈利。

但被剥夺了选择权和知情权的"黏性用户"，却纷纷想要逃离——始发于"双赢局面"，却因商家失了诚信、用户失了利益而造成"两败俱伤"。

安庭委员提出的"取消强制自动续费"这一提案，并不是无解之题。治理"自动续费"乱象，需要整个行业的自觉行动，但关键在于从制度机制上规范起来。

比如，2024年1月1日起，深圳正式实施了《深圳经济特区消费者权益保护条例》，其中明确规定"自动续费等日期前五日，以电话、短信、即时通信工具、电子邮件、消息推送等有效途径将服务内容、扣费金额等事项告知消费者"，还将对违反规定者处以罚款。相关规定抬高了"自动续费"乱象的违法成本，网友大呼"给力"，"建议全国推广"。

又如，行业协会可以探索建立健全"退订服务"的统一行业标准，参考"七天无理由退换货"这一机制，在期限内代扣可以选择"反悔"，或者让用户"先体验再购买"。

再如，让产业链上下游"一损俱损"。除了对违法违规的付费平台本身实施相应的处罚措施，监管部门还可以警示应用商店、服务平台等加大对其内容的审核与监管力度，让任何违法违规行为都能被各方警惕和抵制。

互联网环境下，用户的"长情"是非常稀缺的资源。与此同时，迭代层出的各类 App 也让用户的分辨力更加敏锐。"自动续费"这一看似"机灵"实则短视的市场行为，不仅会伤了长情用户的心，也会让新晋用户望而却步，可谓得不偿失。

只有经营者用心用情真诚经营，监管部门亮明利剑形成联动，真正做到能够一键关闭"自动续费"，有效遏制和叫停强制"自动续费"现象，画出不可触碰的高压红线，才能让消费者安心消费，让线上消费市场更加健康有序。

云新宇　谢滨同　金梦裳　执笔

2024 年 3 月 11 日

战士与战士第二故乡

> 旋律如水，润物无声；精神如潮，澎湃浩荡。当歌声再次响起，新一代的守岛人又将踏上这片岛屿，续写新时代的"庙子湖精神"。

"云雾满山飘，海水绕海礁，人都说咱岛儿小，远离大陆在前哨，风大浪又高……"每当《战士第二故乡》的歌声响起，很多人的思绪就会回到那片海岛和那段难忘的峥嵘岁月。位于舟山的东极诸岛，是解放军战士镇守祖国海上东大门的"第一哨"，也是歌曲《战士第二故乡》的"诞生地"。

《习近平浙江足迹》记载，2006年9月21日，经过两个多小时的海上颠簸，时任浙江省委书记习近平来到庙子湖岛，慰问不久前被南京军区授予"东海前哨模范营"荣誉称号的驻岛官兵。官兵们唱起了《战士第二故乡》，习近平同志听得认真，还跟着轻声哼唱。

尽管面积狭小、资源贫瘠，东极诸岛中的庙子湖岛却诞生了影响深远的"庙子湖精神"。这座小岛为何被称为战士第二故乡？战士与战士第二故乡究竟有着怎样的动人故事？

一

时间回到1958年，来自浙江仙居的张焕成应征入伍，成为舟山的一名守岛战士。上岛后，他眼前的景象除了零星几户渔民，只剩下"陡峭的悬崖，汹涌的海浪，高高的山峰，宽阔的海洋"。

当年的东极诸岛还有个"外号"——"风的故乡，雨的温床"。一年到头，岛上有120余天是阴雨浓雾天气，悬水小岛交通不便，停航更是"不觉新鲜"，有时甚至一停就是一周。

艰苦的生活环境让这位初来乍到、不到19岁的小战士有些迷茫。但既来之，则安之，他与老战士们同吃同住同劳动，撸起袖子就成了小岛"开荒"队伍中的一员。

岛上一无所有，他们便垒石为哨、挖山坑为房；水源紧缺、无水做饭，他们便嚼"海水蒸馒头"充饥；配给不足、无菜可吃，他们便吃"野葱蘸酱油"下饭。岛上的土地大都被乱石割裂，无法形成整片可以耕种的沃土。战士们拔掉杂草，在乱石堆的夹缝中寻找"生机"，开垦出一块块"巴掌地""鞋底田"。

岛上遮蔽少，台风来袭时常常被吹得"人仰马翻"。为了防止耕种的番薯、南瓜、土豆、青菜、萝卜等农作物"不翼而飞"，战士又用了一年左右的时间，搬来20多万块石头，垒起了3000余米长的挡风墙。

这些看似平凡琐碎却实在的小事深深触动了张焕成，初来时的无措与不安转变成了对海岛的深情与热爱。于是，他用三年时间，"磨"出了一首对海岛、对军营的赞歌——《献给第二故乡的歌》。

1963年春，作曲家沈亚威和词作家向彤偶然间在驻岛连部黑板报上看到了这首短诗。他们以此为蓝本，重新谱曲修改，创作了开头提到的歌曲——《战士第二故乡》。同年"八一"前夕，由歌唱家顾松民在全军第三届文艺会演中首次演唱。

此后，这首军旅歌曲唱响大江南北，歌名中的"第二故乡"更成为部队驻地庙子湖岛的代名词。

二

2006年，时任浙江省委书记习近平指出，庙子湖海防营官兵创造的以"祖国为重、海岛为家、艰苦为荣、奉献为本"为主要内容的"庙子湖精神"，不仅集中反映了当代军人忠诚、奉献的豪情壮志，也体现了与时俱进的浙江精神，值得全省广大干部群众认真学习。

当年战士们在岛上艰苦奋斗的时光虽已过去，但"庙子湖精神"中凝结的精神力量历久弥新。

心怀大格局。庙子湖岛很小，仅2.57平方公里，但战士们守护的土地却很广，是身后约960万平方公里的中国。在哨所前的空地上，有用鹅卵石铺就的中国概略地图和"祖国在我心中"六个大字。在战士们心中，岛不仅是家，还代表着国，守岛就是守国。这样的家国情怀，也激励着一代又一代战士奔向海岛、扎根海岛。

不畏苦与险。只要出岛，战士们总会从陆地上"人肉背回"一包包泥土、一粒粒种子。在几十年守岛建岛的过程中，他们见证一栋栋建筑从乱石滩上拔地而起、一片片葱郁自荒芜中向阳生长。这片土地上，洒下过披荆斩棘的汗水，见证过以苦为乐的豪情，"有咱战士在山上，管叫那荒岛变模样"并不是唱唱而已。

在远离大陆、四面环海的岛上，危重险情也如家常便饭。每当刮起台风，战士们总会义无反顾地一头扎进暴风雨中，爬上被大风吹得摇摇欲坠的"天梯"，冒着生命危险从半空中卸下安装在哨所顶部的雷达天线，保证军事设备不被狂风大雨摧毁。

薪火代代传。第一批上岛的战士在"天无三日晴，地无三尺平"的荒岛上，学着渔民的样子，如愚公移山般用一块块石头垒起了"初代"哨所。之后，一代又一代的战士又以"愚公后人"的姿态，打坑道、修马路、筑营房、建垒地……当初简陋的营地早已"旧貌焕新颜"，如今屹立在祖国东海岸的已是第五代哨所。

年复一年，有新兵入岛，也有老兵退伍。但由《战士第二故乡》唱响的"庙子湖精神"，如同一团永不熄灭的绚烂花火，在传唱中传承，也随同五湖四海的战士闪耀在祖国的各个角落。

三

"如果好的地方有人去，苦的地方没人来，那国门谁来守？海防线谁来守？"庙子湖岛上的战士曾用这句朴实的反问，发出使命至上的时代强音。如何让"庙子湖精神"的"乐章"在新时代弦歌不绝、熠熠生辉？

保持"饮其流者怀其源"的清醒。庙子湖岛上有一口"饮水思源井"，如今的新兵上岛后都会先用一盆井水洗脸，意为"洗净尘埃、洗净牵挂、洗净心灵"。正如一位守岛战士所说："前人栽树，后人就应该把树养护得更加茂盛。"前行之路上，总会遇到迷茫的"漩涡"、危急的"险滩"，需要我们不忘初心、信仰如磐。只有记住来时路并不断从中汲取力量，才能走向更远的未来。

深耕"化作春泥更护花"的情怀。着眼于"小"、积累于"细"、昭显于"微"的"庙子湖精神",落脚于"奉献为本"的为民情怀。半夜紧急救助岛上危难病人,第一时间奔赴火灾现场灭火救灾,停航封岛挤出食材救济群众……群众急难愁盼处,总有守岛战士的身影。

鱼水情深的庙子湖岛军民早已成为不可分割的一家人,不少战士在转业时毅然放弃"出走",选择留在海岛。无论是守护海岛安全,还是带领群众走向共同富裕,于战士们而言,似乎已经成为一种比自己过上好日子更难得的幸福。

迸发"天工人巧日争新"的活力。如同电影《后会无期》带火了曾寂寂无名的东极一样,《战士第二故乡》也是成于偶然、情于必然,歌中所唱"云雾满山飘,海水绕海礁"是过去的困扰,现在却成了东极美丽风景的最好代言。

如今,枕山面海的庙子湖岛,引来一批又一批乡创客,他们与在这里安家的退伍守岛战士一起,让各类文旅业态在小岛上迸发生机,也追逐着属于自己的"诗与远方"。每逢旅游旺季,小岛上可谓游人如织,俨然成了一座"网红岛",海岛发展的内生动力不断被激活。

旋律如水,润物无声;精神如潮,澎湃浩荡。当歌声再次响起,新一代的守岛人又将踏上这片岛屿,续写新时代的"庙子湖精神"。

张革　黄燕玲　黄雯铮　葛高蓉　执笔

2024 年 3 月 12 日

让教师回到三尺讲台

> 在校园里，老师和学生才是主角，把时间还给老师，让老师回归主业，才能让教育回到它本来的样子。

刚刚落幕的全国两会上，教师群体成为被聚焦的重点群体之一。不少代表委员提出"为教师减负""回归教育教学主业""关注中小学教师的心理健康"，引发了网友以及广大教师群体的深切共鸣。

对于站在三尺讲台上的教师来说，教书育人是第一要务。但原本天经地义的事情，在一些地方却变得不太正常，为何会出现这种现象呢？当下一些中小学教学管理问题的根源在哪里？

——

教师这个职业，在外界看来是崇高的。"老师"这两个字自带标签，"园丁""灵魂工程师""春蚕到死丝方尽，蜡炬成灰泪始干"等形容，赋予了这个职业独特的光环。

很多教师在初入教坛的时候，都渴望施展自己的才学和抱负，用知识和爱心照亮孩子们的梦想，"不求桃李满天下，但求无愧育人心"。然而，在现实的语境之下，有时候，繁重琐碎的非教学事务和文山会海挤走了他们大量的时间和精力，一些教师分身乏术，发现自己少有时间去精心打磨教学内容、提升教学技能。形形色色的教学督查、检查、评比等活动，各种跨界下发的工作任务等，给身处一线教学岗位的教师增添了不少负担。

全国政协委员陈贵云调研发现，中小学教师不仅承担了教育系统内部的各种检查、评比、打卡，还承担了不少其他部门的工作任务，门类可达十余种。有媒体报道，有的一线教师抱怨，行政事务要占去七成精力，留给教学的只有二三成。

问题背后，是学校教育教学管理工作中存在一些"错位"乱象，这是许多学校一线教师特别是青年教师所面临的困境，也道出了教师群体诸多不为人知的辛酸和难处。

面对这样的处境，一些老师的工作重心被迫转移到课堂之外，对于自己热爱的主职主业反而无法集中精力进行充分准备，教学效果打了折扣。面对高强度的压力和较大的心理落差，部分一线教师特别是青年教师容易产生内心焦虑，不仅影响自身教学和生活，还可能把负面情绪传导给学生。这也会影响教学质量和教师自我价值的实现。

二

近年来，为教师减负是党和国家关注的一项实事，也是教育领域的热门话题之一，往年两会期间也有过不少相关建议提案。这一话题之所以屡受关注，正因为它折射出了教育领域存在的一些现象。

一些教师的非教学负担过重。去年，有媒体曾组织开展一项调查，有超过1000位教师参与，近八成受访者认为"处理教学之外的工作多"造成了老师的工作负担。也曾有调查显示，我国中小学老师每周工作时长平均达到52.5小时，工作日晚上和周末加班为平均8个小时/周。然而，许多加班时间却被投入到了非教学任务当中。有网友吐槽：除了备课、上课、自习辅导、批改作业、找学生谈话外，教师还有要写的各种材料、要填的各种表册、要参加的各种培训和会议……

十年树木，百年树人。想要当一个好老师，就必须专心致志，投入大量的时间和精力来研究教材、了解学生、设计教学。过多的事务性工作不仅违背教育教学的客观规律，还减少了老师们对教育教学等本职工作的投入，容易让部分教师产生职业倦怠。

一些考核评价体系不够科学合理。考核评价是指挥棒，对于学校的教学管理起着风向标作用。但在一些地方，迎接督导检查、报送各种材料、参加赛教等任务与教师的年底考评直接挂钩，重留痕、轻实绩，教书育人的老师变成了做台账的"能手"，许多时间都处在疲于应付的状态。

必要的考核评价和检查评比是可以理解的，但应更多聚焦主业，在指标设置、权重赋分上体现课堂教学优先的导向，不能让形式主义和留痕主义"进校园、入课堂"。

一些教师需要更多的人文关怀。当下，我们常常感叹学生们的学习任务重，孩子们的压力大，但我们很容易忽略，老师也是一个高压力的职业。特别是一些刚刚入职不久的青年教师，往往一开始就担任班主任，面对富有挑战性的教学任务和考核压力，容易出现心理上的波动。

关注教师的身心健康，是对教师职业的尊重。如果缺乏全过程培育、引导和支持，缺少人文关怀和应急干预，教师的心理健康问题得不到及时的关注和解决，会影响教师成长，也会影响青少年价值观的塑造。

三

如何让老师更好回归讲台、回归课堂、回归教书育人的主职主业，值得深思。

回归主业，不要偏离初心。教师评价体系关乎教师践行职责的目标和方向，不能偏离教书育人的主业、初心。早在 2019 年，中共中央办公厅、国务院办公厅就印发了《关于减轻中小学教师负担进一步营造教育教学良好环境的若干意见》，要求统筹规范督查检查评比考核事项、统筹规范社会事务进校园、统筹规范精简相关报表填写工作等等。通过体制机制的建立健全，把扎扎实实的教学质量、教学成果作为考评教师的"硬指标"，少一些会议值班、少一些活动设计、少一些表格填报、少一些与实际教学脱节的"赛课""表演课"，是教师们所期盼的。

增加教育教学在教师晋级晋升和评优评先中所占的比重，用正确的"尺子"为教师指明职业发展方向，既能减少无序竞争带来的内卷内耗，也能让教师更加坚定地回归初心、坚守本分。

科学精简，不要层层加码。坚决杜绝"校园里的形式主义"，教师才能从非教学任务、从无意义的琐碎事务中解脱出来。有提案就建议，要完善学校非教学任务准入机制，未经批准的督查检查、考核评比、创先争优等活动，与教育教学无关的调查测评、网络投票、普查统计、信息填报等活动一律不能"进校园"。

这一提案是否科学有效还有待检验，但严控与教育教学无关的行政任务、检查评比等负担进入校园已经成为一种共识。如何把这一共识变成实际，离不开顶层设计的不断完善和实践中的探索、改进。

压担培养，不要光甩包袱。青年教师正处在成长的起步期、黄金期，期待能静下心来在专业能力上有所精进，应该支持他们把充足的时间精力投入到研究怎样上好课、怎样教好学生上来。

但在一些地方，班级管理、行政事务等大部分都由青年教师承担，似乎已经成了约定俗成的规定。青年教师"新手上路"，给他们多压担子，让他们尽快进入角色无可厚非，但这并不意味着要将"包袱"一股脑儿地甩给他们。青年教师需要更多的包容支持和关心关怀。只有既为他们提供业务上的传帮带，也为他们创造专注教学的环境条件，让他们聚焦提升教学能力和专业水平，青年教师才会有更强的职业认同感和幸福感。

在培养孩子茁壮成长的道路上，老师、家长和学校向着同一个目标共同努力，是亲密的战友。大家相互理解、相互支持是十分重要的。在校园里，老师和学生才是主角，把时间还给老师，让老师回归主业，才能让教育回到它本来的样子。

云新宇　陆家颐　王曕　胡逢阳　执笔

2024 年 3 月 12 日

《送东阳马生序》为何让人"破防"

> 有人把社会比作一个万花筒，光怪陆离、充满未知，躬身入局之后，我们终会发现，每一条通往成功的道路上，都烙着挫折的印记，只有敢于、善于跨过它们，我们才能到达想去的远方。这或许就是我们今天重读《送东阳马生序》的现实意义。

最近，《送东阳马生序》又在网上走红，"终于读懂了《送东阳马生序》"等词条登上热搜。有人说，《送东阳马生序》不只是供学习的课文，更是人生成长道路上的"神文"，"初读不识文章意，再读已是书中人"。

"浙江宣传"曾在一篇文章中讲述了该文作者——明代大儒宋濂的故事。值得进一步思考的是，他在六百多年前写下的《送东阳马生序》，为何能吸引今天的人们一读再读？再读《送东阳马生序》，"终于读懂"的是什么？

一、保持内心的富足，可抵"穷冬烈风"

有人说，很多寒门子弟最难跨越的不是寒门，而是"寒门羞耻"。这种羞耻感在物质极大丰富、信息高度发达的今天，可能比以往更加强烈。他们往往比同龄人承受着更大的心理压力，害怕被看不起、害怕遭到否定，甚至对个人能力和价值产生怀疑。

"以中有足乐者，不知口体之奉不若人也。"宋濂就是一位寒门子弟，他在《送东阳马生序》中述说了类似的经历。他自幼生活清贫，住在旅店时，同学们都比他吃得好、穿得华贵，"同舍生皆被绮绣，戴朱缨宝饰之帽，腰白玉之环，左佩刀，右备容臭，烨然若神人"。但身处其间，他表现得波澜不惊，既没有羡慕，也没有自卑，而是专注于读书之道。

正因为宋濂内心富足，因此他能"不以物喜、不以己悲"。于宋濂而言，他的人生不劳外慕，"心中自有圣人"。此乃大儒坚定不移的心志与品格。电视剧《三国演义》中有一句经典台词："出身寒微不是耻辱，能屈能伸方为丈夫。"宋濂用他的行动诠释了这句话的深刻含义。

宋濂没有因为出身而自暴自弃，反而走出了一条属于自己的道路。出身不好并不可怕，只要心中有"足乐者"，就算"行深山巨谷中，穷冬烈风，大雪深数尺，足肤皲裂"，也能乐在其中。

二、敢于逆风向前，从容面对人生的颠簸

网上有这么一句自嘲的话："人生不如意之事十之八九，而我

似乎独占了那十成的苦楚。"一些年轻人还被形容为"脆皮"体质，怀揣着一颗易碎的"玻璃心"，有时一点委屈都受不了，挨了一点"社会毒打"，就原地"躺平"、自怨自艾。

其实，生活不会永远一帆风顺，每个人都会经历起起落落。陷入低谷并不可怕，关键是如何走出低谷。

"今虽耄老，未有所成，犹幸预君子之列……"重读《送东阳马生序》，我们会发现这位明朝"开国文臣之首"也是一生坎坷。

宋濂出身贫困，用现在的话说，他"输在了起跑线上"。无书可看，他就向藏书的人家求借，寒冬腊月里，也要亲手抄录；读书时期，尽管学习成绩优异，也会遭到老师的严厉斥责；政治生涯，因胡惟庸案牵连而遭受大祸，全家都受到波及。

假若这些困境落在你的身上，你会如何做呢？宋濂的答案是以坚定的信念和不屈不挠的意志，战胜困境，迎来曙光。宋濂在写《送东阳马生序》时已归隐田园。虽然面对人生的挫折，但从他文章的字里行间，我们还能读到那份大儒独有的纯粹和从容。当我们感到迷茫困惑时，何不从宋濂的人生经历中汲取精神力量。

三、以诚相待，与年轻人共解人生之惑

读书难，考试难，就业难……步入社会以后，不少人会有落差感，甚至陷入精神内耗和自我放逐。有很多声音提出要善待年轻人，激发年轻人的活力。那么如何才能更好地帮助年轻人向阳而生、摆脱冷气？

"谓余勉乡人以学者，余之志也；诋我夸际遇之盛而骄乡人者，岂知予者哉？"在《送东阳马生序》中，宋濂给出了答案。他对马

生的谆谆教诲，除了出于同乡的情谊，更多的是对年轻后辈的坦诚以待。

宋濂初识马生时，已是太子之师，是当时天下读书人的标杆。即便声名显赫，他还是在文章里用最诚恳的语言，鼓励马生"是可谓善学者矣"。同时，他还对马生坦露了自己在探究人生价值中遇到的困扰及心得。鼓励之余，宋濂还间接表达了自己对年轻一代求学成功的期许，希望他们不要被名气所累，更不要为追逐成功而放弃立志的追求。

这份对年轻人的坦诚，或源于宋濂的学术心得。元明之际，传统儒学复归之象非常明显，宋濂在求学和著学的过程中，经历了金华朱学重经史、重传承的学术淬炼，形成了体会"天地之心"的理学认识。这种宏达的认知体验，促使宋濂以更为豁达和淳朴的心境去体会"后浪"的不易。

这场和晚辈年轻人的对话，既有长者真诚的鼓励，又有反躬自省的修养。珍惜君子之名，为后辈从学的道路指明方向，这也是《送东阳马生序》的深意。因此，有人说，《送东阳马生序》不仅是属于年轻人的励志名篇，也是社会上的先行者审视自我、善待后来者的启示录。

四、坚守信义的初心，人生之路会走得更远

"录毕，走送之，不敢稍逾约。以是人多以书假余，余因得遍观群书。"在《送东阳马生序》中，宋濂讲述了早年的求学经历。很多人看到了他读书刻苦，但可能忽视了其中还蕴含着宋濂与人交往的秘诀——重真诚、守信义。

宋濂家中贫苦，只能借书阅读，但他看完后准时归还，绝不逾期，因此他才能不断借书，并达成"遍观群书"的成就。他求学时，在尊师这件事上也做到极致，"俯身倾耳以请""或遇其叱咄，色愈恭，礼愈至"……宋濂真诚的求学态度，为他带来了广阔的成长空间。他得以师从元代大儒吴莱、柳贯等人，并得到执教郑义门的机遇。

正是这份对信义的坚守，使和宋濂交往过的人，无论是同僚还是上级，都对他的人品赞扬有加。宋濂后来能从风云诡谲的胡惟庸案中活下来，也是因为得到了太子朱标和马皇后的力保。连多疑的朱元璋也认为宋濂多年来"未尝有一言之伪"，是一位贤人。

有人把社会比作一个万花筒，光怪陆离、充满未知，躬身入局之后，我们终会发现，每一条通往成功的道路上，都烙着挫折的印记，只有敢于、善于跨过它们，我们才能到达想去的远方。这或许就是我们今天重读《送东阳马生序》的现实意义。

徐健辉　俞晓赟　执笔

2024 年 3 月 13 日

这届年轻人真的不想生吗

> "生"只是开头，"生了"之后能不能托住"稳稳的幸福"才是关键。

今年年初，某大学教授曾在一档节目中称："青年女性生孩子就是一种劳动贡献，国家就应该补贴，要么你就给房子，不用大，生个孩子给一居室。"这一"生娃送房"的言论引发网友热议，不少人纷纷调侃："这个教授能处""建议这个专家多建议点""今天能落实吗，实在是还有几天就要生了"。

一段时间以来，生育话题成为关注度高的社会焦点。与此同时，一些所谓人口专家关于生育话题的建议也屡屡登上热搜。不禁要问，这届年轻人难道真的不想生孩子吗？

一

近年来，尽管二胎、三孩政策陆续放开，但我国人口出生率并没有呈现出想象中的那种显著提升趋势。国家统计局数据显示，2023年我国全年出生人口902万人，人口出生率为6.39‰，人口自然增长率为-1.48‰，新生儿人数和出生率两项数据均为近5年来的最低值。

在这种背景下，围绕生育话题展开讨论可谓切中现实关切。但一些专家信口开河的"雷人雷语"却引发了不小争议。

此前有专家提出，"子女是可以给你带来长周期回报的耐用消费品""年轻人如果暂时找不到工作，可以先去结婚生子""适当惩罚不生孩子的年轻人"……如此言论就算初衷是好的，也难免有哗众取宠之嫌，也会让年轻人反感，在"建议专家不要建议"的舆论声浪冲击下，一些专家沦为了"砖家"。这种现象不仅削弱了专家的专业性和权威性，也对年轻人的生育观造成误导。

与此同时，互联网平台的算法推荐机制成为强化生育担忧的无形推手。特别是一些自媒体为了博人眼球不惜猛带节奏、拱火引战，有的对专家言论断章取义、添油加醋，有的炮制出"一孕傻三年，二胎傻半生""生孩子对女人的摧残和伤害大到丢了半条命"等信息，还有的热衷于关联"婚姻牢笼""产后抑郁""家庭暴力""职场歧视"等关键词引流。不难发现，他们之所以频频借助生育问题来挑动公众情绪，一个重要考量就是想通过贩卖焦虑来收割流量，以达到蹭话题、蹭热度的目的。

需要注意的是，当本该严肃讨论的话题被不断带偏甚至走向娱乐化，理性探讨的空间也在不断被挤占、压缩，进一步加剧了社会撕裂。一场场流量"狂欢"，很可能对年轻人的生育意愿构成一次次无形冲击。

二

在现实生育率走低的同时，一些没有生育意愿的年轻人反而热衷于在网上"云养娃"，他们在社交媒体上浏览各种晒娃帖，进行深度互动，实现"无痛"当妈当爹，通过消费和再次创作家长们在网上公开的晒娃内容来满足自己的情感需求。

这一冷一热之间，是年轻人的线下生育意愿与线上育儿意愿的显著差异。而矛盾的背后，实则是年轻人对生育成本的考量以及代际之间不同观念的碰撞。

比如，有人在担忧"瞻前"和"顾后"的负担。当前，我国的适龄生育人群主体仍然是独生子女一代，他们受教育层次更高、就业竞争压力更大，还要考虑父母的赡养和孩子的育养问题，可以说是既要"管好自己"，又要"瞻前""顾后"。在经济社会快速发展的当下，生育、养育、教育等各环节涉及的时间和金钱成本较高，住房、教育、就业等压力环环相扣，让不少年轻人在生育问题上犹豫不决、望而却步，呈现出"想生"又"不敢生"的矛盾心理。

又如，有人在掂量"当下"与"长远"的得失。客观地说，虽然相关法律对保护女性生育权益作出了明确规定，但她们依然要面对一系列复杂和尖锐的挑战，而其中最为核心的问题无疑是来自生育和职场之间的矛盾。不少女性担心生育会带来被降薪、被辞退、被边缘化等潜在职场风险，这些不得不考虑的现实因素成为职场女性绕不过去的生育顾虑。

在很多老一辈看来，"不孝有三，无后为大""生个孩子不过是添双筷子加个碗"。但在这届年轻人看来，面对现代社会的各种不确定性，"自己不能在翻越大山的同时还要背负一百斤的负重"。于是，不少人在"催生"与"自洽"之间，选择了"我不要你觉得，我只要我觉得"。

三

生与不生，是选择，而非对错。生有生的乐趣，不生也有不生的洒脱，尊重每个个体的选择，是一个社会包容大气的体现。但对于国家和社会而言，人口问题是"国之大者"。

要解决生育率低这个问题，需要从多个维度加快构建生育友好型社会，让年轻人在做"生育"这道选择题的时候，既有"接手"的意愿，又有"跟手"的能力。近年来，为提高生育率，很多地方在住房、托儿、学费减免、延长产假等多方面出台了一系列政策。在笔者看来，可以在以下三个方面付出更多努力。

"有话好好说"，让年轻人想生。营造生育友好的舆论环境，是激发生育欲望的一个重要方面。现在的年轻人是崇尚独立的一代，"道德绑架""心灵鸡汤"等不再像过去一样影响着他们的价值判断与个人选择。倚老卖老的说教、自以为是的指责难以让年轻人打开心门，强行灌输在很多时候还会适得其反。对于父母来说，不妨静下心来多听听子女的想法，而非以"强说教""弱沟通"的角色徒增情感消耗，使得代际隔阂与矛盾进一步加深。专业人士应当拿出更多靠谱的可操作性建议，媒体则要承担起更多公共责任，以理性的视角探讨问题、弥合对立，倡导更加积极健康的生育文化。

技术来助力，让年轻人能生。中国人口协会发布的《中国不孕不育现状调研报告》显示，我国育龄夫妇中不孕不育患者超过

5000万，占育龄人口的12.5%至15%。生育困难群体数量庞大，于他们而言，医疗、经济、家庭等各方面都可能造成巨大压力。对此，一方面，促进生殖健康和辅助生殖技术研发应用，不断提升我国辅助生殖技术服务能力、服务质量及配套政策法律体系，让想生的年轻人能生；另一方面，逐步把技术成熟、安全可靠、费用可控的治疗性辅助生殖技术按程序纳入医保支付范围，从而降低生育成本。今年全国两会，有委员就提交了《关于建议将辅助生殖治疗费用纳入国家医保的提案》。

做好"后半篇"，让年轻人敢生。"生"只是开头，"生了"之后能不能托住"稳稳的幸福"才是关键。因此，应更加注重从全过程的视角为年轻人多着想。婚嫁、生育、养育、教育等问题是相互关联的，在设计、完善生育支持政策体系和服务体系时需要对它们通盘考虑，进行综合施策，这样孩子出生以后才会有更好的成长环境。同时，女性生育权益保护需要实打实的落地，使其得到来自家庭和社会双重的"母职尊重"。

构建生育友好型社会，不仅靠提出多少"点子"，更要靠落地多少"法子"。面对生育这道题，要让年轻人选择的天平重新倾斜，还需我们共同加上有份量的砝码。

陈培浩　王钰涵　执笔

2024年3月13日

西砖胡同里的那盏灯为何而亮

> 翻开书页，扑面而来的不只有翰墨芬芳，字里行间还有一批又一批学者一心钻研的品格造诣，历史的发展脉络在其中娓娓铺陈，也将在今人的接力中浩荡前进。

"方志为一县宝书，功侔国史。"余绍宋（1882—1949）少年时，父亲的这番话在其心底埋下了种子，几十年后，这颗种子长成了荫蔽后世的参天大树，并结出累累硕果，其中最著名的两颗，一颗叫《龙游县志》，另一颗叫《浙江通志》。

爱国人士、法学专家、书画大家……余绍宋的出场总是离不开这些判词。纵观成就，他是一名"学与位俱显，才与艺兼长"的全能型人才，但抛开这些人前的故事，和余绍宋的一生深度绑定的，还有另一件似乎八竿子打不着的事——修志。

今天，我们聊聊余绍宋和他为之倾尽一生的方志事业。

一

康熙年间，龙游曾修过一次县志，但此后两百多年，再没有新的县志问世，修志之事一度搁浅。

幼年时，余绍宋曾受教于他"修志之志未酬"的曾祖父；待稍大，又随父亲在龙游小住，"渐通故乡俗语，渐知留心乡邦故事"；成年后又在龙游任教半年，工作之余，他开始研读当地志书。家学渊源也好，先祖遗愿也罢，又或是出于桑梓之情，总之，龙游承载着余绍宋浓浓的故土情结，这也让他与《龙游县志》的重修结下了不解之缘。

从日本学成归国后，余绍宋从事的是法律工作。或许是冥冥中注定，1921年的那个冬天，余绍宋修志的命运齿轮开始转动。余绍宋的母亲六十大寿，张先芬、吴际元等龙游乡绅"不请自来"，名为祝寿，实为请余绍宋修志。即便已经预感到其中的艰辛，余绍宋还是遵循母亲"汝其忘先人之志乎"的教诲，欣然应允。

"一邑之典章文物，皆系于志。"为了将故乡的精神家园以志重塑，余绍宋为这项"副业"倾注了大量心血。为了不影响本职工作，他只能在晨昏时候进行查询、审校、撰文等一系列修志工作，事事亲力亲为。

那几年，北京西砖胡同五号院子里总有一盏灯是亮着的，余绍宋的日记为他的勤勤恳恳作了证明："二时就寝""竟日编职官表（中），至明末。考订旧志并《衢州府志》误处不少……"

修志虽苦，余绍宋却甘之如饴。他几乎将北京各图书馆收藏的浙江方志阅读了一遍，参考了大量有关龙游的地方文献，其他各种征引书籍也达四五百种之多，与副纂祝康祺通信更是达到了数百封，认真分析考证，极其严格谨慎取舍，堪称修志界的"劳模"。

起早贪黑、手不释卷的上千个日夜，换来了《龙游县志》的成功，这部志书深受方志界推崇。梁启超为此志作序，将此志与中国方志学奠基人章学诚所修的志书进行了对比，赞扬余志"其长有十"，可谓高度评价。

二

抗日战争开始后，但见日军兵火践踏之处，乡邦文献飘零。痛心疾首的同时，余绍宋钩沉拾遗的文史初心再次激荡开来。

"不知文献是历史概基，无历史则无人类社会，失其凭藉，而民族精神亦无从资以发挥，不可忽也。"在提交给当时的浙江省政府的提案中，他忧心忡忡地说道，战争给文献典籍带来的散失是不可逆转的。自己乃一介文人，国难当头，有责任也有义务通过修志将浙江的文献整理保存起来，守住这份根与魂。

"乱世修志"的道路步履维艰。抗日战争时期，余绍宋等人为避战火，无奈远离文风鼎盛的杭嘉湖地区，迁至丽水云和继续工作。但由于国民党反动派对抗日民族统一战线的破坏，全省战乱频发，不仅材料收集难以进行，原有文献档案也损失惨重，加上山区交通闭塞，浙江通志馆还面临经费匮乏、物资不足等难题，余绍宋坦言"延误多日，以往工作实乏表现"。

面对重重困难，已逾花甲之年的余绍宋在流离失所的时光里，用文人的风骨脊梁与命运博弈，将对日寇的憎恶化作修志的动力，宵衣旰食、兢兢业业。历时六年，终于完成《重修浙江通志初稿》

125册共500多万字，创造了方志领域的奇迹。

"一方之志，始于越绝。"作为"方志之乡"，浙江素有传承接续编修方志的文化传统。在战火纷飞、史料缺失的大背景下，余绍宋续写上了几近断裂的编修传统，留下了一份记录时代的重要参考资料。

三

中国的方志源远流长、汗牛充栋、体例不一，是承载着博大精深中华文化的"历史百科全书"。今天，透过余绍宋和他在乱世中修成的志书，又能读懂什么样的初心？

一可见精益求精的匠人之心。"此三年中，饾饤故纸，埋首丛残，几于人事都废。卜昼不足，继之以夜，辄至晓星入户，家人促寝，犹不能自休。"这是余绍宋修《龙游县志》时为自己作的总结。

对于余绍宋来说，"辨史实之真伪、正旧志之谬误"是他的使命。"古书误传者甚多，善读书者要悉心考证，以求征信"，为了避免"直录旧志，不加考察"，余绍宋参阅大量各地方志，就县志记载的内容逐一检阅，不厌其烦地多次修改。有人说，所谓匠心，就是做多数人认为很傻的事情。正是这种执着的"傻气"，成就了余绍宋，也成就了一册册厚重的志书。

二可见革故鼎新的求索之心。余绍宋的方志学思想继承了章学诚学说的精髓，然而他不走寻常路，根据当时社会的实际情况，提出"以史法为归，以现代为准"的革新原则与主张，从体例、结构到纂写都进行了改革和创新。比如，旧志有"星野说"一门，余绍宋以为其与科学不合，在与竺可桢探讨后，毫不犹豫地取消了"星野说"。从余绍宋的方志理论与实践看，那些真知灼见对当代修志仍有借鉴价值。

三可见铮铮风骨的赤子之心。余绍宋是个不折不扣的文人，但家国沦陷之际，他更将一颗文心寄予铮铮风骨。"植此贞材便邻竹，相期莫忘岁寒心。"在龙游邻竹斋内，萧萧竹声穿透历史，诉说着当年余绍宋为避日军政治胁迫、搬迁至此的昭昭之心。

在流离失所的6年里，他提笔为枪，认为"我中华民族革命之精神，由孕育而发扬光大，浙人实与有力，浙事亦与有荣"，将抗战意识深深融入《浙江通志》的编纂当中。其眼光不限于一事一物，乱世修志，更修民族气节。

2022年，《浙江通志》重新出版，成为浙江文化强省建设的标志性成果。翻开书页，扑面而来的不只有翰墨芬芳，字里行间还有一批又一批学者一心钻研的品格造诣，历史的发展脉络在其中娓娓铺陈，也将在今人的接力中浩荡前进。

求张锋　执笔

2024年3月14日

MCN机构不能"唯流量论"

> 被流量成就，也要警惕被流量反噬。

　　近日，"点读机女孩"重病入院治疗的视频被网友扒出是去年库存，欺骗大众感情。涉事MCN机构紧急致歉，称担心实时发布视频的舆论影响可能对艺人家人和医院造成困扰，所以才错时发布。

　　这种情况并非偶发。它反映出长期以来，一些MCN机构奉行"唯流量论"，一切向流量看，即使"黑红"也是红，屡屡挑战公序良俗甚至法律底线，引发了网友对MCN机构乱象的关注和讨论。今天，我们来说一说MCN机构那些事儿。

—

　　MCN机构全称为Multi-Channel Network，2017年以来在国内渐成趋势。简单来说，MCN机构的主要职责是为内容创作者提供全方位的创作指导和流量扶持，同时为广告主定制合适的推广策略，实现广告效果最大化。

一般来说，MCN机构有三重"身份"。

一是网红经纪人。常常上网"冲浪"的朋友可能会发现，一些网红总是横空出世，昨日还寂寂无名，今朝就人尽皆知。事实上，这些网红背后，往往都有着一个MCN机构为其量身打造一套"出圈计划"。据统计，在头部网络平台粉丝量超千万的网红达人中，约四成已与MCN机构签约。某重点平台入驻的MCN关联账号甚至超过30万个，年均生产信息超3300万条。

二是话题制造者。互联网上的信息是海量的，无论是日常分享、美妆时尚还是知识科普、故事演绎，想要抓住特定受众的心，必须找准赛道、制造话题。而MCN机构擅长通过组装"爆款"内容要素，逐步实现内容创作的工业化、规模化和IP化，让一个个话题成为热门。

三是流量操盘手。在以流量为风向标的互联网时代，"流量扶持"是MCN机构的招牌动作。不同平台的算法规则与用户特点各有侧重，因此MCN机构有单人作战所没有的优势，比如善于制订具有针对性的运营策略，并能让机构内部的创作者互推引流，实现抱团发展。

从内容生产、传播到投流，MCN机构都有一套可复制衍生的变现模板，在直播带货、短视频带货火热的当下，我们在直播间买到的商品中，大概就有一部分钱会流进MCN机构的"口袋"。

二

有人曾对互联网时代作出预言：每个人都可能在15分钟内出名，每个人都能出名15分钟。如今，短视频将这15分钟缩短至15

秒。网红的"一夜爆红"与"一夜塌房"都在转瞬之间。这背后离不开MCN这一重要推手，也在热度更迭间留下一地鸡毛。

有的流量至上，为博眼球不择手段。一些MCN以摆拍、造谣、编造剧本等欺骗网友，甚至还将老年人、儿童当作"流量密码"。有的专门去偏远山区物色人选，孵化清一色的老人"卖惨"直播；有的为了牟利打造"网红儿童"，小女孩摇身一变为成熟的美妆博主，小男孩蒙眼走钢丝……

比如，四川大凉山网红赵灵儿和曲布曾以感人的贫困故事和动人的爱情吸引了一大批粉丝，后来被拆穿居然是MCN机构编排的一场骗局。该机构选取当地无人居住的残垣破壁等为直播背景，策划剧本和话术，以"大凉山原生态"为卖点，发布博人眼球的情节短视频，以此收割流量。

有的内部管理混乱，利益纠纷惹争议。近年来，MCN机构与签约网红之间的纠纷引发了社会广泛关注。由于一些MCN采取广撒网、快抽身的方式，海量签约自媒体账号，只重点培养潜力选手，却在合同里为"小白网红"们设下"天坑"——极高的抽成比、较长的签约时间与天价违约金，套路重重。

同时，随着一些网红知名度的提高，双方对利益分成产生较大分歧，进而引发纠纷。而这些纠纷一旦处理不好，往往两败俱伤，甚至会导致一些高质量账号从此销声匿迹。

有的作品质量低下，对社会形成不良示范。有报告显示，2022年，中国MCN机构数量超过4万家，预计2025年将超过6万家。低门槛和高开放性，导致了MCN机构质量的良莠不齐。

为了赶风口、蹭热度，一些MCN机构会选择热门领域或者平台进行布局，缺乏差异化的内容策略和运营模式，"流水线"式生产大量同质化网红。而对这些孵化出的账号，往往缺乏有效的监管手段，甚至纵容其发布一些有争议性的内容来获取关注。比如，有的MCN机构操纵旗下账号蹭热点事件，煽动网民对立，扰乱网络秩序。

三

互联网时代，MCN机构对于整合网络资源、知识分享扩散、推动电商发展起到了积极作用。被流量成就，也要警惕被流量反噬。若任其野蛮生长，则会对网络传播秩序甚至社会公序良俗造成极大冲击。让MCN机构走上规范发展之路，是一项需要多管齐下的工程。

让制度的牙齿更锋利一些。近年来，有关部门密集出台《网络信息内容生态治理规定》《网络表演经营活动管理办法》《网络视听节目内容审核通则》《网络主播行为规范》等规章，既给网络主播的直播活动划定红线，也对MCN机构行为作出了明确规范。2023年，中央网信办发布《关于加强"自媒体"管理的通知》，要求加大对"自媒体"所属MCN机构的管理力度。

这些规章的主旨之一是让背后的MCN机构在其账号违法违规后承担起相应的责任，MCN机构无法"金蝉脱壳"，不能"独善其身"。在法律体系逐渐完善的同时，我们也期待有关部门能够重拳出击，对违法违规的机构果断采取处罚措施，同时公布违法违规案例，给试图违法违规者以震慑。

把平台的责任压得更实一些。作为流量的聚集地，建立清晰、合理的信息传播规则是平台的职责所在。平台一方面要守土有责，对发布的内容全面履行审核义务，尤其是对 MCN 机构代运营的账号更要加强审核和事实把关。《关于加强"自媒体"管理的通知》就提出，对于利用签约账号联动炒作、多次出现违规行为的 MCN 机构，网站平台应当采取暂停营利权限、限制提供服务、入驻清退等处置措施。另一方面，要守土有方，通过探索科学高效的管理方法，让监管落到实处，避免对问题账号进行一封了之等简单化处理。

让 MCN 机构自律意识更强一些。眼前的流量红利只是一时，行稳致远才是成功的关键。要想走得长远，MCN 机构务必要严格遵守网络伦理与法律法规，把扶持优质内容作为安身立命的基础。尤其是面对接踵而至的互联网"信任危机"，唯有恪守社会责任，以诚信为本，才能不断提升竞争力以及自身的商业价值。具体来说，还要健全内部管理制度，加强对下属账号和合作网红的培训引导，共同抵制违背公序良俗，逾越法律底线，以及无下限、无底线博"流量"的行为。

余丹　刘亚文　叶倍　林琳　苏畅　执笔

2024 年 3 月 14 日

"暴走"不该变"乱走"

> 若"暴走"变成"乱走","路霸"式出行，就影响了公共空间的秩序，也违背了健身锻炼的初心。

"暴走"，作为常见的大众健身项目之一，近年来渐渐兴起。寒冬已去、春光乍好之时，大大小小的"暴走团"又成为许多城市里一道独特的风景线。

然而，一些"暴走团"也存在横穿马路、占用机动车道等不文明行为，有的地方甚至屡屡出现"路霸式暴走团"。互联网上几乎年年都有"'暴走团'成'路霸'，该管管了"之类的呼吁，引起广泛关注。

当"暴走"变成"乱走"，会造成怎样的后果？如果把规范"暴走团"比作一张城市文明的"试卷"，那么这张卷子该怎么答？

一

随着生活节奏加快，"暴走"以其经济、便捷、门槛低等特点被广为接受，成为不少人强身健体的选择。多份国内大众健身报告显示，在运动项目选择方面，健步健走常年位列热门项目榜。

"暴走"不限道具，运动成本低；不限空间，人行道、公园、学校跑道、山林步道等，都是好地方；不限对象，男女老少都可以参加，人人都可以成为"暴走"者。同事、同好、家人、朋友等组成"暴走团"，分享彼此的锻炼经验、私家路线等，不仅可以让身心愉悦，还有利于拓展交际圈。

但随着"暴走"成为一种生活新风尚，越来越多人参与其中，新问题随之出现。

一方面，越来越多与"暴走团"相关的负面报道频频受到热议，"暴走团"占道、逆行、扰民等行为引起公众不满。当"暴走"变成"乱走"，不仅给他人带来诸多不便，还可能扰乱交通秩序等。原本便民有益、健身娱乐的"暴走团"，因为屡劝不止的蛮横行径，成了很多人眼里的"扰民团"。

另一方面，凡事过犹不及，过度"暴走"也会影响健康。有的"暴走"者对自身健康状况认识不够，盲目比拼运动强度与运动量，对自身造成伤害；还有的人在运动中出现损伤，不懂得如何正确处理，导致错过最佳治疗时机。

二

梳理不文明的"暴走"行为及其引发的不良影响，主要有以下四种。

"横冲直撞"，扰乱交通秩序。一个"暴走团"多则有数百人之众，他们排成长长队列，踏着"豪迈统一"的步伐，成群结队地过马路，占用机动车道，无视红绿灯，容易造成交通堵塞。曾有被堵司机吐槽，自己"等了仨红绿灯愣是没过去"；有的"暴走团"为了行进路线或自身便利，选择走一些人流量大或不适合走的地方，如闹市区、大桥等，影响正常交通秩序。

"震耳欲聋"，噪音炸街扰民。为了配合铿锵有力的踏步，有的"暴走团"不分时段、不分地点，大声播放节奏强劲的动感音乐，喊着响亮的口号，堪称噪音，受到诟病。比如，有"暴走团"每天凌晨4点开始，既放音乐又唱歌，附近居民不堪其扰；再如，高考前夕，某地"暴走团"时常绕着学校走，音响雷动，对考生备考和休息造成影响，学校协商无果，最后家长不得不在路上轮流值守劝阻。

"鸠占鹊巢"，占用公共场所。有些城市为了规范"暴走"，引导"暴走"者在合适的时间使用各大公园、景区、校园，但少数人缺乏公共意识，长时间占用公园、操场等公共场地，干扰了其他人正常健身及休闲娱乐。比如某地高校操场上，数十名"暴走"者排成几列队伍，占了四个跑道中的三个半，影响了学生体育活动及校园安全，该高校不得不贴出告示，禁止校外人员规模性"暴走"。

"任性十足"，损坏公共设施。有时为了不破坏队形，少数"暴走团"还会挪动、清理护栏和锥桶等，有意无意地损坏路边的设施。此前就有媒体报道，有"暴走团"为了保持直行路线，径直走入公园小道，大踏步踩过禁止踩踏的草坪；还有"暴走团"在路过儿童活动区时踢开保障儿童安全的护栏，引发周边民众不满。

三

若"暴走"变成"乱走","路霸"式出行，就影响了公共空间的秩序，也违背了健身锻炼的初心。那么，为了不让"暴走"变"乱走"，可以有哪些办法？

观念引领。动员社会力量开展法治宣传教育活动，让更多人意识到不文明锻炼行为的社会危害性；也要培养市民的规则意识、公共文明意识和交通安全意识，用文明、科学、健康的运动理念引领文明风尚。

比如，河南开展"静音广场舞，规范暴走团、健步走"宣传活动，组织志愿者在公园、居民区等地发放倡议书，倡导市民集体健步走"不上路、不占道、不包场、多包容"。

监管跟进。加强对"暴走团"的规范、指导与监督，有的放矢地制定相应的活动标准，引导和鼓励"暴走"运动朝着良性、健康、可持续的方向发展；对于"暴走团"占道、影响公共秩序、噪音过大等违法违规行为，强化执法管控力度，运用科技手段精准处罚，提高违规成本。

比如，山东临沂已规范整治多个"暴走团"，根据他们的出行情况安排警力，对屡次违规的队伍，约谈其负责人，并予以处罚；浙江多地通过人脸识别技术从数据系统中锁定身份，将信息记入公安系统备案，精准查处违反道路交通规则者。

保障落地。在城市建设过程中，需要用长远眼光科学合理地作出规划，全面考虑人们的体育锻炼需求，扩大全民健身的场地设施供给，建设充满人文关怀的高品质运动空间，更好地满足人们对健康生活的需求与向往。

一方面，完善"家门口"公共体育基础设施，为城市居民的生活出行、休闲锻炼提供便利。比如，宁波探索"公园＋体育"模式，结合公园绿地、街景小品建设，推进配套体育健身设施建设。

另一方面，合理分流，完善"快慢分行"系统，精细区分机动车道、慢车道、健身步道、休闲步道等，实现各行其道。比如，杭州钱塘江沿线绿道在休闲步道、跑步道上设置彩色慢行道，配套慢行相关的安全标识与提示，引导人们根据自身需求进行道路选择。

从城市大道漫步到乡野小路闲游，"暴走"的目的是愉悦身心、增强体质。只有跳出不文明怪圈、自觉遵守法律法规，"暴走团"才能走出文明风度、走成亮丽风景线。

邵一琼　执笔

2024年3月15日

你患上"淡淡综合征"了吗

> 人是有社会属性的，再怎么从容淡定，人与社会的联系是割不断的，我们可以没有强烈的情绪起伏，但不能没有对是非对错的分辨能力，也不应失去好奇心和同理心。

"随便吧""都可以""无所谓""没必要"……这样的对话是否经常出现在你的日常生活中？如果是，那么多半你可以被确诊为"淡淡综合征"了。

"淡淡综合征"不是一个医学术语，而是描述在部分当代年轻人中较为常见的一种状态。互联网上有人这样形容：现在全网最流行的时尚单品和社交面具，是"淡淡的"；大家争相认领的人设或者说努力想成为的样子，是"淡人"。

那么，"淡淡综合征"是如何形成的？"淡人"是一群怎样的人？"做一个淡淡的人"又何以成为社交流行？

一

实际上，"淡淡综合征"并不是"淡人"的"专利"，很多人或多或少能从中找到部分熟悉的、符合自我心境的痕迹。笔者把网上"淡人"们的自我描述归纳为三种"淡"。

兴趣寡淡。一些人形容自己对生活热情不大，也没有特别强烈的兴趣爱好，很难全身心地投入一件事当中，即便偶尔被吸引住，也会自我催眠"不是非玩不可"。生活两点一线、简单乏味，闲暇时间更愿意宅在家里，不大愿意出门"寻乐子"。"云淡风轻"，不执着于结果，主打一个随缘。

情绪平淡。大事无法左右，小事不必计较，好像什么事情都难以牵动自己的神经。在职场上，好似在扮演一个被设定好程序的机器人，被坑不气，被push不急，不再内耗纠结；在生活上，把自己从主角的身份中抽离出来，变成一个旁观者，尽可能避开争执和冲突，"允许一切发生"并且平静地接受。

社交冷淡。非必要不进入一段亲密关系，不争取、不勉强、不挽留。很少主动联系别人，回复最多的话是"哦""嗯嗯""好的"，或者一个表情包。人际交往更多停留在线上，现实生活中，社交欲望的下降和社交能力的降低陷入循环。还有些年轻人出现了"打招呼障碍""电话恐惧症"，有人甚至开始"断亲"，淡淡地退群、淡淡地删除列表里的好友。

有人用一句话总结这些自称"魂淡"的年轻人：任凭风吹雨打、外界纷扰，我自岿然不动，全身散发着一种淡泊感和松弛感。

二

"淡淡综合征"缘何在部分年轻人中盛行?

这是一种快节奏时代的"舒缓剂"。在节奏飞快、竞争激烈的现代社会中,年轻人面临的各种压力并不算小,无论是学业、工作还是人际关系等,都需要付出巨大的精力和时间去"营业"。心力交瘁之下,一部分人便容易对生活中的事物失去原有的热情和兴趣。当然,对于有的人来说,"淡淡"也是一种积蓄能量的方式。肉体和精神,一个被迫奔走,另一个就会忍不住放慢节奏,从而实现舒缓和放松。

这是一种自我防御的"保护色"。对一些年轻人来说,"淡淡"其实意味着一种生活态度——降低期望来保护自己免受情绪上的伤害,"凡事做好最坏的打算""无所求必定满载而归"。从某种意义上来说,"淡淡综合征"也像一副坚固的铠甲。"淡人"们通过调整自身的阈值塑造一个稳定平和的精神世界,以淡定的态度来应对可能碰到的种种不确定性。

这是一种原子化社会里的"边界感"。在现代社会,人与人之间的关系并不像传统社会那样紧密而逐渐趋向于原子化状态,年轻一代更加注重边界感与个人空间。一研究机构数据显示,当代年轻人每人平均有2个知心好友,24%的年轻人表示自己没有可以无话不谈的朋友,是一个"独行侠"。当自我消化成为一种常态,就会渐渐失去强烈的情绪反馈,从而展现出一种游离状态。

其实在孩提时期,大家对"外面的世界"都充满了好奇和想象。但随着年龄增长,很多人都在十分努力地成为一个"沉稳的社会人",个性化的特质越来越淡,情绪也可能随之越来越淡,由此逐渐形成"淡淡综合征"。

三

对"淡淡综合征"到底该怎么看?作为一个刚迈入社会的年轻人,笔者有这样一些感触。

"淡"不等于冷漠和麻木,"淡淡综合征"是个体面对生活的一种态度,是一种温和的抗争。人是有社会属性的,再怎么从容淡定,人与社会的联系是割不断的,我们可以没有强烈的情绪起伏,但不能没有对是非对错的分辨能力,也不应失去好奇心和同理心。守护好最本能、纯粹的情感冲动,也是在守护那个最珍贵的自己。

"淡"并不是没有情绪,也不意味着没有"浓"的潜在诉求,只是这些诉求和想法因为各种各样的原因被包裹在一层外壳里,轻易不向外界透露。有些东西始终是需要被释放的,正如有人说:"未被表达的情绪永远都不会消失。"无论如何,一定要为自己留好情绪的出口,找到切换的开关,才能保持"浓淡相宜"的健康心理状态。社会和家庭也要一同努力,为年轻人寻找排解的"口子",搭建释放压力的平台,让他们有地方倾倒"情绪垃圾"。

"淡"还是"癫","佛系"还是"热烈",取决于每个人的性格,也取决于每个人的选择。大家都有与生活相处的方式,一些人选择快意宣泄,一些人则走向了更为内敛的一端,各有办法。"淡淡综合征"也好,"发疯文学"也好,都应该成为全社会关注的现象,而非被简单评判甚至批判的对象。

不要急着给年轻人贴标签,也不要想当然地对他们指手画脚。

正如有人说，对于"淡淡综合征"，是情绪稳定还是消极"躺平"，年轻一代会给出他们在这个时代的答案。社会要做的，是创造更加理解和包容的环境，允许每一个个体都可以有一些个性、有一些态度，给他们自我调适的空间，这样年轻人才会更有活力，世界才会更加精彩。

陆家颐　吴晶　执笔

2024 年 3 月 15 日

江南何处不垂柳

> 这棵柳，既在水边演绎风情万种，也在岸上防风固沙。它就像我们人人都有的两个面，向外可以与世界热烈交手，向内又可与自己握手言和。

"烟柳画桥，风帘翠幕，参差十万人家。"春日里的江南，总少不了丝丝垂柳点缀的诗情画意。

当和煦的春风轻轻"剪"开冬日的沉寂，嫩绿的柳叶也随之轻轻悠荡，撩起水面阵阵涟漪，仿佛吸纳了江南特有的灵气和韵味，同小桥流水、粉墙黛瓦一道奏响动人心弦的春日序曲。难怪有人这样诉说："你从柳树下走来，折了一段江南给我。"

在如诗如画的江南，这"万条垂下绿丝绦"究竟有几重韵致？

一

在江南赏柳，首先赏的是风情。杨柳轻垂，随风摇曳，这是独属于江南的风情，如拂过人间的春风荡漾在心尖。

"柳阴深霭玉壶清，碧浪摇空舞袖轻"，漫步西湖，碧波粼粼、鸟鸣声声，春日里的柳枝随风曼舞，令人沉醉。这一边是"最爱湖东行不足，绿杨阴里白沙堤"的白堤，在乐天居士无限回忆的江南里，白堤上必须有柳树的身影；另一边是"春来濯濯江边柳，秋后离离湖上花"的苏堤春晓，也是一派湖山沐辉、花柳共生的迤逦景象。白堤与苏堤，也因这些诗句更具风情。

而泛舟绍兴古镇，穿梭于蜿蜒的水道，两岸的垂柳则为水乡编织了一场轻柔的梦。它们或低吻水面，或摇曳于风，同古老民居的青瓦白墙一道绘成一幅灵动的江南春景图。水波荡漾间，柳树的倒影也显得袅娜起来，这份仿若"从前慢"的景致，愈发令人流连了。

江南何处不垂柳。走出浙江，南京玄武湖有着被誉为"金陵四十八景"之一的"北湖烟柳"，烟雨霏霏、柳枝袅袅，让看客恍若置身梦境，恰如唐代诗人韦庄的"无情最是台城柳，依旧烟笼十里堤"。

而江苏镇江的千棵柳湿地，则予人另一番野趣。这里的柳树大多高大、粗壮，有的还有着上百年的成长历史，无怪"扬州八怪"之一郑板桥来到这里，都要留词，以助雅兴。

二

在江南赏柳，赏的还有古往今来的文意。"柳"在古代是颇受文人青睐的意象之一，有人统计，在《全唐诗》中，它共"出场"3463次；在《全宋词》里，共出现3760次。那么，假如我们来个"合并同类项"，在历代文人笔下，柳树这一意象，到底蕴藏着哪些情思？

冬去春来的信使。值此时节，生机渐显，一切欣欣向荣。南宋诗僧志南所作的《绝句》，道尽了春日江南的明媚，那句"沾衣欲湿杏花雨，吹面不寒杨柳风"更是被无数人熟知。乘舟靠岸，挂拐东行，只见杏花携雨落下，沾湿衣裳，春光就倾泻在翩翩绿柳的暖风间。

在"伢儿"们都会背的《村居》中，柳树更是春的使者。"草长莺飞二月天，拂堤杨柳醉春烟"，飞柳迎春，其间有着多少生机，又藏着多少诗意。

离愁别绪的寄托。"昔我往矣，杨柳依依。今我来思，雨雪霏霏。"一首《采薇》，让"柳"与"送别"产生了万缕千丝的联系。"柳"与"留"谐音，在古代文学中，折柳赠别成为一种常见的情感表达方式，也饱含着"望其随处皆安，一如柳之随地可活"的良愿。

在这方面，从古至今的人，都能形成情感共振。比如，1915年寒冬，听闻友人许幻园家道中落，即将离开上海，同为"天涯五友"的李叔同看着好友远去的背影，在雪中伫立许久才缓缓离去，含泪写下《送别》："晚风拂柳笛声残，夕阳山外山。"歌词含蓄婉转，零落栖迟的锥心之痛深藏其中。

深情厚意的象征。绍兴二十五年（1155年），陆游与唐琬重逢于沈园，彼时的唐琬已嫁作他人妇。眼波流转间，却只剩物是人非的叹息。陆游感慨题词："红酥手，黄滕酒，满城春色宫墙柳。"错过的爱人就如宫墙之中的柳树，从此可望而不可即，千般的肝肠寸断、万般的怅然无奈，也只得付与纸一张、词一首。抚今追昔，过往的情深意浓如今只剩怀念。

三

　　纤细的柳枝柔弱无骨，好似"有花堪折直须折"般可供赏玩；但细长的柳条又有着"他强任他强，清风拂山岗"的惬意，也有着"不与他人说"的自适。

　　柳树不会说话，但这并不妨碍喜爱柳树的文人将其当作知己，不仅与它诉说情怀，更将风骨倾情寄予，在出世、入世间寻求心灵的自洽。有"古今隐逸诗人之宗"美誉的陶渊明，自号为"五柳先生"，"不戚戚于贫贱，不汲汲于富贵"的他，在陶宅前种下五株柳树，于是，"五柳"一如元亮本人，淡泊名利、随性洒脱。

　　现如今，快节奏的生活让人们愈发想拥有一处灵魂栖息地，而杨柳低垂的姿态，就像一种温柔的提醒，告诉我们应该放慢脚步，享受生活的美好。漫步江南，在湖边或河边，常常能看到柳树下的长椅上有三两人闲坐，只望着随风而动的柳枝与水面，一坐便是半日。这份松弛感，不仅仅是一种视觉享受，更是一种心灵慰藉。

　　柳树在风中低语，纵使生活予以千磨万击，也可报之以歌。命格超硬的柳，抗冻又耐热，生长快、繁殖易，从长江到黄河，贯穿东西南北。它是中国分布最广的树种之一，生命力顽强，每当春风拂过，其根系开始萌芽，枝干逐渐抽条，新叶缓缓舒展，一派向阳而生的模样。连自画像都用"柳"元素的丰子恺，曾写下《杨柳》一文谈自己为何爱柳："剪一根枝条来插在地上，它也会活起来，后来变成一株大杨柳树。"

　　这棵柳，既在水边演绎风情万种，也在岸上防风固沙。它就像我们人人都有的两个面，向外可以与世界热烈交手，向内又可与自己握手言和。

恰逢阳光正好，新柳如烟，不如抬脚出门，在柳条起舞的春风里，赴一场与江南的约会吧。

胡群芳　吴思佳　周夏影　云新宇　执笔

2024 年 3 月 16 日

美国执意打压TikTok居心何在

> 说一套、做一套，反反复复、倨傲无礼并非待客之道。

前些天，美国国会众议院能源和商务委员会以50比0全票表决通过一项法案，给中国公司字节跳动一个"二选一"的选择：要么在法案生效后165天之内剥离对TikTok的控制权；要么TikTok被美国各大应用商店禁止上架。

当地时间3月13日，美国众议院正式就该法案进行投票。在这一阶段，法案支持者暂时又占据上风。目前，TikTok已展开积极自救。

有言论称，这是TikTok在美遭遇的又一场危机。事实上，过去四年，美国两届政府的眼睛始终没有离开过TikTok，TikTok每年都在经历"考验"。那么，美国究竟为何执拗于反复打压这家公司？

——

TikTok是中国互联网公司"出海"的成功案例，然而这几年在美国却屡遭狠手。从美国对 TikTok 的态度中，能看出些什么？

弱肉强食的"丛林法则"是美国的一贯逻辑。美国在骨子里是一个白人盎格鲁—撒克逊新教徒的国家，崇尚狼性文化，这从美国建国史中就能看出。17 世纪，伴随着"五月花号"的汽笛声，一批殖民者登上美洲大陆，开始了对美洲大陆漫长的殖民和"改造"，"西进运动"及此后的"南北战争"等，都将盎撒人"好斗""比狠"的民族特性展现了出来。

直到今天，美国人依然认为靠"打"靠"抢"就可以维持其全球霸主地位。如果按照美国国务卿布林肯"餐桌菜单论"的说法，那么此次美国对 TikTok 动手，就是把 TikTok 当成了一顿大餐，准备饱餐一顿。

"双标"是美国政府经常使用的一种手段。契约精神曾是美国用来宣扬自身市场规则完善、标榜信誉良好的一张名片，然而在 TikTok 事件中，美国政客的"双标"行为，再次击碎了他们的所谓"好口碑"。

细心的网友发现，曾经三番两次打压 TikTok 的"始作俑者"特朗普如今成了这家公司的支持者，美国两党向来不和，不难理解特朗普"逢拜必反"；现任总统拜登曾利用 TikTok 展示自己的亲民形象，如今却又要对它进行封禁，如此摇摆不免让人唏嘘。

什么才是判断标准？当涉及美国霸权利益时，TikTok 便被看作是对数据隐私、青少年安全等的威胁；而一旦牵扯政客自身利益，他们对 TikTok 的态度又能在担心安全与利用流量间达到"微妙的平衡"。

商业行为"政治化"的招式已被美国用得十分熟练。在美国，资本主导国家的决策与运作。TikTok"来势汹汹"，被视为是对本土政治利益、经济利益的威胁，所以美国政府绝不会坐视不管。

　　美国政府此番打压TikTok，本质没有变化，仍是以"国家安全受威胁"为由。一看TikTok的母公司位于中国，就先入为主，为其贴上"意识形态"标签，不断对其进行加码打击。

二

　　带有中国背景的TikTok，俨然成为美国两届政府的眼中钉、肉中刺。这是为什么？

　　担心美国舆论霸权被撼动。美国向来是操控舆论的高手，近半个世纪的冷战对峙，最终通过"和平演变"彻底瓦解苏联；进入21世纪后，搭载移动互联技术，美国的"大喇叭"更是遍及全球，中东、北非、东欧甚至亚洲，都是其舆论战的战场。

　　然而，美国政客却发现，TikTok正在撼动他们的舆论霸权。正如有人说，在TikTok，美国国民能够亲眼见证，别的国家不是地狱，美国也不是天堂，"黑命贵""零元购""非法移民""枪击""流浪汉"就是日常发生在身边的事。他们还会发现，在持续升级的巴以冲突中，加沙人道局势极其严峻，战火导致大量平民死亡、流离失所。TikTok正在戳破政客苦心编织的谎言气泡。

　　害怕美企利润蛋糕被抢走。TikTok目前在美国拥有1.7亿用户，是近年来美国应用商城最为风靡的App之一。庞大的用户数量在带来巨大流量的同时，也为这家公司带来了不菲的商业价值。比如，在电商赛道上，2023年底，TikTok在美国已经达成单日商品交易总额破1400万美元的成绩。

　　TikTok的强势崛起，直接冲击着脸书、亚马逊、苹果、微软和谷歌等互联网巨头的商业版图。拜登政府此次如此"高规格"打压 TikTok，还有一个原因，就是为了帮助竞选"赞助商"脸书打压竞争对手，抢占用户市场。TikTok 如被封杀，如同特朗普所说，脸书的业务将会翻倍。

顾虑美国大选会受影响。今年是美国大选年。2016 年所谓俄罗斯介选事件后，美国政客一直有个担忧：社交媒体被再次用于左右政治选举。TikTok 是最受美国民众欢迎的社交平台之一，它存在与否、刊发什么内容都十分重要。

此外，TikTok 的母公司是中国企业，这更加剧了美国政客的担忧。在当前美国语境里，"反华"是美国两党共识，也是两党争取选票支持的关键。这也是 TikTok 遭围剿的原因之一。

三

短期看，TikTok 的"生死劫"不会这么容易过去；长期看，TikTok 遭到美国政府粗鲁对待，也给更多准备"出海"的中国企业敲响了警钟，给中美两个大国之间的关系增加了不确定性因素。该如何看待美国政府的行为？TikTok 屡遭打压带来哪些启示？

做强自己永远是首位战略。实力是最好的谈判筹码。四年来，面对美国政府的百般阻挠和打压，TikTok 之所以还能屹立不倒甚至越活越好，很大程度上与公司实力强大密不可分。正所谓"伤敌一千，自损八百"，面对这个早已融入美国社会、工商业界的"庞然大物"，美国政府也不敢轻易赶尽杀绝。

再如华为，面对美国及其盟友的围追堵截，华为全公司进入"战时状态"，越挫越勇，逐渐摆脱了被封锁的阴影，推出了 Mate

60系列这样的"争气机"。

斗争也要讲究策略和方法。面对强权行为，发动一切能够发动的人，依托用户、顺应民意，往往能取得意想不到的效果。

近几天，TikTok通过平台号召用户给国会办公室打电话，反对该项法案。据美媒报道，动员信发出当天，美国国会山办公室被大量抗议来电"淹没"。有国会工作人员称，众议院各办公室接到了数百个TikTok用户的电话，有时每分钟接听20个以上。

以诚相交方能成其久远。去年旧金山会晤以来，中美关系改善确实取得一些进展，然而，美方对华错误认知仍在延续，打压手段不断翻新，TikTok遭围猎就是典型案例。

说一套、做一套，反反复复、倨傲无礼并非待客之道。如果美国政客继续一意孤行将TikTok逼到墙角，那也必将反受其害。

今年是中美建交45周年，美方该少一点勾心斗角、明争暗抢，多一点相互理解、合作共赢。只有太平洋东西两个大国共同携手、彼此交心、坦诚相待，人类社会的明天才会越来越好。

王新华　王超　吴思佳　执笔

2024年3月16日

当马一浮站在人生岔路口

> 不愿走仕途，又在危难时刻走出书斋、躬身入局的马一浮，用行动诠释着知识分子的骨气与担当。

1938年春天，隐居避世30多年的马一浮决定重新出山。战火连天的岁月，马一浮从衢州开化出发，跋山涉水数日才到达此行目的地——江西泰和，即当时浙江大学所在地。

浙大讲台上的马一浮，从天地万象溯源，重述儒学的价值和意义，希望学生"竖起脊梁，猛著精采"，堂堂正正地做有责任心、敢担当的人。

从国学里求索民族希望，并以此为毕生功业的马一浮被誉为"千年国粹，一代儒宗"。这个名称背后，有着怎样的丰富内涵？

一

19世纪末的中国，充满动荡与变数。是否要出国以寻求救国之道，是马一浮人生之路上面临的第一个岔路口。

百日维新的"夭折",预示着在西方文明的强势冲击下,清王朝已岌岌可危。此时,内忧外患如黑云般压在国人头上,命运之手推动着大量知识分子向西方寻求真理。少年马一浮也随着涌动的人潮离开了家乡绍兴长塘乡,试图去更广阔的天地"睁眼看世界"。

他出行的首站,是作为近代中国思想文化的发源地之一的上海。在这里,他刻苦学习外文,并同好友谢无量、马君武等创办《二十世纪翻译世界》杂志,译介西方思想。此时的马一浮,胸怀求知救国的热情,以文章诗篇闻名沪上。

然而好景不长,短时间内,马一浮接连遭遇至亲、挚爱离世。背负着深重的苦痛,他"逃离"故土来到美国,同时也希望找到一剂强国良方。"万里来寻独立碑,丈夫到此自堪悲。"在美期间,他夙兴夜寐、博览群书,不仅阅读黑格尔、康德、叔本华、达尔文、莎士比亚等人的著作,翻译《法国革命党史》《日耳曼社会主义史》等作品,还率先把马克思的《资本论》介绍到国内。

但这位热忱的爱国主义者并没有在异国他乡找到"独立碑",反而对"人为刀俎,我为鱼肉"的现实有了更加清醒的认知:他听到美国学生公开讨论是否要分割中国领土,看到华裔到美国参加交易会就必须缴纳保证金和证明,发现诸多留学生以留学为名,以求官逐利为实,不顾民族尊严与存亡……

如果说在国内面临的是列强欺凌,在国外,马一浮更加深切地感受到"沧海飘零国恨多,悠悠汉土竟如何"。于是,他毅然回国。归国后的他换下西式的行头,选择将长衫穿在身上。

或许,青年马一浮认识到,不管在西方求索多久,故土永远是自己内心挥之不去的牵挂。

二

"入世"还是"入仕",是横亘在马一浮人生中的又一个岔路口。他毫不犹豫地选择前者,愿以一己之所长留下一簇文明的火种。

在提倡"学而优则仕"的年代,马一浮似乎是个"不合时宜"的人。他被李叔同称为"生而知之者",自小就靠着聪明勤奋收获了"神童"的美誉。作为"别人家的孩子",16岁在绍兴参加科考便一举夺魁,同年应试的,还有鲁迅、周作人等日后的文化明星。

不出意外的话,出身官宦之家、自幼接受传统儒家教育的马一浮会在科举之路上一帆风顺。可他不仅没有在年轻时继续走"八股取士"之路,而且在往后很长一段岁月中,一直过着"孤神独逸"的隐居生活。

西湖边的广化寺是马一浮的居所,也是他的精神栖息地。据记载,在寄居于此的时光里,他潜心治学,到文澜阁苦读《四库全书》,还学习了七千余册历代诸子百家的文章,写就《诸子会归总目并序列》。

1912年,蔡元培出任民国教育部总长,聘马一浮为教育部秘书长。入职不到三周,马一浮便以不善官场酬酢为由,向蔡元培请辞:"我不会做官,只会读书,不如让我回西湖。"他并非不会做官,而是明白自己的见解不合于世俗,仕途不过是过眼云烟,摆脱浮华才能做回自己。

马一浮未入仕,也没有在乱世中做一个消极的冷眼旁观者,他时刻关心着国家的前途命运。

1907年，绍兴同乡秋瑾遇害，马一浮满腔愤慨地写下"瑾死，足变国俗"，还作诗《悲秋四十韵》（悼秋瑾），详述秋瑾投身革命的壮烈事迹。

在国破家亡之际，他不愿独善其身，明知不可为而为之，在四川乐山乌尤寺创办复性书院，只为延续传统文化的血脉。书院停讲后，便以刻书的方式保留经典。在他看来，多保管好一本书就是为后人留下一粒文化的种子。

文明在乱世中艰难传承，不乏仁人志士在千钧一发之际默默守护着国家与民族的瑰宝。不愿走仕途，又在危难时刻走出书斋、躬身入局的马一浮，用行动诠释着知识分子的骨气与担当。

三

当时，在西学东渐的浪潮之下，从"中体西用"到"中西互补"，从"中国本位"到"全盘西化"，"中西文化"之争趋于白热化。

身处中外文化交汇的时代，诸多读书人都在思考，中国将何去何从？马一浮也不例外。站在第三个岔路口，"向东"还是"向西"，怎么选择？在遍读中西学术典籍、经历中西文化碰撞之后，他主张以中统西，寻求中西文化的融合。

他为浙大师生上的第一课便是讲解"横渠四句"。"为天地立心，为生民立命，为往圣继绝学，为万世开太平"，四句古训掷地有声，回荡在偏僻山沟里。这是知识分子的使命感，也是传统文化的震撼力。

也许在当时的很多人眼中，身着长衫、蓄起长须的马一浮是一位复古的文化保守主义者。而事实上，他反对将传统文化定义为"倒退的""腐旧的""独裁的""贵族的"，清醒地认为传统文化是"前进的""日新的""普遍的""平民的"。

他怀着民族自信，既传扬"六艺"，也学习西方科技发明，走在与时俱进、继承创新的大道上。马一浮提出了一个前无古人的命题——"六艺，不唯统摄中土一切学术，亦可统摄现在西来一切学术"，致力于"以有生之年专研六艺"。

马一浮为浙江大学创作的校歌，就是其创新观念的鲜明表达。"大不自多，海纳江河；惟学无际，际于天地"，这首至今仍在传唱的校歌文蕴深厚、曲韵雅致，契合着浙江大学的求是创新精神，体现出一种开放、包容的气质。

有人说，马一浮的学问是"后世相知或有缘"。历史未能让他成为救国先驱，却让他成就了具有超前文化眼光的一代儒学宗师。

如今，走进位于杭州灵隐路上的浙江省文史研究馆，首任馆长马一浮的铜塑雕像伫立在一方清幽的竹林之中。他拄杖而立，眼神中透着坚毅，仿佛在深情吟唱着自己的理想之道。风吹竹响，他的希冀犹在今人耳畔。

祝融融　童颖骏　许生杰　执笔

2024 年 3 月 17 日

"非升即走"你怕了吗

> 让擅长科研的人去搞科研、擅长教学的人去从事教学、擅长社会服务的人服务社会，在多元的人才评价体系之下，每个人都能在自己的岗位上发光发热，获得职业成就感和幸福感。

"引进的博士研究生来校工作满五年，如未能晋升副教授（已达副教授任职条件，因指标原因未晋升除外），本人需服从学校安排转到后勤、保卫等服务保障岗位。"近日，某高校于2021年发布的一则规定在网上引发舆论热议。校方回应，该规定已于2023年6月作废。此事让人们再一次关注到大学青年教师群体（又称"青椒"）的生存发展状况。

所谓"非升即走"，一般指青年教师在入职高校时，会被给予一个几年的服务期，其间，需要通过聘期考核来"晋级"，如不达标就要离职。除了直接离职之外，还有的是间接转向专职教学岗、行政岗等，视不同学校情况而定。

那么，"非升即走"的制度设计为何让"青椒"感到焦虑？

一

20世纪90年代开始，起源于海外高校的"非升即走"政策被引入中国高等教育界。近年来，不少高校开始实行新进教师"非升即走"制度，并陆续衍生出"非升即转""短聘""低聘"等折中式手段。

作为一种竞争性的制度安排，"非升即走"对高校来说不失为一种有益的尝试和探索。从出发点来看，这一制度意在打破传统的"铁饭碗"，改变高校学术劳动力市场"能进不能出、能上不能下"的封闭与僵化局面，建立"能者上、平者让、庸者下、劣者汰"的用人机制，不断激发教师队伍的活力。

比如，有利于让真正有学术潜力和学术热情的人脱颖而出。对于"青椒"来说，不管母校光环多么耀眼，不管自己已有的科研成果多么丰硕，在入职高校的那一刻，大家实际上都站在了同一起跑线上。在"非升即走"的考察期内，"青椒"通过各种努力，"八仙过海，各显神通"，用相互PK来展示自己的能力和水平，有利于激励一批有冲劲、有激情、有想法的青年教师崭露头角。

而对学校来说，则可以在一个较长的时间段内对教师进行全面考察，把具有持续性学术能力、教学能力的教师留下，缓解高水平科研人才短缺的后顾之忧。

再如，有利于遏制高校师资"近亲繁殖"现象。有的高校教师队伍在一定程度上存在"学术近亲繁殖"情况。"非升即走"的竞争性制度让选拔人才的标准更可量化、更加透明，有利于克服教师评聘过程中的人情文化、权力寻租和论资排辈等"学缘"因素带来的负面作用，营造更加公平公正的学术环境。

二

近年来，"非升即走"制度在国内高校逐渐铺开，在促进人才流动、激发教师活力、提升高校科研实力等方面都发挥着积极作用。但在实际执行过程中，一些因变形走样而引发的争议同样值得分析，这也是"青椒"们感到焦虑的原因。

科研还是教学？在具体实施过程中，"非升即走"制度的细化规则如果过于强调科研，就有可能导致"重科研、轻教学"的局面。在一些高校，"青椒"能否晋升职称、通过考核，关键因素是科研成果与论文发表数量。在这种情况下，一些教师就可能把教学与科研看作不可兼得的鱼与熊掌的关系，将主要精力都放在发表论文、课题立项等事务上，忽视了提升教学质量、加强学生培养等方面的工作。

当下还是长远？少数高校信奉"短、平、快"的知识生产逻辑，更多顾及眼前，将"非升即走"作为指挥棒，通过调整人事管理、考核制度等，激励教师申报课题、发表论文、产出科研成果。如果考核压力过大，就可能在无形中促使教师追逐短期效果，将目光转向更容易"量产"的学术热点，忽视了研究成果本身的社会意义和创新价值，甚至放弃对需要长时间"坐冷板凳"的重大学术问题的"蹲守"。因而，少数"青椒"调侃自己是一只"科研奶牛"，年年为课题愁、天天为论文忧，无奈之下只能"水论文"。

卷还是不卷？部分高校在执行"非升即走"制度时把"颗粒度"对得比较细，通过学术论文数量与层次、科研经费数额、人才称号等刚性指标来实现量化管理，科研工作最后变成了高校教师眼里的"赚工分"。普刊论文多少分、核刊论文多少分、省级课题多少分、国家级课题多少分、距离职称要求还差多少分、距离聘期合格还差多少分……在严格的"不达标就出局"的导向下，一些高校教师不得不"掰着手指头搞科研"，陷入难以赶上工作节奏的紧张焦虑之中，身心负担都挺重。

三

作为一项实行多年的高校人事制度改革实践，"非升即走"制度的总体改革方向是对的，效果也是明显的，问题是实际执行过程中出现的问题，这些问题可以通过"打补丁""纠偏差"等方式来进一步完善。笔者认为，具体而言，应该把握以下几个导向。

从"短跑"转向"长跑"，允许人才阶梯式发展。人的成长和发展具有阶梯性，学术成果的产出，特别是基础性学术研究的产出是一个较为漫长的过程。因此，在人才培养上不能搞"一刀切"，而要多关注人才的可持续发展，正视科研工作波浪式前进的特征，在需要投入的时候持续投入，在需要等待的时候耐心等待。"非升即走"不是崇尚学术"内卷"，而是要选拔出在学术上有潜质、有恒心、适合承担高校教职的科研人才，真正起到"保护大多数、分流极少数"的作用。

从"锦标赛"转向"达标赛"，科学制定考核标准。高校科研工作是一个复杂体系，不仅包括论文与课题，还囊括了创新能力、科研成果社会影响力等其他内容。就这个角度而言，科研工作量化考核不宜简单数据化。合理规划人事考核，全面看待高校教师的科研产出周期与科研能力水平，适当降低底线、合理规划上限……通过此类恰当激励营造"松弛感"、减少"焦虑感"，特别是考虑到基础性研究的长周期性，给予青年教师应有的鼓励和支持，关注整体评价、允许学术"失败"，有利于激发潜力、出好成果。

从"一枝独秀"到"百花齐放"，允许人才各显其长。教学、科研和社会服务是高校的三大职责，高水平科研必然需要高水平教学作为支撑，也必然需要高水平的社会服务来体现。所以，教学与科研其实相辅相成。探索完善因人制宜的培养模式和评价体系，推动团队成员各展身手和人才队伍欣欣向荣，不仅让"聚光灯下的人"能收获鲜花和掌声，也要让那些"藏在幕后的人"得到尊重与获得感，从而涌现出更多学生喜爱的好老师。

让擅长科研的人去搞科研、擅长教学的人去从事教学、擅长社会服务的人服务社会，在多元的人才评价体系之下，每个人都能在自己的岗位上发光发热，获得职业成就感和幸福感。如此，身处象牙塔的"青椒"们才能顶着压力去奋斗，葆有初心去坚守。

陈培浩　叶琦　执笔

2024 年 3 月 17 日

"课本封面"爆火的启示

> 形式各异的课本封面蕴含着中国人特有的浪漫诗意与家国情怀，似乎每个人都能从中找到属于自己的温暖记忆与心灵触动。

"要不是急着赶路，语文应该是最美的科目""一不小心拍到了课本封面，有'亿点点'美""读万卷书，归宿还是行万里路"……最近，"一不小心拍到课本封面"在全网刷屏，网友们争相"一不小心"晒图，各地文旅部门也是瞄准热点"上大分"，狠狠斩获一波流量。

当万里河山被框入小小封面，一帧帧美景仿佛多了一份书卷气。有人直言，这便是最好的文旅融合。今天，我们就来聊聊，课本封面凭啥这么火？这又为文旅推介带来哪些启示？

一

美景"上封面"是一种创意，并不是校园里使用的课本封面，但经过网友或文旅部门的二次创作，它们有了更多打开方式。

主打一个适配度。楷体"语文"两个大字，加上拼音"YU WEN"，配上家乡的美景和柔美的BGM，从云涛雪浪、白雁云烟，转场至朦胧晨曦、绯红落日，原来最极致的中式美学，就藏在这本"会动"的语文书里。除了语文课本，其他学科也不遑多让。比如，古代遗址被制成历史课本封面，充满线条张力的地标建筑一跃成为数学课本封面，甚至物理、化学、生物等课本也一一有了契合学科特点的"新皮肤"，堪称适配度拉满。

刷的就是形式感。当"飞流直下三千尺"的庐山、"珠帘暮卷西山雨"的滕王阁、"淡妆浓抹总相宜"的西湖，被框进课本封面，再佐以或激越或雄浑或空灵的音乐，自制的课本封面，不仅如诗如画，也可听可感。甚至有一些网友，索性一口气出了全套教材，把对家乡的理解、城市的热爱，化作具有满满形式感的短视频。

引发一波"回忆杀"。"这就是我的家乡啊""每一帧家乡特写都值得'上封面'"。动起来的封面，有没有突如其来击中你的内心？课本封面仿佛成为共情的纽带，让快速滑过的手指短暂停留，感受那"片刻对齐的颗粒度"。熟悉的风景、熟悉的视频，一装进课本封面里，仿佛便有了淡淡的怀旧情愫、有了厚重的历史感、有了磅礴的家国情。

二

现代营销学之父菲利普·科特勒曾在《地方营销》一书中说："所有的城市都在为资源和'眼球'而竞争。"当下文旅推介卷出了新高度，各地都在找寻出圈密码，课本封面为什么能爆火并吸引跟拍无数？

情绪传播。当人们在社交平台上看到这些封面时，就像打开了一扇通往过去的"时光之门"，课本记忆与家乡的美好瞬间重叠。落霞与孤鹜齐飞的滕王阁，晴川历历、芳草萋萋的黄鹤楼，这些刻在我们脑海里的文字，被装入山川美景的课本封面重新唤醒，令人回味。语文课本带来的中国式浪漫，让网友直呼："如果当时我懂得这份美，语文会是我最优的科目。"

还有，远去的校园记忆，也随着课本再上心头，带来感慨。正因为课本封面陪伴我们长大，所以我们一看到熟悉的封面设计，便被快速吸引了注意力，这一定程度上助推了二次传播。

网络融梗。社交平台的融梗是掀起这一波热潮的重要力量。这次融梗的源头是一些摄影爱好者用于分享的作品以及一些网络热点事件，随着开学季的"助攻"，这些封面再次被翻出，并被延展到更多学科，除了风景版，还有比如"狂飙版"社会课本等梗图封面，也让话题越来越热。不得不说，这届年轻人是懂得二创的，自制课本封面便是一种新表达。

文旅造势。课本封面戳中了人们对家乡、对祖国美景的热爱，其地理标志和文化符号成为一种新的旅游推介方式，也成为各地文旅"开卷"的新赛道。有网友说，以后有机会，还要跟着课本里的景色去打卡，寻回曾经憧憬的"诗和远方"。其实，"跟着课本去旅游"早已是常规旅游产品，每年寒暑假不少家长都会带孩子奔赴全国各地。各地文旅部门忙着制作封面，不仅是一次品牌宣传，还有可能成为实实在在的真金白银，所以这股风便"一不小心"刮遍了全国。

三

一个个被网友"爆改"的课本封面视频模板，让祖国各地的风景浪漫而灵动起来，创造了一种"适配度满分"的新风尚。它的爆火带给我们一些启示。对此，笔者想到三句话。

内卷千回，不如走心一次。在竞争激烈的文旅市场中，真情实感的穿透力往往比"花式内卷"更能打动人心。"课本封面"视频之所以能够深深击中民众的心，是因为它触动了人们对美好事物的共鸣和对传统文化的认同。

联想到之前出圈的城市，淄博情真意切的动车广播、"尔滨"那充满爱意的一句"小土豆"，无不因其真实、质朴的情感表达而感动游客。课本封面的爆火，启示各地文旅部门用更直击人心、更富情感共鸣的方式来推介自己的城市和文化。

沿着旧地图，不如寻找新大陆。为了吸引游客、留住游客，除了贴心周到的旅游服务和公开透明的消费环境之外，还需要有"出圈"的辨识度。在融媒时代，文旅推介不再是简单的砸广告、拍视频，而是善于用技术做出新意、为城市立好人设。

"课本封面"视频模板，用创新的思维和技术手段，将地域特色与现代短视频传播手段结合，从而打造出耳目一新的体验。像这样的案例还有很多，比如河南现象级节目"中国节日"系列，首创"网剧＋网综"，通过媒体融合创新，让全国甚至全球看到了河南之美。

等风来，不如追风去。课本封面的走红，事后能找到客观因素，但爆火是悄然而至。这也告诉我们，在文旅推介大潮中，你或许永远押不中下一个风口，所以不如主动去追寻风口、创造风口。比如，"尔滨"爆火的背后，就是因为当地早早做好了谋划和准备并且不断出新，花大力气全民"宠客"，最终才接住"泼天的富贵"。

机遇总是留给有准备的人，模仿虽能将成功经验快速复制，但不一定服水土。靠文旅产品自身的吸引力和文旅服务过硬的质量，创造属于自己的风口，热度才有望转变为持续发展的动能。

形式各异的课本封面蕴含着中国人特有的浪漫诗意与家国情怀，似乎每个人都能从中找到属于自己的温暖记忆与心灵触动。封面背后的无限风景，正等待着更多人去追寻、去感受、去创造。

杨颖慧　朱鑫　执笔

2024年3月18日

思政课如何跳出"回旋镖效应"

> "你怎样,中国便怎样",上好思政课,关系着未来由一群什么样的人来接力奔跑。

回旋镖是澳洲土著使用的一种传统狩猎工具,猎手向猎物投掷出回旋镖后,如果没有击中,回旋镖会盘旋一圈重新回到猎手手中。有社会心理学家把这种行为结果与预期目标相反的现象称为"回旋镖效应"。

现实中,在思政课堂特别是部分高校思政课堂就存在"回旋镖效应"。有人说,世界上最难的事情有两件,一件是把别人的钱装进自己的口袋,另一件是把自己的想法装进别人的脑袋。学校的思政课承载着思想引领、价值传递等重要作用,事关立德树人根本任务,教师需要努力把思政知识传递给学生并为学生所接受,难度挺大。有学生就评价"不爱听""听了犯糊涂","思政课不好上"也成了不少高校思政老师的共识。

那么,思政课该如何跳出"回旋镖效应","圈粉"更多年轻人呢?

一

2019年3月18日，习近平总书记在学校思想政治理论课教师座谈会上就强调，思政课是落实立德树人根本任务的关键课程，思政课作用不可替代，思政课教师队伍责任重大。这些年来，"大思政课"的顶层设计有了，制度规则建立起来了，师资队伍壮大了，学生上课的积极性、抬头率、参与度比以前有了大大的提升，但在教学方式、考核评价等方面却还存在着一些问题。

比如"读稿式"讲课。有的老师照本宣科，既不愿直面学生的困惑和问题，也不敢对舆论场上错误的思想和观点亮剑发声，就教材讲教材，就PPT读PPT，在他们看来，把基本教学任务完成，不出教学事故就好。事实上，理论的应用场景在变、学生的特征在变，以固定的"本本"来回应学生的思想堵点，很难让学生发自内心地信服。

比如"表演式"互动。值得肯定的是，思政课做了很多形式上的创新，教学参与的主体更加丰富多元。但有的老师把学生推到台前，自己躲在了后面，上课形式多是小组展示、情景表演。这样的"翻转课堂"在一定程度上有助于引导学生自主探索、自由思考，但用力过猛，也容易让形式大于内容，最终本末倒置。

比如"填鸭式"灌输。有时候，老师在台上讲得很投入，学生在台下无动于衷，说到底就是因为讲的内容与年轻人关心关注的事情缺少关联，再加上有的老师习惯于板着脸说教，用教材阐释教材，用道理解释道理，更是把学生绕得云里雾里。思政课作为一门启发思想的课程，不聚焦问题、不深入浅出，就很难打动人心。

比如"杂糅式"考核。有的学校把论文、到课率、课程展示、小组作业、社会实践、志愿服务、小组互评等一股脑儿都纳入思政课程考核当中，最终结果则是"眉毛胡子一把抓"，被学生笑称为"打分玄学"。

二

近五年来，思政课的改革创新力度前所未有。但青年思政工作是一项长期工程，既需要润物无声，也需要久久为功。一些高校思政课为何会出现"回旋镖效应"？

首先，"讲知识"和"讲道理"的区别还需要厘清。青少年阶段是人生的"拔节孕穗期"，思政课本质上是立德树人的"道"，而不是"术"。在实际教学中，一些高校思政课还是会陷入一味讲知识的"误区"，为了通过考试、拿到学分，学生只能死记硬背所谓的"知识点""得分点"，掌握答题技巧，结果就是同样的东西从中学到大学，被反复"炒冷饭"，思政课只浮在试卷上。

思政课不是一般的专业课，具有开放性、思辨性，只讲"是什么"、不讲"为什么"，很难讲到学生心里去。当代年轻人都是"信息富人""信息巨人"，大家不缺获取"是什么"的方式和渠道，讲清楚"为什么"才是思政工作的灵魂。如果高校思政课还是停留在浅表层的解释名词、传达政策，老师讲述的案例和内容学生都知道，学生没有获取到不一样的信息，思政课的"抬头率"自然也不会高。

其次，要讲好一堂思政课，高质量的思政教师队伍建设还需要加强。根据教育部公开数据，早在2021年底，全国高校思政课专兼职教师就已经超过12.7万人。思政教师普遍化、专业化、年轻化趋势越来越明显，但在快速扩招之下，不可避免地会出现参差不齐、鱼龙混杂的情况。

比如，一些学校为了达到师生比1∶350的要求，在招录时降低门槛，一些专业素质不高的人得以"混"进教师队伍。也有一些学校把缺乏资质的辅导员转岗成为思政教师，导致有的教师自己对理论问题一知半解，给学生讲得含糊不清，久而久之就沦为了复读机般的"经师"，而不是传播思想的"人师"。还有的对大是大非的问题隔靴搔痒、讳莫如深，更有甚者陷入了历史虚无主义，高校思政教师"言论翻车"的事件时有发生。

此外，"大思政课"的体系也还没有完全打通。从横向看，有人将思政课与专业课形容成"水"和"油"的关系，尽管不少学校对"课程思政"做了探索，但思政老师和学科老师在课上还是各讲各的、互不兼容，变成了"两张皮"。有的没有用好"第二课堂"，没有把学术交流、创新创业、志愿服务等活动中的"思政元素"挖掘出来。有的忽视了社会教育对思政教育的促进作用，使理论知识脱离了火热的时代，学生觉得学了思政课却记不住、用不着。从纵向看，大中小学的思政课程体系衔接得还不够紧密，导致学生觉得大学思政课无非是把中学学过的知识再重复一遍。

三

思政课在今天尤为重要，恰恰是因为当代大学生面对纷繁复杂的网络信息，各类意见观点的交锋碰撞，产生了疑问和困惑。如果思政课无法在关键时刻、关键问题上给予其立场鲜明、态度坚定、引人深思的回应和启发，年轻人就有可能会更加迷茫，甚至误入歧途。办好高校思政课，避免出现"回旋镖效应"，在笔者看来，还需做好以下几点。

放低教学"身段"。"放低身段"并不是说要去讨好迎合，而是要善于与年轻人交流对话。一方面，能够回应学生的困惑和问题，把思政课和青年的成长发展、求职就业等联系起来，与当下社会热点结合起来，学生关注什么就回应什么，这样才能让学生在思政课中找到理论与个体的连接点。另一方面，年轻人注重平等对话，任何"板起面孔"的灌输都是低效甚至无效的，放平姿态、转变语态，用好"青言青语""网言网语"，更容易受到学生欢迎。

主动开门办学。"大思政课"何以为"大"，很重要的一个方面就是需要融入社会这个大课堂，老师和学生只有多走出去，触摸更多生动鲜活的社会细节，才能在实践的大场景中感受到思想的魅力，充分理解"青年何为""何以中国"。前两天，浙江大学的师生们就联动基层青年，到嘉善县围绕"一体化"何以加速协同、"大开放"如何破"小困局"等问题"蹲"在企业、乡村中找答案，在"跟着总书记的足迹学"中开辟了思政课的"第二课堂"。

提升讲的能力。激发"想讲"的动力，对思政教师需要换一把"尺子"考量，打破"重科研、轻教学"的评价办法，让更多躬耕于课堂、受学生欢迎的优秀思政教师"冒"出来。当然，不是说思政教师不需要做科研，没有科研的"输入"，很难有教学的"输出"，需要鼓励思政老师把科研创新与话语创新、教学形式创新结合起来，不断提升"会讲"的能力。还要增强"敢讲"的魄力，让那些在大是大非的问题面前能够坚定立场、敢于亮剑、善于发声的思政老师得到更多的推崇和尊重。

"你怎样，中国便怎样"，上好思政课，关系着未来由一群什么样的人来接力奔跑。把"不好上"的课上好，才不会让"回旋镖"打回自己手上。

王人骏　陈逸翔　郑涛　叶盛珺　执笔

2024 年 3 月 18 日

胡则的"一任"与"一方"

> "为官一任,造福一方。"这句箴言所强调的为政之德,不是拘泥于"一任""一方"的小棋,而是识大体、谋长远的大局观念。

"为官一任,造福一方",这句话很多人耳熟能详。习近平同志在浙江工作时常常告诫各级领导干部,"为官一任",就要尽到"造福一方"的责任,要时时刻刻为百姓谋,不为自己和家人谋。

其实,"为官一任,造福一方"的故事就发源于浙江。《人民日报海外版》刊登的一篇文章中提到,1959年8月,毛主席视察浙江时指出,永康有个方岩,方岩有个胡公大帝。胡公大帝不是神,而是人。他姓胡名则,是北宋的一个清官,为人民做了很多好事,人民纪念他,所以香火长盛不衰。我们共产党的干部也应该多做好事,为官一任,造福一方嘛!

为官47年,逮事三朝,在州郡工作多年的胡则无论到何地任职,都秉持着勤政廉洁的工作理念,以务实的工作作风为百姓办实事,留下"为官一任,造福一方"的佳话。今天我们能从胡则的"一任"与"一方"中得到怎样的启示?

一

明清地方志中，有一则记载，宋仁宗明道元年（1032年）八月，仁宗皇帝收到了一封"大胆"的奏折。有位叫胡则的地方官员，言辞振振地提出"永免江南十四州的身丁钱"。奏折内容在当时引发了轰动，朝堂之上议论纷纷，大声斥责的有之，唯诺躲闪的也有之。

这一年，胡则已 70 岁高龄。按照惯例，此时他大可以不问世事、功成身退，过上退休生活。但他在退休前夕，冒着巨大的政治风险，置个人安危于不顾，做出大胆举动，这是为何？

让我们回到近千年前的两浙地区。当时，长江、淮河流域遭遇大旱，江南一带土地干裂、饿莩遍野。让胡则忧心如焚的，是百姓仍要向朝廷上缴"身丁钱"。

身丁钱，即人头税，数额颇高，老弱妇孺和残障人士也不能得免，百姓长期为此所困。有些贫寒门第，生了孩子也只能忍痛"或卖为童仆，或度为释老"。妻离子散、家破人亡的惨剧，到处可见。

胡则先后在睦州、温州、杭州等地任过职，看到此情此景，或许想到自己年少时读孟子的"稷思天下有饥者，由己饥之也"，读王维的"七十老翁何所求"，共情油然而生。作为地方官员，怎能坐视百姓困溺于饥寒而不顾？

于是，70 岁的胡则毅然提笔写下了奏疏。要求朝廷减免税赋，无异于与皇家争利，此举很可能会面临重刑，但胡则毫不畏惧。

面对这位三朝老臣的拳拳爱民之心，宋仁宗心中感动，权衡利弊后下旨免除衢州、婺州两地的身丁钱。事后，胡则只觉此生无憾。两年后，他致仕归隐杭州，在灵山秀水畔颐养天年。

二

胡则既是老臣，也是能臣。他历任宋太宗、宋真宗、宋仁宗三朝，出仕47年，宠辱不惊、屹立常青。其实，他在政坛的极佳形象，铸自其主政地方时不凡的政绩与百姓的口碑。

比如，宋太宗至道二年（996年），胡则担任宪州录事参军。"时灵、夏用兵"，胡则奉命征集一月粮草。他纵观全局，认为此战一月并不能了，需增拨粮草。入朝奏对时，胡则凭借缜密灵活的思维以及对前线军事情况的了解，不仅使太宗批准了奏请，更获得太宗赞赏："州县岂乏人？"

再如，宋真宗大中祥符四年（1011年），胡则提举江南路银铜场铸钱监。当时矿场管理混乱、事故频发，监吏更是贪匿官铜。胡则到后，当地监吏想贿赂收买他，被严肃拒绝。胡则惩罚首恶，并整顿、修缮矿场，极力确保矿工及匠人安全。此后，矿场产量大幅增加，百姓称赞。

又如，宋仁宗天圣三年（1025年），胡则出任福州知州。当地有一批已被改造成田的滩涂，宋太宗时期就已下旨归属佃户，然而因财政不足，政府试图将这些地重新征收，还要增加赋税。胡则听闻此事，拍案而起。经由胡则多次上疏，朝廷最终"减其值之半"。

出任各地长官，交出"满绩"答卷的背后，是胡则一以贯之的爱民之心和敢做敢当的英锐之气。

值得一提的是，胡则是范仲淹推崇敬爱的前辈，也是他的好友，是《岳阳楼记》中追慕的"古仁人"。遍览其出仕经历，"不以物喜,不以己悲",是他内在的道德操守;"为官一任,造福一方",是他济时治世的施政箴言。

由此可见,70岁老臣胡则奏免百姓身丁钱的故事,放在他爱民勤政、敢干能干的诸多事迹中,既合情,也合理。

三

站在今天看,胡则不凡的人生经历和坚定的价值理念,为我们留下了宝贵的精神财富。笔者认为,主要有以下三个方面。

守住平常心。与很多人一样,胡则面临过各种各样的人生困境,漫长复杂的仕途中充满起伏,但他不计较个人功名,在各个岗位上兢兢业业做好自己的事。

比如身处西北,他就治军事、理徭役;在广西,则主通商、修藩务;到了福州,他解盐政、改矿制……胡则的足迹遍历大江南北,功业囊括了军事、财政、民生、外交等多个方面。胡则之所以能守住"平常心"、坚韧向前,所凭依的便是施仁心、布惠政于百姓的理想信念。

做事重利民。胡则一直留心实务,注重实效以报国家。比如萧瑟孤寂的边塞,在胡则眼中变成了壮阔雄浑、可一展雄心抱负的广阔天地。虽是幕职小官,却位卑未敢忘忧国,他考察山川形势、军政经济,熟稔辖区实务,最终把握住与君主奏对的机会,解决了当时的边患危机。

而在陕西、河北为官的两年,他目睹盐政弊病,常常思考惠民之政,为日后推行盐法改革积累了丰富的经验。宋仁宗天圣八年(1030年),胡则代理三司史,将官盐专卖改为商销,活跃了食盐的市场经济，使百姓切身收获实惠。

敢啃硬骨头。胡则曾连上三书，反对福州计臣关于官庄田的奏请，言辞激烈，只为减轻佃户们的负担。在外人看来，当时胡则正遭遇政治生涯的滑铁卢，何必再给自己多树政敌。但他的回答，至今看来依然如平地惊雷，掷地有声："百姓疾苦，刺史当言之。而弗从，刺史可废矣。"

敢于硬碰硬，首先得自己行得正、做得好。范仲淹在胡则的墓志铭中称其"进以功，退以寿，义可书，石不朽，百年之为兮千载后"。

胡则的一生，面临过登第前的迷茫，受到过朋友的牵连，在复杂的官场上见到过诱惑，但始终保持文人风骨，不忘入仕初心，坚守为官理想，在其位、谋其政、尽其责，最终成就了一世英名。

"为官一任，造福一方。"这句箴言所强调的为政之德，不是拘泥于"一任""一方"的小棋，而是识大体、谋长远的大局观念。如今，我们再次回顾胡则的人生，更希望"为官一任，造福一方"的精神在新时代继续熠熠生辉。

刘楚煜　执笔

2024 年 3 月 19 日

当我们也老了

> 我们怎样对待老年人，就是怎样对待未来的自己。

"浙江宣传"曾写过不少关于当下年轻人的话题。因为年轻人是被寄予厚望的一个群体，也是社会关注的焦点，而"之江轩"团队主要都是年轻人。但我们也要看到，人口老龄化是时代趋势。"聚光灯"之外的老年人，他们的内心世界和现实处境，非常值得我们去关注。从另外一层意义上讲，每个人都会有老去的一天，他们的今天就是我们的明天。

数据显示，截至2023年底，中国60岁及以上人口达2.97亿，占总人口的比重为21.1%；65岁及以上人口达2.17亿，占总人口的比重为15.4%。如此庞大的老年人群体，他们如何更多地被看见、被呵护，是一个绕不开的话题，也是一个亟待进一步解决的问题。

一

随着中国经济社会持续发展，老年人的生活质量、养老服务、人均寿命等明显提升，"老有所养""老有所依""老有所乐"的基础在不断夯实。与此同时，一些新的问题也在慢慢显现。虽然每个老年人面临的处境各不相同，但是内心大抵有以下一些相似感受。

子女不在身边的孤独。据统计，2020年中国空巢老人已达1.18亿，预计至2030年空巢老人将超过2亿。在2022年的一场新闻发布会上，有关部门负责人介绍，中国空巢老年人占比已超过老龄人口的一半。子女经常不在身边，又难以建立自己的社交圈，这样的寂寞很容易夺走老人们对生活的热情，他们在日复一日的乏味生活中"月寒日暖，来煎人寿"。

担心不再被需要的失落。对于一些老年人而言，离退休后如何适应新的社会角色也是一个问题。有媒体曾报道，约25%的离退休老年人存在"离退休综合征"。工作时整天忙碌，吃得香、睡得好，突然从岗位上退下来，有的人觉得心里空荡荡的，产生了焦虑、自卑、挑剔等情绪。"离退休综合征"背后，是老年人所感到的人生价值感和被尊重感的降低，是对于不再被需要的茫然无措。

面对数字鸿沟的无奈。数字化浪潮给人们的日常生活带来诸多便利，但由于数字技能的缺乏，老年人面对现代生活，往往会感到无助。尽管现在很多网页和App设置了适老化模式，但在没有人教导的情况下，很多老年人根本无法自如地使用智能手机，更别说移动支付、网络购物等等。老年人面对数字鸿沟的无奈，容易放大为被时代抛弃的担忧。

走向人生终点的焦虑。年轻人讨论较多的可能是容貌、身材、收入等方方面面的焦虑，置身其中，每一样都让人觉得很有感触。但是，对于老年人来说，他们更多面对的是病痛和死亡，由此带来的恐惧可想而知。身体疾病的困扰和人生无常的感受相叠加，老年人出现"终点焦虑"等负面情绪的概率大大增加。

其实，这些年有很多老年人遭受诈骗、沉迷网络等，便是以上这些相似处境所引发的，从侧面也反映了老年人情感需求、情绪价值存在缺口。

二

以上种种表现，既是当下老年人面临的困境，也是当我们老去之后可能要面对的问题。表象背后，有着深层次的原因，主要来自老年人个人、家庭关系及社会关注三方的失衡。

面对"心有余而力不足"的处境，老年人容易产生"人老不中用"的悲观情绪，积极心态不断被消解。人的自我价值实现与对社会价值的追寻相互牵连。很多老年人曾是"家里的一家之主""单位的一把好手"，而社会身份的转变加剧了心理的落差感，使他们一下子找不到自己的角色定位，也找不到生活的价值和意义。

衰老必然伴随着一系列身体机能的衰退和疾病的痛苦，这也给老年人带来心理上的变化。特别是看着老伴、老友、老街坊等"同行人"陆续离世，更会给他们较大的心理冲击，加剧悲观的情绪。

亲人特别是子女的关怀是化解老年人情绪问题最有效的良药，但在快节奏和强高压的生活下，"421"的家庭模式让许多子女左支右绌、无暇兼顾。人到晚年，所求的不过是有所依靠。家庭是老年人获得温暖慰藉的港湾，而关心善待老年人则是子女应尽的义务。

现实中，有不少年轻人因忙于工作，疏忽了对老年人的关心；有的有时间陪伴老年人，却很难做到耐心包容，无法像对待孩子一样投入精力，没能认真倾听老人的诉求；更有甚者，将老年人视为

"包袱"。

特别是经济欠发达的偏远山区，一些老年人独自住在村里，而小辈为了生活，都选择进城务工或者求学。有的老年人甚至没有退休金，生活缺乏保障。自己打理菜园、自己做饭，就已经比较吃力了，如果再生个病，想去城里医院看病就很不容易。

此外，相对于老年群体，社会往往更加关注年轻人，而忽略老年人的需求，对老年人的包容和重视程度都还不够。加上一些老年人不善于表达，有时他们的声音容易被外界忽视。

三

没有人能永远年轻。我们怎样对待老年人，就是怎样对待未来的自己。全社会只有给予老年人更多的情绪价值，真正把关心关爱送到老年人心坎上，才能有效应对老龄化社会的种种问题。

"有着落"。俗话说"民以食为天"。在现代社会，吃饭这件事似乎是不用担心的一桩小事，可对于老年人，尤其是高龄、空巢等老年人而言，却是生活中的难事。今年的《政府工作报告》明确提出，要"加强城乡社区养老服务网络建设""加强老年用品和服务供给"。近段时间，一些地方打造"十分钟就餐服务圈"，不光老年食堂办得有声有色，上门送餐服务也有序开展，一餐餐饭不仅暖了老年人的胃，更暖了他们的心。

老年人晚年生活的不便之处不止于"一餐饭"，还在于生活的方方面面。让老年人共享改革发展成果、安享幸福晚年，前提是想方设法为老年人提供更多基础性、普惠性、兜底性服务，让城里的老年人和山区的老年人都能过得从容。

"有事做"。近来，一些老年大学招生开启，报名火爆，甚至反向"圈粉"年轻人。老年大学何以受欢迎？一方面，老年大学课程丰富，在满足老年人需求的基础上融入了新鲜事物；另一方面，老年人在充电学习的同时，拓展了社交圈层、收获了情绪价值；更有一部分老年人将经验技能再发挥，"银发人才"创造了新价值，催生了"银发经济"。老年大学探索出了一条解决"退休落差""空巢独居"等社会问题的新路径。

正如建好用好老年大学一样，社会各个方面应当搭建更多平台，帮助老年人"建圈子、结伴子、找乐子"，让老年人找到自己的兴趣爱好、扩大朋友圈。

"有铠甲"。于老年人而言，情感需求是他们的软肋。而当下，越来越多的骗子瞄准了老年人的软肋，利用他们运用网络、获取信息等能力的不足，打出"嘘寒问暖""热情体贴"等亲情牌给他们"下套"。很多老年人被突如其来的关心打动，直到人去财空才恍然大悟。与此同时，"421"的家庭模式令许多为人子女者自顾不暇，对老年人缺乏关心，这也给了骗子可乘之机。

老年友好，才能人人友好。让老年人的晚年生活更幸福，不仅要在物质上满足老年人，更要在精神层面关心关爱老年人，用心用情地关注和解决他们的"心头事"，充盈他们的精神生活，真正让他们感到被在乎。

一言蔽之：当我们也老了，希望这个社会为自己做什么，我们这个时候就应该努力去做。

谢滨同　陆家颐　执笔

2024 年 3 月 19 日

李清照为何没写西湖

> 她传世的作品，没有提到过西湖，但西湖边，永远流传着李清照的诗词。

1132年，49岁的李清照来到了春天的临安城（今杭州）。在此之前，她从山东出发一路向南，经历了5年颠沛流离。

在杭州，李清照度过了人生最后的时光。西湖边的柳浪闻莺公园内，有一座清照亭，相传是李清照在杭时居住的地方。

令人奇怪的是，与西湖为邻，客居杭州约20年，李清照现存的诗词中，却没有任何有关西湖的记录。

从苏轼、辛弃疾到陆游、杨万里，文人墨客留下了很多关于西湖的作品。然而，宋代传下来的描绘西湖的诗词中，为何缺了热爱自然的李清照的作品？是她真的没有写？还是写过了却没有流传下来？

一

有人说，到杭州之前，李清照经历了国破家亡的巨变。心情低落的她，或许并没有吟诵西湖的心境。

1127 年，金兵南下，北宋灭亡。国家动荡，深刻影响着个人命运，即使是出身于官宦之家的李清照也未能幸免于难。

那一年，带着前半生攒下来的古籍文物，李清照只身南逃，投奔先一步到建康（今南京）的丈夫赵明诚。

"旧时天气旧时衣，只有情怀不似、旧家时"，从那时开始，李清照的生活和诗词风格都发生了极大转变。

山河破碎前，李清照有兴致"误入藕花深处"，关心"应是绿肥红瘦"，在老家济南时还写下了赞美大明湖的诗句。在南京的她，虽然偶尔也会喝酒伤春，但更多在感叹"谁怜憔悴更凋零。试灯无意思，踏雪没心情"，失去了游山玩水的心境。

南京的生活悲苦，可是命运的打击还在暗中酝酿，一个接一个向她袭来。

首先是丈夫的去世。1129 年 3 月，被罢官的赵明诚和李清照离开南京。到了安徽池阳，重新接到任职调令的赵明诚独自赶赴南京接受敕命，夫妻俩再次分离。没想到不过一个月，就传来赵明诚病重的消息，不久就去世了。

多年以后，李清照在杭州完成了《金石录》的整理，她在《〈金石录〉后序》里回忆了夫妻俩赌书泼茶的幸福，以及共同收集文物、研究金石碑刻的乐趣。当著作已成，丈夫却"墓木已拱"，不禁悲从中来。

其次是珍藏的流失。李清照在南逃过程中，随身携带大量古籍文物。可以想见，身处战火纷乱的变局中，一位单身中年女子带着繁重的行李逃亡，生活更为艰难。一路奔波中，这些珍藏有的毁于战火，有的遭到偷窃，到杭州时已"十去其七八"。

更何况，初到杭州的短短几月，李清照还经历了再嫁、离婚的风波，闹得满城风雨。

"物是人非事事休"，饱经大起大落的李清照，似乎没有了少女时轻松愉快的心境，取而代之的是对人生的感慨，在晚年写下了千古流传的《声声慢》：寻寻觅觅，冷冷清清，凄凄惨惨戚戚……

二

不过，对于李清照未留下关于西湖的诗词，有专家提供了另外一种解释，现代著名词学家夏承焘认为："过眼西湖无一句，易安心事岳王知。"

和岳飞同处一个时代的李清照，他们有着一样的希冀——收复故土。然而，面对现状，李清照满是无可奈何，将更多笔力倾注在了对国破家亡的愤慨中。

南逃过乌江时，她不满南宋朝廷的苟且偷生，以怀念项羽之名，写下了"生当作人杰，死亦为鬼雄。至今思项羽，不肯过江东"。

在金华避难，她登高望远感叹，"千古风流八咏楼，江山留与后人愁。水通南国三千里，气压江城十四州"，说不愁，其实字字在愁大好河山的沦落。

1133年5月，南宋派人出使金国。处于贫困和病痛中的李清照，为两名使者各写了一首诗。她以离人的身份，希望使者面对金国不要有辱国威，并带回更多故乡的消息。

巾帼不让须眉。诗的末尾，李清照的情绪逐渐悲壮，"子孙南渡今几年，飘零遂与流人伍。欲将血泪寄山河，去洒东山一抔土"。

可惜在当时的形势下，李清照的"欲将血泪寄山河"注定落空。

1134年冬，李清照写下《打马赋》一文，借助一个军事博弈类游戏暗讽朝廷无能。"木兰横戈好女子，老矣不复志千里，但愿相将过淮水。"已过50岁的李清照，在老去的无奈里，仍然保留着收复故土的希望。

"故乡何处是，忘了除非醉"，纵然杭州热闹、西湖美丽，她的心中大概只有怀念和惋惜，时而靠醉酒来远离愁绪。也许是在对家国的深深忧虑中，李清照没有了书写西湖的闲情逸致与余力。

三

作为一代词宗，李清照的大部分作品都已散佚，流传至今的诗词不过80多首，有一些还是存疑之作。因此，还有一种可能是李清照写过西湖，但没有留存下来，给后人造成了"没写西湖"的印象。

据宋人笔记记载，李清照著有文集十二卷、《漱玉集》一卷。《宋史艺文志》则说，李清照有《易安居士文集》七卷、《易安词》八卷。

可以肯定的是，李清照的作品数量远不止目前我们所看到的。到了明代，著名文学家杨慎想找《漱玉集》，但"寻之未得"。在出版业比较发达的宋代，李清照的作品散佚数量竟如此之多。

在宋代，李清照虽然早早展露了才华，但更多时候是作为赵明诚之妻存在的。在信奉"女子无才便是德"的封建社会，她无法像同时代的男性作家那样去交友酬酢、为官科考、互动唱和，导致其作品在当时不论是在影响力还是在流传度上都有一定限制，保存下来的概率也就更小。

此外，因为再嫁、离婚的经历，在她去世后，还有人说她"不终晚节"，连带着作品也遭受了一些非议。

"藏之名山，传之其人"，著作能够流传，要么有可以保存的地方，要么有可以托付的人。比如，白居易的作品得以大量流传下来，与他多次整理并且分散保存有很大关系。但李清照无儿无女，自身可能也没有很强的保存作品的意识。

尽管历史上有关李清照的记载很少，甚至连她去世的确切时间都没有留下，但在中国文学历史上，李清照的才华和能力超越了时空和性别，以一种独立的姿态横空出世，被称作婉约派词宗，连辛弃疾都自称有作品"效李易安体"。

"帘卷西风，人比黄花瘦""此情无计可消除，才下眉头，却上心头"……李清照词中的亲情、爱情和家国之情，至今仍能让人感同身受。她为后人留下了宋词之美，也留下了一代文人的精神气韵。

清照亭的柱子上，有一句楹联为"山明水秀，词魂永客武林春"。从知天命到古来稀，李清照在杭州时期没有留下太多记载。她传世的作品，没有提到过西湖，但西湖边，永远流传着李清照的诗词。

钱伟锋　执笔

2024 年 3 月 20 日

你有"电子亲人"吗

> 事实上，世界上并没有所谓"完美"，真正美好的情感更多时候是一种共同的成长。

前段时间，某音乐人利用AI技术"复刻"了自己过世的女儿，她不仅能够与人对话，还可以为妈妈唱生日歌。

在互联网上，除了用AI"复活"自己的亲人，还有一些账号，以爷爷奶奶、外公外婆、爸爸妈妈等长辈的身份，分享生活、教授技能以及与网友情感互动，被称为"电子亲人"。

那么，这些"电子亲人"是如何吸引年轻人的？他们的出现折射了什么样的社会需求，带给我们哪些思考呢？

—

当我们浏览这些"电子亲人"账号时，不难发现其中有一些共性特点。

比如，温柔而坚定的爱。"电子亲人"往往情绪稳定、和善包容，宛如坚强的后盾。在"电子亲人"这里，孩子是无条件被爱的，是毫不犹豫的"第一选择"。某平台上曾经有一个单亲"电子爸爸"，受到不少网友喜爱。先是前妻执意要生一个男孩，他不肯；再是前妻把女儿单独留在商场旱冰场后，两人发生第二次争吵；半年后他选择与前妻离婚，独自带娃。在带娃过程中，时时处处从孩子的内心需求出发，细腻有爱。

再如，无微不至的呵护。比起你取得的成就，"电子亲人"更关心你的健康、安全、情绪；没有苛责，"电子亲人"给予的往往是暖心的鼓励。有个账号用"妈妈教你×××"的口吻教大家做家常菜，扮演着一个细致入微的妈妈，比如在教大家切土豆丝时，尽管已经很细致，她还是会一遍遍地提醒：比起土豆丝切得好，她更在意的是大家不要切到手。在有网友提出自己不会叠衣服后，第二天叠衣服的教程就上线了。

又如，平等的态度和得体的空间。"电子爸妈"往往没有什么"爹味"，以平等的姿态与孩子相处，拥有极强的同理心。电视剧《家有儿女》中的爸爸夏东海像朋友一样和三个孩子相处，会为自己的错误主动道歉，能设身处地体谅孩子的情绪，被许多网友认为是"电子爸爸"。前段时间，某演员安慰网友冲上热搜，网友列举了该演员在社交平台给网友的回复，称其为一个成年人的安慰，没有责备，也没有鸡汤。不少网友也把该演员作为自己的"电子爸爸"，遇到不开心的事会去他的社交账号倾诉。

二

一边是年轻人被认为在线下忙着"断亲"，另一边他们在线上重新寻找"亲人"。那么，为什么不少年轻人会对"电子亲人"产生情感依赖呢?

填补了亲情的缺失。高速发展的社会、节奏变快的生活，让很多人陷入忙碌。不少年轻人离开父母外出求学、工作，亲人之间相处的时间很少。还有一些人虽然生活在父母身边，却有各种各样的原因，不仅没有获得足够关爱，还遭受了原生家庭的创伤。与此同时，年轻人对亲情的渴望并没有消失，反而因为生活压力大而更渴求得到抚慰，现实生活中难以满足的情感需求就转移到了"电子亲人"身上。"电子亲人"对他们来说，是对童年缺憾的弥补，在互动中似乎重新被"养育"了一次。

呈现了理想中亲人的样子。有人总结，"电子亲人"具有很多让人喜爱的地方：葆有对新鲜事物的好奇，能与后辈产生共鸣；习惯给予正向回应，提供充分的情绪价值；耐心倾听年轻人的想法，既不扫兴也不指手画脚。可以说，"电子亲人"经过精心设计和运营，呈现出的是人们理想中亲人应该有的样子。不少年轻网友在"电子亲人"账号下留言，"多希望你是我的妈妈""多希望这就是我的爸爸""如果我做得不好，妈妈只会批评我"。

提供了情绪的出口。中国人的性格总体而言是内敛的，年轻人在互联网上是一个"话痨"，在线下可能就成了"社恐"，尤其是一些发自肺腑的、表达感情的话，对着自己的父母、亲人往往觉得难以启齿，也害怕倾诉了却不被理解或得不到回应。但隔着互联网，对着"电子亲人"，大部分人就变得毫无压力，可以畅所欲言，加上"电子亲人"会对网友的倾诉给予暖心安慰、正面鼓励，让这种互动成为可持续的良性循环。

三

"电子的情感"再好，终究抵不过真实的拥抱，要知道"虚幻的亲人"终究只是一个精心打造的人设。

前不久，某平台上一账号注销后，有网友推论指出"电子爸爸"其实是一位抑郁症女孩想象出来的父亲。虽然这让不少人的"乌托邦"倒塌了，但有网友表示没有觉得被欺骗，反而觉得更心酸，也有网友表示尽管是虚构的，但治愈了自己，还有网友认为这恰恰说明了现实世界中没有这样的父亲存在。

虚拟的"电子亲人"，其实带给我们许多关于现实世界的思考。对此，笔者想到三句话。

不要因为人设的美好苛责现实的不完美。"电子亲人"尽管背后是真人，甚至是一个团队，但本质上仍然是虚拟世界的产物。它只呈现美好的一面，一些击中心灵的安慰和对话，也许只是幕后团队包装出来的。比起复杂的现实生活，"电子亲人"是人为打造的，虽然符合理想，却不免失真。网友在寻求慰藉的同时，对此要有清醒的认识，避免因为"电子亲人"的完美而对身边的亲人变得苛刻，更不要因为某个"电子亲人""塌房"而怀疑人世间本就存在的美好亲情。事实上，世界上并没有所谓"完美"，真正美好的情感更多时候是一种共同的成长。不完美的父母和不完美的我们，互相扶持着往前走，这才是有笑有泪的人生。

年轻人的情感需求应该被重视。这一届年轻人思想独立、见多识广，但同时又有较为明显的"淡淡综合征"和"电子依赖征"，似乎对现实世界总提不起兴趣，对虚拟空间却欲罢不能。对此，我们不应该忽视"电子依赖"背后年轻人对于亲情、友情、爱情的渴望，在鼓励年轻人追求事业和梦想的同时，更要关注到他们对情感的需求、对温暖的向往，避免因为现实中的亲人总是缺席而让他们只能向"电子亲人"寻求安慰。

"电子亲人"应该在规范中发展。不可否认，"电子亲人"在与网友的互动中抚慰了许多人的心灵，治愈了不少的创伤，传递了前行的力量。但虚拟世界中这样的高浓度情感交流同样存在一定风险，需要防范不法分子借此钻漏洞，利用网友朴素的情感从事违法犯罪活动。比如曾经曝出的老年人受骗于"某假明星账号"就是前车之鉴。同样，一个高质量的"电子亲人"，除了依赖技术和技巧外，更需要背后的个人或团队有向善的心和向上的力量。

"年轻人断亲""德华带娃""电子亲人""电子闺蜜"……近年来，凡是与亲情相关的话题总是会引发关注。这些话题折射的是在社会进步尤其是移动互联网飞速发展的过程中，年轻人对情感的形式、载体、质量、内涵的一次次探索和思考，其根本仍然源于内心深处对美好未来的向往。

余丹 执笔

2024 年 3 月 20 日

Cityride 为啥"更有性价比"

> 他们用更传统、更绿色的方式，寻觅到了身边"隐藏"的美，以一种新的方式融入所在城市。

继 Citywalk 之后，Cityride 迅速崭露头角，成为当下受人追捧的"新贵"。特别是随着春天的到来，Cityride 热潮升温，越来越多的人加入这项充满活力的运动中，在城市的大街小巷和桃红柳绿间穿梭。

Cityride 不仅让人们享受到运动的乐趣和大自然的美好，也为城市的发展带来了新的变化和机遇。因而，也有很多网友说，"不是 Taxi 打不起，而是 Cityride 更有性价比"。那么，这一休闲运动为何会如此受欢迎？又能给城市带来哪些新气象？

—

"Cityride"直译过来便是城市骑行。事实上，骑行的风潮并非今天才出现，1790 年自行车诞生后，欧洲就渐渐兴起骑行文化。

当然，国人对此同样十分熟悉。毕竟所谓骑行，骑的工具就是自行车。流行于 20 世纪的"二八大杠"占据了不少"60 后""70 后"的回忆，堪称那个年代的"国民神车"。20 世纪 80 年代末，中国自行车保有量一度达到 5 亿辆，是名副其实的"自行车王国"。直到进入 21 世纪，随着家用汽车、电瓶车等交通工具崛起，自行车"通勤王者"的地位才逐渐被取代。

虽然自行车作为出行工具的角色逐渐淡化，但近两年，随着骑行风潮兴起，它又"摇身一变"，披上时尚运动的"新马甲"，怒刷了一波存在感。

相关报告显示，2023 年是中国自行车市场的"发展大年"。这一年，骑行热潮风靡全国，带动骑行品类销售火爆，从生产制造到销售服务，从品牌推广到赛事运营，整个产业链都呈现出蓬勃发展的态势。这一热度到现在仍持续不减，只需在社交平台上输入"春日骑行"等关键词，就会显示出众多帖子和视频。

有数据表明，目前全国有 1 亿多人经常性骑车，有近千万人参与自行车运动。除了少数是专业骑行爱好者，大部分人走的还是将骑行当业余运动爱好的 Cityride 路线。

在骑行爱好者眼里，Cityride 有着比 Citywalk 和 Citydrive 更适宜的出行节奏。"走路太慢，开车太快，骑行的速度刚刚好。"他们用更传统、更绿色的方式，寻觅到了身边"隐藏"的美，以一种新的方式融入所在城市。

二

那么，为何有这么多人对 Cityride 这项新晋的"网红运动"如此情有独钟？

"不期而遇"的惊喜感。对于城市中朝九晚五的上班族而言，平时的生活路径被固定在了家和单位之间，每天上下班路上的风景也大同小异。区别于"两点一线"的简单通勤，Cityride的路线则更加随机和多样化，也能带来更多新鲜的体验。

在繁忙的工作之余，利用休息时间、戴上耳机、踩上踏板，无拘无束地漫游在城市的巷弄间，流连于市井新奇有趣的细节中，或许在下个路口就会冒出一些新奇的事物：一杯冰爽的特调拿铁、一炉冒着热气的糕点小吃……在充满"人气"的小路上骑骑停停，这些无意邂逅的"小确幸"恰恰是令人眼前一亮的"大惊喜"。想骑就骑，想停就停，片刻的自由能治愈一天的疲惫。

极致纯粹的"性价比"。相较于派头和排面，如今的年轻人更推崇高性价比的生活，消费也向实用、适用和经济转变，而City-ride契合了大家的需求，不偏不倚地戳中了大家的"心巴"。作为一种零排放的出行方式，Cityride不仅可以在一定程度上减少交通领域的碳排放，为环境保护添一份力，也为受场地、装备等条件所限而不方便运动的都市人群，找到了既能锻炼身体、又不用特意挤时间、还能变换运动场景的"三全"解法。

此外，骑行也可以选择不拼配速、不卷装备，投入多少由自己掌控。虽然"Cityride"这个词似乎带着精致小资的标签，但其实成本不高、操作简单，大家追求的就是"花小钱，多办事"的快乐。

社交平台的"神助攻"。潮流就像一阵风，而时尚的弄潮儿们是追风者，社交平台上的大量"种草"帖和分享帖为Cityride的风靡送上了一波"神助攻"，吸引了大量运动爱好者的眼球。比如，某平台连续多年发起"骑行友好计划",集聚了一批"同道中人",让Cityride的队伍如滚雪球般迅速壮大。如今,该平台已经积累了350万＋的"骑行"笔记和330万＋的"自行车"笔记。

每逢周末或者工作日晚上,约上三五好友,解锁不同骑行路线和各种新玩法,在骑行中探索城市生活新乐趣,成为受越来越多年轻人追捧的生活方式。有网友坦言:"一个人可以骑得更快,但一群人可以骑得更远。"

三

在Cityride风靡的当下,骑行文化也越来越成为城市文化不可或缺的一部分。而作为方兴未艾的新兴运动休闲方式,Cityride虽然备受追捧,但要摆脱"昙花一现"的命运,真正融入城市文化,进步空间还有很多。

如何让骑行更"畅通无阻"?鼓励骑行,需要给骑行者留出足够的"发挥空间"。除了开辟自行车专用车道、治理抢占自行车道行为等基本操作外,还要尽可能做好非机动车道的快慢分流。比如利用大数据等技术使路口的信号灯更加智能,在骑行需求量大的路段给予自行车更好的通行权,让骑行者"纵享丝滑"。

在这方面,丹麦等国家或许能提供一些借鉴。比如,丹麦首都哥本哈根早在1980年就通过了第一个自行车网络规划,此后又相继出台政策和规划,发展自行车交通,将之融入城市规划管理。

如何让服务更"无微不至"?在完善自行车骑行绿道、慢行系统、坡道防滑路面等硬件设施之余,骑行过程中的"软服务"更能让骑行者感受到"被照顾到"的友好体验。简单点的如停车、打气服务，稍微复杂点的如修车、清洗服务，驿站细微却实用的功能可以让一座城市稳稳立住骑行友好的"人设"，收获一波好感。

比如，杭州是许多骑行者公认的"骑行天堂"。被誉为杭城"最美骑行道"的闻涛路，就在沿途设置了驿站，提供咖啡、简餐等服务，途经的骑行者不仅可以在此歇脚，还能享受片刻的休闲。

如何让骑行"不只是骑行"？骑行文化与城市土壤的融合，需要"跳出骑行看骑行"。骑行运动具有随走随停、时间自由、线路较长等特点，利用这些优势把城市历史文化和风土人情装进一条条骑行路线，让它们串联起散落的景点、村落等旅游场景，在打造可观可感可触摸风景带的同时，带动其他业态同步发展。

像舟山的"星辰大海"骑行路线囊括了"千岛之城"迷人的海滨风光、渔港风情、古城要塞等精华，日常的海岛骑行已经吸引了很多骑友，每年的环舟山自行车骑游大会更是骑者如云。骑行之余大家也会选择多停留几日，深度体验海岛之美，免费的旅游宣传成功让整座城市都"蹭"到了热度。

趁着春暖花开，不妨来一场说走就走的Cityride吧，去探索每个不为人知的角落，感受城市的温度和脉搏，在车轮的转动中再做一回勇往直前的"追风少年"。

陈静　黄雯铮　方颖　执笔

2024年3月21日

你踩过"智商税"的坑吗

> 很多时候,"智商税"也是"情绪税",消费者出于种种原因冲动购买,为的是讨一个"情绪价值",买前热情高涨,买后可能追悔莫及。

"量子速读,快人一步""油切暴汗贴,控制多汗症""美白洗面奶,一秒变冷白皮"……看到这里,或许很多人都笑了,毕竟谁还没买过一件"智商税"产品呢?在过去不久的"3·15国际消费者权益日",各大新闻媒体也披露了不少诸如此类的"消费陷阱"。

近年来,"智商税"逐渐成为一个热门词语。各式各样、五花八门的"智商税"产品层出不穷,让人眼花缭乱。不禁要问,为何那么多人会为这类产品"买单"?我们又该如何理性看待?

一

所谓"智商税",一般是指在购物时缺乏判断力,加之商家的营销套路,从而无脑下单,最终花了冤枉钱却没有获得相应的产品服务或功效预期的消费行为。很多人觉得自己不可能交"智商税"，但事实上，"智商税"防不胜防，面对购物平台铺天盖地的宣传和商家各色各样的营销手段，大部分人都踩过"智商税"的坑。常见的有这样几类。

面向广大家长的教育"智商税"。望子成龙成凤之心，人皆有之。很多商家精准嗅到了教育领域的商机，利用家长对心理学、脑科学等的推崇，伺机推出一些听起来"高大上"、功效上"能速成"的产品，精准收割了一批家长的"智商税"。

比如前几年曾流行的"量子速读"，全称"全脑潜能开发之波动速读"，宣称能让孩子在5分钟内看完一本10万字的书籍，并将内容复述出来，哪怕外语书也不在话下，"书翻得越快，与宇宙的距离就越近"。这类看起来"一眼假"的课程，却在"量子纠缠""宇宙能量"等营销话术的包装下，吸引了一拨家长争相购买。

瞄准中老年群体的健康"智商税"。早年电视广告中，经常会有一些"神医""名医""专家"。他们大都看似德高望重、经验老到，"独家秘方"或"研究成果"一大串。他们一会儿是资深中医，专治风湿病，一会儿又摇身一变成了"深山苗医"，专攻失眠哮喘，大肆推销产品。

此类产品往往将目标瞄准于具有一定经济收入且重视养生保健的中老年人。价格动辄高达三五千元的艾灸椅，号称使用特殊材质的万能床垫，具有"返老还童"功效的十全大补丸，都曾让很多老人心甘情愿自掏腰包。

针对社会热点推出的跟风"智商税"。在一些特殊时期、特殊事件的刺激下，群众的焦虑情绪被放大，进而引发跟风抢购的现象。比如，去年，日本启动核污染水排海时，国内兴起了一股"抢盐潮"。多地盐业集团发声表示"食盐储备供应充足，无须囤盐"，这才稳定了消费者的心。有时，在一些特殊节点上，也不排除某些商家借机推出一些产品，引发部分不明真相的"吃瓜群众"随大流交"智商税"。

年轻人买美容产品，美容养颜；老年人买保健产品，延年益寿；宝爸宝妈买婴儿产品，"儿童专属"准不错……商家精准抓住不同群体的需求和痛点，辅以各种吸引眼球的噱头，消费者们在不知不觉中就交了"智商税"。

二

在网上搜索"智商税"，可以看到消费者提出的各种疑问："×××到底是不是'智商税'？""××商品真的有用吗？"还有网友真情实感地吐槽，每隔一段时间，就会出现一些用新概念、新词汇"精心包装"过的新产品，让人"不明觉厉"。为何"智商税"产品屡禁不止、防不胜防？

销售话术总是天花乱坠。王婆卖瓜尚且自夸，"智商税"产品的一个明显特征就是善于通过"文字游戏"做文章。商家们利用花里胡哨的广告语，或是"空口套白狼"，或是"顾左右而言他"，变着花样"引诱"消费者激情购买。比如，有的商家将仅滴了一滴30%玻色因溶液的护肤品夸张为"含30%玻色因"，消费者冲着成分买单，结果花了冤枉钱。

信息不对称导致"判断盲区"。在崇尚科学的年代，越来越多人愿意尝试购买高科技产品，特别是对新事物有较高包容度、热衷于创新探索的年轻人。但面对层出不穷的新名词、新标签，消费者往往抱着"试试"的心理，"一看就想买，一买就上当"。

比如，面对市面上各种"远红外线""磁疗""抗菌"的保暖内衣，你是否也看花了眼？但中消协曾对26个品牌的据称有远红外保健功能的保暖内衣进行测试，结果表明大多数样品的远红外发射率并不比普通保暖内衣高。信息差的客观存在，使得消费者稍有不慎就着了"道"。

好奇从众是内生驱动力。有人说，心理作用和"社交价值"也是构成商品价值的一部分。人生活在社会中，总是会受到群体的影响。在消费行为中，人们大多会出于好奇心和从众心理而冲动下单。当"已销售250万单"的字眼后面跟着"10万＋"好评，大多数消费者会心想"这么多人买，那肯定错不了！"于是在一声声好评中，逐渐失去理智。

三

每个人的钱都不是大风吹来的，钱和精力应该被花在最恰当的地方。如何正确看待和应对"智商税"？

不当"纸牌屋"，以诚信经营换好评。在你吆我喝、声势喧天的市场竞争中，产品是企业经营的底气。近年来，不少"不善言辞"的老牌国货凭借真东西、硬本事打破过分溢价的行业现状，将实惠留给消费者的同时，也接住了"泼天的富贵"。这再次证明，越是问心无愧的诚信经营，越能斩获最忠诚的粉丝。打开大门做生意，商家"正道直行"才能不让消费者"吃哑巴亏"，也为自己赢得长远发展的可能。

减少"冲动买单"，给自己留点"冷静期"。很多时候，"智商税"也是"情绪税",消费者出于种种原因冲动购买,为的是讨一个"情绪价值",买前热情高涨,买后可能追悔莫及。市场是开放的,每个人都是参与者,在购物之前不妨多点理性,冷静思考一下自己的需求,仔细甄别商品的质量和功效,常记货比三家,多问问身边人,或许就是避坑的有效方式。

把稳"方向盘",为消费者把好关。在"智商税"陷阱中,最可恨的是那些无视消费者权益、通过虚假宣传和欺诈行为故意骗钱的无良商家。政府和监管部门不能缺位,加强市场监管、维护市场秩序始终在路上。比如,面对教育类"智商税"产品,相关部门可多向学校、家长和学生普及知识,提高鉴别能力,联合市场监管部门严厉打击不法商家;又如,针对健康安全类产品,食品药品监管部门及时检测、迅速回应,就能够消弭信息差。很多时候,官方背书是消费者最有力的参考。

值得注意的是,在对"智商税"产品坚决说"不"的同时,也要客观认识到,一些新产品也可能因早期发展不够全面而被当作"智商税"。对这类产品,也需要给予充分的耐心和空间,而不是简单地"一棍子打死"。

身处信息杂芜的世界,更要回归理性和审慎。维持有序的市场规则和消费秩序,呼吁理性的消费观,方能让合规产品与消费者"双向奔赴",让消费者买得放心、用得安心。

李戈辉　刘亚文　叶倍　执笔

2024 年 3 月 21 日

弄堂深深深几许

很多人爱逛弄堂，爱的就是那一份悠悠探寻之感。

三月烟雨中，听着远远传来的卖花声，踏着青石板，缓步走过悠长的小巷，很多人心里总会想起那句诗——"一个丁香一样的结着愁怨的姑娘"。

"宅弄深处，曲径通幽，不知深几许，行至尽头，豁然开朗，别有新洞天"，一条条弄堂分布在成片的老房子中间，如毛细血管般串联起精致秀美的江南，那是水墨风景，是市井生活，更是一种文化情怀。

有人说，"没走过江南的里弄，便不曾真到过江南"。弄堂究竟可以带来怎样的惊喜？我们又能从中窥见怎样的江南风光？

一

作家王安忆在《长恨歌》开篇，深情描摹了生于斯长于斯的弄堂，"像是大河一般有着无数的支流，又像是大树一样，枝枝杈杈数也数不清。它们阡陌纵横，是一张大网。它们表面上是袒露的，实际上却神秘莫测，有着曲折的内心"。

河流、弄堂、大树从水、陆地、天空将江南切分成无数各自独立又特色各异的单元，枝丫相连、血脉相通，成就了千变万化又万象归一的江南风情。

江南弄堂与北方胡同，相似又有不同韵味。胡同源于蒙语"水井"，由胡人带入中原。而先秦时《诗经》中已有"巷无居人"这样的表达。弄堂，早时作"弄唐"。清人梁绍壬在《两般秋雨盫随笔衖堂》中说，"今堂屋边小径，俗呼衖堂，应是弄唐之讹。宫中路曰弄，庙中路曰唐，字盖本此"。

通常情况下，弄堂被分为水弄、宅弄及连街弄三类。水弄往往是前通街、后通河的，既是水乡一景，也是交通要道；宅弄，则是依附在宅院或民居内的次建筑；连街弄最为常见，是两两平行且与街道连通的小路，房廊相连、声气相通，别有曲径通幽的趣味。

历史是有记忆的，江南人与生长其间的弄堂情缘更是难以割舍。鲁迅在《弄堂生意古今谈》中讲："闸北一带弄堂内外叫卖零食的声音，假使当时记录下来，从早到夜，恐怕总可以有二三十样。"20世纪二三十年代，一些文人避居上海的里弄中，从而催生了"亭子间文学"，在巴金、郭沫若、茅盾、张爱玲等人的文学作品中，弄堂的影子亦是高频出现。

二

闲暇或者烦闷时，去小弄堂走一走，抚一抚青苔斑驳的墙体，看一看光影流转的老街，似有一种神奇的魔力，让人心归平静。曲曲折折的弄堂，为何这样引人流连？

诉说一段历史，浓缩一方文化。它们的名字颇有意思，或与从前居住在此的大户人家相关，如施家弄、梁家弄等；或与原有行业环境相关，如绍兴的香粉弄，高宗皇帝赵构生活在越州时，为后宫配制胭脂香粉的专坊就设在此处；又或与历史传说有关，无锡的马甲弄，相传就是名将常遇春在无锡洛社血战三天三夜击溃元军后，将士们休息时放置马鞍盔甲的地方。

走进弄堂，崎岖不平的青石板倒映着那些匆匆而过的脚步；高耸挺立的马头墙讲述着先人消解灾患的智慧，不远处的观音兜寄寓着人们对风调雨顺的祈愿。花窗内虽然已不见闺阁小姐的倩影，却也能填满游客的好奇之心。

藏着人间烟火，牵动游子乡愁。弄堂的建筑形态，拉近了人与人的距离。一个小小的社会空间，其囊括的世相百态，是江南人朴实的日常生活，也是弄堂的灵魂所在。

行走在江南的弄堂，会遇到坐着板凳、摇着蒲扇纳凉的老人，会遇到无忧无虑、追逐嬉闹的孩子，还能看到弄堂两边一边择菜一边闲聊的阿姨，闻到厨房里嗞嗞作响的红烧肉香气。抬头一望，屋檐下晾着被子或衣裤，远处的围墙上，一只体态慵懒的狸猫在伸腰哈欠、晒着太阳。这样的烟火气息抚慰人心。在外的游子，不管走得多远，也能被一条弄堂牵动思绪。

形态不尽相同，意境引人入胜。弄堂深深深几许，行至尽头又一新。很多人爱逛弄堂，爱的就是那一份悠悠探寻之感。弄堂的韵味就在于，宽宽窄窄、长长短短、明明暗暗，都不尽相同。"头顶一线天，脚踏青砖地"，缓步其中，行至尽头，以为无路时，却是"柳暗花明又一村"，这种感觉新奇且美妙。

比如，杭州龙门古镇的弄堂。相传东吴孙权曾在此安家，为了让族人既连在一起，又互不打扰，于是把弄堂建得七曲八绕，似迷宫般奇妙。游客来此，多被这里的弄堂绕晕，总要迷路几次，才能找到出路。然而，此中的寻寻觅觅，也不失为一种乐趣。

三

意大利作家卡尔维诺的《看不见的城市》中有这样一段话：城市不会泄露自己的过去，只会把它像手纹一样藏起来，它被写在街巷的角落、窗格的护栏、楼梯的扶手、避雷的天线和旗杆上……

弄堂，正是江南水乡的"手纹"。然而，随着时代变迁的匆匆步伐，不少弄堂已经消失在大众视野中，只剩下一些老照片，供人细数落日余晖下的巷陌身影。那么，如何让老弄堂跟上时代快车？

别丢了建筑的基本功能。有句话叫，最好的保护就是再利用。不可否认，弄堂的消失与自身的功能局限有关。空间狭小，生活相对逼仄，各方面配套也不能完全与现代生活需求匹配。人们纷纷搬出弄堂，走进功能更好、配套更全的住宅区，老弄堂渐渐失了生机。

在上海，《繁花》开尽，弄堂"重生"，像飞乐厂旧址，有着复杂弄堂的老地块，被打造成了时尚新地标；永嘉路309弄，则打造了敞廊围合的小广场，旧日乘凉的弄堂，再次成为街坊们的公共会客厅。

找到保护与开发的平衡点。消失的无法回来，留下的弥足珍贵。习近平总书记指出，要突出地方特色，注重人居环境改善，更多采用微改造这种"绣花"功夫，注重文明传承、文化延续，让城市留下记忆，让人们记住乡愁。这是城市规划和建设的指引，也是弄堂历久弥新的应有之义。

弄堂要走出一条适合自己的"焕新"之路，融入一些新理念必不可少，不妨进行科学的规划和建设，找准新与旧的结合点。比如，绍兴府山脚下的仓桥直街，印刻着这座城市一路走来的印记。仓桥直街秉承"修旧如旧"的理念，仅对部分塌旧建筑进行还原修缮，兼顾了保护文物建筑的原真性和环境风貌的完整性。走在街区中，弄堂、乌篷船、青石板路……正是理想中的小桥流水画卷。"荡弄堂去"，也成为绍兴人专属的Citywalk。

打好弄堂记忆的文旅牌。老弄堂承载着岁月积淀下的太多故事，写成了江南大地上一册册实物史诗。尊重并保护好这些独特的江南人文记忆，加以合理的修复与开发，能使其重新绽放光华。比如，南京的乌衣巷、杭州的五柳巷、嘉兴的月河街等都是弄堂焕新发展的成功案例，这里有厚重的历史文化，也有丰富的旅游业态，成了许多游客向往的打卡地。

穿过悠长的弄堂，我们看见历史、看见风景；走出弄堂，我们也期待着出口的人间烟火和岁月清欢。弄堂，会给你一个爱上江南的理由。我们也期盼着，在江南的弄堂里与你温暖相遇。

李雨婷　执笔

2024 年 3 月 22 日

年轻人为何热衷于"重新养自己"

> 对于许多年轻人来说,那个纠结、窘迫、拧巴的自己,终将在"重新养自己"的过程中一一配平,使得自由、松弛、不纠结成为新的成长方向。

养猫、养狗、养花、养娃,或许大家已经司空见惯,但"养自己"你听说过吗?

这段时间,"重新养自己"的话题在各大社交平台上被热议,很多网友分享了自己的亲身经历:享用小时候嘴馋却没吃到的美食,看一场"有点贵"的演唱会;买一束"没什么用"的花,学一门"浪费时间"的乐器;学会说"NO",不再当别人眼里来者不拒的"老好人"……

看起来,年轻人"重新养自己"的方式五花八门。这到底是什么意思?背后有怎样的内涵?

一

"重新养自己"，按字面意思理解，就是之前的"养法"不算数，再养育自己一遍。这些年轻人开始当起自己的"理想父母"，和过去自己所受到的养育方式告别，把自己当作新的生命体，做到满足自己、疼爱自己、为自己的成长而开心。

物质方面，对自己好一点、再好一点。比如将匮乏变成了丰富，小时候因为家庭条件不好而没吃到的、舍不得吃的零食、水果，长大后想到就要吃到，委屈不得一秒；小时候自己没有独立的房间，长大后便独享一间洒满阳光的"快乐小屋"。比如把将就换成了讲究，以前是能穿就行、深色耐脏，现在穿搭要风格多样、色彩要"多巴胺"。经济独立，使得"养自己"在衣食住行方面实现了整体升级。

精神层面，学会欣赏本真的自己。一方面，治愈曾经内心"受伤的小孩"。那些在打压式教育、"扫兴式父母"影响下，产生习惯性讨好、自卑敏感等情绪问题和心理障碍的小孩，变成大人以后，开始慢慢修建起自己的"心灵保护区"。另一方面，不再执着于"成年人"该有的样子。偶尔卸下承担责任、背负压力的大人"面具"，像个小孩一样放纵自己，给受挤压的情绪找个出口，原谅"不完美"的自己。

事业上，有勇气去寻求真正所爱。比如一部分年轻人辞掉大家眼里稳定体面的工作去追逐梦想，像在即兴喜剧的舞台上发现了迟到的"艺术天赋"；又如冒着"出洋相"的风险争取职场中"可能会失败"的机会。大家信仰"人生是旷野"，不再被单一的成败评价体系裹挟，认为"生活就是生活，不是达到某个标准以上才是生活"。

有人养身体、养爱好，有人养感受、养心力，有网友感叹，"赚钱以后，养的第一个孩子是自己"，引发一片共鸣。

二

事实上，"重新养自己"的观念并非"从天而降"，而是年轻人逐渐形成的共识。

自我意识渐渐觉醒。成长的磨砺，给年轻人带来的不只是经济独立的底气，还有重新寻找自己的勇气。

一方面，"世界那么大"，让他们"有得选"。如果说小时候只能参照父母的生活、事业模板，那长大后可供参考的范围就大大扩展，见过的人、经历过的事、看到的信息，如同巨浪一般充实着他们原本的成长体系，让大家逐渐明白"人生不只一条路"。

另一方面，"自我同情"的意识，让他们"敢去选"。随着心理学常识越来越普及，爱自己、关注个人成长等"自我同情"类的概念越来越受到年轻人的关注和实践，指导他们在面对挫折、失败时，能够对自己更温柔、更宽容，用一种更为开放的态度对待自我，也让他们相比老一辈人更清楚内心的真正需求并敢于去实践。

学会从原生家庭独立。很长一段时间，"原生家庭论"被认为是很多人人生失败的主要原因：生活不幸福，肯定是原生家庭不行；工作不顺利，怪父母选专业失败。但作为独立个体，每遇到一个人生难题，就把所有责任怪罪到原生家庭身上，一遍遍地哭诉，然后继续重蹈覆辙，不仅于成长无益，还会使自己渐渐陷入"祥林嫂"般的自我厌弃。

所以，年轻人学会更加理性地看待自己的家庭环境和成长经历，选择逐渐从原生家庭独立出来，寻找个体的独立性和新的生活空间。

社交平台"跟风"。在微博、小红书、抖音等社交平台上，"重新养自己一遍""富养自己"等话题阅读量过亿，各类经验分享、打卡清单、励志文案，让"爱自己是终身浪漫的开始"这句话被具象化。加上许多博主为诱导"带货"，在文章、视频中将"重新养自己"与穿什么衣服鞋子、用什么品牌化妆品、上哪门知识付费课程画上等号，让"养自己"这种重新观照内心的方法转化为"买买买"的物质需求，使"跟风"变得简单可操作。

三

有人认为"重新养自己"不过是年轻人被动的无奈之举，或是没多大意义的口嗨抗争。笔者认为刚好相反，总体来看，这是一个积极信号。

"重新"二字，意味着相比于上一代，年轻人在观念上有了更新、生活方式上有了创新。循规蹈矩、按部就班不是他们的特质，他们希望修正父母辈的不足、挖掘自己的潜力，在个人生活品质、精神状态上实现换新。这未必是对于过去的否定，更是他们对现在能够改变的确定、对未来实现目标的笃定。就像"踩着前人的脚印，最佳结果也只能是亚军"，年轻人为了实现更好的自己，选择另辟蹊径，用新的认知打败旧的认知。

"养"，说明他们兼具浪漫主义者和实干主义者的心态，像养花一样，既期待绽放那一刻的惊艳美丽，又能脚踏实地从挖一铲土、浇一杯水做起。他们明白,"万丈高楼平地起"需要脑洞大开的蓝图,也需要一点一滴去努力。用"养"的心态对待自己,才能不拔苗助长、不急功近利;用实干家的信条去探索自己,才能稳定有力地向上生长。

"自己",包含两个关键点,一是自我满足,二是自我实现。在一个个目标被决定、被实现的过程中,年轻人也逐渐获得了对人生的自主权。因此,与其说"重新爱自己"是"第二次童年",不如说这是生理成长之后在心理上的真正长大,年轻人的"自我"终于在这一刻萌发出来。

但也需要警惕,"重新养自己"在流量"跟风"、利益驱动之下,也容易被各种物质欲望裹挟,沦为收割"韭菜"的陷阱,引发新一轮的内卷与焦虑。

对社会而言,可为年轻人提供更多可选择的教育平台,助力他们自我成长的方式更多元。比如当下火爆的"夜校""全民艺术学堂",为年轻人在工作忙碌之余打开更多可能;家庭方面,都说父母是孩子的第一任老师,少一些扫兴、多一些理解,少一些压制、多一些共鸣,便会使"重新养自己"少一项来自外在的阻力,多一份亲密关系的支持。

"重新养自己"的重点从来都不是具体的方式方法,而是培养成长型的心态。对于许多年轻人来说,那个纠结、窘迫、拧巴的自己,终将在"重新养自己"的过程中一一配平,使得自由、松弛、不纠结成为新的成长方向。

刘雨升　尚咪咪　执笔

2024 年 3 月 22 日

臭霉糟醉让人上头又上瘾

> 一些传统名菜之所以能流传百年千年，经历时间淘洗而一直熠熠生辉，深受不同时代人们的青睐，靠的正是一代代人的传承出新。

在中国，什么是最臭的食物呢？可能不少人的第一反应都是臭豆腐。但对很多绍兴人来说，能称得上最臭食物的"另有其人"，那便是绍兴霉苋菜梗。美食纪录片《风味人间》曾介绍过这道因臭闻名的食物。一坛冒着泡泡的青绿卤水，一揭盖就散发出难以名状的味道，直冲鼻腔。

但这让外人避之不及的霉苋菜梗，却是绍兴人甘之如饴的所爱，而这只是绍兴人独特口味的冰山一角。在有着深厚历史积淀的绍兴，饮食自成体系，除了霉与臭，以酒入肴的糟与醉也是一大特色。

要了解绍兴的风味，恐怕就要从"臭霉糟醉"这四味说起。

一

先说霉与臭。

"圈粉"绍兴人的霉苋菜梗，据说最早能上溯到春秋末期，越王勾践都品尝过。这个故事虽然只是传说，但这道让绍兴人喜爱的"霉臭风味"是有记载的，清代绍兴籍学者范寅在《越谚》中写道："其梗如蔗段，腌之气臭味佳，最下饭。"

如今，绍兴民间流行的霉苋菜梗做法，是选新鲜苋菜梗切成段后浸入清水，泡足一天后沥水密封起来，自然发酵至酥软。霉苋菜梗，外硬里软，芯肉可以像果冻一样吸入口中，奇异的味道可能会令外地人难以下咽。

有的"老绍兴"还会把腌完霉苋菜梗的卤水当成好东西，把豆腐、毛豆、冬瓜等浸入坛中，短则半天，长则数日，就能制成臭豆腐、霉毛豆、臭冬瓜等。在吃臭这件事情上，绍兴人也将想象力发挥到了极致。臭豆腐既可以炸，也可以蒸，还可以炒碎了做成臭豆腐花，佐以碎青椒和毛豆，臭得入味、越嚼越香，下酒配饭两相宜。

有英国美食作家在2009年为了黄酒探访绍兴，没想到反而被霉臭之味吸引，觉得臭豆腐与欧洲的奶酪异曲同工。后来她又多次到访绍兴专门品尝臭豆腐，也带来欧洲奶酪给绍兴厨师品尝。这两类霉臭食物虽相隔万里，但都越吃越香、越吃越上瘾。

二

再说糟与醉。

1926年，鲁迅收到了作家川岛赠予的一些书籍和糟鹅、鱼干等，很是高兴，并将这件事写入日记。川岛和鲁迅是绍兴老乡，糟货可谓是两人的乡愁。

更早些时候，另一位绍兴老乡陆游曾在诗中表达对糟醉口味的青睐，他在《糟蟹》一诗中写道："醉死糟丘终不悔，看来端的是无肠。"

所谓糟醉，就是以酒入肴之法。糟醉风味形成的背后，流传着一个无心插柳的故事。有一户省吃俭用的农家，为了让食物储存得更久一点，便试着将煮熟的鸡鸭等加盐腌制，放入老酒坛中。不料，揭开坛后香气四溢，吃过的人都赞叹不已，这种做法便流行开来。这一源于民间的糟醉之法，在历史长河中，经过千百万双巧手，在千百万绍兴人家的灶台上，积淀成了绍兴菜中这一独特风味。

虽然有"糟醉一家"的说法，但严格区分的话，糟、醉其实是两种风味。

"糟"用的是酒糟，也就是酿酒的余渣经过滤后的残留物和细颗粒。糟菜一般先将酒糟调制成卤，然后将食品放入卤中浸至入味。如以冷菜盛盘的糟鸡、糟肉、糟毛豆、糟肚子，还有旺火急炒的糟熘虾仁、糟熘鱼片、糟香鸡丁等热糟名菜。在一些美食家看来，"糟"是一种阅尽沧桑后的淡泊，带有一种老于世故的深沉回味。

而"醉",则直接使用黄酒加工,或浸泡或醉焖,又分生鲜之醉和熟食之醉。生鲜之醉即生醉,直接以酒成熟,让食材在酒中浸泡而得酒香入味,醉麻蛤、醉蟹、醉虾都是如此。熟食之醉,即为熟醉,是食物经汆或煮,再加以料酒等调料组成的卤水焖醉而成,醉腰花、醉毛豆、醉鸡等则属此列。

最生猛的吃法当然是生醉。鲁迅就曾对"醉虾"做过生动描述:活活的喷着酒香的虾,品尝者是"虾越鲜活,吃的人便越高兴、越畅快"。文豪一生常年离家,但家乡的味道始终牵着他的胃与心。

三

饮食口味的形成有着历史地理成因。霉臭口味的发展源于越地适合天然发酵的自然气候条件,而糟醉之肴的美味则是作为绍兴酒的副产品。臭霉糟醉技法的运用与发展,背靠着绍兴建城2500年以来的历史文化,是绍兴人于饮食活动中智慧的折射,也是时间所沉淀出的口味。

这种独特的味道给人带来强烈的味蕾体验和刺激,既满足了人们探索新鲜事物的好奇心,也成为一些人追求与众不同个性和审美的表达。而对一些老饕来说,光是臭霉糟醉的"噱头"就值得品鉴一番。因此绍兴风味虽然奇特,却不缺拥趸。

但这些年在外来饮食文化的冲击下,传统饮食的传承面临着挑战。在不少外地食客眼里,绍兴菜十分"重口味",对臭霉糟醉敬而远之。像霉苋菜梗就是不少外地人无法接受的霉臭菜肴,觉得太咸而且风味过于浓郁。而本地一些年轻食客,也觉得老底子的口味太过时，更青睐川菜、火锅等餐饮品类。

其实，每个城市，都可以有自己的美食名片。这既能增添城市的烟火气，也是城市吸引游客的"流量密码"之一。拥有臭霉糟醉等传统风味的绍兴菜，正在积极打破外地食客既有的重口味印象，努力以守正出新实现"舌尖突围"。

像作为绍兴美食"金名片"的霉干菜焖肉，在刀工上经历了由最先的五花肉长方块到小方块的演变，在烹调上由扣蒸到烧焖，迭代改良成为菜点结合的新款。一些本地餐厅的霉苋菜梗，拿掉内芯，改以嵌入虾滑，在保留霉臭风味的同时，也让外地游客更容易接受。

特色美食的形成离不开地方饮食文化的积淀，而饮食的发展也需要不同地域、文化之间的相互学习、借鉴和融合。一些传统名菜之所以能流传百年千年，经历时间淘洗而一直熠熠生辉，深受不同时代人们的青睐，靠的正是一代代人的传承出新。

留存着悠远历史印记的臭霉糟醉，不仅承载着绍兴人的情感、记忆和乡愁，也将在改良创新中吸引更多铁粉，获得更多认可和喜爱。

云新宇　范勇　金乘波　执笔

2024 年 3 月 23 日

莫把爱情当"买卖"

希望更多人的婚姻可以以"爱"的名义，长长久久。

今年1月，最高人民法院发布了新规，明确借婚姻索取财物、结婚后"闪离"等情形的彩礼纠纷如何处理，这让彩礼问题再次受到公众关注。

彩礼是谈婚论嫁时绕不开的话题，现实中确实有不少青年男女陷入了"彩礼困扰"。面对"高价彩礼"的压力，有网友感叹爱情成了"买卖"和"生意"。

当彩礼成为婚姻的负担时，爱情也就变了味。近6年来，中央一号文件已经5次点名"高价彩礼"。这次最高法"出手"，再一次展现了有关部门治理"高价彩礼"的决心。在笔者看来，移风易俗、实施新规并不是要终结彩礼婚俗，而是要让彩礼回归理性，让爱情回归真诚。

一

婚前谈彩礼，是许多适婚男女要面临的一个重大考验。有的适龄男青年因为付不起高价彩礼而不敢结婚，有的情侣因为礼金谈不拢而导致婚前关系破裂。

彩礼高不高和婚姻幸不幸福成正比吗？答案显然是否定的。面对高昂的礼金，许多家庭结个婚就要掏空多年的积蓄，甚至"因婚致贫"。"儿子娶媳妇，爹娘脱层皮""真正的啃老是结婚"绝不只是网友的玩笑话，更是一些家庭的写照。

"高价彩礼"不只是某个地域的专属。尽管各地出台了规定，遏制"高价彩礼"，倡导婚约新风尚，但从乡村到城市，从南方到北方，"高价""天价"的情况多多少少都还存在。根据一高校的"百村调查"显示，在一些欠发达农村地区，男性婚姻挤压尤为严重，"真金白银"的彩礼是男性的"竞争优势"，在比较富裕的地区，彩礼则转变成了婚车婚房等其他形式。

"高价彩礼"不仅仅是个人问题、家庭问题，也是社会问题。比如由此派生出大操大办、互相攀比、铺张浪费等不良风气，甚至滋生了明码标价的"买卖婚姻""换婚"等违法行为；又如高额彩礼影响了青年群体的婚育选择，一些年轻人因此选择"晚婚""不婚"，长此以往可能会导致社会人口结构发生变化。

还需看到，近几年"高价彩礼"频频上网络热搜，从个体事件俨然成了公共性事件，相关的一些争论甚至演化成对男权女权、地域文化的抨击，这无形中还助长了对立情绪和社会矛盾。

二

彩礼文化由来已久，是中国婚俗文化的重要部分。早在周朝的《仪礼》中就有详细的规定，"昏有六礼，纳采、问名、纳吉、纳征、请期、亲迎"，其中"纳征"就是彩礼。彩礼的初衷是表达对缔结婚姻的承诺和尊重，它更多彰显的是"礼"的仪式感。

"高价彩礼"在古代并不鲜见，历朝历代曾出台了打压"高价彩礼"的举措。比如西汉时期，嫁娶费用有严格标准，如有逾越，财物充公。元世祖忽必烈曾颁布《至元聘礼》，对不同的家庭作出了限额的规定。明朝最为严格，将限制婚嫁奢侈之风的法令写入《大明律》《明大诰》，违反禁令甚至会引来杀身之祸。

可以说，攀比、算计让彩礼失去了原有的美好寓意，不合理的其实不是彩礼本身，而是把彩礼异化为身份地位、婚姻价值、男女对立的象征。

时代的变迁，带来了当代人婚恋观的变化，"高价彩礼"也有了新的社会成因。一方面，经济的快速发展很大程度上影响着人们的交友模式和情感观念，反映在婚姻家庭观念上可能会存在重"利"轻"情"的情况。另一方面，互联网带来的"圈层化社交"趋势打破了传统的"熟人"社群结构，年轻人也因为激烈的社会竞争而少了很多去深度社交的时间精力，人与人的认知与交往难免"物象化"，于是以"市场标准"找对象，以"数据模型"定终身成了一些地方的婚姻导向。

"高价彩礼"的产生还与文化观念有关。"重男轻女""男尊女卑"的观念是一些地方"高价彩礼"盛行的诱因。一些女方的父母认为"嫁出去的女儿，泼出去的水"，于是把"高价彩礼"当成了经济补偿。"高价彩礼"与人口结构也有关系，从国家统计局的数据看，中国男性人口比女性多出3000万，在男女比例失衡的地区，男性不得不增加彩礼的价格以获取更多"婚姻市场"上的优势。

三

"高价彩礼"不是一夜之间出现的，对"高价彩礼"的治理也很难一蹴而就。如何在尊重传统文化与治理陈规陋习中找到平衡点，考验着相关部门的治理智慧，如何看待和认知彩礼，考验着年轻人的婚恋价值取向。

彩礼和"高价彩礼"之间应该有一道明确的界限。治理"高价彩礼"并不是对"彩礼"婚俗的一票否决，而是要破除陈规陋俗、净化社会风气，毕竟优恋优婚也是人们美好生活的重要组成。因地制宜地对"高价"作出界定，把彩礼限定在辖区居民年收入的合理范围之内，对天价高价、大操大办等情形进行重点整治，是值得持续努力的方向。

除了发挥行政的刚性作用之外，最重要的是引导人们建立共同遵守的价值规范。不少地区尝试将整治"高价彩礼"等相关内容写入村规民约，融入乡风民风、人居环境、文化生活等方方面面，产生了较好的效果。

幸福的婚姻不是靠"高价彩礼"换来的。年轻人在婚恋选择中，要侧重于对个人品德、能力、责任感等因素的考量。毕竟健康和谐的小家庭，是以双方的互相尊重、互相理解为前提，平等与独立互为条件，打铁还需自身硬，家业还需自己创。

当然，提升女性受教育水平、就业质量和经济独立性也很重要，尽可能地减少教育与就业的性别歧视，让广大女性有更多"自己买花戴"的安全感，才能提高不把婚姻幸福寄托在彩礼上的底气。

治理"高价彩礼"还得紧紧依靠青年这个最重要的群体。年轻人思想活跃，愿意接受新事物、新理念，在移风易俗的过程中可以最大限度地把他们动员起来。一方面，政府需要主动关心他们的心理状况、婚恋情况，搭建各种各样的平台，为他们提供更多交往、婚恋的机会。另一方面，需要鼓励年轻人成为移风易俗的践行者、示范者、宣传者，支持他们把婚礼改造成自己喜欢的样子。比如，很多年轻人在网上晒出自己的"四无婚礼"，这些婚礼没有接亲环节、堵门游戏，也没有司仪和煽情的交接仪式。

不容忽视的是，一些农村是"高价彩礼"的高发区域。进一步激活乡村发展活力，吸引更多青年愿意返回农村工作，采取有针对性的举措遏制婚俗陋习、推进婚俗改革，都有助于减轻农村婚恋市场的压力。

有人说，幸福的婚姻有千万种，或相濡以沫，或相敬如宾，但绝不能靠彩礼来"成全"。希望更多人的婚姻可以以"爱"的名义，长长久久。

王人骏　梁煜晨　执笔

2024 年 3 月 23 日

"桃之夭夭"的"桃"

> 桃花牵动着中国人心灵深处一种特殊的情结。这份情感，绵延数千年，使其一花一叶里都浸润着人们对理想的追求、志节的坚守、故土的乡愁。

　　"在那桃花盛开的地方，有我可爱的故乡。桃树倒映在明净的水面，桃林环抱着秀丽的村庄……"一曲歌谣，数十年荡漾在几代人的心田。每当这熟悉的旋律响起，江南那片芳菲烂漫的桃花源便能引起人的无限遐想。

　　阳春三月，溪流雨过，在歌中所唱的宁波奉化，春山处处桃花绽放。漫山遍野的桃花，远远望去犹如万顷锦霞。"小桃灼灼柳鬖鬖，春色满江南。"桃花是春日江南的芳妍，一团团、一簇簇，诉说着春天的盛大，摇曳着江南的诗意。

　　"桃之夭夭，灼灼其华"，桃花在《诗经》中，是最娇艳的"网红"之一。钱钟书在《管锥编》中解说，"桃之夭夭"是桃花姣好，宛如笑貌的意思。那么，"桃之夭夭"的"桃"，作何解？

一

关于桃花，有一个延续了很久的"误会"。很长一段时间里，欧洲人认为桃起源于波斯，直到近代植物地理学显示，桃其实原产于中国，中国人种桃远在波斯之前，并有越来越多的事实证明这一观点，这个"误会"才被消除。比如，浙江余姚河姆渡遗址就曾出土过桃核。

浙江与桃有深刻的渊源。志怪小说《幽明录》中就记载了一场令人神往的"邂逅"：东汉时，有两位年轻人在天台山采药迷了路，山中有桃树，便采桃充饥，又巧遇"仙女"，遂逗留半年，等到回家时发现早已换了人间。因而，有一种说法是天台桃源是很多人所认为的"理想桃花源"。

在浙东碧海上，漂浮着一座"海上桃花源"。《射雕英雄传》里，郭靖、黄蓉在此结婚生子。有道是"桃花影落飞神剑"，舟山桃花岛是金庸江湖中远离刀光剑影的逍遥秘境。

"杏花宜在山坞赏，桃花应在水边看"，江南的桃花是离不开水的。《礼记》中有句话说，仲春之月，"始雨水，桃始华"。戴叔伦于兰溪江畔写下的"兰溪三日桃花雨，半夜鲤鱼来上滩"，就十分符合此情此景。说到桃花，还不得不提到西湖苏堤，明代高濂专门为在苏堤赏桃作了文章，认为在此观桃自带六种"氛围滤镜"，比如月夜去赏，影笼香雾，若美人步月；又如雨中去看，是细雨湿花，色更烟润。

如今，桃树已经引种到全世界，可谓"桃李满天下"，江南赏桃的花事风尚也一直绵延至今。像奉化的"天下第一桃园"，每逢春来便游人如织，马拉松跑者亦于漫山粉红中一年一会；眼下的西湖，也正是一派"花满苏堤柳满烟"的迷人景致，若漫步西湖畔，定能感受到这份花光水影间的江南春意。

二

灿如锦绣的桃花，承载着江南的诗意，可谓"占断春光"。那么，桃花何以领袖群芳？这或许可以从它身上的四个"气"说起。

别具"仙气"。若问桃花源为何偏是桃花源，而不是兰花源、梅花源，恐怕离不开桃花带给人的奇异瑰丽的联想。在古人的想象中，桃花应是在甘露的浇灌之下长成的，否则西王母的仙桃怎能让人长生不老？无独有偶，夸父逐日的神话中，当夸父被炙热的太阳吞噬时，手杖"化为邓林"，"邓林"就是桃林。

最是"娇气"。"色之极媚者莫过于桃"，娇艳欲滴的桃花，是名副其实的美人之花，因而古来文人常用桃之娇美来喻女性。崔护的"去年今日此门中，人面桃花相映红"，拨动了多少有情人的心弦；韦庄的"依旧桃花面，频低柳叶眉"，写活了隋唐流行的"桃花妆"。在人面花光、花人合一中，连诗人都很难分辨，究竟是"桃花得气美人中"，还是美人"应是桃花树长成"。

极富"生气"。若有在乡村生活的经历就会知道，随手扔在地上的桃核极易长出新苗。这种欣欣向荣的生命力，比外在的姿色更动人。鲁迅想必是这一作物习性的拥趸。1936年，他在信里写道："我的门外却有四尺见方的一块泥土，去年种了一株桃花，不料今年竟也开起来。"桃花的蓬勃生机，大概温暖了鲁迅生命中最后一个春天。

自带"瑞气"。在中国人眼里，桃浑身是宝，桃核、桃胶均可入药，桃子是祝寿的必备伴手礼……追求喜气的古人更将桃元素融入生活的方方面面，以求幸福美满、喜庆吉祥。比如，旧时人们喜欢瓶插桃花，还爱把桃花绘入身上佩戴的香囊、耳环、镯子等的纹样中，或者干脆在头上簪花，所谓"鬓边休插桃花枝"。

三

桃花牵动着中国人心灵深处一种特殊的情结。这份情感，绵延数千年，使其一花一叶里都浸润着人们对理想的追求、志节的坚守、故土的乡愁。

"桃花坞里桃花庵"的净土。陶渊明、王维、苏轼等历代文豪不约而同地将没有战乱纷争的和谐社会理想安放于桃花源中；赵孟頫、文徵明、唐寅等江南文人，也在水墨淋漓中一再重温桃源梦。于中国人而言，桃花源是一方美好乐土，令人心驰神往。

不过，在王阳明那里，桃花源就不再是某个具象空间。他春游归来写下桃源诗，"桃源在何许？西峰最深处。不用问渔人，沿溪踏花去"，流露的是明心见性后的愉悦自得。在这位大儒眼里，山丛深处的一丘一壑、一花一树就是桃源。心中有桃源，无处不桃源。

"溅血点作桃花扇"的坚韧。没有一种花只因状美味香而流芳，在文人笔下，鲜艳的桃花于"深红""浅红"间各有寄托。在孔尚任的《桃花扇》中，性格刚烈的李香君不惜撞损花容，"碎首淋漓不肯辱于权奸者"，何等悲壮。扇上的江南桃花，既是香君自身鲜血染就，也是她坚贞情操的完美写照。

　　"花谢花飞花满天，红消香断有谁怜？"黛玉把飘落的桃花花瓣埋入花冢，"质本洁来还洁去"，桃花的高洁灵魂，化作曹雪芹《葬花吟》的一曲悲歌，感人肺腑。

　　"碧桃花下感流年"的深情。"桃花潭水深千尺，不及汪伦送我情"，于李白而言，桃花潭水映照着高山流水之情；"桃花落，闲池阁。山盟虽在，锦书难托"，在陆游眼中，飘零的桃花一如他哀婉的爱情。

　　还有文章开头那首著名的《在那桃花盛开的地方》，词作者道出了背后潜藏的乡愁：驻守边疆的小战士王武位在冰天雪地的前线执行任务，他说一想到家乡奉化的桃花此刻正在盛开，"再冷再苦也不觉得了"。

　　"春来遍是桃花水，不辨仙源何处寻。"那寄托着家国情怀和家乡风物的乡愁，又何尝不是独属于每个人的桃花源呢？虽然五柳先生笔下的桃花源所在地至今尚有争议，但江南有桃林，处处"桃之夭夭"，皆可作桃花源。暖暖春日，且让我们缘溪而行，寻觅江南春，再探桃花源。

张昊　李露　执笔

2024 年 3 月 24 日

"词穷"之困该怎样走出

将其引申到文化领域，就表现为常常张口难言，词不达意，语言组织能力衰退，无法运用语言清晰地表达情绪和观点。

你是否有过这样的体验：一旦脱离网络环境、离开常用的网络流行词和表情包，便觉着不会"好好说话"了。多位朋友曾向笔者诉苦，当被领导或老板点名发言时，脑子会突然卡顿，支支吾吾许久也说不出个完整的句子；一写文章就像挤牙膏，铆足了劲，但半天也憋不出几个字。

前段时间，中国青年报社社会调查中心以问卷的形式对1333名青年作了调研。数据显示，53.3%的人感觉近几年自己的语言文字表达能力下降，47.1%的人感觉自己词汇量匮乏、表达单一。

不禁思考，为什么会出现"词穷"现象？我们又该如何丰富自己的表达，破解"词穷"之困？

一

"词穷"之困，被网友们戏称为"文字失语症"。"失语症"原本是医学专有名词，指的是患者大脑语言功能区病变，导致患者出现言语功能障碍。将其引申到文化领域，就表现为常常张口难言，词不达意，语言组织能力衰退，无法运用语言清晰地表达情绪和观点。在笔者看来，它至少有这么几种症状：

一张嘴就"语塞"。对某件事情发表观点时，明明有一大堆话就在嘴边，但一张口却只是"好""厉害"等几个短平快用词，要问"好在哪里"，便怎么也描述不出来；又或者喜欢用一些网络流行语，以显得自己很"潮"，比如形容美好，一律用"赞""给力""绝绝子"，表示敬仰，就用"yyds"来代替。若要他说出有更多角度和层次的内容，很难。

某社交平台上有个"文字失语者互助联盟"的小组，38万余名成员在此"抱团取暖"。打开小组，"如何形容这张图""生日朋友圈该怎么发令人惊艳的文案"等求助帖子各式各样，可见这些网友受困扰之深。

说话逻辑"剪不断、理还乱"。每次需要发言时，恨不得一口气全部说完，但磕磕巴巴讲半天也讲不明白，既啰嗦又混乱，说话没抓到点子上，自己不知道在说什么，别人也体会不到重点。经历了一次次词不达意的挫败后，索性欲言又止。长此以往，便开始变得害怕表达。

错用字词，"已读乱回"。有时一时没想好怎么回复，便开始用戏谑或者滑稽的方式，采取"顾左右而言他"的办法来应对，或倾向于使用模糊、笼统的词汇等，以至降低了表达的精确性和具体性。比如万事只用"哈哈哈"来回应，比如发一个毫不相关的表情包，说了又好像没说。

二

关于"词穷"现象缘何产生，有调查报告显示，占比最高的原因为"阅读量少、表达能力弱化"，54%的受访者选择了此项；还有"过度依赖网络语言和表情包，缺乏创造力""碎片化浏览信息，难以形成系统思维"等原因，获选率也过半。归结起来，不外乎线上和线下两大因素。

从线上来说，互联网时代，网络在为生活、工作带来极大便利的同时，也一定程度上"框住"了我们的言语表达。

一方面，越来越多人习惯于文字简短、内容新奇、吸引眼球的浅阅读，或者一目十行、"走马观花式"阅读。碎片化的信息承载形式，比如短视频等，虽然能带来短暂快感，却很难让人系统地进行深度阅读、深入思考，完整的知识体系也就建立不起来。输入不足导致肚里"没货"，输出时难免就会导致"词穷"。

另一方面，线上文本的经济适用性，容易让人产生"思维惰性"。智能手机一定程度上改变了我们原有的表达习惯和方式，现在只需在键盘上敲出拼音缩写，输入法便会快速帮助我们联想出常用词，效率大幅提升。有的输入法还更新了海量语录，打出前面几个字，就会连带出一个成语、一句歇后语甚至一组诗歌供选择，降低了词汇积累的必要性。

与此同时，在"回音壁效应"作用之下，或耳濡目染，或跟风从众，一部分人更加容易依赖网络语言进行表达，产生"万物皆可绝绝子"的窘态，或者陷入"上一次唱歌还是在上一次"这样的"废话文学"中，加速形成"文字失语"的局面。

就线下而言，面对激烈的竞争、高强度的工作，越来越多年轻人开启"两点一线"式生活，每天在公司和家之间奔波，缺乏充足时间去进行线下社交。平时生活、工作中的交流多以线上为主，线下变得"社恐"，甚至羞于开口与人说话，同时也害怕万一说错话没法"撤回"，表达力也就在一定程度上有所减弱。

也有一部分网友认为，因为身边能够深入交流的人不多，自己的分享欲也就逐步下降了，并不是不会表达，而是不想表达，是个人主动选择了"文字失语"，这也不无道理。

三

"词穷"之困反映了当下一部分人语言储备的匮乏与感知敏锐度的下降。那么，"词穷"之困该如何破？

克服"思维惰性"，走出"话语舒适区"。适当摆脱网络依赖，"走出去"，提升线下社交的频率，丰富表达场景。现实生活中的交流需要说话、微表情、肢体动作、情绪情感等相互配合，这是网络表达所替代不了的。此外，线上交流时，也可有意识地减少网络用语和表情包的使用，多用完整的句式，以更有条理地表达自己的想法。

在这个过程中，应当提高甄别力、判断力，学会多层次、多角度辩证看待事物。只有形成饱满的思维与成体系的观点时，表达才不至于"词穷"。

读万卷书，从经典中汲取营养。从《诗经》《楚辞》到唐诗、宋词、元曲，从四大名著到当今各类经典好书，"万卷书"中丰富的表达、动人的情感、深邃的人文，在岁月磨洗后越发闪耀，都是我们好好说话的"语料"。

比如光是形容眼下的春天，就有"柳叶随歌皱，梨花与泪倾""春涨一篙添水面。芳草鹅儿，绿满微风岸"等表述，这和"绝绝子"相比，岂不是更令人回味无穷，能够打开更多的想象空间？

尊重表达，向低俗用语说"不"。如果把语言比作一条流动的大河，网络语言便是让河水流得更欢快的"催化剂"。它丰富了语言体系，一些新说法、新形式确实更能让人产生共鸣。我们不排斥网络流行语，但要拒绝低级、媚俗的网络烂梗。古有炼字一说，表达中一个字、一个词不同，意思就有所差别。这些炼字的门道，值得我们好好学习。

此外，相关媒介和机构等也可以多多引导网民合理恰当地使用语言文字。比如《咬文嚼字》杂志被称为"语林啄木鸟"，自2006年起每年发布年度"十大语文差错"，通过"集中纠错"，向大众普及易混淆、易出错的语言文字知识。

正如清代诗人沈德潜在《说诗晬语》里说到的一样："诗有不用浅深，不用变换，略易一二字，而其味油然自出者，妙于反复咏叹也。"中国语言博大精深，源远流长，富有独特的美感和魅力，几千年的文字瑰宝等着我们去挖掘。打破"文字失语"的困境，让这股"源头活水"常存长流、绵延不绝，我们每个人都重任在肩。

郑黄河　王珏　执笔

2024年3月24日

"春日经济"如何借东风

> 在人人心怀"诗与远方"的时代，没有到不了的目的地，只有发现不了的目的地，我们需要的是一双发现"美"的眼睛。

当下，在一些社交平台上，网友踏青"大片"屡屡刷屏；旅游平台数据里，清明假日赏花游景区门票预定量同比上涨超6倍；农贸市场内，香椿、荠菜、春笋等时令春菜持续走俏……万物争春的时节里，随着"踏青""赏花"等热词的搜索量不断升高，明媚春色开始染向各行各业，带动"春日经济"热度攀升。

"春日经济"的东风从哪儿来，为何如此"热辣滚烫"？又该如何留住这份火热？在这美好的春日，来一起找找答案。

—

"春日经济"，顾名思义，就是发生在春天的季节性消费行为。可以说，2024年的春天，"春日经济"来得格外猛烈。承接这波消费热情的，正是各地解锁春天的N种新玩法。

主打一个"花海战术"。要说四季里的颜值担当,"一夜好风吹,新花一万枝"的春天当仁不让。而迷人眼的"花花世界",是春季绝对的流量密码,由此延伸出的赏花踏青游更长期霸占春季旅游"C位"。比如想赏六瓣梅,你就不得不去一趟湖州铁佛寺;想看樱花景,你就免不了跑一趟无锡鼋头渚;想拍桃花照,你大概率得赶一趟常德桃花源……因为一朵花"出圈"的旅游目的地不在少数。一些地方为了在花海里脱颖而出,不断推出"赏花+市集""赏花+体育""赏花+露营"等融合业态,拓展消费场景。

开启一趟"尝鲜之旅"。如果说赏花是文艺青年的春日专场,那么吃货的春天就藏在各色"鲜味"里。眼下春鲜正当"食",有谁能抵挡得住这一口"春天的味道"?为了一碗腌笃鲜,有人特意下江南。无论是家常餐桌,还是餐馆宴请,春菜都是必不可少的"狠角色"。而咬到了春天的吃货们,想必都会忍不住感叹一句"鲜得嘞"。

感受一把"国潮文化"。"春天与汉服到底有多配""感觉把春天穿在身上了""春天总要和姐妹穿一次旗袍下江南吧"……当沉闷厚重的冬装被收进衣柜,轻薄有韵味的"新中式"穿搭拿捏住了血脉觉醒的年轻人。不妨打开衣柜瞧一瞧,春天是不是已经住进了你家中?尤其是游园赏春时,色彩明艳、款式多样的"新中式"穿搭,成了许多年轻人的出行标配。或是提前下单做私服,或是景区门口租套装,战袍上身给足了体验感,再搭配约拍或旅拍,就连朋友圈也都染上了春色。

二

正如这竞斗芬芳的满园春色，"春日经济"为何能迸发十足活力，吸引着人们争先恐后奔赴这场春日盛宴？

诗化意象的追寻。春日象征着美好，在我们的文化长河里留下了无数的意象。比如，春日是朱熹笔下"等闲识得东风面，万紫千红总是春"的鲜妍明媚，春日是苏轼诗中"蒌蒿满地芦芽短，正是河豚欲上时"的生机盎然；春日在"春水碧于天，画船听雨眠"的如梦江南里，春日也在"儿童散学归来早，忙趁东风放纸鸢"的闲趣乡野中……一提到春日，一幅幅美好的画面就会浮现在我们的脑海中。

又逢春日，当大家穿着汉服踏青、游园、赏花时，令人们陶醉的，不只是这满园春色，更是内心对春日的意象和浪漫风雅的追寻。春日的文化印记，正是"春日经济"得以厚积薄发的"老底子"。

甜蜜春约的召唤。春日的可贵，不仅在于短暂的美好，还有那些"春日限定"的养眼风景与垂涎吃食。与春日来一场约会，是极具仪式感的浪漫。约三五好友走出家门，在春日暖阳里漫步去看一场花开，在和风细雨中静品一盏春茶，在草长莺飞的风景里放飞一只风筝，在春菜的鲜嫩中满足一下味蕾，这样的甜蜜春约我们岂能辜负？

各色文旅产品供给恰好与人们的需求撞个满怀。比如，杭州为旅客官宣了多条西湖以外的赏春路线，囊括了赏花、吸氧、徒步、观景等多种项目；衢州启动"衢州有礼"诗画风光带金花季活动，打造集赏花、露营、游乐为一体的一站式度假体验。种种场景，要抢的是这份一期一会的"泼天富贵"。

田园牧歌的协奏。绿水青山是春日的绝配，继 Citywalk 后，Countrywalk 也占据大众视野。越来越多的年轻人渴望在田园牧歌中沉浸式体验松弛的"慢生活"，去山林乡野寻找"诗和远方"。

近年来，各地的生态建设为"春日经济"厚植了土壤、积蓄了动能。据媒体报道，长三角铁路春游运输近日启动，春游运输共历时 32 天，预计发送旅客 7800 万人次，日均发送 243.8 万人次。无锡鼋头渚樱花、江西婺源油菜花、贵州毕节杜鹃花……一个个目的地，皆是春日里的好山好水。

三

"春日经济"火爆的背后，也不免令人担忧，"春日经济"的"花期"到底能持续多久？除了尝春鲜、赏春花等"固定节目"，"春日经济"还有哪些可供挖掘的新体验新场景？"春日经济"接下来的附加题又该怎么答？笔者有三点想法。

延伸"春日＋"的"业态链"。简单的观赏、拍照不再能满足春游人们的"味蕾"，形式多样、趣味十足的休闲体验早已被大家列入行程。趁着花季，约一趟山地骑行、观一场文博盛宴、来一次乡村度假，岂不妙哉？"春日经济"若想拥有更加亮丽、持久的底色，需要依托多元的业态、丰富的场景、优质的服务与产品。

比如，宁波东钱湖畔利民村有一株年近花甲的梨花树，这两年从当地火到了全国，吸引了众多游客。利民村没有止步于此，而是将"一树梨花"的流量化为"留量"，借机丰富村中业态，游客们不仅可以在此赏美景，也可在咖啡馆、茶馆等多元场景中享受慢生活，延伸了"春日限定"的范围，让"颜值"变"产值"。

绽放地域的独特"春色"。"春日经济"各美其美，才能美美与共。每个地方都有各自的地域特色、民俗特点、文化特质，这些元素都能助力做深做大"春日经济"的附加值。正是地域IP的嵌入，让"春日经济"找到了差异化路线，给人们增添了不一样的沉浸式体验。

比如，有的地方在花海里展示汉服文化和非遗文化，突出一个"中国风"；有的地方把原汁原味的古建民宿搬进春日风景，主打一个"复古范"；还有的地方把青春运动元素与春日踏青融于一体，体现一个"活力派"。

用好融媒传播的"放大器"。在人人心怀"诗与远方"的时代，没有到不了的目的地，只有发现不了的目的地，我们需要的是一双发现"美"的眼睛。纵观2023年的文旅成绩单，一座座网红城市的"出圈"，无不得益于社交平台的卖力"吆喝"和一则则视频的"喊麦"助力。

"春日经济"在一定程度上也是一种"氛围感经济"。如何营造浓厚的氛围感？把更多的流量投向不断翻新的春日消费场景，把更多的美景美食滑向人们的指尖，一场春天的双向奔赴将就此拉开帷幕。

张锋　宁杰　孙琳　执笔

2024年3月25日

你的"小电驴"安全吗

一边是"小电驴"越来越融入我们的生活，一边是要守牢的安全防线，"两手抓、两手都要硬"才是不二之选。

"小电驴"，价格亲民、小巧灵活，是上班族的通勤好搭档，是外卖小哥的"家伙什儿"，也是很多宝爸宝妈送孩子上学的必备款，给人们带来的便利不言自明。在城市"最后一公里"的通行中，它们齐刷刷地穿梭，成为一道流动的风景线。

可当它们停下来，充电、停放、保养，哪一样都不令人省心，一不留神"燃"起来，就有可能变成危害一方的"火"患。如何让电动自行车真正成为我们的生活好帮手，同时避免发生事故？考验确实不小。

——

据统计，目前我国两轮电动自行车市场保有量至少有3.5亿辆，平均每四个人就有一辆。

放眼四周，小区里见缝插针式的到处停放、商超外满当当的停车区、在身边嗖嗖经过的"小蓝小黄"，都是电动自行车进驻我们生活的证明。电动自行车堪称"国民交通工具"。

同时，电动自行车带来的风险隐患不容忽视。国家消防救援局的数据显示，2023年全国共接报电动自行车火灾2.1万起，相比前两年均呈上升态势。近年来，各类事故新闻在网络上已不罕见，甚至不乏特别重大事故引起舆论热议。

今天，摆在许多小区面前的，是车子多、不好管的现实情况和居民方便停车、安全充电的现实需求。如果难以保障，确实容易"火"起来。负有直接管理责任的社区、物业往往不具有执法权，其管理意见也不一定被居民接受，管得"用力过猛"又容易影响居民正常生活、带来矛盾纠纷。同时，小区人员多样、消防老旧、面积有限等多元问题又让规范管理难上加难。

井然有序、居民自觉的小区固然不少，但也有很多存在各种各样问题的居住区域。比如，有的老旧小区管理混乱，电动自行车或乱停乱放，或"飞线"充电，好好的公共区域长期处于"一片混战"；有的小区看似管理有序得当，但其实并没按规范来，架空层成了停车场，楼内设了充电区。

起火如果能被及时发现，灭掉了自然好，可现实是，充电的时段往往是在夜晚，及时扑救有难度。并且，楼道中的起火点由于"烟囱效应"，会在几分钟内迅速窜至楼顶，受灾面积急剧扩大不说，还断了逃生路径。更不要说拎回家充电而爆炸的电池、推到电梯里爆燃的车子、被"爆改"的车辆由于线路超负荷而过热起火……诸类操作防不胜防，令人恼火。

谁不愿岁月静好、平安喜乐？而"祸患常积于忽微"，涉及

"小电驴"管理的细枝末节都极易"失守"。该如何保障居民安全祥和的小日子，值得我们思考。

二

"小电驴"危险的一面恐怕无人不知，但事故依然层出不穷，问题到底出在哪里？电池不合规、政策待完善、设施不健全、社区物业的监管缺位固然不可不提，可在笔者看来，也可以从"小电驴"车主们的"心思"出发，去进行考量。

"这也是没有办法"的无奈。不少车主能够意识到危险存在，也有意按规定参与管理，可要么是担心电瓶、头盔被顺手牵羊，要么小区并无定点停放和充电区域，要么相关区域位置不合理、面积不够放，要么是城中村逼仄的环境不具备条件，总之是各种掣肘逼人"就范"，只好无奈选择了诸多不合规动作。

"不会这么倒霉吧"的侥幸。哪怕新闻里说得再严重、火灾现场的照片和视频再怎么令人不忍直视，都有人觉得危险不会发生在自己身上，依旧我行我素。线还照样搭、电池还是照改、电也充一整晚，心里总想着自己的"小电驴"应该是质量过硬的、运气总不会那么差吧，觉得不会有问题找上门，殊不知这正是害人又害己。

"并未意识到风险"的漠视。随便找个小店就买辆电动自行车骑着、"缝缝补补又三年"的坚持用车、只要"没开坏"就往"坏里开"、在家门口随手一停等诸多"随性"表现，折射出的是背后淡薄的风险意识。日常过于随意，没有敲响思想的警钟，对安全宣传不走心，是一种潜藏的风险。

"明知不可为而为之"的任性。总有那么少部分人，对他们来说，只要"哭喊声"不来自于自己，便怎么都无所谓。甭管街道社区怎么限制要求，只要我不方便，谁说都没用；不论邻居如何侧目和抗议，我就是要把车子推到家里；更不用说什么宣传小册子、志愿者的安全管理、邻里的苦口婆心，统统不睬不理。

三

针对不同的心理出发点，管理和疏导的方式也应当多样。为了让车主们平安用车，也为了城市发展和便捷出行的平衡，需要城市管理者开动脑筋，也需要每一位"车手"朋友同向而行。笔者有四句话与读者探讨。

收紧、扎牢制度规范的口子。管理规范是各项要求的基石，也能让管理工作更有打法。一方面不让车子"乱来"，加以规范和引导，比如2024年以来，河北廊坊、云南丽江等地陆续出台多个条例、管理办法等文件，梳理职责，细化要求，强化电动自行车的消防管控、维修改装等关键部位环节管理。另一方面也要"敲打"厂商，从源头抓起，突出产品认证，净化市场销售，比如自2023年11月1日起实施的多项电动自行车新标准，目的就是希望从根源上保障产品品质。

小区统一管理的配套提升。通过对小区电动自行车停放和充电区的重新规划布局，老旧小区的适应性改造，街道、社区、物业专项管理机制的建设等，综合提升居住区的配套管理水平。再加上细节的创新和技术手段的引入，比如在电梯加装电动自行车入内警报、楼道装上红外监控、消防安全智能化建设等等，管理就可以如虎添翼，让小区内的电动自行车真正有序安全流动。

让安全用车成为自觉自为。用车人作为"第一责任人",有责任守护好自己的"座驾",买车不贪小便宜,有问题找正规厂家售后,把车停在安全的地方,出现问题能应急会处理,点滴小事串联起来,就会形成安全的最大屏障。如果每一位车主都能主动学习相关管理规定、自觉遵守章程制度,那么"小电驴"的规范使用也就能水到渠成。

每个人都可以成为安全监督"热线用户"。"小电驴"出现在城乡的角角落落、日常生活的每时每刻,管理部门监督难以做到100%全覆盖,这时候便需要借助群防群治。对于人人皆知的危险行径、潜藏在身边的安全隐患,市民应当勇做监督人。街道办、物业、"12345"政务服务便民热线等,都是有效的反映渠道,用监督利剑共同营造安全稳定的居住环境。

一边是"小电驴"越来越融入我们的生活,一边是要守牢的安全防线,"两手抓、两手都要硬"才是不二之选。

牛珠玉　执笔

2024年3月25日

寥寥44字的千钧之力

> 饱蘸浓墨的笔落在鲜洁柔韧的白纸之上，亦是落进泛黄的史书典籍之内，落在了浩瀚灿烂的历史星空之中。

在河南内乡县衙的三省堂门口，高悬着一副脍炙人口的名联："得一官不荣，失一官不辱，勿说一官无用，地方全靠一官；吃百姓之饭，穿百姓之衣，莫道百姓可欺，自己也是百姓。"

光阴流转间，联语中的拳拳爱民之心，越发熠熠生辉，时时警醒后人。2013年11月26日，习近平总书记到菏泽视察工作，在同菏泽市及县区主要负责人座谈时，特意援引了这副对联，以古鉴今。

写下这副对联的人正是清代嘉兴人高以永。那么，高以永，何许人也？他为何留下这青史留名的警句？这副对联对我们当下又有哪些启示？

一

康熙十八年（1679），两鬓斑白的高以永接到朝廷委派，远赴千里，到河南内乡上任。

此时正值三藩之乱平定不久，处处民生凋敝。内乡，地处鄂、豫、陕三省交界，军需供应沉重，民生多艰。这一路，高以永奔波于黄埃赤日中，一边走，一边探问百姓疾苦。尽管心里早有准备，但当双脚刚踏入内乡县，他还是被眼前的景象深深刺痛。雪上加霜的是，明朝降将及其残部盘踞在周边，经常仗势到内乡抓人充当奴仆，百姓苦不堪言。

面对不堪县情，高以永这个"行动派"一刻也坐不下，穿着便服便前往大街小巷收集民意，晚上细细整理、思索。一个个清冷孤夜里，高以永坐在书桌前，笔耕不辍、殚精竭虑，心里想的、念的都是老百姓衣不蔽体、食不果腹的悲苦境地。

于是，新官上任的他，烧起了"两把火"：

对内，广开垦。一方面，高以永赈济灾民，数次奔走省会，为民请命减免税赋，力揽流民返回；另一方面，他将种子、耕牛贷发给贫民，鼓励百姓开垦荒地，种植作物。数年间，共辟地四千余顷。原本荒芜的地方变得五谷丰收，百姓安居乐业。

对外，除匪盗。上任第三天，两个凶神恶煞的匪卒冲入县内，高以永当机立断将这两名犯事悍卒抓捕，送到南阳知府治罪，然而南阳知府胆小怕事，担心得罪骄兵悍将，想徇私放人。高以永便冒着乌纱帽不保的风险将此案上告到院司，连同将军一同治罪。自此，内乡县才得以太平。

当地百姓为感谢高以永造福一方，自发送来了一块"爱民若子"的巨匾。高以永备受感动，亦觉责任重大，一时万般思绪，纷至沓来，大笔一挥，写下一副对联：

"得一官不荣，失一官不辱，勿说一官无用，地方全靠一官；吃百姓之饭，穿百姓之衣，莫道百姓可欺，自己也是百姓。"

饱蘸浓墨的笔落在鲜洁柔韧的白纸之上，亦是落进泛黄的史书典籍之内，落在了浩瀚灿烂的历史星空之中。

二

文如其人，文以载道。高以永的一生，正是这副对联的写照。

出身嘉兴望族竹林高氏的高以永，"少学于施博一，以躬行为主"。高氏一族诗礼传家，一门出过七名知县，官居正七品以上就有19人，据《高氏家谱》记载："我祖宗以来，官不显达，家不富厚，名不赫奕，丁不繁庶，所幸醇朴相承，清白共守。"成长于这样的家族，耳濡目染之下，高以永的一生经历了为官的三境界：

立大志。高以永为官时已人到中年，此前他屡试不第，却心志坚定，并不以功名得失而放弃理想。

清顺治十六年（1659），不到而立之年的高以永目睹家乡遭遇特大洪涝灾害，落笔写下《大水百韵》长诗："下民敢惮劳？其究自安宅。缝掖穷巷人，当亦手加额。"那时的高以永是一介秀才，但诗中饱含的忧民之心，照见了多年后他在官场上的正直与担当。

守本心。临去内乡县前夜，妻子蒋氏伸出两根手指，示意高以永为官切记两不可："不可减寒素本色，不可忘皇命在身。"这样的信念贯穿了高以永一生。

比如，他升任安州知州后，恰逢大旱。面对数以千计的求赈者，高以永调拨赈灾款，并奔波一线分发物资。烈日当头，尘土弥漫，一位面目黧黑的老人遍历各村安抚灾民。看见这位忙前忙后、亲力亲为的人，地方志记载，"见者不知其为官也"。

得民心。清康熙三十一年（1692），高以永因案牍劳形、朝乾夕惕而积劳成疾，逝世时仅63岁。他为官十四载，家中甚至没多少私产，只有银子五两、三箱书本，以至于逝世后连灵柩都无法运回老家，最后在亲朋好友的捐助下，才得以归葬故里。

然而，他拥有着最宝贵的财富，那就是百姓的爱戴与不朽的清名。其殉职的消息传开后，任所百姓哭吊者不绝，立碑、立祠皆遍于境内。

三

两行古楹联，一部为官箴。细细品读，对联字字千钧，上联是对当官者的劝告，而下联是对百姓的感恩。

习近平总书记曾这样评价，对联以浅显的语言揭示了官民关系。封建时代官吏尚有这样的认识，今天我们共产党人应该比这个境界高得多。

全联44字，共提及4个"一官"，4个"百姓"，字里行间都在回答一个问题：做官到底为什么？

为官者，当有担当。有人说，即使是在传统社会，庸碌无为者也为世人所不齿，勇于担当、坚持忠义的贤能之士，则能被百姓称颂。高以永在内乡，用实际行动诠释了作为一方父母官的担当。比如，面对不合理的贡赋，他数次为民请命，即使面对铁板一块、贪污盛行的利益团体，依然有着"虽千万人，吾往矣"的孤勇，在离任之时还在为减免贡赋奔走。

为官者，当能正身。所谓正身，简单来说就是清楚自己的角色定位。清代学者申居郧曾说："要往前想一想，我原不是官；又要往后想一想，我不能常有此官。寻取真我，方有着落。"这与"得一官不荣，失一官不辱"有着异曲同工之妙，似在告诫后人：为官先做人，要淡化"官本位"思想，对权力保持平常之心，切勿越"雷池"、闯"红灯"、破"底线"。

为官者，当能利民。从对联中看，高以永对官民关系的认识十分超前。他没有以当权者自居，注重克己正身，并清醒地认识到，自己吃百姓饭、穿百姓衣，从百姓中来，自当为百姓谋利。他常常以"自己也是百姓"的同理心去体会人间疾苦，以"莫道百姓可欺"的同情心急百姓所急。正是一颗真心，让高以永真正得到内乡百姓的拥戴。

习近平同志指出："当干部，不求'官'有多大，但求无愧于民。"置身当下，我们更能理解习近平总书记"念对联"的深意。今天的干部，更需以先贤为镜，读懂这寥寥数语间的千钧之力。

武晓习　吴梦诗　朱鑫　执笔

2024 年 3 月 26 日

0→1

科技创新"0→1",要的是"无中生有"、另辟蹊径,并非改头换面。

"新质生产力"是当下最热门的词语之一,中央密集"点题",社会各界都在研究讨论这背后有哪些新风口,又该如何打通从理论到实践的通道。

25日,浙江省委理论学习中心组专题学习会提出,浙江要"在发展新质生产力、推动高质量发展上勇扛使命、勇担重任,牢牢把握科技创新、产业变革大趋势,把增强科技创新能力摆在更加突出位置"。

有观点认为,新质生产力是由新的技术革命催生的,关键是要掌握颠覆性的核心技术,说白了就是要有"0→1"的创新。

尽管这些年,我国自主创新事业"热辣滚烫",C919国产大飞机订单不断,第四代核电机组全球领先,发展的"含创量"不断攀升,但也要看到,我们的基础创新原动力依然缺乏,"中国智造"的体量还需要做大做强。因而,如何加快解锁更多"0→1"的原创性、颠覆性的创新,成为发展新质生产力需要解答的一道难题。

一

在科技领域，围绕"0→1"和"1→100"的理念、路径、难度的讨论不绝于耳。

"0→1"，意味着科学认知的突破和创新领域的拓展，是引领性、颠覆性的原始创新。对此，丁肇中院士打过一个形象的比喻，不像体育有冠军亚军，自然科学只有第一名，没有第二名，没有人"第二个"发现相对论。而"1→100"，意味着创新成果转化的落地实现、效率改进、性能优化和市场突破，是照进现实的累进式、迭代式的技术创新。

许多人认为，中国人勤奋聪明、善于钻研，农耕文明又具有重经验积累、重改良优化的传统，因而在中国，"1→100"的迭代创新并不少。不过，"0→1"的原始创新仍需要加强。此话不无道理。

不可否认，"1→100→N"的创新为中国科技发展打开了广阔天地，但在外部发展环境复杂性、严峻性、不确定性持续上升的当下，我们对破解"卡脖子"难题的原始创新需求更为迫切。

从自身看，阻碍科技创新的困难需要客观正视。比如一些关键核心领域知识体系还不牢固，缺乏重大原始性创新和关键核心技术的"护城河"，面临"有市场而无技术"的困局；比如一些科研单位成果转化率较低，评价体系取决于发论文评奖，研究方向与市场需求存在一定程度的脱节；比如一些科技企业注重投资回报"短平快"，创新研发依赖"拿来主义"思维，一些领军企业投入基础研究的积极性不高；等等。

向外看，颠覆性前沿技术正促使全球产业链、供应链格局加速重塑，过去各国的比较优势和竞争优势都有所改变。还有学者指出，当下全球科技竞争已进入"高科技冷战时代"，避免被全面科技压制并不是一件容易的事情。

关键核心技术要不来、买不来、讨不来。唯有向源头深处探，才能不断激活创新的一池春水。这更意味着，要从跟踪型研究、趋势型研究向更多开创型、引领型研究转变，创造更多发展新质生产力的新动能。

二

当前，很多人在讨论，新质生产力的"新质"应该怎么理解。在笔者看来，"新质"的"基本面貌"就是靠科技创新来塑造的，拿出更多的"0→1"正是发展新质生产力需要修炼的"基本功"。

有人说，对着旧地图走，一定找不到新大陆。要想立在科技创新的潮头，拿出更多"0→1"的成果，关键要跳出传统思维定式。

两千多年前，亚里士多德曾提出"第一性原理"的哲学命题。也就是说，在每个系统中，都存在一个最基本的命题或假设，它不能被省略或删除，也不能被违反，这个命题或假设就是"第一性"。原始创新也需要建立"第一性思维"。

比如，从最基础的条件和问题本质出发，回到根源寻找解决方法。马斯克就是"第一性思维"的推崇者。为了"以极低的成本完成火箭发射"，他创建公司重新计算宇宙飞船的造价，改造其中涉及制造运营的环节，提出缩减成本的新方案，将发射火箭的价格降低至原本的十分之一，一定程度上颠覆了传统航天业务。

比如，敢于推翻既定假设，抛弃"向来如此"的认知惯性，大胆进行"破坏性"重构。就像我们现在习惯了通过键盘鼠标向电脑输入指令和信息，但如果这一模式永久固化，那就不会有"脑机融合"的创意；诺基亚把手机的坚固耐用做到了极致，却在如日中天之时被iPhone引领的智能手机风潮打得措手不及。可见，"向来如此"，未必如此。

再如，鼓励天马行空的想象力。培养科学思维，不一定是"站在巨人的肩膀上"，也需要激发人的好奇心、想象力和探求欲，就像在白纸上作创意画。科技的创新和进步本身就是"挑战不可能"的过程，一旦科研依赖于"类推"、习惯根据经验主义来解决问题，就容易陷入思维定式的窠臼，自然无法突破前人留下的难题。

三

将科技创新固定在跟风、模仿阶段，就不能产生颠覆性、原创性成果。除了跳出思维定式，在笔者看来，打牢"基本功"还需要回答好三个问题。

研究如何"归零"？科技创新"0→1"，要的是"无中生有"、另辟蹊径，并非改头换面。如何拿出颠覆性的成果、解决前沿性的问题，关键是聚焦国家安全和发展重大战略需求，将实际使用之需与科学研究紧密结合起来。20世纪人类社会的三个大发现——无线电、计算机和互联网为什么都出现在美国？一个重要原因就是在相关领域的研究、科研成果转化方面，美国始终保持密切关注并且长期进行投入。

值得一提的是，"0→1"是原创性突破，必须稳牢基石，也即做好基础研究，这是应用研究的理论支持和技术保障。应当助力壮大一批基础学科，对高等教育的学科进行优化，多一些"新""优"与"实"。在这个过程中，科研人员应当"耐得住寂寞，坐得住冷板凳"，摒弃急功近利的心态；社会各界也应当予以"热支持"，完善与基础研究需求相匹配的保障政策、激励机制、评价方式等，营造让科技工作者在前沿领域自由探索、自由遨游的氛围。

需求如何倒逼？科技创新也可以靠大众需求来逆向推动。比如印度的医院就在打造"世界级水准的超低成本医疗"，从一些高成本的医疗技术入手进行逆向创新，像同样水平的眼科手术，印度的成本只有美国的十分之一。对中国来说，把惠民利民、改善民生作为科技创新的重要方向，就意味着要开发更多普通百姓可以用得着、用得起的产品和服务，把能不能对社会民生作出贡献作为评价的重要标准。

政府如何发力？创新是因主体的好奇萌发、探索未知而启动的，政府对"无中生有"很难进行系统的规划，于是把创新要素的结合交给市场，政府则需要为各种要素的结合提供良好的"雨林生态"。比如对科技工作者的创新创意更包容，不简单地以市场前景和经济价值来判定原创性成果的贡献；比如为广大企业提供更好更优的创新创业环境；等等。

新质生产力不可能凭空就得到实现。只有不断优化"从无到有"的"产学研用"生态系统，并且尽全力突破"卡脖子"技术难题，弥补"掉链子"的短板，我们才有更多弯道超车、换道超车的机会，才能让更多利国利民的前沿技术加速落进现实、高效助推发展。

王人骏　沈於婕　程静静　执笔

2024 年 3 月 26 日

且到词里，听三场雨

> 同样一场雨，贺铸惦念的是相濡以沫的妻子，是作为丈夫的丧妻之痛；李煜怀想的是金陵的"雕栏玉砌应犹在"，是作为君主的亡国之痛；而蒋捷惦念的既是个人跌宕起伏的一生，也是大宋的风韵，更是南宋亡国的悲痛。

春天的江南多雨，淅淅沥沥。欢喜的，觉得春意渐浓，享受这"江南雨霁彩云开，眼界空宽翠色排"；厌恶的，觉得滴滴答答，湿漉漉的，让人难以逃于天地之间，甚是心烦。余光中先生的散文《听听那冷雨》，把赏雨听雨的意境表达透了，无人能出其右。

在唐宋诗词里，古人一直有赏雨听雨的传统。如秋日荷尽，本应渐感凄凉，李商隐却生出"留得枯荷听雨声"的意趣；山中独宿，应该凄凉难耐，贾岛却融入"独闻山雨到来时"的禅意；到了五代词人韦庄，"春水碧于天，画船听雨眠"，独有一份怡然自得。而同样是听雨，在温庭筠笔下，要愁苦很多，"梧桐树，三更雨，不道离情正苦。一叶叶，一声声，空阶滴到明"。

和"正襟危坐"的诗文相比,词似乎更能把听雨时的万千情绪表达出来。词里赏雨听雨的佳作不少,文人典故也多。有三场雨背后的故事,尤为让人感怀,值得细品和共情。

一

第一场雨,下在贺铸的晚年。这一年,相濡以沫的夫人去世了,他在深夜的雨中想起她的一生,思绪万千、难以入眠,便写下了一首悼亡词。

这首词的词牌名叫《半死桐》,也叫《思越人》《鹧鸪天》。光看词牌——梧桐枯死一半,已让人顿觉伤感。

词不长,是首小令,上阕说:"重过阊门万事非。同来何事不同归?梧桐半死清霜后,头白鸳鸯失伴飞。"阊门是苏州城的西门,贺铸晚年就住在苏州。梧桐、鸳鸯都是白头偕老和忠贞爱情的象征,但现在不是枯死,就是失伴。

到下阕变成:"原上草,露初晞。旧栖新垅两依依。空床卧听南窗雨,谁复挑灯夜补衣!"

"原上草""露初晞""旧栖新垅",描写的都是坟地里的凄凉场景,和苏轼的"千里孤坟,无处话凄凉"的意境颇为相似。

最为经典的是最后一句"空床卧听南窗雨,谁复挑灯夜补衣",历来被人推崇。在潇潇雨中空床而卧,想起相濡以沫的妻子,雨声显得愈加悲凉。

贺铸的妻子,皇族出身,是一位识音知律又贤惠能干的大家闺秀,年少就与贺铸喜结连理。然而为了仕途,贺铸长期在外为官,两人聚少离多。他在诗中所写的"鸳鸯俱是白头时,江南渭北三千里"，就是与妻子长期分离的印证。贺铸虽有才华，但"喜面刺人过。遇贵势，不肯为从谀"，加上使酒任性，所以一直沉沦下僚。他的妻子却跟着他一生颠簸，始终不离不弃，因此两人感情很深。贺铸曾有首《问内》的诗，写妻子在大伏天给自己缝补冬天的衣服，"庚伏厌蒸暑，细君弄针缕"。

晚年贺铸携妻子过金陵至苏州，居住苏州期间夫人去世，独留他一人。在一个雨夜中，他惦念起妻子的一生，才感叹"同来何事不同归"。

二

第二场雨，下在李煜的世界里。李煜听了一夜，这场雨带来的寒意，在他人生的最后时刻都挥之不去。

李煜和宋徽宗一样，都是天生的艺术家和诗人，却"不幸"当了皇帝。南唐君臣，从上到下都喜欢舞文弄墨，面对中原赵宋王朝的咄咄逼人毫无招架之力。南唐本来就风雨飘摇，到李煜手里愈加动荡。他派使者向赵匡胤求情，结果赵匡胤一句"不须多言，江南亦有何罪，但天下一家，卧榻之侧，岂容他人鼾睡乎"，让使者知难而退。

人们常说，诗是"穷而后工"，李煜最好的词确实是在肉袒出降、被俘北上之后写的。如果不是国破家亡，"生于深宫之中，长于妇人之手"的李煜，他的词也就一直吟风颂月，不会在五代时异军突起，成为高峰。正是这种山河破碎的撕裂感，才让他慢慢咀嚼苦难，继而将其转化为《虞美人春花秋月何时了》《破阵子四十年来家国》等不朽词作。

《浪淘沙令》正是国破家亡后他发自肺腑的经典词作。词很短，"帘外雨潺潺，春意阑珊。罗衾不耐五更寒。梦里不知身是客，一晌贪欢。独自莫凭栏，无限江山，别时容易见时难。流水落花春去也，天上人间"。

春意阑珊中，在寒夜里听雨，江山万里化作残宵一梦，都在绵绵春雨中变成落花流水。但现在，已是悔之晚矣——"最是仓皇辞庙日，教坊犹奏别离歌"，只能"垂泪对宫娥"。这种春日里遇着风雨的感慨，在《乌夜啼》里也能见到："世事漫随流水，算来一梦浮生。"

王国维评说："词至李后主而眼界始大，感慨遂深，遂变伶工之词而为士大夫之词。"这判断是精准的，和伶工相比，士大夫有着更深沉的文化积淀和生命感悟。词在李煜这里，让人真正感觉到有生命在文字里跳动挣扎。

读李煜的词，最大的感觉是真诚，能一眼看到他的内心在燃烧。他人的词，是精雕细琢出来的，李煜的词是喷涌出来的。比起贺铸悼念亡妻，李煜想的是亡国之痛，这场雨下得更冷、更重了。

三

而宋末词人蒋捷经历的那场雨，却整整下了一生，绵长不绝。

蒋捷是南宋末年进士，江苏宜兴人，在他30多岁时，南宋灭亡。蒋捷和周密、王沂孙、张炎被称为"宋末四大家"，但一直独来独往，和另外三人几乎没有任何交往，词风也完全不同。

蒋捷的后半生是在元朝度过的。元朝一开始奉行的是民族高压政策，这让蒋捷非常愤恨，不愿出来做官，立志当宋朝遗民。因他隐居在太湖竹山，所以时称"竹山先生"。唯有了解了他一生国破家亡、颠沛流离的苦难经历，才能读懂他《虞美人·听雨》里的沉痛和厚重。

"少年听雨歌楼上，红烛昏罗帐"。蒋捷年少时只知快意人生，过的完全是"红了樱桃，绿了芭蕉"的快乐日子。年少时的雨是放荡不羁的。

"壮年听雨客舟中，江阔云低、断雁叫西风"。到了而立之年，元朝大兵压境，南宋亡国，他失去了所有，在归隐和流浪之间来回切换，如同失群的大雁一样无助。中年时的雨是惆怅无力的。

"而今听雨僧庐下，鬓已星星也。悲欢离合总无情，一任阶前、点滴到天明"。到了晚年，复国无望，心若死灰，只得任一生的悲欢离合在雨声中点滴到天明。晚年时的雨是连绵不绝的。

同样一场雨，贺铸惦念的是相濡以沫的妻子，是作为丈夫的丧妻之痛；李煜怀想的是金陵的"雕栏玉砌应犹在"，是作为君主的亡国之痛；而蒋捷惦念的既是个人跌宕起伏的一生，也是大宋的风韵，更是南宋亡国的悲痛。

在江南的细雨迷离中，听听那冷雨，不知你在雨声里听到了什么？

赵波　执笔

2024 年 3 月 27 日

"狂飙"过后大模型该走向何方

> 其发展是一场比拼耐力、实力的马拉松，跟在别人后面"邯郸学步"难有出路。

从一年前ChatGPT突然爆火，到不久前文生视频大模型Sora以霸屏之势吸引全球舆论关注，与AI大模型相关的议题越来越多地被大众所讨论。为了抢抓机遇，国内不少科技企业争相上线生成式AI。

有报告显示，截至2023年10月，国内公开的AI大模型数量已经达到238个，仅次于美国。过去5年世界上参数量超过百亿的大模型大约有45个，其中9个出现在中国。

狂热之下不乏担忧，"狂飙突进"的大模型还面临哪些突出问题？有何危害？未来将走向何方？

一

我国大模型发展势头正猛，很多科技企业有敏锐性，敢于探索和创新，值得肯定。但在一路"狂飙"过后，不难发现其在"野蛮生长"过程中产生的一些乱象。

一味盲目跟风。可以说,质量和数量的矛盾始终伴随着大模型的"井喷式"发展。一些企业一味追逐热点,"能不能用不重要,但首先要拥有""人工智能时代,没有大模型的科技企业就意味着落伍",在不具备强大的研发和投资能力的情况下,盲目开发低质量产品,没多久便被用户弃用,落入"昙花一现"的尴尬境地。

研发涉嫌模仿。仍有一些大模型因涉嫌"微调国外底座模型"而备受舆论争议。在这个快速发展但充满不确定性的领域里,一些企业更愿意选择"站在巨人肩膀上",以降低失败风险。去年,一家公司创办的大模型就曾陷入"套壳"风波。尽管该公司坚决否认抄袭,却承认其使用Meta发布的开源大模型LLaMA架构的事实,称只是在此基础上进行研发。

应用效果欠佳。大模型同质化、缺乏多样性成为饱受诟病的问题。不少大模型采用同样的数据集、训练方法等,输出雷同的问题答案。此外,高质量语料短缺也严重制约着大模型的发展。AI写作、AI设计、AI社交等应用被吹上了天,人工智能看似"无所不能",然而面对"是谁提出了新三民主义""最近5年中国的GDP数据是多少"等具体问题时,不少大模型表现欠佳。

二

有观点认为,任何一项新技术都会经历被质疑被挑战后的冷静思考期,并通过相对较长时间的迭代,才能实现从技术到产品的跨越,大模型也不例外。当前出现的一些乱象和质疑背后,实则有着多方面原因。

一方面，美国不断升级科技制裁，一波操作下来，给国内大模型研发带来的"卡脖子"风险是显而易见的；另一方面，中国在大模型领域起步比美国晚，一些大模型企业生怕错过"风口"，存在投机取巧、走捷径等心理，不愿在基础研究和技术创新方面狠下功夫。加之大模型需要不断投喂语料、反复训练，而互联网上可供爬取的高质量中文语料有限，因而产品的用户体验等方面难免不尽如人意。

尽管我们难以判断"大模型热"将持续多久，但如果不能穿透舆论迷雾，理性看待这股大模型热潮，就难免被卷入潜在风险之中。

缺乏原始创新被"牵鼻子"。有报道称，目前国内外很多大模型训练时都是采用谷歌的Transformer模型，这就好比"在别人的地基上盖房子"。缺乏原创性理论突破和核心技术创新，是我国大模型发展面临的主要瓶颈。上世纪60年代，我国实现原子弹到氢弹的突破，关键就在于"邓—于理论方案"的提出和发现，倘若照抄美国的"泰勒方案"，或是苏联的"萨哈罗夫方案"，奇迹便不会发生。

过度"内卷"造成资源浪费。大模型犹如一只"吞金巨兽"，需要耗费高昂的训练成本，盲目跟风"内卷"势必导致重复投资、资源浪费。近日，有关部门负责人介绍，中国10亿参数规模以上的大模型数量已超100个。通常参数越多意味着模型能力越强，但一定程度上也意味着在训练过程中需要庞大的计算能力来处理这些参数的更新，这就导致对芯片等硬件的过度需求。

大模型滥用带来安全风险。训练数据进入模型后，其内部处理过程类似"黑盒"，用户并不清楚自己输入的数据如何被使用。各类企业一哄而上研发大模型，违规收集数据的风险加大。去年，某款基于生成式人工智能的摄影软件就因存在滥用用户信息的嫌疑引发用户强烈抗议。此外，一些大模型的训练语料库质量不高，包含大量虚假、色情、暴力等有害信息。

三

大模型作为人工智能发展的重要方向之一，拥有广阔的应用前景和发展前景。其发展是一场比拼耐力、实力的马拉松，跟在别人后面"邯郸学步"难有出路。针对当前国内大模型领域存在的各种问题，我们需要加以重视并积极解决，变"追随"为"领跑"，实现自主、开放、可控。笔者认为，可以从四个方面进行提升。

自主创新才能免于受制于人。不少学者提出，中国必须要研究开发自己的"底座"基础大模型，这就非得加大投入、走自主创新的道路不可。面对"牵鼻子""卡脖子"等难题，既应保持科技战略上的清醒，也该注重战术上的创新探索，走自己的路，摆脱对西方信息技术的"路径依赖""方法依赖""工具依赖"。比如，政策上突出鼓励基础研究和原始创新导向，持续加大技术研发投入，强化生态链建设；设立专项基金，专门用于大模型的研发和训练；构建中国自主知识体系，"用我家笔墨，写我家山水"，在人才培养方面更加强调原创精神、创新意识，在人才评价方面更加强调解决实际问题等。

Sora的横空出世也预示着，未来大模型需要处理更加多样的数据和更加复杂的应用场景，国产大模型只有探索自己的科研创新道路才能摆脱追随式的路径依赖。当然，在这个过程中，不是说要单打独斗、闭门造车。组织科技巨头企业建立联盟，集中全国顶尖人才和优质资源进行攻坚，都有助于形成合力。

垂直大模型或成"更优解"。有人将通用大模型和专用大模型比喻为"通才"和"专才"，前者用一个模型解决人类面临的各方面问题，而后者用于解决特定领域的问题。不难发现，很多大模型在面对写诗等不存在唯一正确答案的问题时，常常表现很好，但在面对一些具体问题时，却错误百出。

对此，一方面，提高语料质量至关重要，使用专用数据库对模型进行专业训练，有望解决一些模型"一本正经地胡说八道"的问题。另一方面，垂直化或成未来大模型发展的必然趋势。与其挤在同一个赛道"重复造轮子"，不如另辟蹊径，让AI真正应用到各行各业，更加精准地匹配产业链中的供给与需求，像医疗、交通、教育、金融等特定领域的专业模型可能带来更多发展机遇。

应对安全风险需戴"紧箍"。实施强有力的合规监管必不可少。去年以来，《生成式人工智能服务管理暂行办法》等正式施行，配套支撑的《生成式人工智能服务安全基本要求》《信息安全技术生成式人工智能预训练和优化训练数据安全规范》《信息安全技术生成式人工智能人工标注安全规范》等相关标准也已发布，意味着国内大模型的监管已渐成体系。有关部门有必要据此继续加强对大模型的实时监管，对输出违法违规信息内容的大模型开发者依法予以处置处罚。

理性看待"大模型热"。构建大模型是一项成本极高的系统工程，盲目开发低质量大模型不仅浪费资源，且终将被市场淘汰。保持理性客观，因地制宜，不被舆论和资本裹挟，避免"国外炒什么概念，我们就跟什么风"，是科技企业的务实之选。任何一项新技术，只有与国内的发展实际以及产业布局、市场需求等相结合，才会更好生根发芽。

正如习近平总书记所强调："实现科技自立自强，既要把握当今科技发展的大方向，又要坚持以我为主，突出问题导向和需求导向，提升科技创新投入效能。"理想主义的花朵，最终要盛开在现实主义的土壤里。当"大模型热"退散之后，能够经受市场洗礼的，还是那些拥有原创技术、用户体验好、能落地生花的产品。

徐岚　执笔

2024年3月27日

食笋莫踟蹰

> 竹笋再鲜美，也要懂得宜忌。食事如此，人事又何尝不是如此呢？

竹的幼芽，谓之笋，味冠素食。

春天里，江南人家的餐桌上总少不了一些春鲜，而被誉为"春鲜第一味"的春笋更是占据"C位"。

有人说，吃笋是一种感受天地灵气、时光精髓的浪漫，也是对自然轮回的一份遵循和欣赏，是一道属于东方的美食文化风景。白居易曾留下"且食勿踟蹰，南风吹作竹"的诗句，让人对食笋多了几分向往。趁着春光正好，一起"上春山"去寻春笋吧。

——

中国的竹子，品类数以百计，它们扎根山林间摇曳生姿，各美其美。春暖花开，万物复苏，破土而出的春笋弹指可破，层层剥去笋箨，裸露的笋肉洁白浑圆，可爱极了。

笔头笋外形细长、形如毛笔，也被称为"判官头"，每一株的笋肉并不多，但当它与梅干菜一同蒸食，称得上一句"鲜得嘞"；鳗笋形如其名，其顶端与河鳗尾巴颇为相像；箭竹笋外脆里嫩、口感极佳，每一口都爽滑多汁，又带着恰到好处的微苦，是大熊猫最爱的美食；外壳色红的红壳笋因鲜嫩洁白、口感厚实、笋香纯正，成为最受欢迎的食用笋之一……

这些形形色色的竹笋，粗细不一、长短不齐、颜色多样，有时连常年上山挖笋的山民也无法一一分辨清楚，干脆笼而统之地称作"小竹笋"。

而毛竹笋堪称"笋中老大"，俗称毛笋，可分冬笋、春笋和夏笋。其中，冬笋是"隐士"，"埋伏"在错落的竹林之中，你须得眼观六路，才能从微微隆起的泥土里寻得笋尖的蛛丝马迹。然而，经验丰富的山民或许只需三五下锄头，便能将一颗外壳黄白的笋娃完整挖出。

"一夜春雨，笋与檐齐。"春笋刚刚钻出土壤时，生长较慢，几场春雨下过，便会快速生长，没过多久便能从笋长成毛竹。春笋的挑选很有讲头，笋壳色要嫩黄，若有细密的茸毛则更好，至于形状，矮胖略弯、笋节紧密的口感会更加嫩滑。若碰上有经验的人，用指甲轻掐一下笋根，渗透出新鲜汁水的必然是一根足够新鲜、美味的嫩笋。谷雨之后，春笋不抗病虫害，大多会自然枯死，山民干脆掘其回家，煮晒成干。

二

好竹连山觉笋香，尝鲜无不道春笋。兰溪人李渔就曾在《闲情偶寄》中写道："食笋之法多端，不能悉纪，请以两言概之，曰：

'素宜白水，荤用肥猪。'""从来至美之物，皆利于孤行，此类是也。"

拿到一棵春笋，首选烤食。烤全笋，简便易做，新鲜竹笋保留笋壳，洗净沥干，切除蔀头，在笋尖上撒少许盐腌一腌。用锡箔纸将其包裹，放入烤箱烤半小时。取出去壳，蘸酱或直接入口，满嘴都是春天的甜鲜。

一盘简单的腊肉炒笋能让人垂涎三尺。偏爱腌肉的南方人自然不会放过片几片腊肉与春笋共同翻炒的机会，将两样食材汆水后备用，锅中热油爆香姜蒜和辣椒后下腊肉，断生后立马加入春笋共同翻炒，随后按个人口味加入料酒、豆豉和清水，转中火焖制，汤汁将收干时出锅。要是水加多了，那就不妨来一锅咸肉滚笋，也叫腌笃鲜。

不过，笋也不必处处挑大梁，有时仅作点睛之用，都可让人"鲜掉眉毛"。就像杭州人的早餐首选"片儿川"，虽只点缀着几片春笋片，其滋味却令人回味。

山间竹笋，人间至味。鲜笋只一季，如果想让美味"长寿"一些怎么办？人们也有不少妙招。

比如，宋时曾有僧人编了一本《笋谱》，其中就记载了一种保存法，叫作"生藏法"，只需在新笋上头覆以陶缸，并用湿润的泥土封住缸与地之间的缝隙，如此便可以达到隔绝风与光的目的，从而延缓其生长。

笋干和卤煮，也体现着古人的智慧。笋干有两种，一是"扁尖"，二是"水笋"。常见的"扁尖"如天目山笋干，"水笋"则是整颗春笋煮熟后压扁漉干，用淘米水浸泡后，再刨成薄薄的笋片煮食。而鲜笋卤制，似乎是磐安独有的土特产，看起来黑了一些，香气却十分扑鼻。

三

一棵竹笋，自古以来见证了许多闲情雅趣。

有人喜爱竹笋的姿态。"斜托香腮春笋嫩，为谁和泪倚阑干？"南唐后主李煜怜香惜玉，将女子的纤纤玉手与春笋相比，倒亦贴切。

生活中，很多人也喜欢拿笋作比。尤其是白白胖胖的小婴儿，无论是其光滑的脸蛋还是浑圆的手臂，总有人说像剥了壳的笋似的。

有人难忘竹笋的鲜美。苏东坡被贬黄州时，虽是人生重大低谷期，但这位大吃货还是忘不了竹笋的鲜美。在《初到黄州》里，他说："长江绕郭知鱼美，好竹连山觉笋香。"

杜甫也写下"青青竹笋迎船出，日日江鱼入馔来"，一道春笋炖鱼令人馋涎。一生爱竹的郑板桥，也钟情于竹笋的味道："江南鲜笋趁鲥鱼，烂煮春风三月初。"

有人在食笋中寄托情致。像王维吃出了竹笋中的禅意："香饭青菰米，嘉蔬绿笋茎。誓陪清梵末，端坐学无生。"李渔说，"凡食物中无论荤素，皆当用作调和。菜中之笋与药中之甘草，同是必需之物，有此则诸味皆鲜"，赋予了竹笋"崇高"的地位。而读李商隐的《初食笋呈座中》，却可见其不同于别人的食笋心境——明明可长成一竿凌云竹，却被做成了盘中餐："嫩箨香苞初出林，於陵论价重如金。皇都陆海应无数，忍剪凌云一寸心。"

不过，竹笋鲜美，却不能贪食。清代名医王士雄的《随息居饮食谱》中写到了吃笋之宜忌："小儿勿食，恐其咀嚼不细，最难克化也。毛竹笋，味尤重……荤素皆宜，但能发病，诸病后、产后均忌之。"

凡事还需一分为二。竹笋再鲜美，也要懂得宜忌。食事如此，人事又何尝不是如此呢？

潘江涛　执笔

2024 年 3 月 28 日

"小马拉大车"累在哪

> 一边是基层工作的繁忙和琐碎，一边是有限的职业成长路径，有的人在"躺不平"和"卷不赢"的两难之下甚至想要逃离。

"小马拉大车"通常是指个人或集体做超出自己能力之外的事情。近年来，一些地方尤其是乡镇和村社两级存在权小责大、人少事多等现象，由此造成负担过重，这一现象被称作基层治理的"小马拉大车"。

不少基层同志对这个问题比较有感触。就像"上面千条线，下面一根针""上面千把锤，下面一颗钉"等形象的比喻，它们都道出了基层工作、基层干部的现状。去年9月，习近平总书记在中国社会科学院《"小马拉大车"的基层治理状况亟待改变》报告上作出重要批示，今年中央一号文件专门强调"推动解决'小马拉大车'等基层治理问题"。可见，"小马拉大车"已不是一个小问题，亟待我们共同努力解决。

那么，不禁要问：基层治理的"小马拉大车"究竟是怎样产生的？我们在推动解决这一问题中该注意什么？

———

"小马拉大车"形象描述了部分基层一线负重前行的状况。我们可以从两个问题去理解它所形成的原因。

第一个问题，"小马"何以小？

社会治理架构犹如一座金字塔，处于金字塔底部的基层一线乡镇街道政府拥有的职权相对较小。像人事编制、土地管理、交通执法、环保督察、教育和卫生监管等地方治理的职权，一般只到县一级。而在乡镇基层，项目决策、资源调配和行政执法等职权都比较少。对于那些下放到属地的工作任务，基层的主要职责是抓执行、抓落地，自主权并不多。

同时，相对于当前基层承担的职责和事项，总体上来说基层的人手是比较短缺的。再加上一些地方工作条件比较艰苦，因此前往基层工作并非很多年轻人的首选。在一些偏远地区，优秀人才"招聘难""留住难"等问题比较突出。这样一来，基层工作力量更加薄弱，干部人才队伍青黄不接。

第二个问题，"大车"大在哪？

首先是摊子大。点多、面广、事杂是基层工作的显著特征。某地调研报告显示，当地乡镇承担着五个类别152项职责事项，与县直部门共同承担六个领域221项共担事项。一些乡镇干部纷纷感叹，件件工作都是重点，样样事情都要管、都要操心。

其次是难度大。基层各项工作，许多涉及土地、资金等与群众切身利益息息相关的问题，有的问题历史背景复杂、牵涉面众多，处理起来比较棘手，对基层干部的沟通协调能力、群众工作本领等要求很高。有人说，经过了基层的千锤百炼，以后干什么工作都不怕了。

最后是责任大。作为执行中的关键节点，基层也是"责任超载"的末梢。因为有"属地管理"制度，任务和责任一般都会传导到基层。一旦出现问题或事故，"板子"往往打到基层。

二

"小马拉大车"这一形象的比喻，在一定程度上揭示了基层工作中的无奈现实，让一些基层干部有苦说不出。

有的身兼多职，忙得像个陀螺。在一些地方，基层干部一人多岗、一岗多责的现象比较普遍，还有很多突发应急的任务，需要他们投入大量的时间精力去应对、处理。

这样的局面，导致一些基层干部像个陀螺一样运转。有基层干部谈道，"自己都弄不清自己是干什么的""哪块工作催得紧就先做哪块"。

有的疲于应付，陷入事务主义。不少基层干部平时需要应对不同上级部门分派下来的任务，很多精力用在了赶进度、做台账、写汇报上，真正投入一线去解决实际问题、服务人民群众的时间就很难保障。

有人感慨，虽然每天忙忙碌碌好像做了很多事情，但在年底总结的时候，似乎又觉得这一年恍然而逝、碌碌无为，很难说出工作亮点。

有的充满焦虑，担心多做多错。各项检查督查、考核评比接踵而至，有的时候一个地方在一天之内要迎接几个检查组，基层干部长期处在一种被打分、被督促的状态下，内心的压力可想而知。

还有追责问责的问题，让基层干部感到很焦虑。如果出现问责泛化，还会伤害到基层干部干事创业、担当作为的积极性，让他们觉得"多干多错、少干少错、不如不干"。

有的成长受限，感到动力不足。客观上看，基层为干部提供了干事的大平台，是干部成长成才的"大熔炉"。但也要看到基层干部成长的"天花板"问题，这让一些基层干部感到激励有限、动力不足。

一边是基层工作的繁忙和琐碎，一边是有限的职业成长路径，有的人在"躺不平"和"卷不赢"的两难之下甚至想要逃离。

三

"九层之台，起于累土"。推进中国式现代化，肯定要有基层治理的现代化。如果"小马拉大车"这个问题没有得到妥善解决，基层工作长期"超载"、基层干部长期"负重"，那么各项工作开展起来就不可能很"丝滑"。

因此，攻克这项顽疾承载着非同寻常的时代意义，是非常迫切的。但我们也要看到，"小马拉大车"的形成受多个方面因素的影响，短期之内很难收到立竿见影之效。有三个方向和重点，值得我们在实践中把握住。

给责任也要给权力。基层治理之困境，根源还是权责不匹配、不对等。一些政府部门把很多任务或者要求传达给了基层，但是相应的权力没有给到位。所以基层处理有些问题时会感到比较被动，正所谓"看得见的管不了、管得了的看不见"。

近些年，全国上下已经在大力推进向基层放权赋能的改革，包括梳理和明晰基层的权责清单、严格实行上级部门涉基层事务准入制度，这些都很有意义。权责更清晰了，基层同志干活才有更高的积极性，也有利于激发基层的活力和创造性，让他们能够自主地去做一些事情。总而言之要权责对等、适配，让基层统得了资源、办得成事，这样责任才能担得起来。

给指令也要给空间。从治理结构上来说，基层政府是底盘，它们直接面向广大群众，是各级组织中最为庞大的一级。改革发展各项事项主要落在了基层。

比如，相关部门在给基层分派任务、提出要求的同时，不妨尽量多配置相应的政策资源，为基层提供适当的保障，也要尽可能给基层留出空间。这个空间，当然不是放任自由的空间，而是基层为民服务的空间，这是他们的主责主业。每个部门和条线都不应抱持"本位主义"思想，而要多从基层视角想问题、作决策，想办法让他们有时间精力腾出手来解决群众的急难愁盼，这样才能上下一条心。否则，不仅为基层减负会落空，而且容易衍生各式各样的形式主义。

给担子也要给温暖。这些年，基层的担子越挑越重，群众的期待越来越高，做好基层工作非常不易。多关心基层、服务好基层，现在已经成为全国上下的共识。比如，今年的中央一号文件中，就明确要求"加大编制资源向乡镇倾斜力度""县以上机关一般不得从乡镇借调工作人员"等。其实各地也都有很多好的做法，大力推动人力、财力、资源的下沉，都是为了现代化建设的底盘更扎实，让全社会感受到扎根基层大有可为、大有作为。

送到心坎上的服务最温暖，这就需要各项举措更接地气，能够精准地匹配基层需求。比如，对于当前基层普遍关注的考核、问责等问题，要多采取一些务实之举，让"考题"设置更合理、评分标准更科学、问责把握更谨慎，切莫让基层心生怨气，流汗又流泪。

经常有人这样说，一个人最累的不是身体累，而是心累。破解"小马拉大车"问题之所以是当务之急，就在于当前基层干部很期待松绑减负、轻装上阵。一定要千方百计让基层干部看到更多希望，让他们干得更有盼头、有劲头。

倪海飞　云新宇　谢滨同　执笔

2024 年 3 月 28 日

金庸笔下的桃花岛在哪里

这座东海之滨的小岛，经历了从古人笔下的"仙"到金庸笔下的"侠"的华丽转身，在文学世界的翰墨中，刻下了自己独特而鲜明的名字。

很多读者都知道金庸笔下的桃花岛。金庸撰写出武侠大作《射雕英雄传》之后，桃花岛就逐渐成了人们心中充满侠气的武侠世界。岛主黄药师以"东邪"之名与"四绝"齐名，郭靖、黄蓉、杨过、郭芙等关键人物的人生际遇均与桃花岛息息相关。

那么，金庸笔下的桃花岛在哪里？桃花岛是有真实的原型，还是纯粹虚构出来的？

其实，金庸的写作灵感来源于东海上的一个舟山小岛——桃花岛，这是经金庸亲口"认证"的"桃花岛本岛"。武侠小说的天马行空为桃花岛蒙上了一层神秘面纱，但在金庸笔墨尚未触及前，桃花岛本就是个具有奇幻色彩的岛屿，寄托了古人隐于江湖的桃源梦。

一

　　与人们预想的不同，桃花岛得名并非因为满岛桃树、花开绚烂，而是由于岛上石头多桃花纹。据《浙江通志》记载："桃花山，《延祐四明志》：'在东南，世传安期生炼丹之所，常以醉墨洒石成桃花纹，因名。'"

　　岛上的安期峰上至今留存着"安期洞"的遗迹，"安期洞"据传为昔日安期生隐居修炼之所，曾引得秦皇、汉武等历代帝王"遣方士入海求蓬莱安期生之属"。方士们均求而不得、无功而返，更是为这座东海小岛平添了几分隐匿世外的桃源"仙气"。

　　或许是桃花岛浪漫飘逸的修仙传说，引来了它的侠缘。金庸坦言，写《射雕英雄传》时需要一个有浪漫情调的海上小岛，不能离大陆太近，也不能太远，而桃花岛的位置适当、面积不小，南宋时期又罕有人至，十分适合作为黄药师、黄蓉、周伯通的活动天地。

　　金庸笔下的桃花岛上不仅有侠肝义胆的大侠，更诞生了许多招式精妙的绝世武功。碧波掌势如潮涌、桃花落英掌挥臂如剑、兰花拂穴手点穴诡异、碧海潮生曲犹如群魔弄潮……据统计，"桃花岛"三个字在20世纪90年代由三联书店出版的《射雕英雄传》中出现291次，《神雕侠侣》中出现140次，《倚天屠龙记》中出现8次。

　　可以说，桃花岛承载了金庸对武侠世界的无尽想象与热爱，更让无数读者沉醉于桃花岛上交织着浪漫、奇遇与冒险的江湖。

　　自此，这座东海之滨的小岛，经历了从古人笔下的"仙"到金庸笔下的"侠"的华丽转身，在文学世界的翰墨中，刻下了自己独特而鲜明的名字。

二

金庸的笔触展现了桃花岛无尽的魅力，为桃花岛的发展带来了更多机遇。

千禧年前后，导演张纪中翻拍金庸作品，在全国范围内掀起了一波武侠热潮。为了配合电视剧的拍摄，桃花岛打造了全国首座海岛影视城——射雕影视城。经过改造的桃花岛焕然一新，岛上桃林如织，风光秀丽，基础设施日趋完善，融合了影视拍摄与旅游休闲的功能。

随着《天龙八部》《神雕侠侣》《鹿鼎记》等多部武侠巨作相继赴桃花岛取景，小岛的奇山怪石、悬崖陡壁因小说和影视"双重滤镜"而有了别样的意义与内涵。就如同"这不是一般的红豆，而是王维诗里的红豆"那样，桃花岛因为走进了金庸的小说中，也不再是一座普通的小岛，岛上的"龙女峰"有了书中"弹指峰"的影子，而"大佛岩"则具备了书中"清音洞"的神韵。

现实景物与武侠世界的高度重合，给整座小岛注入了"灵气"与"人气"。桃花岛连续举办了三届金庸武侠文化节和十余届侠侣爱情文化节，解锁了夜游、沉浸式剧本杀、海上飞拉达等游玩新体验，游客们换上古装，感受凌波微步、飞檐走壁的"神功"。在最鼎盛时期，人口仅1.15万的桃花岛，每年吸引了上百万的游客来访，一度成为国内最具人气的海岛旅游目的地之一。

如果说人有"人设"这个概念，那么"金庸笔下桃花岛"则是桃花岛的"岛设"。回望桃花岛20余年来的发展，金庸武侠文化让桃花岛的山水更为灵动，也赋予了这座偏远小岛深厚的文化底蕴。

三

在撰写《射雕英雄传》时，金庸并未亲自踏足桃花岛，但是他曾亲口说明浙江舟山的桃花岛就是书中"桃花岛"的原型。"如果人们要证实《射雕英雄传》书中的东海桃花岛的原型是不是舟山群岛中的桃花岛，我说是的"。

金庸在众多岛屿中选择了桃花岛，这或许是因为乡情冥冥中的指引。金庸坦言撰文时翻阅过地理书籍，而他之所以将目光投向东海之滨浙江，一个重要原因就是："因为我是浙江人。"这座距离金庸家乡海宁仅200公里的悬水小岛，无论是面积大小，还是地理位置，抑或是桃花之名赋予的浪漫意象，都符合了小说中的设定。

在金庸笔下，远离世俗的桃花岛，却活跃着为国为民的热血男儿。世人眼中孤傲不逊、离经叛道的桃花岛主黄药师，纵然远离朝堂、隐于江湖，但在家国大义面前依然舍生忘死。他曾说"我平生最敬的是忠臣孝子"，在国家危难之际亦能挺身而出，无论是在成吉思汗大军压境之际，力劝女婿郭靖前往襄阳御敌，还是襄助郭靖黄蓉夫妇驻守国门守护百姓，都无愧"侠之大者"的傲人风骨。

金庸也借这些他塑造的人物，阐述着自己朴素的价值取向——处江湖之远，时刻不忘却家国大义。他的民族自豪感，不仅体现在生活中，更通过他的作品，传递给了一代代读者。

现实中，桃花岛上发生的故事，与金庸朴素的价值取向完美契合。桃花岛历来就是祖国海防的重要关卡，不乏保家卫国的英雄赞歌。岛上至今流传着军民联手抵御倭寇的故事，岛上的白鹤庙据传就是为纪念抗倭捐躯的先烈而建。

很多金庸迷感慨，本以为桃花岛这样的地方是完全虚构的，所幸世间真存在着一个与小说中的描述相似的地方。如今，每年都有许多金庸迷慕名而来，到舟山桃花岛上打卡黄药师山庄、牛家村、八卦书屋等景点，沉浸式体验小说中的情境。在这里，人们不仅能感受到金庸笔下的侠义江湖，寄存年少时的武侠情结，更能体会到一种深沉的家国情怀。

张革　黄燕玲　黄雯铮　执笔

2024 年 3 月 29 日

警惕"能者多劳"成为话语陷阱

> 如今，让很多人感到疲惫的，除了"能者多劳"的职场话术之外，更多是源于找不到工作意义的无力感。

"你既然那么能干，你就多干点。""你能力强，你来做这个工作也是应该的。"当你听到这样的话，心里是否会感到五味杂陈？现如今职场上出现一种怪象：一些单位有能力的人兢兢业业当起"老黄牛"，资质平庸的人心安理得地"作壁上观"，一句轻飘飘的"能者多劳"似乎成了刺耳的捧杀。

面对纷繁复杂的工作，"能者多劳"让干事者"压力山大"，却为"躺平族"提供了逃避的借口。有人甚至说，"能者多劳"是职场上最大的谎言。听起来好端端的"能者多劳"似乎变成了一个贬义词。不禁要问，"能者多劳"为何变味了？

一

"能者多劳"一词出自《庄子·列御寇》："巧者劳而知者忧，

无能者无所求，饱食而敖游。"主张"无为"的庄子认为灵巧的人多劳累，聪明的人多忧患，后来演变为能力强的人要付出更多努力、承担更多责任。从本意来说，这是对一个人能力的褒奖和夸赞，也暗含着对能者未来发展的期许。

从系统论来看，工作就犹如一场舞台剧，既需要主演去撑起全局，也要很多配角去当好"助攻"。在剧中，主演扮演着更重要的角色，出演更多的镜头，这在一定程度上符合"能者多劳"的逻辑。

在一个集体中，管理者会倾向于在实践中发现"能者"，在"多劳"中历练"能者"，将有挑战性的任务交给他们去做，"能者"也会因为"多劳"得到更多的锻炼和成长，获得更高的成就与回报，形成个人成长与单位、企业发展的良性互动。

同时我们也看到，主演并非天生的，从跑龙套开始逐步升级成为主角的案例比比皆是。究其原因，每一个"微不足道"的角色都有其价值，也有其成长性，很多人相信"努力总会被看到"，并愿意为之持续不懈努力。

因而，"能者多劳"本身是褒义词，这毋庸置疑。但在实践中，"能者多劳"时常会被误读甚至滥用。

成为加压工作的话术。有时候，"能者多劳，多劳多得"的"得"不是报酬，而是成倍的工作量。加上没有适当的激励机制，干好干坏一个样、干与不干一个样，"能者多劳"的口头激励被理解成是为了增加工作量而"画大饼"。

成为道德绑架的手段。当"能者多劳，庸者逍遥"成为一种现象，"多劳"从尊重个人意愿变成被施加的义务，"能者多劳"从大众评价慢慢变成道德标准，"能者"仿佛被套上枷锁，"能者"的头衔也不再是荣耀，而是一种负担。

成为自缚手脚的暗示。从个人角度看，当外部施加的积极评价足够多，我们往往也会不自觉沉迷其中，变成不断强化的心理暗示，"多劳"也从"被需要"变成"我需要"，超过了界限，"多劳"变"过劳"。

当"能者多劳"沦为一种话语陷阱，社会上"能者多劳，你能吧，我不能了""能者多劳，不能者多爽"等一系列"反职场PUA"口号便开始流行，并引起诸多共鸣。

二

初入职场的年轻人，接触新工作、新岗位，确实需要"多劳""多磨"，在历练中积蓄能量、丰富经验，在基层一线和艰苦岗位上淋过雨、吃过苦，往往会走得更远，但这并不意味着他们需要承担尽可能多的工作和压力。如今，一些单位、企业以"历练新人"为名不断加压，消磨着年轻人工作的积极性，也引发诸多不好的效应。

社会环境鼓励付出，但"劳而无获"消磨热情。当前，社会发展速度加快，竞争压力不断增大，努力和付出成为常态，甚至还掀起了"内卷"风潮，于是有了"比你聪明的人，比你还努力""我们不想争先，我们只是恐后"的论调。在资源相对集聚的情况下，大家主动或被迫"卷起来"，成了"能者"。然而，如果制度设计上没能体现"多劳多得"，"能者"如工具人般整天疲于奔命，又没有相对应的激励措施，其进取心就会消退，工作热情也会被慢慢消磨。

"躺平摆烂"论调泛起，造成"劣币驱逐良币"。当一个单位、企业的绝大部分"老大难"问题都落到"能者"肩上时，相当于在一定程度上默认了"庸者"可以逃避问题，甚至成为"闲人"。长此以往，"庸者"就心安理得地做起旁观者，在舒适区里"跑龙套"、混日子，享受"躺平"与"摆烂"，既浪费了资源，又丧失了锻炼和成长的机会。"能者"则因为不公平的待遇而逐渐丧失工作的成就感和积极性，最终导致"劣币驱逐良币"。

绩效管理变"无效管理"，打破组织生态平衡。在部分地方，绩效考核缺乏科学化制度化的安排，绩效考核区分度不高，所谓的绩效管理甚至沦为无效管理。一个单位、企业如果只依靠"能者"，总是使其承担职责外的工作量，甚至被迫对他人的任务大包大揽，而不调动其他人员的积极性和创造性，迟早会出现竞争不足、人才青黄不接、发展乏力等问题。唯有奖勤罚懒、奖优罚劣，才能形成健康的组织生态。

三

"能者多劳，庸者逍遥"无疑伤害了"能者"，纵容了"庸者"，既影响了个人的成长与发展，又对组织发展和文化建设产生一定的负面效应。如何破解"能者多劳"的话语陷阱？笔者想到三句话。

"能者"可"多劳"，但"多劳"应"多得"。提倡"能者多劳"无可厚非，但更要能够保证"多劳多得"。不能分配任务时就开始论能力，而分配资源或报酬时就只论职务或人情。建立"多劳多得"的绩效管理制度，丰富激励手段、优化晋升机制，有助于真正实现有为者有位、多劳者多得。既给员工"压担子"，又给员工

"递梯子"，员工才会真正感受到被激励和呵护。

让"能者"愿"多劳"，使"庸者"不"逍遥"。一部分人员能力的浪费和闲置是造成"能者多劳"的主要原因。根据"相对优势"理论，没有绝对的"庸者"。主动挖掘潜力与相对优势，每个人都有可能在专业领域有所建树。对用人单位而言，各展所长、各尽其能是形成"九牛爬坡、个个出力"良好局面的必要条件，铲除滋生"摆烂""躺平"的土壤，不能让"能者多劳"的说辞变成一些人选择不劳、少劳的"遮羞布"。

"能者多劳"，不能变成"能者过劳"。如今，让很多人感到疲惫的，除了"能者多劳"的职场话术之外，更多是源于找不到工作意义的无力感。高强度的劳动，让"多劳"的"能者"长期处于"过劳"的状态，很多职场新人深受"白加黑""996""007"等工作模式的困扰，明明是为了生活而工作，偏偏因为工作而丢了生活。所以，为理想而前行的过程中，每个人也需要适当地慢下来，感受生活的乐趣，把握好人生的节奏。

刘召鑫　杨柳风　许小伟　吕伟锋　执笔

2024 年 3 月 29 日

茶江湖里的龙顶

> 一泓芹江水，一杯龙顶茶，山水间的这份悠然茶韵、美好古意是众多爱茶者的快乐源泉。

"千里钱塘江，一江挑两龙。"这是浙江的茶江湖里流传着的一种说法。其中一"龙"，自然是闻名遐迩的杭州西湖龙井，另一"龙"，则是产自钱塘江源头的开化龙顶。

龙顶之名，有何说头？开化齐溪镇境内有座大龙山，山高林茂，云雾缭绕。大龙山山顶出产的茶品质最佳，人们称之为"开化龙顶茶"。开化龙顶有着数百年的贡茶史，更有百余项荣誉加身。但光鲜在前的这缕茶香，也曾在一段时间内如默默无闻的"山中老衲"，可谓茶如人生，起起伏伏。

"一场春雨绿芜发，一年春事粲如华。"恰逢春暖茶香时，咱们泡上一壶茶，来品品那一叶龙顶绿。

一

龙顶茶史，最早可追溯至晚唐。有专家推测，"茶圣"陆羽在《茶经》"八之出"中提到的浙西茶叶产区，可能是关于开化茶叶最早的记录。

龙顶茶兴盛于明清。开化民间，至今流传着刘伯温"求茶问路"的故事。相传，明朝开国元勋刘伯温曾挥师入浙，途经大龙山时人困马乏，得饮当地老丈相赠的新鲜茶水一碗，顿感"尘虑一时净，清风两腋生"，遂将此茶奉于朱元璋，朱元璋赞不绝口，由此开启了龙顶茶的贡茶之路。

《开化县志》中，有明崇祯四年（1631）"进贡芽茶四斤"、清光绪二十四年（1898）芽茶"黄绢袋袱旗号篓"限时进贡等相关记载。

彼时，文人雅士与贵族阶层一样，都爱与茗相伴。位于开化池淮镇的一处茶园内，出土过一块石碑，碑上腾龙出水的图纹凹凸有致，还清晰刻印着"明处士茶园"五个大字。想必当时一定是有处士十分喜欢品茶或者种茶，故而在此辟茶园、立石碑。

这份喜爱并非没有来由，龙顶茶天生有"好看、好闻、好喝"的气质。与水的奇妙邂逅，让这杯中茶好生绝妙——入水前，龙顶的叶片紧直挺秀，银绿披毫；入水后，灵芽舒展，颗颗竖立、悬停水中，好似一片水中绿洲，能得"杯中森林、水中芭蕾"的美名。

氤氲水汽间，品味这杯"三好茶"，品出的是绿茶的清新，是古来的韵味，更是匠人的匠心。相比时下越来越多的机制茶，传统手工技术炒制的龙顶茶更有传统的"色香味形"。历经一代代技艺沉淀，当地不乏炒茶技艺稔熟的匠人。当好茶遇上匠心，杀青、揉捻、理条、烘干、提香，在一气呵成中成就了彼此。

二

"三好茶"之好，又得益于黄金区位、绿色生态这"两妙"。妙从何来？这要从"开化是个好地方"说起。

在茶江湖中，有"绿茶金三角"一说，是指中国绿茶的集中产区中最优势的地域，而开化就位于这个"金三角"的核心区。其境内海拔千米以上的山峰有46座，森林覆盖率超过80%。在这里，茶树得以大口呼吸最清新的空气，长势自然喜人。高山云雾出好茶，当地"晴天遍地雾，阴雨满山云"，年平均雾日达100天以上，白云深处的龙顶茶，自然形美味佳。

也正因此，开化龙顶于很长一段时间内在"神仙打架"的茶江湖中独占鳌头。上个世纪，这一片茶叶随时光淌过数百年，带着贡茶的光环走进了现代生活。

1979年，也是一个春天，在一项全省绿茶评比中，龙顶绿茶以"香幽味鲜"荣膺浙江省高级绿茶第一名。"山中老衲"再一次"出山"了。此后，龙顶茶又荣获"全国名茶"称号，荣膺"浙江十大名茶""国际名茶"金奖等，成为当地最具特色的金字招牌之一。

但不可否认，一定程度上而言，无论是名气、产值还是产量，开化龙顶与一些头部绿茶品牌仍存在差距。最直观的就是价格。有专家称，20年前，龙顶茶平均每斤单价就接近300元，然而这么多年来，这个数字上浮不多，可见品牌价值增长缓慢。

"卖好不卖座"，名茶光环淡化，问题在哪里？笔者以为，这

"四困"值得反思。

比如，品质之困，目前当地茶叶生产单位仍以小型加工企业或家庭作坊为主，产业分工层次低，茶叶品质不稳定；比如，研发之困，产品以原叶茶为主，精深加工不足，缺乏受年轻人追捧的新产品；比如，营销之困，县内茶企营销模式比较传统单一，缺乏电商等现代营销手段，新兴市场份额抢占不足；再如，品牌之困，多年来，开化龙顶一直存在知名度大但辨识度不高、产业链不长等问题，导致品牌效应上升不明显。

三

林语堂曾说，中国人视茶为"风雅隐士的珍品"。一泓芹江水，一杯龙顶茶，山水间的这份悠然茶韵、美好古意是众多爱茶者的快乐源泉。让更多人共享这份香茗之珍贵，应该成为龙顶茶的追求。

怎么让龙顶茶香更浓、品牌更亮，实现与西湖龙井的"二龙戏珠"？一叶龙顶绿，是开化文旅的底色与基调。当地应进一步在茶品质、茶文化等方面做足文章，让这一抹绿色更加明艳。

一方面，提升茶叶品质。可尝试鼓励整合归并家庭作坊式茶叶加工户，在规模化生产的基础上推进标准化发展；出台相关扶持政策，激励相关茶企加大研发投入，以科技赋能龙顶茶的品质、口感。

另一方面，激活茶文化资源。历史悠久、底蕴深厚的龙顶茶，还是要依靠传统来扬名。可对龙顶茶的发展脉络、技艺传承等进行进一步梳理、挖掘、丰富，将茶文化遗产与"钱江源"等特色元素进行融合打造，让一抹绿的故事更动人。

要找回龙顶茶在茶江湖中的地位，笔者认为，还有三个"新"可以探索。

连接新文旅，在融合中演绎"新景"。茶人之意在茶，也在山水之乐。山水的独特禀赋孕育了龙顶的新绿与茶香，不妨将"此中真意"更浓墨重彩地描绘给大众。如，在县域范围内构建一批有鲜明茶文化特色的景观，打造茶文化一条街、茶艺体验馆等，形成消费多元化、文化多层次、风格多样化的茶单元群落；再如，举办一些特色茶事活动等，培育茶旅新经济。

对话新玩法，在山水间勾画"新意"。去年，开化启动了"寻龙问顶"包装设计大赛，成为龙顶茶品牌打造的一次有益尝试。借着这股风，不妨继续发起"乡村守护人计划"等，由制茶冠军、青年创业者等茶人述茶意、谈茶趣；也可结合年轻人喜爱的新中式、新国潮推出创意活动，让龙顶茶的品牌维度更多元。

碰撞新式茶，在跨界中酝酿"新味"。现如今，一杯新式奶茶在手，成了很多年轻人休闲生活的标配。如何让茶香与奶香在碰撞中酝酿"新味"，寻求从产品到产业的跃迁？推出以龙顶茶为原叶的鲜奶茶、研发原创新式奶茶品牌、与新式茶饮品牌进行联名合作等，或许值得正在寻求突围的龙顶茶去试一试。

"开采嫩芽谷雨前，化催新茗喜心田。龙山石耳白云地，顶级新梢万万千。"眼下，经历了冬季的蛰伏与等待，开化12.5万亩茶园里，新芽勃发、满山翠绿。它们正以巍巍青山为屏，坐拥源头一壶春，等待细烹敬贵客。

童金招　汪宇露　何骅　冯珂珂　执笔

2024年3月30日

"卖惨新闻"消耗了什么

> 当善良与理性同行，卖惨牟利者将寸步难行。

"深夜，外卖姐姐送餐，下楼发现车被偷了""8岁男孩被老师暴打后自杀"……近日，《焦点访谈》栏目披露了一批"抄袭演绎""摆拍卖惨""先赚流量后带货"的短视频乱象。

这令人联想到，前不久，制造"卖惨新闻"带货牟利的主播"凉山孟阳"及其团伙等8人获刑的案件。"苦情"背后的实情令人愤慨：其不仅编造卖惨人设，背后公司还通过直播销售假冒产品，获利超千万元。

"太阳底下无新事"。卖惨并不是新鲜事物，一些"街边老人迷路""学生钱包被偷"的桥段，都曾被指是幕后黑手导演的卖惨戏码。而随着互联网的发展，卖惨也从线下转到了线上，一些博主专职发布催泪短视频，进行"悲情营销"，以实现引流、涨粉、变现。

那么，此类"卖惨新闻"，到底消耗了什么？

一

尽管有关部门屡屡出手治理，但"卖惨新闻"仍一再被"复制"和传播，甚至形成了固定模式套路。背后的原因究竟是什么？

利益使然。在"流量经济"的逻辑中，流量是收益的前提，而要想夺人眼球、获取关注，诀窍之一就是要调动情绪、引发共情。卖惨触动的是人们内心深处朴素的同情心、同理心，往往能获得较高的流量。卖惨的尽头是带货，获得流量后，带货的目的就浮出水面。梳理网上形形色色的"卖惨新闻"，"卖惨—流量—带货"俨然形成了一条成熟的产业链。

"无依无靠的老人""山区水果滞销"……很多此类短视频演到最后都会出现一个购物链接，或者由主播出来直播带货。如曾引发舆论关注，并受到有关部门以虚假宣传、销售假货严肃处理的大凉山"卖惨带货"事件，拍摄者炮制"山区9岁孩子卖石榴"等短视频，以达到卖货目的。而所谓的"助农土特产"，很多都是从外地市场低价进货而来，随后假冒当地产品欺骗消费者。尽管此类乱象屡被整治，但为了捞金不择手段的大有人在。

进入门槛低。"开局一张图，内容全靠编"。在互联网信息技术高速发展的今天，制造一则"卖惨新闻"实在太容易了，一个并不高明的悲情剧本，一个衣衫褴褛的老人或儿童形象，一所破败不堪的房子，一段煽情的音乐，甚至有些"卖惨新闻"只有一个画面，就可能在网络和舆论的"雪球"效应下得到大量关注。

一些MCN机构不仅拥有现成的剧本，还能根据主播的需求为其量身打造剧情，有的甚至还提供专业演员。一场摆拍收获百万、千万流量，一旦一个话题火了，雷同的内容就会批量出现。实现这些，并不需要多少成本。

违法成本低。目前，平台对一些违规主播的处罚，基本以警告、限流、封号等为主；对情节相对严重的，警方多以拘留来进行处罚。一些博主在受处罚后，改个"马甲"继续发视频，换个平台继续当主播，关个几天出来又开始重操旧业。违规、违法成本低，处罚威慑力度不足，让一些人不惜屡禁屡犯，纷纷投身至"造假卖惨"中。

二

"卖惨新闻"以"工业化"手段批量生产能够引发公众共情的虚假内容，从而达到收割流量、卖货牟利的目的。这些利用网友的善良、在道德与法律的底线上反复试探的无良操作，如果任其泛滥，势必引发一系列负面效应。

我们从一个案例出发来说说。曾有短视频博主发布了一则"做梦都想不到，孩子想要化肥"的视频：小孩站在破旧房屋前，说自己无父无母，家境贫穷……视频短时间内就获得超过10万次的转发和点赞。此后，这被证实是短视频博主自编自导的假惨剧。

抹黑了扶贫成效。"卖惨新闻"的广泛传播，不仅是对网友的欺骗，也是对国家扶贫成果的一种抹黑。案例中"想要化肥"的孩子，经核实早已获得地方政府的相应救助，视频呈现的状况与事实严重不符。这样的"视觉贫困"新闻，无视了国家和地方扶贫工作付出的巨大努力，伤害了无数扶贫干部和工作人员的心，也损害了地方的形象，还会引发公众对社会现状的误判，更有甚者会被别有用心之人用来攻击、谴责我国的脱贫攻坚工作。

引发了信任危机。"悲情营销"虽能得利一时，但纸里终究包不住火。当人们的爱心一再被愚弄，就会形成"狼来了"效应，在此后遇到类似情况时，人们往往会产生习惯性怀疑，继而对网络信息产生信任危机。如此循环下，人们内心最朴素的正义感、善良心，将在一次次被欺骗中消磨殆尽。对于让凉山孩子卖惨的相关新闻，有网友直言，"现在网上看到这种视频都不知道该不该相信"。

淹没了真实需求。不可否认，当前发展不平衡不充分的问题仍然存在，有的群众因病、因灾或者因遭遇事故等造成暂时性困难的情况也是有的。网络平台是党委政府、慈善组织等发现困难线索的一个重要渠道，更是社会守望互助的重要平台。如若虚假的"卖惨新闻"充斥其中，会导致真正的困难和需求被稀释、被淹没，甚至被质疑炒作，让真正需要帮助的人失去了一条求助通道。

污染了社会风气。"卖惨新闻"的风行，实际上宣扬了"流量至上""黑红也是红"的观念，让人觉得只要能获得流量，"卖惨""扮丑""造假""欺骗"都无所谓，而置价值观、正义观、道德感于不顾。

三

套路从来不会得人心。"卖惨新闻"不仅仅是互联网上的闹剧，本质上也是一种虚假宣传、欺诈行为。相关从业者须对法律和网友的善良心怀敬畏，不应该去试探法律和公众的底线，鼓了腰包、坏了良心。

无论是相关部门、互联网平台，还是视频制作者、发布者等，都应承担相应责任，切断流量、打击非法，还公众一个清朗的网络空间。

线上与线下形成联动。治理"卖惨新闻"，需要网信部门重拳出击，例如，中央网信办2024年"清朗"系列专项行动中，就提出要治理通过摆拍场景等方式，制作"扮穷""卖惨"内容博眼球等行为；涉事地方和部门也要积极举报、提供线索并及时辟谣，公安、工商等部门应加强联动，线上线下形成合力，让不法行为及时受到打击，推动守法成为自觉。

扶优与惩劣必须共抓。近年来，各地涌现出一批优质的乡村网红，他们通过努力改善了自身条件，也积极推介当地自然风光、人文风情，帮助当地农民带货，有的还在推进文化交流中发挥了作用，比如浙江的Rose、石村小月等。对这样的创作者，有关部门和平台应给予积极扶持和流量倾斜，让正能量获得大流量。而对虚假摆拍的"卖惨新闻"制作者、传播者，应采取封号、限流、禁播等手段，或酌情施以更有力度的处罚，让违法者承担应有的法律后果。

善良与理性同时"在线"。对广大网友来说，要擦亮眼睛，不断提升网络素养，拥有辨别真伪的能力，尤其面对引发情绪强烈起伏的内容时，应保持足够的冷静和清醒的认知。

同时，还需要一份"守护善良"的坚持。拥有善良的心灵是一件珍贵的事情，它不该因为一次被骗而动摇，毕竟"错的不是善良，而是利用善良进行欺骗的行为"。当善良与理性同行，卖惨牟利者将寸步难行。

余丹　执笔

2024年3月30日

"樱花跑"跑出了啥

一场活动也可以成为让更多人认识一座城的契机、爱上一座城的理由。

近段时间，杭州滨江钱塘江南岸闻涛路上3000多株樱花漫天盛放，在各大社交平台上频频"圈粉"。

昨天，一场"春日限定"的"樱花跑"也在这里拉开帷幕，数千名跑友在沿江的樱花大道上一起"奔向春天"。有网友说，"樱花跑"使得跑步这项日常运动变身为"浪漫天花板"。

近年来，各类城市马拉松、跑步赛事层出不穷。作为一项群众公共体育活动，不禁要问，一连举办了六届的"樱花跑"，跑出了啥与众不同之处？

一

"樱花跑"是杭州高新区（滨江）自创的文化活动品牌。2016年，第一届"樱花跑"开跑，对杭州来说，这是个特殊的年份。这一年，G20杭州峰会让世界更深入地了解了这座"天堂之城"。也是从那时起，"樱花跑"逐渐成为杭州这座城市的一个新品牌。

"樱花跑"有多火？虽然主办方每年都将参与人数控制在2000至3000人，但年年吸引数万人踊跃报名。以今年为例，消息发布不到2小时，全部名额就被一抢而空。

不少体验过"樱花跑"的跑者感慨："通过跑步的方式，去感受樱花、感受春天，真是一件很浪漫的事。"还有人笑称，在樱花跑道上，没有人能抵挡这份美丽的风景，"让人忍不住想跑起来"。

喜欢在樱花树下奔跑的不只有杭州市民。"樱花跑"还吸引了很多国际友人的参与，他们组成"樱花国际跑团"，结伴而来。在春光明媚、生机勃勃的季节，大家交流跑步经验，结交新的朋友。在这里，没有语言、文化、国籍的差异，有的只是对跑步、对运动、对大自然纯粹的热爱。

这条"最美跑道"，一共经历过两个版本的迭代。1.0版本，始于2016年。当年，杭州对闻涛路和江堤之间的绿化带进行了提升改造，铺设彩色跑道，栽种樱花、紫薇等植物。跑者们可以踏上跑道，在健身之余体验春色、漫游花海；2.0版本则开启于4年前。2020年，樱花跑道再一次升级，沿江17.4公里跑道全线贯通，作为慢生活带和景观带供市民游客健身、交流、休闲之用。

一边是繁花烂漫，一边是钱塘江美丽江景，老底子的防洪堤坝逐渐成为市民游客公认的绝美跑道。

二

当下，随着Citywalk、Cityride等出行新风尚不断掀起热潮，人们认识和感受一座城市的方式变得更加灵活多元。"樱花跑"之所以能获得不少人的追捧和喜爱，也因其具备独特之处。

比如，与浪漫"撞个满怀"。在很多人的观念中，跑步就是一项日常运动，大多和健身、锻炼等联系在一起，有时甚至有点单调乏味。"樱花跑"则打破了这一刻板印象，让跑步也可以与浪漫来个邂逅。像今年的"樱花跑"活动，全程为13.14公里，寓意"一生一世"，定下浪漫基调。试想，头顶着缤纷的樱花一路奔跑，满眼只有跑道、繁花、江面、天空……目光所及之处，一步一景。这样的浪漫，谁能顶得住？

比如，与潮流"擦出火花"。除了跑步之外，很多年轻人喜爱的潮流元素和不同玩法也被有机地融入"樱花跑"。跑道沿途随处可见投壶游戏打卡点、国潮集市、爱的签到墙、乐队演出等场景；现场还有不少穿着新中式服装的NPC，以樱花为主题，时而表演一段古典舞，时而当众朗诵爱情诗句、对唱情歌，好不欢乐。

比如，与自然"亲密接触"。和一些跑步竞赛或马拉松赛事不同，"樱花跑"的活动理念不比拼谁跑得快、跑得久，而是希望为忙于工作和生活的人们创造一次亲近自然、追逐春天的机会。毕竟，生活在城市里的人，每天两点一线式奔波，难免会感到辛苦和疲惫。周末时光，恰逢千人"樱花跑"上演，一头钻进花海中奔跑，简直畅快无比。

在这场伴随着微微春风和漫天樱花的旅途中，无论跑者是独自一人轻装上阵，还是约上三五好友结伴而行，又或是和单位同事组团参加，都可以在这条落英缤纷的"花路"上亲近自然、挥洒汗水。

三

近年来，越来越多城市开始重视自我营销，举办各式各样的品牌活动，其中不少取得了"出圈吸粉"效应，但也有一些活动"悄悄地来悄悄地走"。

在注意力稀缺的当下，一场城市品牌活动怎样办到大家的心里去，让人与城双向奔赴，对城市管理者、活动组织者都提出了更高要求。笔者认为，有三个问题可以进一步思考。

如何让活动与城市气质更"般配"？一座城市的气质，蕴含在其历史文脉、空间地理、社会面貌中，而一场优质的城市品牌活动，往往可以使这样的气质更为具象化。因此，打造品牌活动，需要更精准地把握城市的突出气质。其中就包括活动怎么举办、如何定位、吸引哪些人来参加、融入哪些特色等等。

以"樱花跑"为例，一方面，它找准了杭州一个独特的城市气质——浪漫，并进一步挖掘放大这一特色，推动浪漫元素和体育活动产生"化学反应"，从而形成独特的记忆点；另一方面，参与其中的跑者里，有老板、白领、学生、建筑工人等等，囊括了各个行业、各个年龄段人群，这也体现了活动本身与城市亲和度、包容度的呼应。

如何让活动现场成为城市魅力的"秀场"？对主办城市来说，一场品牌活动就是展示城市实力、人文历史、发展前景的窗口，不仅要让参与其中的人尽情感受热热闹闹的氛围，更要大家多角度发掘出这座城市的新魅力和新惊喜。

像"樱花跑"活动，其举办地已成为杭州城市发展的核心轴带。今年"樱花跑"的路线起点设在聚集了大批海外高层次创新创业人才的"海创基地",终点则在杭州亚运会主会场奥体中心。这样的路线,如同一个"奔跑的城市发展展示厅",让数以千计的跑者以及通过媒体关注到这次活动的人进一步了解杭州、感受杭州、融入杭州,进而凝聚起对这座城市的认同感。

如何让活动拉出"长尾效应"?很多大型城市品牌活动也像大型体育赛事一样,在结束后会留下一系列"遗产",包括基础设施、文艺作品、群众热情等,若能对之用心规划、有效利用,则可成为助推城市发展的新动能。

比如"樱花跑"活动所带火的"最美跑道",已深度融入人们的日常,成为市民、游客锻炼打卡的胜地。接下来,也可以常态化举办一些配套活动,加入更多休闲娱乐元素,将这份"杭州式浪漫"落到大众的点滴生活之中。

有句话说,"因为一个人,爱上一座城"。在今天,一场活动也可以成为让更多人认识一座城的契机、爱上一座城的理由。我们期待更多"樱花跑"式的城市活动涌现,让人们在一次次美好的相遇中,与城市共同成长、奔向未来。

李戈辉　胡宏伟　李洁　执笔

2024 年 3 月 31 日

该怎么看年轻人"整顿职场"

> 年轻人"整顿职场",并不是真正要掀翻职场,而是期待构建更健康的职场文化、互相成就的职场环境。

在各大App平台,关于职场的话题总能引起热议:有人晒工资条,有人吐槽老板同事,有人提供"职场生存指南"。"社畜"们忙着代入各种花式情境,乐此不疲。

在众多细分话题中,最引人瞩目的莫过于一批年轻人"整顿职场"的"爽文",比如"下班后坚决不接与工作相关的电话""辞职理由:不想说原因,说了也是瞎编的"等等。不少网友表示,"读完感到十分舒适"。

为何"整顿职场"的话题在当下如此流行?相关讨论揭示了当下职场环境的哪些侧面,又启示我们要构建怎样的劳资关系?

——

想弄明白"整顿职场"的话题为何被职场人津津乐道,首先要理清楚年轻人"整顿职场"整顿的究竟是什么，或者说，这样一种表达的背后实际上体现了怎样的诉求。

"职场不是'法外之地'"。"五险一金"买不齐，劳动合同晚点签，"白嫖"加班不给钱，甚至输出可怕的职场PUA……一些用人单位涉嫌违反《劳动法》的操作花样百出，有时令人难以避坑。而现在的一些年轻人则不理这套，他们敢于向公司表达合理诉求、为自身争取合法权益，认为成功的案例一旦多起来，就会让职场运行规则慢慢向更好的方向发展。

"工作与生活要有边界感"。不少年轻人向往的是生活与工作相平衡的状态，这是他们最强烈的愿望之一。可有的公司不仅用近乎严苛的KPI考核对大家进行规训，还时常侵占职场人的业余时间。比如一些年轻人吐槽"996""007"文化，就因为这些都与他们的诉求相悖，使得职场人的个人生活空间受到挤压。

"整那些虚的没必要"。有的年轻人在职场中越来越直接，有啥说啥不搞弯弯绕，不愿意沾染人情世故，倾向于凭能力、依规矩而非靠交情办事。纵然有时候他们的一些表达方式会显得有些冒犯，但我们也应该看到，这其实是他们希望职场可以相对专业、纯粹，自己能够更加专注、务实地"搞事业"。

"努力值得被看见"。一些用人单位容易出于惯性否定年轻人的创意想法，或者用"爹味"满满的语气去说教，此类情形会导致一部分年轻员工受挫感增强，从而开始以整顿的形式来进行"反抗"。

因此，无论是薪酬奖励也好，还是荣誉颁发也罢，这样的激励应当多多益善，这正是个人在团队中、在平台上发挥自我价值的体现，这届年轻人寻求的也许就是"能被看得见"的价值认同。

二

"年轻人重拳出击整顿职场"等话题之所以令很多人大呼过瘾，大概是这些率真的年轻人做了很多人想做而不敢做的事，他们身上那些初出茅庐时的青涩和真诚，犹如注入职场的一剂猛药。

不过，也许大部分年轻人并没有真正要整顿什么的企图，"整顿职场"这一现象更多折射出的是，在现如今的职场上，新生代的认知与职场惯性的一种碰撞。那么，这种碰撞来源于哪里？

成长环境温和，拥有富足内在。这届年轻人成长于物质更加丰富、经济飞速发展的时代，生活条件更优、经历更丰、见识更广，部分人的起点也比较高，自我意志更强烈。他们进入社会参加工作，除了获得薪酬、养家糊口之外，更加希望自身价值能够得到凸显。在他们看来，工作是生活的一部分，并不是全部，工作可以帮助丰富自我，但不能完全占据自我。

职场被"卷"裹挟，激起反抗意识。不可否认，相对于曾经，当下的职场比较内卷，不少职场人也因此而感到十分焦虑。在这一背景下，相较于一些"被生活磨平了棱角"、已学会"接受"和"放下"的"老职场人"，年轻一代则更敢于说"不"。

比如，他们通常喜欢到点下班、打卡走人，潇潇洒洒；对于上司的"额外"加压，他们敢于拒绝。在笔者看来，他们并不一定是抗拒加班、抗拒接收工作任务，更多是拒绝无效"磨时间"，不想成为低效赶工的"工具人"。

思维想法活络，出路选项多元。这届年轻人在网络时代的背景下成长起来，自小受到更为开放和包容的社会环境的熏陶，接受了更好的教育，思路活络，也更懂得自我保护。比如，当面对职场不公，对于如何拿起法律武器维护自身的合法权益，许多人都"门儿清"。

此外，现如今，网络主播、旧物装裱师、植物医生等各种新职业层出不穷，一众新路子为年轻人提供了相对多元的选择。不执着于进"大厂"，也愿意去基层一线，有能力就"回击一下"，"打不过"也能顺势换赛道，展现了属于年轻群体的韧性。

三

一波接一波关于"整顿职场"的话题讨论，寄托了职场人内心积攒的万千情绪，也承载着大众对更为良好的职场生态的渴望。该如何看待这届年轻人的职场诉求？良性的职场合作关系又该朝着哪个方向发展？

给予平视目光。面对年轻人带来的"职场冲击"，也有人以爱抱怨、没礼貌、不努力等标签来对他们进行评价。这样的评定有失公允。一些年轻人之所以不时"跳脱"，正是因为他们怀揣着创新和冲劲，也正是由于他们足够有底气，才敢于不断表达诉求。

对于这些性格特质，社会反而需要多给予一份平视、一份珍视。一方面，深入了解年轻群体的所思所想，形成一定的情感共鸣；另一方面，共同携手在法治框架内去运行职场规则，构建平等相待的职场关系。

破解职场困局。常有人说，初入职场的年轻人"很难管"。但一段良好的雇佣关系，光靠"管"就够了吗？一些传统的职场观念，是否需要适时改变呢？其实，年轻人"整顿职场"，并不是真正要掀翻职场，而是期待构建更健康的职场文化、互相成就的职场环境。要想激发年轻职场人的主观能动性，就得回应他们内心的诉求，改善管理方式，用充满关爱和温暖的职场环境，让"劳动光荣"成为其自觉行为。

而对"吃瓜群众"来说，则需要稳住情绪"不上头"。真实的职场矛盾通常琐碎复杂，酣畅的"爽文"确实有之，但挑动神经的桥段中，也有不少精心设计的"钩子"，只等读者当真，落入情绪的陷阱。

此外，为了不让理性表达诉求的声音成为误伤他人的利刃，年轻人也需要保持一份克制和清醒，避免迷失在虚假的"节奏"中。随着职场关系话题的热度越来越高，企图利用这类题材吸引流量甚至操控舆论的别有用心之徒或许还会出现。

新生代职场人或锋芒毕露上场，或据理力争出击，关注他们带来的新气象，本就是社会创新创造的重要一环。只有倾听、理解年轻人的声音，才能激发他们的主人翁意识，为更好地奔向未来注入激情和活力。

牛珠玉　周俊　陈文雪　执笔

2024 年 3 月 31 日